Règles de course

2001-2004
Commentées et illustrées

Première édition : 1998
Nouvelle édition remise à jour et augmentée

Numéro d'édition Gallimard : 99506
ISBN Gallimard : 2-74-240821-5
Dépôt légal : octobre 2001

Création graphique : Lorène Bruant
Mise en page et illustrations : Alain Oriot, 45° Nord (Grenoble)
Aquarelle (ci-contre) : Dan Jacobson
Photographie de couverture : C. Borlenghi
Photographies d'ouvertures de chapitre :
F. Baudin (DPPI), P. Contin, D. Faugere (DPPI), F. Lelan,
G. Martin-Raget, F. Salle, H. Thibault

Note de l'éditeur : nous nous sommes efforcés de respecter l'intégralité de la traduction des règles de course de l'ISAF tout en appliquant les règles orthographiques et typographiques françaises.

Imprimé chez Editoriale Lloyd en Italie

Bernadette Delbart

RÈGLES DE COURSE

2001-2004
COMMENTÉES ET ILLUSTRÉES

Ouvrage édité par la
Fédération Française de Voile

et VOILES/GALLIMARD

Conception éditoriale : Françoise Chabbert, Jean-Luc Paulou

AVERTISSEMENT

Ce document n'engage que son auteur Bernadette Delbart, arbitre de la FFVoile (Comité de course national, juge national, umpire national).

Il ne doit en aucun cas se substituer :

- aux cas de jurisprudence publiés par l'ISAF
- aux interprétations officielles de l'autorité nationale française (émises uniquement par le jury d'appel de la FFVoile).
- ni aux conseils et recommandations délivrés par la CCA (Commission centrale d'arbitrage de la FFVoile).

Dans tout le document sont reproduits, en italique et dans les couleurs respectives ci-dessous, les textes :

- des RCV 2001-04 qui sont la traduction des RRS de l'ISAF 2001-04 ;
- des *prescriptions de la Fédération Française de Voile ;*
- des *Instructions de course (standard de l'ISAF ou type de la FFVoile) ;*
- de la *traduction des Cas ISAF (interprétation des règles de course à la voile de l'ISAF), des Calls ISAF (interprétations des règles pour le match racing et l'umpiring) et* des *interprétations du jury d'appel de la FFVoile ;*
- des *conseils et recommandations de la CCA ;*
- *des statuts, règlement intérieur et réglementation technique de la FFVoile ainsi que les lois et règlements publiés au* Journal officiel.

Convention pédagogique :

Dans les illustrations , le vent vient du haut de la page, sauf quand celui-ci est matérialisé par une flèche dans une direction différente.

PRÉFACE

La régate, parmi les différentes formes d'activité pratiquées en voile, est l'un des domaines privilégiés de la Fédération Française de Voile. Ceci implique qu'un nouvel ouvrage traitant des règles de course est, en soi, un événement auquel nous sommes sensibles.

En rédigeant *Règles de course*, l'auteur s'est confronté à un exercice difficile : celui d'une présentation destinée à l'initiation du plus grand nombre, mais qui doit regrouper les informations indispensables aux différentes formes et niveaux de pratique. Sans oublier la nécessité de mettre en valeur la primauté des textes de référence parmi lesquels *Les Règles de course à la voile de l'ISAF*.

Démarche réussie : ces règles qui sont expliquées en suivant le déroulement d'une régate, ce qui correspond à la réalité de la pratique sportive, permettent de mieux appréhender la succession des situations tactiques auxquelles on peut être confronté.

Cette 2e édition s'inscrit dans le cadre de la nouvelle collection réalisée par la Fédération Française de Voile et les éditions Gallimard. Sa maquette et ses illustrations de qualité rendent sa compréhension plus aisée et sa lecture agréable.

S'adressant à tous les pratiquants, ainsi qu'aux entraîneurs, arbitres et dirigeants, cet ouvrage constitue un outil essentiel pour la vie sportive de la Fédération Française de Voile.

Que Bernadette Delbart, qui en est l'auteur, en soit remerciée.

Jean-Pierre Champion
Président de la Fédération Française de Voile

Remerciements

à

Mes parents et DD,

Alain Oriot pour ses bien jolies illustrations

Aux membres du Club de Sainte-Maxime qui volontairement ou involontairement m'ont aidée à finaliser ce document et plus particulièrement à Olivier qui n'a pas hésité à me transmettre les questions de ses jeunes compétiteurs.

A tous ceux qui :
- ont réussi à me « supporter » pendant la rédaction de ce second ouvrage,
- m'ont soutenu avec gentillesse, discrétion et/ou m'ont fait part de leur attente de cette réédition,
- m'ont fourni tous les documents et précisions nécessaires à sa rédaction. (Bernard, Claude, Corinne, Didier, Éric, Marianne, Gérard, Pierre Charles, Virginie)
- ouvriront ce livre pour en étudier quelques passages.

Au comite de relecture de la FFVoile :
- Marc Bouet (IU) pour les chapitres match racing et course par équipes
- Michel Masson (IJ)
- Jean-Pierre Velay (NJ)

PRÉSENTATION

L'objet de cet ouvrage est de permettre d'appréhender les Règles de course à la voile (RCV) d'une façon aisée, qui corresponde à une pratique sportive. Si les règles de courses évoluent au fil des décennies, les situations rencontrées à l'occasion des régates restent identiques. Il faut toujours s'inscrire, franchir une ligne de départ, contourner des marques à la voile, puis se présenter sur la ligne d'arrivée et même défendre ses propres intérêts.

En plus des chapitres qui figuraient déjà dans le première édition, vous trouverez :
- un tableau synoptique concernant la pavillonnerie de départ, règles de la minute
- un tableau synoptique règles de course sur un parcours
- un lexique illustré
- un chapitre « Pour bien débuter le match racing» plus développé
- un chapitre sur la course par équipe.

Le sommaire des Règles de course à la voile éditées par la FFV ne sert pas de trame à cet ouvrage. J'ai préféré utiliser comme fil conducteur les situations auxquelles vous risquez de vous trouver confrontés au cours d'une régate. Que cela ne vous dispense toutefois pas d'une étude approfondie règle par règle des RCV, afin de limiter les déconvenues dues à leur méconnaissance.

Les règles de course sont révisées et publiées tous les quatre ans, après les Jeux olympiques d'été, *par la Fédération internationale de voile (ISAF), l'autorité internationale pour ce sport.* Elles sont édictées en langue anglaise par la fédération internationale -ISAF- (International Sailing Federation), puis traduites par les autorités nationales. *Cette édition* 2001-2004 *prend effet au 1er avril 2001. À l'exception des annexes 1, 2 et 3, les modifications aux règles de course sont permises selon les articles 11.2 et 11.3 du règlement ISAF. Aucun changement n'est envisagé avant 2005, mais les modifications considérées comme urgentes avant cette date seront annoncées par l'intermédiaire des autorités nationales et diffusées sur le site de l'ISAF (www.sailing.org).*

Tous les quatre ans, concurrents comme arbitres doivent se replonger dans un nouveau texte avec ce brin d'inquiétude que suscite tout document réglementaire.
« Inutile de vous affoler ».
Les RCV ne sont qu'une extrapolation du RIPAM (Règlement international pour prévenir les abordages en mer). Chacun peut constater que les règles du chapitre 2 « Quand les bateaux se rencontrent » sont identiques à quelques exceptions près à celles du RIPAM.
Dans un vocabulaire propre aux régatiers, ces règles offrent la possibilité de « marquer » son adversaire, mais... pas trop près ! La mer est à tout le monde, il faut bien que plaisanciers et compétiteurs puissent se croiser sans danger.

Bernadette Delbart

SOMMAIRE

1 LES FORMALITÉS

2 LE PARCOURS

3 LA ZONE DE DÉPART

CHAPITRE 1 - LES FORMALITÉS

CHAPITRE 1

Vous disposez d'un voilier radiocommandé, d'un voilier grandeur*, ou d'une planche à voile et votre niveau de pratique vous permet d'envisager une confrontation en compétition. Il vous faut vous regrouper avec d'autres concurrents.

(* Un voilier grandeur est un bateau à la grandeur de l'équipage embarqué, par opposition au voilier radiocommandé qui ne peut transporter aucune personne).

Organisateurs, vous voulez faire savoir que vous avez une régate inscrite au calendrier officiel de la FFV.
Où, quand et qui peut participer à une régate ? Dans quelles conditions ?
L'avis de course répond à toutes ces questions. Il en est à la fois la « réclame » et le carton d'invitation.

Francophonie

La Fédération Française de Voile s'engage à respecter et à faire respecter, en son sein, le principe du français comme langue officielle.
Les statuts et règlement des associations ou classes siégeant sur le territoire doivent avoir le français comme langue officielle et langue de travail, même si une autre langue peut être utilisée comme langue de traduction.
Il en est de même pour toutes les épreuves nationales organisées sous son égide tant au plan du règlement, des instructions de course que de tout type d'information.
En ce qui concerne les épreuves internationales, tous les textes de quelque nature (instruction de course, règlement, informations, résultats...) devront avoir une publication ***au moins*** *mixte, avec pour le français, une typographie de taille* ***au moins*** *équivalente à celle de la langue étrangère utilisée. (Motion votée à l'unanimité par le comité de direction de le FFVoile en 2000.)*
Pour les épreuves dépendant de la FFV dites «open», c'est-à-dire ouvertes aux étrangers, une traduction en anglais du texte français des instructions de course peut être mise à disposition des concurrents. Il n'est pas rare que l'avis de course et les instructions de course précisent :

- *que, en cas de divergence entre les textes français et anglais des instructions de course, seul le texte français fait foi ;*
- *la langue utilisée lors des instructions sera le français (les étrangers pourront recourir à un traducteur).*

Il est bien évident qu'en cas de divergence entre les Règles de course à la voile 2001-2004 et *The Racing Rules of Sailing for 2001-2004* c'est le texte de l'ISAF en anglais qui fait foi.

1.1 Avis de course

L'autorité organisatrice doit publier un avis de course conforme à la règle J1... (Règle 87.2 Avis de course)

L'avis de course doit contenir les informations suivantes :

(1) le titre, le lieu et les dates de la course et le nom de l'autorité organisatrice ;

(2) que l'épreuve sera régie par les règles telles que définies dans les règles de course à la voile ;*

(3) une liste des autres documents qui régiront l'épreuve (par exemple les Règles pour l'Équipement des Bateaux, dans la mesure où elles s'appliquent) ;

(4) les classes admises à courir, les conditions d'inscription et les restrictions sur les inscriptions ;

(5) les heures de confirmation d'inscription et des signaux d'avertissement pour la course d'entraînement ou la première course, et des courses ultérieures si elles sont connues. (Règle J1.1)

Définition de règles

a) Les règles dans ce livre, y compris les Définitions, les Signaux de course, l'Introduction, les préambules et les règles des annexes qui s'appliquent, mais pas les titres ;

b) les prescriptions de l'autorité nationale, sauf si les instructions de course précisent qu'elles ne s'appliquent pas ;

c) les règles de classe, ou les règles d'un système de handicap ou de jauge, sauf celles qui sont en contradiction avec les règles de ce livre ;

d) l'avis de course ;

e) les instructions de course ; et

f) tout autre document régissant l'épreuve.

L'avis de course doit contenir, parmi ce qui suit, tout ce qui pourrait aider un concurrent à décider de participer à l'épreuve ou toute information qui lui sera utile avant qu'il ne puisse se procurer les instructions de course :

(3) la procédure de pré-inscription ou d'inscription, y compris les droits à verser et toutes dates de clôture ; (règle J1.2) y compris carte de publicité ;

(4) un formulaire d'inscription, à signer par le propriétaire du bateau ou son représentant, contenant une phrase telle que « J'accepte de me soumettre aux Règles de Course à la Voile et à toutes autres règles qui régissent cette épreuve » ;

(5) les procédures de jauge ou les obligations à propos des certificats de handicap ou de jauge ;

(6) l'heure et le lieu où les instructions de course seront disponibles ;

(7) toutes modifications aux règles de course (voir règle 86 : modifications des règles*) ;*

(8) toutes modifications aux règles de classe, avec référence spécifique à chaque règle et indication de la modification.

1.2 Qui peut être admis à participer à une épreuve ?

- *Pour être admissible à concourir dans une épreuve mentionnée à la règle 21.2.1* (épreuve nécessitant l'admissibilité ISAF), *un concurrent doit :*
  - *(a) être soumis aux règlements et règles de l'ISAF ;*
  - *(b) être membre d'une autorité nationale membre, ou de l'un de ses organismes affiliés. Une telle qualité de membre doit être prouvée par le concurrent ;*
  - *(i) en étant inscrit par l'autorité nationale du pays dont le concurrent est un ressortissant ou résident régulier ; ou*
  - *(ii) en présentant une carte ou une attestation valide de membre, ou toute autre preuve satisfaisante de son identité et de sa qualité de membre ;*
  - *(c) ne pas être sous le coup d'une suspension d'admissibilité ISAF.* (Règle 21.1 du code d'admissibilité ISAF)

L'autorité organisatrice ou le comité de course peut rejeter ou annuler l'inscription d'un bateau ou exclure un concurrent, en étant soumis à la règle 76.2 (pour les championnats du monde ou de continent), *pourvu qu'il le fasse avant le départ de la première course et précise le motif pour agir ainsi.*
Cependant, l'autorité organisatrice ou le comité de course ne doit pas rejeter ou annuler l'inscription d'un bateau ou exclure un concurrent à cause de la publicité, à condition que le bateau ou concurrent respecte l'annexe 1 (code de publicité). (Règle 76.1 : exclusion de bateaux ou de concurrents)
Les conséquences des règles 69.2 (action par une autorité nationale pour mauvaise conduite notoire) et 69.3 (action de l'ISAF) et l'Annexe 2 (code d'admissibilité ISAF) peuvent priver ou restreindre les possibilités de participer à une régate.

- *Pour s'inscrire à une course, un bateau doit satisfaire aux exigences de l'autorité organisatrice de la course. Il doit être inscrit par :*
  a) un membre d'un club ou autre organisme affilié à une autorité nationale ;
  b) un tel club ou organisme, ou
  c) un membre d'une autorité nationale. (Règle 75.1 s'inscrire à une course)

Les concurrents devront présenter à l'inscription tous les documents qui leur permettent de prouver qu'ils sont en conformité avec les lois et règlements nationaux et sportifs.
Les coureurs résidant en France doivent, conformément au règlement intérieur de la FFV, prouver leur qualité de membre de l'un des groupements affiliés ou établissements agréés par la FFV par la possession d'une licence valide (prescription FFV qui précède la règle 75).
La licence fait foi de l'appartenance à la fédération ainsi que de l'identité de son titulaire et du groupement affilié ou de l'établissement agréé auprès duquel elle a été délivrée. (extrait de l'article 51 du Règlement intérieur de la FFVoile – définition)
Les concurrents doivent satisfaire à l'annexe 2. (Code de publicité ISAF + Code d'admissibilité ISAF + Code antidopage) (Règle 75.2 s'inscrire à une course)

1.3 Pré-inscription et droits de constitution de dossier

En envoyant à l'organisateur le formulaire de pré-inscription généralement joint à l'avis de course, accompagné du montant des droits de constitution de dossier à verser, vous lui permettrez de connaître le nombre de bateaux et l'identité des compétiteurs qui vont participer à l'épreuve.
Dans le cas d'une manifestation «open» l'organisateur pourra prévoir le nombre et la qualité des « bateaux de sécurité et de leurs équipages » à rendre opérationnels pendant l'épreuve et requis par la réglementation technique de la FFV.
Dans le cas de manifestation à quotas établis elle pourra, éventuellement, offrir les places non pourvues à d'autres concurrents répondant aux critères d'admissibilité.
Dans tous les cas, cette pré-inscription permet de préparer les listes des concurrents. Chacun d'eux est identifié par : le nom, le prénom, la date de naissance, le numéro de licence, le club d'appartenance de chaque membre de l'équipage et le numéro de voile (éventuellement le nom) du voilier.
Les droits de constitution de dossier à verser sont appelés par abus de langage «frais d'inscription». Ils peuvent être majorés en cas de règlement tardif (après la date limite de pré-inscription) pour couvrir les frais supplémentaires imposés par le retard.

Le propriétaire (ou son représentant) doit mentionner sur le formulaire d'inscription à une compétition s'il est titulaire ou non d'une carte annuelle ou d'une autorisation ponctuelle. (prescription FFV au code de publicité : n° 7.1 procédures de contrôle)
La catégorie de publicité du bateau sur lequel il court ne doit pas entraîner de variation des droits d'inscription pour un concurrent. (Annexe 1- code de publicité : règle 20.8 : Droits d'inscription) Mais *les autorisations souscrites en retard sur le lieu même de la régate seront majorées d'une somme forfaitaire de 50 F pour constitution de frais de dossier qui restera acquise au club.* (prescription FFV au code de publicité applicable au 1er janvier 2001 - chapitre 1.8.5 : procédure de délivrance)

1.4 Confirmation d'inscription

En arrivant sur le site de l'épreuve, vous devez :
- informer de votre présence en confirmant votre inscription par la présentation de tous les documents listés dans l'avis de course, et,
- vous conformer aux opérations préalables de jauge si nécessaire.

En échange l'organisateur vous remettra les instructions de course : règles du jeu propres au site et à (aux) classe(s). *Chaque bateau doit satisfaire aux exigences de l'autorité organisatrice de la course* (règle 75.1).

Documents à présenter

- les **licences valides** de tous les membres de l'équipage (règle 75).
- **l'autorisation parentale** pour les mineurs d'âge (Règl. Int. FFVoile 54),
- le **certificat de jauge** (*measurement certificat*) ou **de handicap** du voilier (règle 78.1 + prescription fédérale)
- éventuellement **l'attestation d'assurance** en responsabilité civile pour le bateau
- Carte **d'autorisation de port de publicité** (licence de publicité individuelle) (règle 20.4.3 de l'annexe 1- code de publicité) *Le propriétaire (ou son représentant) ou le coureur doit pouvoir présenter sa carte annuelle ou son attestation ponctuelle au moment de l'inscription à une compétition.* (prescription FFV au code de publicité : n° 7.2 procédures de contrôle)
- Les documents exigés lors d'un surclassement.

Les obligations préalables à l'inscription appelées communément confirmation d'inscription permettent l'établissement des listes définitives des concurrents satisfaisant aux exigences de l'autorité organisatrice.
Les compétiteurs régulièrement inscrits après leur confirmation d'inscription constituent la liste des inscrits. La liste de chaque groupe peut être communiquée au comité de course. La liste des engagés peut être rapidement portée à la connaissance de tous, *via* le tableau officiel. Les feuilles d'émargement, s'il y a lieu, sont mises à disposition. Tous les renseignements nécessaires à la transmission des résultats à la FFV comme à la presse peuvent être vérifiés dès le début de l'épreuve, y compris les rating dans le cas de course à handicap.
Lorsqu'une course a été reprogrammée, la règle 36 (courses dont le départ doit être redonné, ou à recourir) *s'applique et tous les bateaux inscrits dans la course initiale doivent être avertis et, sauf s'ils ont été disqualifiés selon la règle 30.3* (Règle du pavillon noir), *être admis à courir dans la course reprogrammée. De nouvelles inscriptions, si elles satisfont aux conditions d'inscription à la course initiale, peuvent être acceptées à la discrétion du comité de course.* (Règle 80 courses reprogrammées)
Des week-ends de réserve sont parfois prévus. Un bateau qui n'était pas inscrit au premier week-

end peut, à la discrétion du comité, s'inscrire pour cette régate. Mais voir la règle 76.1 «rejeter ou annuler l'inscription... avant le départ et motif...».

1.5 Licence

(validité, autorisation et attestation familiale, certificat médical, surclassement, mutation)

Tous les adhérents pratiquant la voile, des groupements affiliés et des établissements agrées de la FFV doivent être titulaires d'une licence fédérale de l'année en cours. (extrait de l'article 51 du Règlement intérieur de la FFVoile - définition)
*Les coureurs résidant en France doivent, conformément au règlement intérieur de la FFV, prouver leur qualité de membre de l'un des groupements affiliés ou établissements agréés par la FFV par la possession d'une licence valide (*prescription FFV suivant la règle 75).
Une licence peut être délivrée à toute personne de nationalité française ou étrangère. Les licenciés étrangers ne pourront représenter la France, dans les compétitions internationales (article 54 du Règlement intérieur de la FFVoile - Nationalité)
Tout licencié est libre d'être membre de plusieurs associations affiliées ou établissement agréé à la FFV. (extrait de l'article 58 du Règlement intérieur de la FFVoile - obligations des licenciés)
Il ne faut pas confondre licencié et membre d'un club... Un concurrent pratiquant l'habitable peut être membre d'un club qui promeut cette activité et de la section voile radiocommandée d'un club de modélisme affilié à la FFVoile. C'est la même licence FFVoile, qui lui permet de participer à toutes les régates, y compris en PAV et Fun board. En aucun cas il ne faut se faire délivrer une licence par secteur d'activité.
Nul ne peut être titulaire de plus d'une licence délivrée par la FFV en cours de validité. (extrait de l'article 58 du Règlement intérieur de la FFVoile - obligations des licenciés)

► *Les différentes licences*

(extrait de l'article 51 du Règlement intérieur de la FFVoile - définition, adopté en AG extraordinaire le 31 mars 2001)

• Licence club FFVoile (licence annuelle jusqu'au 31 décembre 2001)
Ouvre droit à toute activité fédérale... Entraînement et compétitions quel que soit le niveau de pratique (extrait de l'article 59 du R.I.de la FFVoile - Licence club FFVoile)
La licence club FFVoile est obligatoire pour les compétiteurs réguliers et les personnes exerçant une activité d'encadrement dans la pratique de la voile (arbitres... entraîneurs et autres collaborateur, bénévoles ou rémunérés). (extrait de l'article 59 du R.I.de la FFVoile - Licence club FFVoile)

• Licence enseignement FFVoile (Licence école et passeport voile jusqu'au 31 décembre 2001) *ne donne pas accès à la compétition et loisirs. Mais elle peut, à tout moment dans l'année, être échangée contre une licence club FFVoile en contrepartie de la différence entre les deux.* (extrait de l'article 61 du R.I.de la FFVoile - Licence enseignement FFVoile)

• Licence temporaire FFVoile *(licence temporaire compétition jusqu'au 31 décembre 2001) donne notamment le droit de participer à toute activité de loisir ou de compétition organisée de façon temporaire au sein d'un membre affilié ou agréé, à l'exclusion des compétitions décernant un titre international, national, régional ou départemental et des sélectives correspondantes* (SL, SIL, etc.) *excepté pour les sélectives corporatives donnant accès aux championnats de France corporatifs.* (extrait de l'article 62 du R.I.de la FFVoile - Licence temporaire FFVoile). À partir du moment où une épreuve permet l'accès ou la sélection à une autre épreuve, ou compte pour le classement des coureurs qui permet une sélection ultérieure et/ou qui décerne un titre quel qu'en soit le niveau : la licence club FFVoile (anciennement qualifiée de licence annuelle) est obligatoire. Même pour un concurrent qui ne peut prétendre monter sur le podium ou être sélectionné (sauf régate corporative).

Les concurrents doivent garder à l'esprit que *pour s'inscrire à une course, un bateau doit satisfaire aux exigences de l'autorité organisatrice de la course* (règle 75.1).

Ils seront libres de s'inscrire et de participer à cette course particulière, mais ne pourront se soustraire aux exigences de l'autorité organisatrice, *qui doit être...*

c) un club ou autre organisme affilié à une autorité nationale ;

d) une association de classe, soit avec l'accord d'une autorité nationale, soit conjointement avec un club affilié ; ou

e) un organisme non affilié conjointement avec un club affilié, sauf dans le cas d'une épreuve majeure désignée par l'ISAF, pour laquelle l'organisme non affilié doit être la propriété et sous le contrôle d'un club affilié qui doit avoir l'approbation de l'autorité nationale concernée. (Règle 87.1 : Autorité organisatrice)

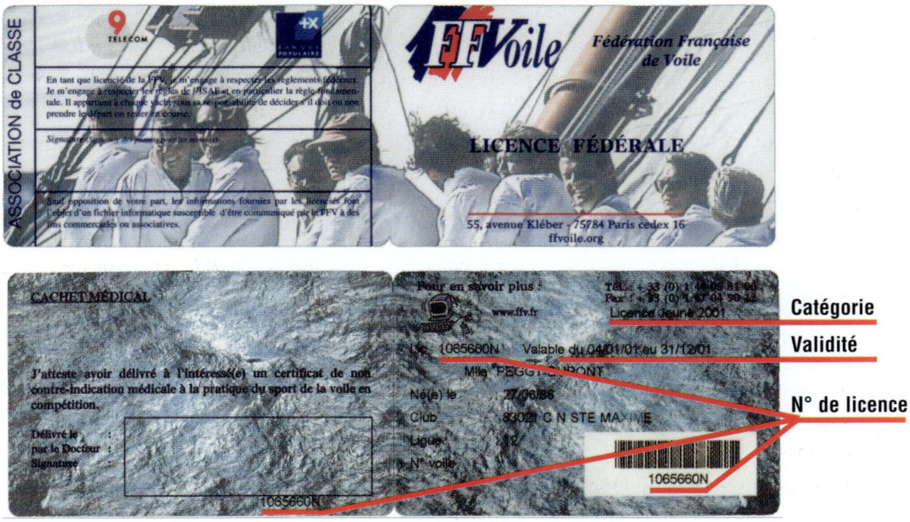

Validité

La licence club FFVoile (licence annuelle jusqu'au 31 décembre 2001)*, est valable du 1er janvier au 31 décembre de chaque année. Une licence prise en cours d'année expire également le 31 décembre...* (extrait de l'article 59 du R.I.de la FFVoile - licence club FFVoile).

La date de délivrance de la licence annuelle part à compter de la date de saisie sur le Minitel (ou web) et non à partir de la date de remise du chèque du futur licencié. Cette date figurera sur la licence dans la mention valable du .../.../... au 31/12/. – dossier licence FFV –

Pour une personne physique n'ayant jamais disposé d'une licence club FFVoile et souhaitant se licencier entre le 1er septembre et le 31 décembre de l'année en cours (année N), le paiement du prix de la licence vaudra pour la période du 1er janvier au 31 décembre de l'année suivante (N +1) ... (extrait de l'article 59 du R.I.de la FFVoile - licence club FFVoile)

La durée de validité de la licence temporaire est de :
- *une journée calendaire*
- *4 jours consécutifs suivant* le montant aquitté (extrait de l'article 62 du R.I.de la FFVoile - licence club FFVoile)

Autorisation et attestation familiale : pour les mineurs d'âge

La délivrance d'une licence à une personne mineure doit être accompagnée d'une autorisation et attestation familiale dans le respect du modèle annexé au règlement administratif. (article 54 - Mineurs du Règlement intérieur de la FFVoile).

Les parents devront signer l'engagement que *leur enfant respectera les règlements fédéraux, qu'il s'engage à respecter les règles de l'ISAF et en particulier la règle fondamentale : La décision d'un bateau de participer à une course ou de rester en course relève de sa seule responsabilité.*
(Règle fondamentale 4 : décision de courir)

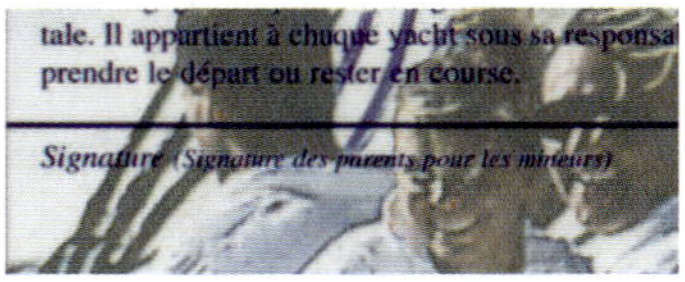

Cet engagement parental sportif doit être accompagné, lors des déplacements, d'une délégation de responsabilité au responsable du groupe en cas d'accident, etc., dont un modèle suit :

> J'autorise le responsable du groupe :   nom et prénom, qualité
> - à prendre en cas d'urgence toutes les mesures nécessaires pour la sauvegarde de mon enfant
> - à faire donner tous les soins urgents, ou pratiquer toute intervention chirurgicale en cas de nécessité constatée par un médecin ;
> - à prendre toutes dispositions que réclameraient des circonstances imprévues pour le maintien de la discipline, ou la sécurité des enfants
>
> Le père   la mère   le tuteur
>
> Ajouter la mention lu et approuvé
>
> Date et signature

Attestation médicale (absence de contre-indication)

Conformément à l'article 5 de la loi n° 99-223 du 23 mars 1999, la première délivrance d'une licence sportive est subordonnée à la production d'un certificat médical attestant l'absence de contre-indication à la pratique des activités physiques et sportives (Article 6 du Règlement de la commission médicale nationale de la Fédération Française de Voile).

La participation aux compétitions sportives organisées ou agréées par les fédérations sportives est subordonnée à la présentation d'une licence sportive attestant de la délivrance d'un certificat médical mentionnant l'absence de contre-indication à la pratique sportive en compétition, ou pour les non-licenciés auxquels ces compétitions sont ouvertes, à la présentation de ce seul certificat ou de sa copie certifié conforme, qui doit dater de moins d'un an. (Article 6 de la loi du 23 mars 1999 n° 99-223 relative à la protection de la santé des sportifs et à la lutte contre le dopage et Article 7 du Règlement de la commission médicale nationale de la Fédération Française de voile).

L'obtention du certificat médical de «non-contre-indication à la pratique des activités physiques et sportives en compétitions» est la conclusion d'un examen médical qui peut être réalisé par tout médecin titulaire du Doctorat d'État, et inscrit à l'Ordre des médecins. (Article 8 du Règlement de la commission médicale nationale de la Fédération Française de Voile)

Le visa du médecin est porté directement sur la licence et vaut attestation médicale de non contre-indication. (Extrait de l'article 53 du Règlement intérieur de la FFVoile - Attestation médicale)
Cette signature accompagnée de l'identification du médecin, datée, n'est pas en elle-même un certificat médical de non contre-indication. Elle n'est qu'une attestation, À UNE DATE PRÉCISE, que ce certificat a été délivré. De ce fait, une licence, non tamponnée par un médecin, peut être valide si elle est accompagnée d'un certificat de non contre-indication délivré par un docteur en médecine.

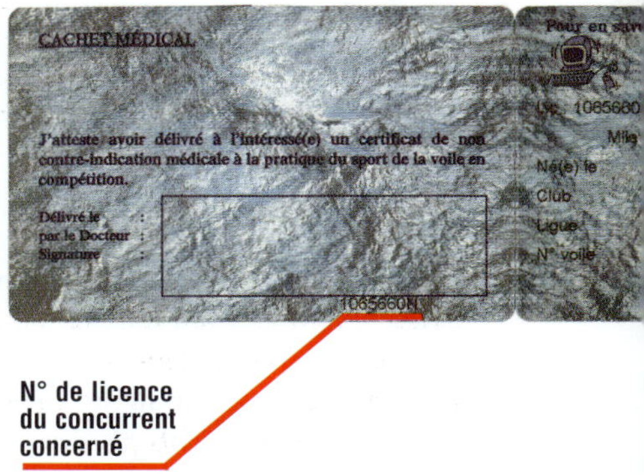

Je soussigné Docteur... (nom et prénom)... certifie avoir examiné

M. Mlle... (nom et prénom)... ......(date de naissance)...

et n'avoir décelé, à ce jour, aucune contre-indication à la pratique de la voile en compétition.

Certificat réalisé pour servir et valoir ce que de droit.

Date et signature

La pratique de la voile, pour ce qui concerne la pratique non compétitive (loisir, école de voile...) ne requiert pas la présentation d'un certificat médical à la législation en vigueur. (Extrait de l'article 53 du Règlement intérieur de la FFVoile - Attestation médicale)
Tout médecin a la possibilité de demander l'interdiction de la pratique de la voile en compétition à tout sujet paraissant en mauvaise condition physique. La demande de retrait de licence, pour raison médicale, sera adressée sous pli confidentiel au Médecin Fédéral National qui statuera après avoir examiné l'intéressé et/ou s'être entouré des avis autorisés s'il le juge nécessaire. (Article 9 du Règlement de la commission médicale nationale de la Fédération Française de Voile)
Tout licencié qui se soustraira à la vérification de sa situation en regard des obligations du contrôle médico-sportif sera considéré comme contrevenant aux dispositions de règlements de la FFVoile et pourra faire l'objet d'une procédure disciplinaire et à titre dérogatoire se voir appliquer par décision du Président de la FFVoile des mesures d'exclusions et de suspension provisoire dans le respect des dispositions du règlement disciplinaire de la FFVoile. (Article 10 du Règlement de la commission médicale nationale de la Fédération Française de Voile)
Toute prise de licence à la FFVoile implique l'acceptation de l'intégralité de la loi n° 99-223 du 23 mars 1999 relative à la protection de la santé des sportifs et à la lutte contre le dopage. (Article 11 du Règlement de la commission médicale nationale de la Fédération Française de Voile)

Surclassements et catégories d'âge

Adopté par le comité de direction FFVoile en date du 9 décembre 2000

1 Principes généraux

Ces demandes de surclassement s'effectuent en début de saison sportive et sont valables pour un an à partir de la date indiquée sur le certificat médical.
Le simple surclassement ou le double surclassement s'effectue d'un changement de catégorie à catégorie (Minime, Cadet, Junior et Senior) et non d'année en année.

Simple surclassement :

- *demande datée faite par l'entraîneur et/ou le CTR ;*
- *un certificat médical daté et signé par un médecin généraliste ;*
- *autorisation parentale.*

Double surclassement :

- *demande datée faite par l'entraîneur et/ou le CTR ;*
- *un certificat médical daté et signé par un médecin ayant la qualification médecine sportive, médecin de CMS, médecin ligue et médecin fédéral.*
- *autorisation parentale.*

Triple surclassement :

- *le triple surclassement est exceptionnel et doit être soumis à la commission médicale fédérale.*

2 Recours et règles particulières

Elles feront l'objet d'une demande écrite de l'entraîneur et du coureur faite auprès de la commission médicale de la FFV, qui statuera sur ces dérogations.

3 Catégories d'âges :

Les catégories d'âges sont définies par année civile du 1er janvier au 31 décembre.

	Dériveurs et catamarans		Planche à voile
Catégories	Âges dans l'année civile de référence	Surclassement possible	
Benjamins	11 ans et moins	Non	11 ans et moins
Minimes	12, 13 et 14	En cadets et juniors*	12, 13 et 14
Cadets	15, 16 et 17	En juniors et seniors	15 et 16
Juniors	18, 19 et 20	En seniors	17 et 18
Espoirs**			19 et 20 fun bord
Seniors	21 et plus		19 et plus

* *triple surclassement en seniors exceptionnel*

** *En funboard, catégorie Espoir pour les 19 et 20 ans.*

4 Procédures sur les épreuves

Le coureur doit présenter à chaque épreuve où il participe la demande de surclassement (simple et/ou double) et l'autorisation médicale idoine.

Mutation

La mutation est le changement de domiciliation de la licence, domiciliation qui détermine le club d'appartenance officielle d'un licencié. (Extrait de l'article 60.1 du Règlement intérieur de la FFVoile - mutation : définition)

Chacun est libre de prendre sa licence dans un autre club chaque année entre le 1er janvier et le 15 mars, le cachet de la Poste faisant foi, sauf opposition motivée du président du club actuel si le licencié n'est pas libre de tout engagement écrit vis-à-vis du club. Le président du club devra apporter la preuve de ces engagements. (Extrait de l'article 60.2 du Règlement intérieur de la FFVoile - mutation : Principe)

En dehors de la période de mutation précitée, les licenciés ne peuvent muter qu'aux conditions cumulatives suivantes :

- *accord écrit du licencié ;*
- *accord écrit du président de l'ancien club et du président du nouveau club ;*

• *paiement à la FFVoile de frais de dossier fixés par décision du bureau de la FFVoile.* (Extrait de l'article 60.2 du Règlement intérieur de la FFVoile – mutation : Principe)
N'est pas considéré comme mutation, tout changement de domiciliation de la licence intervenant après au moins une saison de non-renouvellement de sa licence. (Extrait de l'article 60.1 du Règlement intérieur de la FFVoile – mutation : définition)
La dissolution, radiation, liquidation/faillite, démission ou non-affiliation définitive d'un club ne permet pas aux licenciés de prétendre à la mutation en dehors de la période autorisée. Néanmoins, le licencié sera alors rattaché à la FFVoile jusqu'à la fin de la saison sportive. (Extrait de l'article 60.2 du Règlement intérieur de la FFVoile – mutation : Principe)
Tous les cas litigieux seront soumis à la FFVoile pour arbitrage.

1.6 *Certificat de conformité, de jauge ou de handicap*

Le propriétaire d'un bateau et toute autre personne responsable doivent s'assurer que le bateau est maintenu en conformité avec ses règles de classe et que son certificat de conformité ou de jauge, s'il existe, demeure valide. (Règle 78.1 : conformité aux règles de classe ; certificats)
Le propriétaire ou le responsable du bateau doit, sous sa seule responsabilité, s'assurer en outre que son bateau est conforme aux règles d'armement et de sécurité prescrites par les lois, règlements et arrêtés de l'Administration. (Prescription de la FFV qui suit la règle 78.1)
Lorsqu'une règle exige la présentation d'un certificat avant qu'un bateau ne coure, et qu'il n'est pas présenté, le bateau peut courir pourvu que soit remise au comité de course une déclaration signée par la personne responsable, affirmant que le certificat valide existe et qu'il sera fourni au comité de course avant la fin de l'épreuve. Si le certificat n'est pas présenté à temps, le classement du bateau doit être retiré des résultats de l'épreuve. (Règle 78.2 : conformité aux règles de classe ; certificats)
Il ne s'agit pas de rejeter ou d'annuler une inscription mais d'ignorer un concurrent qui ne serait pas en règle avec son autorité nationale, sans pour autant refaire tous les calculs.
Sur une épreuve particulière des procédures de contrôle préliminaires peuvent être mises en place, avec apposition d'un tampon sur les voiles présentées par les concurrents. Le timbrage des voiles ne constitue pas une jauge en soi. *Les voiles conformes au regard de la règle 77 (identification sur les voiles) et à l'annexe G et du code de publicité : soit emblème de classe, lettre de nationalité, identification sur les voiles y compris spinnaker seront identifiées par un timbrage indélébile particulier pour l'épreuve. En aucun cas ces contrôles ne peuvent être considérés comme des opérations de jauge des voiles. Chaque coureur restant responsable de la conformité au regard de la jauge.*
Ces opérations d'identifications peuvent être accompagnées d'une jauge préliminaire à l'épreuve. Le chef mesureur apposera alors son tampon personnel de jaugeur FFVoile, sur les voiles conformes au regard de la jauge de la classe concernée.

1.7 *Identification (numéro de voile, etc.)*

Un bateau doit satisfaire aux exigences de l'annexe G (Identifications sur les voiles) *régissant l'emblème de classe, les lettres de nationalité et les numéros dans les voiles.* (Règle 77 : Identification sur les voiles)

Tout bateau de classe internationale ou de classe reconnue ISAF doit arborer dans sa grand-voile et, tel que prévu par les règles G1.3 (d) et G1.3(e) pour les lettres et les numéros seulement, dans son spinnaker et sa voile d'avant. (Règle G 1.1 : identification)

a) l'emblème identifiant sa classe ;

b) dans toutes les épreuves internationales, sauf lorsque les bateaux sont fournis à tous les concurrents, des lettres de nationalité indiquant son autorité nationale conformément au tableau ci-dessous. Pour les besoins de cette règle, les épreuves internationales sont les épreuves ISAF, les championnats du monde et continentaux, et les épreuves qualifiées d'internationales dans leur avis de course et leurs instructions de course ; et

Pour les régates franco-françaises les lettres de nationalité peuvent ne pas figurer sur les voiles.

c) un numéro de voile de pas plus de quatre chiffres attribué par son autorité nationale ou, lorsque cela est prescrit par les règles de classe, par l'association internationale de classe. La limitation des quatre chiffres ne s'applique pas aux classes dont l'adhésion à l'ISAF où la reconnaissance par l'ISAF est antérieure au 1er avril 1997. L'autre possibilité, si cela est autorisé par les règles de classe, est que le propriétaire se voit attribuer, par l'autorité compétente concernée, un numéro de voile personnel qui peut être utilisé pour tous ses bateaux dans cette même classe (cas des voiliers radiocommandés) (règle G1.1 : Identification).

Le comité de course peut exiger que les numéros soient en conformité avec le certificat de mesure (voile et spi). L'achat de voiles d'occasion (avec des numéros différents) ne permet pas aux concurrents de déroger à cette règle d'identification. Éventuellement, après en avoir demandé l'autorisation par écrit au comité de course vous pourriez, s'il n'y a pas de doublon, être autorisé pour cette seule régate à utiliser un numéro différent de celui porté sur le certificat de mesure. Si deux bateaux souhaitent s'inscrire avec le même numéro dans les voiles, c'est celui qui disposera du certificat de mesure correspondant qui aura priorité. L'autre devra se conformer à son certificat ou tenter d'obtenir une dérogation pour soit enlever un chiffre soit en ajouter un.

Il n'est pas inutile de conseiller aux concurrents de vérifier leur numéro de voile en levant le nez quand elle est hissée. Un numéro reporté à la va-vite sur un sac n'est pas fiable. Le concurrent « distrait » se verra noté DNC à chaque course. Et un concurrent, pourtant pointé à chaque marque par les commissaires, sera rejeté par l'ordinateur, parce que ne figurant pas dans la liste des inscrits. Et ne pensez pas que cela n'arrive qu'au débutant !

Les voiles jaugées avant le 31 mars 1999 doivent être conformes à la règle G1.1 ou aux règles en vigueur au moment où elles ont été jaugées. (Règle G1.1 : Identification).

*** Extrait de quelques lettres d'autorités nationales**
FRA : France
BEL : Belgique
ESP : Espagne
GBR : Royaume-Uni
GER : Allemagne
ITA : Italie
MON : Monaco
SUI : Suisse

Illustration 1.7.1

Les lettres de nationalité et les numéros de voile doivent être en lettres capitales et chiffres arabes, clairement lisibles et de la même couleur. Les typographies disponibles dans le commerce et qui offrent une lisibilité équivalente ou meilleure que «Helvétique» sont acceptables. (Règle G1.2 (a) Spécifications)

Illustration 1.7.2

Les dimensions des caractères et l'espace minimum entre des caractères juxtaposés sur le même côté et sur les côtés opposés de la voile doivent être en rapport à la longueur hors tout du bateau comme indiqué ci-dessous : (règle G1.2 (b) Spécifications)

FRA
12345
67890

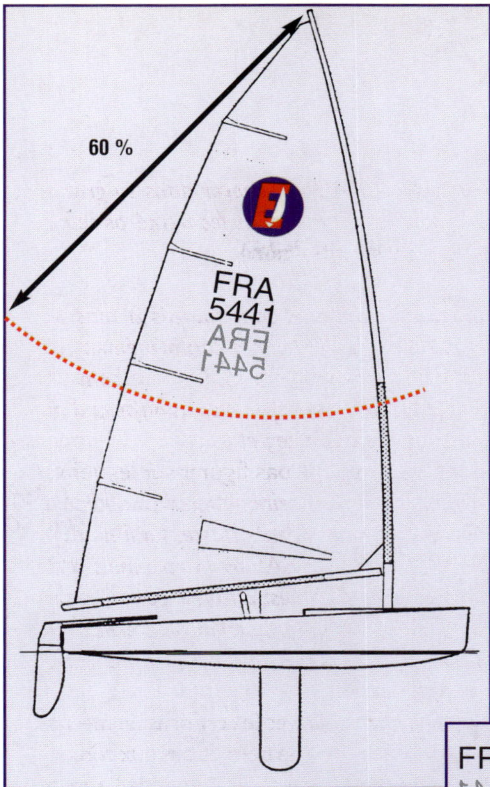

L'emblème de classe, les lettres de nationalité et les numéros de voile doivent être positionnés comme suit : (règle G1.3 Position)

Illustration 1.7.3

Sauf lorsque cela est prévu autrement par (d) et (e) ci-dessous, l'emblème de classe, les lettres de nationalité et les numéros de voile doivent être, lorsque cela est possible, entièrement au-dessus d'un arc dont le centre est le point de drisse et dont le rayon est 60 % de la longueur de la chute. Ils doivent être placés à des hauteurs différentes de chaque côté de la voile, ceux du côté tribord étant au-dessus. (Règle G1.3 a Position)

Illustration 1.7.4

Les lettres de nationalité doivent être placées au-dessus du numéro de voile. (Règle G1.3 c Position)

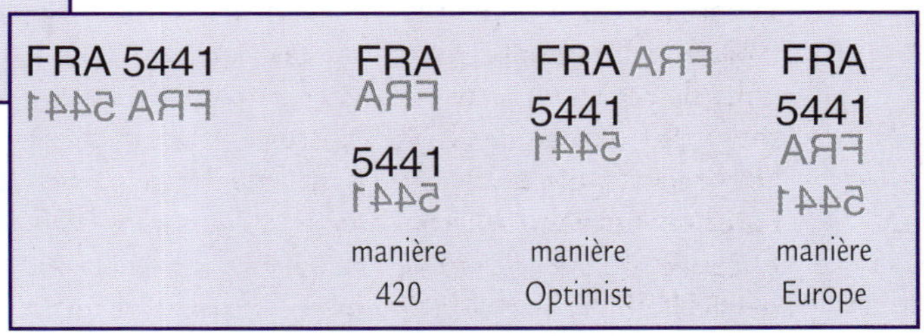

Illustration 1.7.5

(b) L'emblème de classe doit être placé au-dessus des lettres de nationalité. Si l'emblème de classe est un dessin tel que, quand deux emblèmes placés dos à dos des deux côtés de la voile coïncident, ils peuvent être ainsi placés. (Règle G1.3 b : Position)

Illustration 1.7.6

Les lettres de nationalité et le numéro de voile doivent être placés sur la face avant d'un spinnaker mais peuvent être placés des deux côtés. Ils doivent être entièrement au-dessous d'un arc dont le centre est le point de drisse, et dont le rayon est 40 % de la médiane de la bordure et, lorsque cela est possible, entièrement au-dessus d'un arc de rayon égal à 60 % de la médiane de la bordure. (Règle G1.3 d : Position)

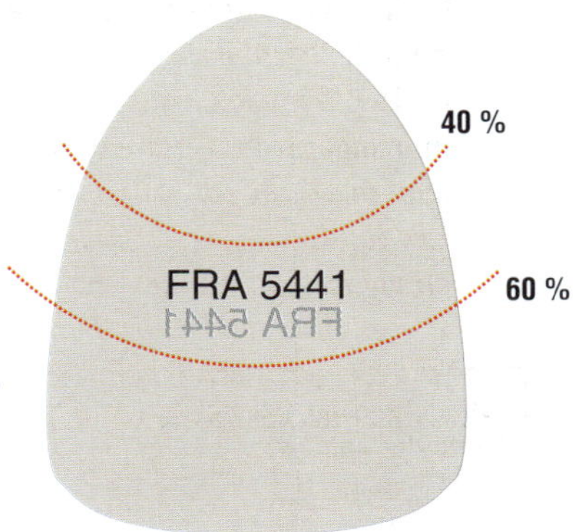

Illustration 1.7.7

Les lettres de nationalité et les numéros de voile doivent être placés des deux côtés d'une voile d'avant dont le point d'écoute peut venir en arrière du mât à 30 % ou plus de la longueur de la bordure de la grand-voile. Ils doivent être entièrement au-dessous d'un arc dont le centre est le point de drisse, et dont le rayon est la moitié du guindant, et lorsque cela est possible, entièrement au-dessus d'un arc dont le rayon est 75 % de la longueur du guindant. (Règle G1.3 e : Position)

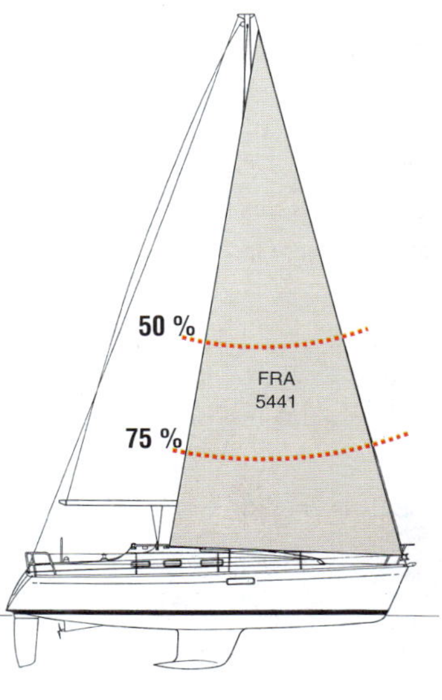

Les autres bateaux doivent satisfaire aux règles de leur autorité nationale ou de leur association de classe eu égard à l'attribution, au port et à la taille de l'emblème, des lettres et numéros. Les dites règles doivent, lorsque cela est possible, être en conformité avec les exigences ci-dessus. (Règle G2 : autres bateaux)

Les bateaux participant à une compétition en France doivent respecter les règles de l'annexe G. Toute association nationale de classe désirant modifier l'une des règles de l'annexe G doit au préalable avoir obtenu l'autorisation de la FFV. (prescription FFV suivant la règle G2 autres bateaux)

Un concurrent ne pourra pas reprocher à un comité de course de ne pas l'avoir enregistré sur la ligne de d'arrivée pour cause d'absence d'identification. Cette absence (parfois sciemment entretenue avec l'idée que «pas vu pas pris») ne permet pas au comité d'identifier ce bateau en cas de rappel individuel. Cette attitude antisportive peut se retourner contre ce bateau car : « pas vu, pas pris au départ. Pas vu, pas pris à l'arrivée » toute une régate pour rien, seulement à cause d'absence de numéros dans les voiles.

Lorsqu'un comité de réclamation établit qu'un bateau a enfreint une règle de cette annexe, il doit soit l'avertir et lui laisser le temps de se mettre en conformité, soit le pénaliser. (G4 : avertissements et pénalités)

Cette règle n'est pas à confondre avec les infractions aux règles de jauge ou de classe, qui elles conduisent à une pénalisation (cf. chapitre Réclamation). Il ne s'agit que de numéros d'identification.

1.8 Port de publicité

(licence de publicité individuelle, carte d'autorisation de port de publicité)

Les publicités sur les voiles doivent être clairement séparées des lettres de nationalité et numéros de voile. (Règle 20.2.3. du code de publicité : généralités)

Le port de publicité sur les voiliers est régi par la règle 79 des règles de course à la voile (RCV 2001-04), le code de publicité de l'ISAF et les prescriptions de la FFV. (Règlement technique des compétitions : chapitre IV Port de publicité)

Le propriétaire (ou son représentant) doit mentionner sur le formulaire d'inscription à une compétition s'il est titulaire ou non d'une carte annuelle ou d'une autorisation ponctuelle. (prescription FFV au code de publicité : n° 7.1 procédures de contrôle)

Le propriétaire (ou son représentant) ou le coureur doit pouvoir présenter sa carte annuelle ou son attestation ponctuelle au moment de l'inscription à une compétition. (prescription FFV au code de publicité : n° 7.2 procédures de contrôle)

Un bateau et son équipage doivent respecter l'annexe 1 (Code de publicité) (règle 79 publicité)

Cette annexe (code de publicité) *ne peut être modifiée ni dans les instructions de course ni par les prescriptions d'une autorité nationale. Quand des obligations gouvernementales sont en contradiction avec certains de ses articles, ces obligations s'appliquent dans la mesure où elles sont plus restrictives.* (préambule de l'annexe 1 : code de publicité)

Tous les bateaux portant de la publicité de catégorie C en accord avec les articles 20.4 (catégorie C) *et 20.5* (niveau de pub maximum pour bateau courant avec handicap) *peuvent être tenus de verser un droit uniquement à leur autorité nationale.* (Règle 20.7.1 du code de publicité)

Si le statut de catégorie C est choisi, seule l'autorité nationale peut introduire un système de licence de publicité individuelle, pour autoriser ses concurrents à porter de la publicité sur leur bateau/planche. (Règle 20.4.3 du code de publicité)

Les prescriptions à cette annexe font l'objet d'un document spécifique disponible à la FFV et ayant valeur

de prescription officielle (publié la première fois dans la lettre de *Grand Voile* janvier 2001 - supplément au n° 95)
En application des articles 20.4.3 et 20.7.1 du Code de publicité de l'ISAF, tout voilier ou toute planche à voile participant à une compétition en France et portant une marque publicitaire autre que celles définies en 1a et 1b ci-dessous doit être titulaire d'une carte annuelle ou d'une attestation ponctuelle d'autorisation de port de publicité, délivrée par la FFVoile et en cours de validité... (Prescription FFV n° 1 : carte d'autorisation de port de publicité)
À l'exception des dispositions des articles 20.3.1 (type de publicité autorisé à tout moment) *et 20.3.3* (Équipement fourni par l'organisateur), *le droit de porter de la publicité sur les coques, voiles et espars relève uniquement du droit et de la responsabilité du concurrent, étant entendu que ce droit peut faire l'objet d'un contrat avec des tiers ou leur être rétrocédé, à la discrétion du concurrent.* (Règle 20.4.6 du code de publicité)
Le fait de disposer sur sa voile d'un graphisme de l'un des partenaires de la FFVoile, entrant dans la définition de publicité, n'autorise pas un concurrent à se soustraire à son obligation de disposer d'une carte de publicité. Si un concurrent ne veut pas régler la cotisation correspondante à la taille de son bateau, rien ne l'empêche de s'acheter (sans réduction), ses propres voiles qui resteront vierges de toute publicité et... sans débourser la cotisation « carte pub ». Sinon il devra se conformer, comme tous les porteurs d'une publicité sur le bateau ou la planche à voile, aux règlements fédéraux, à la réglementation technique et aux conditions d'inscription telles qu'indiquées dans l'avis de course.

Définition

Pour les besoins de ce code, la publicité comprend le nom, le logo, le slogan, leur description, représentation, modification ou altération, ou toute autre forme de communication qui promeut un organisme, une personne, un produit, un service, une marque ou une idée, de sorte à attirer l'attention des individus ou des organismes, ou à les persuader de l'acheter, l'approuver ou le soutenir de quelque autre façon... (Règle 20.1 définition de la publicité)
Par contre ne sont pas considérées comme publicité soumise à la possession d'une carte de pub et ne nécessitent donc pas de carte de pub : les *marques publicitaires portées dans le cadre de l'article 20.3.1 du Code de publicité de l'ISAF.* (Prescription FFV n° 1a : carte d'autorisation de port de publicité)
Les : *nom, initiales ou logo d'un club affilié à la FFVoile, d'une ligue régionale de voile, d'un comité départemental de voile ou de la Fédération Française de Voile, si le marquage est d'une surface inférieure à 400 cm² et apposé soit sur le tableau arrière s'il existe, soit sur les 10 % arrière de la longueur des coques ou flotteurs.* (Prescription FFV n° 1b : carte d'autorisation de port de publicité)
Elles entrent dans la catégorie A, SANS CARTE
Conformément à l'article 20.3.1 (d) du code de publicité de l'ISAF, l'Autorité organisatrice d'une compétition dispose automatiquement d'un espace pour afficher la publicité de son choix.
Les concurrents sont tenus de porter cette publicité seulement si cette disposition a été mentionnée dans l'avis de course... (Publicité «organisateur» Chapitre IV.3 du Règlement technique des compétitions).

Les types de publicité suivants sont autorisés ou requis comme suit et s'appliquent à tout moment :
- Marque* de maître voilier
- Marque* de constructeur bateau/PAV
- avant réservé à l'organisateur (i.e... Avis de Course)
- *Les concurrents peuvent apposer de la publicité sur les vêtements et équipement personnel sans restriction.* (Règle 20.3.1.e du code de publicité)

* doit tenir dans un carré de 150 x 150 mm.

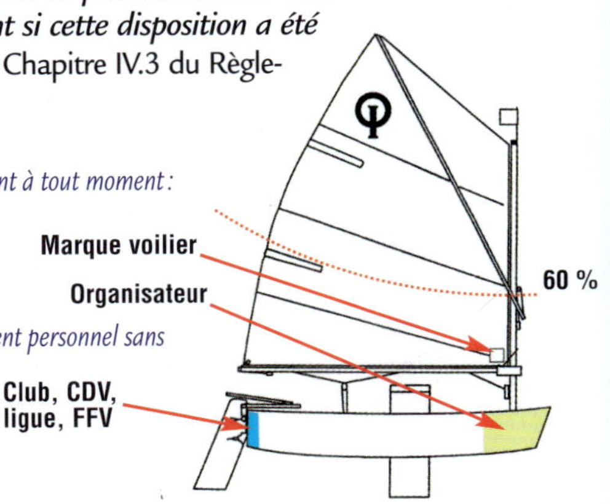

Restrictions

N'importe quoi ne peut être inscrit sur un bateau, une planche à voile ou sur habillement de son équipage.

Aucune publicité pour le tabac ou les boissons alcoolisées n'est autorisée (loi Évin). Règlement technique FFV

Les publicités et tout ce qui est promu doivent satisfaire aux principes généralement acceptés de morale et d'éthique. (20.2.2 du code de publicité ISAF: généralité) et (1 IV.2 Règlement technique)

Les publicités sur les voiles doivent être clairement séparées des lettres de nationalité et numéros de voile. (Règle 20.2.3. du code de publicité: généralités)

Catégories

Il ne reste plus que deux catégories de publicité:

- Ou vous n'avez droit à rien en dehors des marques de fabricants (20.3.1 du code de publicité) et des 10 % arrière pour votre club, CDV, ligue ou FFVoile
- Ou vous pouvez mettre de la publicité sans être restreint dans le nombre de vos « parraineurs » pourvu que vous laissiez l'identification de votre (s) voile(s) clairement séparée (règle 20.2.3 du code de publicité) et l'avant de votre coque qui peut être utilisé par l'organisateur.

En addition du paragraphe 20.3.1 (marque de fabriquant), de la publicité complémentaire choisie par le bateau individuel peut être apposée dans les catégories suivantes:

a) Catégorie A *Pas de publicité complémentaire.*
Un bateau ne doit pas porter de publicité, sauf tel que requis ou autorisé par le Code de publicité ISAF. (marque de fabriquant: règle 20.2.1 catégorie)

b) Catégorie C *La publicité est autorisée comme pour la catégorie A, et de plus, sans restriction sur les coques, espars et voiles, à l'exception de l'espace réservé à l'identification prévue dans l'annexe G* (identification sur les voiles) *et la section 20.3.1 (b)* (marque du fabriquant de voile), *(c)* (marque de constructeur) *et (d)* (publicité de l'organisateur). (Règle 20.3.2 du code de publicité: catégorie).

La carte

1) Autorisation de port de publicité:

Tout concurrent arborant de la publicité individuelle sur son voilier doit posséder, pour s'inscrire à une compétition, une autorisation valide délivrée par la FFVoile, qu'il s'agisse d'une carte annuelle ou d'une autorisation ponctuelle, selon le système prescrit par la FFVoile conformément aux articles 20.4.3 et 20.7.1 du code de publicité de l'ISAF. (publicités individuelles portées par les voiliers: article IV.2 du règlement technique des compétitions)

En application des articles 20.4.3 (système de licence de publicité individuelle) *et 20.7.1* (cotisation à la FFV) *du Code de publicité de l'ISAF, tout voilier ou toute planche à voile participant à une compétition en France et portant une marque publicitaire autre que celles définies en 1a* (fabriquant) *et 1b* (club… FFVoile)… *doit être titulaire d'une carte annuelle ou d'une attestation ponctuelle d'autorisation de port de publicité, délivrée par la FFVoile et en cours de validité…* (prescription FFV au code de publicité: n° 1 carte d'autorisation de port de publicité)

2) Titulaire de la carte

Le titulaire de la carte ou de l'attestation ponctuelle est le propriétaire (ou le responsable à bord) du voilier ou de la planche à voile, identifié par le nom de la série ou du type, par le numéro de voile et éventuellement par le nom de baptême du bateau. Le skipper ou le responsable à bord est considéré, pour toute régate à laquelle il inscrit le voilier ou la planche à voile, comme le représentant mandaté du propriétaire. À ce titre, il lui appartient de s'assurer et de prouver qu'il est en règle avec la présente prescription. (prescription FFV au code de publicité : n° 2, titulaire de la carte)

3) Validité
La carte annuelle, délivrée par la FFVoile, est valable du 1er janvier au 31 décembre de l'année en cours. Les cartes souscrites à partir du 1er octobre seront valides jusqu'au 31 décembre de l'année suivante. (prescription FFV au code de publicité : n° 3 Validité)
L'attestation ponctuelle est valable pour une seule épreuve dont la durée n'excède pas sept jours consécutifs, identifiée par son titre, le lieu et les dates.
Seule la carte annuelle peut être délivrée aux planches à voile ou aux voiliers appartenant à la catégorie 1 telle que définie à l'article 6 ci-dessous.

4) Cotisation
La délivrance d'une carte annuelle ou d'une autorisation ponctuelle d'autorisation de port de publicité est soumise au versement d'une cotisation proportionnelle à la longueur du voilier, telle que définie dans l'article 6 ci-dessous. Cette cotisation est principalement destinée à couvrir les frais de jauge et d'arbitrage résultant de l'application des règles relatives à la publicité sur les voiliers. (prescription FFV au code de publicité : n° 4 Cotisation)

5) Procédure de délivrance
La carte annuelle ou l'attestation ponctuelle doit être demandée à la FFVoile au moyen du formulaire type à retirer dans les clubs, dans les ligues, les comités départementaux ou à la fédération, et à envoyer à la FFVoile accompagné du règlement correspondant à l'ordre de la FFVoile, 15 jours au moins avant la première participation du voilier ou de la planche à voile à une compétition.
Les autorisations souscrites en retard sur le lieu même de la régate seront majorées d'une somme forfaitaire de 50 F pour constitution de frais de dossier qui restera acquise au club organisateur. (prescription FFV au code de publicité : n° 5 procédure de délivrance)
L'organisateur doit ensuite, dans les plus brefs délais, faire parvenir à la FFVoile les formulaires accompagnés du montant des cotisations correspondantes. (paragraphes IV.4 délivrance des cartes sur le lieu de l'épreuve : règlement technique des compétitions)
Si vous souscrivez à cette obligation, sur le site d'une régate, demandez à l'organisateur de vous remettre : une photocopie du formulaire que vous aurez complété accompagné du chèque ou de la mention attestant du versement en espèces. Puis faites authentifier cette photocopie par le tampon du club et signature du président du comité de course ou du jury. Vous ne serez ainsi pas obligé de repayer une cotisation en attendant la réception de votre carte.

6) catégories de taille des voiliers
Pour la délivrance de la carte ou de l'attestation ponctuelle, les voiliers ou les planches à voile sont répartis en sept catégories :

Catégorie 1 : Tout voilier d'une longueur hors tout inférieure à 6,30 m et toute planche à voile.
Catégorie 2 : Tout voilier d'une longueur hors tout supérieure ou égale à 6,30 m et inférieure à 8 m.
Catégorie 3 : Tout voilier d'une longueur hors tout supérieure ou égale à 8 m et inférieure à 9,50 m.

Catégorie 4 : Tout voilier d'une longueur hors tout supérieure ou égale à 9,50 m et inférieure à 11 m.
Catégorie 5 : Tout voilier d'une longueur hors tout supérieure ou égale à 11 m et inférieure à 13 m.
Catégorie 6 : Tout voilier d'une longueur hors tout supérieure ou égale à 13 m et inférieure à 18 m.
Catégorie 7 : Tout voilier d'une longueur hors tout supérieure ou égale à 18 m.

Conformément à l'article 3 ci-dessus, l'autorisation ponctuelle ne pourra être souscrite pour les planches à voile et les voiliers de catégorie 1, qui devront obligatoirement souscrire une carte annuelle. (prescription FFV au code de publicité : n° 6 catégorie des bateaux)

Niveau de pub maximum, illustration ci-dessous.
Si la catégorie C est décidée, les classes ISAF (à l'exception des classes olympiques) et les classes non-ISAF (y compris les classes nationales) peuvent déterminer le niveau maximum de publicité. Toute restriction à la catégorie C doit être incluse dans les règles de classe et soumise à l'approbation du conseil de l'ISAF. Les classes olympiques ne peuvent en aucune façon restreindre la catégorie C. (Règle 20.4.5 du code de publicité) voir illustration de la décision du comité directeur du 09/12/2000 en 1.8.2

Pour l'instant, les différentes classes de voile légère contactées n'ont pas encore déterminé avec précision leur niveau de publicité maximum.
On peut tout de même penser que ce qui était autorisé jusqu'en 2000 le sera encore. Il faut attendre les assemblées générales des classes internationales comme Optimist, 420, etc., qui ont lieu pendant les championnats d'été, pour avoir une description finalisée.

Figure 1.8.2

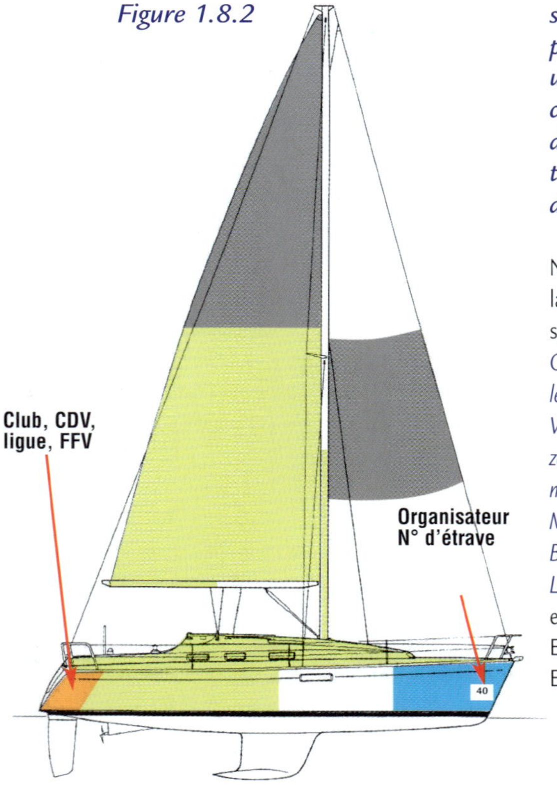

L'autorité nationale d'un concurrent, selon le bateau sur lequel il régate, peut décider que le statut de publicité A ou C s'applique aux bateaux courant sous un système de jauge/handicap. Si la catégorie C est choisie, l'autorité nationale du concurrent peut déterminer le niveau maximum de publicité. Si l'autorité nationale n'émet aucune règle, la catégorie A doit s'appliquer. (Règle 20.5.1 du code de publicité)

Niveau de publicité maximum (décision du comité directeur de la FFVoile du 09/12/2000) pour ... classes courant sous un système de handicap ou de jauge .... (zones en vert)
Coques : Moitié arrière de la coque parties extérieures des coques pour les catamarans, pont, roof, et cockpit.
Voiles : moitié inférieure de la grand-voile (en dessous d'une ligne horizontale partant de la mi-hauteur du guindant) spinnaker en entier (sauf numéros d'identification)
Mât : tiers inférieur
Bôme : moitié arrière
Le nombre de publicités n'est pas limité
en orange, pour les clubs, CDV, etc.
En bleu : zone réservée aux organisateurs.
En gris zone réservée à l'identification.

7) procédures de contrôle

• *Contrôle à l'inscription*

Les organisateurs sont tenus de vérifier, au moment de l'inscription, que les concurrents sont en règle avec les prescriptions de la FFVoile. La carte annuelle ou l'autorisation ponctuelle doit être présentée au moment de l'inscription. L'organisateur doit remettre la liste des concurrents... (Contrôle Chapitre IV.4 du Règlement technique des compétitions)

Le comité organisateur de toute compétition doit, avant le départ de la première course, remettre au président du comité de course une liste mentionnant les voiliers et/ou planches à voile titulaires d'une carte annuelle ou d'une autorisation ponctuelle... (prescription FFV au code de publicité : n° 7.3, procédure de contrôle)

• *Contrôle en course*

Un contrôle doit être effectué sur l'eau pour vérifier que les voiliers portant de la publicité figurent sur la liste, **établie lors de l'inscription et remise au comité de course.** ***Dans le cas contraire, le comité de course doit faire un rapport au jury.*** (Contrôle Chapitre IV.4 du Règlement technique des compétitions)

Bateaux fournis

Lorsque l'équipement est fourni par l'autorité organisatrice de l'épreuve, la publicité de catégorie C sur l'équipement fourni est disponible pour l'autorité organisatrice. (Règle 20.3.3 du code de publicité)

Réclamations concernant ce code de publicité

Dans le cas où un président de comité de course constate qu'un voilier ou une planche à voile portant de la publicité au-delà de ce qui est permis dans les articles 1.a et 1.b (i.e. marque de fabricant et/ou logo club, etc., FFV) *ne figure pas sur la liste définie en 7.3* (liste des cartes présentées à la confirmation des inscriptions) ..., *il doit faire un rapport au comité de réclamation qui agira conformément à l'article 20.9.1* (réclamation selon le code de publicité) *du Code de publicité de l'ISAF.* (prescription n° 7.4 procédure de contrôle).

MAIS

Une infraction au système de licence d'une autorité nationale ne peut pas faire l'objet d'une réclamation selon ce code. (Règle 20.4.3 du code de publicité). Mais elle le permet en cas de non-conformité avec les modalités d'inscription précisées dans l'avis de course et aux formalités obligatoires d'inscription (commentaire B Bonneau IJ).

Cette annexe ne peut être modifiée ni dans les instructions de course ni par les prescriptions d'une autorité nationale (préambule du code de publicité).

Lorsque, après avoir établi les faits, un comité de réclamation décide qu'un bateau ou son équipage a enfreint un article de ce code, il doit

a) donner un avertissement ; ou

b) disqualifier le bateau selon la règle 64.1 des RCV ; ou

c) disqualifier le bateau pour plus d'une course ou pour la série, lorsqu'il décide que l'infraction mérite une pénalité plus importante ; ou

d) agir selon la règle 69.1 des RCV, lorsqu'il décide qu'il peut y avoir eu une grave violation. (Règle 20.9.1 du code de publicité)

Cependant, l'autorité organisatrice ou le comité de course ne doit pas rejeter ou annuler l'inscription d'un bateau ou exclure un concurrent à cause de la publicité, à condition que le bateau ou concurrent respecte l'annexe 1. règle 76.1 exclusion de bateaux ou de concurrents.

1.9 Licence P et T pour les bateaux radiocommandés VRC

Pour les bateaux radiocommandés, il est de la responsabilité des concurrents d'être en règle avec les textes édictés par l'administration dont dépend l'équipement de radiocommande. (instructions de course type VRC FFV.)
Vous avez satisfait à toutes les exigences de l'autorité organisatrice :

VOUS ÊTES MAINTENANT INSCRIT

1.10 Les instructions de course

Après la confirmation de votre inscription, vous sont remises les instructions de course, ou au moins, les annexes aux instructions de course type de la FFV propres aux particularités de l'épreuve :
Les instructions de course doivent être mises à disposition de chaque bateau avant le début d'une course. La signification des signaux visuels et sonores définis dans « Signaux de course » ne doit pas être modifiée sauf selon la règle 86.1 (b) (modifications des règles). *La signification de tous les autres signaux pouvant être utilisés doit être précisée dans les instructions de course.* (Règle 25 : instruction de course et signaux)
Le comité de course doit publier des instructions de course écrites conformes à la règle J2 (Contenu des instructions de course). (Règle 88.2a)
La FFV édite des instructions de course types qui sont applicables pour toutes les compétitions jusqu'au niveau national. Pour les compétitions locales, départementales, régionales ou interrégionales, l'affichage du texte général des instructions de course type sera considéré comme suffisant pour l'application de la règle 25, à condition qu'une annexe propre aux particularités de l'épreuve et au plan d'eau soit remise à chaque concurrent. (prescription FFV en début de l'annexe J : avis de course et instruction de course)
Pour certaines épreuves, sur lesquelles les organisateurs auraient pu se contenter de distribuer les annexes, il peut être remis à chaque concurrent le texte complet des instructions de course propres à l'épreuve. Ce texte peut diverger sur certains points avec celui des instructions de course type de la FFV. Le maintien de l'affichage des IC type FFV au tableau officiel dans ce cas ne peut qu'entraîner des confusions. L'affiche des IC type doit être remplacée par le texte remis aux concurrents de l'épreuve.
Les instructions de course pour une épreuve internationale doivent comprendre, en anglais, les prescriptions de l'autorité nationale qui s'appliquent. (Règle 88.2b)
Les instructions de course doivent contenir les informations suivantes :

1) que la course sera régie par les règles telles que définies dans les Règles de course à la voile ;
2) une liste des autres documents qui régiront l'épreuve (par exemple les Règles pour l'équipement des bateaux, dans la mesure où elles s'appliquent) ;
3) le programme des courses, les classes admises à courir et l'heure des signaux d'avertissement pour chaque classe ;
4) le(s) parcours à effectuer, ou une liste des marques parmi lesquelles le parcours sera établi, et, si nécessaire, comment les parcours seront signalés ;
5) une description des marques, y compris les marques de départ et d'arrivée, en établissant

l'ordre de passage, et le côté requis de chacune, et en identifiant toutes les marques à contourner (voir la règle 28.1) (effectuer le parcours = le fil);

6) les descriptions des lignes de départ et d'arrivée, des pavillons de classe et de tous signaux particuliers utilisés;

7) le temps limite pour finir, s'il existe;

8) le système de classement, soit en citant la référence à l'annexe A, aux règles de classe ou aux autres règles régissant l'épreuve, soit en le mentionnant en entier. Préciser le nombre de courses programmées et le nombre minimum de courses qui doivent être terminées pour constituer une série. (Règle J2.1)

Les instructions de course doivent aussi contenir ce qui s'appliquera parmi ce qui suit:

1) que la publicité sera restreinte à la catégorie A (voir annexe 1) et toute autre information relative à l'annexe 1;

2) que le système ISAF de classification des concurrents (ou tout autre système de classification des concurrents) s'appliquera;

3) le remplacement des règles applicables du chapitre 2 par le Règlement international pour prévenir les abordages en mer ou autres règles gouvernementales de priorité, l'heure (s) ou le lieu(x) où elles s'appliqueront, et tous signaux nocturnes devant être utilisés par le comité de course;

4) les modifications aux règles de course autorisées par la règle 86, avec référence spécifique à chaque règle et indication de la modification;

5) que les prescriptions de l'autorité nationale ne s'appliqueront pas; (Règle J2.2)

...

13) les exigences de sécurité, telles que les exigences et les signaux pour la flottabilité individuelle, le pointage sur la zone de départ, les émargements à terre au départ et au retour;

14) les obligations de déclarations;

...

Les modifications aux instructions de course doivent être faites par écrit et affichées dans le délai requis sur le tableau officiel d'affichage ou, sur l'eau, communiquées à chaque bateau avant son signal d'avertissement. Des modifications orales ne peuvent être données que sur l'eau, et uniquement si la procédure est spécifiée dans les instructions de course. (Règle 88.2c)

Attention au Briefing

Les concurrents sont en droit de ne prendre en compte exclusivement que les instructions de course et les avenants pour toutes les particularités de la course. La règle 88.2 (c) exige que les modifications aux instructions de course soient faites par écrit (Cas ISAF 32)

1.11 *Respect des règles*

Il reste quelques règles de bonne conduite à rappeler avant de régater

Les concurrents du sport de la voile sont soumis à un ensemble de règles dont on s'attend à ce qu'ils les suivent et les respectent. Un principe fondamental de sportivité est que les concurrents qui enfreignent une règle effectueront rapidement une pénalité ou abandonneront. (Règle de base: sportivité et règles)

La réception de la licence (titre délivré par la FFV) par son titulaire vaut engagement de se soumettre aux règles fédérales nationales et internationales et à l'autorité disciplinaire

de la fédération. (extrait de l'article 51 du Règlement intérieur de la FFVoile - définition)
Tout licencié est tenu :

- *De se conformer aux lois et règlements en vigueur ainsi qu'aux règlements fédéraux nationaux et internationaux ;*
- *d'avoir en toutes circonstances une conduite loyale envers la fédération, de s'interdire tout comportement de nature à porter atteinte à l'image de la voile ;*
- *de respecter les décisions des arbitres et la souveraineté de l'arbitrage sportif...* (extrait de l'article 58 du Règlement intérieur de la FFVoile - définition)

Règles fondamentales

1 SÉCURITÉ

1.1 Aider ceux qui sont en danger

Un bateau ou un concurrent doit apporter toute l'aide possible à toute personne ou navire en danger.

1.2 Équipement de sauvetage et flottabilité personnelle

Un bateau doit avoir à bord un équipement de sauvetage approprié pour toutes les personnes embarquées, y compris un dispositif prêt pour usage immédiat, à moins que ses règles de classe ne prévoient quelque autre disposition. Chaque concurrent est personnellement responsable du port d'un système de flottabilité personnelle approprié aux conditions.

2 NAVIGATION LOYALE

Un bateau et son propriétaire doivent concourir selon les principes reconnus de sportivité et de jeu loyal. Un bateau peut être pénalisé selon cette règle seulement s'il est clairement établi que ces principes ont été bafoués. Une disqualification selon cette règle ne doit pas être retirée du score du bateau dans la série.

3 ACCEPTATION DES RÈGLES

En participant à une course régie selon les présentes règles de course, chaque concurrent et propriétaire de bateau accepte :

a) d'être soumis aux règles ;

b) d'accepter les pénalités infligées et toute autre mesure prise d'après les règles, sous réserve des procédures d'appel et de révision qu'elles prévoient, en tant que conclusion définitive de toute affaire survenant dans le cadre de ces règles ; et

c) en respect d'une telle décision, de ne pas recourir à toute cour ou tribunal non prévu par les règles.

5 DOPAGE

Un concurrent ne doit pas prendre de substance interdite, ni utiliser de méthode interdite par le code antidopage du Mouvement olympique ou l'Agence mondiale antidopage et doit respecter l'annexe 3 (code antidopage ISAF) *(article 19 du règlement de l'ISAF, Code antidopage ISAF). Une infraction alléguée ou avérée à cette règle doit être traitée selon l'article 19* (Code antidopage ISAF). *Elle ne doit pas constituer motif à réclamation et la règle 63.1* (Nécessité d'une instruction) *ne s'applique pas.*

À partir de l'heure locale du coucher du soleil, les règles du Chapitre 2 ne s'appliquent plus et sont remplacées par le Règlement international pour prévenir les abordages en mer (RIPAM) [COLREG : collision régulation] *(la distance minimale entre deux navires ne devra pas être inférieure à 3 longueurs du plus grand des bateaux).* (voir Cas ISAF 38 navigation de nuit, etc.) ;

Vous avez lu attentivement les instructions de course, préparé votre bateau ou votre planche, il vous reste à prendre «LA DÉCISION»: courir ou rester à terre ?
La décision d'un bateau de participer à une course ou de rester en course relève de sa seule responsabilité. (Règle 4 Décision de courir)
Un bateau doit avoir à bord une personne responsable désignée par le membre ou l'organisation qui a inscrit le bateau. Voir la règle 75 (s'inscrire à une course). (Règle 46 : personne responsable)
Le chef de bord est capitaine de navire au sens du droit maritime ; il en a l'entière responsabilité ainsi que de son équipage. Il s'assure que le navire et tous les équipements requis sont en bon état, que l'équipage a la connaissance et l'aptitude nécessaire pour en assurer la manœuvre et l'utilisation. Il lui appartient de ne pas prendre le départ ou de gagner un abri au cas où les circonstances seraient de nature à mettre en danger son navire et son équipage
- Article 4 de l'arrêté du 3 mai 1995 relatif aux manifestations nautiques en mer -
Pour vous aider à prendre votre décision, *l'autorité organisatrice doit, conformément à l'article 3.3 de l'arrêté du 3 mai 1995, communiquer les prévisions météorologiques adaptées à la manifestation aux participants, au moins par affichage au tableau officiel avant le départ.* - Article 1.4 Réglementation Technique de la FFV

1.12 Bateaux fournis par l'autorité organisatrice

Addenda B à l'annexe K : guide pour les instructions de course

L'instruction de course suivante est recommandée lorsque tous les bateaux seront fournis par l'autorité organisatrice. Elle peut être modifiée pour s'adapter aux circonstances. Lorsqu'elle est utilisée, elle devrait être insérée après l'instruction 3 du Guide pour les instructions de course.

4 BATEAUX

4.1 Les bateaux seront fournis à tous les concurrents, qui ne doivent pas les modifier ou faire en sorte qu'ils soient modifiés en aucune façon, sauf que :
- *a) un compas peut être attaché ou scotché à la coque ou aux espars ;*
- *b) les indicateurs de vent, y compris en tissu ou en fil, peuvent être attachés ou scotchés n'importe où sur le bateau ;*
- *c) les coques, dérives et safrans peuvent être nettoyés seulement avec de l'eau ;*
- *d) du ruban adhésif peut être utilisé n'importe où au-dessus de la ligne de flottaison ; et*
- *e) tout l'accastillage ou équipement prévu pour être réglé peut être réglé pourvu que les règles de classe soient respectées.*

4.2 Tout l'équipement fourni avec le bateau aux fins de navigation doit être dans le bateau lorsqu'il est à flot.

4.3 La pénalité pour une infraction à l'une des règles précédentes sera la disqualification de toutes les courses courues dans lesquelles la règle a été enfreinte.

4.4 Les concurrents doivent rapporter tout dommage ou perte d'équipement, même minime, au représentant de l'autorité organisatrice immédiatement après avoir amarré le bateau à terre. La pénalité pour infraction à cette règle, à moins que le [jury] [comité de réclamation] soit convaincu que le concurrent a fait un effort certain pour y satisfaire, sera la disqualification dans la course la plus récemment courue.

4.5 Les règles de classe obligeant les concurrents à être membres de l'association de classe ne s'appliqueront pas.

À utiliser si la régate n'est pas réservée aux membres d'une classe.

1.13 *Signaux faits à terre*

Une fois que les instructions de course vous sont remises, le comité de course ne peut plus communiquer avec les concurrents que par pavillonnerie et affichage. Il est de sa responsabilité de vous « garder à terre » si les conditions ne sont pas réunies pour vous envoyer sur la zone de course. D'où la nécessité de vous indiquer d'où seront envoyés les signaux faits à terre.

- *Les signaux faits à terre seront envoyés ____ Insérez le lieu. _____________.* (Annexe K : Guide pour les instructions de course : article 4.1).

- *Quand le pavillon Aperçu est envoyé à terre : « 1 minute » est remplacé par « pas moins de __ __ minutes » dans Signaux de course : Aperçu..* (Annexe K : Guide pour les instructions de course : Article 4.2)

Le pavillon « Aperçu » envoyé à terre ne vous oblige pas à rester à terre ou au port, sauf si la mention suivante se trouve dans les instructions de course.
Lorsque le pavillon «aperçu» est envoyé à terre les concurrents doivent impérativement rester à terre (au port selon le cas*) et ne sont pas autorisés à naviguer.*
(OU)

- *Le pavillon «D»* comme départ *avec un signal sonore signifie « Le signal d'avertissement ne sera pas fait moins de _ Insérez le nombre de minutes ___ minutes après l'envoi du pavillon D. [Les bateaux ne doivent pas quitter le port avant l'envoi de ce signal].* (Annexe K : Guide pour les instructions de course : article 4.2) Sur certaine régate, type SOF (Semaine olympique française à Hyères) c'est le pavillon «G» comme «GO» qui envoie les concurrents sur la zone de course et les libère de l'obligation de rester à terre ou au port suivant les classes.

- *Quand le pavillon «Y» est envoyé à terre, la règle 40* (Flottabilité personnelle) *s'applique à tout moment sur l'eau. Ceci modifie le préambule du chapitre 4. Supprimez si une règle de classe s'applique.* (Annexe K : Guide pour les instructions de course : Article 4.3)

Bonne régate au travers des pages de ce livre et sur l'eau.

CHAPITRE 2 - LE PARCOURS

CHAPITRE 2

Après la confirmation de votre inscription vous ont été remises les instructions de course. Ou au moins les annexes aux instructions de course type de la FFV, propres aux particularités de l'épreuve et dans lesquelles vous trouverez la description de l'aire de jeu.

Vous devez trouver également *les informations* qui vous permettront de connaître le parcours ou les parcours parmi lesquels le comité de course aura à faire son choix. *Au plus tard au signal d'avertissement, le comité de course doit faire un signal ou indiquer autrement le parcours à effectuer s'il n'a pas été précisé dans les instructions de course...* (Règle 27.1 Autres actions du comité de course avant le signal de départ)
S'il n'y a qu'un seul parcours et donc en l'absence de choix aucun signal particulier ne sera à faire, à l'exception d'un sens de contournement des marques, qui sera, si nécessaire, fait dans

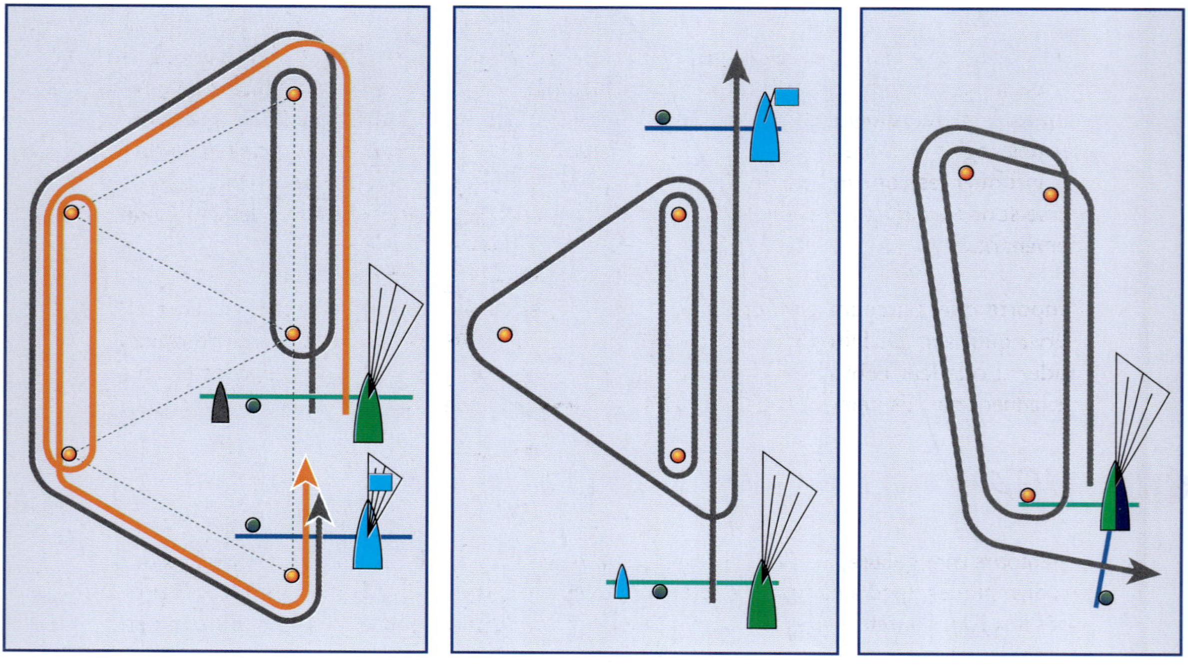

les conditions indiquées dans la règle 27.1. (voir § 5.2) Le comité de course *peut... signaler qu'un parcours réduit défini dans les instruction de course sera utilisé (envoi du pavillon S avec deux signaux sonores)...* (Règle 27.1 Autres actions du comité de course avant le signal de départ)

Sont décrits tour à tour, dans les instructions de course :

- *Le(s) parcours à effectuer, ou une liste des marques parmi lesquelles le parcours sera établi, et, si nécessaire, comment les parcours seront signalés;* (règle J2.1.(4) contenu des IC)
- *les marques, y compris les marques de départ et d'arrivée, en établissant l'ordre de passage, et le côté requis de chacune, et en identifiant toutes les marques à contourner (voir la règle 28.1)* (Effectuer le parcours = le fil) (règle J2.1.(5) contenu des IC). Une marque peut être un bateau (comité de course au départ et à l'arrivée ou qui signale une marque remplacée etc.), une bouée gonflable et même une marque du balisage (tourelle, bouée cardinale, bouée d'entrée de chenal, etc.). Une marque est *un objet tel que les instructions de course exigent d'un bateau qu'il le laisse d'un côté spécifié, et un bateau du comité de course entouré d'eau navigable à partir duquel s'étend la ligne de départ ou la ligne d'arrivée...* (définition de marque)
- *Les lignes de départ et d'arrivée,* (règle J2.1.6 contenue des IC) afin de savoir si vous devez partir et arriver entre un bateau et une marque, entre deux bateaux, entre deux marques.

*Les schémas dans l'annexe _*_ montrent les parcours, incluant les angles approximatifs entre les sections de parcours, l'ordre dans lequel les marques doivent être passées, et le côté duquel chaque marque doit être laissée. [La longueur approximative du parcours sera _**_].*
** Insérez un nombre ou une lettre.*
*** indiquer la longueur en milles nautiques* (Annexe K : Guide pour les instructions de course - article 8.1)
*Au plus tard avec le signal d'avertissement, le bateau du comité de course affichera le cap compas approximatif depuis _***_ jusqu'à la marque 1. *** Insérez soit «Marque__» avec le numéro de la marque sous le vent, soit le «milieu» de la ligne de départ.* (Annexe K : Guide pour les instructions de course - article 8.2)

Il est évident que les angles entre les différents bords sont dépendants de la spécificité de chaque support (dériveur, multicoque, habitable, PAV, VRC etc.) et des possibilités géographiques et météorologiques du site. L'ISAF et/ou les classes préconisent certains parcours avec des angles bien précis. Il est donc tout à fait évident que les organisateurs de régate doivent informer les concurrents du/des parcours qui leur seront proposés. Les instructions de course sont en quelque sorte le mode d'emploi des courses mis à disposition des différents intervenants.

N'importe quel parcours peut être utilisé, triangle, banane, marguerite, étoile, côtier, etc., pourvu qu'il soit parfaitement décrit. Les concurrents peuvent, en connaissance de cause, décider si cela leur convient et donc participer à l'épreuve. Si les parcours proposés ne leur conviennent pas, ils peuvent toujours s'abstenir d'y participer.

2.1 *Différents types de parcours et variantes*

Le parcours triangulaire, abusivement appelé parcours olympique car utilisé autrefois lors des Jeux olympiques, tend à disparaître au profit du parcours en trapèze (nouveaux parcours proposés aux JO). Toutefois d'autres parcours sont couramment proposés aux compétiteurs : en aller et retour, côtier, ou en forme : d'étoile, de marguerite, etc.

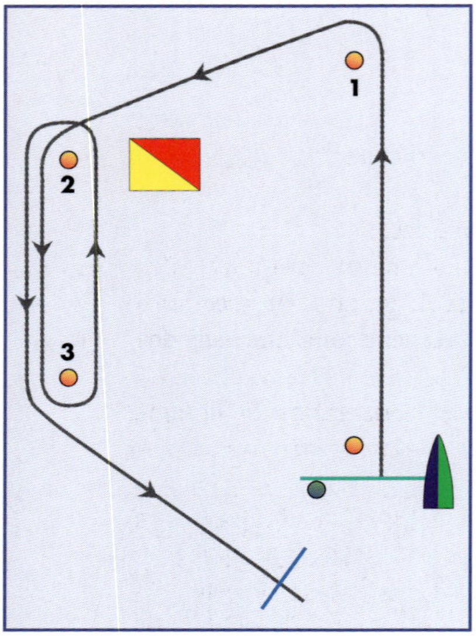

Fig. 2.1.1

Parcours en trapèze (Addenda A de l'annexe K : Guide pour les instructions de course).

Parcours à effectuer sur la **boucle extérieure,** signalé, le plus fréquemment en France : par le pavillon «O» du code international comme «outside»

Description du parcours :

Départ -1-2-3-2-3- Arrivée

Toutes les marques sont à contourner à bâbord.

La ligne de départ se situe sous le vent de la marque sous le vent n° 4 de la boucle intérieure.

La ligne d'arrivée se situe à la fin d'un bord de largue sous le vent de la ligne de départ.

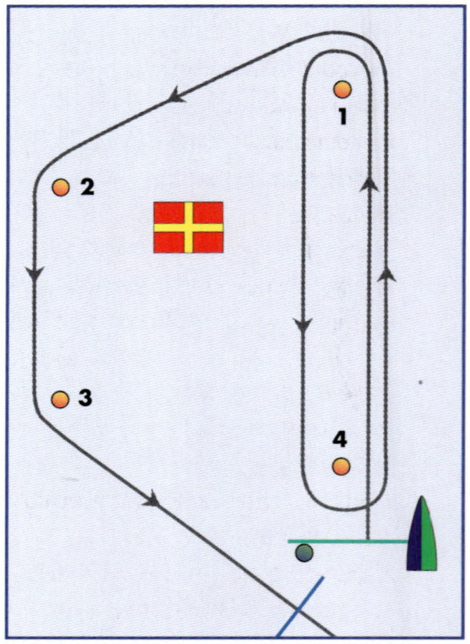

Fig. 2.1.2

Parcours en trapèze (Addenda A de l'annexe K : Guide pour les instructions de course).

Parcours à effectuer sur la **boucle intérieure,** signalé, le plus fréquemment en France : par le pavillon «R» du code international.

Description du parcours :

Départ -1-4-1-2-3- Arrivée

Toutes les marques sont à contourner à bâbord.

La ligne de départ se situe sous le vent de la marque sous le vent n° 4 de la boucle intérieure.

La ligne d'arrivée se situe à la fin d'un bord de largue sous le vent de la ligne de départ.

Des variantes de ce parcours en forme de trapèze consistent à placer la ligne d'arrivée pour une arrivée au louvoyage :

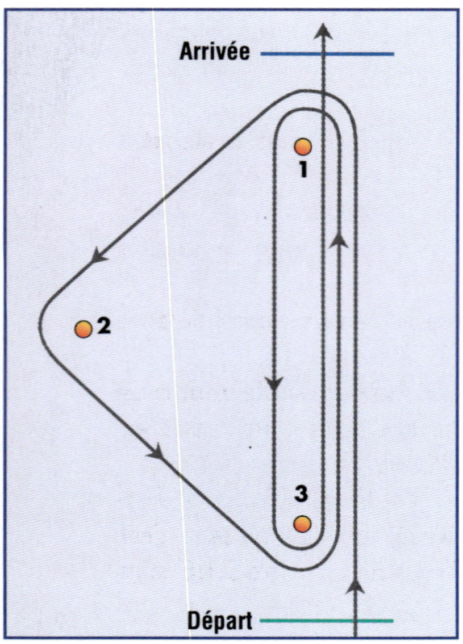

- un petit peu sous le vent de la marque n° 2 ;
- à la fin du dernier bord de largue (illustration 7.1.3).

Les instructions de course indiqueront également *la longueur approximative du parcours et la longueur approximative des sections de louvoyage au vent.* (J2.2 (17))

Fig. 2.1.3

Parcours triangulaire. (Addenda A de l'annexe K : Guide pour les instructions de course).

Description du parcours :

Départ -1-2-3-1-3- Arrivée

Toutes les marques sont à contourner à bâbord

La ligne de départ se situe sous le vent de la marque sous le vent.

La ligne d'arrivée se situe au vent de la marque au vent.

Les parcours triangulaires dits « super olympiques » ont, suivant les supports, des descriptions très différentes. S'il s'agit bien de faire 3 tours, ils peuvent se composer de :

- Un triangle + un «aller - retour» + un triangle + un aller pour les dériveurs;
- Deux triangles suivis d'un «aller - retour» + un aller pour les PAV;
- Un triangle suivi de deux «aller - retour» + un aller pour les habitables.

Il convient donc dans les instructions de course et/ou les annexes de ne pas employer d'expression pouvant prêter à confusion. Une description précise est seule garante de la compréhension. Les illustrations ne sont données qu'à titre indicatif et ne peuvent constituer une description au sens de la règle.

Avant le signal préparatoire le comité de course peut intervenir sur l'orientation de la ligne. Voir chapitre Départ. Puisque: *Au plus tard au signal préparatoire, le comité de course peut déplacer une marque de départ...* (Règle 27.2)

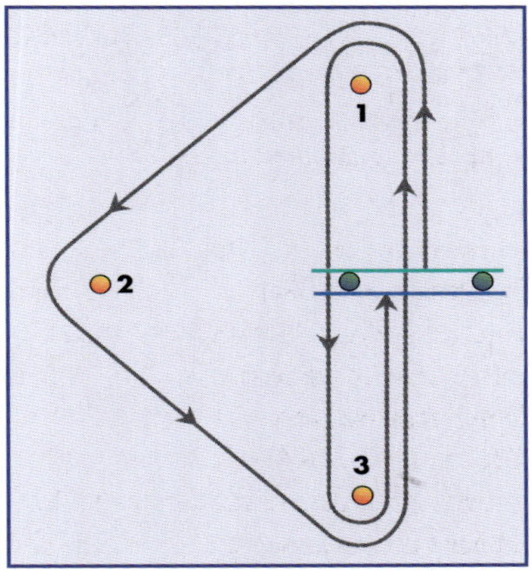

Fig. 2.1.4

Parcours triangulaire avec ligne de départ et d'arrivée au milieu du bord de près.

Parcours plutôt utilisé en VRC.

Description du parcours:

Départ 1-2-3-1-3- Arrivée

Toutes les marques sont à contourner à bâbord.

La ligne de départ et **la ligne d'arrivée** sont situées au milieu du bord de près, matérialisées par les mêmes bouées.

Les lignes de départ et d'arrivée doivent être tangentes, et du côté parcours, aux marques de départ et d'arrivée. E3.7

Pour les bateaux radiocommandés: *La règle J2.1(3) (...) ne s'applique pas. Un tableau de parcours montrant le parcours et les limites des zones de contrôle et de la zone de mise à l'eau doit être situé près de ou à l'intérieur de la zone de contrôle avec des informations clairement visibles par tous les concurrents lorsqu'ils sont en course.* (Règle E3.2 Tableau de parcours annexe VRC)

Consulter le chapitre 14 Voile radiocommandée.

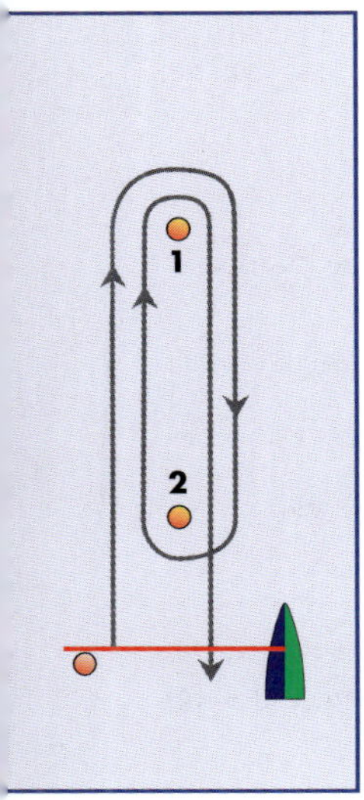

Fig. 2.1.5

Un parcours simple: au vent - sous le vent

(addenda A de l'annexe K: Guide pour les instructions de course), appelé aussi **en aller et retour**. Parcours type match racing.

Description du parcours:

Départ -1-2-1- Arrivée

Toutes les marques sont à contourner à tribord.

La ligne de départ et la ligne d'arrivée sont confondues et se trouvent sous le vent de la marque sous le vent côté parcours.

Ce parcours est surtout utilisé en match racing, mais il est utilisable pour tous supports en tournant dans ce sens (parcours dit tribord) ou dans l'autre en contournant toutes les marques à bâbord.

En habitable (monotype comme en course à handicap), en multicoque, il n'est pas rare d'avoir un petit bord de largue après la marque n° 1 (figure 2.1.6) afin

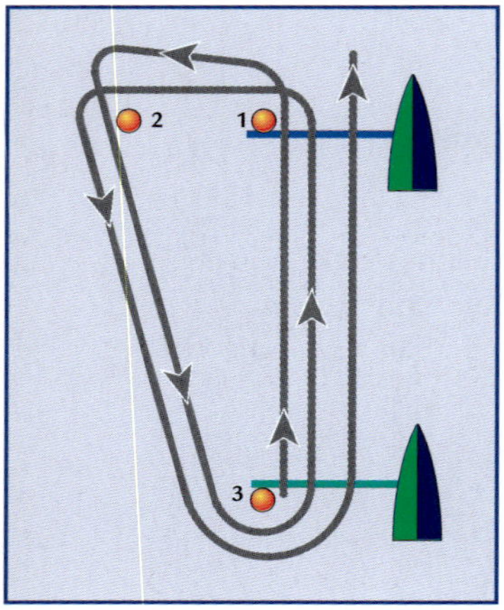

d'éviter des croisements scabreux lors de l'abattée après son contournement comme dans le parcours «Banane» de la figure 2.1.5.

Fig. 2.1.6

Parcours banane avec dog leg

Ce petit bord de dégagement juste avant celui de vent arrière est appelé «dog leg».

Description du parcours:

Départ - 1 - 2 - 3 - 1 - 2 - 3 - Arrivée

Marques à contourner à bâbord.

Ligne de départ: entre un bateau CC et la marque sous le vent.

Ligne d'arrivée: entre marque n° 1 et un bateau comité.

Ce type de parcours (figure 2.1.6) est utilisé en match racing en cas de fort courant traversier. Le petit bord s'appelle alors: bord de neutralisation. Dans ce cas la ligne de départ et la ligne d'arrivée sont confondues et se trouvent sous le vent de la marque sous le vent (voir chapitre Match racing).

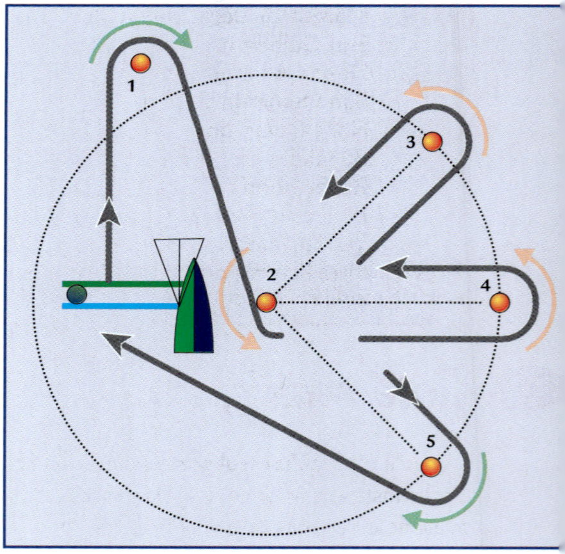

Fig. 2.1.7

Parcours marguerite:

Plutôt utilisé avec des bateaux avec handicap, il permet des départs décalés (avec handicap au départ) et arrivée en temps réel. Les bateaux réputés les moins rapides partent les premiers et ainsi de suite, les derniers à partir sont réputés être les plus rapides.

C'est une course poursuite, pendant laquelle les petites unités sont devant... au moins au début. [le calcul des heures de départ se fait en utilisant le calcul du temps sur distance].

Description du parcours: le sens de contournement suit le numéro de la marque considérée.

Départ, 1 à tribord, 2 à bâbord, 3 à bâbord, 2 à bâbord, 4 à bâbord, 2 à bâbord, 5 à tribord, Arrivée.

La ligne de départ et la ligne d'arrivée sont confondues et sont délimitées par deux bateaux. Elle se trouve à proximité de la marque 2 (coordonnées ...N ... E ou W).

Ce type de parcours ne peut pas être réduit pour obtenir une arrivée en temps réel. *Si un raccourcissement de parcours s'avérait nécessaire, un calcul de temps compensé serait à nouveau indispensable selon la réduction prononcée.*

Pour certaines classes il est précisé dans leurs règles de classe: *Les parcours ne peuvent pas être réduits.* Ceci modifie la règle 32. (Annexe K: Guide pour les instructions de course, article 8.4)

► *Parcours côtier*

Tous les parcours sont possibles, y compris avec «départ à terre», - c'est-à-dire d'une tour (exemple: les Voiles de Saint-Tropez). Ensuite sont à contourner tour à tour des marques du balisage et des marques gonflables dont les positions géographiques sont indiquées dans les IC.

Exemple :
Cartes de référence SHOM 7033 P et «Votre livre de bord - Bloc Marine»
Positions géographiques des marques des parcours côtiers et points :

Zones de course	**POSITIONS**	
Zone de départ (Quiberon) Q aux environs Nord Quiberon	**47 29.50 N**	**3 03.80 W**
Marques	**POSITIONS**	
Nord Quiberon	47 29.82 N	3 02.53 W
Sud Quiberon	47 28.00 N	3 02.40 W
Bugalet	47 31.30 N	3 05.40 W
Roche Souris	47 32.07 N	3 01.14 W
Buissons Méaban (Cardinale Sud)	47 31.76 N	2 58.47 W

Parcours n° 1 (environ 21 nautiques)	Zone de départ : Zone Q
	côté requis
Départ - Ligne de départ : entre un bateau du comité de course arborant pavillon orange et une bouée gonflable jaune marquée D	
Marque de dégagement s'il y a lieu § .... des instructions de course	
Sud Quiberon	Bâbord
Nord Quiberon	Bâbord
Sud Quiberon	Bâbord
Nord Quiberon	Bâbord
Bugalet	Tribord
Roche Souris	Tribord
Buisson de Méaban	Tribord
Sud Quiberon	Tribord
Arrivée : entre l'entrée du port de Port-Haliguen côté SE et le mât de pavillon d'un bateau comité mouillé dans son Est	

2.2 *Côté requis, sens de contournement*

Lorsqu'il n'y a qu'un seul parcours proposé, le sens de contournement des marques peut être figé par les instructions de course. Dans ce cas aucun pavillon n'a besoin d'être hissé sur le bateau comité avant le début de la procédure. Par contre, si le comité de course a le choix du sens de rotation pour un seul type de parcours, il doit en informer tous les concurrents avant le signal d'avertissement conformément à la règle 27.1 : *un pavillon vert est envoyé lorsque toutes les marques sont à contourner à tribord. En l'absence de pavillon vert, toutes les marques sont à contourner à bâbord.*

2.3 *La ligne de départ*

► ***La situation*** de la ligne de départ est non seulement fonction des différents types de bateaux ou planches à voile mais aussi adaptée au site et au déroulement des courses. Dans tous les cas, elle est décrite dans les Instructions de course. Soit :

- *La ligne de départ est décalée sous le vent de la marque sous le vent,* surtout en cas de départs multiples (figure 2.1.1). Cela permet au comité de poursuivre les procédures de départ en isolant les «partants» de ceux qui tournent autour de la marque sous le vent afin que les différents groupes ne se gênent pas.

ou

- *La ligne de départ est située à la marque sous le vent* (figure 2.1.6).
- *La ligne de «départ - arrivée», se trouve au milieu du bord de près.* (figure 2.1.4) En voile radiocommandée pilotes et arbitres, présents dans la zone de contrôle, sont ainsi juste en face de ces sites particulièrement prépondérants dans le déroulement de la course.

ou

- *La ligne de départ se trouve dans le nord de* la tour du Portalet (figure 2.3.1)

Matérialisation

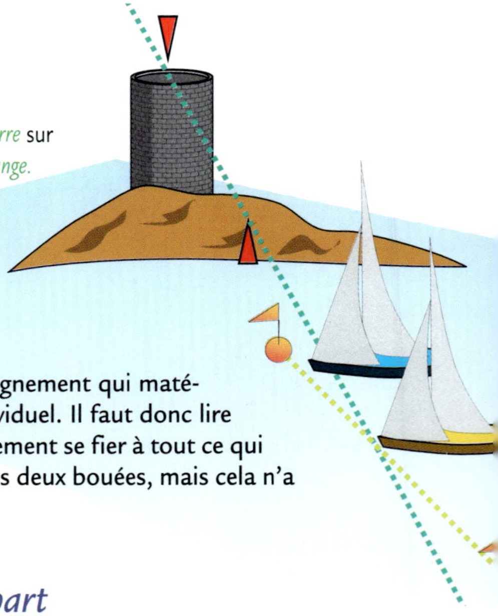

Figure 2.3.1

La ligne de départ est matérialisée par un alignement de deux repères à terre sur la tour du Portalet. *Sa longueur est limitée en mer par deux bouées orange.* Selon la configuration du site et les dangers, il peut être interdit de passer entre la bouée la plus proche de la tour et la berge.

Ce système est plutôt utilisé en habitable. Attention, les marques de délimitation ne sont pas forcément situées exactement sur l'alignement des repères à terre.

Le bateau bleu de la figure 2.3.1 est au-dessus de l'alignement qui matérialise la ligne de départ : il sera signalé en rappel individuel. Il faut donc lire attentivement les instructions de course et ne pas seulement se fier à tout ce qui est mouillé. Le bateau bleu est derrière l'alignement des deux bouées, mais cela n'a aucun intérêt pour lui.

Autres matérialisations de lignes de départ

La ligne de départ sera entre des mâts arborant un pavillon orange sur les marques de départ. (Annexe K : Guide pour les instructions de course, article 10.2). Ces marques peuvent être des bouées ou des bateaux. Ou...

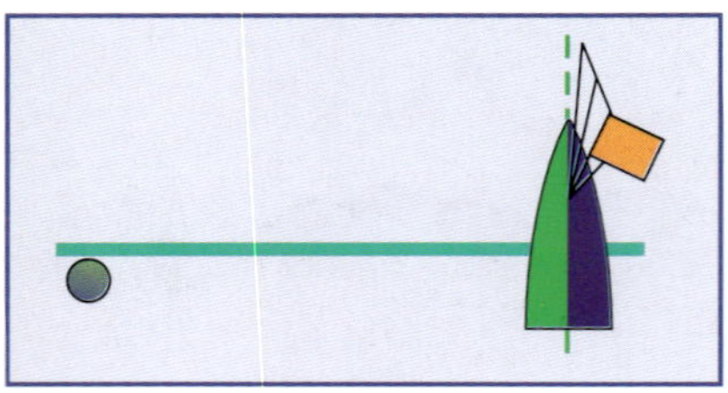

Figure 2.3.2

... la ligne de départ sera entre un mât arborant un pavillon orange sur la marque de départ à l'extrémité tribord et la marque de départ située à l'extrémité bâbord. (Annexe K : Guide pour les instructions de course, article 10.2)

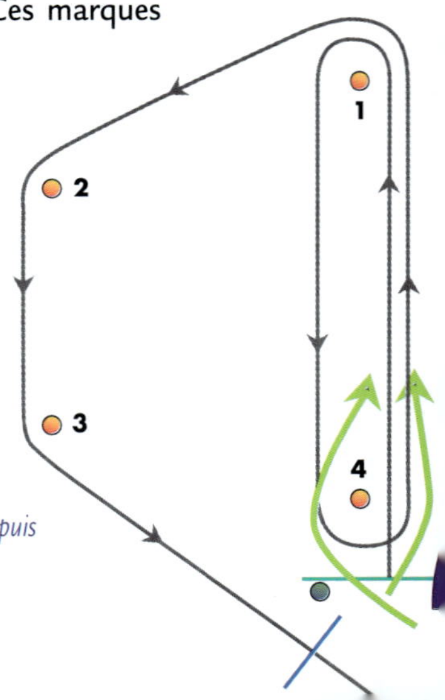

Figure 2.3.3

Un bateau peut laisser d'un côté ou de l'autre une marque qui ne commence pas, ne délimite pas ou ne termine pas une section du parcours sur laquelle il se trouve. Cependant, il doit laisser une marque de départ du côté requis quand il s'approche de la ligne de départ depuis son côté pré-départ pour prendre le départ. (Règle 28.2)

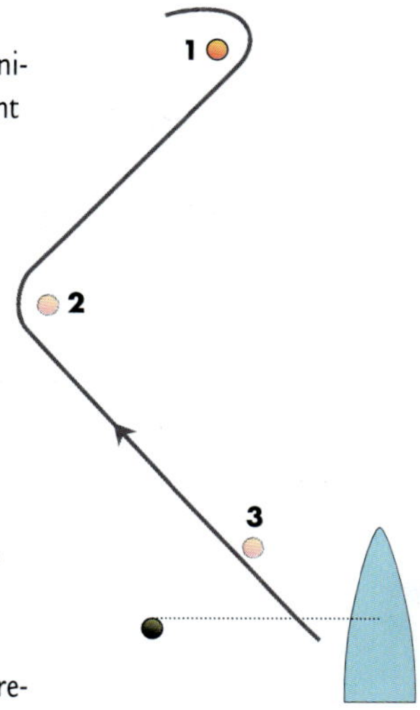

Dans la figure 2.3.3, les bateaux après avoir pris le départ, conformément à la définition, peuvent passer à droite ou à gauche de la marque numéro 4. À ce moment elle n'est pas marque de parcours puisque selon la définition elle ne commence ni ne termine la section de parcours sur laquelle ils se trouvent.

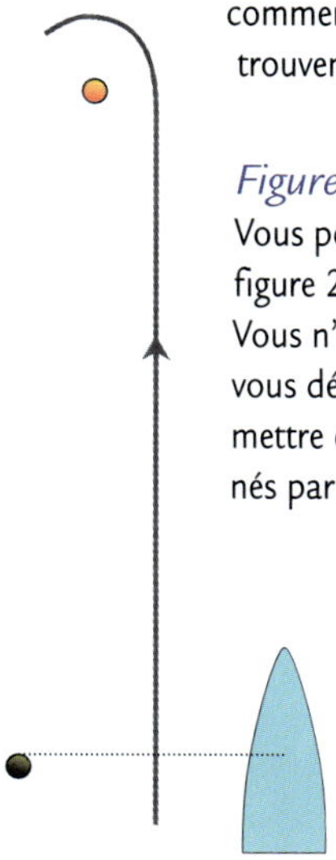

Figure 2.3.4

Vous pouvez même toucher la marque n° 2 du parcours de la figure 2.3.4 ou la n °4 de la figure 2.3.3, mais ne la coulez pas. Vous n'aurez pas enfreint la règle 31.1 abordage de marque, mais vous déclencherez le courroux du comité de course qui devra tout mettre en œuvre pour la remplacer avant le passage des bateaux concernés par le côté requis de cette marque.

Dans les deux figures 2.3.4 et 2.3.5, le sillage des bateaux est représenté après qu'ils ont coupé la ligne de départ pour la première fois conformément à la définition.

Figure 2.3.5

Un bateau doit prendre le départ, laisser chaque marque du côté requis dans l'ordre correct, et finir, de telle façon qu'un fil représentant son sillage après qu'il a pris le départ et jusqu'à ce qu'il ait fini, passerait, s'il était tendu, du côté requis de chaque marque et toucherait chaque marque à contourner. (Règle 28.1 Effectuer le parcours)

Dans la figure 2.3.5, lorsque le fil sera tendu après avoir louvoyé jusqu'à la marque au vent, il passera bien entre les deux marques de départ. La marque de l'extrémité tribord sur son bâbord et le comité sur son tribord.

Figure 2.3.6

Un bateau *doit laisser une marque de départ du côté requis quand il s'approche de la ligne de départ depuis son côté pré-départ pour prendre le départ.* (Règle 28.2)

Dans la figure 2.3.6, le sillage en noir passera à l'extérieur de la ligne et il aura les deux extrémités de celle-ci sur son tribord. Le fil représenté en noir ne sera pas du côté requis des marques de départ. Par contre s'il avait déroulé le fil comme la trajectoire rouge le démontre, son sillage serait du côté requis. (Voir aussi Cas ISAF 90.)

Les plus touchés par ce type de situation sont les habitables, lorsque le vent tombe et que le courant les dépale sous la ligne. L'obligation de repasser entre les deux extrémités n'est pas soumise à un temps limite, puisque le bateau a déjà pris son départ. Tant qu'il n'a pas fini, c'est-à-dire qu'il ne s'est pas présenté sur la ligne d'arrivée, il peut corriger son erreur. Il devra, après avoir corrigé son erreur, faire la suite du parcours conformément à la description dans les instructions de course. Mais pas trop tardivement car la ligne d'arrivée sera peut-être fermée en tenant compte du délai accordé pour finir au premier et/ou après le premier.

Interprétation de la règle 28.1 «la règle du fil» Cas ISAF 90

Figure 2.3.7

La règle 28.1 n'interdit pas de faire des tours supplémentaires autour d'une marque, à condition que le fil, quand il est tendu, passe du côté requis de chaque marque. (bateau bleu)
Le bateau jaune enfreint la règle 28.1. Quand le fil représentant son sillage est tendu (trait rouge en pointillé)*, il ne passe pas dans la ligne de départ et de plus il ne laisse pas la marque tribord de bout de ligne du côté requis.*

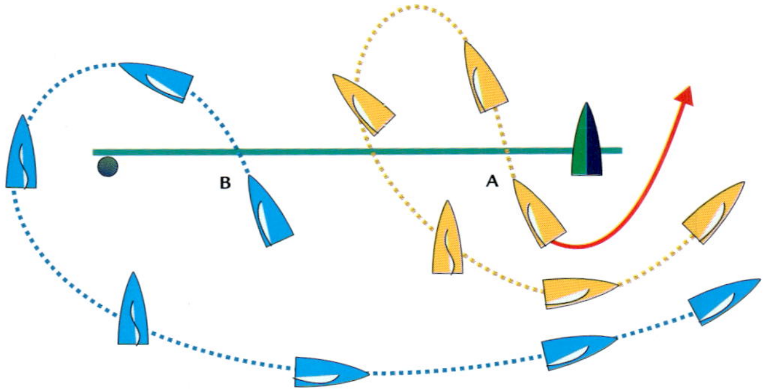

2.4 Marque de dégagement

Lors de parcours côtiers, la première marque naturelle, citée après la ligne de départ, peut ne pas être au vent de la ligne de départ. Aussi il n'est pas rare de lire dans les instructions de course le paragraphe suivant.

- *L'envoi du pavillon «D» sur le bateau comité signifie qu'il existe une bouée de dégagement (Forme et couleur décrites en annexe)*
- *L'absence du pavillon «D» signifie qu'il n'existe pas de bouée de dégagement.*
- *Le pavillon VERT hissé signifie que la bouée de dégagement est à laisser à TRIBORD (Additif aux Signaux de course des RCV).*
- *L'absence de pavillon VERT signifie que la bouée de dégagement est à laisser à BABORD (Additif aux Signaux de course des RCV).*

-

Figure 2.4

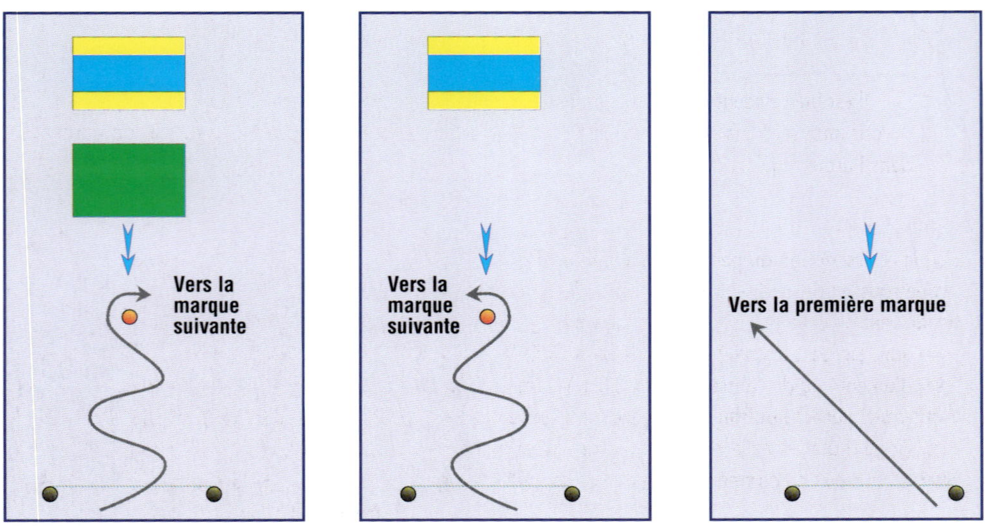

2.5 *Parcours à effectuer, marque à contourner ou à laisser : «Le fil» du sillage*

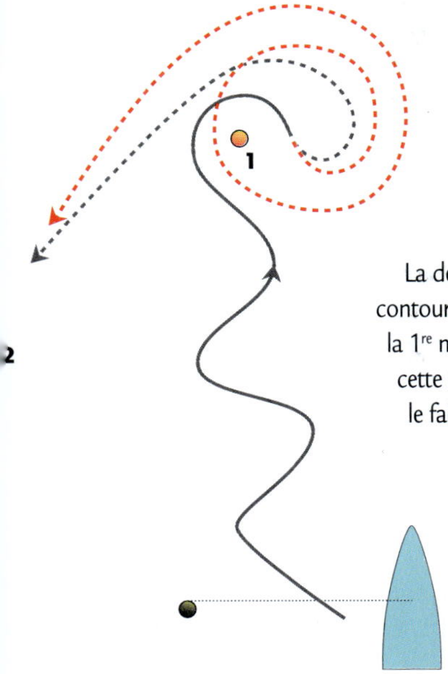

Figure 2.5.1

Un bateau doit prendre le départ, laisser chaque marque du côté requis dans l'ordre correct, et finir de telle façon qu'un fil représentant son sillage après qu'il ait pris le départ et jusqu'à ce qu'il a fini, passerait, s'il était tendu, du côté requis de chaque marque et toucherait chaque marque à contourner. Après avoir fini, un bateau n'a pas besoin de franchir complètement la ligne d'arrivée. Il peut corriger toute erreur pour respecter cette règle, pourvu qu'il n'ait pas déjà fini. **(Règle 28.1 Effectuer le parcours)**

La description du parcours indique : Départ - 1 - 2, etc. et toutes les marques sont à contourner à bâbord. Dans la figure 2.5.1, le sillage en noir ne passe pas du bon côté de la 1re marque à contourner. Même si le bateau revient sur ses pas, le fil ne touchera pas cette marque lorsqu'il sera tendu. Pour valider le fil de son sillage, il doit le dérouler et le faire passer du côté requis de la marque, tel qu'illustré en rouge.

Figure 2.5.2

Pour le parcours de la figure 2.5.2, il est indiqué :
Marque n° 3 à contourner à bâbord, marque n° 4 à laisser à tribord, marque n° 5 à contourner à bâbord.
Le fil n'a pas besoin de toucher la marque 4 lorsqu'il est tendu. Il doit simplement se trouver du bon côté quel qu'en soit son éloignement. Le comité de course ne pourra ni réduire ni changer le parcours à cette marque n° 4, car elle n'est pas à contourner **(règle 33 + signaux de course «S»)**.

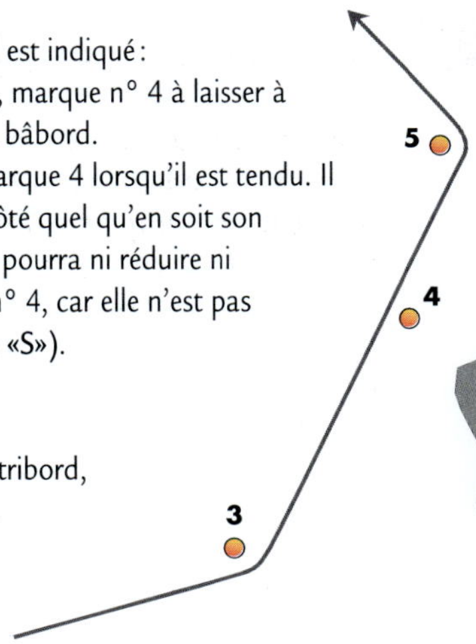

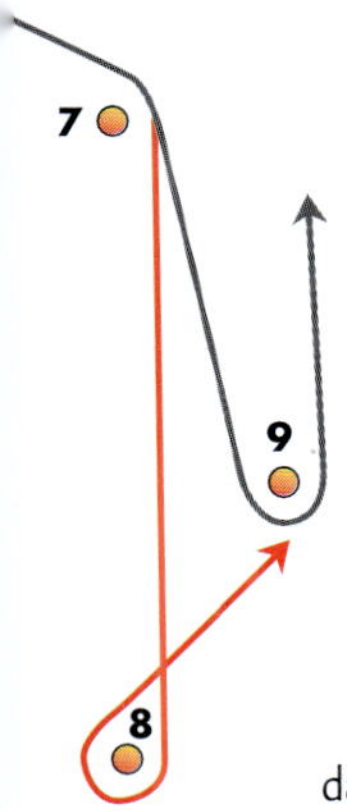

Figure 2.5.3

S'il est indiqué :

- Marque n° 7 à contourner à tribord, marque n° 8 à laisser à tribord, marque n° 9 à contourner à bâbord, le sillage devra être le gris.

Mais s'il est indiqué :

- Marque n° 7 à contourner à tribord, marque n° 8 à contourner à tribord, marque n° 9 à contourner à bâbord, le sillage devra être le rouge.

Il est bien évident qu'il n'est pas interdit de faire plus de route que la description du parcours vous impose. Mais en fin de compte, il faut que le «fil» touche toutes les marques à contourner ET dans l'ordre requis.

Figure 2.5.4

Lorsque la description du parcours indique : Départ, ..., marque sous le vent n° 3 – arrivée, et que la ligne d'arrivée se situe au vent de la marque au vent : la marque n° 1 n'a pas de côté requis. Les bateaux n° 7 et n° 8 de la figure 2.5.4 peuvent passer d'un côté ou de l'autre, voire la toucher sans avoir à effectuer une pénalité puisqu'elle n'est pas marque de parcours. Évitez toutefois de la couler si vous ne voulez pas supporter le courroux du comité de course et de son mouilleur.

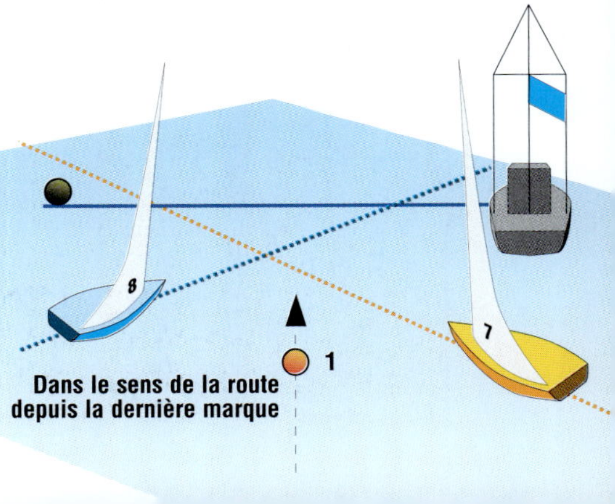

2.6 La porte

Figure 2.6.1

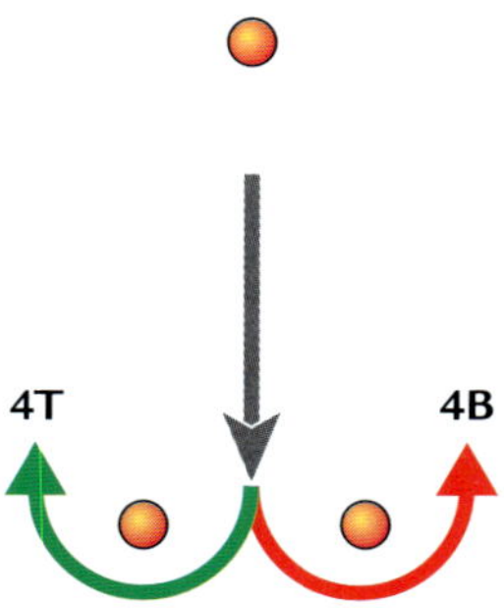

Quand il y a une porte, les bateaux doivent passer entre les marques formant la porte dans la direction depuis la marque précédente et contourner l'une des marques de la porte.
(Annexe K : Guide pour les instructions de course, article 8.2)
Changez les numéros des marques selon les besoins et insérez la description des marques. Quand les marques 4T et 4B forment une porte, la marque 4T doit être laissée à tribord et la marque 4B à bâbord.
(Annexe K: Guide pour les instructions de course, article 8.3).

Figure 2.6.2

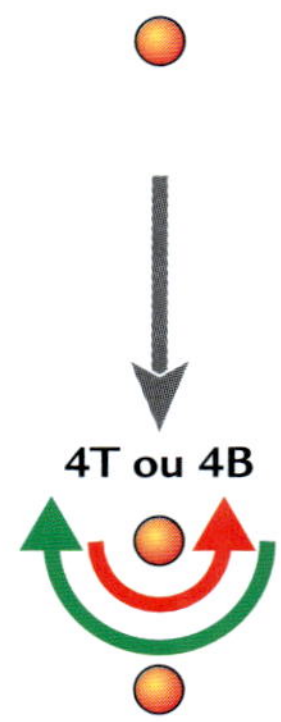

Le fait de n'identifier les marques que sur le papier risque de poser un problème sur la zone de course au cas où l'une d'elle dérive. (figure 2.6.2) Quelle sera celle qui a dérivé : la tribord ou la bâbord ? la marque restant sera-t-elle à contourner à bâbord ou à tribord ?... dilemme. Il faut seulement passer entre les deux, mais dans quel sens ? Et ne dites pas que cela n'arrive jamais...

Figure 2.6.1bis

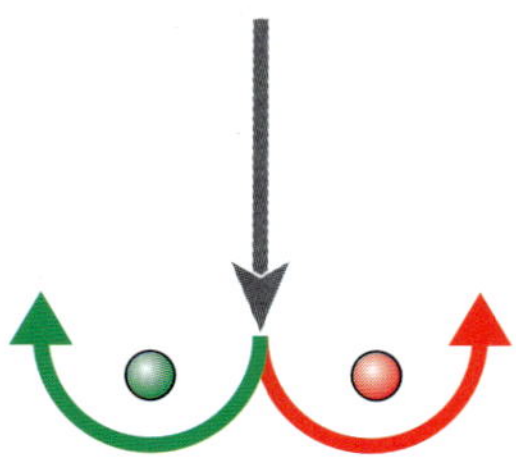

Si au lieu de mettre des bouées identiques, le comité différencie les deux marques, il n'y aura pas de problème. Exemple : marque rouge et marque verte, au moins avec un capuchon de cette couleur, le problème sera au moment du mouillage. Il ne faudra pas se tromper de couleur.

Figure 2.6.2bis

Largeur de la porte

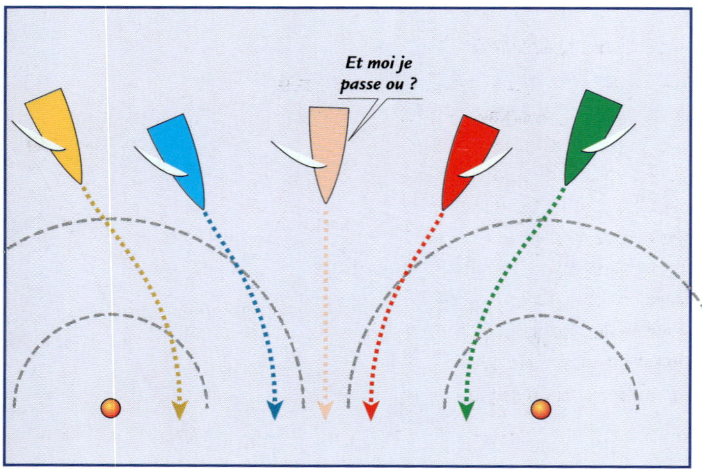

Figure 2.6.3

Les comités de course auront à cœur de mouiller les marques suffisamment loin l'une de l'autre.

Une certaine affluence à cette porte risque de poser des problèmes par rapport à la règle 18 (contourner et passer des marques). Le bateau rose se trouve engagé à l'extérieur des bateaux groupés par deux. Il doit laisser la place des deux côtés. Une porte un peu plus grande devrait éviter de créer une re-concentration que ce système de porte est censé supprimer. (Voir § 6.11 Marque sous le vent.)

2.7 Marque manquante + ...

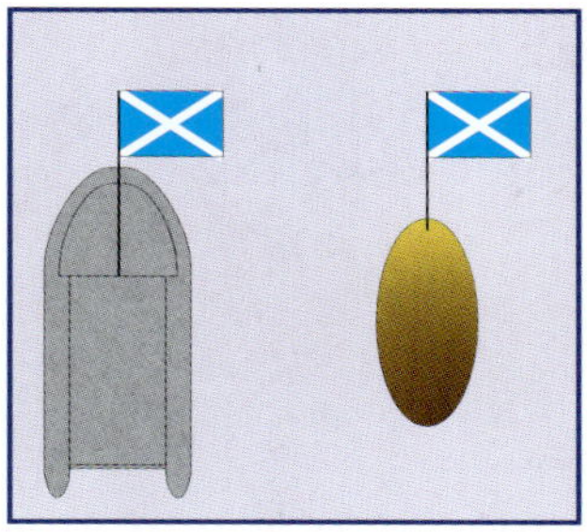

Quand une marque est manquante ou n'est plus à sa place, le comité de course doit, si possible,
(a) la replacer dans sa position correcte, ou
(b) la remplacer par une marque d'apparence similaire ou par une bouée ou un navire portant le pavillon M , avec des signaux sonores répétitifs. (Règle 34)

L'attention des concurrents sera attirée par des signaux sonores répétitifs. Au moins quatre coups pour ne pas être confondus avec les signaux qui accompagnent le pavillon «N»
Le pavillon «M» signifie : *L'objet portant ce signal remplace une marque manquante.* *---* (Signaux de course)

2.8 Changement de la position de la marque suivante

\+ ....

Le vent peut tourner pendant la régate. Afin de garder au parcours sa forme initiale et l'orientation de ses bords par rapport au vent à *n'importe quelle marque à contourner, le comité de course peut signaler un changement de la direction de la section suivante du parcours en envoyant le pavillon C avec des signaux sonores répétitifs et en affichant le cap compas de cette section avant que l'un des bateaux l'ait commencée...* (Règle 33)
Le pavillon C signifie : *La position de la marque suivante a été changée.* *---* (signaux de course). Le signal sonore répétitif devra comporter au moins quatre coups pour éviter la confusion avec les trois coups associés au pavillon « N » pour une annulation.
Un article des instructions de course indiquera la procédure suivie par le comité de course.
Pour changer la position de la marque suivante, le comité de course mouillera une nouvelle marque (ou déplacera la ligne d'arrivée) et enlèvera la marque d'origine dès que possible. Le changement sera signalé avant que le bateau de tête ait commencé la section de parcours, même si la nouvelle marque n'est pas encore à sa place. Toute marque à contourner après avoir contourné la nouvelle marque peut être repositionnée sans signal supplémentaire afin de maintenir la configuration du parcours. Quand, lors d'un changement ultérieur, une nouvelle marque est repositionnée, elle sera remplacée par une marque d'origine.
(Annexe K : Guide pour les instructions de course, article 11.1)

Figure 2.8.1
Le changement de parcours est signalé à la marque sous le vent alors que le vent a tourné à droite et que la suite du parcours à faire est un triangle.
Le comité va changer une marque pour une jaune cerclée de noir afin que le bord [de la marque 3 vers la 1'] soit dans l'axe du vent et déplacer plusieures autres bouées. La marque 2 sera donc replacée en 2' comme sur l'illustration pour conserver la forme du triangle.
Comme pour toute action du comité, l'attention des concurrents doit être attirée. Le commissaire à la marque 3 doit informer, du premier au dernier, les concurrents de cette modification.

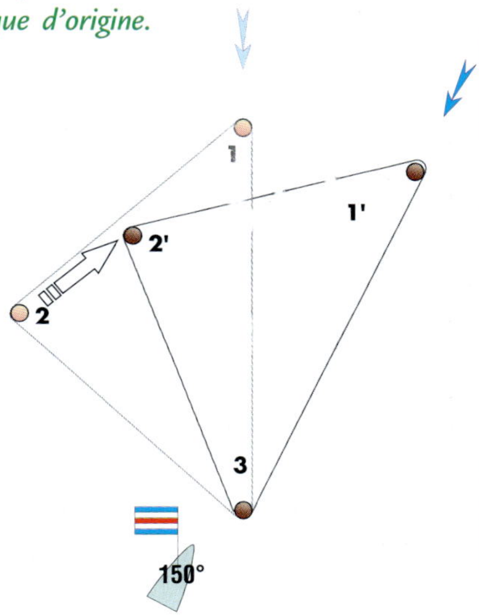

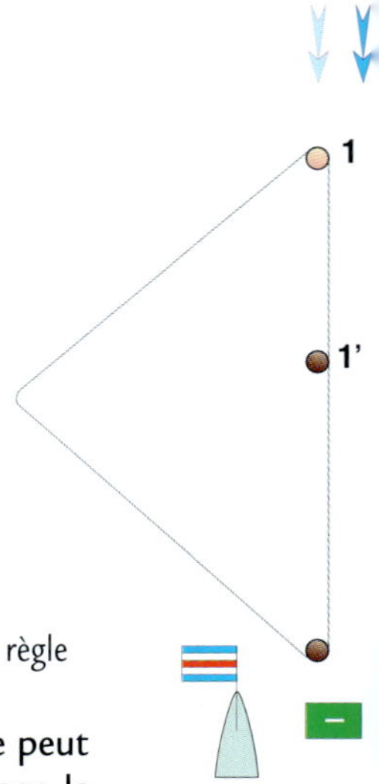

Figure 2.8.2

La marque changée n'a pas besoin d'être en place au moment de l'annonce, pourvu qu'elle soit en place pour que le premier puisse la trouver aisément et la passer ainsi que tous les concurrents concernés.

Le comité de course peut modifier la longueur de la section suivante en envoyant le pavillon C avec des signaux sonores répétitifs et un « - » si la section est réduite, ou un « + » si la section est allongée. (Règle 33)

Cette procédure peut être utilisée par le comité de course, quand il estime que la course ne pourra pas être menée à son terme en raison d'un vent faiblissant, à défaut d'avoir utilisé la règle 32.2 (Réduction après le départ) voir aussi § 2.10.

Il est bien évident que le comité de course peut combiner les deux opérations : changer la direction et la longueur d'un bord.

Dans la figure 2.8.3 le changement de parcours est signalé à une marque sous le vent pour une rotation du vent à gauche, alors que cette marque doit être contournée à bâbord.

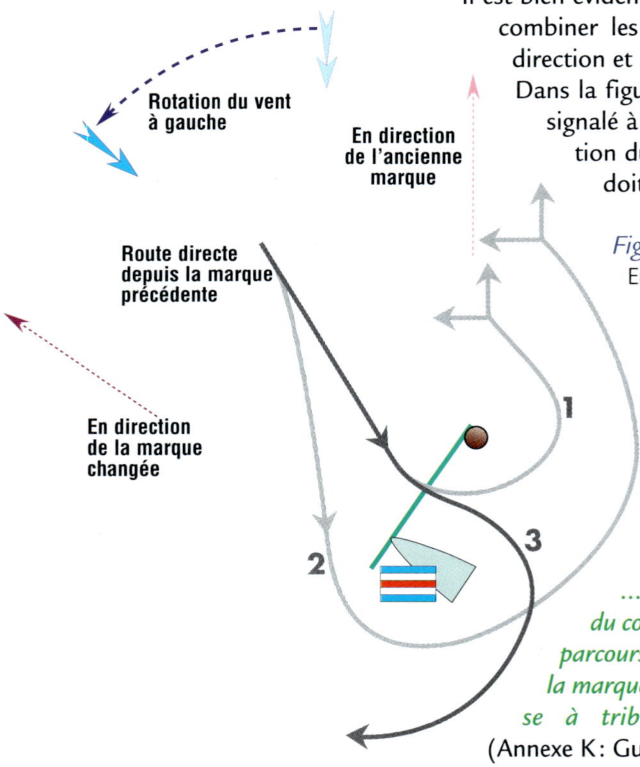

Figure 2.8.3

En l'absence de modification à la règle 28.1 (Effectuer le parcours) ci-après, les trajectoires n° 1 et n° 2 permettent au fil de toucher la marque à contourner. Le bateau commissaire à la marque n'est qu'un obstacle, et donc n'a pas de côté requis.

La trajectoire n° 3 n'est admise que lorsqu'un article, comme suit, figure dans les instructions de course :

...les bateaux doivent passer entre le bateau du comité de course signalant le changement de parcours et la marque la plus proche, en laissant la marque à bâbord et le bateau du comité de course à tribord. Ceci modifie la règle 28.1.* (Annexe K : Guide pour les instructions de course, article 11.3) Cas des parcours dit Bâbord.

Un bateau du comité de course signalant un changement de parcours est une marque telle que prévu dans l'instruction 11.3. (Annexe K : Guide pour les instructions de course, article 9.4)

*Il convient d'*inverser « bâbord » et « tribord » si la marque est à laisser à tribord.* (Parcours tribord)

Ces articles inclus dans les instructions de course type FFV depuis 97, viennent de faire leur entrée dans les RRS de l'ISAF.

Le bateau commissaire devenu marque de parcours ; la même précaution devra être prise que pour mouiller une porte : c'est-à-dire respecter un espace suffisant entre la marque et le bateau commissaire pour que les bateaux puissent passer sans complication de la règle 18 (Contourner et passer des marques) Voir figure 2.6.3.

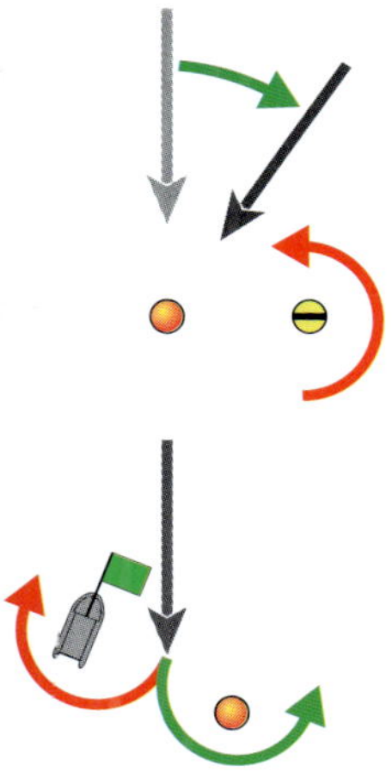

Figure 2.8.4

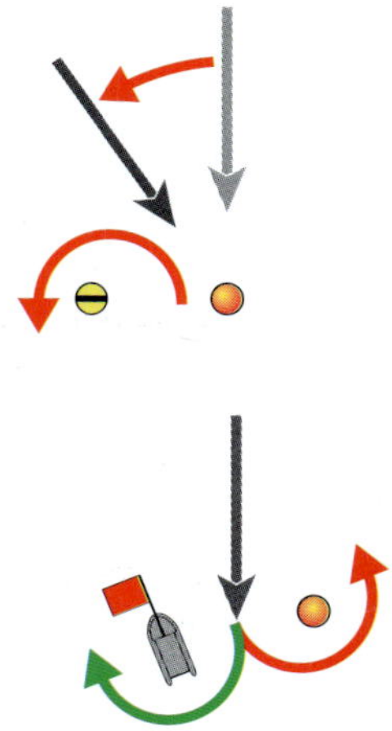

Figure 2.8.5

Au lieu du cap compas, une procédure simplifiée peut être utilisée si elle est prévue dans les IC comme suit : *pour la(les) classe(s) ---, la règle 33 est modifiée de sorte que, au lieu d'afficher un cap compas, le comité de course montrera un [panneau] [pavillon] [triangulaire] vert si la direction est changée sur tribord ou un [panneau] [pavillon] [rectangulaire] rouge si la direction est changée sur bâbord.* (Annexe K : Guide pour les instructions de course, article 11.2)

Cette rédaction permet aux concurrents de choisir le côté de dégagement après le passage de la porte et prévient davantage les abordages lors du croisement des descendants et des montants tribord amures, tout en laissant l'opportu-nité de dégager bâbord amures sans risque de collision.

Ces figures sont des illustrations de la place la plus judicieuse du bateau commissaire, lors de changement de parcours pour des marques à contourner à bâbord. Les concurrents descendent au portant avant de remonter au près.

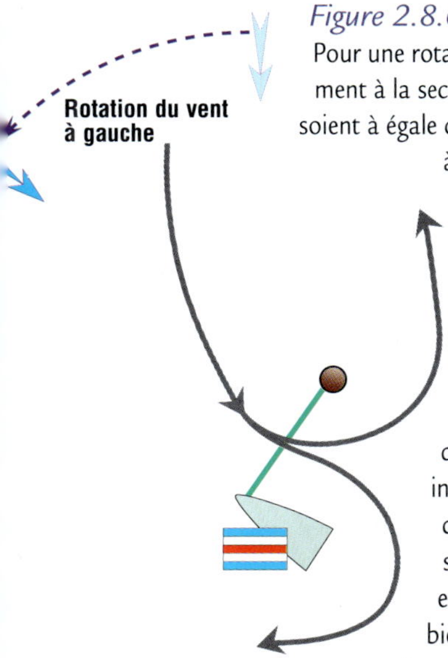

Figure 2.8.6

Pour une rotation du vent à gauche, figure 2.8.6, la porte sera mouillée perpendiculairement à la section de parcours changée de façon à ce que les deux extrémités de la porte soient à égale distance de la marque suivante. Il ne doit pas y avoir un gain au vent évident à contourner l'une plus que l'autre.

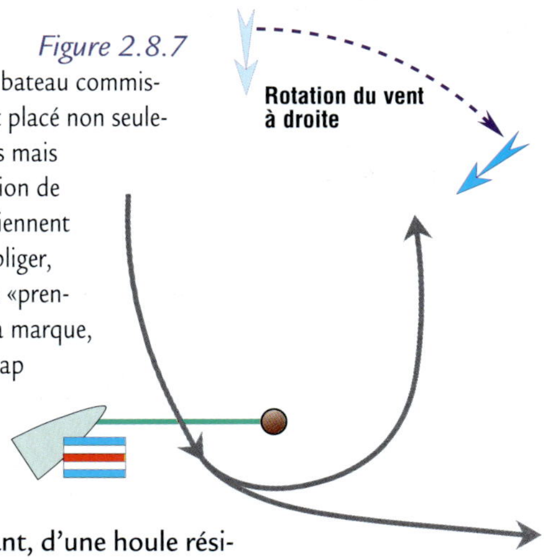

Figure 2.8.7

Pour une rotation à droite, le bateau commissaire sera plus judicieusement placé non seulement à l'extérieur du parcours mais perpendiculairement à la section de parcours que les concurrents viennent de finir. Tout simplement pour obliger, inconsciemment, les concurrents à «prendre la porte». Le commissaire à la marque, son pavillon «C», l'affichage du cap et/ou du «+ ou - » seront ainsi bien visibles sans occasionner de gêne aux concurrents.

Sur le papier il est facile de supprimer les effets du courant, d'une houle résiduelle, les problèmes de mouillage, voire de précipitation dans les manœuvres afin de placer le bateau commissaire. Mais les concurrents peuvent se trouver confrontés aux situations des figures 2.8.8 et 2.8.9 auxquelles il vaut mieux avoir songé avant, tranquillement, plutôt que dans la précipitation de l'action surtout lors de conditions de navigation dites «musclées». Donc, attention, si le bateau commissaire est mal placé, il faut passer non seulement du bon côté de la marque mais aussi dans la porte matérialisée par le trait vert des figures 2.8.8 et 2.8.9. Tout irait bien si le bateau commissaire était toujours placé à l'extérieur du parcours.. Donc attention surtout si le vent tourne :

- à gauche dans des parcours «bâbord» ou
- à droite dans des parcours «tribord».

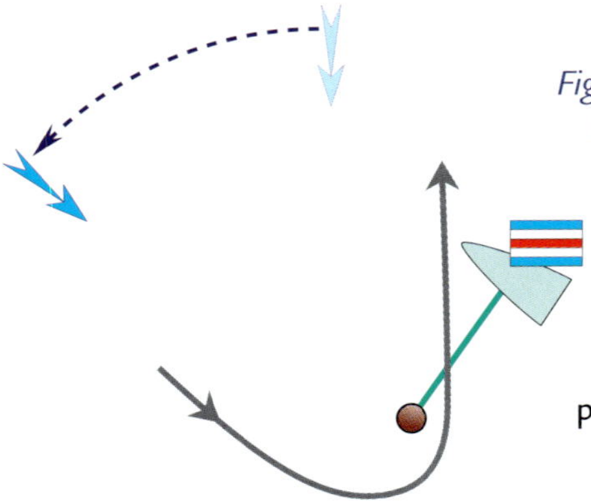

Figure 2.8.8

Le passage de la porte est impératif et le côté requis de la marque conservé. Heureusement que l'ordre de ces obligations n'est pas imposé. Mais peut-on objectivement penser que la trajectoire grise de la figure 2.8.8 soit vraiment un gage de simplification dans le cas d'une marque à contourner à bâbord. (cette position sera judicieuse en cas de parcours tribord).

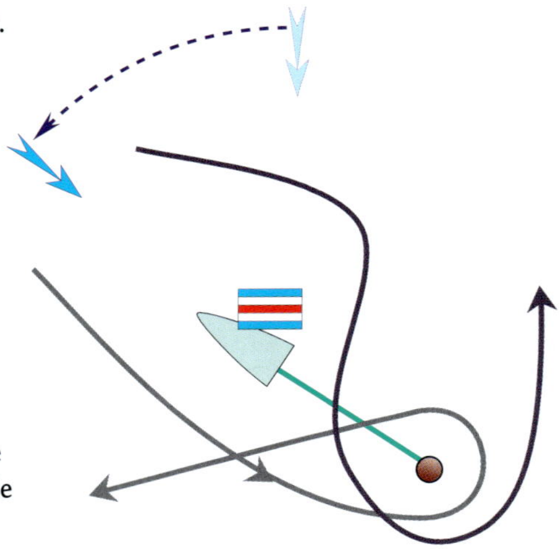

Figure 2.8.9

Il est bien évident que les commissaires auront à cœur de se placer à l'extérieur du parcours, même si l'étrave ne fait pas face au vent et ce afin d'éviter tout problème d'interprétation et de faisabilité (figure 2.8.9).

Si c'est le dernier bord de louvoyage qui change, vers une ligne d'arrivée qui se situe au vent du parcours, la bouée au vent ne sera pas replacée, cette bouée n'est plus marque de parcours (elle n'a pas de côté requis) et devient donc inutile.

Neutralisation des marques jusqu'à la ligne d'arrivée

Lorsque l'heure tardive ou les conditions météorologiques sont défavorables, et afin de ne pas perdre une course dont une majorité des concurrents a déjà effectué une grande partie du parcours côtier ou pour bien d'autres raisons, le comité de course peut être amené à neutraliser des marques et envoyer les concurrents directement vers la ligne d'arrivée. *Le bateau du comité affichera le numéro ou le nom de la marque suivante à contourner ou le mot Arrivée; les marques neutralisées par ce changement n'ont plus rang de marque de parcours (Modification 28.1 des RCV 2001/04)*.

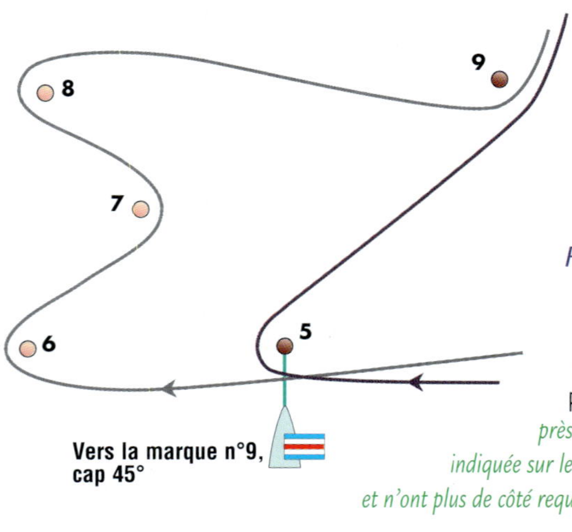

Figure 2.8.10

Le changement de parcours peut conduire à neutraliser un certain nombre de marques intermédiaires. Cette possibilité sera incluse dans les Instructions de course et précisera que *les marques de parcours, décrites entre la marque près de laquelle est signalé le changement de parcours et la marque indiquée sur le tableau comme marque suivante à contourner, sont neutralisées et n'ont plus de côté requis. La suite du parcours reste inchangée.*

Changement de parcours à une porte

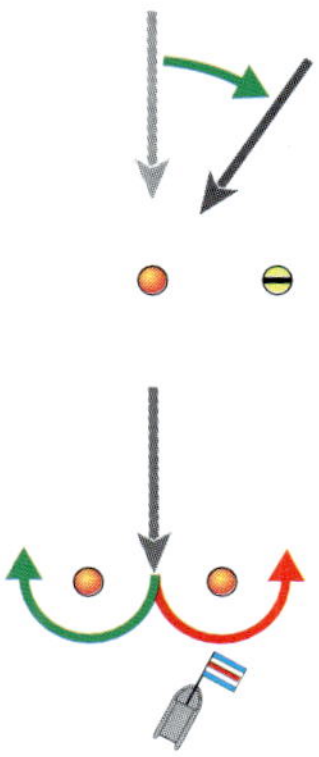

Figure 2.8.11 et figure 2.8.12
À une porte si les concurrents, de fait, se trouvent obligés de passer entre le bateau commissaire et l'une des marques, qui devrait se situer un peu en dessous de la porte, ils n'ont aucun intérêt à allonger leur route en contournant aussi le bateau commissaire.

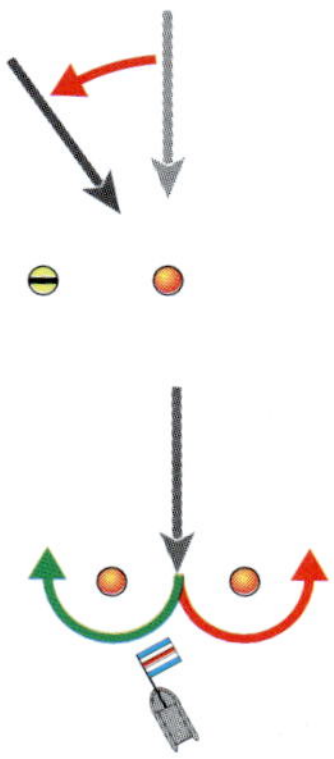

2.9 La ligne d'arrivée

Situation : consulter le chapitre Zone d'arrivée

Plusieurs possibilités, dont une devra être choisie et indiquée dans les Instructions de course.

- *Ligne d'arrivée décalée au vent de la marque au vent.* Les arrivants n'interfèrent pas sur les concurrents qui poursuivent le parcours et contournent encore la marque au vent n° 1 (fig. 2.1.3)
- *Ligne d'arrivée à la marque au vent n° 1.* (fig. 2.1.6)
- *Ligne d'arrivée au milieu du bord de près.* (fig. 2.1.4) utilisée plutôt en VRC
- *Ligne d'arrivée après un petit bord de louvoyage, après le dernier bord de parcours en trapèze.* (fig. 7.1.3)
- *Ligne d'arrivée sous le vent de la marque sous le vent, identique à la ligne de départ* (figure 2.1.5) utilisée plutôt en match racing
- *Ligne d'arrivée sous le vent du parcours* (fig. 2.1.1)
- *Ligne d'arrivée derrière le bateau comité quel que soit le type de parcours,* triangulaire, trapèze ou banane, afin de permettre de nouvelles procédures de départ sans avoir à déplacer concurrents et comité jusque sous le vent. (fig. 2.9.1)
- *Dans une zone identifiée par sa situation géographique* coordonnées géographiques du centre de la ligne ou proximité d'une autre marque (dans l'est du phare de l'entrée de port de...) (figure 2.3.1).

Figure 2.9.1

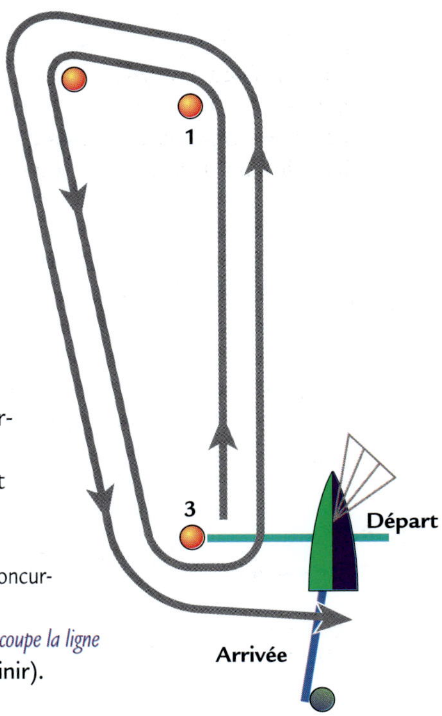

Dans tous les cas, cette ligne devra être identifiable facilement par les concurrents, pour qu'ils puissent se conformer sans ambiguïté à la définition de finir : *Un bateau finit quand une partie quelconque de sa coque... coupe la ligne d'arrivée* ***dans le sens de la route*** *depuis la dernière marque* (définition de finir).

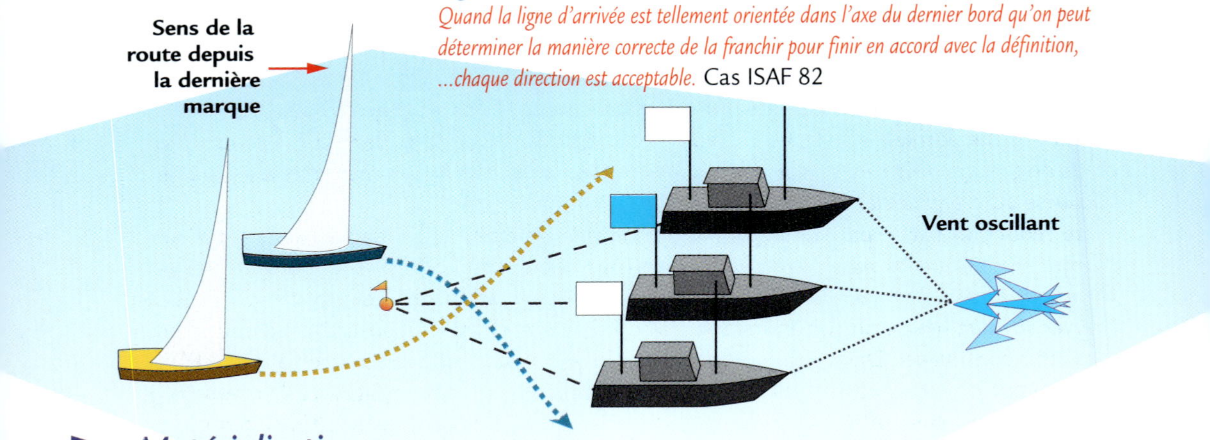

Figure 2.9.2
Quand la ligne d'arrivée est tellement orientée dans l'axe du dernier bord qu'on peut déterminer la manière correcte de la franchir pour finir en accord avec la définition, ...chaque direction est acceptable. Cas ISAF 82

Matérialisation

Un bateau finit quand une partie quelconque de sa coque ou de son équipage ou équipement en position normale coupe la ligne d'arrivée ... (définition de finir). Il faut donc définir les extrémités de cette ligne. Comme pour les lignes de départ, plusieurs possibilités s'offrent au comité de course qui devra indiquer son choix dans les instructions de course.

- *La ligne d'arrivée sera entre des mâts arborant un pavillon orange sur les marques d'arrivée* (Annexe K: Guide pour les instructions de course, article 12.1) entre deux bateaux ou deux marques ou
- *La ligne d'arrivée sera entre un mât arborant un pavillon orange sur la marque d'arrivée à l'extrémité tribord et la marque d'arrivée à l'extrémité bâbord.* (Annexe K: Guide pour les instructions de course, article 12.1) (Entre un bateau et une bouée).

Un *pavillon ou voyant bleu* signifie *ce bateau du comité de course est en position sur la ligne d'arrivée. (Pas de signal sonore)* (Signaux de course)

2.10 Réduction de parcours ↑••

Réduction avant le début de la procédure

Si ce pavillon est envoyé *Au plus tard avec le signal d'avertissement*: il signifie: *Accomplissez le parcours réduit.* ↑ •• (Signaux de course S).

Dans ce cas la ligne d'arrivée peut se situer à l'endroit de la ligne d'arrivée du parcours complet, mais cela doit être précisé dans les instructions de course. *La ligne d'arrivée est définie selon le système utilisé en 12* (Annexe K: Guide pour les instructions de course) (voir § 2.9).

Réduction après le signal de départ

Après le signal de départ, le comité de course peut ... réduire le parcours (envoi du pavillon S avec deux signaux sonores), suivant le cas,

a) à cause d'une erreur dans la procédure de départ;

b) à cause du mauvais temps;

c) à cause d'un vent insuffisant rendant improbable qu'un bateau finisse dans le temps limite;

d) parce qu'une marque manque ou n'est plus à sa place, ou

e) pour toute autre raison affectant directement la sécurité ou l'équité de la compétition.

(Règle 32.1 réduire... Après le signal de départ)
Après le signal de départ, le comité de course peut raccourcir le parcours (envoi du pavillon S avec deux signaux sonores) pour que des courses programmées à suivre puissent être courues. (Règle 32.2 Réduire ... après le départ)

Cette procédure peut être intéressante pour un comité de course, quand le temps ou les conditions météorologiques sont défavorables et qu'il est nécessaire de valider les deux parcours de groupes différents pour valider une course, après bien évidemment s'être assuré que la course était équitable.

Cette réduction sur le parcours ne peut pas se faire n'importe où mais seulement: *à une marque à contourner ou d'arrivée* le pavillon «S» signifie: *Finissez entre la marque voisine et le mât arborant ce pavillon.* ↑ •• (signaux de course S). Le pavillon «S» peut se trouver sur une bouée ou sur un bateau, mais il doit forcément se trouver à proximité d'une marque à contourner. Dans ce cas le bateau qui juge l'arrivée devra arborer le pavillon «bleu» indiquant: *Ce bateau comité est en position sur la ligne d'arrivée.* (Signaux de course)

Pour le cas particulier d'une réduction à une porte voir figures 2.10.10 et 2.10.11 ci-après.

La trajectoire du parcours complet est représentée en gris dans les figures 2.10.1 à 2.10.9 . Le côté où se trouve le bateau comité arborant le pavillon «S» peut ne poser aucun problème dans les figures

- de gauche lors de parcours bâbord (fig. 2.10.1, fig. 2.10.4 et fig. 2.10.7)
- de droite lors de parcours tribord (fig. 2.10.3, fig. 2.10.6 et fig. 2.10.9)

par contre dans les figures du milieu le fil devra être déroulé pour finir conformément à la définition (fig. 2.10.2, fig. 2.10.5 et fig. 2.10.8).

Réduction de parcours à une marque au vent

Figure 2.10.1
Parcours bâbord

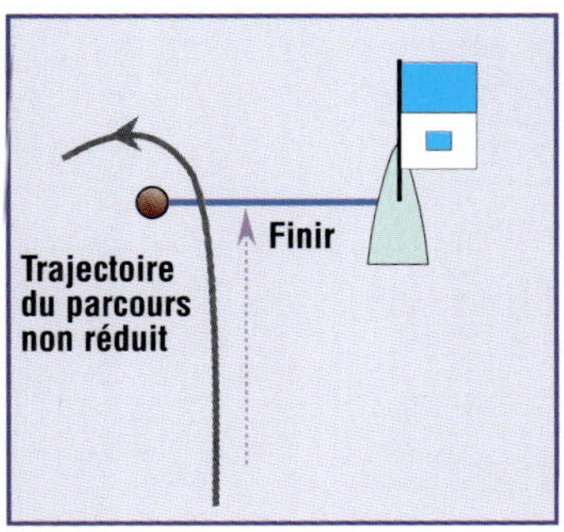

Figure 2.10.2
Parcours bâbord

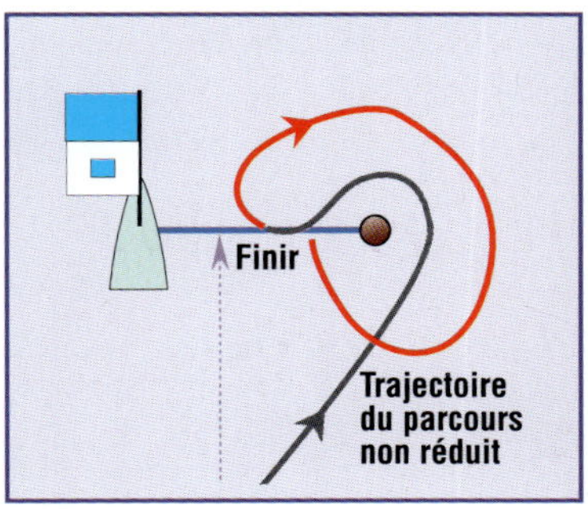

Figure 2.10.3
Parcours tribord

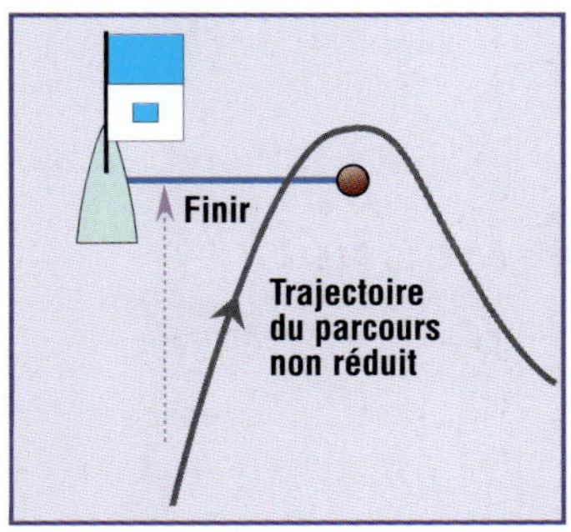

Réduction de parcours à une marque de largue

Figure 2.10.4
Parcours bâbord

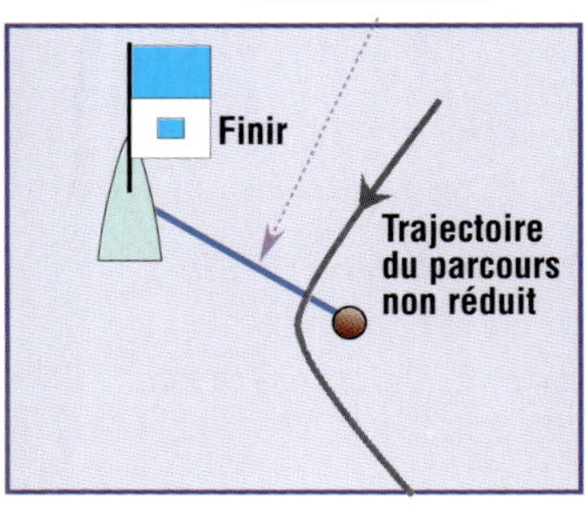

Figure 2.10.5
Parcours bâbord

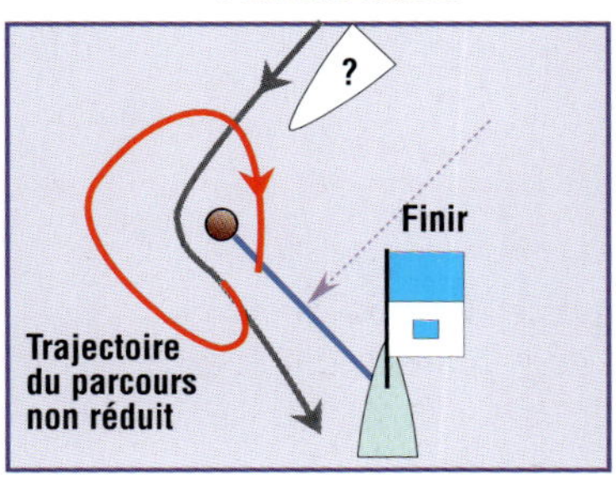

Figure 2.10.6
Parcours tribord

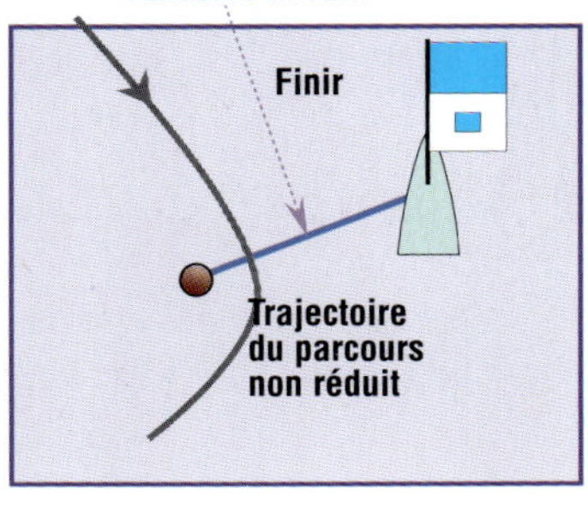

Réduction de parcours à une marque sous le vent

Figure 2.10.7
Parcours bâbord

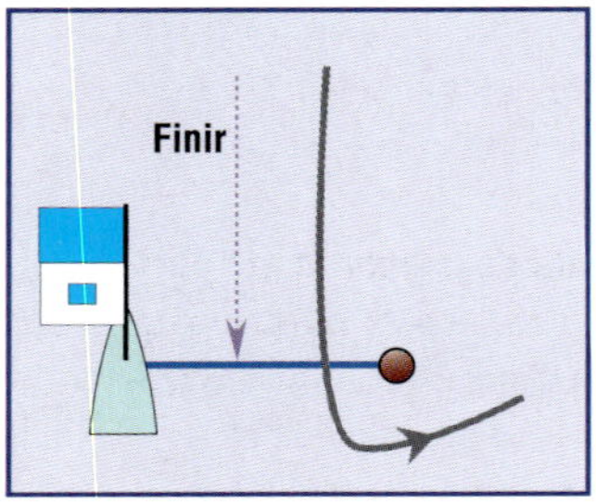

Figure 2.10.8
Parcours bâbord

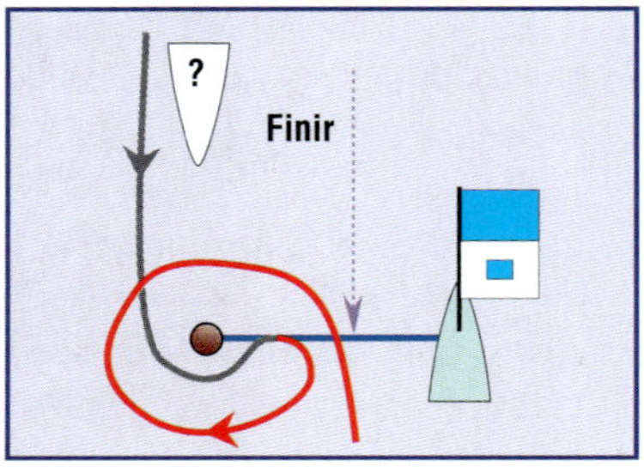

Figure 2.10.9
Parcours tribord

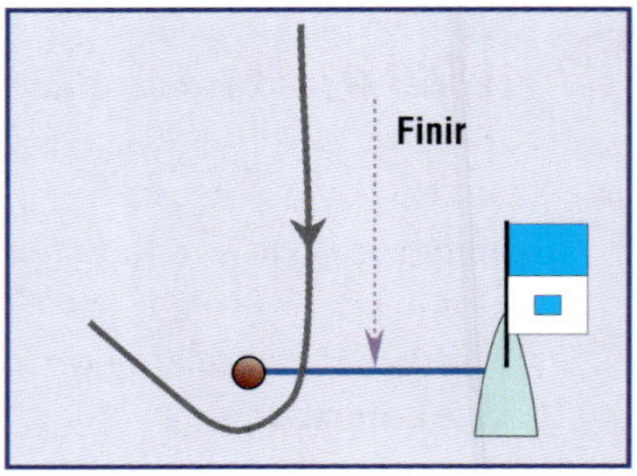

Voir aussi chapitre Zone d'arrivée, paragraphe Comment finir.

Attention si vous coupez la ligne d'arrivée d'un parcours complet ou lors d'une réduction de parcours conformément à la définition de finir, c'est-à-dire en venant dans le sens de la route depuis la dernière marque, ou *en vertu de la règle 28.1* (Effectuer le parcours), *après avoir corrigé une erreur commise sur la ligne d'arrivée*, et qu'ensuite vous vous aperceviez que vous avez oublié une marque de parcours, vous ne pouvez plus réparer (règle 28.1 Effectuer le parcours, 2e phrase).
Par contre si la ligne d'arrivée s'appuie sur la marque au vent ET si vous avez un tour de retard, vous pouvez poursuivre votre route pour effectuer le parcours.

Réduction de parcours à une porte

Quand le parcours est réduit à une porte, un bateau du comité de course à proximité de la porte montrera un pavillon S *et les bateaux doivent finir en passant dans la porte depuis la direction de la marque précédente. La ligne d'arrivée sera entre les marques formant la porte. Ceci modifie «Signaux de course: S».* (Annexe K: Guide pour les instructions de course, article 12.2)

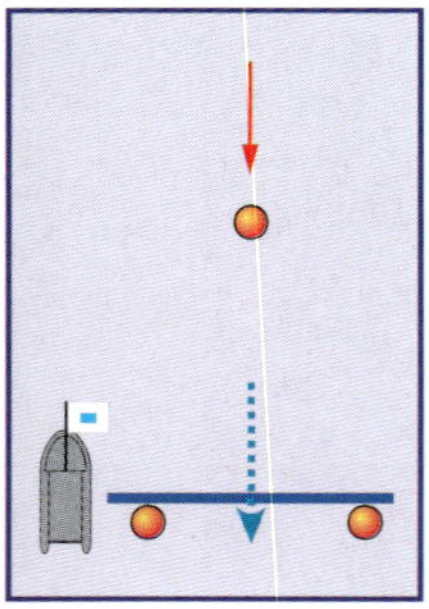

Figure 2.10.10 *Figure 2.10.11*

Le bateau arborant le pavillon «S» veillera à ne pas laisser de place entre lui et la marque la plus proche.
Il pourrait même se coller à elle, ne laissant aux concurrents que la passage dans la porte, où se juge l'arrivée (figure 2.10.10).
En se maintenant trop loin de l'une des marques (figure 2.10.11), les concurrents pourraient, par distraction, vouloir se conformer à la signification du pavillon «S» qui justement à cette endroit est modifiée par l'article 12.2 de l'annexe K, Guide pour les instructions de course.

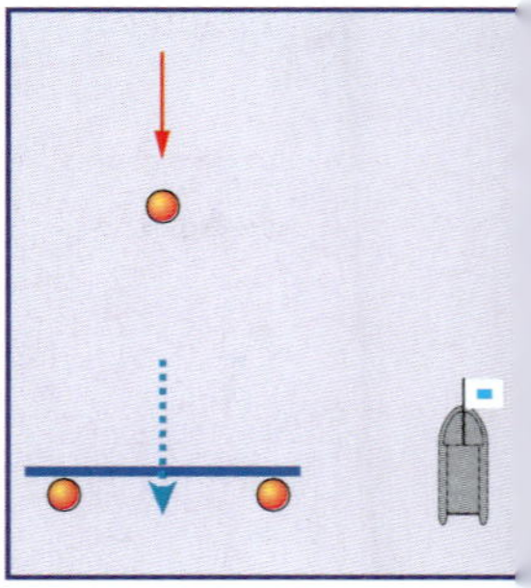

2.11 Validation d'une course

Voir chapitre *Zone d'arrivée:* Temps limite pour le premier = validation de la course
Si un bateau effectue le parcours conformément à la règle 28.1 (Effectuer le parcours) *et finit*

dans le temps limite, s'il y en a un, tous les bateaux qui finissent doivent être classés selon leur place d'arrivée sauf si la course est annulée. Si aucun bateau ne finit dans le temps limite, le comité de course doit annuler la course. (Règle 35 Temps limite et classement)

2.12 Annulation : avant, pendant, après la course

↑•••↓•

Lorsque le comité de course a épuisé toutes les tentatives de changements de parcours, de remplacements de marque, de réduction de parcours, il s'avère parfois que... rien ne va plus. Il peut être amené à annuler la course en cours. Cette opération, toutefois, ne peut pas se faire n'importe comment.

Après le signal de départ, le comité de course peut annuler la course (envoi du pavillon N, N sur H ou N sur A avec trois signaux sonores)... suivant le cas,

a) à cause d'une erreur dans la procédure de départ ;
b) à cause du mauvais temps ;
c) à cause d'un vent insuffisant rendant improbable qu'un bateau finisse dans le temps limite ;
d) parce qu'une marque manque ou n'est plus à sa place ; ou
e) pour toute autre raison affectant directement la sécurité ou l'équité de la compétition. (Règle 32.1 ... Annuler après le départ)

Cependant, après qu'un bateau a effectué le parcours et a fini dans le temps limite s'il y en a un, le comité de course ne doit pas annuler la course sans prendre en considération les conséquences pour tous les bateaux de la course ou de la série. (Règle 32.1 ... Annuler après le départ)

Si vous voyez un pavillon «N» c'est la suspension immédiate de tout effort physique. Mais s'il est seul, ce n'est qu'un sursis. Tout va recommencer... si vous le voulez bien. Car à tout moment vous pouvez décider d'abandonner et de regagner la terre ferme. Dans ce cas n'oubliez pas d'en informer un bateau du comité, pour qu'il puisse surveiller votre retour à terre, ET le secrétariat afin que l'on ne vous cherche pas désespérément sur l'eau (voir Émargement § Pénalités).

↑•••↓• *Toutes les courses dont le départ a été donné sont annulées. Revenez sur la zone de départ.*

Le signal d'avertissement sera fait 1 minute après l'affalée sauf si à ce moment la course est annulée à nouveau ou retardée.

H comme Home ou Harbour	A comme Au revoir, A+
Toutes les courses sont annulées.	*Toutes les courses sont annulées.*
↑••• *Signaux ultérieurs à terre.*	↑••• *Plus de courses aujourd'hui.*

CHAPITRE 3 - LA ZONE DE DÉPART

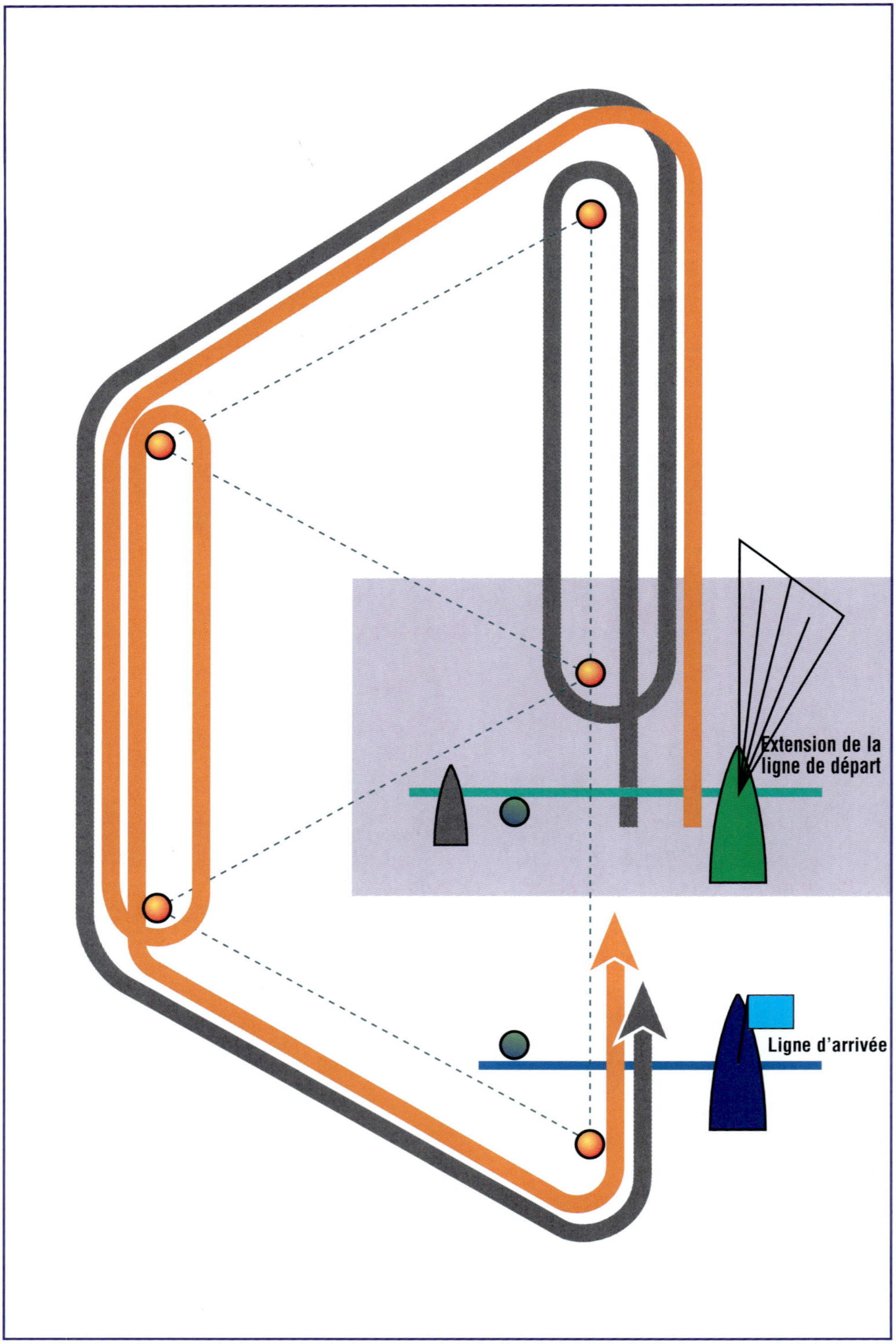
Extension de la ligne de départ
Ligne d'arrivée

CHAPITRE 3

Vous êtes régulièrement inscrit,
vous avez lu les instructions de course.
Votre bateau est prêt à naviguer.
Il faut vous rendre sur la zone de course pour prendre le départ.

3.1 *Pas encore en course et pourtant pénalisable*

Préambule

Un bateau est en course depuis son signal préparatoire jusqu'à ce que, soit il ait fini et dégagé la ligne et les marques d'arrivée, soit il ait abandonné, ou jusqu'à ce que le comité de course ait signalé un rappel général, un retard, ou une annulation. (définition de En course)
Les règles du chapitre 2 (Quand les bateaux se rencontrent) *s'appliquent entre des bateaux qui naviguent dans ou près de la zone de course, et ont l'intention de courir, sont en course, ou ont été en course. Cependant, un bateau qui n'est pas en course ne doit pas être pénalisé pour infraction à l'une de ces règles, sauf à la règle 22.1* (*Dans la mesure du possible, un bateau qui n'est pas en course ne doit pas gêner un bateau qui est en course.* (Règle 22.1 gêner un autre bateau)).
Le Règlement international pour prévenir les abordages en mer (RIPAM ou COLREG : « collision regulation », appellation courante en anglais) *ou les règles gouvernementales de priorité s'appliquent entre un bateau qui navigue sous les présentes règles et un navire qui ne le fait pas, et remplacent les présentes règles si les Instructions de course le prescrivent.*
Si un bateau a enfreint une règle alors qu'il n'était pas en course, sa pénalité doit lui être appliquée dans la course la plus proche du moment de l'incident. (Règle 64.1 (c) Pénalités et exonération)

En somme pas pénalisable mais pénalisé quand même ; lorsque vous vous approchez de la zone de départ avant votre propre procédure, attention aux bateaux d'une procédure précédente qui sont déjà en course. La règle 64.1 (c) implique qu'en cas d'infraction avérée dans la zone de départ lors d'une instruction, vous serez pénalisé sur la course à venir.

Si un voilier enfreint une règle de route avant d'être en course il ne peut se racheter. Seule la disqualification pour infraction à la règle 22.1 (gêner un autre bateau), après instruction, pourra sanctionner ce que l'on peut prendre pour un acte antisportif. Pourquoi aller gêner un concurrent qui ne participe pas à la même course que vous ?

3.2 La ligne de départ

La zone de départ se situe le plus souvent sous le vent du parcours.
Mais, comme en voile radiocommandée, elle peut se trouver au milieu du bord de près. Voir chapitres Parcours et Voile radiocommandée,

Définition de la ligne de départ

La ligne de départ est un segment dont les extrémités sont matérialisées par deux marques, soit :
- entre deux bateaux du comité
- un bateau et une bouée
- ou entre deux bouées.

La ligne de départ peut avoir pour extrémité la marque sous le vent ou une marque spéciale. Le bateau du comité se tient la plupart du temps à son extrémité tribord, dans ce cas l'autre marque de départ se trouve à l'extrémité bâbord. Mais le bateau pourrait donner les signaux à l'extrémité bâbord.

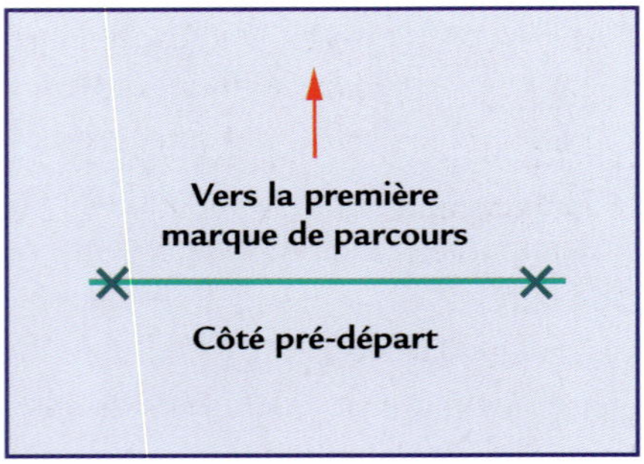

Indépendamment de la direction du vent, on peut schématiser en disant qu'il faut identifier :
- les deux extrémités de la ligne puis
- le côté parcours, dans le sens commun, censé être là où se trouve la première marque à contourner et enfin
- le côté pré-départ, qui est le côté opposé au côté parcours.

Orientation de la ligne de départ

Les départs face au vent sont les plus équitables. Selon l'angulation de cette ligne par rapport au vent :
- si l'angle entre (le vent et la ligne de départ) est exactement perpendiculaire au vent, toutes les places sur cette ligne se trouvent à la même distance de la marque au vent. Nous avons une « ligne neutre » ligne en vert.
- si l'angle (axe du vent, axe bateau du comité vers le bout de ligne) est inférieur à 90°, on dit que la « ligne est bâbord » ligne en rouge. L'extrémité

bâbord de la ligne (celle du viseur) est plus proche de la marque au vent que l'extrémité tribord (celle du côté du comité), Ce n'est pas une invitation à partir bâbord amures pour passer devant tous les tribord, amures en respectant la règle 10. Bien que ce type de départ réussi soit un spectacle particulièrement grandiose. L'orientation de la ligne de départ par rapport au vent, modulée par le comité de course ou imposée par des conditions météorologiques évolutives, permet de donner un « gain au vent » progressif pour les bateaux jusqu'en bout de ligne du côté du viseur, et étale généralement la flotte sur la totalité de celle-ci.

- si l'angle (axe du vent, axe bateau du comité vers le bout de ligne) est supérieur à 90°, on dit que la « ligne est tribord » ligne jaune. L'extrémité tribord de la ligne (celle du côté du comité) est plus proche de la marque au vent que l'extrémité bâbord (celle du côté du viseur). Il y aura embouteillage au bateau du comité, avec ce que cela comporte de prise de risques, de collisions et de dégâts.

Ce gain au vent et cette prise de risques sont très bien quantifiés et illustrés dans Pratique de la planche à voile 2, p. 88 et p. 107,

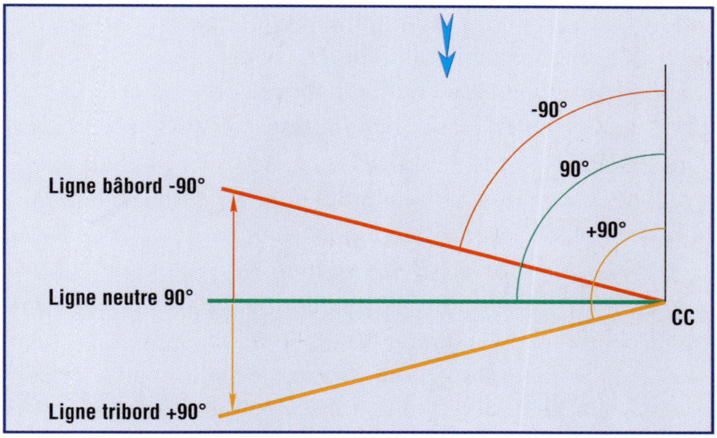

Orientation de la ligne de départ. Exemple : Pour 5°, gain au vent de 8,7 m pour une ligne de 100 mètres, Pour 10°, gain au vent de 70,4 m pour une ligne de 400 mètres

Jusqu'au signal préparatoire le comité de course peut modifier l'orientation de la ligne : *Au plus tard au signal préparatoire, le comité de course peut déplacer une marque de départ* (règle 27.2 : autres actions du comité de course avant le signal de départ).

Cas particulier des départs sur des lignes non perpendiculaires au vent. Cette situation se rencontre principalement en habitable, lorsque les procédures de départs sont faites de terre et que les extrémités de la ligne sont mouillées à demeure ou par un alignement de repères à terre.

Longueur de la ligne

La longueur de la ligne doit permettre à l'ensemble des concurrents d'une même classe de partir simultanément. Le comité de course calcule la longueur de la ligne en fonction du nombre et de la taille des bateaux au départ, d'où l'importance de la confirmation d'inscription. Pour obtenir cette longueur en mètres, il est d'usage de multiplier le nombre d'inscrits par la longueur hors tout des bateaux (en monotypie) et d'y ajouter un petit quelque chose. Chacun aura remarqué que, sur l'eau, les distances sont plus difficiles à estimer qu'à terre et que la luminosité trouble souvent la précision. À moins de disposer de GPS pour mouiller la ligne, il convient de faire plutôt « plus grand » que « trop petit » lorsqu'il y a peu de concurrents inscrits. La tâche du comité de course est de faire partir toute une flotte aussi équitablement que possible, sans provoquer l'entassement des bateaux à l'une des extrémités de cette ligne, avec les inconvénients que cela risque de créer pour tous.

3.3 Actions du comité de course avant le signal de départ

Le pavillon « L » du code international ne sera plus envoyé sur le bateau du comité à l'arrivée d'une course, pour indiquer une course à suivre. En conséquence, il ne pourra plus se trouver sur le bateau du comité au départ en continuité de celui sur la ligne d'arrivée. Néanmoins ce pavillon « L » n'en perd pas sa signification *sur l'eau : Venez à portée de voix, ou suivez ce bateau* (Signaux de course).

Pour informer les concurrents de l'imminence d'une procédure un article des Instructions de course précisera : *Quand plus d'une course (ou séquence de courses pour deux classes ou plus) seront disputées le même jour, le signal d'avertissement pour chaque course à suivre sera fait aussitôt que possible. Pour prévenir les bateaux qu'une autre course ou séquence de courses va bientôt commencer, le signal de retard sera envoyé pendant quatre minutes au moins avant l'envoi du signal d'avertissement.* (Annexe K, Guide des Instructions de course, article 5.4)

Au plus tard au signal d'avertissement, le comité de course doit faire un signal ou indiquer autrement le parcours à effectuer s'il n'a pas été précisé dans les Instructions de course, et il peut remplacer un signal de parcours par un autre, signaler qu'un parcours réduit défini sera utilisé (envoi du pavillon S avec deux signaux sonores), et signaler que le port d'un système de flottabilité personnelle est obligatoire (envoi du pavillon Y a avec un signal sonore). (Règle 27.1 Autres actions du comité avant le signal de départ)

Au plus tard au signal préparatoire, le comité de course peut déplacer une marque de départ et peut appliquer la règle 30 (pénalités de départ). (Règle 27.2 Autres actions du comité avant le signal de départ)

Avant le signal de départ, le comité de course peut pour n'importe quelle raison retarder (envoi du pavillon Aperçu, Aperçu sur H ou Aperçu sur A, avec deux signaux sonores) ou annuler la course (envoi du pavillon N sur H, ou N sur A avec trois signaux sonores). (Règle 27.3 Autres actions du comité avant le signal de départ)

Annuler avant le signal de départ

Avant le signal de départ le comité ne peut faire une annulation simple avec le pavillon « N » puisque ce pavillon signifie *toutes les courses dont le départ a été donné sont annulées.* (Pavillon « N » : Signaux de course) Il faut donc qu'un départ ait été donné. De plus il indique : *revenez sur la zone de départ.* Et justement les bateaux s'y trouvent déjà.

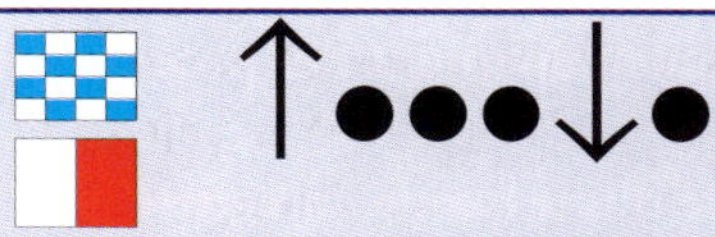

Toutes les courses sont annulées. Signaux ultérieurs à terre.
« H » comme Home ou Harbor

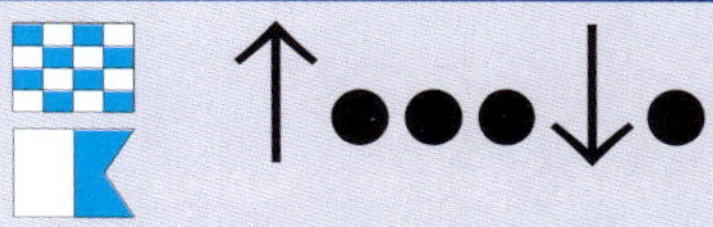

Toutes les courses sont annulées. Plus de courses aujourd'hui
« A » comme Au revoir

Retarder avant le signal de départ

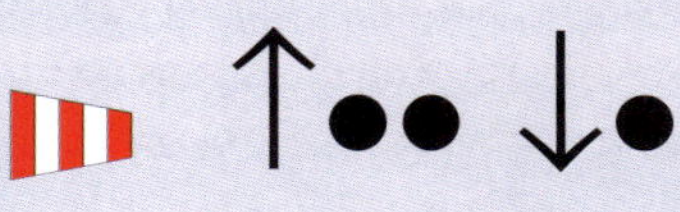

Les courses dont le départ n'a pas été donné sont retardées.
Le signal d'avertissement sera fait 1 minute après l'affalée sauf si à ce moment la course est retardée à nouveau ou annulée.

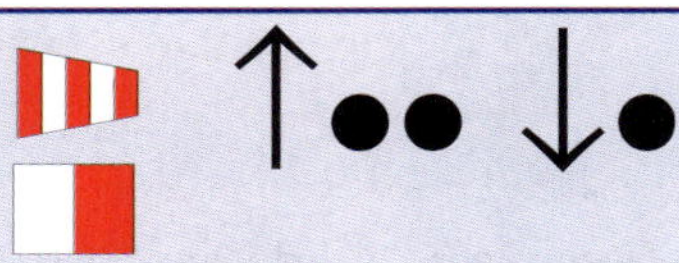

Les courses dont le départ n'a pas été donné sont retardées.
Signaux ultérieurs à terre.
« H » comme Home ou Harbor

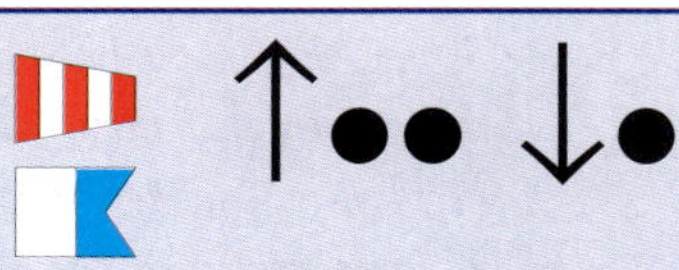

Les courses dont le départ n'a pas été donné sont retardées.
Plus de courses aujourd'hui.
« A » comme Au revoir

3.4 La procédure de départ

Quel que soit le support d'une régate en flotte, la procédure de départ est constituée d'un signal d'AVERTISSEMENT
un signal PRÉPARATOIRE
le signal de LA MINUTE
un signal de DÉPART (règle 26 : Départ de course)

Toutes les procédures commencent maintenant par le signal d'avertissement. (Il n'y a plus de procédures réduites commençant au signal préparatoire), que cela soit après :

- un retard signalé par le pavillon « aperçu » (Signaux de course)
- une annulation avec le pavillon « N » (Signaux de course)
- un rappel général avec le pavillon « 1er substitut » (règle 29.3 + Signaux de course)
- une classe à suivre (règle 26)

En match racing un signal *d'ATTENTION*, précède l'enchaînement des procédures de départ. Voir chapitre Match racing.

En VRC, la procédure est orale (sans pavillon) à l'aide d'une bande enregistrée.

La pavillonnerie et le décompte

Le décompte est communiqué à l'ensemble des intervenants par des signaux visuels appuyés de signaux sonores pour attirer l'attention des concurrents (règle 26 Départ des courses). Une exception toutefois pour les bateaux radiocommandés (VRC) pour lesquels la procédure est décomptée oralement (voir chapitre Voile radiocommandée).

Les temps doivent être comptés à partir des signaux visuels ; l'absence d'un signal sonore ne doit pas être prise en considération. (Règle 26 Départ des courses)

Le pavillon utilisé pour le signal d'avertissement doit être décrit dans les Instructions de course. Il peut être soit :

- un pavillon de classe reprenant le logo de la voile pour les monotypes, en modulant la couleur du fond suivant les catégories (ex : lasers) ou barré (ex : benjamins en optimist)
- des pavillons de groupe (le plus souvent des couleurs) ou
- par courtoisie à l'égard du club qui reçoit une course à handicap : le pavillon du club hôte, etc.

Signal	*Pavillon et signal sonore*	*Minutes avant le signal de départ*
Avertissement	*Pavillon de classe, signal sonore*	*5**
Préparatoire	*Pavillon P, ou*  *I, ou*  *Z, ou*  *Z et I, ou*  *Noir*  *Un signal sonore*	*4*
Une minute	*Amenée du pavillon préparatoire, un long signal sonore*	*1*
Départ	*Amenée du pavillon de classe, un signal sonore*	*0*

** ou tel que spécifié dans les Instructions de course*

Le signal d'avertissement de chaque classe à suivre doit être fait avec ou après le signal de départ de la classe précédente.

Pour les habitables, le signal d'avertissement pourrait être fait à 8 minutes du signal de départ (2 x 4'), afin de laisser le temps aux équipages d'adapter les voiles aux conditions du moment, entre le signal d'avertissement et le signal préparatoire (soit 4 minutes). Pour les VRC le signal d'avertissement est à H-2' et le signal préparatoire à H-1' (voir chapitre Voile radio-commandée).

Pour le match racing la procédure commence par un signal supplémentaire appelé : signal d'attention (voir chapitre Match racing).

L'ordre dans lequel seront donnés les départs de plusieurs classes ou groupe de classes, peut être :

- définitivement fixé dans les Instructions de course. Dans ce cas il n'est modifiable que par écrit avec avis au tableau officiel dans le délai requis dans la règle 88,2 (c), ou modifiable sur le bateau du comité si cela a été prévu dans les Instructions de course ;
- indiqué par *communication à chaque bateau* concerné sur l'eau *avant le signal d'avertissement* (règle 88.2 (c) Instruction de course) par l'envoi de l'identification correspondante (pavillon) sur le bateau du comité, à condition l'avoir précisé dans les IC : *l'ordre des départs sera celui indiqué par la pavillonnerie sur le bateau du comité ;*
- plus rarement, comme en Match racing ou en PAV, par information orale selon une procédure prévue dans les Instructions de course (voir règles 88.2 (c) et B7).

Si l'ordre n'est pas imposé par les Instructions de course, le comité de course aura la possibilité soit :

- de maintenir l'ordre avec un intervalle précisé dans les Instructions de course
- de faire partir une classe qui attendait que la précédente cesse d'être en rappel général répété. Ceci est une modification à la règle 26.2 et 29.3 ;
- de réduire l'intervalle entre les signaux de départ au minimum. *Le signal d'avertissement de chaque classe à suivre doit être fait avec ou après le signal de départ de la classe précédente* (règle 26 Départ des courses) ;
- d'augmenter l'intervalle en prévoyant dans les Instructions de course que : *les départs des groupes sont donnés au moins à six minutes d'intervalle suivant un ordre décidé par le comité de course. Les concurrents doivent être attentifs au signal particulier de leur groupe.*

Illustration de la procédure de départ telle que décrit dans la règle 26 de l'ISAF pour la classe Europe avec un rappel individuel (règle 29.2) :

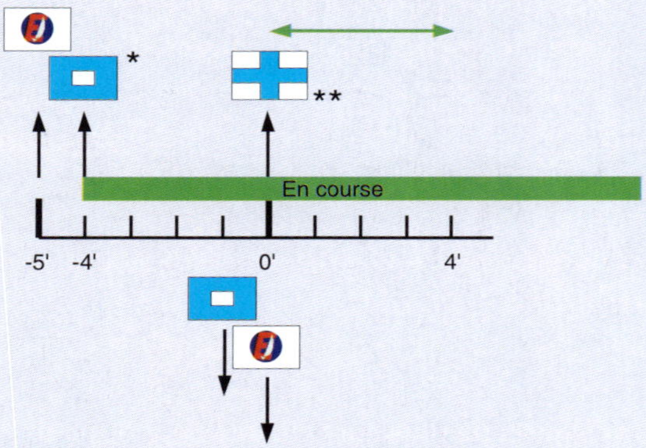

Mouvement des pavillons :
↑à la montée ; ↓à la descente

** signal préparatoire (P ou I ou Z ou Z + I ou noir voir § 3.5*

***envoi si nécessaire du pavillon de rappel individuel*
⟷ durée maximum de l'envoi du pavillon X (cf. 29.2 et § 3.7)

Exemple de procédure type dériveur dont les départs s'enchaînent :
Le signal d'avertissement de chaque classe à suivre doit être fait avec ou après le signal de départ de la classe précédent. (tel que décrit dans la règle 26.2)

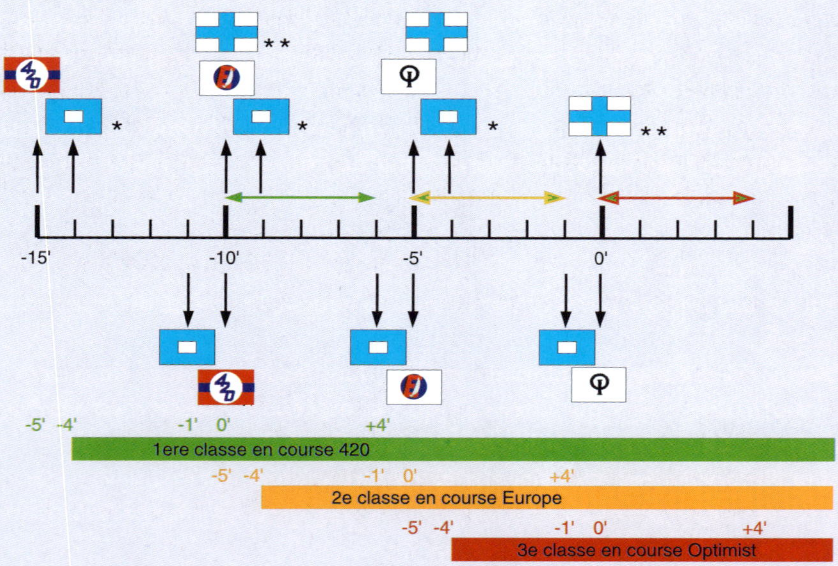

Mouvement des pavillons : ↑à la montée ; ↓à la descente
** signal préparatoire (P ou I ou Z ou Z + I ou noir voir § 3.5)*
***envoi si nécessaire du pavillon de rappel individuel*
⟷ durée maximum de l'envoi du pavillon X
(cf. 29.2 et § 3.7)

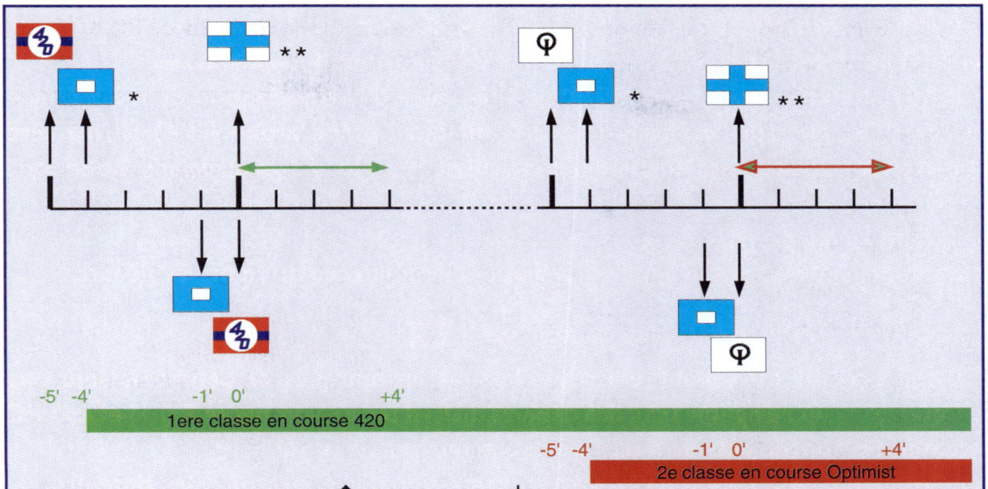

Mouvement des pavillons : ↑à la montée ; ↓à la descente
** signal préparatoire (P ou I ou Z ou Z + I ou noir voir § 3.5*
***envoi si nécessaire du pavillon de rappel individuel*
⟵⟶ durée maximum de l'envoi du pavillon X (cf. 29.2 et § 3.7)

Un bateau doit être à flot et non amarré à son signal préparatoire. Ensuite, il ne peut être mis au sec ou amarré sauf pour vider l'eau, ferler les voiles ou effectuer des réparations. Il peut mouiller ou l'équipage peut se tenir debout sur le fond. Il doit récupérer l'ancre avant de continuer à courir, sauf s'il est dans l'incapacité de le faire. (Règle 45 Mise au sec, amarrage, mouillage) Un habitable ne devra pas rester au port, mais pourra être mouillé sur son ancre. *Un bateau doit utiliser seulement l'équipement à bord à son signal préparatoire.* (Règle 47.1 Limitations sur l'équipement...) Il ne peut de ce fait recevoir d'autre matériel, ce qui serait considéré comme aide extérieure. *Un bateau peut recevoir de l'aide extérieure tel que prévu par la règle 1* (sécurité). *Autrement, il ne doit pas recevoir d'aide extérieure sauf s'il a un membre d'équipage malade ou blessé, ou, après une collision, de la part de l'équipage de l'autre bateau.* (Règle 41 Aide extérieure)

3.5 Les règles de la dernière minute

Au plus tard au signal préparatoire, le comité de course... peut appliquer la règle 30 (pénalités de départ) (règle 27.2). C'est-à-dire l'une des règles de la dernière minute.

- 30.1 règle du retour par l'extérieur sous pavillon « I »
- 30.2 règle de pénalité de 20 % sous pavillon « Z »
- 30.1 + 30.2 sous pavillon « Z » + « I »
- 30.3 Règle du pavillon « Noir »

En l'absence d'un des pavillons ci-dessus cités, le signal préparatoire sera matérialisé par le seul pavillon « P ».

Signaux sonores

H-1 : *Amenée du pavillon préparatoire ; un long signal sonore* ↓ ▬▬

L'ISAF manifeste dans ces RCV 2001-04 un souci d'harmonisation dans les procédures. Quel que soit le pavillon envoyé au signal préparatoire (H-4), la dernière minute est signalée par l'amenée d'un pavillon et un long signal sonore. Attention : dans la dernière minute la pavillonnerie, envoyée sur le bateau du comité, sera identique à celle qui précède le signal préparatoire : de H-5' à H-4'. Il n'y a que la concentration des bateaux sur la ligne qui indiquera l'imminence du signal de départ.

Procédure de départ sous pavillon P

Cette procédure est surtout employée lorsque les marques de départ ne sont pas entourées d'eau navigable (cas des départs dits « à terre » voir figure 2.3.1) et en VRC et pour des concurrents de haut niveau comme lors de la SOF.

Quand le pavillon « P » a été envoyé comme signal préparatoire, les bateaux doivent seulement se conformer à la règle 29.1 (Du côté parcours au moment du départ). *Quand, au signal de départ d'un bateau, une partie quelconque de sa coque, de son équipage ou de son équipement se trouve du côté parcours de la ligne de départ, il doit entièrement revenir du côté pré-départ de la ligne avant de prendre le départ.* Et à la définition de prendre le départ : *Un bateau prend le départ quand, après son signal de départ, une partie quelconque de sa coque, équipage ou équipement, coupe la ligne de départ pour la première fois et quand il a satisfait à la règle 29.1* (Du côté parcours au moment du départ)

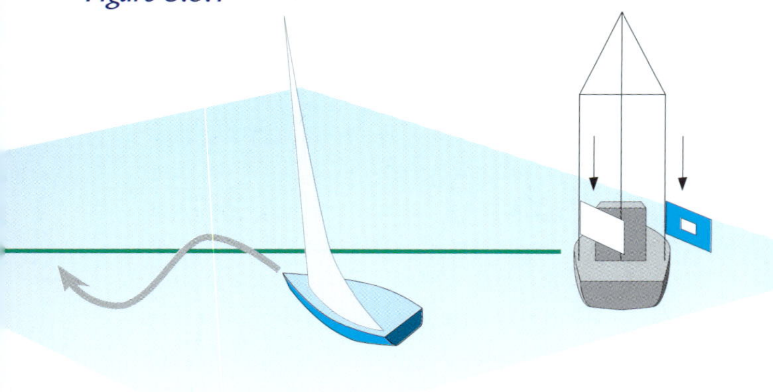

Figure 3.5.1

C'est-à-dire qu'un bateau peut être au-dessus ou sur la ligne dans les secondes qui précèdent son signal de départ, pourvu qu'à son signal de départ, il soit entièrement derrière la ligne de départ. En replongeant derrière la ligne il doit respecter les règles du chapitre 2 (Quand les bateaux se rencontrent). Il ne faut pas confondre un bateau qui regagne le côté pré-départ avant le signal de départ et qui conserve tous ses droits avec : *Un bateau naviguant vers le côté pré-départ de la ligne de départ ou de ses prolongements après son signal de départ pour satisfaire à la règle 29.1* (Du côté parcours au moment du départ)... *doit se maintenir à l'écart d'un bateau qui ne fait pas de même, jusqu'à ce qu'il soit entièrement du côté pré-départ.* (Règle 20 Erreur de départ.) Voir les rappels en 3.7 et 3.8.

Règle 30.1 du retour par l'extérieur « pavillon I »

Figure 3.5.2
Dans le cas où le pavillon « I » est envoyé sur le bateau du comité, le franchissement de la ligne est possible dans un sens comme dans l'autre tant que ce pavillon reste visible. Dès qu'un long signal sonore ponctue le début de la dernière minute et l'amené du pavillon « I » la règle 30.1 s'applique.

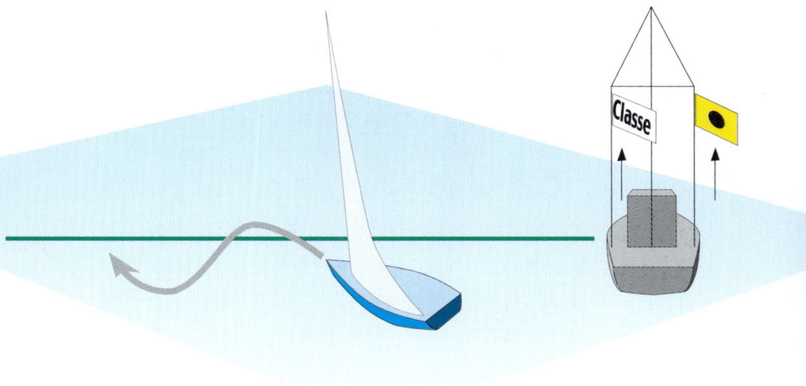

Si le pavillon I a été envoyé avant, avec ou en tant que signal préparatoire d'un bateau, et qu'une partie quelconque de sa coque, de son équipage ou de son équipement se trouve du côté parcours de la ligne de départ ou de ses prolongements au cours de la minute précédant son signal de départ, le bateau doit revenir du côté pré-départ de la ligne en contournant l'une ou l'autre de ses extrémités avant de prendre le départ.

Avant son signal de départ, un bateau qui est au-dessus de la ligne et qui revient est soumis aux règles 10 à 17. Mais dès son signal de départ, il perd les droits qu'il avait à ce titre et il n'est plus soumis qu'à la règle 20 (commentaire B Bonneau IJ). ***Un bateau naviguant vers le côté pré-départ de la ligne de départ ou de ses prolongements après son signal de départ pour satisfaire à la règle 29.1*** (Du côté parcours au moment du départ) ***ou à la règle 30.1*** (règle du retour par les extrémités) ***doit se maintenir à l'écart d'un bateau qui ne fait pas de même, jusqu'à ce qu'il soit entièrement du côté pré-départ.*** (Règle 20 Erreur de départ)

Figure 3.5.3
Si un ou plusieurs bateaux identifiés franchissent la ligne alors que le pavillon « I » a été amené, comme le fait le n° 2, le comité de course note le (les) numéro(s). Chacun de ces bateaux peut toujours se racheter en repassant au-dessus de la ligne et en faisant le tour par l'une des extrémités, bâbord (sillage noir) ou tribord (sillage vert), de la ligne sans attendre le signal de départ. Il en est de même si le franchissement a lieu juste au moment du signal de départ.

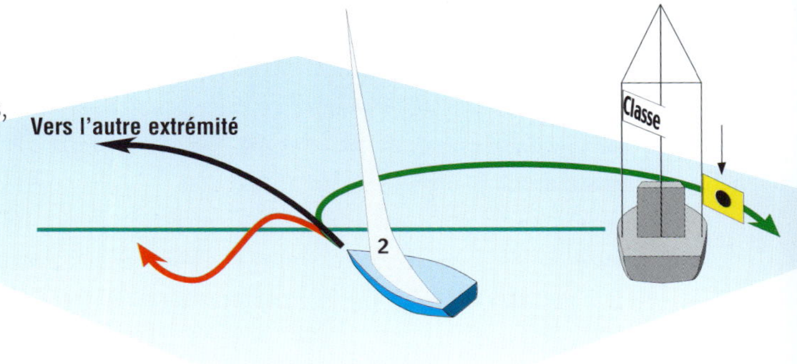

Le comité de course indiquera par un pavillon « X » et un signal sonore (Cas ISAF 31, 71 et 79) que tous les bateaux ont été identifiés. Ces bateaux identifiés doivent revenir prendre le départ, conformément à la définition, en perdant toutes priorités conformément à la règle 20. S'ils ne se conforment pas à cette obligation ils seront considérés comme *OCS : n'a pas pris le départ ; du côté parcours de la ligne de départ et a failli à satisfaire à la règle 29.1* (Du côté parcours au moment du départ) *ou 30.1.* (Règle du retour par les extrémités) (Abréviation pour les résultats). Ils recevront le même nombre de points que les disqualifiés DSQ.

Régle 30.2 de pénalité de 20 % : pavillon Z

Si le pavillon Z a été envoyé avant, avec, ou en tant que signal préparatoire d'un bateau, aucune partie de sa coque, de son équipage ou de son équipement ne doit se trouver dans le triangle déterminé par les extrémités de la ligne de départ et la première marque au cours de la minute précédant son signal de départ. Si un bateau enfreint cette règle et est identifié, il doit recevoir, sans instruction, une pénalité en points de 20 %, calculée comme prévu par la règle 44.3(c) (Pénalités en points). *Il doit être pénalisé même si le départ de la course est redonné ou si la course est recourue ou reprogrammée, mais pas si la course est retardée ou annulée avant le signal de départ.*

L'une des situations suivantes se présente forcément lors d'une procédure de départ sous pavillon Z (cf. illustration 3.5.4).

- Ou retard ou annulation pendant la procédure, donc avant le signal de départ, il ne se passe rien.
- Ou tous les bateaux sont restés du côté pré-départ (ie derrière la ligne de départ) pendant toute la dernière minute et sont encore entièrement derrière au moment du signal de départ (le vert). C'est un « bon départ » en terme de comité de course. La règle du pavillon « Z » n'a aucun effet.
- Ou un (ou plusieurs) bateau(x) identifié(s) s'est (se sont) trouvé(s) dans le triangle pendant la dernière minute. *Aucune partie de sa coque, de son équipage ou de son équipement ne doit se trouver dans le triangle déterminé par les extrémités de la ligne de départ et la première marque au cours de la minute précédant son signal de départ.* MAIS il(s) est (sont) entièrement du côté pré-départ au moment du signal de départ (le bleu et le orange). C'est un « bon départ » en termes de comité de course. Le(s) bateau(x) identifié(s) sera(ont) « ZFP » sur le résultat de la course et « touche(nt) » 20% sans instruction. Pas de possibilité de se racheter. « Il ne fallait pas se trouver dans le triangle).
- Ou un (ou plusieurs) bateau(x) identifié(s) *au signal de départ,* a (ont) *une partie quelconque de la coque, de l'équipage ou de l'équipement du côté parcours de la ligne de départ.* (Règle 29.1) Ce(s) bateau(x) sont en infraction avec la règle 29.1 (du côté départ au moment du départ) et seront rappelés conformément à la règle 29.2 avec le pavillon « X »,
    - Ou il(s) revient(nent) derrière la ligne, même en replongeant (la règle 30.1 ne s'appliquant pas). Il(s) sera(ont) comptés comme partant(s) mais touchera(ont) 20 % sans instruction (ex : le jaune).

- Si il(s) ne revient(nent) pas comme le rose, il(s) sera(ont) considéré(s) comme OCS. Il(s) ne peut(vent) pas prendre les 20 % puisque un concurrent ne peut marquer plus de points que s'il est DNF (règle 44.3 (c)). MAIS si la course est ultérieurement annulée pour être recourue, l'abréviation OCS sera transformée en ZFP avec sa pénalité de 20 % pour la course validée de même numéro d'ordre.

- Ou tous les bateaux en rappel n'ont pu être identifiés (figure 3.5.5), mais quelques numéros ont pu être relevés. Le comité de course fait un « rappel général » avec le 1er substitut ▶. Les bateaux identifiés verront leur place d'arrivée augmentée de 20 % des inscrits sur cette course dès qu'elle sera validée mais pourront tout de même prendre le départ suivant de cette course. La mention « ZFP » figurera sur le classement de cette course en regard des numéros des bateaux identifiés. Le comité de course n'a pas à afficher sur son bateau les numéros des bateaux identifiés et concernés par cette pénalité *ZFP - Z flag penalty, Pénalité de 20 % selon la règle 30.2.*

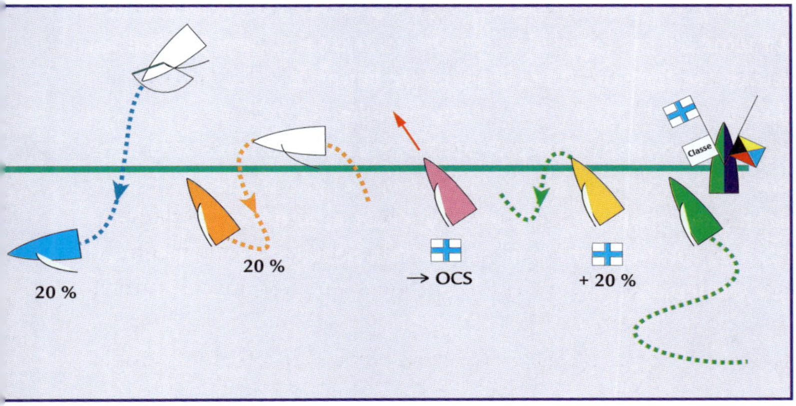

Figure 3.5.4
Au moment du signal de départ (affalé du pavillon de classe), les bateaux se trouvent à la position où ils sont colorisés.

- Les bateaux, bleu et orange, ont pénétré (tout ou partie) dans le triangle pendant la dernière minute avant le signal de départ. Mais ils avaient eu le temps de repasser derrière la ligne avant ce signal. La règle 30.1 dite du retour par l'extérieur, ne s'appliquant pas, ils peuvent recouper la ligne, pourvu qu'ils prennent le départ conformément à la définition : *un bateau prend le départ quand, après son signal de départ, une partie quelconque de sa coque, équipage ou équipement, coupe la ligne de départ pour la première fois et quand il a satisfait à la règle 29.1* (Du côté parcours au moment du départ) (définition de Prendre le départ). Ces deux bateaux, bleu et orange, seront seulement pénalisés de 20 % sans instruction. Ils n'en seront pas informés au moment du départ, mais seulement sur le résultat de la course, à terre, sur le tableau d'affichage.
- Les bateaux, rose et jaune, sont restés derrière la ligne jusqu'à quelques secondes du signal de départ. Mais *quand, au signal de départ d'un bateau, une partie quelconque*

de sa coque, de son équipage ou de son équipement se trouve du côté parcours de la ligne de départ, il doit entièrement revenir du côté pré-départ de la ligne avant de prendre le départ (règle 29.1 Du côté parcours au moment du départ). Ils seront donc rappelés à l'aide du pavillon « X » hissé rapidement après le signal de départ.

- Le bateau rose décide de ne pas tenir compte de ce pavillon et poursuit sa route. Pour ne pas s'être conformé à son obligation de *revenir du côté pré-départ de la ligne avant de prendre le départ* (règle 29.1), il sera enregistré comme OCS (on course side). Si la course est ultérieurement annulée, l'appellation OCS sera transformée en ZFP avec 20 % pour la course de même numéro validée.
- Le bateau jaune revient du côté pré-départ (sillage vert), il s'est conformé à l'obligation de la règle 29.1 et ne sera pénalisé que de 20 % sans instruction (règle A5 Scores déterminés par le comité). Toutefois le bateau jaune ne devra gêner aucun autre concurrent pendant son retour derrière la ligne (règle 20 Erreur de départ).

Autrement dit : Dès qu'un bateau pénètre dans LE triangle dans la dernière minute (entre la descente du pavillon « Z » et le signal de départ) il « touche » 20% quel que soit le moment où il le fait et même s'il est rappelé et revient ou, qu'un rappel général est signalé (signaux qui ne peuvent se faire qu'après le signal de départ).
MAIS il ne sera pas pénalisé *si la course est retardée* ou annulée *AVANT le signal de départ.* Cela permet au comité de course de ne pas pénaliser les concurrents si la ligne dérape et, de ce fait amène les concurrents sur ou dessus de la ligne de départ contre leurs volontés. Encore faut-il que le comité de course s'aperçoive du dérapage de l'une des extrémités de sa ligne. Les rotations du vent ne doivent pas être assimilées à un déplacement d'une marque de départ.

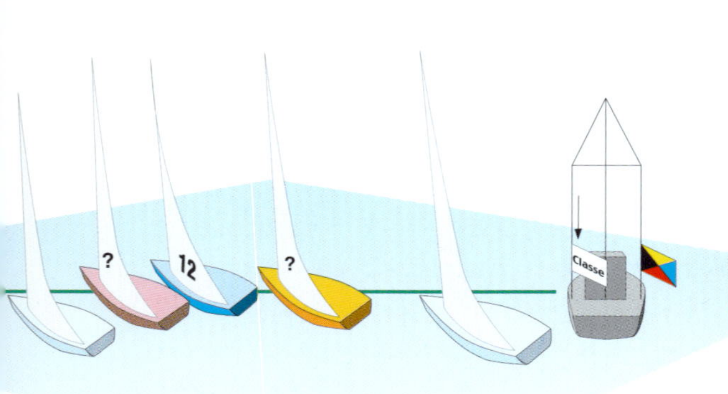

Figure 3.5.5

Dans le cas illustré, le comité de course a amené le pavillon « Z »,une minute avant le signal de départ. Au signal de départ trois bateaux sont en position de rappel : le bleu le plus en avant, le jaune et le rose. Le comité a pu lire n° 12 pour le bleu, par contre il ne peut lire celui du jaune (?) qui est caché par un bateau (qui est derrière la ligne). Le comité n'a pu identifier le bateau rose (?) dont le numéro n'est pas visible du viseur à cause du bateau blanc à gauche. *Le comité de course* ayant été *dans l'incapacité d'identifier tous les bateaux, peut faire signaler un rappel général* (**règle 29.3 Rappel général**). Le voilier 12 se verra infliger, sans instruction, une pénalité de 20 % sur son résultat dans cette course par application de la règle 30.2 (**règle du pavillon « Z »**).

Un bateau peut être « pris » plusieurs fois pour infraction à cette règle, sur des procédures de départ successives, tant que la course n'est pas validée. Il ne pourra toutefois pas recevoir plus que les points d'un DNF (voir règle 44.3)
Les bateaux qui « font monter la ligne » n'ont plus qu'à bien se tenir… derrière la ligne de départ. Cette règle est moins draconienne que celle du pavillon noir. Mais ce pavillon « Z » risque fort d'être remplacé après un rappel général par le « pavillon noir » et sa règle qui tue, anciennement appelée règle d'exception.
Si la course sur laquelle a été appliqué le ZFP est ensuite annulée (après le signal de départ) ou retardée après avoir été annulée après le signal de départ : la pénalité reste d'application jusqu'à la validation de cette course.

Régles des pavillons « Z » + *« I »*

pénalité des 20 % + retour par l'extérieur

Si le pavillon I a été envoyé avant, avec ou en tant que signal préparatoire d'un bateau, et qu'une partie quelconque de sa coque, de son équipage ou de son équipement se trouve du côté parcours de la ligne de départ ou de ses prolongements au cours de la minute précédant son signal de départ, le bateau doit revenir du côté pré-départ de la ligne en contournant l'une ou l'autre de ses extrémités avant de prendre le départ. (Règle 30.1 Règle du retour par les extrémités)
Si le pavillon Z a été envoyé avant, avec, ou en tant que signal préparatoire d'un bateau, aucune partie de sa coque, de son équipage ou de son équipement ne doit se trouver dans le triangle déterminé par les extrémités de la ligne de départ et la première marque au cours de la minute précédant son signal de départ. (Règle 30.2 Règle de pénalité de 20 %)

Figure 3.5.6
Au moment du signal de départ (affalé du pavillon de classe), les bateaux se trouvent à la position où ils sont colorisés.

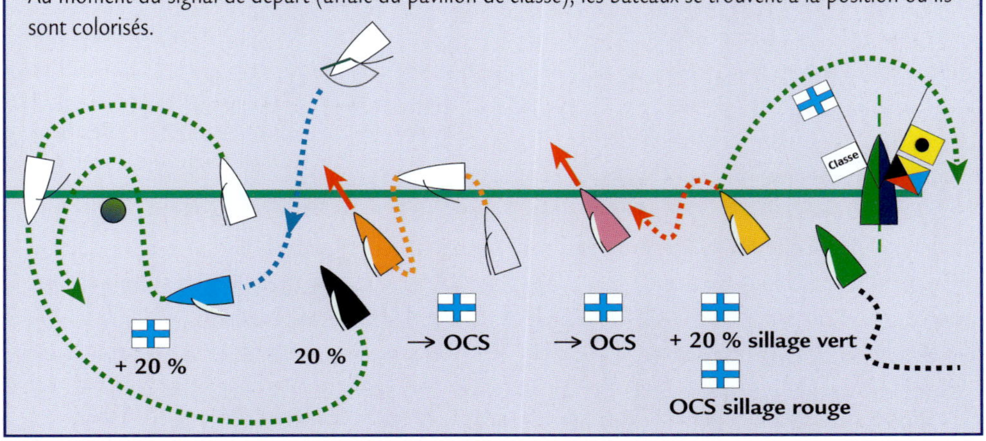

• Le bateau noir, identifié dans le triangle pendant la dernière minute, sera pénalisé de 20 %. Il n'a pas à être rappelé puisqu'il a fait le tour par l'extérieur avant le signal de départ et a donc satisfait à son obligation en vertu de la règle 30.1.

• Les bateaux (bleu + orange + jaune + rose) seront informés par l'envoi du pavillon « X » , qu'ils sont rappelés :
- pour une infraction à la règle du retour par l'extérieur (30.1) pour le bleu et l'orange,
- pour avoir été du côté parcours au moment du signal de départ (29.1) pour les bateaux jaune et rose.

Ces quatre bateaux devront faire le tour par une des extrémités de la ligne pour pouvoir être comptés comme régulièrement partis. *Un bateau prend le départ quand, après son signal de départ, une partie quelconque de sa coque, équipage ou équipement, coupe la ligne de départ pour la première fois et quand il a satisfait à la règle 29.1* (Du côté parcours au moment du départ) *et la règle 30.1* (règle du retour par les extrémités) *si elle s'applique.*

• Le bateau bleu aura satisfait à la définition de partir et à la règle 30.1, s'il fait le tour par l'extérieur mais « touchera » tout de même 20 % pour une infraction à la règle 30.2.

• Le jaune aura satisfait à la règle 30.1 seulement s'il fait le tour par l'extérieur (sillage vert), il « touchera » 20%. S'il se contente du sillage rouge il sera enregistré OCS, si la course est menée à son terme. Si elle est annulée après le signal de départ, les 20 % lui seront comptabilisés pour la course de même numéro, quand elle sera validée.

• Le bateau orange, n'a pas satisfait à ses obligations de la règle 30.1 (Retour par l'extérieur), bien que se trouvant derrière la ligne au moment du signal de départ. En conséquence il sera enregistré OCS pour cette course, si elle est menée à son terme. Si elle est annulée après le signal de départ, les 20 % lui seront comptabilisés pour la course de même numéro, quand elle sera validée.

• Le bateau rose n'a pas satisfait à la règle 29.1 (Du côté parcours...), il ne revient pas derrière la ligne il sera enregistré OCS (sans instruction).

Si un bateau enfreint cette règle et est identifié, il doit recevoir, sans instruction, une pénalité en points de 20 %, calculée comme prévu par la règle 44.3(c) (Pénalités en points). *Il doit être pénalisé même si le départ de la course est redonné ou si la course est recourue ou reprogrammée, mais pas si la course est retardée ou annulée avant le signal de départ.* (Règle 30.2 Règle de pénalité de 20 %)

Règle du pavillon noir dite règle de « la mort subite »

Si un pavillon noir a été envoyé avant, avec ou en tant que signal *préparatoire d'un bateau, aucune partie de sa coque, de son équipage ou de son équipement ne doit se trouver dans le triangle déterminé par les extrémités de la ligne de départ et la première marque au cours de la minute précédant son signal de départ. Si un bateau enfreint cette règle et est identifié, il doit être disqualifié sans instruction, même si le départ de la course est redonné ou si la course est recourue ou reprogrammée, mais pas si la course est retardée ou annulée avant le signal de départ. Si un rappel général est signalé ou si la course est annulée après le signal de départ, le comité de course doit afficher son numéro de voile et si le départ de la course est redonné ou si la course est recourue, il ne doit pas y participer. S'il y participe, sa disqualification ne doit pas être retirée lors de son calcul de points dans la série.* (30.3 Règle du pavillon noir)

Deux cas de figure :

- Si le comité identifie tous les bateaux en infraction, la procédure sera qualifiée de « bon départ ». Les concurrents identifiés apprendront leur mésaventure sur les résultats de la course, par la mention BFD (Disqualification selon la règle 30.3). Les Instructions de course peuvent prévoir une procédure spéciale pour informer les contrevenants : soit par affichage des numéros de voile sur le bateau commissaire au vent, ou par un bateau clairement identifié et spécialement affecté à cette tâche.
- Si cette procédure sous pavillon noir est ponctuée par un rappel général, parce qu'*au signal de départ, le comité de course est dans l'incapacité d'identifier les bateaux qui sont du côté parcours de la ligne de départ ou ceux auxquels s'applique la règle 30* (règle 29.3 Pénalités de départ), le comité affichera les numéros des bateaux en infraction identifiés. Régulièrement informés par affichage de leurs numéros d'identification sur le bateau du comité, ces concurrents devront quitter la zone de course puisqu'ils ne sont plus admis à participer à cette course. Sur les résultats de la course ils seront enregistrés BFD. Cette disqualification pourra être retirée si un ou plusieurs résultats peuvent être retirés pour le calcul des scores. Les bateaux non inscrits bénéficieront du « pas vus, pas pris »

Chaque concurrent doit vérifier s'il est noté ou non sur le tableau. Aucune réparation ne pourra être accordée à un concurrent qui n'aura pas participé ultérieurement à la course, parce qu'il « a entendu dire » que son numéro était sur la liste... sans l'avoir vérifié de ses propres yeux.

Attention, s'entêter à vouloir participer (sail) pendant tout ou partie de la course dont le départ est redonné conduit à une disqualification non retirable. S'il y participe il sera enregistré DNE (disqualification not excludable) sans instruction.

Les concurrents non identifiés par le comité de course, même si pour leurs adversaires ils « auraient dû être pris », peuvent poursuivre la course en conservant tous leurs droits. ... Sauf s'ils étaient clairement au-dessus de la ligne et ne pouvaient l'ignorer. (- Cas ISAF 65 -)

Figure 3.5.7

Dans la figure de la règle du « pavillon noir » autrefois appelée règle d'exception, le pavillon noir vient d'être amené sur le bateau du comité avec un signal sonore tel que requis dans les Signaux de course. Pendant la dernière minute, le bateau jaune n° 8 passe en partie au-dessus de la ligne de départ puis la recoupe pour se trouver côté pré-départ au moment du signal de départ.

Ce bateau jaune va être identifié (n° 8) par le comité, il sera disqualifié (BFD) sans instruction.

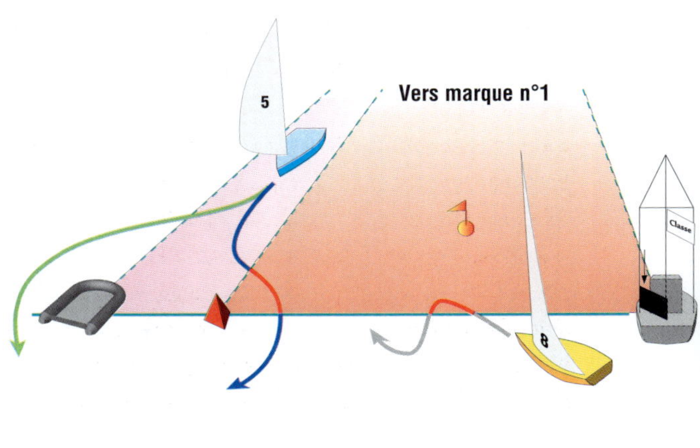

Le bateau bleu n° 5 se trouve dans le triangle rose (bateau viseur, marque de départ, marque au vent). Pour rejoindre le côté pré-départ il a deux possibilités : le chemin vert ou le bleu.

• S'il choisit la route en bleu il sera disqualifié (BFD) dans tous les cas sans instruction.

• S'il fait le tour du bateau viseur (chemin vert) il ne sera pas pénalisé. Mais, attention, la mention *« dans le triangle délimité par le bateau du comité, le bateau viseur en bout de ligne ou à défaut la marque de départ et la première marque »* peut remplacer la description du triangle interdit dans l'énoncé de la règle 30.3. Dans ce cas il sera également disqualifié sans instruction.

3.6 Abordage d'une marque de départ (360°)

Pour l'exécution de la rotation voir le chapitre Pénalités

En course, un bateau ne doit pas aborder une marque de départ avant de prendre le départ, une marque qui commence, délimite... la section du parcours qu'il est en train d'effectuer (règle 31.1 Abordage d'une marque).

Une marque est *un objet tel que les Instructions de course exigent d'un bateau qu'il le laisse d'un côté spécifié, et un bateau du comité de course entouré d'eau navigable à partir duquel s'étend la ligne de départ... Une ligne de mouillage et des objets qui y sont temporairement ou accidentellement attachés n'en font pas partie* (définition de Marque).

Un bateau qui a enfreint la règle 31.1 (abordage d'une marque) *peut, après s'être nettement écarté des autres bateaux aussitôt que possible, accepter une pénalité en effectuant rapidement un tour complet de 360° comprenant un virement de bord et un empannage* (règle 31.2 Abordage d'une marque).

Cette rotation peut être faite sans attendre le signal de départ puisqu'elle doit être faite *aussitôt que possible.* Il n'y a plus d'obligation d'attendre le signal de départ comme c'était le cas dans un règlement assez ancien. La seule obligation est que le bateau s'écarte des autres bateaux. Rien ne l'empêche de « tourner » autour de la marque bout de ligne ou du bateau-départ du comité de course.

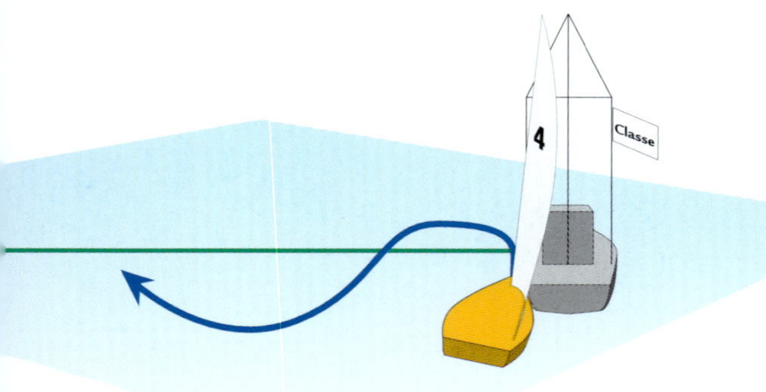

Figure 3.6.1

Le bateau n° 4 entre en contact avec le bateau du comité après l'envoi du signal de classe et avant le signal préparatoire. Il n'y a pas d'infraction puisqu'il n'est pas en course. Il n'a pas de rotation à faire.

Tout au plus une déclaration d'accident sera nécessaire pour les dégâts sur le bateau du comité de course.

Il convient de rappeler que les concurrents ne doivent pas toucher les marques de départ, mais que la ligne de mouillage (ligne ou chaîne entre la partie immergée et le chaumard) peut être touchée puisqu'elle ne fait pas partie de la marque (Lire dans le chapitre Pénalités le paragraphe Abordage d'une marque.) Nous avons tous constaté que lorsqu'un « bateau » touche le mouillage du « bateau - marque de départ » il a toute chance de se retrouver sur celui-ci.
Pour les planches à voile, *la règle 31* (Abordage d'une marque) *est modifiée comme suit : Un concurrent ne doit pas s'accrocher à une marque de départ* (règle B3). En conséquence, les planchistes peuvent toucher n'importe quelle marque de parcours, y compris celles de départ.

Figure 3.6.2
Le bateau n° 29 touche le bateau du comité alors qu'il est en course, le signal préparatoire a été fait et le pavillon « I » est encore hissé sur le bateau du comité.
En course, un bateau ne doit pas aborder une marque de départ avant de prendre le départ (règle 31.1).
Quelle que soit la partie du bateau n° 29 (stick, bordé, voile ou bôme) ou de son équipage, qui touche la marque il enfreint la règle 31.1.

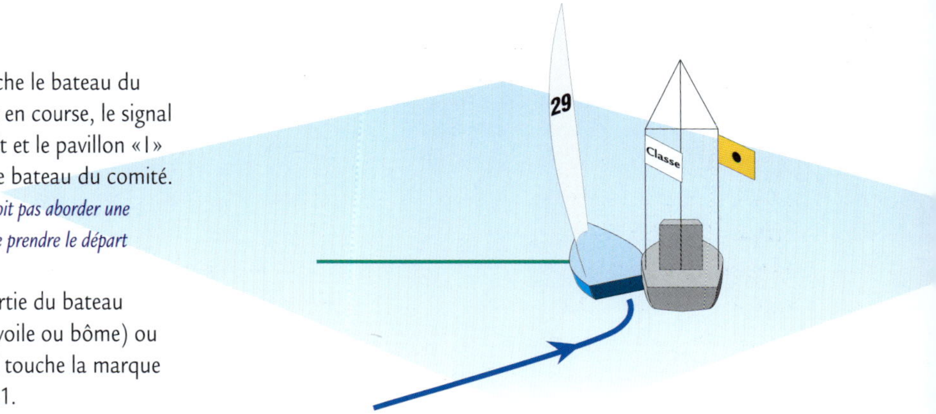

Ce *bateau qui a enfreint la règle 31.1* (Abordage d'une marque) *peut, après s'être nettement écarté des autres bateaux aussitôt que possible, accepter une pénalité en effectuant rapidement un tour complet de 360° comprenant un virement de bord et un empannage.* (Règle 31.2)
Le n° 29 n'est pas obligé d'attendre le signal de départ pour s'écarter et effectuer sa pénalité. Dans ce cas précis où la seule règle du pavillon I s'applique, il aura même tout intérêt à passer complètement au-dessus de la ligne pour effectuer son tour sans attendre, et enfin suivant le temps qui lui reste avant la dernière minute soit replonger sous la ligne dans un trou en veillant à n'enfreindre aucune règle du chapitre 2 (quand les bateaux se rencontrent) ou plus prudemment faire le tour du bateau du comité.
Dans les figures 3.6.2 à 3.6.6 les bateaux sont en course. Le signal préparatoire a été envoyé sur le bateau du comité de course (pavillon « P » ou « I » ou le « Z » ou « I + Z » ou le « noir »). Des opportunités peuvent curieusement se présenter sur la zone de course, tout en respectant la mention *« après s'être nettement écarté des autres bateaux aussitôt que possible »* (règle 31.2).

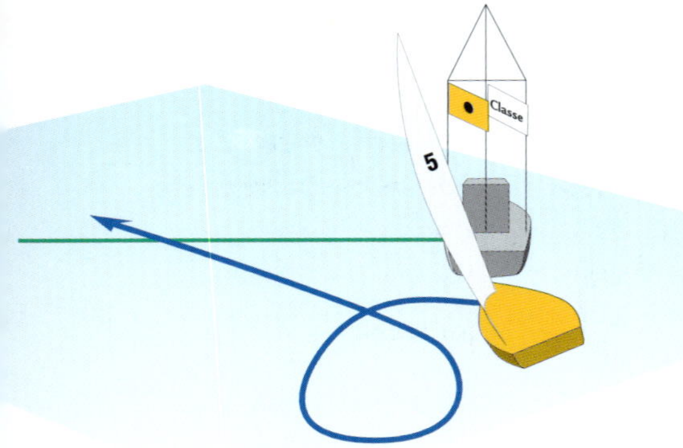

Figure 3.6.3

Le n° 5 peut sans attendre le signal de départ effectuer son tour sous le bateau du comité.

Figure 3.6.4

Le bateau n° 6 préfère dégager au-dessus de la ligne de départ parce que le temps le séparant de la dernière minute lui laisse l'opportunité de replonger, après avoir effectué sa rotation, sous la ligne sans enfreindre la règle 30.2. Il devra toutefois respecter toutes les règles du chapitre 2 (**Quand les bateaux se rencontrent**). Cette solution n'est envisageable que s'il y a un trou dans la ligne de départ.

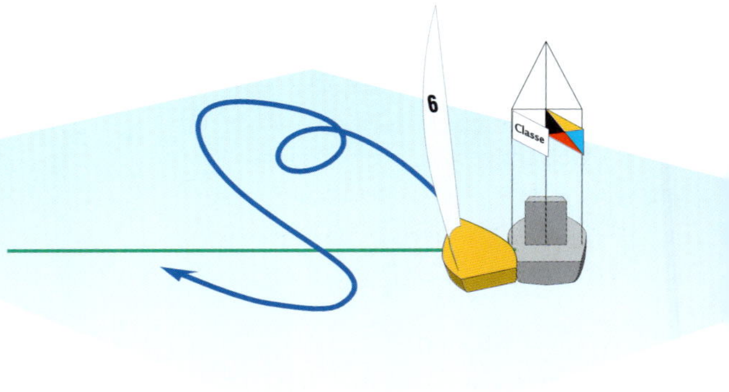

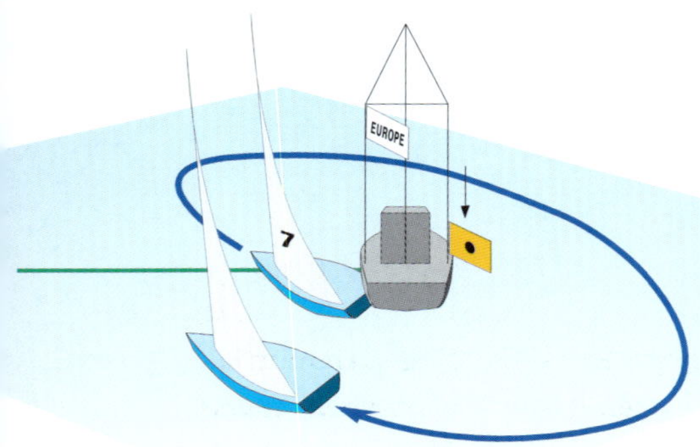

Figure 3.6.5

Plus prudemment, le n° 7 choisit de faire le tour du bateau du comité, s'il n'y a pas de concurrents à proximité. La règle 30.1 n'oblige pas un bateau à réparer chronologiquement : le contact avec la marque puis le retour par l'extérieur ou l'inverse. Rien ne l'empêche de faire d'une pierre deux coups, s'il s'est écarté des autres.

Attention, si le pavillon Z avait également été envoyé, ce bateau serait pénalisé de 20 % pour être entré dans le triangle pendant la dernière minute.

Figure 3.6.6

Si le signal de départ est imminent, le bateau n° 8 a intérêt à prendre son départ puis à s'écarter des autres et enfin d'effectuer sa pénalité au-dessus du bateau du comité.

Attention, si le contact avec le bateau du comité a lieu alors que le pavillon noir a été hissé, le bateau doit veiller à effectuer sa pénalité sans se faire prendre sur ou au-dessus de la ligne pendant la dernière minute pour ne pas être disqualifié (BFD). Il aura alors tout intérêt à attendre le signal de départ pour dégager rapidement au-dessus du bateau du comité et effectuer son 360°, à l'écart des autres concurrents.

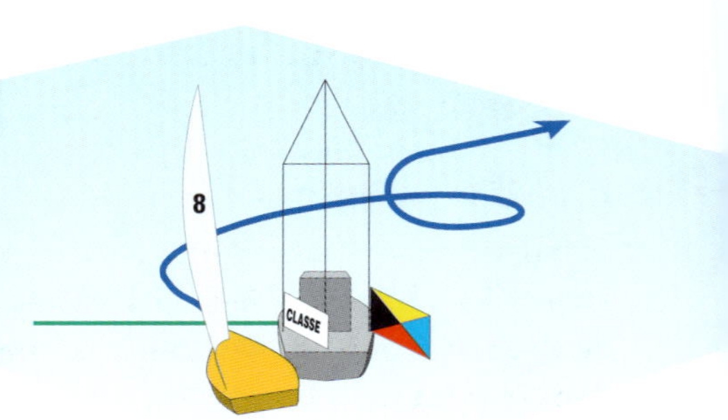

La marque sous le vent est-elle marque de parcours pendant le 1er bord, lorsque la ligne de départ se trouve sous son vent ? *Un bateau peut laisser d'un côté ou de l'autre une marque qui ne commence pas, ne délimite pas ou ne termine pas une section du parcours sur laquelle il se trouve.* (Règle 28.2)

Figure 3.6.7
Lorsque la description du parcours indique : Départ - 1 - etc.
La marque sous le vent n'est donc pas marque de parcours pour les bateaux qui viennent de partir. Ils pourront passer indifféremment à sa droite ou à sa gauche, comme les bateaux, jaune et bleu et même entrer en contact avec cette bouée sans enfreindre une quelconque règle.

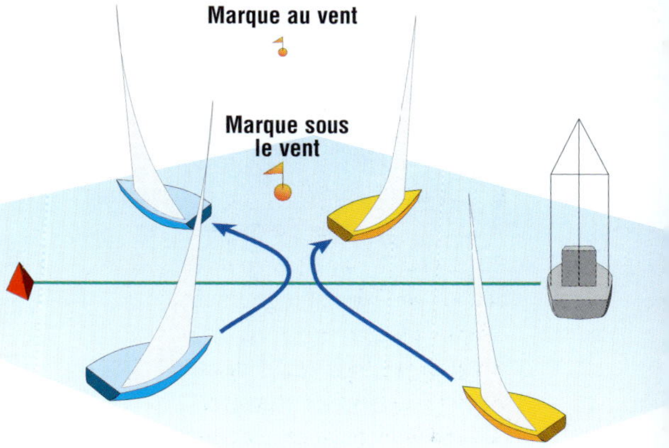

Tout juste, se fera sermonner par le comité celui qui à cette occasion aura endommagé la bouée au risque de la voir couler... avant d'être repêchée par un commissaire...

3.7 *Rappel individuel*

Quand, au signal de départ d'un bateau, celui-ci doit satisfaire à la règle 29.1 *(Quand, au signal de départ d'un bateau, une partie quelconque de sa coque, de son équipage ou de son équipement se trouve du côté parcours de la ligne de départ, il doit entièrement revenir du côté pré-départ de la ligne avant de prendre le départ* (règle 29.1) (Du côté parcours au moment du départ) ***ou 30.1*** (règle du retour par les extrémités), ***le comité de course doit rapidement envoyer le pavillon X avec un signal sonore.*** (Règle 29.2)

Le pavillon

Le rappel individuel est indiqué à l'ensemble des bateaux identifiés en envoyant rapidement sur le bateau du comité de course au départ le pavillon « X » accompagné d'un signal sonore.

Le signal sonore

Ce signal sonore est le seul à être impératif (Cas ISAF n° 31 + 71 + 79). En son absence les bateaux identifiés ne peuvent être informés rapidement après le signal de départ. Pour des raisons d'optique, seul le bateau le plus proche du bateau départ peut voir la pavillonnerie, il est donc essentiel d'attirer l'attention des concurrents en rappel sur l'envoi d'un pavillon « X » par un autre moyen que le signal visuel. Le fait de ne pas entendre le signal sonore, alors qu'il a été fait ne

relève pas les concurrents identifiés de leur obligation de prendre le départ conformément à la définition.
Un comité de course devrait signaler « le rappel individuel » dans toutes les premières secondes qui suivent le signal de départ. Quarante secondes dépassent de loin l'acceptable (Cas ISAF 79 question 1).
Il n'y a pas de signal sonore à l'affalé de ce pavillon
Il est de la responsabilité de chaque concurrent de savoir s'il est ou non concerné par ce signal de rappel. Le rappel individuel est employé par le comité de course lorsqu'il a identifié tous les bateaux qui entrent dans une ou plusieurs catégories suivantes :

- une partie quelconque de la coque, de l'équipage ou l'équipement du bateau coupe la ligne au moment ou juste avant le signal de départ. C'est celui qui « mord » au signal de départ.
- Alors que le pavillon « I » a été envoyé sur le comité de course puis amené à la dernière minute : le bateau a eu tout ou partie de la coque du côté parcours, entre H-1' et le signal de départ mais il est revenu du côté pré-départ en ne faisant pas le tour par les extrémités de la ligne, et cela même s'il est entièrement derrière la ligne au moment du signal de départ. C'est une infraction à la règle 30.1 (règle du pavillon « I »).
- En retard pour se rendre sur la ligne de départ un bateau se trouve encore du côté parcours sans jamais avoir été derrière la ligne. Si le bateau est si loin qu'il ne peut douter de quel côté il se trouve, le comité n'est pas obligé de le rappeler. Ce concurrent ne peut ignorer qu'il n'a pas pris le départ au sens de la définition. Il reste tenu par la règle 2 Navigation loyale (Cas ISAF 64). Mais si le concurrent peut avoir un doute, le comité doit envoyer le pavillon « X » (Cas ISAF 79 question 3).

Ce pavillon doit rester envoyé jusqu'à ce que les bateaux soient entièrement du côté pré-départ de la ligne de départ ou de ses prolongements, et aient satisfait à la règle 30.1 (règle du retour par les extrémités) *quand elle s'applique, mais pas plus de quatre minutes après le signal de départ, ou une minute avant tout signal de départ ultérieur si cela est plus tôt.*
Dans le cas de départs enchaînés à intervalle de 5 minutes, le pavillon « X » sera amené 1 minute avant tout signal de la procédure de départ de la classe suivante. Il sera affalé : au plus tard 4 minutes après le signal de départ même si tous les « rappelés » ne sont pas revenus. Il le sera dès que tous les bateaux identifiés se trouveront derrière les prolongements de la ligne. L'affalé du pavillon « X » ne relève pas les concurrents de l'obligation à satisfaire à la définition de prendre le départ *(Un bateau prend le départ quand, après son signal de départ, une partie quelconque de sa coque, équipage ou équipement, coupe la ligne de départ pour la première fois et quand il a satisfait à la règle 29.1* (Du côté parcours au moment du départ) *et la règle 30.1* (règle du retour par les extrémités) *si elle s'applique* (définition de Prendre le départ)) ; c'est-à-dire de passer entre les deux extrémités de la ligne dans le sens pré-départ côté parcours. (Cas ISAF 79 + 64)
Le comité n'a pas à informer individuellement les bateaux en infraction. Si le pavillon « X » est envoyé, chaque concurrent doit évaluer les probabilités d'être sur la liste des identifiés. C'est relativement facile pour celui qui est le plus en avant, quoique le rap-

pel puisse ne s'adresser qu'à des bateaux qui sont déjà en train de faire le tour par l'extérieur.

En cas de doute, faut-il partir ou revenir? Un choix parfois lourd de conséquences, et pour lequel une prise de décision rapide est un gage de réussite.

• Partir c'est prendre le risque de courir pour rien et de se voir noté « OCS » dans l'ordre d'arrivée.

• Revenir puis partir après tout le monde dans du vent perturbé, c'est sauver un résultat. Mais finir bien placé dans ces conditions relève d'une très bonne pratique et/ou d'un coup de chance suite à d'éventuelles options hasardeuses.

► *Cas particulier des habitables au départ d'une longue course*

Une modification dans la durée de l'envoi du pavillon «X» est parfois adoptée en habitable mais doit être précisée dans les Instructions de course. Dans ce cas, s'il reste des bateaux en «rappel individuel», le pavillon «X» peut être maintenu hissé jusqu'à la fermeture de la ligne de départ.

Les organisateurs d'une épreuve particulière peuvent adopter des procédures pour informer les bateaux en rappel individuel. La procédure sera décrite et/ou explicitée dans les Instructions de course:

le (les) bateau(x) identifié(s) en rappel individuel pourra (ont) être informé(s), si possible par VHF, après un délai minimum de deux minutes. S'il(s) ne revient(nent) pas, la pénalité sera appiquée: DNS ou OCS (équivalent en points à une disqualification)*; ou*

le (les) bateau(x) identifié(s) en rappel individuel sera(ont) pas informé(s) nominativement. S'il(s) ne revient(nent) pas, une pénalité en temps sera ajoutée au temps de course correspondant à l'avance prise sur le signal de départ, plus un forfait de ___ préciser___minutes.

3.8 *Rappel général* ► ↑•

Quand, au signal de départ, le comité de course est dans l'incapacité d'identifier les bateaux qui sont du côté parcours de la ligne de départ ou ceux auxquels s'applique la règle 30 (pénalités de départ), *ou quand il y a eu une erreur dans la procédure de départ, le comité de course peut signaler un rappel général (envoi du Premier Substitut ► avec deux signaux sonores.* (Règle 29.3)

Les conséquences d'un tel rappel dépendent des pavillons qui auront été amenés 1 minute avant le signal de départ. Voir illustration ci-après:

• Pavillon « P » tout seul, pas de conséquence pour les bateaux identifiés
• Pavillon « I » pas de conséquence pour les bateaux identifiés
• Pavillon « Z » - 20 % pour les bateaux identifiés (règle 30.2)
• Pavillon « Z + I » - 20 % pour les bateaux identifiés(règle 30.2)
• Pavillon « noir » - BFD pour les bateaux identifiés qui ne doivent plus rester dans la zone de course ni participer (to sail) à la course dont le départ va être redonné. (Règle 30.3)

Dans un souci de simplification, l'ISAF a ramené tous les débuts de procédures au signal d'avertissement. *Le signal d'avertissement pour un nouveau départ pour la classe rappelée doit être fait une minute après l'amenée du premier substitut (un signal sonore), et les départs pour toute autre classe à suivre doivent succéder au nouveau départ.* (Règle 29.3) Attention, si la durée entre le signal d'avertissement et le signal préparatoire a été modifiée dans les Instructions de course. Dans la règle 26 cette durée est de 1 minute, ce qui peut être trop court pour des bateaux qui adaptent la voile d'avant aux conditions. Le signal d'avertissement après un rappel général devra être envoyé, sauf précision contraire dans les Instructions de course. [exemple : H - 8 (2x4') ou H - 10 (6 + 4)]

Il est à retenir que *quand on redonne le départ d'une course, ou qu'elle est recourue, une infraction à une règle, autre que la règle 30.3* (règle du pavillon noir), *dans la course initiale ne doit pas empêcher un bateau de courir ou, sauf selon la règle 30.2* (règle de pénalité de 20 %), *30.3* (règle du pavillon noir), *ou 69* (allégations de mauvaise conduite notoire), *faire qu'il soit pénalisé* (règle 36 Courses dont le départ doit être redonné, ou à recourir).
Une infraction à une règle non citée ci-dessus ne pourra pas faire l'objet d'une réclamation entre concurrents. Mais attention à la règle 60.4 en cas de dommages sérieux ou de blessure sérieuse.

3.9 *Cas de course*

Le fait de participer à une régate n'accorde aucun privilège aux concurrents par rapport aux plaisanciers. La mer est à tout le monde. Tous doivent pouvoir se rencontrer sans abordage. À de très rares exceptions près, les règles ISAF de notre sport sont les mêmes que celles du RIPAM des plaisanciers non régatiers.
Si le concurrent est soumis aux règles de l'ISAF, le plaisancier est soumis à celles du RIPAM (règles internationales pour prévenir les abordages en mer) qu'il soit à la voile, à la rame, ou au moteur.

Le Règlement international pour prévenir les abordages en mer (RIPAM ou COLREG) *ou les règles gouvernementales de priorité s'appliquent entre un bateau qui navigue sous les présentes règles* (RCV) *et un navire qui ne le fait pas, et remplacent les présentes règles si les Instructions de course le prescrivent.* (Préambule du chapitre 2)

Après le signal préparatoire, l'erre d'un voilier acquise par une propulsion au moteur avant ce signal n'enfreint pas la règle 42.1 (...) Rien dans les règles ne soumet un voilier à un état particulier de déplacement ou de non déplacement au moment où il commence à être en course. (Cas ISAF 69)

Si deux bateaux sont concurrents et que l'un est en course, parce que son signal de départ a déjà été donné comme dans la figure 3.9.1 et l'autre pas, ils sont tous deux soumis aux règles de l'ISAF. *Les règles du chapitre 2* (Quand les bateaux se rencontrent) *s'appliquent entre des bateaux qui naviguent dans ou près de la zone de course, et ont l'intention de courir, sont en course, ou ont été en course.* (préambule du chapitre 2). Son « adversaire » peut être pénalisé pour l'avoir gêné au titre de la règle 22.1 : *Dans la mesure du possible, un bateau qui n'est pas en course ne doit pas gêner un bateau qui est en course.* Celui des deux qui n'est pas en course doit faire très attention. Si le comité de réclamation établit qu'*un bateau a enfreint une règle alors qu'il n'était pas en course, sa pénalité doit lui être appliquée dans la course la plus proche du moment de l'incident.* (Règle 64.1 c)

Les cas suivants mettent en jeu deux bateaux, qui concourent dans la même classe, pendant la procédure de départ. Ils sont soit
- en route de collision, soit
- le plus rapide rattrape ou dépasse l'autre.

L'un des deux devra se maintenir à l'écart : *un bateau se maintient à l'écart d'un autre si cet autre bateau peut naviguer sur sa route sans avoir à agir pour l'éviter et, lorsque les bateaux sont engagés sur le même bord, si le bateau sous le vent peut modifier sa route dans les deux directions sans immédiatement entrer en contact avec le bateau au vent.* (Définition de Se maintenir à l'écart)
Mais *un voilier prioritaire n'a pas à anticiper le fait que l'autre voilier ne va pas se maintenir à l'écart (Cas ISAF 87)* et attention à la règle 14.
Un bateau doit éviter le contact avec un autre bateau dans la mesure du possible. Cependant, un bateau prioritaire ou un bateau ayant droit à de la place
(a) *n'a pas besoin d'agir pour éviter un contact jusqu'à ce qu'il soit clair que l'autre bateau ne se maintient pas à l'écart ou ne donne pas la place, et*
(b) *ne doit pas être pénalisé selon cette règle sauf si le contact cause un dommage.* (Règle 14 Éviter le contact)

Amures différentes

Fig. 3.9.1
Deux bateaux sur des bords opposés sont proches de la ligne de départ. Le bateau bleu n° 17 est bâbord amures, le bateau jaune n° 39 tribord amures.
Une procédure de départ est commencée : le signal d'avertissement est hissé sur le bateau du comité.
Si ces bateaux sont concernés par cette procédure, ils ne sont pas encore en course. Ils ne peuvent pas être pénalisés pour une infraction à une règle du chapitre 2 (Quand les bateaux se rencontrent).

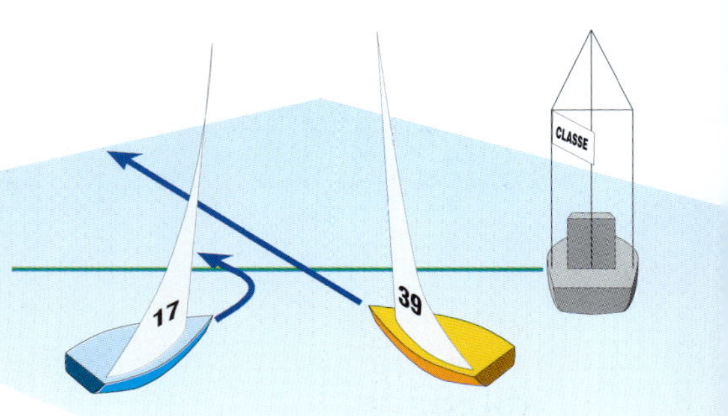

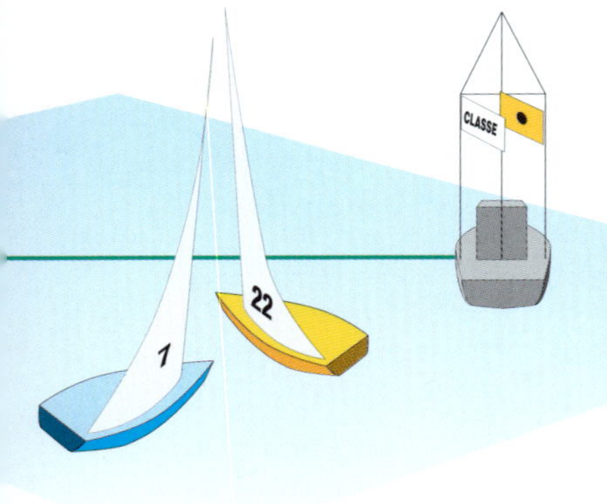

Figure 3.9.2

Deux bateaux sont dans la même classe et le signal préparatoire a été envoyé. Ils sont tous les deux en course. *Quand des bateaux sont sur des bords opposés, un bateau bâbord amures doit se maintenir à l'écart d'un bateau tribord amures.* (Règle 10 Sur des bords opposés). Le bleu n° 1 doit effectuer une manœuvre pour respecter la priorité due au jaune n° 22. Il a le choix, s'il n'y a pas d'autres bateaux dans les parages, entre virer de bord en restant sous le vent du jaune ou abattre pour passer derrière lui.

La suppression de l'ancienne règle 35(b)(i) 93/96 ne permet plus au bateau tribord amures qui longe la ligne de départ de lofer comme il lui convient, après le signal de départ. *Quand après le signal de départ, des bateaux sur des bords opposés se croisent ou sont sur le point de le faire, et que le bateau bâbord amures se maintient à l'écart du bateau tribord amures, le bateau tribord amures ne doit pas modifier sa route si en conséquence le bateau bâbord amures est immédiatement contraint de modifier sa route pour continuer de se maintenir à l'écart* (règle 16.2). Pour pouvoir lofer, le bateau tribord amures devra préparer sa manœuvre de loin. Puisque *lorsqu'un bateau prioritaire modifie sa route, il doit laisser à l'autre bateau la place de se maintenir à l'écart.* (Règle 16.1)

Mêmes amures

Un bateau est en route libre derrière un autre quand sa coque et son équipement en position normale sont derrière une ligne perpendiculaire au point le plus arrière de la coque et de l'équipement de l'autre bateau en position normale. L'autre bateau est en route libre devant. Ils sont engagés quand aucun des deux n'est en route libre derrière ou quand un bateau situé entre eux établit un engagement sur les deux. Ces termes ne s'appliquent pas à des bateaux sur des bords opposés sauf si la règle 18 (Contourner et passer des marques et des obstacles) *s'applique* (définition de Route libre derrière et route libre devant; engagement).

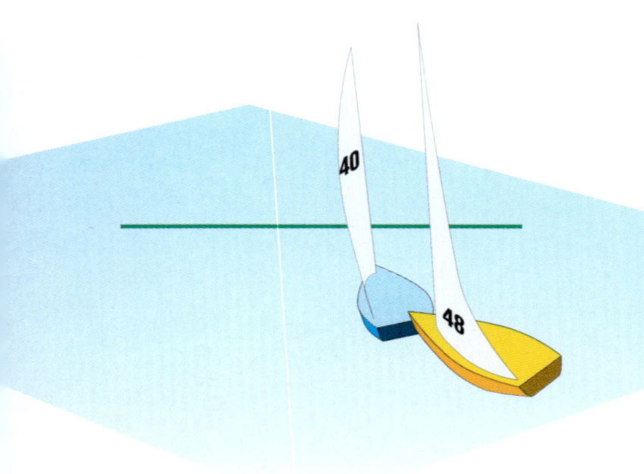

Figure 3.9.3

Le bateau bleu n° 40 est en route libre devant le jaune n° 48 est en route libre derrière. *Lorsque des bateaux sont sur le même bord et non engagés, un bateau en route libre derrière* (jaune n° 48) *doit se maintenir à l'écart d'un bateau en route libre devant* (bleu n° 40) (règle 12).
S'ils entrent en collision comme le montre l'illustration : le bleu n° 40 pourra réclamer contre le jaune n° 48.

Si le n° 48 se rend compte qu'il a *enfreint une règle du chapitre 2* (Quand les bateaux se rencontrent) *en course, il peut effectuer une pénalité au moment de l'incident* (règle 44.1 Effectuer une pénalité). Voir chapitre en fin de chapitre 3.11 « Quand réaliser les pénalités, ou accepter une pénalité ».

Figure 3.9.4

Mais si la situation est le résultat d'une marche arrière, à l'aide d'une voile à contre, le bateau bleu est tenu de se maintenir à l'écart. *Un bateau qui cule au moyen d'une voile à contre doit se maintenir à l'écart d'un bateau qui ne fait pas de même.* (Règle 20) L'équipage du bateau bleu n° 16 repousse la bôme pour que la voile se gonfle à l'envers. Dans un premier temps cela va arrêter le bateau, mais très vite il va reculer. Bien qu'initialement prioritaire parce qu'en route libre devant le bleu n° 16 perd toute priorité sur jaune n° 17, à cause de la règle 20.

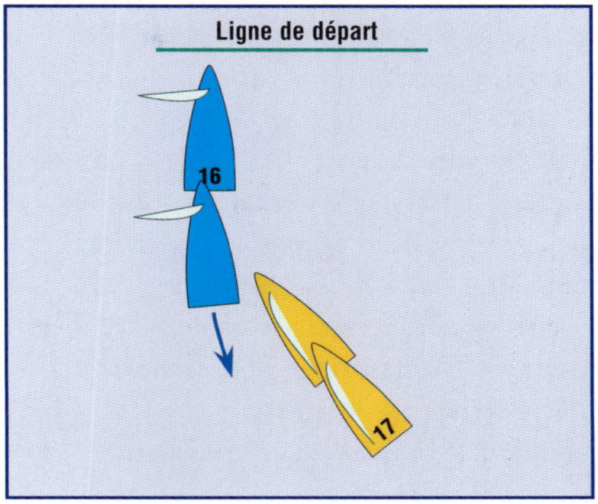

Un voilier cule quand il le fait par rapport à l'eau et non pas par rapport au fond. Bleu cule sur l'eau, en mettant sa voile à contre. Il relâche la voile mais continue à culer sur l'eau, la règle 20 s'applique car il a culé en mettant sa voile à contre. (Décision UMP – 02)
La différence fondamentale entre la rédaction de cette règle 20 et la règle B2.1 *(Une planche qui cule doit se maintenir à l'écart des autres planches et bateaux)* (modification à la règle 20) applicable aux planches à voile, c'est qu'il faut une intervention sur la voile de la part de l'équipage d'un voilier.
Pour les bateaux, la dérive due au vent, par exemple après avoir laissé faseyer les voiles, n'entre pas dans le cadre de cette règle. Mais les planches à voile qui culent, même sans action du planchiste à cause d'une voile laissée faseyante, doivent se maintenir à l'écart des autres.

Fig. 3.9.5

Tout d'abord les bateaux n° 43 et n° 51 sont en « route libre » : Le jaune n° 43 en route libre derrière, le 51 en route libre devant. *Lorsque des bateaux sont sur le même bord et non engagés, un bateau en route libre derrière* (jaune n° 43) *doit se maintenir à l'écart d'un bateau en route libre devant* (bleu n° 51) (règle 12).
Le jaune s'écarte et choisit de s'engager au vent. Le bleu reste prioritaire. Il était prioritaire, en route libre devant, il l'est encore par sa position de bateau sous le vent.

Lorsque des bateaux sont sur le même bord et engagés, un bateau au vent (jaune n° 43) *doit se maintenir à l'écart d'un bateau sous le vent* (bleu n° 51) (règle 11). Le bateau jaune *se maintient à l'écart d'un autre... si le bateau sous le vent* (bleu n° 51) *peut modifier sa route dans les deux directions sans immédiatement entrer en contact avec le bateau au vent* (définition de Se maintenir à l'écart). Le jaune n'était pas initialement prioritaire, il ne l'est toujours pas et doit veiller à se maintenir à l'écart. Si le bateau jaune s'engage trop près, au moindre mouvement de barre du bleu il y aura un contact.

Bleu ne peut toujours pas effectuer de manœuvres intempestives, mais il peut lofer jusqu'à face au vent. Mais si le n° 51 *prioritaire modifie sa route, il doit laisser à l'autre bateau* (le n° 43) *la place de se maintenir à l'écart.* (Règle 16) Si bleu voulait se protéger de cette attaque au vent, il lui fallait commencer sa manœuvre conformément à la règle 16 (Modifier sa route).

Au signal de départ, le bleu n° 51 n'est pas obligé de prendre sa route normale puisque l'engagement a été créé au vent par le bateau initialement en route libre derrière. En course en flotte, il est à supposer que le n° 51 voudra prendre rapidement son départ, sauf à vouloir « marquer » de très près son adversaire.

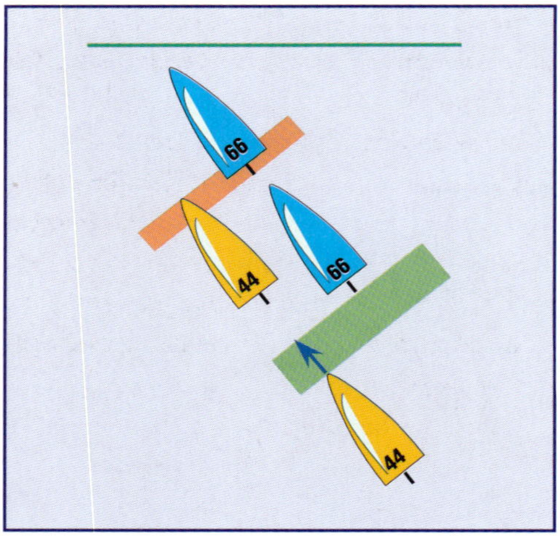

Figure 3.9.6

Les bateaux 44 et 66 sont en « route libre ». Le jaune n° 44 en route libre derrière, le bleu n° 66 en route libre devant. *Lorsque des bateaux sont sur le même bord et non engagés, un bateau en route libre derrière* (jaune n° 44) *doit se maintenir à l'écart d'un bateau en route libre devant.* (bleu n° 66) (règle 12). Cette fois le jaune choisit de s'engager sous le vent du bleu. Bleu perd sa priorité de bateau en route libre devant, en devenant bateau au vent. *Un voilier en route libre devant* (le bleu) *n'a pas à anticiper sur son obligation de se maintenir à l'écart avant d'être soumis à un engagement sous le vent depuis la position en route libre derrière* (Cas ISAF 53).

Jaune devient prioritaire par sa propre action *lorsqu'un bateau acquiert une priorité, il doit au début laisser à l'autre bateau la place de se maintenir à l'écart* (règle 15 Acquérir une priorité).

Jaune n° 44 peut même naviguer jusqu'à face au vent pourvu que son changement de route soit conforme à la *règle 16.1 : Lorsqu'un bateau prioritaire modifie sa route, il doit laisser à l'autre bateau la place de se maintenir à l'écart. Avant son signal de départ, un voilier sous le vent n'enfreint aucune règle en naviguant au-dessus de la route d'un voilier au vent* (Cas ISAF 13). Si au début de l'engagement, le bleu n° 66 lofe pour se maintenir à l'écart et touche le jaune qui n'a pas modifié sa route, c'est que l'engagement aura été créé trop près par le jaune qui aura enfreint la règle 15 (Acquérir une priorité).

Pour résumer

Avant le signal de départ, jaune peut lofer jusqu'à face au vent en respectant d'abord la règle 15 (acquérir une priorité) puis à la règle 16 : *lorsqu'un bateau prioritaire modifie sa route, il doit laisser à l'autre bateau la place de se maintenir à l'écart.* La règle 17 (Sur le même bord, route normale) ne peut être utilisée avant le signal de départ, puisqu'elle fait référence à la route normale, *un bateau n'a pas de route normale avant son signal de départ* (définition de Route normale). Comment en effet peut-on avant le signal de départ aller aussi vite que possible du départ à l'arrivée alors qu'il est justement interdit de partir avant son signal de départ.

Les RCV 2001-04 ne dissocient plus ce qui se passe avant d'avoir dégagé la ligne de départ de ce qui se passe après, comme avant 1997. Ce sont donc les règles 11 (engagés) et 12 (non engagés) qui gèrent les rencontres des bateaux sur le même bord.

Après le signal de départ, deux cas se présentent en fonction de la manière dont l'engagement a été établi :

- Engagement par le bateau au vent (figure 3.9.5) ou après un virement de bord par un bateau sous le vent (la règle 17.1 *ne s'applique pas si l'engagement débute alors que le bateau au vent est tenu par la règle 13* (Pendant le virement de bord) *de se maintenir à l'écart*). ⇨règle applicable : 11 *sur le même bord, engagés.*

Le bateau sous le vent peut continuer à lofer ou se maintenir face au vent, ou

- Engagement par le bateau sous le vent à partir d'une route libre derrière (figure 3.9.6) ⇨application de la règle *17.1 : sur le même bord ; route normale.* Le bateau sous le vent doit prendre une route normale :

- au plus près pour une première marque dans l'axe du vent (départ face au vent) ;
- le cap compas vers la 1re marque, si les concurrents peuvent s'y rendre directement.

Aux extrémités de la ligne de départ

Figure 3.8.7

Un bateau du comité de course entouré d'eau navigable à partir duquel s'étend la ligne de départ est une marque (définition de Marque).

Sur la ligne de départ, deux zones sont à distinguer.

- Le côté bâbord dont l'extrémité peut être une bouée ou un bateau et ;
- Le côté tribord, où se trouve le plus souvent mais pas nécessairement un bateau départ.

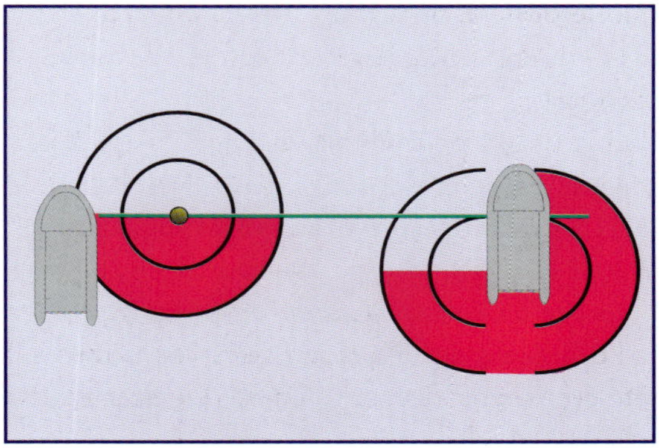

Une ligne de mouillage et des objets qui sont temporairement ou accidentellement attachés à une marque de départ *n'en font pas partie* (définition de Marque).

Côté tribord de la ligne

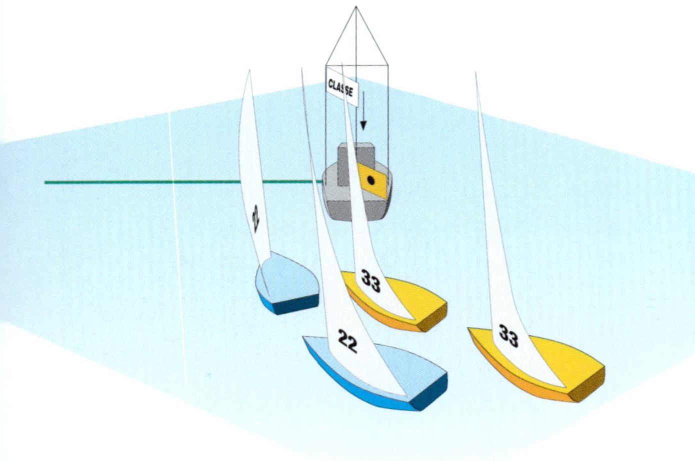

Figure 3.9.9

Deux bateaux s'approchent du bateau du comité, marque de départ, alors que la dernière minute avant le signal de départ est entamée (Pavillon « I » amené). On peut donc considérer qu'ils s'approchent de la ligne de départ pour prendre le départ. Mais la règle 18 *ne s'applique pas à une marque de départ entourée d'eau navigable ou à sa ligne de mouillage, à partir du moment où les bateaux s'en approchent pour prendre le départ et jusqu'à ce qu'ils les aient passées* (règle 18.1 a).
C'est une des deux exceptions à la règle dite « de l'eau à la marque ».

Le bateau jaune reste soumis à la règle 11 : *lorsque des bateaux sont sur le même bord et engagés, un bateau au vent* (jaune n° 33) *doit se maintenir à l'écart d'un bateau sous le vent* (bleu n° 22).
Il ne fait jamais bon de s'engager, comme le jaune n° 33, si près du bateau du comité lorsqu'un bateau bleu n° 22 ferme « la porte ». Ou alors, il faut espérer que la dérive due au vent poussera le bleu vers la gauche, en libérant de la place au comité. S'il y a un courant contraire ! l'attente sera vaine. Le départ et le début de course seront bien compromis.
Après le signal de départ :

- si c'est le jaune qui a établi l'engagement au vent : le n° 22 n'est toujours pas obligé « d'ouvrir la porte ». Il aura toutefois à cœur de « partir », lors d'une régate en flotte, en prenant de la vitesse par une abattée, et non pas seulement d'empêcher le jaune de partir en poursuivant son lof.
- si c'est le bleu qui a établi l'engagement sous le vent à partir d'une route libre derrière, *il ne doit pas naviguer au-dessus de sa route normale tant qu'ils restent engagés dans les limites de cette distance* (règle 17). La route normale est *une route qu'un bateau suivrait pour finir aussitôt que possible en l'absence des autres bateaux auxquels la règle utilisant ce terme fait référence.* (Définition de Route normale.)

Le problème sera de se souvenir, au moment du signal de départ, comment a été créé l'engagement. Sur la figure 3.9.5 le bateau s'engage au vent, sur la figure 3.9.6 il s'engage sous le vent.

Côté bâbord de la ligne

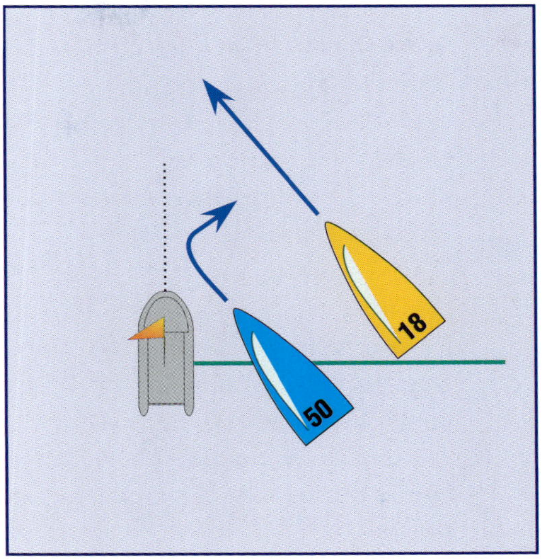

Figure 3.9.10

L'extrémité bâbord de la ligne est constituée par un bateau. Bien que le bleu n° 50 soit engagé à l'intérieur de la marque, il n'a pas à demander de l'eau. Tout au plus, comme bateau sous le vent peut-il faire « un bord breton », sur son erre face au vent, mais sans virer de bord. Mais *lorsqu'un bateau prioritaire* (bleu) *modifie sa route, il doit laisser à l'autre bateau* (jaune) *la place de se maintenir à l'écart* (règle 16). Le bateau 50 n'aura même pas la possibilité de demander de la place pour virer de bord, puisque *la règle 19.1* (Place pour virer de bord à un obstacle) *ne s'applique pas à une marque de départ entourée d'eau navigable ou à sa ligne de mouillage depuis le moment où les bateaux s'en approchent pour prendre le départ et jusqu'à ce qu'ils les aient passées* (règle 19.2 Place pour virer de bord à un obstacle). Le bleu n° 50 aura doublé la marque quand tout son bateau aura dépassé le mouillage du « bateau-marque ».

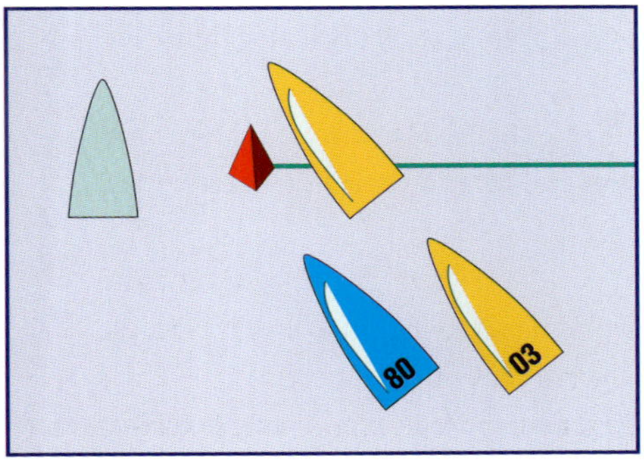

Figure 3.9.11

La situation ressemble à celle de la figure précédente. Le n° 80 n'aura toujours pas droit à de l'eau, sauf ce que l'autorise sa route normale après son signal de départ.
Le bateau viseur n'est pas marque de parcours, il représente seulement un obstacle.

Dans les Instructions de course il peut être précisé, sous peine de disqualification (après instruction) : *Quand un bateau viseur est mouillé dans le prolongement de la ligne de départ il constitue un obstacle et aucun bateau ne peut naviguer entre lui et la marque de départ depuis le signal préparatoire jusqu'au signal de départ, ni passer entre lui et la marque pour revenir prendre le départ conformément à la règle 30.1 ainsi modifiée.* Cette mention doit seulement permettre au viseur de toujours voir la ligne de départ.

Propulsion règles 42 et 42.2 Actions interdites

Il ne faut pas confondre les mouvements de barre d'un bateau ne comportant qu'une seule voile (Europe, Laser ou Optimist) qui ne servent qu'à faire pivoter le bateau et les mouvements qui propulsent qui eux sont du « godillage ». ***Godiller : mouvement répété de la barre qui n'est pas nécessaire pour la conduite.***

3.10 *Durée d'ouverture de la ligne*

Dans les Instructions de course doit figurer la durée d'ouverture de la ligne, ou le délai au delà duquel un bateau qui n'a pas satisfait aux exigences du départ sera considéré comme *DNS – Did not start –, N'a pas pris le départ (autre que DNC et OCS).* Pour les monotypes cette durée est le plus souvent de 4 minutes. En régate avec Handicap, il est fréquent que cette durée soit allongée jusqu'à 10' voire 30 minutes. Les cas particuliers des VRC et du match racing sont traités dans les chapitres respectifs.

En l'absence d'indication dans les Instructions de course chacun peut supposer pouvoir prendre son départ, après le signal qui le concerne, à sa convenance. Encore faut-il que le comité de course ait laissé la ligne de départ en place. Le temps limite pour que le premier finisse la course, le temps limite pour finir après ce premier ou encore l'heure de fermeture de la ligne d'arrivée limitent les probabilités d'effectuer le parcours dans les temps impartis en partant bien après la flotte.

Si avant le signal de départ c'est trop tôt, après le signal de départ cela peut être trop tard. Dans tous les cas, *l'heure du signal de départ d'un bateau doit être son heure de départ* (règle A3 Heures de départ).
En cas d'infraction à l'obligation de partir dans le temps imparti, le comité de course utilisera *les abréviations pour enregistrer les circonstances notées* (règle A11 Abréviation pour les résultats) :

DNC N'a pas pris le départ ; n'est pas venu sur la zone de départ.
DNS N'a pas pris le départ ; (autre que DNC et OCS)
OCS N'a pas pris le départ ; du côté parcours de la ligne de départ et a failli à satisfaire à la règle 29.1 (Du côté parcours au moment du départ) *ou 30.1.* (Règle du retour par les extrémités)

Un bateau qui n'a pas pris le départ doit recevoir les points de la place d'arrivée correspondant au nombre de bateaux inscrits dans la série plus un (règle A 4.2) soit l'équivalent d'une disqualification qui peut être retirée du total (voir chapitre Classement).

3.11 *Pénalités : rotation, dommages sérieux, avantage significatif, exonération*

Pénalité pour une infraction aux règles du chapitre 2, Quand les bateaux se rencontrent.

Avant le signal préparatoire :
Si un bateau enfreint une règle de route avant d'être en course il ne peut donc se racheter. Seule la disqualification pour infraction à la règle 22.1 *(dans la mesure du possible, un bateau qui n'est pas en course ne doit pas gêner un bateau qui est en course)* après instruction, pourra sanctionner ce que l'on peut prendre pour un acte antisportif. Pourquoi aller gêner un concurrent qui ne participe pas à la même course ?

En course :
Pendant la procédure de départ, un bateau peut être amené à enfreindre une règle. La course peut être finie avant d'avoir commencé. *Un bateau susceptible d'avoir enfreint une règle du chapitre 2* (Quand les bateaux se rencontrent) *en course peut effectuer une pénalité au moment de l'incident. Sa pénalité doit être une pénalité de rotation de 720°, à moins que les Instructions de course spécifient l'usage de la pénalité en points ou toute autre pénalité. Cependant, s'il a causé un dommage sérieux ou obtenu un avantage significatif dans la course ou la série grâce à son infraction, il doit abandonner.* (Règle 44.1)

Pénalité de rotation sur la zone de départ. (Voir le chapitre Pénalités)
Contrairement à une vieille croyance, un bateau n'est pas obligé d'attendre le signal de départ pour effectuer sa pénalité (sauf pour le match racing : consulter le chapitre correspondant). Toute infraction commise alors qu'un bateau est en course et qui peut être « réparée par rotation », c'est-à-dire à partir du signal préparatoire, peut être « réparée sans attendre le signal de départ ». Tout comme pour un abordage d'une marque de départ, la seule obligation pour ce bateau c'est de rester écarté des autres.

Après un rappel général
Il est à retenir que *quand on redonne le départ d'une course, ou qu'elle est recourue, une infraction à une règle, autre que la règle 30.3* (règle du pavillon noir), *dans la course initiale ne doit pas empêcher un bateau de courir ou, sauf selon la règle 30.2* (règle de pénalité de 20 %), *30.3* (règle du pavillon noir), *ou 69* (Allégations de mauvaise conduite notoire), *faire qu'il soit pénalisé* (règle 36 Courses dont le départ doit être redonné, ou à recourir).
Une infraction à une règle non citée ci-dessus ne pourra pas faire l'objet d'une réclamation entre concurrents. Mais attention à la règle 60.4 en cas de dommages sérieux ou de blessure sérieuse.

Dommages sérieux
S'il a causé un dommage sérieux ou obtenu un avantage significatif dans la course ou la série grâce à son infraction, il doit abandonner. (Règle 44.1 Effectuer une pénalité)
Si un comité de réclamation reçoit un rapport à propos d'un incident qui peut avoir causé des dommages sérieux ou de blessure sérieuse, il peut réclamer contre n'importe quel bateau concerné. (Règle 60.4 Réclamation du comité de réclamation)

On peut résumer le droit à l'erreur par :

- Il faut être en course pour pouvoir se racheter par deux petits tours (un seul tour pour les VRC, catamarans et toutes les classes pour lesquelles cela est précisé dans les IC) et puis s'en aller ;
- Les tours doivent être effectués AUSSITÔT QUE POSSIBLE après L'INCIDENT, sans attendre le signal de départ, seulement après s'être LARGEMENT ÉCARTÉ des autres bateaux.

Pour la manière d'effectuer les rotations voir chapitre Pénalités - rotations.

Avantage significatif acquis après une infraction

- Après un contact avec une marque :

Cependant, si un bateau a obtenu un avantage significatif dans la course ou la série en abordant la marque, il doit abandonner. (Fin de la règle 31.2 Abordage d'une marque.)

- Après un contact avec un autre concurrent :

Cependant, s'il a causé un dommage sérieux ou obtenu un avantage significatif dans la course ou la série grâce à son infraction, il doit abandonner. (fin de la règle 44.1 Effectuer une pénalité pour une infraction aux règles du chapitre 2)

L'avantage peut être très significatif lorsque un concurrent, après avoir forcé le passage à une des extrémités de la ligne, se vautre sur la marque et passe en force.

Un bateau qui effectue une pénalité ne doit pas être pénalisé davantage pour le même incident, sauf s'il n'a pas abandonné alors que la règle 44.1 (Effectuer une pénalité) *l'exigeait.* (Règle 44.4 b Limite aux pénalités).

Exonération :

Quand, à cause d'une infraction à une règle, un bateau a obligé un autre bateau à enfreindre une règle, la règle 64.1(a) (disqualification pour une infraction) *ne s'applique pas à ce dernier qui doit être exonéré.* (Règle 64.1 b)

Pour pouvoir prétendre être blanchi après un abordage de marque ou un contact avec un autre concurrent il faut trouver un « coupable » dûment identifié par le comité de réclamation. Pour cela une seule porte de sortie : réclamer en déposant « un protest » en bonne et due forme et ne pas le perdre ! (Voir chapitre Réclamations.)

3.12 Actions du comité de course après le signal de départ ↑•••↓•

Annulation

Après le signal de départ, le comité de course peut annuler la course (envoi du pavillon N, N sur H ou N sur A avec trois signaux sonores) suivant le cas,

(a) à cause d'une erreur dans la procédure de départ,

(b) à cause du mauvais temps,

(c) *à cause d'un vent insuffisant rendant improbable qu'un bateau finisse dans le temps limite,*

(d) *parce qu'une marque manque ou n'est plus à sa place, ou*

(e) *pour toute autre raison affectant directement la sécurité ou l'équité de la compétition.* (Règle 32.1)

	↑●●●↓●	*Toutes les courses dont le départ a été donné sont annulées. Revenez sur la zone de départ. Le signal d'avertissement sera fait 1 minute après l'affalée, sauf si à ce moment la course est annulée à nouveau ou retardée.*
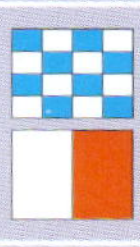	↑●●●↓●	*Toutes les courses sont annulées. Signaux ultérieurs à terre.* « H » comme Home ou Harbor.
	↑●●●↓●	*Toutes les courses sont annulées. Plus de courses aujourd'hui* « A » comme Au revoir.

Quand on redonne le départ d'une course, ou qu'elle est recourue, une infraction à une règle, autre que la règle 30.3 (règle du pavillon noir), *dans la course initiale ne doit pas empêcher un bateau de courir ou, sauf selon la règle 30.2* (règle de pénalité de 20 %), *30.3* (règle du pavillon noir), *ou 69* (Allégations de mauvaise conduite notoire), *faire qu'il soit pénalisé.* (Règle 36 Courses dont le départ doit être redonné)

Lorsque le pavillon « Z » aura été utilisé, les OCS de cette course annulée seront transformés sans instruction en pénalité de 20 %.

Lorsqu'une course a été reprogrammée, la règle 36 (Courses dont le départ doit être redonné, ou à recourir) *s'applique et tous les bateaux inscrits dans la course initiale doivent être avertis et, sauf s'ils ont été disqualifiés selon la règle 30.3* (règle du pavillon noir), *être admis à courir dans la course reprogrammée. De nouvelles inscriptions, si elles satisfont aux conditions d'inscription à la course initiale, peuvent être acceptées à la discrétion du comité de course.* (Règle 80 Courses reprogrammées)

Pour les courses d'habitable, des week-ends de réserve peuvent être prévus dans l'avis de course. Un bateau qui n'était pas inscrit au premier week-end peut, à la discrétion du comité, s'inscrire pour cette régate, en respectant la règle 76.1 (Rejeter ou annuler l'inscription).

CHAPITRE 4 - LES BORDS DE PRÈS ET DE PORTANT

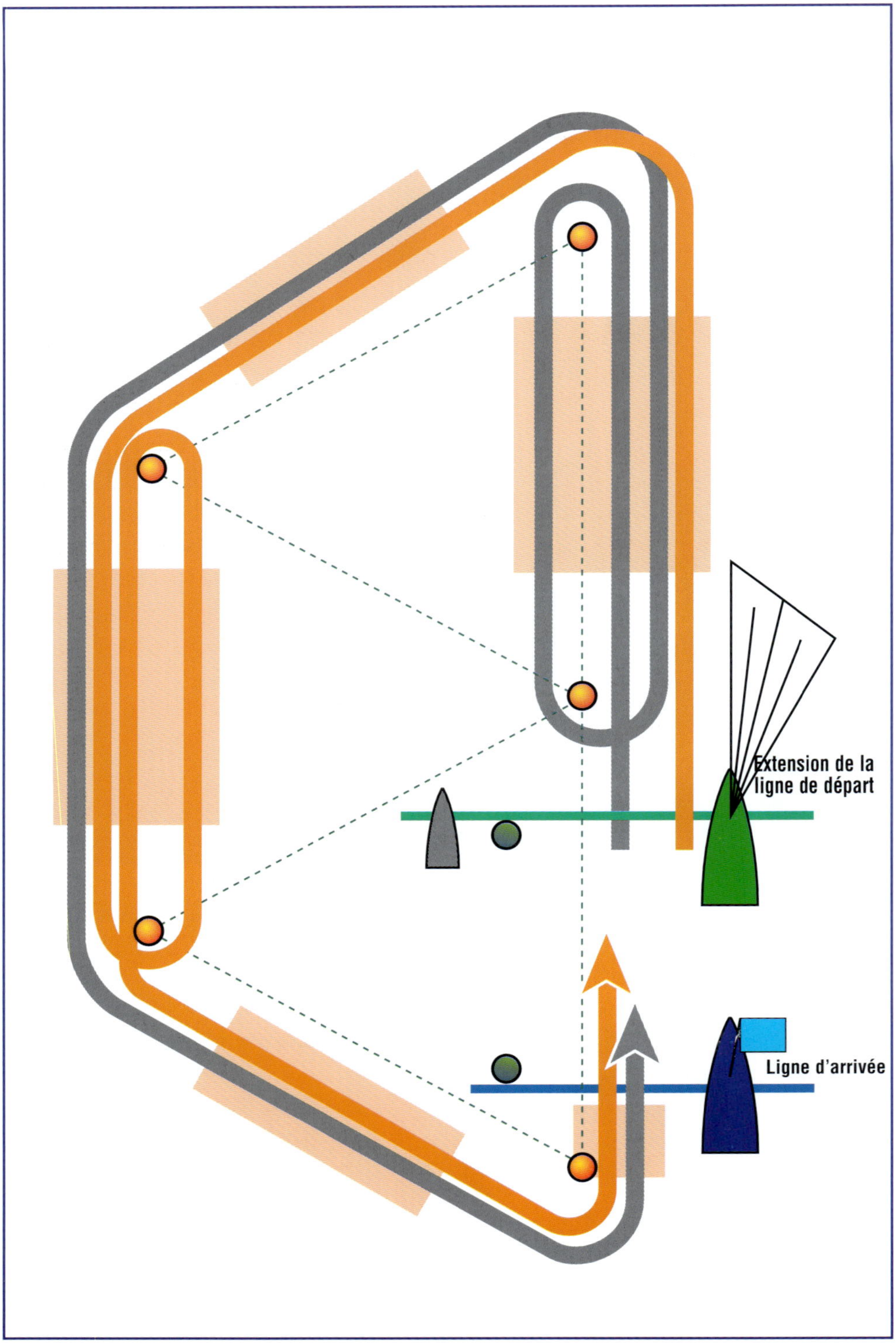
Extension de la
ligne de départ
Ligne d'arrivée

CHAPITRE 4

Vous avez pris le départ
maintenant il faut progresser.
Si tout le monde va vers la première marque,
les routes peuvent être convergentes.

Votre problème consiste maintenant à déterminer pour votre compte : la route la plus rapide pour atteindre la marque suivante... avant quelques autres concurrents. Ce serait tellement simple, si vous étiez le seul à avoir ce projet. Mais la régate consiste justement à naviguer en partageant le plan d'eau avec les autres concurrents, tout en respectant les priorités, droits et devoirs de chacun.

4.1 *Actions interdites et exceptions*

Sauf lorsque cela est permis par la règle 42.3 (propulsion, exceptions) *ou 45* (mise au sec ; amarrage ; mouillage), *un bateau doit concourir en utilisant seulement le vent et l'eau pour augmenter, maintenir ou diminuer sa vitesse. Son équipage peut ajuster le réglage des voiles et de la coque, et accomplir d'autres actions de navigation en bon marin, mais ne doit pas déplacer son corps autrement pour faire avancer le bateau.* (Règle 42.1 : règle de base)
Récupérer une ancre, qu'elle ait été descendue ou jetée en avant, de manière à faire route par rapport au fond, enfreint la règle 42.1. (Cas ISAF n° 5)

42.2 Actions interdites

Sans que cela limite l'application de la règle 42.1 (propulsion, règle de base), *les actions suivantes sont interdites :*

a) *pomper : agitation de manière répétée de toute voile, soit en bordant et choquant la voile, soit par un mouvement du corps vertical ou perpendiculaire à l'axe du bateau ;*
Le réglage répété des voiles par une personne qui a le torse à l'extérieur des filières n'est pas permis (Cas ISAF 83)

b) *balancer : roulis répété du bateau, provoqué soit par le mouvement du corps, soit par le réglage des voiles ou de la dérive, qui ne facilite pas la conduite ;*

c) *saccader : mouvement soudain du corps en avant, arrêté brutalement ;*

d) *godiller : mouvement répété de la barre qui n'est pas nécessaire pour la conduite ;*

Au largue à bonne vitesse, un voilier n'enfreint pas la règle 42 lorsque son barreur, anticipant et profitant de vagues créées par un navire qui passe, donne des coups de barre synchronisés avec le passage de chaque vague. Ce n'est pas godiller, mais utiliser l'action naturelle de l'eau sur la coque. (Cas ISAF n° 8)

Il ne faut pas confondre les mouvements de barre d'un bateau ne comportant qu'une seule voile (Europe, Laser ou Optimist) qui ne servent qu'à faire pivoter le bateau et les mouvements qui propulsent, qui eux sont du «godillage».

e) *Virements de bord ou empannages répétés sans rapport avec des sautes de vent ou des considérations tactiques.*

42.3 Exceptions

a) *L'équipage d'un bateau peut bouger le corps pour exagérer le roulis qui facilite la conduite du bateau pendant un virement de bord ou un empannage, pourvu que, juste après que le virement de bord ou l'empannage est terminé, la vitesse du bateau ne soit pas supérieure à ce qu'elle aurait été en l'absence de virement de bord ou d'empannage.* En conséquence le virement bascule est autorisé.

b) *Sauf lors d'un louvoyage au vent, lorsque le surfing (accélération rapide en descendant sur le côté sous le vent d'une vague) ou le planing est possible, l'équipage du bateau peut border l'écoute et le bras de toute voile dans le but d'initier ce surfing ou planing, mais une fois seulement pour chaque vague ou risée.* Pour avoir l'opportunité de « pomper » il faut que les conditions météorologiques créent des vagues, pour pouvoir en descendre le côté sous le vent.

c) *Tout moyen de propulsion peut être utilisé pour aider une personne ou un autre navire en danger.* Contrairement au déséchouage, l'hélice d'un bateau peut être mise en rotation pour se conformer à la règle fondamentale 1.1 : *Aider ceux qui sont en danger : Un bateau ou un concurrent doit apporter toute l'aide possible à toute personne ou navire en danger.*

d) *Pour se dégager après un échouage ou après une collision avec un autre bateau ou un objet, un bateau peut utiliser la force appliquée par l'équipage de l'un ou l'autre bateau, et tout équipement autre qu'un moteur propulsif.*

4.2 Bords de louvoyage

Lors d'un bord de près, les bateaux au louvoyage se croisent à de nombreuses reprises sur des bords opposés.

Quand des bateaux sont sur des bords opposés, un bateau bâbord amures doit se maintenir à l'écart d'un bateau tribord amures. (Règle 10 Sur des bords opposés)

Si le bateau bâbord amures passe devant ou derrière le tribord amures, sans que ni lui ni le bateau tribord n'aient à changer de route, on dit qu'il n'y a pas route de collision. Le bateau bâbord peut poursuivre la sienne sans soucis. Par contre, si en l'absence de manœuvre, «cela ne passe pas», alors le bâbord devra agir. On dit que les bateaux sont en route de collision.

Figure 4.2.1
Le bleu n° 40 est en route de collision avec le bateau jaune n° 41.
Il doit agir pour se maintenir à l'écart. Plusieurs choix s'offrent à lui. Soit :
- il se ralentit simplement pour le laisser passer, ou
- il abat pour passer derrière le tribord figure 4.2.2, ou
- il vire de bord : figure 4.2.4.

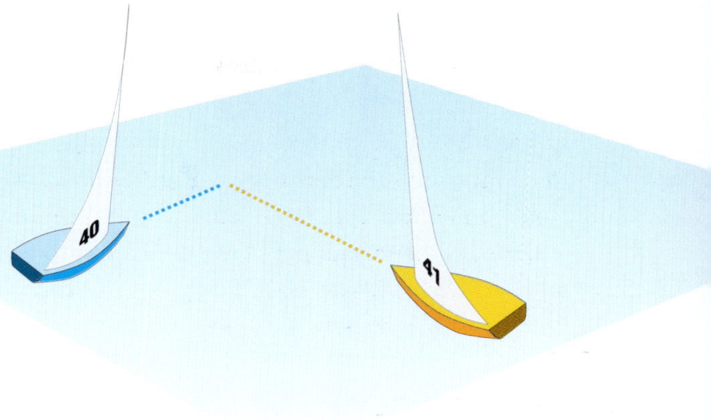

Le bateau jaune, bien qu'au plus près tribord amures, n'est pas tout à fait le «roi des mers» Il *doit éviter le contact avec un autre bateau dans la mesure du possible. Cependant, un bateau prioritaire* (jaune n° 41)... *n'a pas besoin d'agir pour éviter un contact jusqu'à ce qu'il soit clair que l'autre bateau* (bleu n° 40) *ne se maintient pas à l'écart...* (règle 14 Éviter le contact). *Il ne doit pas être pénalisé selon cette règle sauf si le contact cause un dommage*. (Règle 14 (b) Éviter le contact).
De plus, quand... des bateaux sur des bords opposés se croisent ou sont sur le point de le faire, et que le bateau bâbord amures (jaune de la figure 4.2.2) *se maintient à l'écart du bateau tribord amures, le bateau tribord amures* (bleu de la figure 4.2.2) *ne doit pas modifier sa route si en conséquence le bateau bâbord amures est immédiatement contraint de modifier sa route pour continuer de se maintenir à l'écart*. (Règle 16.2 Modifier sa route)

Figure 4.2.2
Quand un voilier prioritaire modifie sa route, le voilier non prioritaire est tenu de réagir seulement à ce que fait le voilier prioritaire sur le moment, mais pas à ce que le voilier prioritaire pourrait faire par la suite (Cas ISAF 92). Il en est de même en match racing (voir call ump 20).
Le bateau bleu ne pourra prétendre que jaune ne s'est pas maintenu à l'écart.

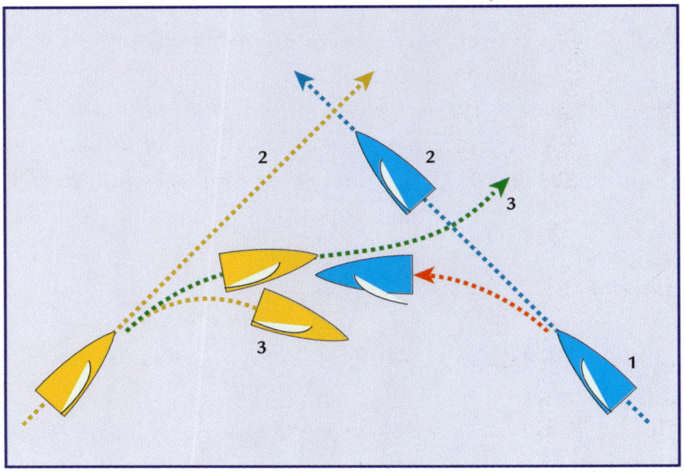

Un voilier tribord qui vire de bord après qu'un voilier bâbord amures a abattu pour passer sur son arrière n'enfreint pas nécessairement une règle. (CAS ISAF 6)

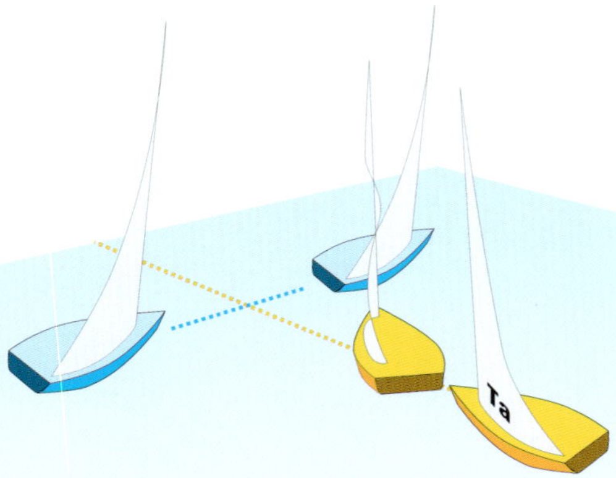

Figure 4.2.3
Le bateau tribord (jaune) ne peut pas non plus lofer pour « aller chercher » le contact avec le bateau bleu. Sans cette manœuvre, bleu passait bien devant. Il ne faut plus chercher le contact pour affirmer ses droits. La règle 14 (éviter le contact) est là pour rappeler à un peu de prudence.
Mieux vaut de «bons témoins» en cas d'infraction avérée. Attention à l'utilisation des «vrais faux témoins».

Les concurrents ont beaucoup plus de mémoire que quiconque surtout, quand ils ont l'impression de s'être «fait avoir». (voir chapitre Réclamations)

Figure 4.2.4
Le bateau jaune n° 43 choisit de se maintenir à l'écart en virant de bord. *Quand un bateau a dépassé la position bout au vent, il doit se maintenir à l'écart des autres bateaux jusqu'à ce qu'il soit sur une route au plus près. Pendant ce temps, les règles 10* (sur des bords opposés), *11* (sur le même bord, engagés) *et 12* (sur le même bord, non engagés) *ne s'appliquent pas*. (Règle 13 Pendant le virement de bord).

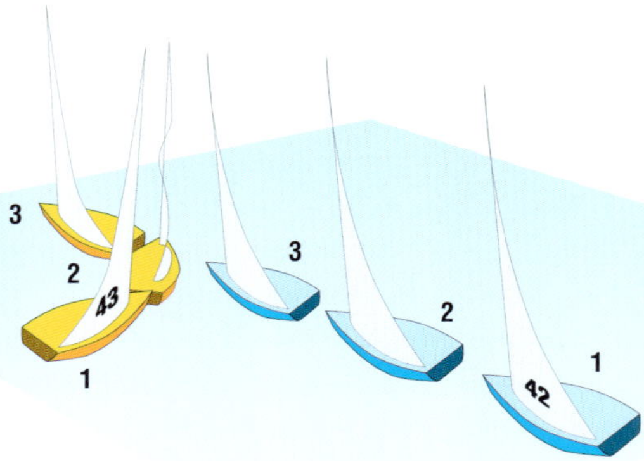

Le bateau jaune n° 43 achève son virement de bord en position 3, qu'il ait ou non de la vitesse. *Un voilier cesse d'être soumis à la règle 13 lorsqu'il est en route au plus près, quels que soient son déplacement dans l'eau ou la façon dont les voiles sont bordées.* (Cas ISAF 17) Il n'en bénéficie pas pour autant instantanément de ses droits de nouveau prioritaire. Car *lorsqu'un bateau acquiert une priorité, il doit au début laisser à l'autre bateau la place de se maintenir à l'écart, sauf s'il acquiert la priorité en raison des actions de l'autre bateau*. (Règle 15 Acquérir une priorité) Le jaune n° 43 devra donc agir suffisamment tôt pour être tribord amures devant le bleu, ou sous son vent sans obliger le bleu n° 42, à agir pour éviter le contact.

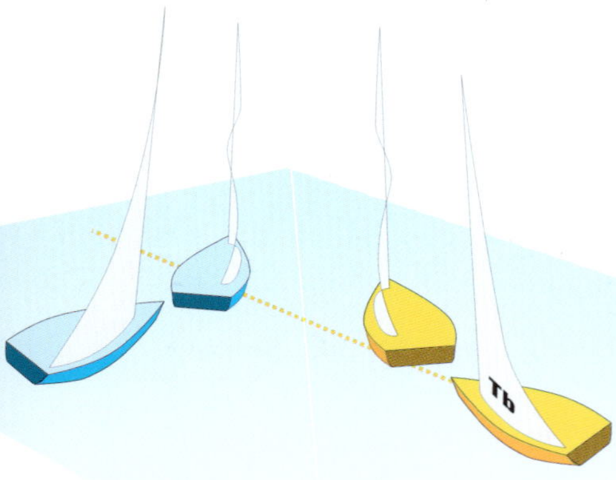

Figure 4.2.5
Si deux bateaux sont soumis à la *règle* 13 *en même temps, celui qui est du côté bâbord de l'autre doit se maintenir à l'écart*. (Règle 13 Pendant le virement de bord)
Lorsqu'un bateau tribord amures, Tb, réclame sa priorité et oblige son adversaire à virer, il n'est pas forcé de garder la même route pour autant (Cas Isaf n° 6). Si le bateau bâbord doit se maintenir à l'écart, pour satisfaire à la règle 10, le tribord peut faire la route tactique qui lui convient ; quitte à envoyer son adversaire sur la gauche du plan d'eau.

Attention : un appel mensonger «tribord» alors que vous êtes bâbord amures peut être considéré comme bafouant les principes de sportivité et de jeu loyal (règle 2) et donc amener une « DNE » (disqualification not excludable). *Un voilier qui hèle délibérément « tribord » alors qu'il sait qu'il est bâbord amures n'agit pas loyalement, et est passible de disqualification selon la règle 2.* (Navigation loyale) (Cas ISAF 47)

Figure 4.2.6

Le bateau bleu n° 47 passe nettement devant le bateau jaune n° 46. Bleu n'a pas besoin d'agir pour se maintenir à l'écart puisque sa trajectoire ne le positionne pas en route de collision. C'est de son propre chef que le bateau jaune n° 46 vire. Il ne pourra pas accuser le bleu d'une infraction à la règle 10.
Il est très facile de justifier cette décision au vu du dessin, mais le 46 peut être tenté de réclamer contre le 47. Le comité de réclamation devra établir si le *bateau* bleu n° 47 *ne s'est pas maintenu à l'écart* ou s'il s'est conformé à la règle 10 (Sur des bords opposés).

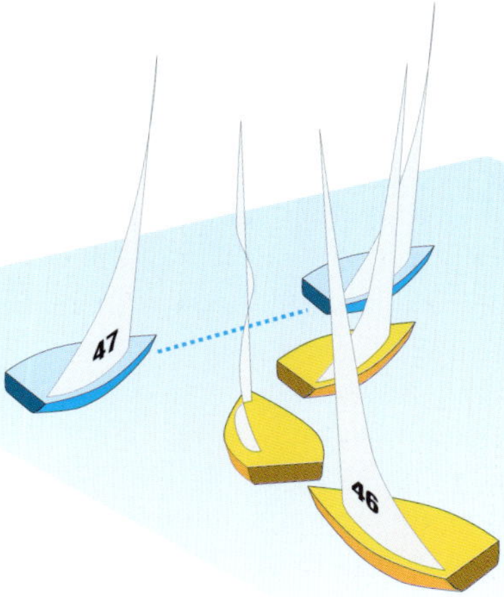

Figure 4.2.7

Le bleu 49 passe nettement derrière le jaune 48. Le jaune prioritaire peut vouloir rester entre la marque et son adversaire lors d'un marquage serré. Cette figure, connue en match racing sous le nom de «slam dunk», offre une issue savoureuse si elle est bien menée. Le but étant de priver le bleu du droit de lof ultérieurement. Pour cela le virement de bord du jaune devra avoir été terminé alors que bleu est encore en route libre.
En position 1, le bateau jaune tribord amures est prioritaire au vu de la règle 10.

Il n'en reste pas moins soumis à : *lorsqu'un bateau prioritaire modifie sa route, il doit laisser à l'autre bateau la place de se maintenir à l'écart.* (Règle 16 Modifier sa route) Puis le jaune perd toute priorité pendant le virement de bord (position 2) (règle 13).
Ensuite deux alternatives : engagés ou non engagés (libres) à la fin du virement de bord du jaune. (figures 4.2.9 et 4.2.8.)
*Si un bateau en route libre derrière devient engagé à moins de deux fois sa longueur de coque sous le vent d'un bateau sur le même bord, il ne doit pas naviguer au-dessus de sa route normale tant qu'ils restent engagés dans les limites de cette distance... (*règle 17.1 Sur le même bord ; route normale)

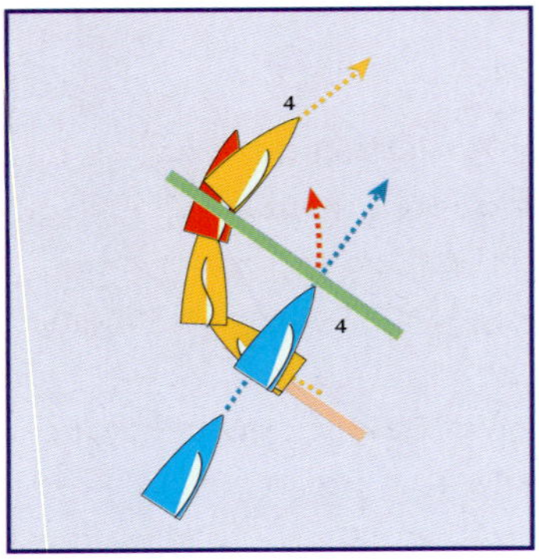

Figure 4.2.8

L'idéal pour le jaune c'est d'être en route libre devant le bleu à la fin de son virement ((position 4). Alors, si bleu s'engage par la suite, la règle 17.1 (sur le même bord ; route normale) s'appliquera. jaune aura réussi à priver le bleu du droit de naviguer au-dessus de sa route normale à cause de son engagement à partir d'une route libre derrière. (Règle 17)

Mais si l'engagement se crée pendant le virement de bord du jaune

Figure 4.2.9

La règle 17.1 *ne s'applique pas si l'engagement débute alors que le bateau au vent est tenu par la règle* 13 (pendant le virement de bord) *de se maintenir à l'écart* (**règle 17.1 Sur le même bord route normale**). C'est-à-dire quand le bateau bleu se retrouve : sous le vent et engagé et donc prioritaire sans avoir rien fait, avant que jaune ait terminé son virement (position 3). La règle 15 (acquérir une priorité) ne s'appliquera pas au bleu puisqu'*il acquiert une priorité en raison des actions de l'autre bateau.* Le bleu pourra donc lofer au-dessus de sa route normale. C'est un slam dunk raté. De plus, le jaune aura probablement viré vraiment trop près. Proximité admise en match racing mais difficilement justifiable de «navigation en bon marin» en course en flotte.

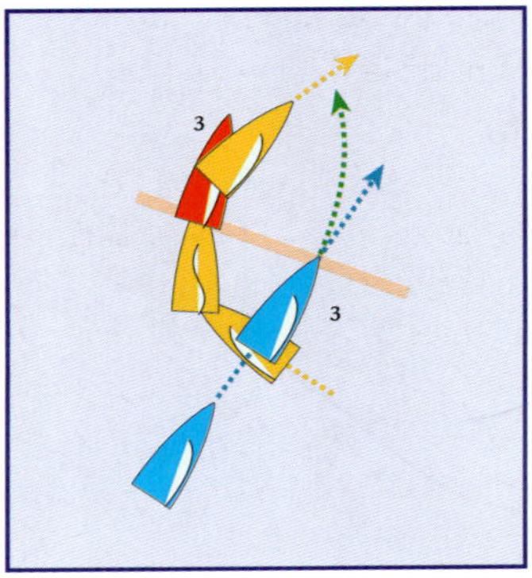

Il faudra se souvenir de celui qui a établi l'engagement, lorsque plus tard le bateau sous le vent voudra lofer au-delà de sa route normale. En aura-t-il le droit sans enfreindre la règle 17.1 ?

Sur les bords de louvoyage il n'y a pas que des paires de bateaux en route de collision, un troisième peut compliquer la situation. Dans les deux figures 4.2.10 et 4.2.11 ci-après, un bateau tribord amures est prioritaire sur les bateaux bâbord amures qui, de ce fait, doivent s'en maintenir à l'écart. Ce bateau tribord amures représente un obstacle pour les deux bateaux bâbord amures. Un obstacle est ***un objet qu'un bateau ne pourrait pas passer sans modifier sensiblement sa route alors qu'il navigue directement vers lui et qu'il en est distant d'une longueur de coque... Cependant, un bateau en course n'est pas un obstacle pour les autres bateaux à moins qu'ils ne soient obligés de s'en maintenir à l'écart, de lui donner de la place...*** (définition de Obstacle)

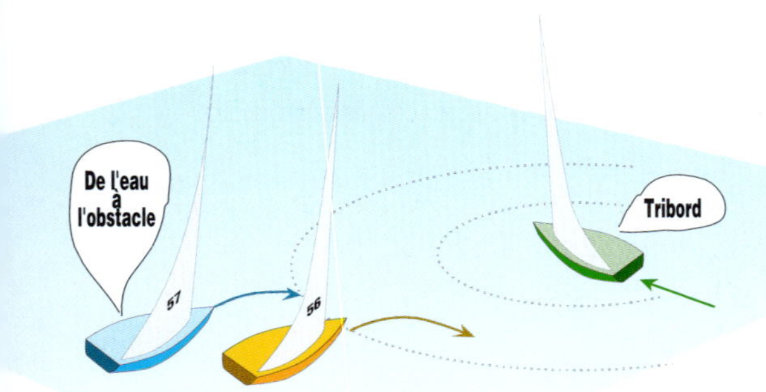

Figure 4.2.10

Le bateau bleu préférerait garder cette amure plutôt que de virer. Il lui faut passer derrière le prioritaire tribord amures (vert). Bleu se trouve donc du côté intérieur de l'obstacle qu'est le bateau vert tribord amures. *Lorsque des bateaux sont engagés, le bateau à l'extérieur* (jaune n° 56) *doit donner au bateau à l'intérieur* (bleu n° 57) *la place pour contourner ou passer la marque ou l'obstacle...* (règle 18.2 (a))

La place est ***l'espace dont un bateau a besoin dans les conditions existantes pendant qu'il manœuvre rapidement en bon marin.***(définition de Place). Il est bien évident que si un train de bateaux tribord amures arrive, le n° 57 ne pourra sans doute pas abattre sans entrer en collision avec l'un d'entre eux, ou tout au moins cette manœuvre obligerait les tribords à modifier leurs routes pour éviter une collision. (Règle 14 Éviter le contact)
Si le bateau jaune, sous le vent du bleu, de la figure 4.2.11, a le droit de naviguer au-dessus de sa route normale, c'est-à-dire qu'il peut naviguer jusqu'à face au vent, il aura probablement contraint le bleu à se maintenir à l'écart du vert, en le poussant au lof. Ce qui ne laissera au bleu que la possibilité de virer de bord pour se conformer à son obligation de se maintenir à l'écart du vert prioritaire. Si les deux bateaux ont laissé la situation s'installer, ou pire s'ils n'ont pas assuré la veille que leurs amures leur imposent, ils peuvent être confrontés à la situation de la figure 4.2.11.

Figure 4.2.11
Le bateau jaune n° 59 ne peut abattre pour laisser «de l'eau» au bleu 58, derrière T1, en raison de la présence de T2. La règle 18.2 ne peut s'appliquer. Mais *lorsque la sécurité exige d'un bateau* (jaune n° 59) *au plus près qu'il fasse un changement de route important pour éviter un obstacle* (verts T1 et T2), *et qu'il a l'intention de virer de bord mais ne peut pas virer de bord et éviter un autre bateau* (bleu n° 58) *sur le même bord,* le jaune n° 59 *doit héler pour demander la place de le faire. Avant de virer de bord, il doit donner au bateau hélé* (bleu n° 58) *le temps de répondre* (règle 19.1 Place pour virer de bord à un obstacle).

Le bateau hélé (bleu n° 58) ***doit soit :***

a) ***virer de bord aussitôt que possible, auquel cas le bateau qui a hélé*** (jaune n° 59) ***doit également virer de bord dès que possible, ou,***

b) ***répondre immédiatement "Vous virez", auquel cas le bateau qui a hélé*** (jaune n° 59) ***doit virer de bord aussitôt que possible et le bateau hélé*** (bleu n° 58) ***doit donner de la place, et les règles 10*** (sur des bords opposés) ***et 13*** (pendant le virement de bord) ***ne s'appliquent pas.*** (Règle 19.1 Place pour virer de bord à un obstacle)

Les deux situations ci-dessus pourraient paraître sinon en contradiction du moins conflictuelles. Mais la première implique une anticipation à deux longueurs de l'obstacle pour pouvoir prétendre à obtenir «de l'eau», la seconde fait référence à une seule longueur de l'obstacle, ce qui représente la dernière limite possible avant une intervention pour éviter un contact quasi-inéluctable.
Si au lieu d'être engagés comme dans les figures 4.2.10 et 4.2.11, les bateaux, jaune et bleu, sont en route libre comme dans la figure 4.2.12. ***Lorsque des bateaux sont sur le même bord et non engagés, un bateau en route libre derrière doit se maintenir à l'écart d'un bateau en route libre devant.*** (Règle 12 Sur le même bord - non engagés)

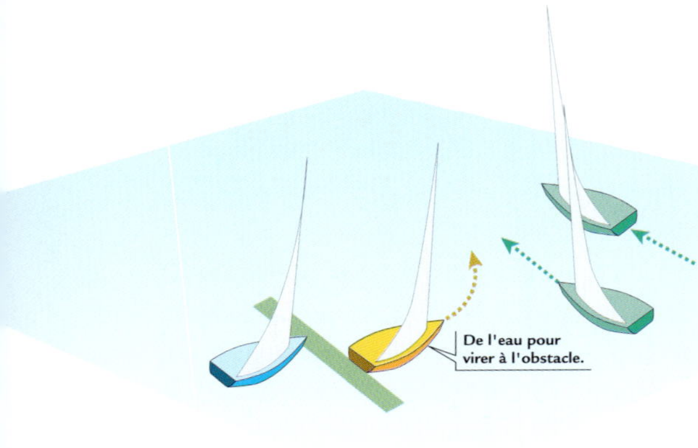

Figure 4.2.12
Le bleu en route libre derrière ne peut demander de la place pour passer derrière les verts (règle 18.2 c). Toutefois si bleu doit se maintenir à l'écart du bateau jaune, en route libre devant, il n'est pas tenu d'anticiper son virement de bord tant qu'il ne lui a pas demandé de l'eau pour virer. ***Avant de virer de bord,*** jaune ***doit donner au bateau*** bleu ***hélé le temps de répondre*** (règle 19.1).

Dans ce cas, et dans ce cas seulement, la règle 13 (pendant le virement de bord) ne s'applique pas. En conséquence jaune devra s'y prendre à l'avance, pour demander de la place pour virer de bord à l'obstacle afin de ne pas laisser s'installer une situation conflictuelle qui ne peut qu'entraîner des dégâts et des disqualifications selon la règle 14 (éviter le contact).
Certaines règles des sections B (Limitations générales), *C* (Aux marques et obstacles) *et D* (autres règles) *limitent les actions d'un bateau prioritaire.* Mais elles n'enlèvent en rien la priorité octroyée par la règle 10 (sur des bords opposés). Nous pouvons schématiser en observant que :
- le(s) vert(s), des figures 4.2.10, 4.2.11 et 4.2.12, est(sont) prioritaire(s) absolu(s) «au plus près tribord amures = roi des mers»,
- puis le jaune en tant que bateau sous le vent avec ou sans droit de naviguer au-dessus de sa route normale, ou en route libre devant,
- et enfin le bleu (bateau au vent frais) doit se maintenir à l'écart des deux autres. Néanmoins il n'est pas pieds et poings liés grâce à la règle 18.2 (a) comme nous venons de le voir (figure 4.2.10).

Plus souvent, les situations conflictuelles opposent des bateaux sur le même bord.

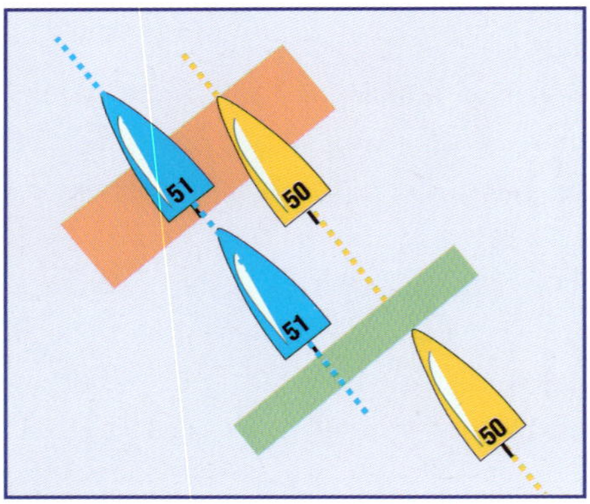

Figure 4.2.13
Le bateau jaune n° 50 est d'abord en route libre derrière le bleu. Il est soumis à la règle 12 : *lorsque des bateaux sont sur le même bord et non engagés, un bateau en route libre derrière doit se maintenir à l'écart d'un bateau en route libre devant.* En s'engageant au vent du bleu n° 51, le bateau jaune n° 50 doit encore se maintenir à l'écart puisque *lorsque des bateaux sont sur le même bord et engagés, un bateau au vent* (jaune n° 50) *doit se maintenir à l'écart d'un bateau sous le vent.* (Règle 11 Sur le même bord - engagés). Jaune doit laisser assez de place puisque :

Un bateau (jaune n° 50) *se maintient à l'écart d'un autre* (bleu n° 51) *si cet autre bateau peut naviguer sur sa route sans avoir à agir pour l'éviter et, lorsque les bateaux sont engagés sur le même bord, si le bateau sous le vent* (bleu n° 51) *peut modifier sa route dans les deux directions sans immédiatement entrer en contact avec le bateau au vent* (jaune n° 50). (Définition de Se maintenir à l'écart)

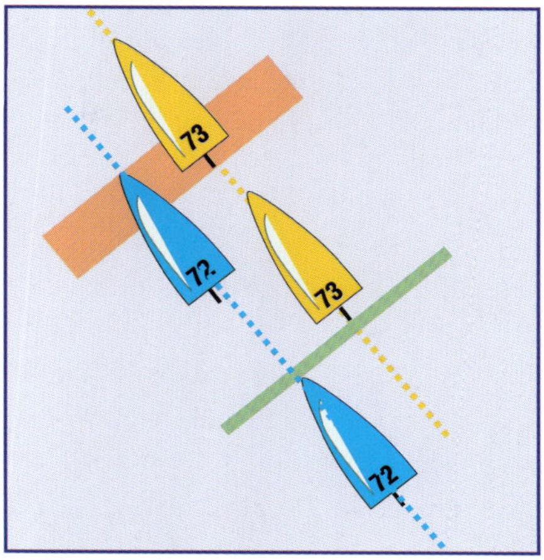

Figure 4.2.14

Le bateau bleu n° 72 est d'abord en route libre derrière le jaune. Il est soumis à la règle 12 : *Lorsque des bateaux sont sur le même bord et non engagés, un bateau en route libre derrière* (bleu n° 72) *doit se maintenir à l'écart d'un bateau en route libre devant* (jaune n° 73). En s'engageant sous son vent, bleu devient prioritaire puisque *lorsque des bateaux sont sur le même bord et engagés, un bateau au vent* (jaune n° 73) *doit se maintenir à l'écart d'un bateau sous le vent* (bleu n° 72). (Règle 11 Sur le même bord - engagés).
Mais *lorsqu'un bateau* (bleu n° 72) *acquiert une priorité, il doit au début laisser à l'autre bateau* (jaune n° 73) *la place de se maintenir à l'écart, sauf s'il acquiert la priorité en raison des actions de l'autre bateau*. (Règle 15 Acquérir une minute)

Le bateau bleu n° 72 ne devra pas s'engager trop près. Si un lof du jaune immédiatement après l'engagement entraîne un contact, le jaune aura satisfait à la règle 11 mais le bleu aura enfreint la règle 15. De plus bleu n° 72 ne pourra pas lofer. Car *si un bateau en route libre derrière* (bleu) *devient engagé à moins de deux fois sa longueur de coque sous le vent d'un bateau* (jaune) *sur le même bord, il ne doit pas naviguer au-dessus de sa route normale tant qu'ils restent engagés dans les limites de cette distance...* (règle 17.1 Sur le même bord ; route normale). Le bateau bleu devra *suivre* une route *pour finir aussitôt que possible en l'absence des autres bateaux auxquels la règle utilisant ce terme fait référence...* (définition de Route normale). C'est-à-dire qu'il devra garder une route au plus près, éventuellement modulée au passage des vagues.

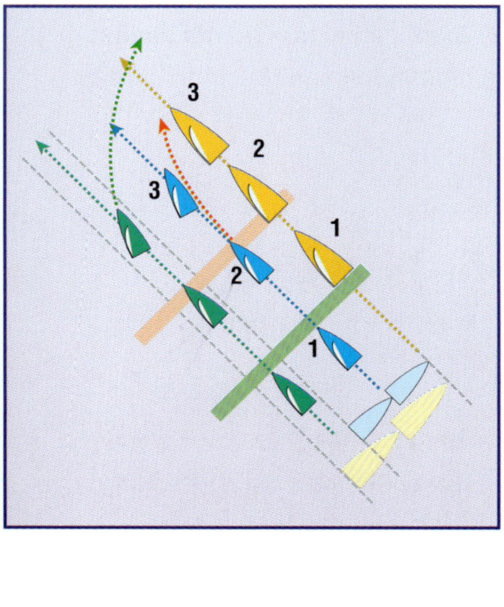

Figure 4.2.15 et 4.2.16

La référence dans la règle 17 est la longueur de coque du bateau sous le vent. Un petit bateau véloce (en vert) ne sera pas encore soumis à la règle 17.1 alors qu'il sera dans les deux longueurs de coque du bateau au vent.

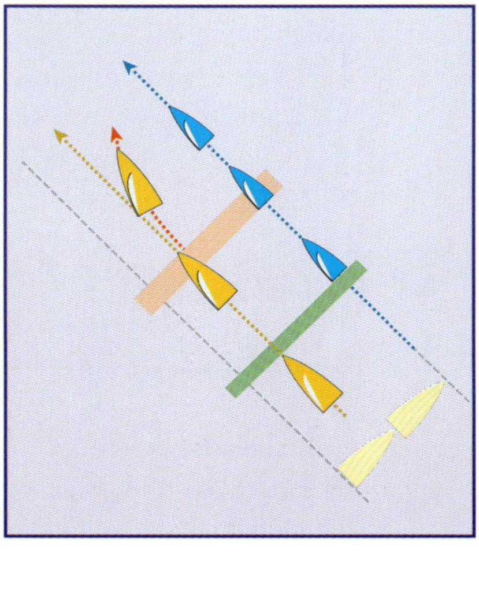

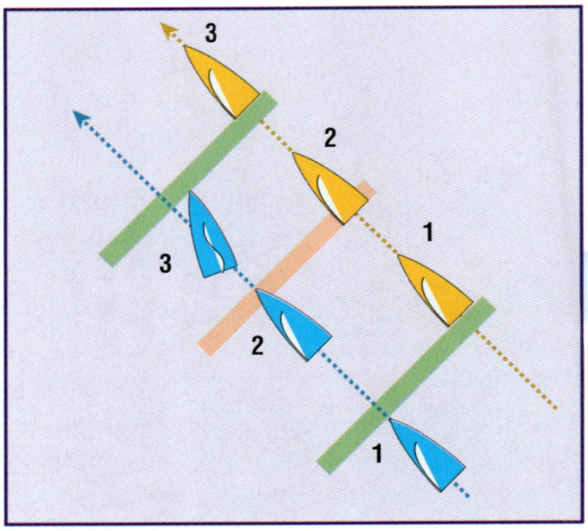

Figure 4.2.17
Mais il peut lofer *si cela a pour effet de l'amener rapidement en arrière de l'autre bateau*. (**Règle 17.1 Sur le même bord ; route normale**). C'est-à-dire s'il veut virer de bord pour ne pas rester sous le vent du jaune ou qu'il veut gagner la partie droite du plan d'eau.

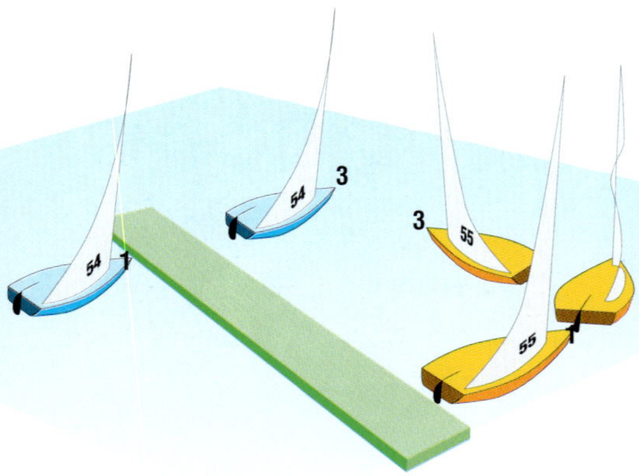

Figure 4.2.18
Le jaune, en route libre devant le bleu, bien que prioritaire ne peut pas faire n'importe quoi à partir du moment où il envisage de virer de bord en eau libre. En présence d'un obstacle se reporter aux figures 4.2.10 à 4.2.12.

Le bateau jaune n° 55 est soumis successivement aux règles :

· *Lorsqu'un bateau prioritaire modifie sa route, il doit laisser à l'autre bateau la place de se maintenir à l'écart*. (Règle 16.1 Modifier sa route).

· *Quand un bateau a dépassé la position bout au vent, il doit se maintenir à l'écart des autres bateaux jusqu'à ce qu'il soit sur une route au plus près. Pendant ce temps, les règles 10* (Sur des bords opposés), *11* (Sur le même bord, engagés) *et 12* (Sur le même bord, non engagés) *ne s'appliquent pas*. (Règle 13 Pendant le virement de bord)

· *Lorsqu'un bateau acquiert une priorité, il doit au début laisser à l'autre bateau la place de se maintenir à l'écart, sauf s'il acquiert la priorité en raison des actions de l'autre bateau*. (Règle 15 Acquérir une priorité)

Il pourra, alors seulement, jouir des privilèges de la règle 10 : *Quand des bateaux sont sur des bords opposés, un bateau bâbord amures doit se maintenir à l'écart d'un bateau tribord amures.*

Il y a bien longtemps qu'aucune indication de distance ne figure dans les règles quant à l'espace à respecter pour pouvoir envisager un virement de bord. Cela dépend du support (Pav, VRC monocoque ou multicoque, mené en équipage ou en solitaire) et des conditions de navigation.

4.3 *Croisement entre montants (au près) et descendants (au portant)*

Lors d'un bord de vent arrière il faut rester vigilant particulièrement au début de celui-ci, à proximité de la marque au vent où une forte concentration de bateaux multiplie les routes de collision. Être tribord amures ne suffit pas toujours pour être prioritaire ;

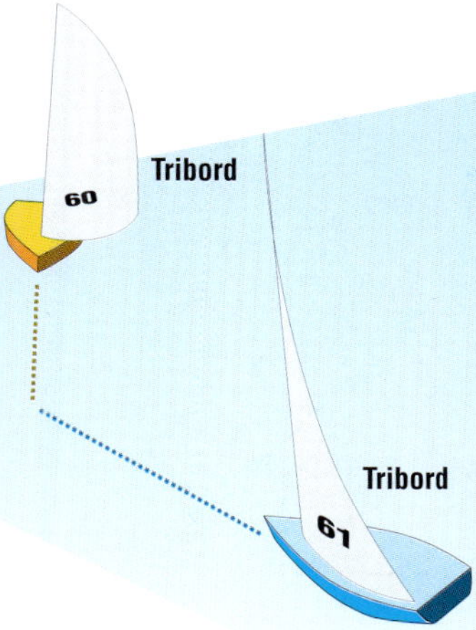

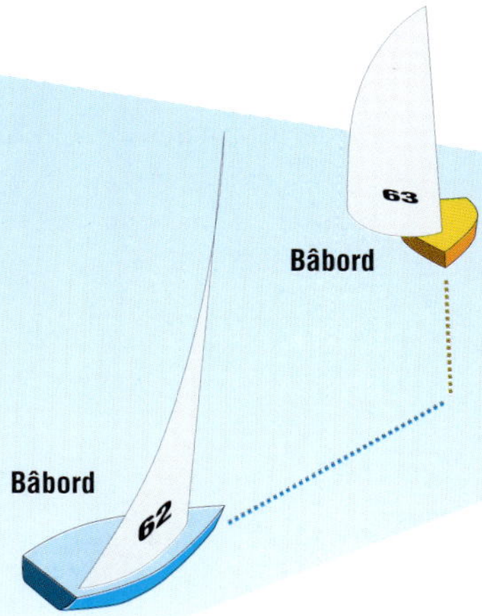

Figure 4.3.1 Figure 4.3.2

Lorsque des bateaux sont sur le même bord et engagés, un bateau au vent doit se maintenir à l'écart d'un bateau sous le vent. (Règle 11 Sur le même bord, engagés)

Les bateaux 60 et 63 doivent se maintenir à l'écart. Mais attention le 63 peut passer de bâbord en tribord amures en empannant et devenir ainsi nouvellement prioritaire.

Il devra effectuer cette manœuvre suffisamment à l'avance afin de se conformer à la règle 15 (Acquérir une priorité) : ***lorsqu'un bateau acquiert une priorité, il doit au début laisser à l'autre bateau la place de se maintenir à l'écart...***

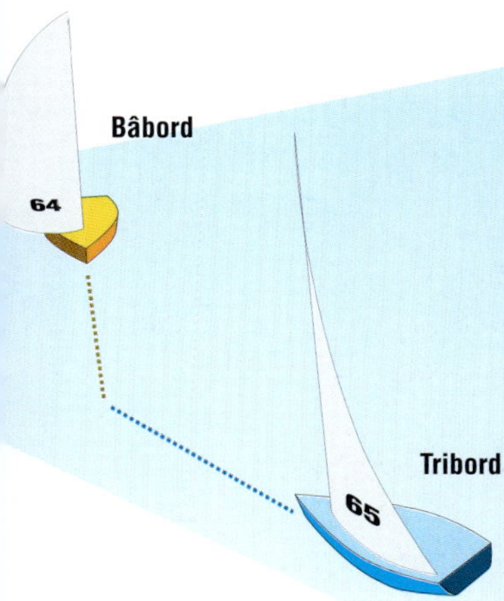

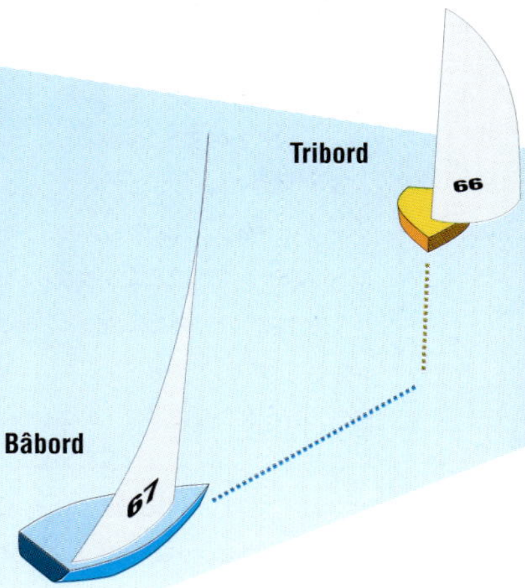

Figure 4.3.3 et Figure 4.3.4

Quand des bateaux sont sur des bords opposés, un bateau bâbord amures doit se maintenir à l'écart d'un bateau tribord amures. (Règle 10 Sur des bords opposés) Un bateau au plus près bâbord amures a toutes les chances de devoir se maintenir écarté.

Figure 4.3.3 : C'est le jaune n° 64 au portant, bâbord amures, qui doit se maintenir à l'écart.

Figure 4.3.4 : C'est le bleu n° 67, au plus près qui doit se maintenir à l'écart du jaune tribord au portant. Comme nous l'avons vu plus haut un bateau au près tribord amures est le roi des mers.

Figure 4.3.5

Le bleu, tribord amures, doit faire attention. S'il choisit d'abattre en grand après le passage de la marque au vent et si le jaune, bâbord amures, a déjà commencé à se maintenir à l'écart, bleu est toujours soumis à la règle 16.1 *Lorsqu'un bateau prioritaire modifie sa route, il doit laisser à l'autre bateau la place de se maintenir à l'écart.*

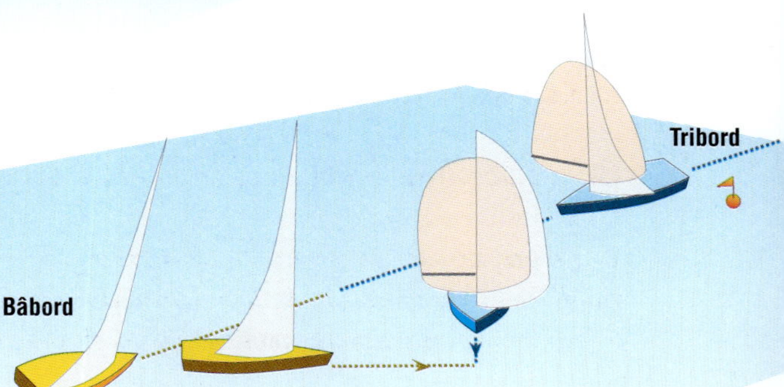

De plus... quand des bateaux sur des bords opposés se croisent ou sont sur le point de le faire, et que le bateau bâbord amures se maintient à l'écart du bateau tribord amures, le bateau tribord amures ne doit pas modifier sa route si en conséquence le bateau bâbord amures est immédiatement contraint de modifier sa route pour continuer de se maintenir à l'écart. (Règle 16.2)
Mais jaune en se présentant bâbord amures au plus près à la marque au vent, se crée une succession de situations conflictuelles bien difficiles à gérer. (voir chapitre La marque au vent)

4.4 Bords de portants (largue ou vent arrière)

Que ce soit lors d'un bord de plein vent arrière ou sur un bord de largue les règles sont les mêmes. Elles seront donc traitées en parallèle.
Les situations commencent toujours par un bateau qui en rattrape un autre.
Un bateau est en route libre derrière un autre quand sa coque et son équipement en position normale sont derrière une ligne perpendiculaire au point le plus arrière de la coque et de l'équipement de l'autre bateau en position normale. L'autre bateau est en route libre devant. Ils sont engagés quand aucun des deux n'est en route libre derrière ou quand un bateau situé entre eux établit un engagement sur les deux. Ces termes ne s'appliquent pas à des bateaux sur des bords opposés sauf si la règle 18 (contourner et passer des marques et des obstacles) *s'applique.* (définition de Route libre derrière et Route libre devant ; engagement)
LA question à se poser est : « sont-ils sur la même amure » ?

- Si oui les figures 4.4.1 à 4.4.12 vous intéressent.
- Si non, reportez-vous aux figures 4.4.13 à 4.4.18,

mais attention aux changements d'amures en 4.4.7.1 et 4.4.18.

Sur la même amure : s'engager au vent ou s'engager sous le vent ?

Lorsque des bateaux sont sur le même bord et non engagés, un bateau en route libre derrière doit se maintenir à l'écart d'un bateau en route libre devant. (Règle 12 Sur le même bord, non engagés). Dans tous les cas : le «rattrapant» en route libre derrière doit se maintenir à l'écart du rattrapé (en route libre devant). Mais de quel côté ?

- Passer du côté au vent (figures 4.4.1. et 4.4.2) : c'est garder du vent frais. Mais c'est aussi rester débiteur de la priorité (règle 11). De plus le bateau sous le vent peut se défendre.
- Passer du côté sous le vent (figures 4.4.3 et 4.4.4) : c'est se trouver privé de vent frais et devenir prioritaire (règle 11) avec des restrictions (règle 15 et 17.1). Mais cela permet de rester entre son adversaire et la marque suivante.

Lorsque des bateaux sont sur le même bord et engagés, un bateau au vent doit se maintenir à l'écart d'un bateau sous le vent. (Règle 11 Sur le même bord, engagés)

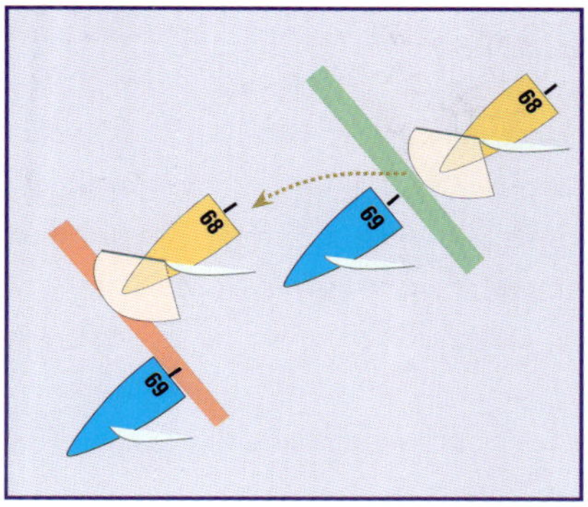

Figure 4.4.1 et figure 4.4.2
Que cela soit au largue (figure 4.4.1) ou au vent arrière (figure 4.4.2) les bateaux jaunes en route libre derrière se maintiennent à l'écart en choisissant de s'engager AU vent. En route libre ils n'étaient pas prioritaires (**règle** 12) et ils ne le sont toujours pas en s'engageant au vent (**règle** 11). Ils devront continuer à se maintenir à l'écart.

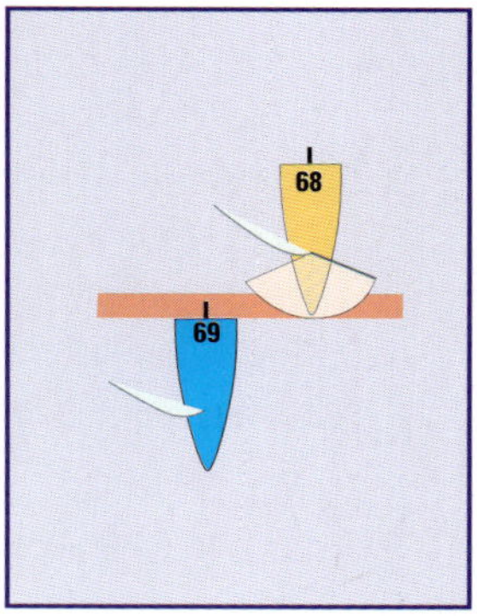

Les bateaux bleus n° 69, prioritaires, pourront même se défendre en lofant, pour empêcher les jaunes n° 68 de les dépasser. Avec la restriction suivante :
Lorsqu'un bateau prioritaire (bleu) *modifie sa route, il doit laisser à l'autre bateau* (jaune) *la place de se maintenir à l'écart.* (Règle 16 Modifier sa route) et la place est : *l'espace dont un bateau a besoin dans les conditions existantes pendant qu'il manœuvre rapidement en bon marin.* Les bateaux jaunes au vent devront se conformer à la définition de se maintenir à l'écart : *Un bateau* (jaune) *se maintient à l'écart d'un autre* (bleu)... *lorsque les bateaux sont engagés sur le même bord, si le bateau sous le vent* (bleu) *peut modifier sa route dans les deux directions sans immédiatement entrer en contact avec le bateau* (jaune) *au vent.* (Définition de Se maintenir à l'écart)
Aucune règle ne précise comment un barreur ou l'équipier d'un voilier sous le vent (bleu) *doit s'asseoir ; un contact avec un voilier au vent* (jaune) *n'enfreint pas la règle 2* (Navigation loyale)*, sauf si la position du barreur ou de l'équipier est délibérément inadéquate.* (Cas ISAF 74)
Quand, par une action délibérée, l'équipier de L (bateau bleu sous le vent) *touche W* (bateau jaune au vent), *action qui ne peut avoir d'autre intention que d'amener W* (bateau jaune au vent) *à enfreindre la règle 11, alors L* (bateau bleu sous le vent) *enfreint la règle 2*. (Cas ISAF 73)

Figure 4.4.3
et figure 4.4.4
Que cela soit au largue (figure 4.4.3) ou au vent arrière (figure 4.4.4) les bateaux jaunes en route libre derrière choisissent de se maintenir à l'écart en s'engageant SOUS le vent.
En route libre les jaunes n° 72 n'étaient pas prioritaires (**règle** 12), mais en s'engageant sous le vent ils le deviennent. (Cas ISAF 24)

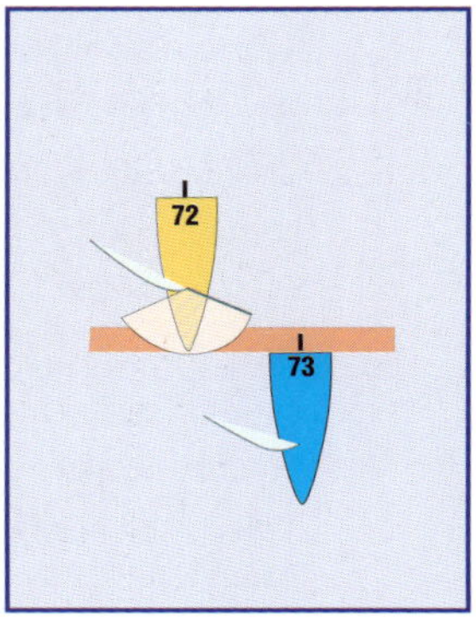

Lorsqu'un bateau acquiert une priorité, il doit <u>au début</u> *laisser à l'autre bateau la place de se maintenir à l'écart* (règle 15 Acquérir une priorité). Les bateaux jaunes ne devront pas s'engager trop près au risque de toucher les bleus au moindre mouvement de barre.

Les bateaux jaunes ne pourront pas attaquer en lofant : *si un bateau en route libre derrière* (jaune) *devient engagé à moins de deux fois sa longueur de coque sous le vent d'un bateau* (bleu) *sur le même bord, il ne doit pas naviguer au-dessus de sa route normale tant qu'ils restent engagés dans les limites de cette distance...* (règle 17.1 Sur le même bord ; route normale). Et on peut supposer que la route suivie par chaque jaune avant de rattraper chacun leur bateau bleu est la route normale *qu'il suivrait pour finir aussitôt que possible en l'absence des autres bateaux* (bleus) *auxquels la règle utilisant ce terme fait référence.* (Définition de Route normale)

Les bateaux peuvent avoir, non pas des trajectoires parallèles comme dans les illustrations ci-dessus mais des trajectoires convergentes. Le bateau au vent peut avoir une route un peu plus abattue que celle du bateau sous le vent (Cas ISAF 14). *C'est la route normale du bateau sous le vent qui est le critère pour déterminer s'il y a infraction à la règle 17.1* (Sur le même bord, route normale.) (Cas ISAF 7)

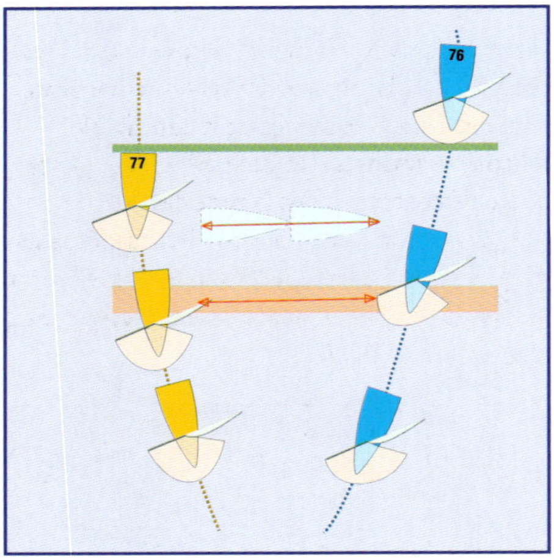

Figure 4.4.5

Les bateaux n° 77 et n° 76 sont tous les deux tribord amures. Le bateau bleu est en route libre derrière le jaune. Ils sont séparés de plus de deux longueurs quand se crée un engagement.

Le bleu a bien établi un engagement à partir d'une route libre derrière mais **A PLUS** de deux longueurs. La règle 17.1 (**Sur le même bord ; route normale**) ne s'applique pas à ces deux bateaux. Le bleu pourra lofer quand ils se rapprocheront.

C'est la position relative des deux bateaux, lorsqu'ils ne sont plus séparés que de deux longueurs, qui conditionne l'autorisation de lofer pour le bleu n° 76.

Toutefois : le bateau bleu prioritaire sous le vent, ne pourra pas lofer comme «un sauvage», ou «mettre le camion en travers» puisque en tant que bateau prioritaire s'il modifie sa route, *il doit laisser à l'autre bateau* (jaune) *la place de se maintenir à l'écart*. (Règle 16 Modifier sa route).

Figure 4.4.6

Si le bateau bleu, qui a manifestement créé un engagement à partir d'une route libre derrière, navigue au-dessus de sa route normale : le bateau jaune doit, quand même, se maintenir à l'écart pour ne pas enfreindre la règle 11. (Call ump 9 question 2 et Appel FFV 2000/04.

Le seul recours du jaune sera de réclamer.

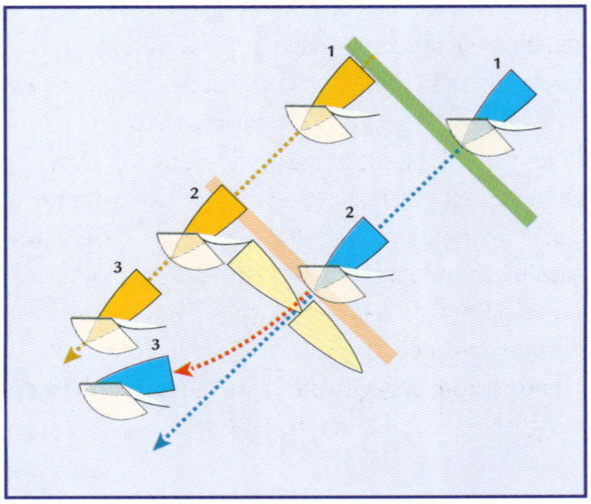

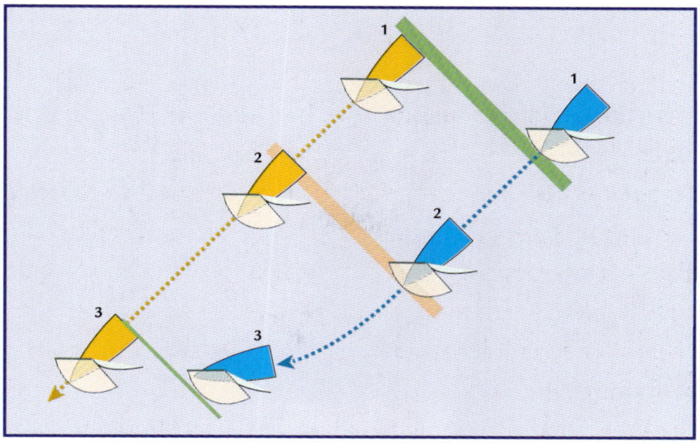

Figure 4.4.7

Le bateau bleu ne sera pas en infraction s'il navigue au-dessus de sa route normale *si cela a pour effet de l'amener rapidement en arrière de l'autre bateau*. (Règle 17.1 Sur le même ; bord route normale).

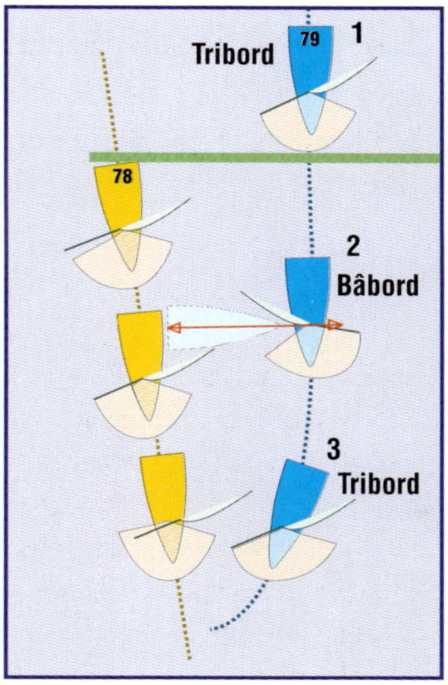

Figure 4.4.7.1

Le bateau bleu n° 79 établit un engagement à partir d'une route libre derrière, à moins de deux longueurs du jaune. Il est donc soumis à la règle 17.1. Mais si bleu arrive à créer un nouvel engagement, il récupérera «son droit de lofer».

Une seule solution : changer d'amure pendant le court moment d'un empannage (les deux bateaux sur des amures différentes seront alors soumis à la règle 10). Un deuxième empannage de la part du bleu n° 79 le ramènera sur la même amure que le jaune n° 78. Ce nouvel engagement créé grâce à un empannage dans la zone des deux longueurs, et non plus à partir d'une route libre derrière, supprime les restrictions de manœuvres du bleu par la règle 17.1. Bleu nouvellement prioritaire doit se conformer à la règle 15 (**Acquérir une priorité**), mais peut naviguer au-dessus de sa route normale.

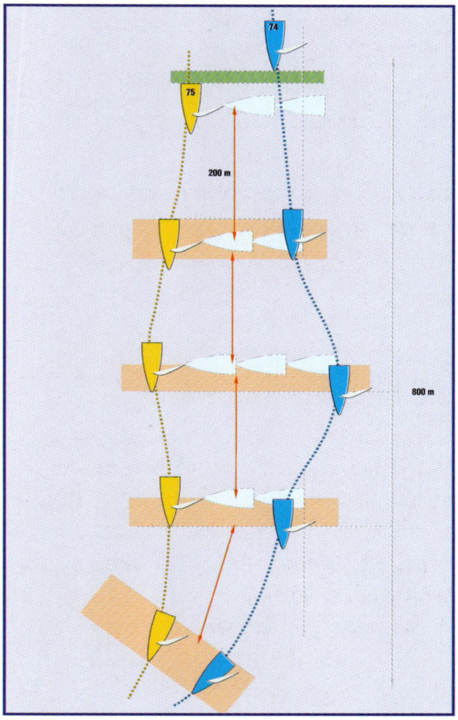

Figure 4.4.7.2

Lors d'un bord de vent arrière, il n'est pas rare de voir deux bateaux sur la même amures s'engager. Le bleu n° 74 s'engage sous le vent du n° 75, quelques mètres après le passage de la marque au vent. Ensuite les deux bateaux choisissent des options différentes, et s'éloignent l'un de l'autre tout en restant sur la même amure. Parfois l'écart est de plusieurs dizaines, voire centaines de mètres. La règle 17.1 (Ne pas naviguer au-dessus de sa route normale) s'applique *tant que* les bateaux *restent engagés dans les limites de cette distance...* (2 longueurs). Le fait de s'éloigner de plus de deux longueurs est une manière de rompre un engagement. Vers la fin du bord, lorsqu'ils convergent vers la marque sous le vent, toujours sur la même amure, comment savoir si l'engagement a été rompu ? les bateaux se retrouveront probablement bord à bord. Lorsqu'ils se rapprocheront engagés, bleu aura retrouvé le droit de naviguer au-dessus de sa route normale.

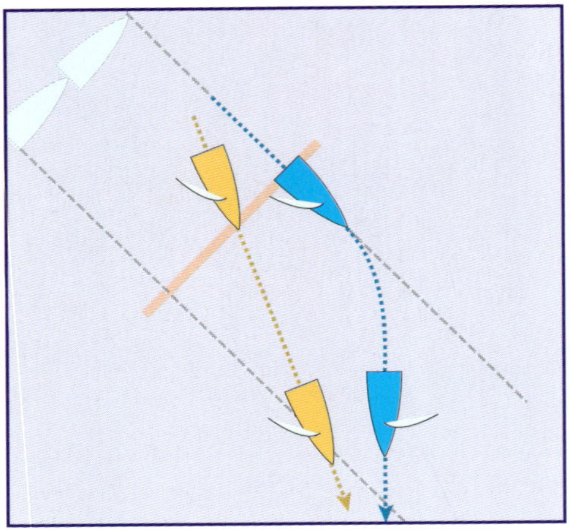

Figure 4.4.8
Les deux bateaux ont des routes divergentes... *pendant qu'un bateau* bleu *est à moins de deux fois sa longueur de coque d'un bateau* jaune *sous le vent... faisant une route sous le vent de la sienne, il ne doit pas naviguer au-dessous de sa route normale sauf s'il empanne* (règle 17.2).
Avant son empannage, bleu doit se maintenir à l'écart du jaune à cause de la règle 11 (sur le même bord, engagés).

Quand par un empannage il devient tribord amures et nouvellement prioritaire en vertu de la règle 10 (Sur des bords opposés), ***il doit au début laisser à l'autre bateau la place de se maintenir à l'écart*** (règle 15 acquérir une priorité). Si de plus il modifie sa route il est également soumis à la règle 16 (Modifier sa route).
La règle 17.2 ne lui donne le droit d'acquérir une priorité sous conditions. (figures 4.4.8 et 4.4.9)

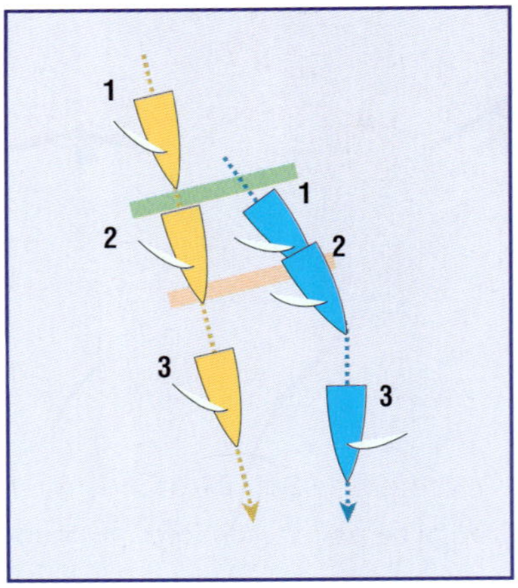

Figure 4.4.9
Le bateau bleu est en route libre devant (position 1), prioritaire d'après la règle 12. S'il modifie sa route en abattant... *pendant* qu'il *est à moins de deux fois sa longueur de coque... d'un bateau en route libre derrière* (jaune) *faisant une route sous le vent de la sienne, il ne doit pas naviguer au-dessous de sa route normale sauf s'il empanne*. (Règle 17.2)
En abattant le bleu va, sans doute, engager sous le vent le bateau jaune et lui offrir une priorité sur un plateau (position 2).

Bleu devra alors se maintenir à l'écart (règle 11 Engagés sur le même bord). S'il empanne comme l'y autorise la règle 17.2, il sera tribord amures nouvellement prioritaire par la règle 10 (position 3) et il devra ***au début laisser à l'autre bateau la place de se maintenir à l'écart, sauf s'il acquiert la priorité en raison des actions de l'autre bateau***. (Règle 15 Acquérir une priorité)

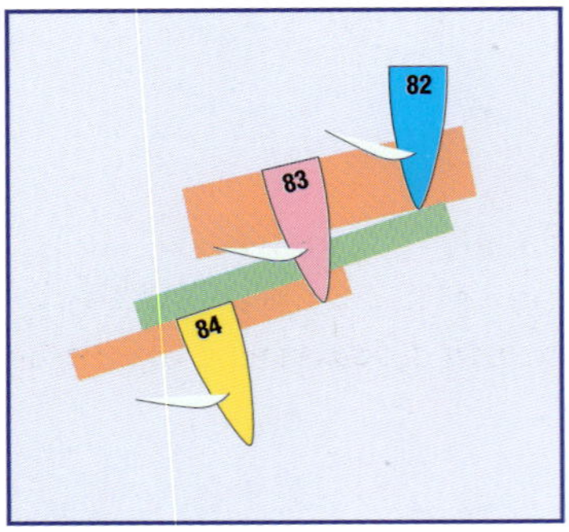

Figure 4.4.10
Attention les cas précédents peuvent s'appliquer à plus de deux bateaux, sur la même amure lorsqu'*ils sont engagés... quand un bateau situé entre eux établit un engagement sur les deux.* (définition Route libre devant et route libre derrière : engagement). Le bateau n° 83 est engagé sur le n° 84 **et** le n° 82 et il est situé **entre** les deux. Le bleu est donc engagé sur le rose et sur le jaune, grâce au n° 83 situé entre eux.

Figure 4.4.11
Le bleu n° 85 n'est pas engagé sur le jaune n° 87.
Le rose n° 86 est bien engagé sur le bleu et le jaune.
Mais comme il **n'est pas** situé entre eux, il ne permet pas au bleu d'être engagé sur le jaune.
Le bleu est en route libre derrière le jaune.

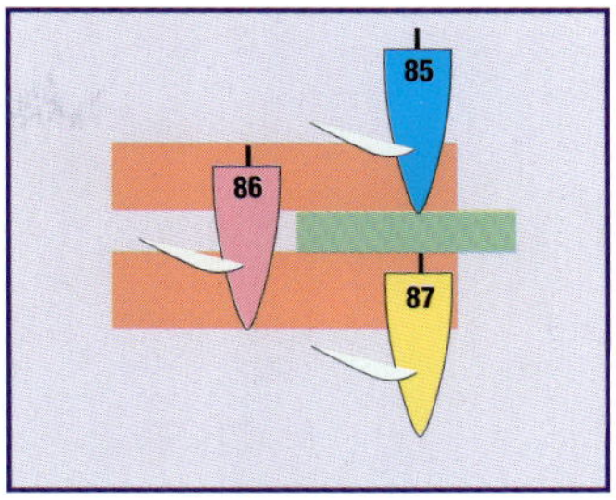

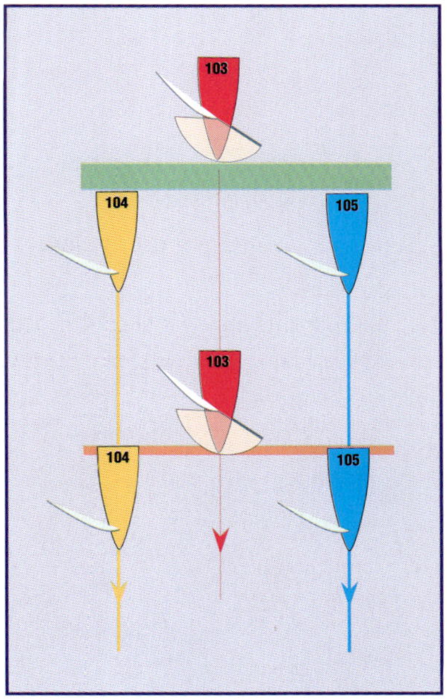

Figure 4.4.12
Il arrive que pendant un bord de portant, un mur de bateaux représente un obstacle continu pour un bateau rouge n° 103 en route libre derrière.
Ce bateau rouge doit se maintenir à l'écart du jaune n° 104 et du bleu n° 105. S'il s'engage entre les deux il le fera à ses risques et périls.
Quand un voilier en route libre derrière rattrape deux voiliers engagés en route libre devant, il peut s'intercaler seulement s'il y a de la place pour passer entre eux. (Cas ISAF 16)
La règle 18.5 fait exception à la règle en stipulant que « un bateau en route libre derrière qui obtient un engagement à l'intérieur a droit à la place pour passer entre l'autre bateau et l'obstacle, seulement s'il y a la place pour le faire au moment où l'engagement « commence » (règle 18.5). *Le jaune* (104) *est un obstacle pour le bleu* (105), *tout comme pour le rouge* (103), *car tous les deux sont tenus de s'en maintenir à l'écart. Puisque rouge pouvait s'intercaler en toute sécurité, il n'a enfreint aucune règle.* (Cas ISAF 29)

Le rouge n° 103, se trouve au vent du jaune n° 104 qui peut se défendre en le lofant. Le rouge ne pourra pas lofer pour pousser le bleu à s'écarter, puisque l'engagement aura été créé à partir d'une route libre derrière (règle 17.1). Cas ISAF n° 16. Mais si jaune a le droit de lofer sur le bleu et le rouge, il pourra le faire. Rouge pour satisfaire à ses obligations de bateau sous le vent devra demander à bleu de se maintenir à l'écart.
Le cas peut se poser quand ce sont deux bateaux qui rattrapent un troisième sur la même amure : *Quand deux bateaux engagés se rapprochent d'un troisième en route libre devant, il n'existe pas d'obligation de héler pour demander de la place à l'obstacle.* Cas ISAF 41 (à ne pas confondre avec la règle 19 qui elle impose de héler avant de virer de bord)

Sur des amures différentes

Au portant le danger peut autant venir des bateaux montants au près mais aussi de ceux qui «cachent» le vent au portant. Mais sont-ils sur la même amure ? Un coup d'œil sur l'arrière pour observer l'amure des rattrapants peut être particulièrement judicieux si vous êtes devant bâbord amures.

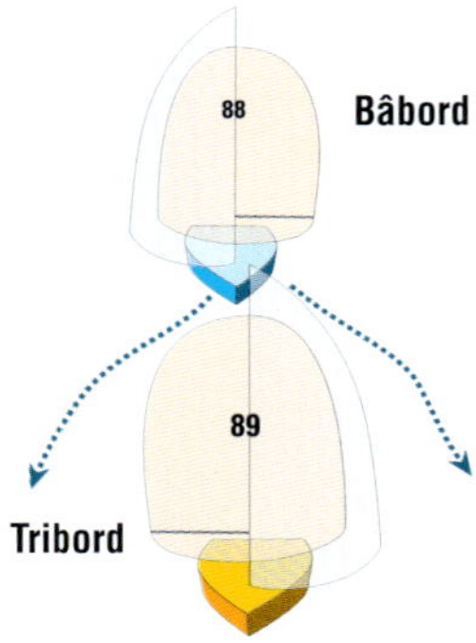

Figure 4.4.13

À supposer que le bateau bleu n° 88 soit plus rapide que le jaune n° 89 : le bleu bâbord amures qui rattrape devra s'écarter du jaune tribord amures. Puisque les bateaux sont sur des amures différentes la règle 10 s'applique. *Quand des bateaux sont sur des bords opposés, un bateau bâbord amures doit se maintenir à l'écart d'un bateau tribord amures.* (Règle 10 Sur des bords opposés).

Figure 4.4.14

Les termes (route libre derrière et route libre devant...) *ne s'appliquent pas à des bateaux sur des bords opposés...* (Définition de...)
Bien qu'aucune partie du bateau bleu n° 90 ne dépasse la perpendiculaire au point le plus arrière du bateau jaune n° 91, le bateau bleu n'est pas en route libre derrière le jaune puisqu'ils ne sont pas sur la même amure, et qu'ils ne sont pas non plus sur le point de doubler une marque. Le jaune n° 91 n'est donc pas prioritaire et il devra se maintenir à l'écart du bleu qui le rattrape. C'est l'exception des RCV aux règles du RIPAM (Règlement international pour prévenir les abordages en mer). Mais combien de temps le jaune mettra-t-il pour se rendre compte qu'un simple empannage lui permettra de se retrouver sur le même bord que le n° 90 et ainsi devenir le bateau prioritaire en route libre devant !

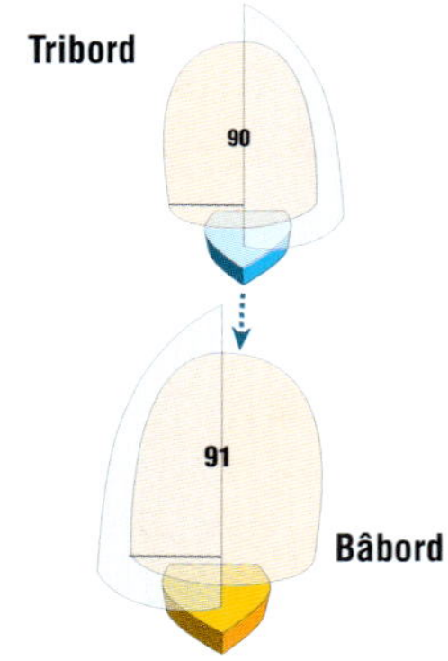

S'ils sont bord à bord, sur des amures différentes : figures 4.4.15 et 4.4.16, les bateaux n° 93 et n° 94 tribord amures sont prioritaires.

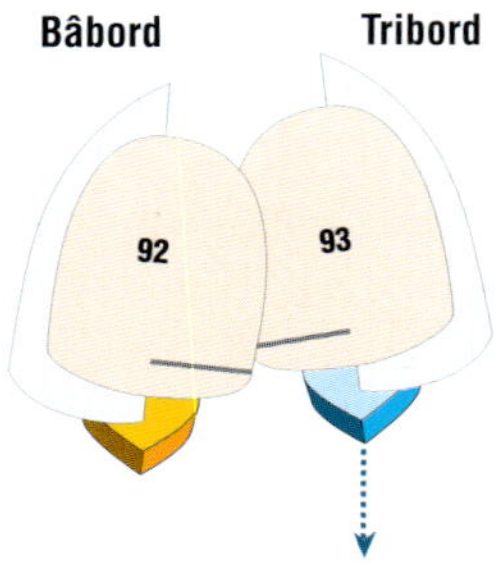

Figure 4.4.15 Figure 4.4.16

Les bateaux n° 92 et n° 95 sont bâbord amures. Ils devront se maintenir à l'écart. C'est-à-dire que *les bateaux tribord* n° 93 et n° 94 doivent pouvoir naviguer sur leur route sans avoir à agir pour les éviter. Les bateaux bâbord amures devront faire en sorte que ni les spis, ni les têtes de mât, ni les coques et/ou équipages ne se touchent, même si une légère contre-gîte rapproche les tangons et/ou les têtes de mât.

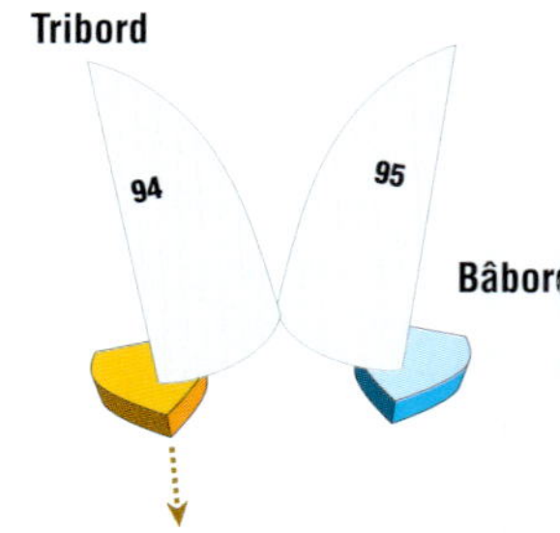

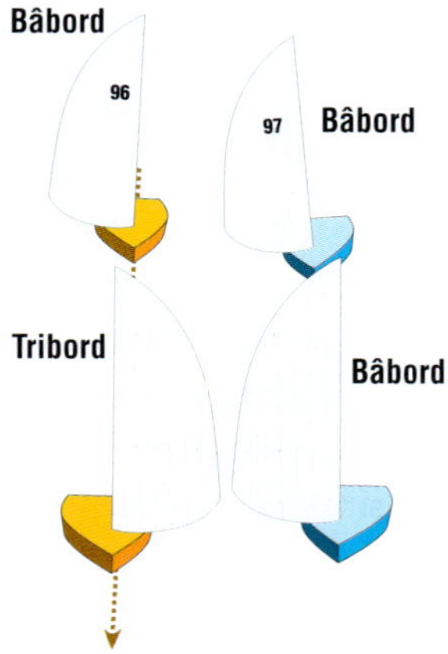

Figure 4.4.17

Au début, le bateau jaune n° 96 est prioritaire sous le vent du bleu n° 97 et doit s'en maintenir écarté.
Un bateau se maintient à l'écart d'un autre... lorsque les bateaux sont engagés sur le même bord, si le bateau sous le vent peut modifier sa route dans les deux directions sans immédiatement entrer en contact avec le bateau au vent. (définition de Se maintenir à l'écart).
Par un empannage jaune n° 96 devient tribord amures, et reste prioritaire. [L'empannage ne figure plus au rang des manœuvres qui obligent à se maintenir écarté, en régate en flotte. Cette définition et la restriction de manœuvre qui l'accompagne figurent dans les règles ajoutées pour le match racing grâce à la règle 13.2 pendant l'empannage.]

Sitôt la bôme passée l'axe du bateau, l'amure tribord est acquise. Le bateau bleu n° 97, non prioritaire avant l'empannage comme après, s'est-il suffisamment écarté ? A-t-il laissé la place pour que les bômes ne se touchent pas ?

Figure 4.4.18

Au début, le bateau bleu n° 98 est au vent du jaune n° 99 dont il doit se maintenir à l'écart (règle 11).
S'il empanne pour devenir tribord amures et prioritaire, il doit prévoir la place pour faire sa manœuvre car *lorsqu'un bateau acquiert une priorité, il doit au début laisser à l'autre bateau la place de se maintenir à l'écart, sauf s'il acquiert la priorité en raison des actions de l'autre bateau*. (Règle 15)
En aucun cas le n° 99 n'aura à anticiper la manœuvre du bleu. Il ne devra toutefois pas tarder à agir rapidement en bon marin.
Sur un dessin c'est facile à justifier. Mais en cas de réclamation du n° 99, il faudra que le jury établisse la chronologie des faits et la vitesse d'exécution des différentes manœuvres. S'il est convaincu que le jaune a dû s'écarter en catastrophe, pour éviter le contact comme l'y oblige la règle 14, bleu sera pénalisé pour une infraction à la règle 15.

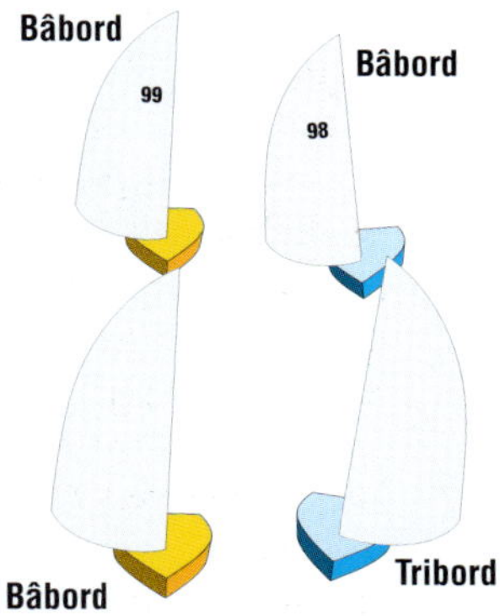

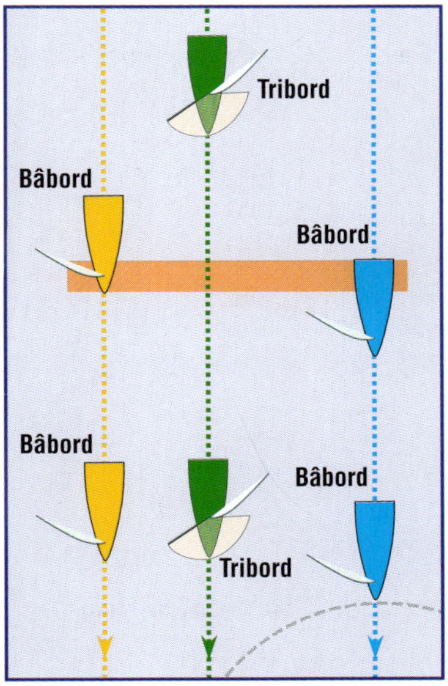

Figure 4.4.19

Le bateau vert arrive tribord amures derrière les bateaux bâbord amures. Vert peut poursuivre sa route puisqu'il est prioritaire. Règle 10. (Cas ISAF n° 23)
Mais attention à la règle 14 : *Un bateau doit éviter le contact avec un autre bateau dans la mesure du possible. Cependant, un bateau prioritaire ou un bateau ayant droit à de la place*

a) n'a pas besoin d'agir pour éviter un contact jusqu'à ce qu'il soit clair que l'autre bateau ne se maintient pas à l'écart ou ne donne pas la place, et
b) ne doit pas être pénalisé selon cette règle sauf si le contact cause un dommage.

(Règle 14 Éviter le contact)

Au portant, les dessalages dus à une contre-gite intempestive, voire par décrochage de l'écoulement laminaire lors d'un largue, sont fréquents. Aussi il n'est pas inutile de rappeler la règle 21 : ***Si possible, un bateau doit éviter un bateau chaviré ou qui n'est pas encore maîtrisé après un chavirage... Un bateau est chaviré lorsque sa tête de mât est dans l'eau.*** (Règle 21 Chaviré...)
Si la plupart du temps les dessalages sont sans conséquence, il ne faut pas oublier qu'***un bateau ou un concurrent doit apporter toute l'aide possible à toute personne ou navire en danger***. (Règle 1.1 Aider ceux qui sont en danger). En cas d'assistance effective telle que...

la place d'arrivée d'un bateau dans une course ou série a été, sans qu'il y ait eu faute de sa part, aggravée de façon significative... en apportant de l'aide (sauf à lui-même ou à son équipage) en respect de la règle 1.1 (Aider ceux qui sont en danger) (règle 62.1 Demande de réparation) le concurrent pourra demander réparation.

4.5 À un obstacle continu

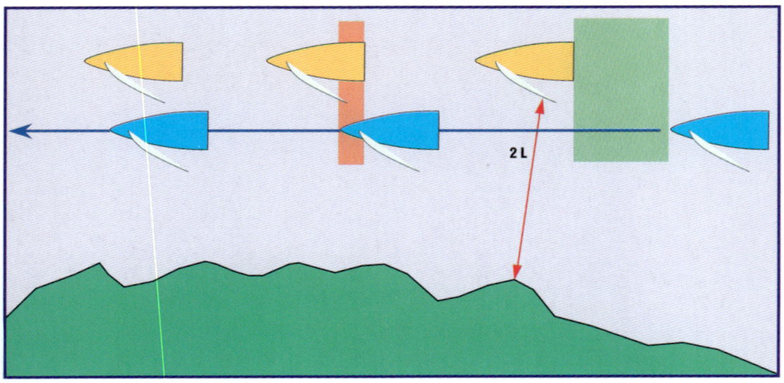

Figure 4.5.1

À un obstacle continu, comme la côte de la figure 4.5.1, la règle 18.2 (donner de la place, se maintenir à l'écart) est modifiée par la règle 18.5. Lorsque le bateau en route libre devant atteint la zone des deux longueurs, un bateau en route peut quand même s'engager, s'il y a de la place. *Pendant que des bateaux passent un obstacle continu, les règles 18.2(b)* (engagés à l'entrée de la zone) *et 18.2(c)* (non engagés à l'entrée de la zone) *ne s'appliquent pas. Un bateau en route libre derrière qui obtient un engagement à l'intérieur a droit à la place pour passer entre l'autre bateau et l'obstacle, seulement s'il y a la place pour le faire au moment où l'engagement commence. Sinon, il n'a pas droit à de la place et doit se maintenir à l'écart.* (Règle 18.5 Passer un obstacle continu)

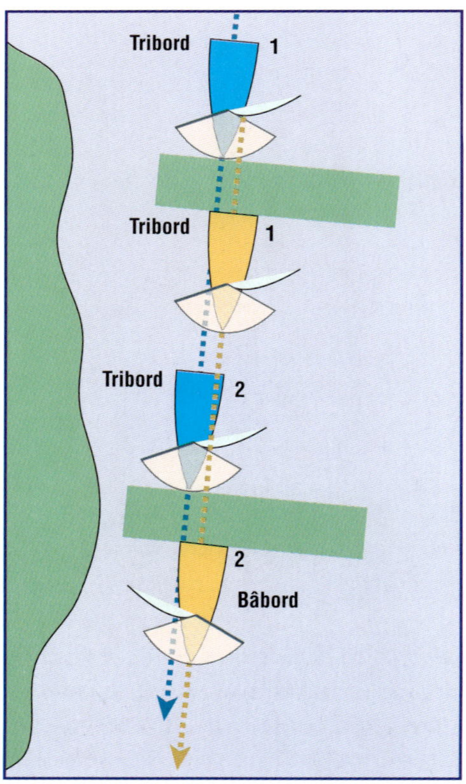

Figure 4.5.2

Quand deux voiliers sont vent arrière, tribord amures, le long d'un obstacle continu, l'un en route libre derrière l'autre, un empannage sur bâbord du voilier en route libre devant ne relève pas le voilier en route libre derrière de son obligation de se maintenir à l'écart. Cas ISAF 30

4.6 Établir les voiles d'avant

Pendant les changements de voiles d'avant ou de spinnakers, une voile de remplacement peut être entièrement établie et réglée avant que la voile qu'elle remplace soit affalée. Cependant, une seule grand-voile et, sauf lorsqu'on le change, un seul spinnaker doivent être établis en même temps. (Règle 50.1 Changement de voiles)

Le spi dans spi est autorisé.

Un seul tangon de spinnaker ou tangon de foc doit être utilisé en même temps sauf lors d'un empannage. Lorsqu'il est utilisé, il doit être fixé au mât le plus avant. (Règle 50.2 Tangons de spinnaker ; tangons de foc)

L'empannage avec deux tangons est dorénavant autorisé à la grande satisfaction des skippers des grosses unités. Un empannage, par vent fort, avec un seul tangon a parfois posé quelques problèmes impliquant la sécurité de l'équipage.

a) Aucune voile ne doit être bordée sur ou à l'aide d'un «outrigger», sauf tel qu'autorisé par la règle 50.3(b) (bôme et tangon). *Un «outrigger» est tout accessoire ou autre système placé de sorte à pouvoir exercer une pression vers l'extérieur sur une écoute ou une voile à un point depuis lequel, lorsque le bateau est en position verticale, une ligne verticale tomberait à l'extérieur de la coque ou du pont. Pour les besoins de cette règle, les pavois, rails de fargue et listons ne font pas partie de la coque ou du pont, et ce qui suit n'est pas un «outrigger» : un beaupré utilisé pour fixer l'amure d'une voile établie, un bout-dehors utilisé pour border la bôme d'une voile établie, ou la bôme d'une voile d'avant bômée qui ne nécessite aucun réglage lors d'un virement de bord.* (Règle 50.3 Utilisation des «outriggers»)

b) *(1) Toute voile peut être bordée sur ou par l'intermédiaire d'une bôme utilisée normalement pour une voile établie, et fixée en permanence au mât sur lequel la têtière de la voile utilisée est fixée.*

(2) Une voile d'avant peut être bordée ou fixée à son point d'écoute à un tangon de spinnaker ou de foc, pourvu qu'un spinnaker ne soit pas établi. (50.3 Utilisation des «outriggers»)

Un membre de l'équipage n'est pas un outrigger. (Cas ISAF n° 4)

La différence entre une voile d'avant et un spinnaker est que la largeur à mi-hauteur d'une voile d'avant, mesurée aux points médians de son guindant et de sa chute n'excède pas 50 % de la longueur de sa bordure, et aucune autre largeur intermédiaire n'excède un pourcentage pareillement proportionnel à sa distance depuis le sommet de la voile. Une voile amurée en arrière du mât le plus avant n'est pas une voile d'avant. (50.4 Voiles d'avant)

4.7 Position de l'équipage

Les concurrents ne doivent pas utiliser de système conçu pour reporter le corps à l'extérieur, autre que des sangles de rappel et des renforts portés sous les cuisses. (49.1 Position de l'équipage)

Les culottes de rappel sont autorisées. Ce système n'est pas conçu pour reporter le corps à l'extérieur, elles protègent seulement les cuisses des agressions des listons pendant les longues stations au rappel.

Lorsque des filières sont exigées par les règles de classe ou les instructions de course, elles doivent être tendues, et les concurrents ne doivent pas avoir une partie quelconque de leur torse à l'extérieur de celles-ci, sauf brièvement pour effectuer un travail nécessaire. Sur les bateaux équipés de filières de câble métallique hautes et basses, un concurrent assis sur le pont face à l'extérieur, avec la taille à l'intérieur de la filière basse, peut avoir la partie supérieure de son corps à l'extérieur de la filière haute.* (Règle 49.2 Position de l'équipage)

* Les règles de classe peuvent prévoir que : La hauteur minimale des filières (ou sangles) au-dessus du pont est de 100 mm. Cette hauteur est mesurée en appuyant fortement verticalement sur la filière, sensiblement à mi-distance des chandeliers ; ou entre balcon arrière et chandelier. D'autre part, la tension des filières ne devra pas être réglable rapidement (taquets, clams) sont interdits. (Article 3. 1. 4. 9 des règles de classe des FC8)

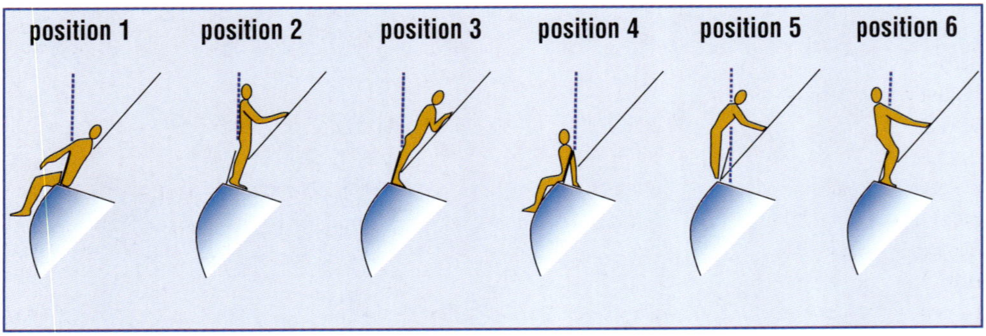

Les positions 1,2 et 3 n'enfreignent pas la règle (49.2), *contrairement aux positions 5 et 6. En position 4, sur les voiliers équipés de deux filières métalliques, un membre de l'équipage assis sur le pont, dos au bateau avec la taille à l'intérieur de la filière inférieure, peut avoir le haut du corps à l'extérieur de la filière supérieure ; sinon la règle est enfreinte.* (Cas ISAF 36)

Le réglage des voiles par une personne qui a le torse à l'extérieur des filières n'est pas permis. (Cas ISAF 83)

Un bateau doit avoir à bord un équipement de sauvetage approprié pour toutes les personnes embarquées, y compris un dispositif prêt pour usage immédiat, à moins que ses règles de classe ne prévoient quelque autre disposition. Chaque concurrent est personnellement responsable du port d'un système de flottabilité personnelle approprié aux conditions. (Règle 1.2 Équipement de sauvetage et flottabilité personnelle)

Lorsque le pavillon Y est envoyé avec un signal sonore avant ou avec le signal d'avertissement, les concurrents doivent porter des gilets de sauvetage ou tout autre système de flottabilité personnelle adéquat. Les combinaisons isothermiques et les combinaisons sèches ne constituent pas des systèmes de flottabilité personnelle adéquats. (Règle 40 Flottabilité personnelle)

4.8 Limitations sur l'équipement et l'équipage

Un bateau doit utiliser seulement l'équipement à bord à son signal préparatoire. (Règle 47.1)

Aucune personne ne doit quitter le bord intentionnellement, sauf si elle est malade ou blessée,

ou pour aider une personne ou un navire en danger, ou pour nager. Une personne quittant le bateau par accident ou pour nager doit être revenue à bord avant que le bateau continue la course. (Règle 47.1). Maintenant il est clair que les bains sont autorisés mais pas pour tracter le bateau.

4.9 *Tactique*

Figure 4.9.1

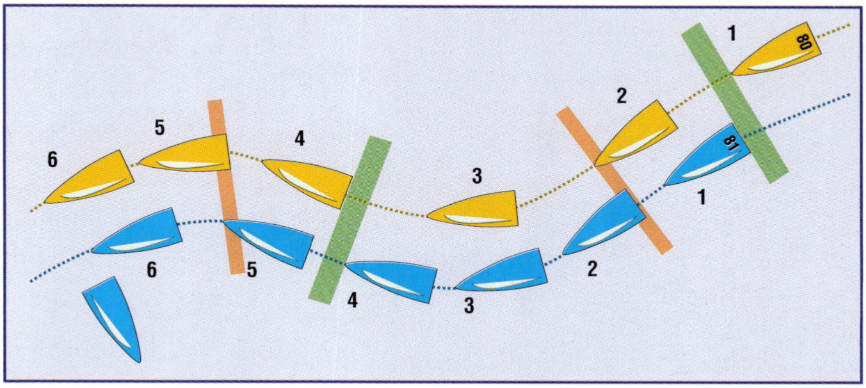

Le bateau jaune n° 80 veut s'engager au vent du bleu. Celui-ci peut se défendre en lofant. Il ne faut pas oublier de surveiller ceux qui passent sous le vent pendant ce temps, à moins que le marquage se limite à ce seul adversaire.

La seule façon pour le jaune d'arrêter le lof du bleu n° 81, c'est de rompre l'engagement. Après avoir été en route libre derrière (position 1) puis à sa hauteur (positions 2 et 3), un lof un peu appuyé lui permettra de se trouver en route libre devant (position 4) : donc nouvellement prioritaire. Il devra attendre que le bleu n° 81 s'engage à nouveau mais cette fois à partir d'une route libre derrière (position 5) pour lui imposer de reprendre une route normale (position 6) (soit simplement d'abattre sur la trajectoire suivie avant cette (attaque, contre-attaque) ou d'empanner si la route normale est de se rendre vers la marque suivante en accord avec le VMG.

ou

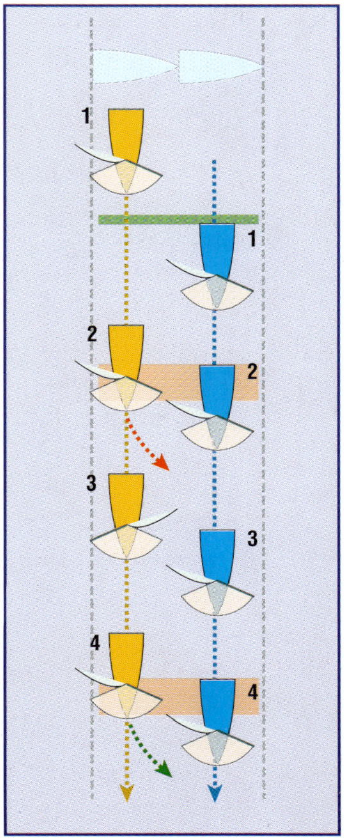

Figure 4.9.2

Le bateau jaune établit un engagement à partir d'une route libre derrière, à moins de deux longueurs du jaune. Il est donc soumis à la règle 17.1. Mais si jaune arrive à créer un nouvel engagement, il récupérera « son droit de lofer ». Une seule solution : changer d'amure pendant le court moment d'un empannage (les deux bateaux sur des amures différentes seront alors soumis à la règle 10). Un deuxième empannage de la part du jaune le ramènera sur la même amure que le bleu. Ce nouvel engagement créé grâce à un empannage dans la zone des deux longueurs, et non plus à partir d'une route libre derrière, supprime les restrictions de manœuvres du jaune par la règle 17.1. Jaune n'a jamais cessé d'être prioritaire. L'empannage ne figure pas comme manœuvre restrictive dans les courses en flotte.

CHAPITRE 5 - LA MARQUE AU VENT

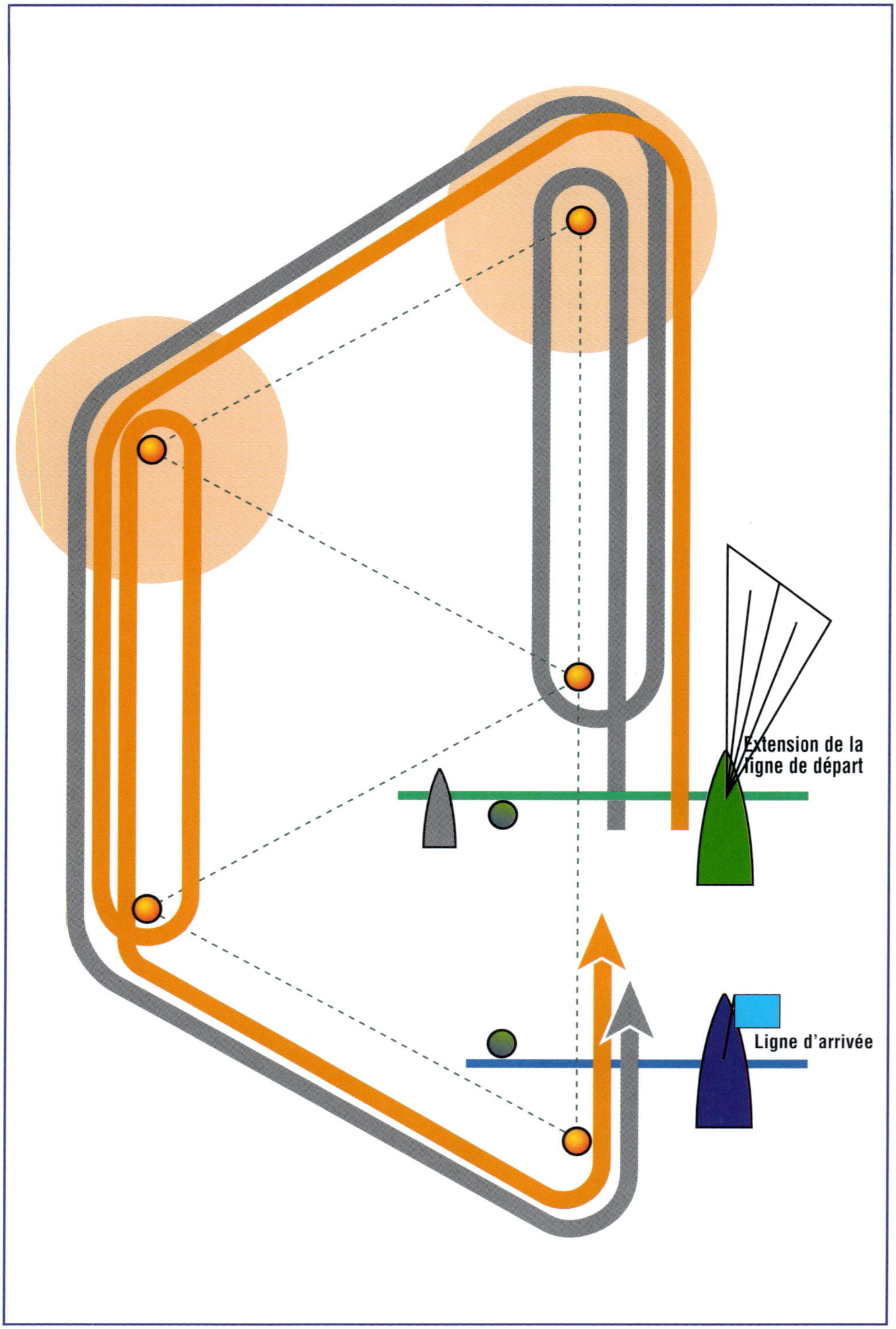
Extension de la
ligne de départ
Ligne d'arrivée

CHAPITRE 5

Le passage de la 1re marque au vent ou de la marque de dégagement offre non seulement une grande concentration de bateaux mais des trajectoires d'approches différentes.

Tactique et stratégie dépendront non seulement du sens de contournement de cette marque mais aussi de règles générales et spécifiques et de votre capacité à manœuvrer votre bateau ou votre planche à voile.
L'approche de la marque, au vent ou de dégagement, nécessite une veille attentive et active pour éviter les contacts avec les « kamikazes » au près bâbord amures, tout en évitant les incidents avec dommages (règle 14*) ou dommages sérieux et/ou blessure sérieuse (règle 60.4*) :

> Pour rappel
> *RÈGLE 14 : Un bateau doit éviter le contact avec un autre bateau dans la mesure du possible. Cependant, un bateau prioritaire ou un bateau ayant droit à de la place... ne doit pas être pénalisé selon cette règle sauf si le contact cause un dommage.*
> *RÈGLE 60.4 Si un comité de réclamation reçoit un rapport à propos d'un incident qui peut avoir causé des dommages sérieux ou une blessure sérieuse, il peut réclamer contre n'importe quel bateau concerné.*

Dans la mesure où une règle de la section C (Aux marques et obstacles) *entre en conflit avec une règle de la section A* (Priorité) *ou B* (Limitations générales), *la règle de la section C prévaut.*
La règle 18 (Contourner et passer des marques et des obstacles), *s'applique lorsque des bateaux sont sur le point de contourner ou de passer une marque qu'ils doivent laisser du même côté..., jusqu'à ce qu'ils l'aient passé...* (règle 18.1 Quand la règle 18 s'applique).

5.1 Quand les bateaux sont-ils sur le point de contourner (to round) ou passer (to pass) la marque au vent ?

La phrase « sur le point de passer*»* (*about to pass*) *n'a jamais été définie précisément, et ne peut l'être. En approchant d'une marque, il n'y a pas de point exact où les voiliers deviennent « sur le point de* passer *».*

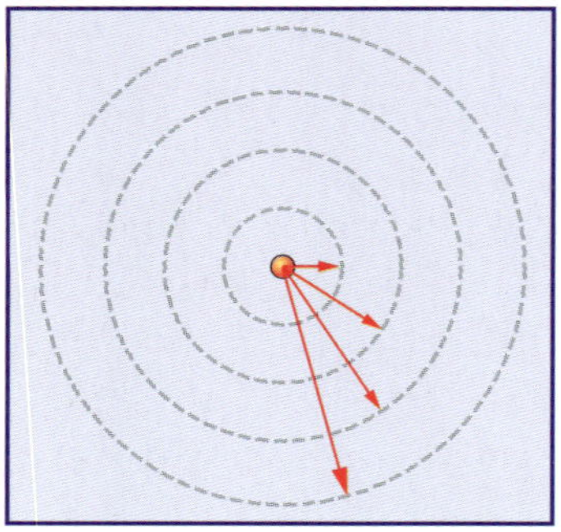

Figure 5.1

Presque toujours, un voilier à deux longueurs d'une marque est sur le point de la passer, *mais c'est parfois aussi le cas à une distance plus grande. La distance à la marque n'est pas le seul facteur, car la vitesse du voilier est également importante, ainsi que d'autres facteurs tels que les conditions de vent et de courant et de l'ampleur des manœuvres de voile requises avant et pendant le contournement, qui peuvent être pertinents. De plus, plus le voilier est proche de la marque et plus il est incontestablement sur le point de la* passer...
Cas ISAF 84

5.2 *La zone des deux longueurs* (*4 longueurs pour les VRC*)

La *zone des deux longueurs* est *l'espace autour d'une marque ou d'un obstacle sur une distance correspondant à deux longueurs de coque du bateau qui en est le plus proche.*(définition de Zone des deux longueurs.)
Il n'y a guère de problème de compréhension lors de régates de monotypes, dans lesquelles tous les bateaux ont la même taille. Mais dans le cas de course dite multisérie ou à handicap, il peut être plus difficile de visualiser cette zone.
Dans la figure 5.2.1, le bateau le plus proche de la marque est le plus petit des deux. La zone des deux longueurs sera plus petite que si c'est le plus grand bateau qui en est le plus proche comme dans la figure 5.2.2. Et pourtant il s'agit des mêmes bateaux, l'ordre est seulement différent.
La zone des deux longueurs se calcule à partir de l'étrave jusqu'à la marque ou l'obstacle. De sa place le barreur devra ajouter la distance qui le sépare de l'étrave de son propre bateau pour visualiser cette zone : soit presque trois fois la longueur de sa coque. Tant que les barreurs ou tacticiens naviguent régulièrement sur des unités de taille similaire, ils n'auront pas trop de problèmes. Mais quand un barreur de 420 devient le barreur d'un habitable de près de 10 mètres, la zone des deux longueurs passe de 8,40 mètres à 20 mètres! De la place du barreur de près de 12 mètres à 30 mètres ! La mémoire visuelle devra être réactualisée sur l'heure.

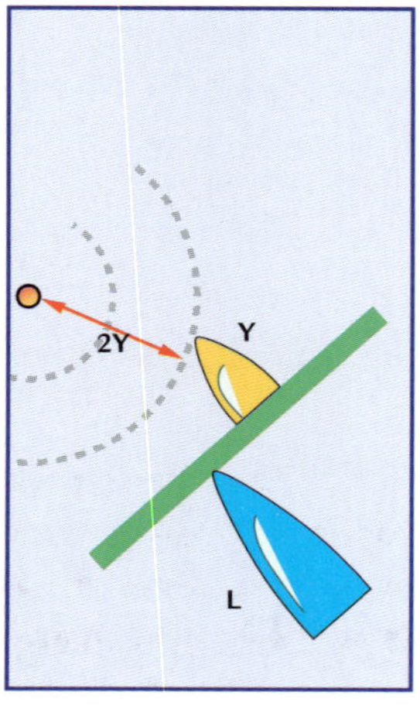

Figure 5.2.1

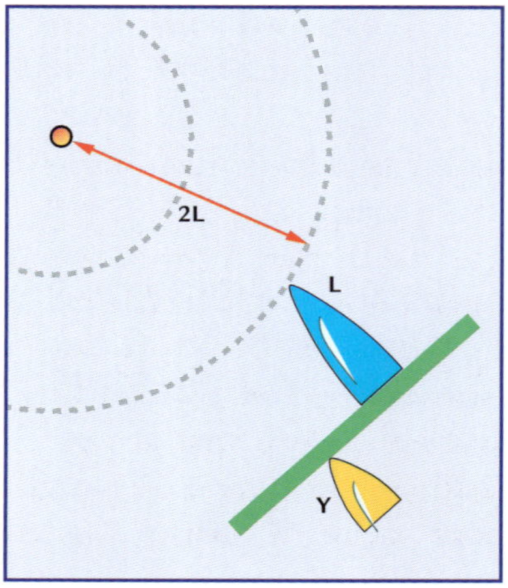

Figure 5.2.2

À noter que le tangon comme le bout dehors doivent être en position normale de navigation, et non pas sorti au près serré.
La classe des Melges 24, en raison de son tangon rétractable, a inclus une règle spécifique. «En approchant une marque au vent alors que le spinnaker n'est pas établi, le bout dehors ne doit pas être sorti avant que l'étrave du bateau ait franchi cette marque. Si du fait d'un changement dans la direction du vent, ou pour quelque raison que ce soit (hors cadre), le spinnaker est établi sur la partie du parcours qui normalement se fait au près, alors le bout dehors doit être complètement sorti et le spinnaker établi avant que le bateau n'entre dans le cercle dont le centre est la marque au vent et le rayon deux longueurs de coque...» (Règle C 10.1 Des règles de la classe Melges 24)

5.3 *La place pour contourner ou passer la marque*

La place pour un bateau à l'intérieur pour... passer.
Comme établi par la définition, le mot « place » dans la règle 18.2 (a) signifie l'espace dont a besoin un voilier non prioritaire qui, dans les conditions existantes, est manœuvré en bon marin, pour passer rapidement entre le voilier à l'extérieur et la marque ou l'obstacle.

Entre les deux extrêmes :
- au minimum, la place suffisante pour que la coque, avec les voiles et espars bordés au maximun, passe à quelques centimètres, tant de la marque que du voilier à l'exterieur et
- au maximum, toute la place qu'occupe le voilier à l'intérieur, faisant route aussi loin de la marque qu'il le souhaite, dont aucun n'est correct, deux possibilités plus modérées,
- Proche du minimum, avec une tolérance supplémentaire permettant quelque erreur de jugement ou d'exécution ; ou bien, proche du maximun, suffisamment de place pour effectuer le contournement tactique souhaité.
La réponse correcte se situe en gros entre les deux. (Cas ISAF 21)

5.4 *Jusqu'à ce qu'ils les aient passé(es)*

Quand cesse de s'appliquer la règle 18 (Doubler des marques et des obstacles) au profit de celles qui s'appliquent en eau libre.(Cas ISAF 25)
Les expressions des règles de course anglaises ont été traduites par :
«jusqu'à ce qu'ils l'aient passé» (*they have passed it*), - 18.1-
«jusqu'à ce qu'ils les aient passées» (*they have passed them*). -18.1 (a)
Les auteurs des règles de l'ISAF pensent qu'il n'est pas nécessaire de définir les mots utilisés dans une signification commune, que l'on peut trouver dans tout bon dictionnaire, alors qu'ils n'ont pas de signification spéciale.
Passer : avec l'auxiliaire avoir: «franchir quelque chose dans l'espace». (Dépasser - *Micro Robert* et *Petit Larousse illustré*.)

On peut donc penser que: *jusqu'à ce qu'ils l'aient passé* (règle 18.1) puisse s'illustrer comme suit :

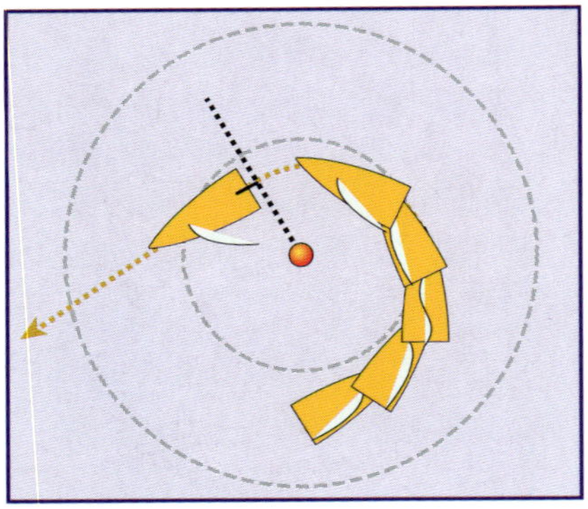

Figure 5. 4
Lorsque le bord suivant est un bord de largue, et que tout le bateau, y compris le safran, aura passé la perpendiculaire à la route directe suivante, le bateau jaune aura passé la marque.
Si le bord suivant est un bord de vent arrière, le moment où le bateau aura passé la marque est explicité dans le call book, livre des cas pour l'arbitrage direct (call ump 22). Les call umpiring* s'appliquent à toutes les courses arbitrées en direct sur l'eau, y compris en course en flotte.
(arbitrage direct)

5.5 Quand il n'y a pas d'eau à la marque au vent

La règle 18 (Contourner et passer des marques et des obstacles), ... *ne s'applique pas entre des bateaux sur des bords opposés, soit lors d'un louvoyage au vent ou lorsque la route normale pour l'un d'entre eux ou pour les deux est de virer de bord pour contourner ou passer la marque ou l'obstacle.* (Règle 18.1(b))

Figure 5.5.1 *Figure 5.5.2*

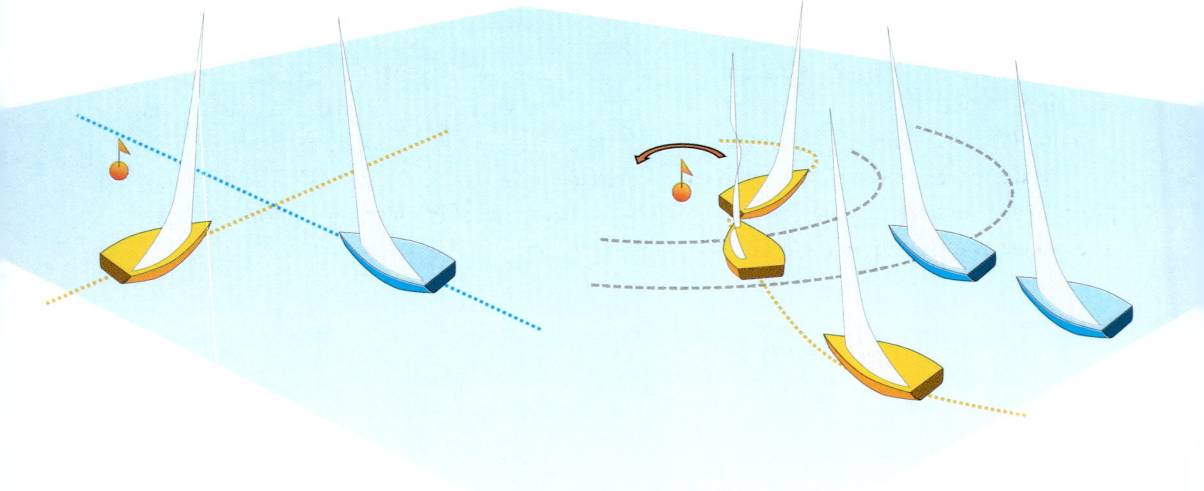

Les bateaux des deux cas illustrés dans les figures 5.5.1 et 5.5.2 ne seront pas soumis à la règle 18 (contourner et passer des marques et des obstacles) et sa célèbre expression «de l'eau». La règle de base 10 (Sur des bords opposés) et la règle19 (Place pour virer de bord à un obstacle) s'appliqueront respectivement.

5.6 Arrivée à la marque sur des amures différentes

► Marque à contourner ou à passer à bâbord

Figure 5.6.1
Quel que soit le sens de contournement de la marque au vent, la règle 18 ne s'applique pas à des bateaux sur des bords opposés au louvoyage. C'est comme s'il n'y avait pas de marque, et que les bateaux étaient en eau libre. La règle 10 prime. Le bateau bâbord n° 104 doit **se maintenir à l'écart** du n° 105.

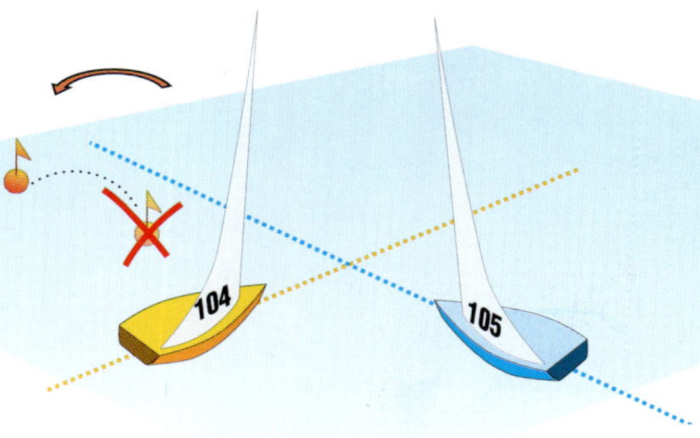

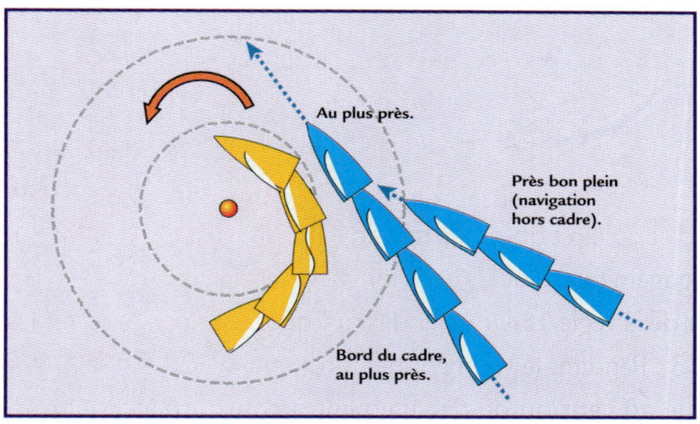

Figure 5.6.2
Si deux bateaux approchaient d'une marque sur des bords opposés et que l'un d'eux (le jaune) *termine un virement de bord dans la zone des deux longueurs alors que l'autre* (le bleu) *pare la marque, la règle 18.2* (Donner de la place ; se maintenir à l'écart) *ne s'applique pas. Le bateau qui a viré de bord ne doit pas obliger l'autre bateau à naviguer au-delà du plus près pour l'éviter ni empêcher l'autre bateau de passer la marque...* (Règle 18.3 (a))

Si le bateau bleu de la figure 5.6.2 qui naviguait au-dessus de la lay line (bord du cadre), peut se maintenir à l'écart du jaune (qui doit avoir terminé son virement de bord), sans naviguer au delà du plus près, jaune n'a pas enfreint la règle 18.3. Mais avant, il aura dû respecter la règle 10 (Sur des bords opposés) puis la règle 13 (Virement de bord), la règle 15 (Acquérir une priorité) et éventuellement la règle 16 (Modifier sa route). Cela fait un grand nombre de règles à respecter avant d'acquérir le droit de prendre « la corde ».
Un voilier cesse d'être soumis à la règle 13 lorsqu'il est en route au plus près, quels que soient son déplacement dans l'eau ou la façon dont les voiles sont bordées. (Cas ISAF 17)

Figure 5.6.3
Quand le bateau 106 a terminé son virement et que le 107 doit se maintenir à l'écart, il est obligé de naviguer au-delà du plus près, pour ne pas entrer en collision avec le jaune.
Jaune est donc en infraction, selon la règle 18.3. (Virer de bord à une marque).

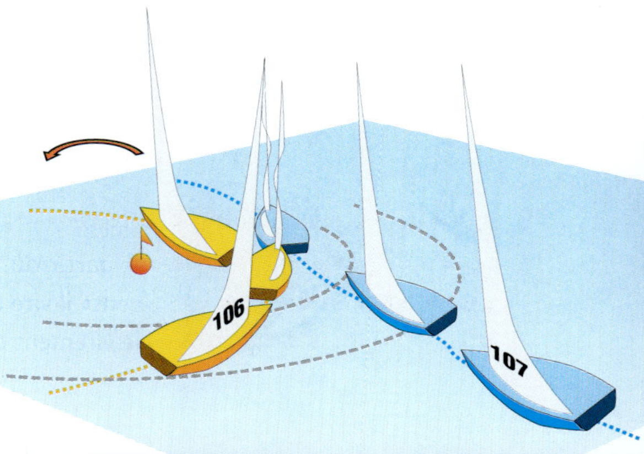

Si deux bateaux approchaient d'une marque sur des bords opposés et que l'un d'eux (108) *termine un virement de bord dans la zone des deux longueurs alors que l'autre* (109) *pare la marque, la règle 18.2* (Donner de la place ; se maintenir à l'écart) *ne s'applique pas. Le bateau qui a viré de bord… doit donner de la place si l'autre bateau devient engagé à l'intérieur, auquel cas la règle 15* (Acquérir une priorité) *ne s'applique pas.* (Règle 18.3 Virement de bord à une marque).

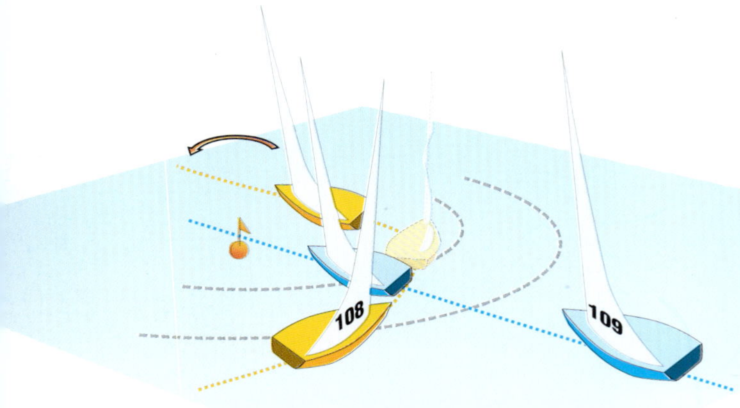

Figure 5.6.4
Le 108 ne peut pas « coincer » le bleu contre la marque, même si le bleu n'était pas engagé à l'intérieur à la zone des deux longueurs, pour cause d'amures différentes.
Il ne fait jamais bon de se présenter bâbord amures dans la zone des deux longueurs de la marque au vent, puisque à presque tous les coups un bateau qui arrive tribord va être gêné. Voir cas ISAF 93.

Dans le cas où un concurrent arrive bâbord et qu'il est obligé de revirer, il doit le faire loin de LA zone pour qu'il n'y ait pas de doute quant à l'engagement avant les deux longueurs après la fin de son virement de bord (§5.12). Avant de bénéficier de la règle 18 Doubler des marques… il doit respecter les règles 10 : Sur des bords opposées, puis 13 : Pendant le virement de bord (cf. § 5.12).
Se présenter bâbord amures à la marque au vent ou de dégagement à contourner à bâbord, de telle façon qu'un virement de bord soit inéluctable dans les 2 longueurs, représente un réel risque. L'observation du plan d'eau avant d'arriver à cette zone de course particulièrement riche en situations conflictuelles, permettra à chacun de prévoir une trajectoire, courte mais pourtant sans danger.

► *Marque à contourner ou à passer à tribord (amures différentes)*

Figure 5.6.7
À une marque au vent ou de dégagement, à contourner à tribord, deux bateaux se présentent sur des amures opposées. Ils sont soumis à la règle 10 (Sur des bords opposés).
Le n°110 est tribord amures en position 1 et 2. Le bleu n° 111 reste bâbord amures. Le bleu doit se maintenir à l'écart du jaune. Le jaune (n° 110) prioritaire peut modifier sa route, à deux conditions : laisser à l'autre la place de se maintenir à l'écart (**règle 16**) et rester sur la même amure.

À partir du moment où n°110 dépasse la position «bout au vent» il vire de bord, et perd toute priorité, règles 13 (Pendant le virement de bord), puis 18.3 (Virer de bord à une marque).

Quand un voilier tribord amures choisit de naviguer au-delà d'une marque au vent, un voilier bâbord amures doit se maintenir à l'écart. Si dans certaines circonstances les voiliers n'ont pas le droit de naviguer au-dessus ou au-dessous d'une route normale, il n'existe pas de règle qui oblige un voilier à suivre une route normale. (Cas ISAF 9)(Sauf la règle18.4 : Empanner)

Figure 5.6.8
Le bateau bleu n° 115 (bâbord amures) est obligé de virer de bord pour se maintenir à l'écart du jaune n° 114 prioritaire puisque tribord amures dans le respect de la règle 10 (sur des bords opposés). Bien que le bleu vire dans les deux longueurs, il ne vire pas pour passer la marque. L'expression « virer de bord pour passer la marque » a disparu, en précisant maintenant « alors que l'autre pare la marque » implique qu'il s'agisse du dernier virement de bord pour contourner la marque : soit dans le cas de la figure 5.6.8 pour passer de tribord en bâbord. La suite du contournement de cette marque se déroulera probablement comme dans la figure 5.8.7.

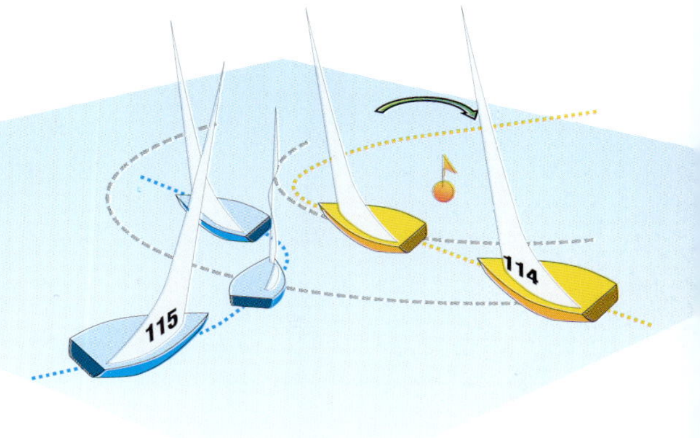

5.7 Sur la même amure ; Engagés, pas engagés = «libres»

Un bateau est en route libre derrière un autre quand sa coque et son équipement en position normale sont derrière une ligne perpendiculaire au point le plus arrière de la coque et de l'équipement de l'autre bateau en position normale. L'autre bateau est en route libre devant. Ils sont engagés quand aucun des deux n'est en route libre... (Définition de Route libre derrière et route libre devant ; engagement) Voir figure de l'engagement dans le Lexique.

Avant tout : lever le doute

La charge de la preuve, qui existait dans les règlements antérieurs à 1997, a été supprimée au profit de cette nouvelle rédaction. *S'il existe un doute raisonnable sur le fait qu'un bateau a obtenu ou rompu un engagement à temps, on doit présumer qu'il ne l'a pas obtenu ou rompu...* (Règle 18.2 (e) Droits d'engagement) (Figures 5.7.1 et 5.7.2). Il n'y a pas pourtant pas grand changement. Il était d'usage de dire que celui qui avait acquis une priorité devait convaincre le comité de réclamation de l'avoir fait à temps. Maintenant adversaires comme arbitres ne doivent pas avoir de doute sur cette acquisition. Une partie des conflits se résoudront d'eux-mêmes près des marques, sauf évidente mauvaise foi de celui qui veut bénéficier d'une priorité usurpée. Il ne faut pas risquer de prendre une priorité douteuse que le jury ne pourra vous reconnaître après coup. Le doute devra donc être levé sur l'eau pour limiter les pénalités après instruction. Il est souvent moins pénalisant de s'écarter un peu, voire de faire un 720° (360° pour VRC, catamaran ou 49er) plutôt que de prendre le risque d'une pénalisation à l'issue d'une instruction. Le doute quant à l'engagement nouvellement acquis ou rompu qui motive une réclamation peut coûter très cher : « libres ou engagés » ce dilemme devra avoir trouvé sa solution avant qu'un incident oppose les protagonistes à la marque. (Voir dans le chapitre lexique l'illustration de route libre derrière, route libre devant et engagement.)

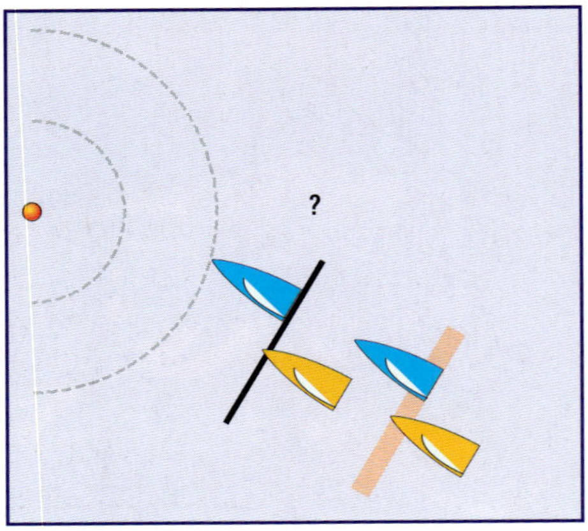

Figure 5.7.1
Un engagement, avéré, qui n'est pas clairement rompu à la zone des deux longueurs sera considéré comme encore existant.
On considèrera que le **bleu n'a pas rompu** l'engagement à temps et que la règle 18.2 (a) (**Engagés - règle de base**) s'applique.
Le bateau jaune engagé à l'intérieur aura droit à de la place. Le bleu, à l'extérieur, devra se maintenir à l'écart pour le laisser faire sa manœuvre.
Voir paragraphe 5.8.

Figure 5.7.2
Un engagement discutable à la zone de deux longueurs ne sera pas considéré comme acquis.
On considérera que le **jaune n'a pas établi** l'engagement à temps et que la règle 18.2 (c) (**Non engagés à l'entrée de la zone**) s'applique.
Le bateau jaune, en route libre derrière, devra se maintenir à l'écart du bateau bleu.
Voir paragraphe 5.9

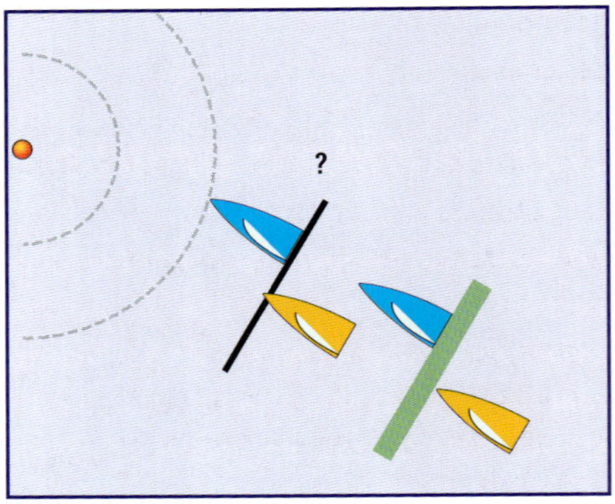

Si un concurrent, par suite d'une divergence sur l'établissement à temps de l'engagement à une marque, se trouve tellement « coincé » qu'il ne la passe pas, il devra quand même effectuer le parcours, afin de ne pas être disqualifié suite à une instruction : soit d'un concurrent, soit du comité de course pour ne pas s'être conformé à la règle 28.1 (Effectuer le parcours). La règle 64.1 (b) (Pénalités et exonération) ne le relève pas de son obligation d'effectuer le parcours. Tout au plus il pourra obtenir la disqualification de celui qui l'a empêché de passer du côté requis de la marque...

5.8 *Engagés à la zone*

► *Marque à contourner ou à passer à bâbord*

Lorsque des bateaux sont engagés, le bateau à l'extérieur doit donner au bateau à l'intérieur la place pour contourner ou passer la marque... (Règle 18.2 (a) Engagés - règle de base.)

Figure 5.8.1

Quand il arrive à la zone des deux longueurs de la marque au vent à contourner à bâbord, le bateau jaune n° 11, de la figure 5.8.1, est sous le vent du n° 12 bleu. Le bateau à l'extérieur (jaune) est prioritaire selon la règle 11.
Il ne peut pas «fermer la porte» au bateau au vent. La règle 11 et son aménagement par la règle 18 sont un peu comme une règle de grammaire accompagnée de son exception.

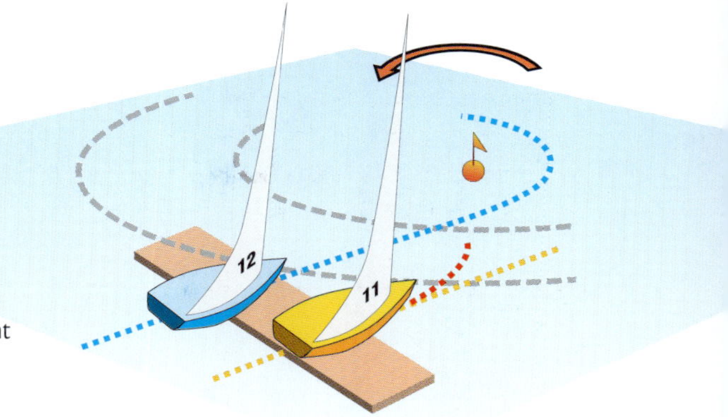

Le n° 11 jaune devra laisser la place au bleu, y compris pour virer de bord pour effecteur sa manœuvre de contournement. *Dans la règle 18* (contourner et passer des marques et des obstacles), ***place signifie la place pour qu'un bateau à l'intérieur contourne ou passe entre un bateau extérieur et une marque ou un obstacle, y compris la place pour virer de bord... lorsque cela fait partie de la manœuvre normale.*** (Préambule à la règle 18)
Le bateau n° 12 n'aura pas le choix d'une trajectoire idéale au niveau tactique, mais il devra se contenter de la place pour contourner la marque sans danger et sans toucher le bateau à l'extérieur.
Les concurrents inexpérimentés dans les manœuvres n'ont pas le droit à l'erreur. Les règles de course ne se réfèrent qu'à de « bons marins » qui sont en mesure de manœuvrer rapidement en toute sécurité. Il vaut mieux s'entraîner avant de se mettre dans des situations qui ne peuvent être assumées, surtout par vent fort.
Voir aussi Cas ISAF 70 (en tournant dans l'autre sens).

Figure 5.8 .2

Les bateaux n° 15 et n° 16 sont engagés lorsque le premier des deux se présente à la lisière de la zone des deux longueurs. Cette fois le bateau jaune n° 15 sous le vent, à l'intérieur, est prioritaire.
... si le bateau à l'intérieur est prioritaire, le bateau à l'extérieur doit également se maintenir à l'écart. (Règle 18.2 (a) Engagés - règle de base).

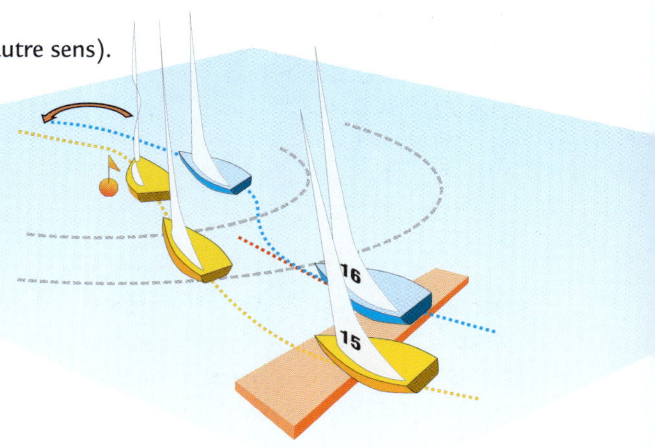

Le bateau jaune sous le vent pourra même lofer, jusqu'à face au vent (SANS virer de bord), pour passer la marque en bord breton*. Sa route normale sera celle qui lui permettra de passer sur son erre en évitant deux virements de bord. S'il s'est engagé sous le vent du n° 16 à partir d'une route libre derrière, sur ce même bord, il ne navigue pas au-dessus de sa route normale comme le requiert la règle 17.1 (Sur le même bord ; route normale). Sa *route* normale est la route qu'il *suivrait pour finir aussitôt que possible en l'absence des autres bateaux auxquels la règle utilisant ce terme fait référence.* (Définition de Route normale).
*[*Cette expression a été utilisée dans un appel FFV 87-51].*

Si c'est le bateau bleu n°16 qui a établi l'engagement au vent, le jaune pourra poursuivre son lof bien après avoir passé la marque (au-dessus de sa route normale). Pendant que le bateau sous le vent emmènera le bateau au vent «en promenade», bien des concurrents contourneront la marque et passeront devant eux. Cette tactique en flotte n'est intéressante qu'en fin de manifestation, lorsque le jaune veut seulement arriver devant le bleu pour l'obtention d'un titre indépendamment des places des autres concurrents.

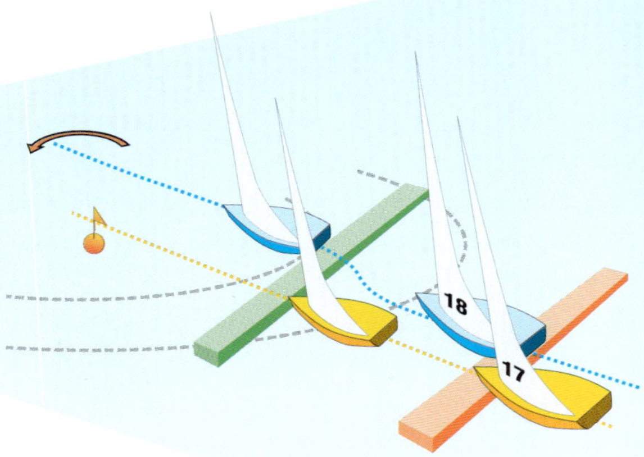

Figure 5.8.3
Si des bateaux étaient engagés avant que l'un d'eux atteigne la zone des deux longueurs et que l'engagement est rompu après que l'un d'eux l'a atteinte, le bateau qui était à l'extérieur doit continuer à laisser de la place à l'autre bateau (règle 18.2 (b) Engagés à l'entrée des deux longueurs).
Le bateau bleu n° 18 devra laisser l'intérieur du virage au jaune n° 17, même s'il a l'impression de pouvoir couper au plus court, parce que l'engagement a été rompu dans les deux longueurs.

Bien que le n° 17 cesse d'être prioritaire, de sous le vent en devenant bateau en route libre derrière, celui-ci conserve le droit à de la place à l'intérieur. Il lui serait d'ailleurs tout à fait impossible de s'écarter du n°18 si près de la marque.

Figure 5.8.4
Si le bateau extérieur (le jaune en 1) ***devient en route libre derrière ou engagé à l'intérieur*** (2) ***de l'autre bateau, il n'a pas droit à de la place et doit se maintenir à l'écart*** (règle 18.2 (b) Engagés à l'entrée des deux longueurs).
Dans la figure 5.8.4, le jaune ne doit pas tenter de s'infiltrer entre le bleu et la marque. La règle 18.2 b ne lui octroie aucun droit, bien au contraire puisqu'elle précise qu'il n'a pas le droit à de la place.

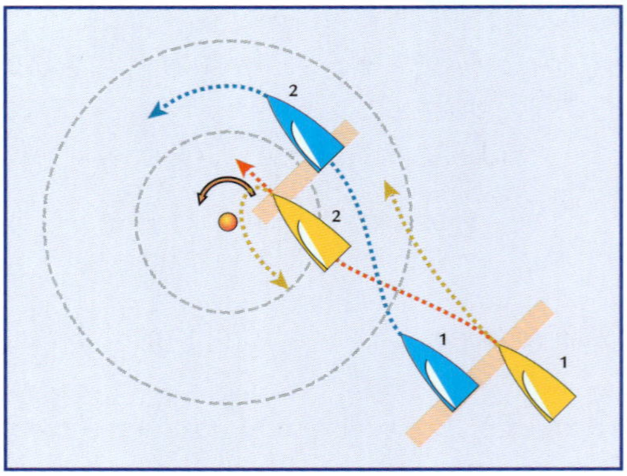

D'autre part, *quand la règle 18* (Contourner et passer des marques et des obstacles) *s'applique entre deux bateaux et que le bateau prioritaire* (bleu de la figure 5.8.4) *modifie sa route pour contourner... la règle 16* (Modifier sa route) *ne s'applique pas entre lui et l'autre bateau* (règle 18.2 (d). Bleu a le droit d'abattre pour contourner la marque. Jaune ne pourra pas invoquer que c'est bleu qui l'a engagé. S'il persiste à vouloir se déporter à gauche, il ne lui restera plus qu'à faire une boucle, puis à passer la marque conformément à la règle 28.1 (Effectuer le parcours).

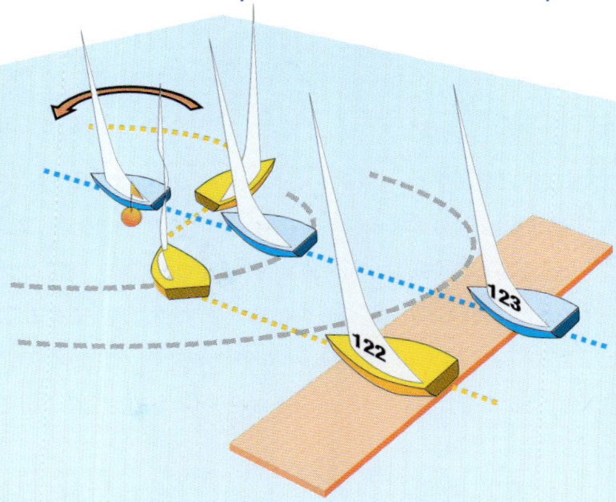

Figure 5.8.5
Le bateau jaune n°122 ne peut parer la marque sans virer de bord, alors que le bleu la pare sans modification de route. Le jaune n° 122, bien que bateau sous le vent prioritaire et engagé à l'intérieur, ne peut pas changer sa route au-delà de face au vent. Il ne peut pas non plus demander de l'eau pour virer.

La règle 19.1 (Place pour virer de bord à un obstacle) *ne s'applique pas... à une marque que le bateau hélé* (le bleu n°123) *peut parer* (règle 19.2 Place pour virer de bord à un obstacle). Le bateau bleu n° 123, qui a mieux géré sa trajectoire, n'a pas à donner de la place à un concurrent qui a moins bien navigué en se présentant sous le bord du cadre.

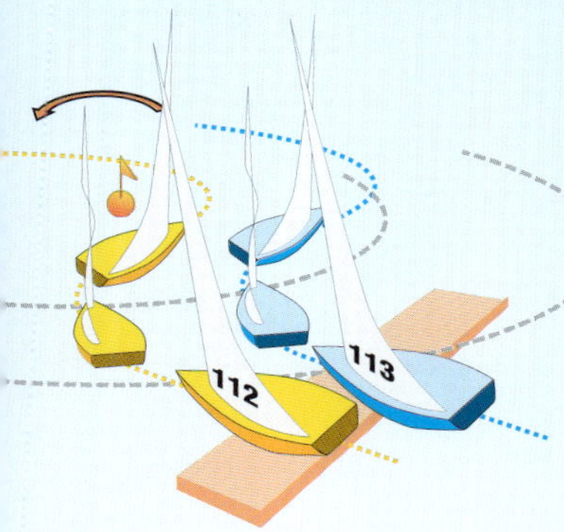

Figure 5.8.6
Les bateaux n° 112 et n° 113 se présentent tous deux tribord amures, mais trop bas pour passer la marque. Ils doivent virer de bord tous les deux et... deux fois. Outre le danger de se retrouver bâbord amures aux abords d'une marque que d'autres approchent en tribord amures, ils vont devoir résoudre le problème de place à la marque.
La règle 19 (Place pour virer de bord à un obstacle) précise que *quand la règle 19.1* (Place pour virer de bord à un obstacle) *s'applique, la règle 18* (Contourner et passer des marques et des obstacles) *ne s'applique pas.* (Règle 19.3 Place pour virer de bord à un obstacle)

Lorsque la sécurité exige d'un bateau au plus près qu'il fasse un changement de route important pour éviter un obstacle (*i.e.* une marque telle précisée dans 19.2), *et qu'il a l'intention de virer de bord mais ne peut pas virer de bord et éviter un autre bateau sur le même bord, il doit héler pour demander la place de le faire. Avant de virer de bord, il doit donner au bateau hélé le temps de répondre...* (Règle 19.1 Place pour virer de bord à un obstacle.) D'autant que *si deux bateaux sont soumis à la règle 13 en même temps, celui qui est du côté bâbord de l'autre doit se maintenir à l'écart* (règle 13).

Marque à contourner ou à passer à tribord

Figure 5 8.7
Quand les bateaux arrivent à la zone : le bateau jaune n° 13 est engagé sous le vent du bleu n° 14. Il est le bateau prioritaire en vertu de la règle 11 (Sur le même bord ; engagés).
Le bateau Jaune n°13 doit laisser *l'espace dont* le bleu *a besoin dans les conditions existantes pendant qu'il manœuvre rapidement en bon marin.* (définition de Place) (Cas ISAF 21 et 70)

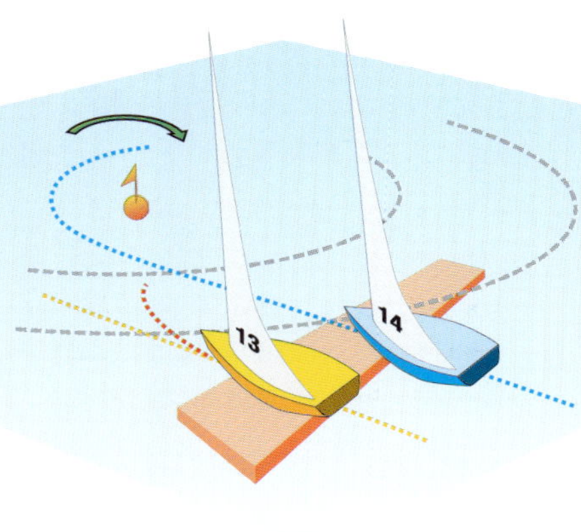

Jaune ne peut pas « fermer la porte » au bleu n° 14. La règle 11 (Sur le même bord - engagés) et son aménagement par la règle 18 sont un peu comme une règle de grammaire accompagnée de son exception. Le bateau n°14 n'aura pas le choix d'une trajectoire idéale au niveau tactique, mais il devra se contenter de la place pour contourner la marque sans danger et sans toucher le bateau à l'extérieur (même commentaire que pour 5.8.1).

5.9 Libres à la zone (non engagés)

Si un bateau est en route libre devant au moment où il atteint la zone des deux longueurs, le bateau en route libre derrière doit dès lors se maintenir à l'écart... (Règle 18.2(c) Non engagés à l'entrée de la zone)

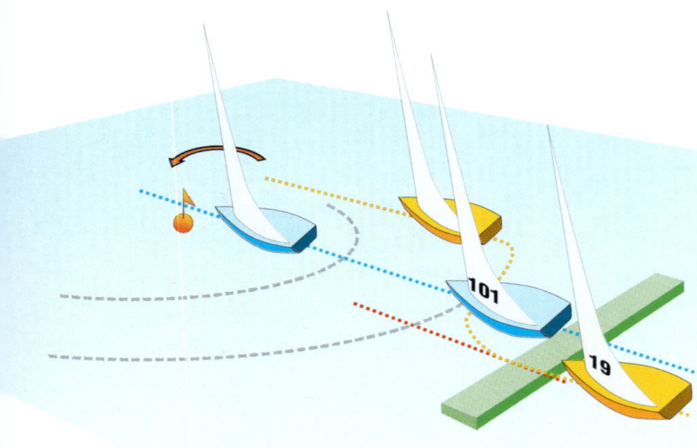

Figure 5.9.1
Le bateau jaune n°19, en route libre derrière le bleu, doit s'écarter du n° 101 et « faire l'extérieur ». (Si le jaune n'est pas certain qu'un engagement a été établi avant la zone des deux longueurs, il aura intérêt à se ralentir pour pouvoir choisir sa trajectoire plutôt que de s'entêter dans un hypothétique engagement).
Attention aux bateaux qui suivent le n° 19, ils risquent fort d'être engagés à son vent, ou libres derrière.

La modification de route du bateau jaune n°19 ne rentre pas dans le cadre de la règle 18.2 (d) modification de la route du prioritaire, pour contourner* la marque. Cette modification de route lui est imposée par son obligation de se maintenir à l'écart du n°101. Le bleu peut même lofer en prévision d'un meilleur contournement.

* *Pour rappel : Quand la règle 18* (Contourner et passer des marques et des obstacles) *s'applique entre deux bateaux et que le bateau prioritaire modifie sa route pour contourner ou passer une marque, la règle 16* (Modifier sa route) *ne s'applique pas entre lui et l'autre bateau.* (Règle 18.2 d)

Figure 5.9.2
Si le bateau en route libre derrière (jaune position 1) *devient engagé à l'extérieur* (jaune position 4) *de l'autre bateau* (bleu position 4) le jaune *doit également donner de la place au bateau bleu à l'intérieur.* (figure 5.9.2)
Si par contre le jaune s'entête à vouloir prendre l'intérieur, il n'a plus comme solution que de faire une boucle.
Si le bateau en route libre derrière devient engagé à l'intérieur de l'autre bateau, il n'a pas droit à de la place. (Règle 18.2(c) Non engagés à l'entrée de la zone).

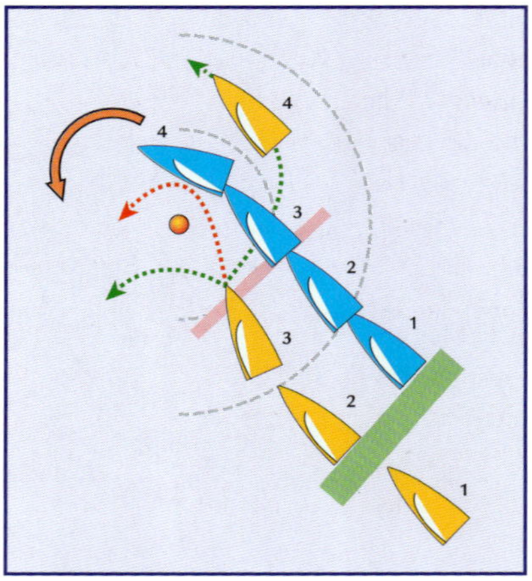

Si le jaune de la figure 5.9.2 force le passage et pense s'exonérer par une 720°, il ne devra pas perdre de vue que le règle 44.1 (Effectuer une pénalité) l'oblige à abandonner s'il a obtenu un avantage significatif dans la course.

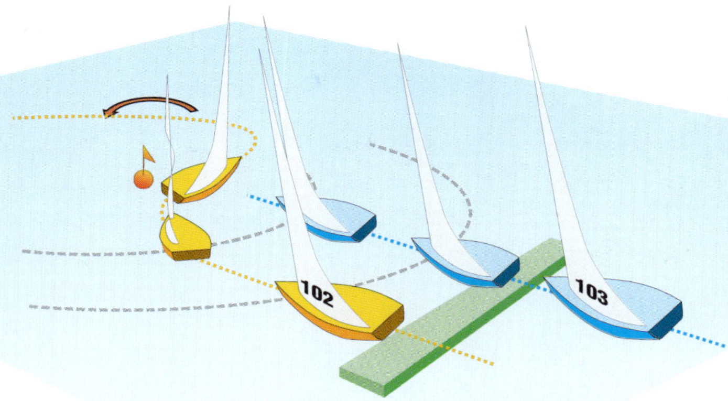

Figure 5.9.3
Le bateau jaune n° 102, le plus proche de la marque, à l'entrée de la zone des deux longueurs est en route libre devant le bateau bleu n°103.
- Le bleu n° 103 peut parer la marque sans virer de bord.
- Le n° 102 ne peut la parer, même face au vent sur son erre (en bord breton). Il est contraint de virer de bord.

Si le bateau qui était en route libre devant dépasse la position bout au vent, la règle 18.2(c) cesse de s'appliquer. (Règle 18.2(c) (Non engagés à l'entrée de la zone).
La règle 19.1 (Place pour virer à un obstacle) ne s'applique pas puisque le bleu peut parer la marque sans avoir à virer de bord. La 18.3 (Virer de bord à une marque) ne s'applique pas non plus, puisque les deux bateaux n'approchaient pas sur des bords opposés. Il reste : la règle 13 (Pendant le virement de bord) dès que le 102 aura dépassé la position bout au vent, puis la règle 10 (Sur des bords opposés). En conséquence n°103 n'a pas à lui laisser de la place pour virer.
Attention, si le jaune n° 102 a terminé son virement bord, le bleu n° 103 est devenu prioritaire par une action de son adversaire (règle15) et en conséquence n'a pas à laisser, au début, de la place de se maintenir à l'écart. Le bleu devra néanmoins éviter un contact avec dommage (règle 14).

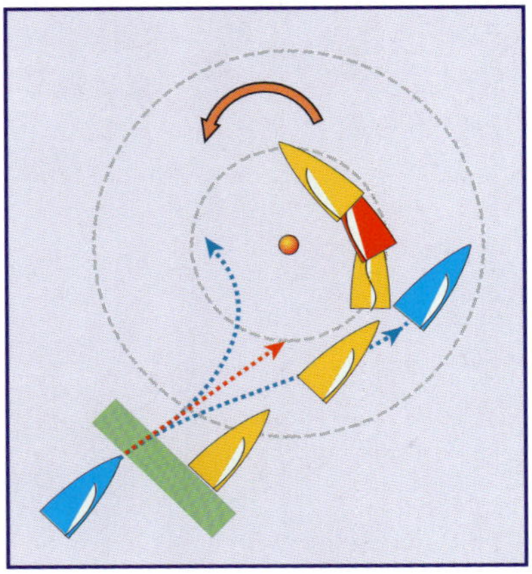

Figure 5.9.4
Le bateau bleu doit se maintenir à l'écart du jaune et ne doit pas tenter un engagement à l'intérieur, tant que le jaune ne vire pas. Jaune peut modifier sa route jusqu'à face au vent, pour contourner la marque puisque si ... *le bateau prioritaire* (jaune) *modifie sa route pour contourner ou passer une marque, la règle 16* (Modifier sa route) *ne s'applique pas entre lui et l'autre bateau. Mais si le bateau qui était en route libre devant* (jaune) *dépasse la position bout au vent, la règle 18.2(c)* (Non engagés à l'entrée de la zone) *cesse de s'appliquer.* (Règle 18.2(c) Non engagés à l'entrée de la zone). Jaune est alors soumis à la règle 13.

Un voilier n'est pas tenu de prévoir qu'un autre voilier va enfreindre une règle. Au cours d'un changement de situation, un voilier qui est soumis à de nouvelles obligations a droit à du temps pour répondre. C'est un vieux principe bien établi des règles de priorité, comme stipulé par la

règle 15, qu'un voilier qui devient obligé de se maintenir à l'écart suite à l'action d'un autre voilier, a droit à un délai suffisant pour réagir. Bleu *n'avait aucune obligation d'anticiper sur l'infraction de* jaune *à la règle 15. ...* (Cas ISAF 27)

L'illustration du cas ISAF 15 dans la figure 5.9.5 donnera un peu plus d'argument aux compétiteurs qui se retrouveraient dans cette situation. Rien n'est perdu.

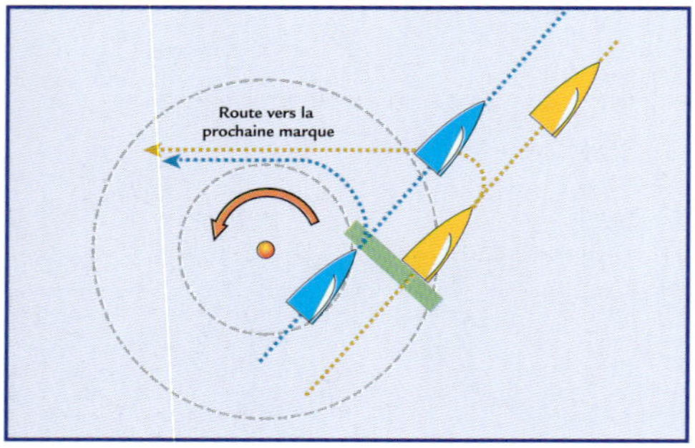

Figure 5. 9 . 5

En virant de bord pour contourner une marque, un voilier en route libre devant doit respecter la règle 13 ; un voilier au plus près en route libre derrière a le droit de garder sa route et donc d'empêcher l'autre de virer de bord. (Cas ISAF 15)

Si jaune n'a pas anticipé cette situation, il sera obligé d'attendre le bon vouloir du bleu pour virer... Sauf si un train de bateaux arrivent tribord amures et les obligent à respecter la règle 10 (Sur des bords opposés).

D'autres scénarios et situations de proximité ont plus de chance de survenir en match racing qu'en flotte (voir chapitre 12). Mais attention : pendant que vous vous « amuserez » à deux, d'autres bateaux peuvent venir brouiller les cartes... en arrivant tribord amures.

Le jaune, de la figure 5.9.5, aurait pu tenter de se rapprocher de la marque en lofant. Il pourra toutefois se laisser rattraper et obliger l'autre à lofer...

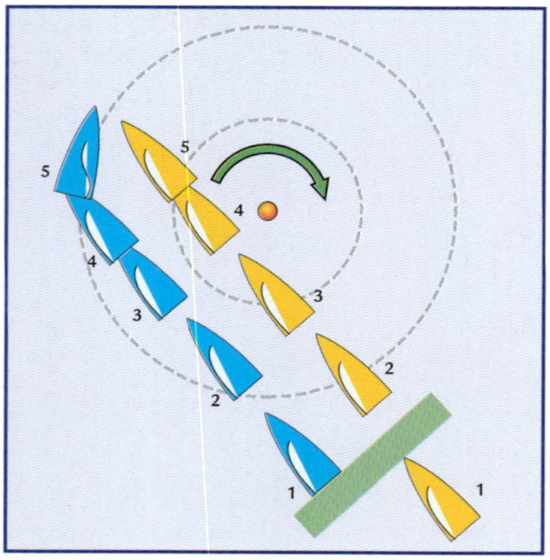

Figure 5.9.6

Quand deux voiliers sous la même amure sont sur le point de contourner une marque, la règle 18 s'applique même si les voiliers sont sur un bord de près. Quand un voilier entre dans la zone des deux longueurs en route libre devant (Bleu position 1) *un autre voilier* (Jaune position 1) *sur le même bord, la règle 18.2* (c) *s'applique. Quand le voilier en route libre devant vire de bord* (bleu entre position 4 et 5), *la règle 18.2* (c) *cesse de s'appliquer et il est soumis à la règle 13 après avoir dépassé la position bout au vent puis à la règle 10 quand il a terminé son virement de bord* (bleu position 5). (Cas ISAF 81.)

Figure 5.9.7.

Attention, la règle 18.2.(c) fait référence à *un bateau qui est* ***en route*** *libre devant au moment où il atteint la zone des deux longueurs.* Lorsque c'est le bateau en route libre derrière qui atteint le premier la zone des deux longueurs, la règle 18.2.c ne donne plus aucun droit au bateau en route libre devant (initialement en dehors de la zone. Bleu devra se maintenir à l'écart du jaune. Cette situation est à rapprocher du cas ISAF n°2 qui est décrit pour un contournement d'une marque sous le vent (figure 6.9.6 du chapitre 6).

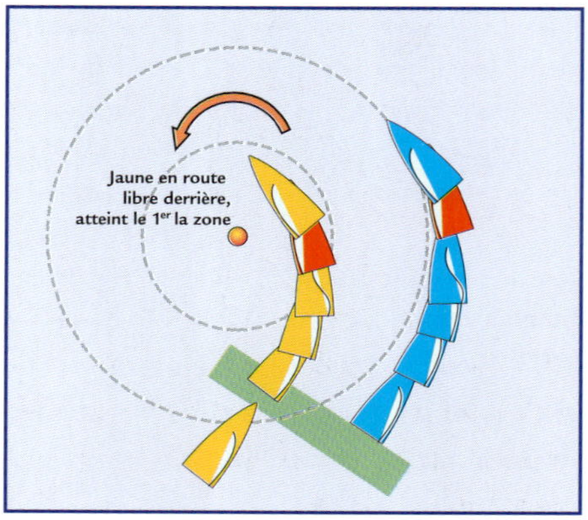

.10 Cas particulier de la marque n°2 d'un parcours trapézoïdal (Grand largue =/= Près serré)

Cette situation peut se rencontrer :

- pour des concurrents d'un même départ sur la boucle extérieure, quand un bateau au louvoyage rattrape un retardataire en route de la marque 1 vers la marque 2.
- pour des concurrents de deux départs différents, Le bateau bleu pourrait être un des premiers du 2e départ ayant tourné sur la boucle intérieure qui rattrape un concurrent du 1er départ envoyé sur la boucle extérieure.

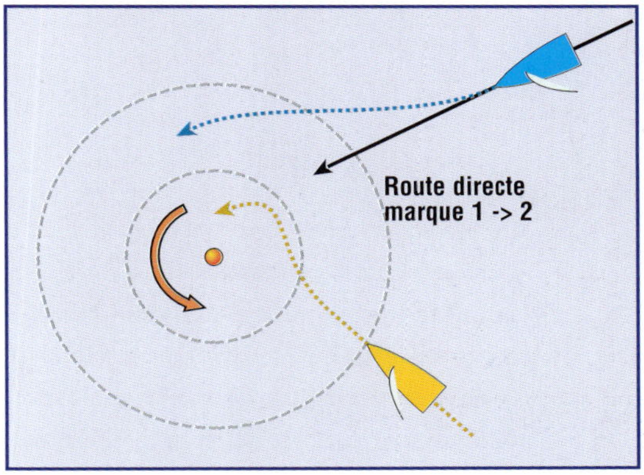

Figure 5.10.1

Lorsque des bateaux sont engagés, le bateau à l'extérieur doit donner au bateau à l'intérieur la place pour contourner ou passer la marque... et si le bateau à l'intérieur est prioritaire, le bateau à l'extérieur doit également se maintenir à l'écart. (Règle 18.2(a) Engagés - règle de base).

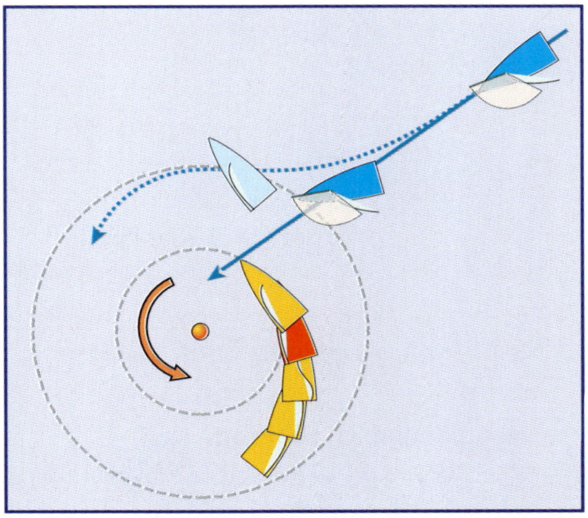

Figure 5.10.2

Si deux bateaux approchaient d'une marque sur des bords opposés et que l'un d'eux (le jaune) *termine un virement de bord dans la zone des deux longueurs alors que l'autre pare la marque, la règle 18.2* (Donner de la place ; se maintenir à l'écart) *ne s'applique pas. Le bateau qui a viré de bord* le jaune doit d'abord respecter les règles 10 (Sur des bords opposés) et 13 (Pendant le virement de bord). Puis il *ne doit pas obliger l'autre bateau* (le bleu) *à naviguer au-delà du plus près pour l'éviter...* (Règle 18.3 Virer de bord à une marque).

Si le jaune de la figure 5.10.2 oblige le bleu à naviguer au-delà du plus près, il enfreint la règle 18.3. Bleu n'aura pas gain de cause après une instruction, s'il a seulement un peu lofé même, si c'est au-dessus de la route directe. Bleu aura intérêt à assurer par une veille attentive avant de se trouver « étrave contre étrave », et d'être obliger de manœuvrer avec un spi... bien encombrant au près...

5.11 *Route de collision entre les montants et ceux qui ont déjà contourné*

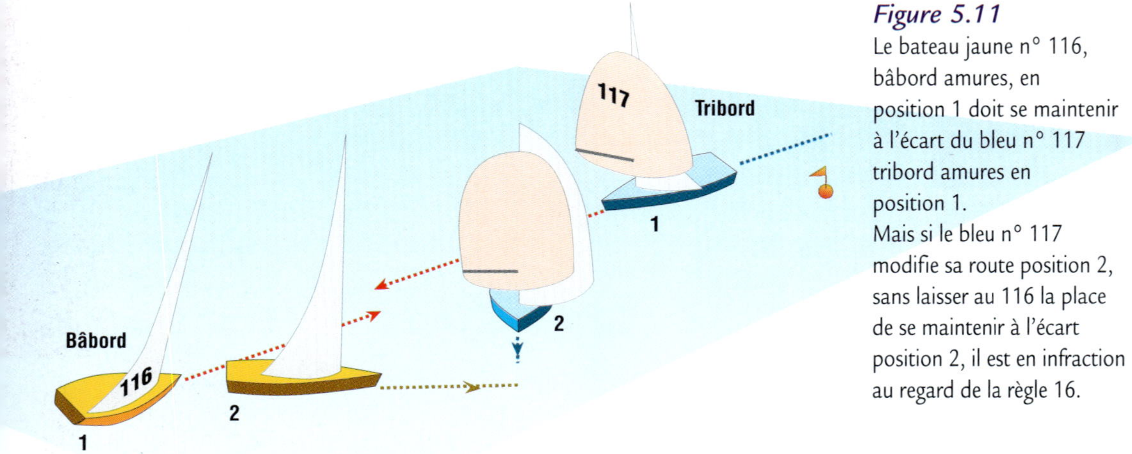

Figure 5.11
Le bateau jaune n° 116, bâbord amures, en position 1 doit se maintenir à l'écart du bleu n° 117 tribord amures en position 1.
Mais si le bleu n° 117 modifie sa route position 2, sans laisser au 116 la place de se maintenir à l'écart position 2, il est en infraction au regard de la règle 16.

... quand... des bateaux sur des bords opposés se croisent ou sont sur le point de le faire, et que le bateau bâbord amures se maintient à l'écart du bateau tribord amures, le bateau tribord amures ne doit pas modifier sa route si en conséquence le bateau bâbord amures est immédiatement contraint de modifier sa route pour continuer de se maintenir à l'écart (règle 16.2 Modifier sa route). Voir cas ISAF 60 et 92 pour information.

Pour les contacts aux marques et/ou les infractions entre bateaux : Consultez le paragraphe Pénalités, les règles 31.3 et 44.4(a).

Pour les marques manquantes, consulter le paragraphe Parcours.

5.12 *Tactique*

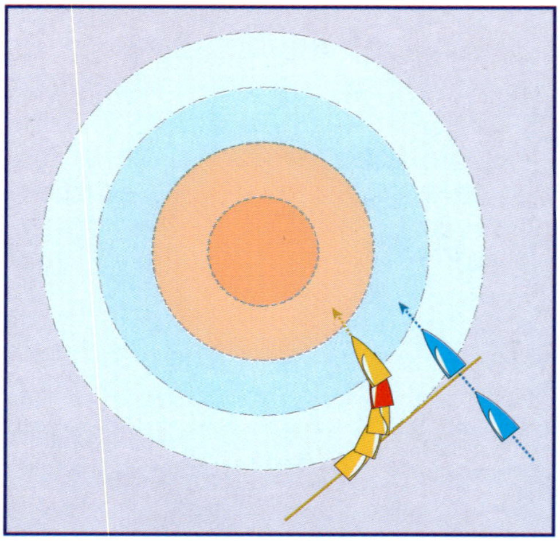

Si vous devez arriver en bâbord, n'attendez pas d'être dans les deux longueurs pour effectuer un virement de bord, qui vous forcera :

- soit à donner la place, ou,
- à ne pas obliger le bateau tribord amures à naviguer au-delà du plus près.

Commencez votre virement de bord en dehors d'une zone approximative de 4 longueurs pour être certain de l'avoir terminé avant les 2 longueurs et d'acquérir un engagement à l'intérieur.

CHAPITRE 6 - LA MARQUE DE PORTANT

Marque de largue et marque sous le vent

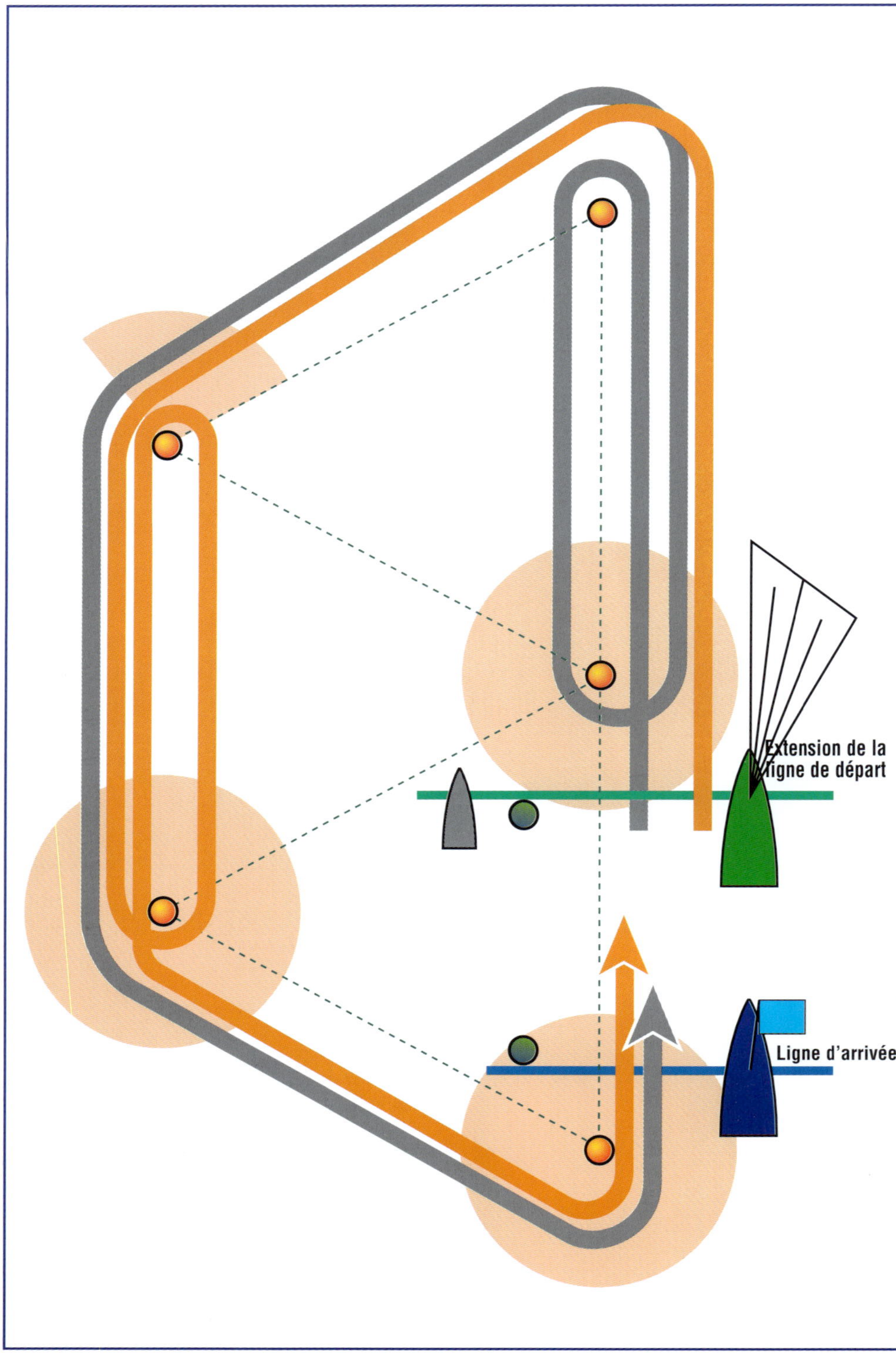
Extension de la ligne de départ
Ligne d'arrivée

CHAPITRE 6

Il est bien connu que l'intérieur d'un virage représente la trajectoire la plus courte, mais encore fait-il avoir le droit de s'octroyer "la corde"

Après avoir parcouru les bords de portant, pendant lesquels les règles de la section A du chapitre 2 s'appliquent comme la 10 : Sur des bords opposés, les 11 et 12 : Sur le même bord, engagés ou non engagés etc., vous voici à l'approche d'une marque à contourner aux allures portantes. Les règles des sections A et B ne seraient pas suffisantes pour réguler les déplacements des voiliers d'où :

Dans la mesure où une règle de la section C entre en conflit avec une règle de la section A (Priorité) *ou B* (Limitations générales), *la règle de la section C* (Aux marques et obstacles) *prévaut.* (Préambule à la section C du chapitre 2.)

La règle 18 (Contourner et passer des marques et des obstacles) *s'applique lorsque des bateaux sont sur le point de contourner ou de passer une marque qu'ils doivent laisser du même côté ou un obstacle du même côté, jusqu'à ce qu'ils l'aient passé...* (Règle 18.1 Quand la règle 18 s'applique)

.1 *Quand les bateaux sont sur le point de contourner (to round) ou passer (to pass) la marque sous le vent*

La phrase « sur le point de passer *»* (about to pass) *n'a jamais été définie précisément, et ne peut l'être. En approchant d'une marque, il n'y a pas de point exact où les voiliers deviennent « sur le point de* passer *».*

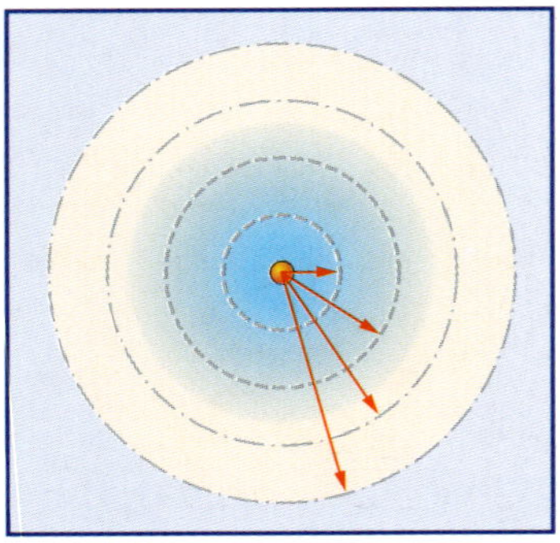

Figure 6.1

Presque toujours, un voilier à deux longueurs d'une marque est sur le point de la passer, *mais c'est parfois aussi le cas à une distance plus grande. La distance à la marque n'est pas le seul facteur, car la vitesse du voilier est également importante, ainsi que d'autres facteurs tels que les conditions de vent et de courant et de l'ampleur des manœuvres de voile requises avant et pendant le contournement, qui peuvent être pertinentes. De plus, plus le voilier est proche de la marque et plus il est incontestablement sur le point de la* passer...
Cas ISAF 84.

6.2 La zone des deux longueurs (4 longueurs pour les VRC)

La *zone des deux longueurs* est *l'espace autour d'une marque ou d'un obstacle sur une distance correspondant à deux longueurs de coque du bateau qui en est le plus proche.* Définition de Zone des deux longueurs.

Il n'y a guère de problème de compréhension lors de régates de monotypes, dans lesquelles tous les bateaux ont la même taille. Mais dans le cas de course dite multisérie ou à handicap, il peut être plus difficile de visualiser cette zone.

Dans la figure 6.2.1, le bateau le plus proche de la marque est le plus petit des deux. La zone des deux longueurs sera plus petite que si c'est le plus grand bateau qui est le plus proche comme dans la figure 6.2.2. Et pourtant il s'agit des mêmes bateaux, l'ordre est seulement différent.

La zone des deux longueurs se calcule à partir de l'étrave ou du spi jusqu'à la marque ou l'obstacle. De sa place le barreur devra ajouter la distance qui le sépare de l'étrave de son propre bateau pour visualiser cette zone : soit presque trois fois la longueur de sa coque.

Tant que les barreurs ou tacticiens naviguent régulièrement sur des unités de taille similaire, ils n'auront pas trop de problèmes. Mais quand un barreur de 420 devient le barreur d'un habitable de près de 10 mètres, la zone des deux longueurs passe de 8 m 40 à 20 mètres ! De la place du barreur de près de 12 mètres à 30 mètres ! La mémoire visuelle devra être réactualisée sur l'heure.

Figure 6.2.1
et figure 6.2.2
À noter que le tangon comme le bout hors doivent être en position normale de navigation.

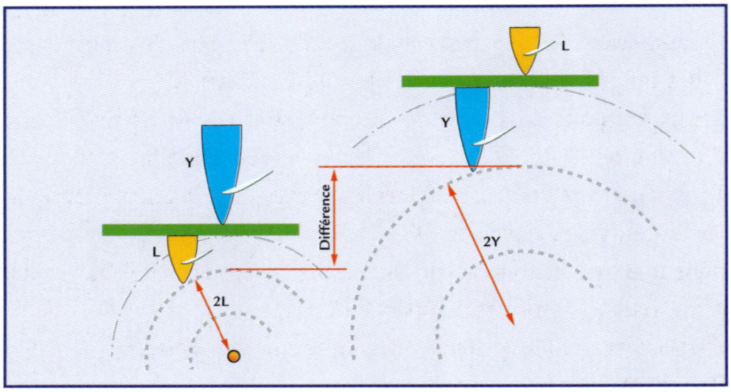

6.3 *La place*

La place pour un bateau à l'intérieur pour... passer

Comme établi par la définition, le mot « place » dans la règle 18.2 (a) signifie l'espace dont a besoin un voilier non prioritaire qui, dans les conditions existantes, est manœuvré en bon marin, pour passer rapidement entre le voilier à l'extérieur et la marque ou l'obstacle.

Entre les deux extrêmes

- au minimum, la place suffisante pour que la coque, avec les voiles et espars bordés au maximum, passe à quelques centimètres, tant de la marque que du voilier à l'extérieur et

- au maximun, toute la place qu'occupe le voilier à l'intérieur, faisant route aussi loin de la marque qu'il le souhaite,

dont aucun n'est correct, deux possibilités plus modérées,

- Proche du minimum, avec une tolérance supplémentaire permettant quelque erreur de jugement ou d'exécution ; ou bien, proche du maximin, suffisamment de place pour effectuer le contournement tactique souhaité.

La réponse correcte se situe en gros entre les deux. (Cas ISAF 21)

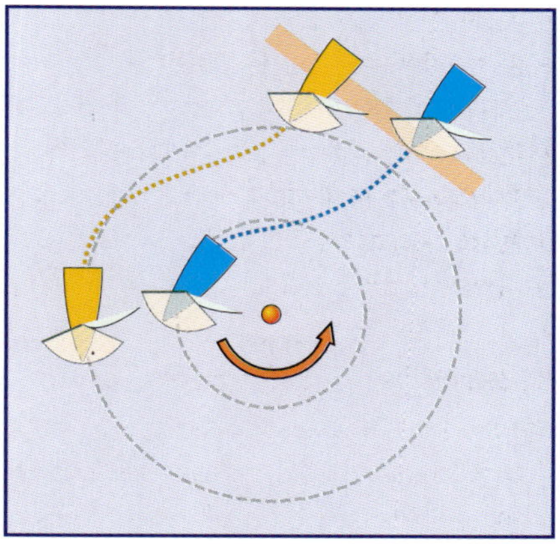

Figure 6.3

Dans la règle 18 (contourner et passer des marques et des obstacles), *place signifie la place pour qu'un bateau à l'intérieur contourne ou passe entre un bateau extérieur et une marque ou un obstacle, y compris la place... d'empanner lorsque...* cela *fait partie de la manœuvre normale.*

Le bateau jaune devra laisser la place pour que le tangon du bateau bleu ne le touche pas après son empannage.

6.4 *Jusqu'à ce qu'ils l'aient passé(es)*

Quand cesse de s'appliquer la règle 18 (Doubler des marques et des obstacles) au profit de celles qui s'appliquent en eau libre ? (Cas ISAF 25)

Les expressions des règles de course anglaises ont été traduites par :

"*jusqu'à ce qu'ils l'aient passé*" (they have passed it), - 18.1-

"*jusqu'à ce qu'ils les aient passées*" (they have passed them).- 18.1 (a)

Les auteurs des règles de l'ISAF pensent qu'il n'est pas nécessaire de définir les mots utilisés dans une signification commune, que l'on peut trouver dans tout bon dictionnaire, alors qu'ils n'ont pas de signification spéciale".

Passer : avec l'auxiliaire avoir : "franchir quelque chose dans l'espace", Dépasser - Micro Robert et Petit Larousse illustré -

Dépasser : Aller au delà ; Devancer, laisser derrière soi - Petit Larousse illustré -
On peut donc penser que : *jusqu'à ce qu'ils l'aient passé* (règle 18.1) puisse s'illustrer comme suit :

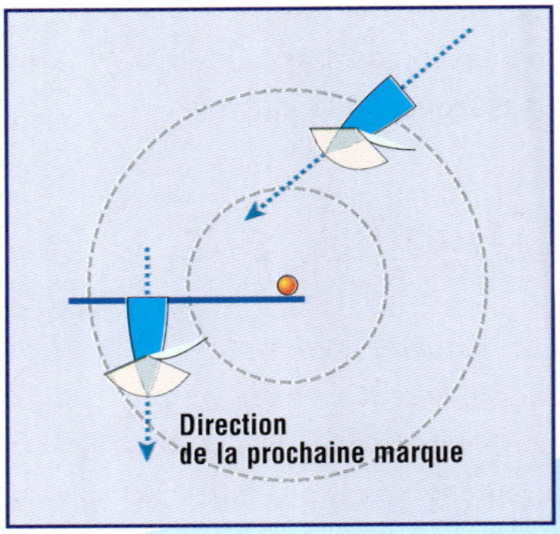

Figure 6.4.1
Sur un parcours en trapèze, à la marque n° 2, la route à suivre après le passage de la marque est au vent arrière.
Le bateau bleu, aura passé la marque lorsque tout le bateau y compris le safran aura passé entièrement la perpendiculaire au bord [marque 2- marque 3].

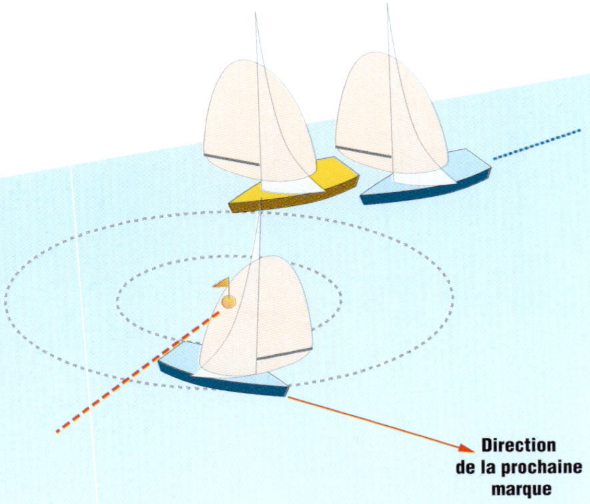

Figure 6.4.2
À une marque de largue, le bateau bleu aura passé la marque quand tout le bateau (y compris le safran) aura franchi la perpendiculaire à la route directe vers la marque suivante. C'est-à-dire qu'il sera au portant sur l'autre amure.

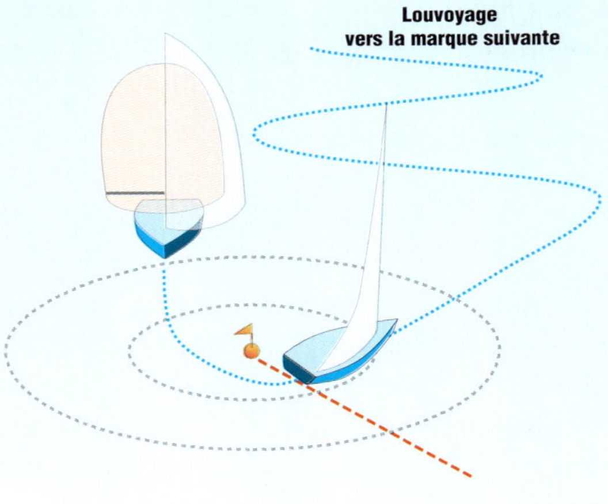

Figure 6.4.3
Le bateau aura passé la marque pour remonter sur un bord de près, lorsque tout son bateau (y compris le safran) aura dépassé la perpendiculaire au bord de près bâbord amures. Le virement de bord suivant pour se retrouver tribord amures ne fait pas partie de la manœuvre pour passer la marque. (Cas ISAF 25.)

Après avoir passé la marque sous le vent, le bateau est à nouveau sur un bord. Il convient alors de se reporter aux situations évoquées dans le chapitre 4 les bords...
Les cas illustrés ci-après l'ont été indifféremment avec des bateaux arrivant plein vent arrière ou au largue. Les mêmes règles s'appliquent qu'ils contournent ou passent la marque à bâbord ou à tribord, pourvu qu'ils ne soient pas au louvoyage. Attention pourtant au cas de la marque 2 d'un parcours en trapèze (§ 6.11).

6.5 *Engagés, pas engagés = « libres »*

Un bateau est en route libre derrière un autre quand sa coque et son équipement en position normale sont derrière une ligne perpendiculaire au point le plus arrière de la coque et de l'équipement de l'autre bateau en position normale. L'autre bateau est en route libre devant. Ils sont engagés quand aucun des deux n'est en route libre... Définition de Route libre derrière et route libre devant ; engagement) voir figure de l'engagement dans le chapitre 15 : Lexique.

Figure 6.5.1
L'engagement des bateaux à une marque sous le vent, est très facilement visualisé lorsque les routes sont parallèles ou avec très peu d'angulation.
Mais lorsque les routes sont convergentes, avec une forte angulation. L'engagement est établi depuis très longtemps. Le n° 41 bien que plus proche de la marque devra prévoir de laisser au n° 40 de la place, y compris la place pour l'empannage.

Jusqu'à maintenant les situations ont été présentées pour les simplifier avec seulement deux bateaux. Mais il arrive souvent que trois bateaux, voire plus, arrivent à une marque de portant.

Figure 6.5.2
Trois bateaux sont sur le point de passer la marque.
Ils sont engagés quand aucun des deux n'est en route libre derrière ou quand un bateau situé entre eux établit un engagement sur les deux. (Définition de Engagés.)
Le n° 43 est engagé À LA FOIS sur le n° 42 et le n° 44.
De plus il est situé ENTRE le bleu et le jaune. Le bleu va demander de l'eau au violet, qui lui-même demandera de "l'eau pour 2 bateaux" au jaune.

C'est ainsi qu'aux abords de marque de portant il n'est pas rare d'entendre cette litanie : de l'eau, de l'eau, de l'eau pour deux bateaux, de l'eau pour trois bateaux, de l'eau pour quatre bateaux..., etc. au fur et à mesure que la clameur se propage de l'intérieur vers l'extérieur.
Cette précaution oratoire permet au bateau à l'extérieur de connaître la valeur de la place qu'il doit laisser. En bout de chaîne il aurait pu ne pas être en mesure d'évaluer le nombre de bateaux engagés entre lui et la marque.
Engagés - route libre derrière - route libre devant : *Ces termes ne s'appliquent pas à des bateaux sur des bords opposés sauf si la règle 18* (contourner et passer des marques et des obstacles) *s'applique.* (Définition de Route libre derrière et route libre devant ; engagement) voir illustration de l'engagement dans le chapitre 15 : Lexique. Et justement elle s'applique puisque les bateaux ne sont ni au louvoyage, ni approchant d'une ligne de départ (voir 18.1 a et b).

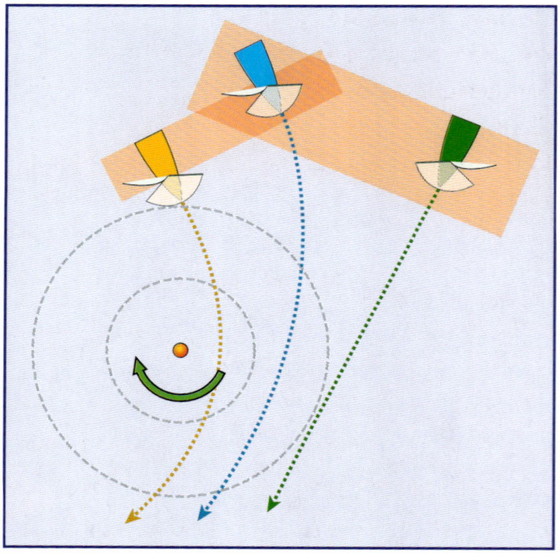

Figure 6.5.3
L'amure sur laquelle se présentent les bateaux à la zone des deux longueurs n'a pas d'importance : ils sont engagés. Le bateau jaune, engagé à l'intérieur aura droit à de la place même s'il était initialement bâbord amures. Il n'aura droit qu'à la place pour que le bateau à l'intérieur, manœuvré en bon marin, passe rapidement entre le bateau à l'extérieur et la marque. Le Vert tribord amures devra, momentanément, abandonner sa priorité qu'il ne retrouvera que quand tous les bateaux auront passé la marque.

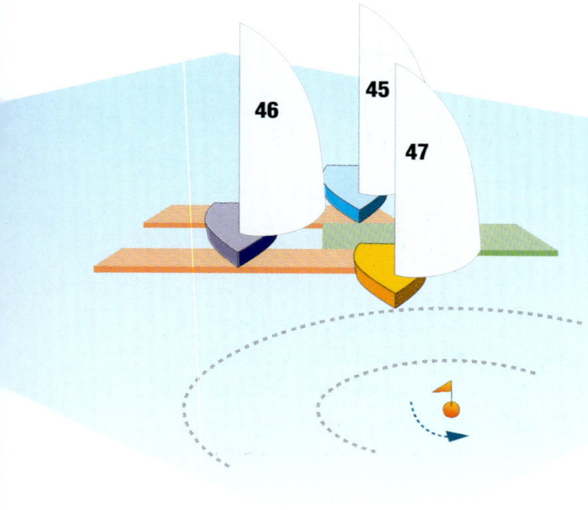

Figure 6.5.4
Si le bateau violet est bien engagé à la fois sur le bleu et le jaune, il ne se trouve pas *situé entre eux (between).*
Le Bleu n° 45 n'est donc pas engagé sur le Jaune n° 47. Il ne peut prétendre à obtenir de la place à l'intérieur de celui-ci. Il a droit à "de l'eau" sur le Violet, mais il doit se maintenir à l'écart du Jaune.
En cas d'infraction sur le Jaune ; il restera au Bleu la possibilité d'effectuer une pénalité par rotation si c'est le système de pénalité applicable à la course (règle 44.1).

6.6 *Avant tout, lever le doute*

La charge de la preuve, qui existait dans les règlements antérieurs à 1997, a été supprimée au profit de cette nouvelle rédaction. ***S'il existe un doute raisonnable sur le fait qu'un bateau a obtenu ou rompu un engagement à temps, on doit présumer qu'il ne l'a pas obtenu ou rompu...***
(Règle 18.2 (e) Droits d'engagement)
Les concurrents qui se trouvent à la limite d'un engagement aux abords de la zone de deux longueurs devront garder à l'esprit que ce n'est plus sur le tapis vert qu'il faudra convaincre. "libre ou engagé" ce dilemme devra avoir trouvé sa solution avant qu'un incident oppose les protagonistes.
Un engagement discutable à La zone de deux longueurs ne sera pas considéré comme acquis (cf.-figure 6.6.1). Le bateau en route libre derrière devra se maintenir à l'écart (cf. figures du § 6.9).
Un engagement, avéré, qui n'est pas clairement rompu à la zone des deux longueurs sera considéré comme encore existant (cf. figure 6.6.2)... Le bateau engagé à l'intérieur aura droit à de la place. Celui à l'extérieur devra s'écarter pour le laisser faire sa manœuvre (cf. figures du § 6.8.)
Voir dans le chapitre *Lexique* l'illustration de route libre derrière, route libre devant et engagement

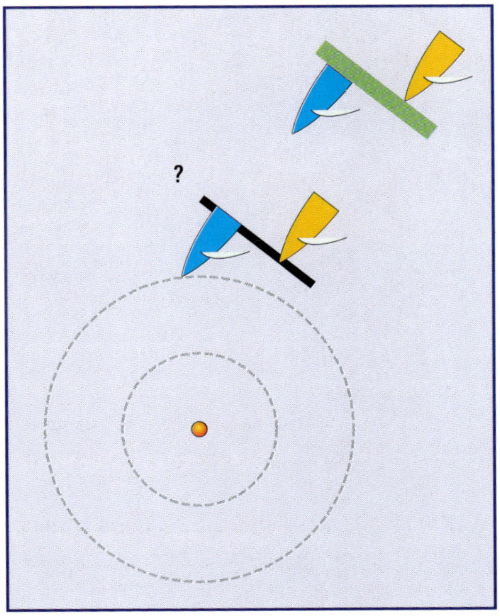

Figure 6.6.1
On considérera que **jaune n'a pas établi** l'engagement à temps.
18.2 (c) s'applique, pas engagé à la zone.

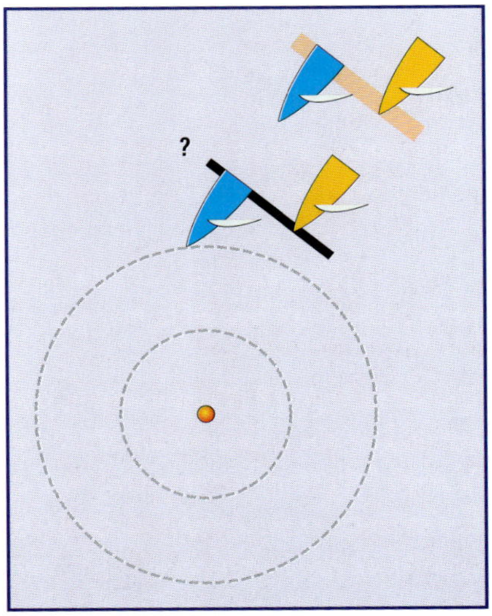

Figure 6.6.2
On considérera que **bleu n'a pas rompu** l'engagement à temps.
18.2 a et b s'applique, engagés.

Les deux protagonistes auront dû lever le doute sur la zone de course avant le passage de la marque ET avant qu'un contact n'arrive entre les bateaux et/ou la marque. Si l'incident intervient tout de même, une double réclamation devrait fuser, au risque de voir un bateau ou les deux disqualifié(s) après instruction. Deux petits tours ne valent-ils pas mieux, qu'une disqualification. Voir chapitre pénalité et réclamation.

6.7 *Cas de course*

Quelle que soit la marque de portant où cela se passe ci-dessous, les règles sont identiques

Figure 6.7.1

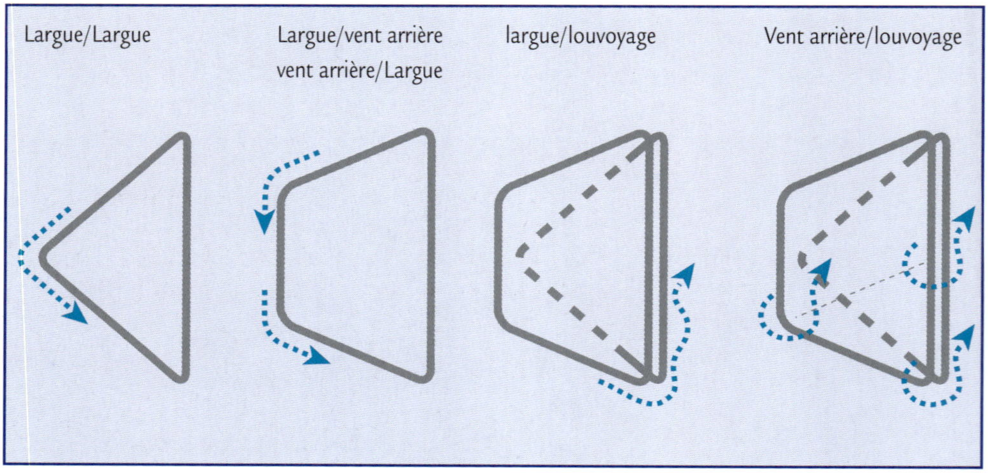

Une seule question doit trouver sa réponse au moment où le plus proche de la marque atteint la zone des deux longueurs : Les bateaux sont-ils engagés. Les différentes amures ne sont pas importantes, il faudra seulement se souvenir si celui à l'intérieur :

- Était prioritaire avant la zone, ce qui lui donnera l'opportunité de choisir sa trajectoire tactique.
- S'il n'était pas prioritaire, il n'aura droit qu'à la place de manœuvrer en bon marin pour passer rapidement la marque

Quand la règle 18 (Contourner et passer des marques et des obstacles) *s'applique entre deux bateaux et que le bateau prioritaire modifie sa route pour contourner ou passer une marque, la règle 16* (Modifier sa route) *ne s'applique pas entre lui et l'autre bateau.* (18.2 (d) Modifier sa route pour contourner ou passer).
Le sens de contournement à une marque de portant, n'a pas non plus d'importance pour la même raison. C'est la fin du contournement qui est plus ou moins retardé

6.8 Engagés

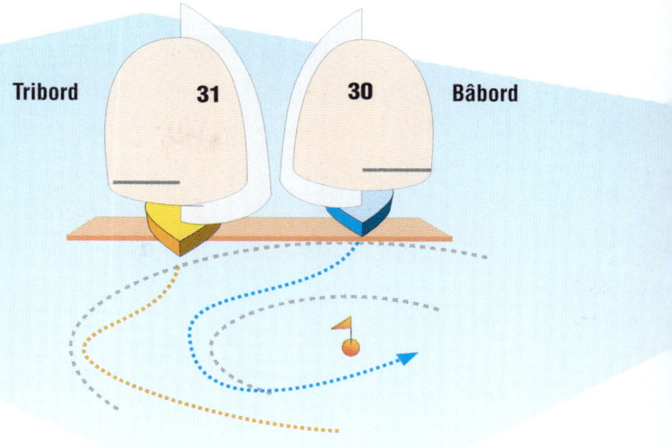

Figure 6.8.1

Lorsque des bateaux sont engagés, le bateau à l'extérieur doit donner au bateau à l'intérieur la place pour contourner ou passer la marque ou l'obstacle... (**Règle 18.2 (a) Engagés - règle de base).**

Alors que le Bleu était obligé de se maintenir à l'écart du Jaune, par la règle 10, sur le bord de portant, il aura droit de droit à de la place à l'intérieur de la marque grâce à son engagement quand Jaune atteint la zone.

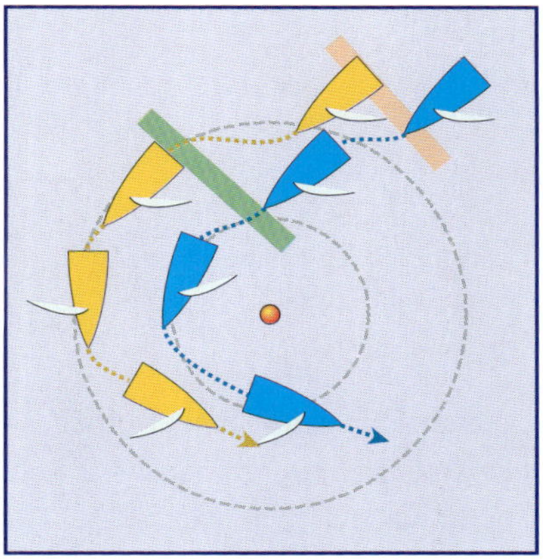

Figure 6.8.2

Si des bateaux étaient engagés avant que l'un d'eux atteigne la zone des deux longueurs et que l'engagement est rompu après que l'un d'eux l'a atteinte, le bateau qui était à l'extérieur doit continuer à laisser de la place à l'autre bateau. (Règle 18.2 (b) Engagés à l'entrée de la zone).

Le Jaune doit se maintenir à l'écart du bleu même si cela l'amène en dehors de la zone des deux longueurs. Voir aussi Cas ISAF 59-

Si le jaune ferme la porte au bateau bleu de la figure 6.8.2, le bleu ne doit pas s'abstenir de passer la marque, en arguant du fait que le jaune ne lui a pas laissé la place. À l'issue d'une instruction, initiée par l'un des protagonistes, le jaune sera disqualifié pour une infraction à la règle 18.2 b, mais bleu qui n'aura pas fait le parcours ne pourra prétendre à une place d'arrivée pour infraction à la règle 28.1 (Effectuer le parcours).

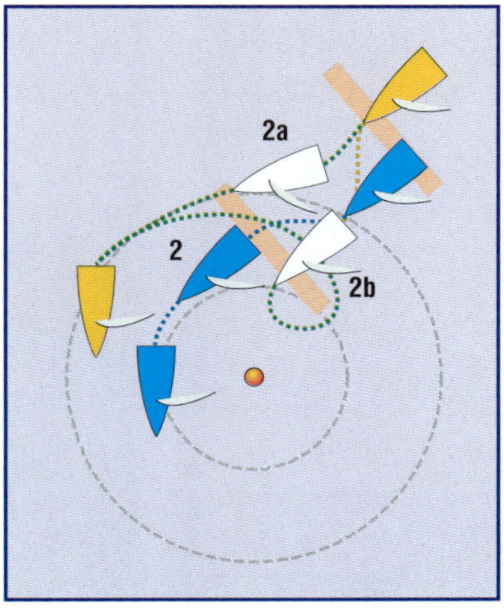

Figure 6.8.3

Si le bateau extérieur (Jaune) *devient en route libre derrière* (en 2a) *ou engagé à l'intérieur* (en 2b) *de l'autre bateau* (le Bleu en 2), *il n'a pas droit à de la place et doit se maintenir à l'écart.* (Règle 18.2 (b) Engagés à l'entrée de la zone)

Le Jaune de la figure 6.8.3 n'a pas le droit de « mettre son nez » entre le bleu et la marque. Son seul recours est de faire une boucle. Il doit passer la marque pour faire le parcours. Le Jaune n'a pas droit à de la place à l'intérieur. S'il force le passage, le bleu n'aura comme recours que de réclamer.

Si jaune persiste à vouloir forcer le passage, il enfreint la règle 18.2 (b). Il devra réparer sa faute par un 720°, y compris s'il touche la marque (voir chapitre pénalité), mais si malgré sa pénalité il a gagné un avantage, il doit abandonner (règle 44.1)

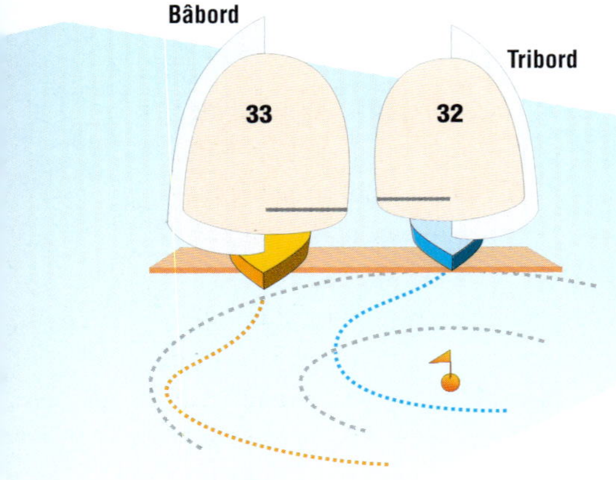

Figure 6.8.4

...et si le bateau à l'intérieur est prioritaire, le bateau à l'extérieur doit également se maintenir à l'écart.

Le bateau n° 33 doit se maintenir à l'écart du 32.

Le bateau n° 32 en tant que bateau prioritaire va pouvoir choisir sa meilleure trajectoire pour pouvoir sortir au plus proche de la marque et le jaune devra s'en maintenir à l'écart. *Jusqu'à ce qu'un voilier à l'intérieur tribord amures atteigne le point où, en contournant une marque, sa route normale est d'empanner et qu'il le fait, un voilier à l 'extérieur bâbord amures doit se maintenir à l'écart selon les règles 10, 18.2(a) et la règle 18.4 exige d'un voilier intérieur tribord amures qu'il ne s'écarte pas de la marque plus qu'il n'est nécessaire pour faire sa route normale.* (Cas ISAF 75.) En l'occurrence il pourra faire la meilleure trajectoire tactique qu'il aurait faite en l'absence du bateau Jaune.

Quand la règle 18 (Contourner et passer des marques et des obstacles) *s'applique entre deux bateaux et que le bateau prioritaire modifie sa route pour contourner ou passer une marque, la règle 16* (Modifier sa route) *ne s'applique pas entre lui et l'autre bateau.* (Règle 18.2 (d) Modifier sa route pour contourner ou passer). Et *Lorsqu'un bateau prioritaire engagé à l'intérieur doit empanner à une marque ou à un obstacle pour suivre sa route normale, il ne doit pas, jusqu'à ce qu'il empanne, passer plus loin de la marque ou de l'obstacle qu'il n'est nécessaire pour suivre cette route.* (Règle 18.4 Empanner)

Figure 6.8.5

Le bateau bleu, sous le vent, est prioritaire. Même si c'est le jaune qui a établi l'engagement au vent, le bleu ne pourra pourtant pas emmener le jaune au-delà de la marque comme illustré.

La règle suivante l'en empêche : *Lorsqu'un bateau prioritaire engagé à l'intérieur doit empanner à une marque... pour suivre sa route normale, il ne doit pas, jusqu'à ce qu'il empanne, passer plus loin de la marque ou de l'obstacle qu'il n'est nécessaire pour suivre cette route* (règle 18.4 Empanner).

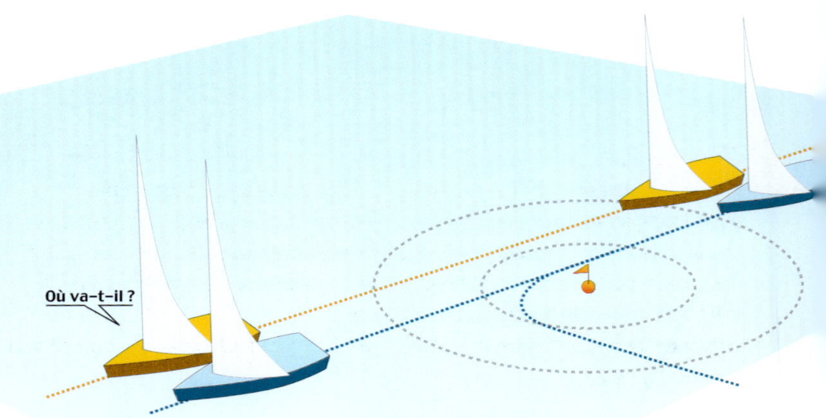

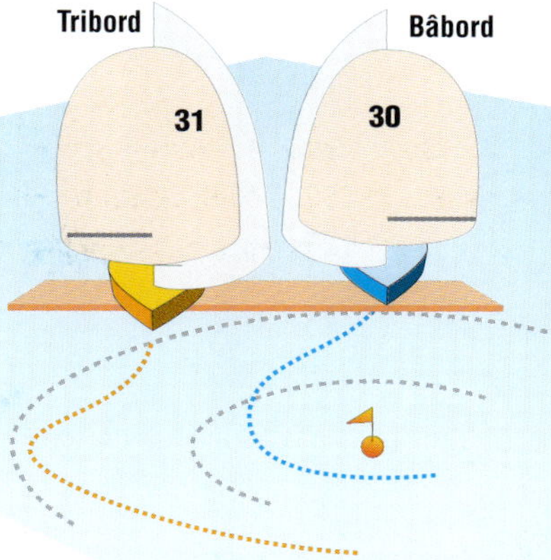

Figure 6.8.6
Le bateau jaune tribord amures, prioritaire jusqu'à ce qu'il atteigne la zone des deux longueurs, ne peut pas se prévaloir de la règle 10 (sur des bords opposés) pour fermer la "porte" au bateau Bâbord, lorsqu'ils sont sur le point de contourner la marque sous le vent. Il doit laisser la place au Bleu.
Le n° 30 bleu, n'aura pas l'opportunité de choisir sa meilleure trajectoire. Il devra empanner, pour que la route soit la plus courte possible.

Lorsqu'ils arrivent à la zone de deux longueurs, les deux bateaux sont soumis à la règle 18, bien que sur des amures différentes. C'est une exception à la règle 10 « du bâbord - tribord ». Le bateau n° 31 devra s'écarter pour laisser de la place au n° 30 entre la marque et lui. C'est-à-dire *L'espace dont un bateau a besoin dans les conditions existantes pendant qu'il manœuvre rapidement en bon marin* (Définition de Place) Cas ISAF 21.
Le bateau jaune n° 31 doit juste laisser la place. Il doit s'écarter de la marque suffisamment pour que les bômes et tangons de spi ne touchent ni l'équipement ni l'équipage de l'autre bateau. Par petit vent avec un plan d'eau calme, la place dont a besoin un bateau pour contourner la marque sera relativement réduite. Quelques centimètres entre la marque et le bateau à l'intérieur, de même qu'entre les bateaux pourront suffire. Par vent fort avec une mer agitée, la prudence du bon marin le poussera à laisser jusqu'à plusieurs mètres.

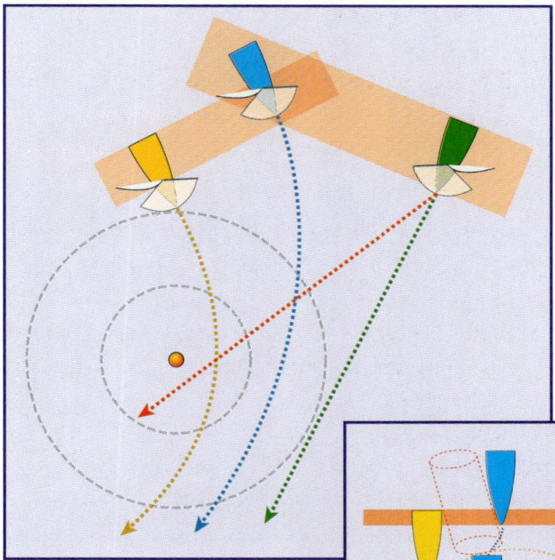

Figure 6.8.7
La situation est la même lorsque trois bateaux se présentent à une marque à contourner à tribord. Le Vert, tribord amures, doit laisser la place pour les deux bateaux bâbord amures, même si cela l'oblige à s'écarter à plus de deux longueurs de la marque. Vert ne peut pas « fermer » la porte, au Jaune et au Bleu

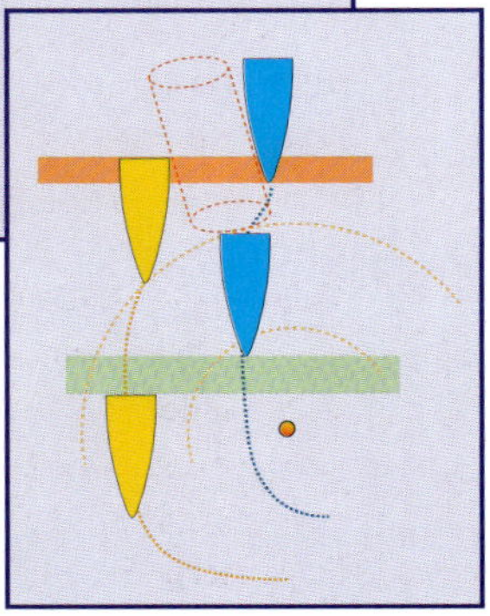

Figure 6.8.8
Puisque l'amure des bateaux aux abords d'une marque de portant n'a pas d'incidence, les bateaux sont donc représentés sans voile. Il ne faut pas oublier le "boudin de sécurité" autour de chaque bateau. Il matérialise fictivement l'espace dans lequel peut se déplacer la bôme et/ou le tangon avec son spi et les têtes de mâts, sans risque de contact avec son voisin.
Intercaler "ce boudin" entre les coques, c'est s'assurer que le non prioritaire se sera maintenu à l'écart.

Il faudra se souvenir aussi, lorsqu'il n'y a pas de changement d'amures, de la façon dont l'engagement s'est créé. Quelle que soit la distance de la marque à laquelle l'engagement a commencé (ex : au milieu du bord qui précède la marque sous le vent). Si c'est le bateau au vent (Bleu), de la figure 6.8.9, qui a établi l'engagement : lorsqu'ils auront passé tous les deux la marque, le droit de lofer du Jaune un instant suspendu, lui sera rendu. Si l'engagement a été établi à partir d'une route libre derrière, le jaune de la figure 6.8.10 qui n'avait pas le droit de lofer au-dessus de sa route normale (plus ou moins : un grand largue) avant la marque (Règle 17.1) n'aura toujours pas le droit de lofer au-dessus de sa route normale après qu'ils l'ont tous les deux passée. Sur le bord de louvoyage, qui sert à l'illustration, cette route normale deviendra : le plus près.

Figure 6.8.9

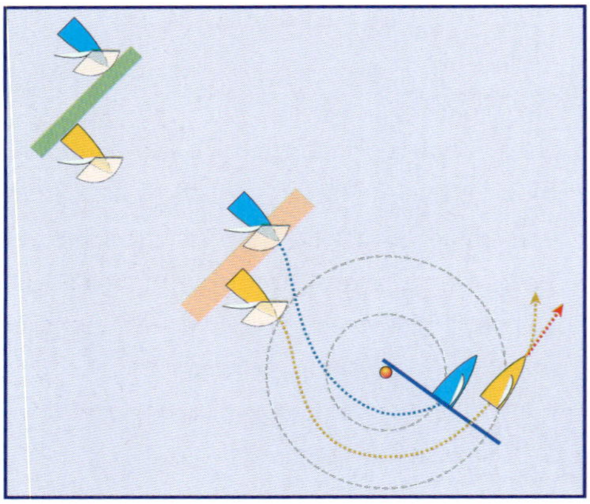

Figure 6.8.10

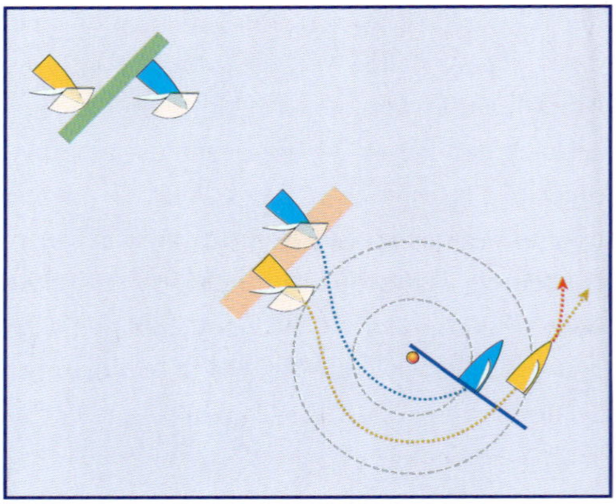

Quand des voiliers engagés ont doublé une marque, un voilier au vent à l'intérieur n'a plus droit à de la place et seule la règle 11 s'applique (Cas ISAF 25).

6.9 En route libre (non engagés)

Si un bateau est en route libre devant au moment où il atteint la zone des deux longueurs, le bateau en route libre derrière doit dès lors se maintenir à l'écart... (Règle 18.2(c) (Non engagés à l'entrée de la zone)

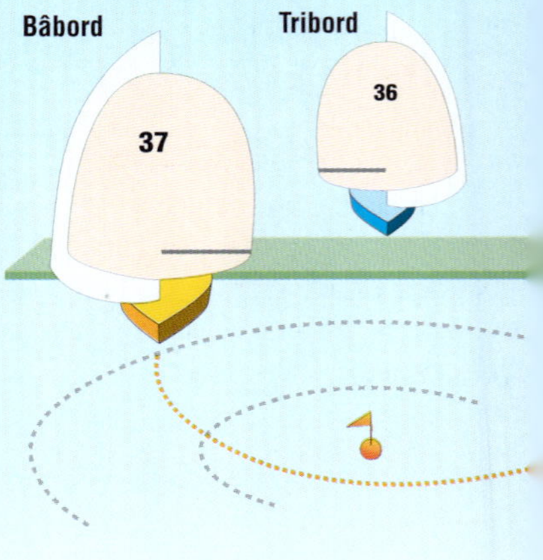

Figure 6.9.1

Bien que tribord amures, le n° 36 perd sa priorité aux abords de la marque sous le vent car il n'est pas engagé quand le n° 37 atteint la zone de deux longueurs. Il ne pourra pas continuer tout droit, au risque de créer un contact avec le jaune. Attention : au portant les bateaux qui arrivent par l'arrière sont souvent plus rapides que ceux qui les précèdent. Ils jouent le rôle d'écran en arrêtant une partie du vent.

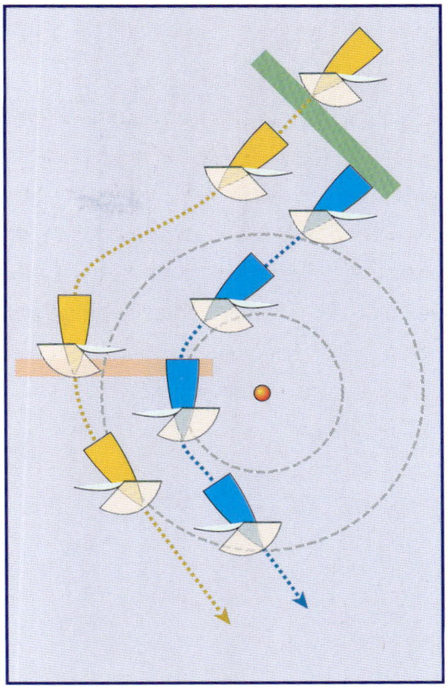

Figure 6.9.2
Si le bateau en route libre derrière (jaune) *devient engagé à l'extérieur de l'autre bateau* (bleu), *il doit également donner de la place au bateau à l'intérieur.* (Règle 18.2(c) (Non engagés à l'entrée de la zone) même si cela l'amène en dehors des deux longueurs à cause des tangons et des spis.
Quand la règle 18 (Contourner et passer des marques et des obstacles) *s'applique entre deux bateaux et que le bateau prioritaire* (bleu), *modifie sa route pour contourner ou passer une marque, la règle 16* (modifier sa route) *ne s'applique pas entre lui et l'autre bateau* (règle 18.2 (d) Modifier sa route pour contourner ou passer).

Comme lorsqu'ils sont engagés le bateau prioritaire peut choisisr sa trajectoire. La règle 18.4 (empanner) ne s'applique pas puisqu'elle fait référence à des bateaux engagés. À une marque sous le vent avec un bord de louvoyage à suivre, Bleu aurait pu s'écarter davantage pour pouvoir raser la marque à une allure au plus près.
Si le bateau en route libre derrière devient engagé à l'intérieur de l'autre bateau, il n'a pas droit à de la place (règle 18.2(c) (Non engagés à l'entrée de la zone).

Figure 6.9.3
Le bateau bleu est en route libre derrière le jaune, côté intérieur de la marque. Il doit donc se maintenir à l'écart du jaune, qui peut lui choisir sa meilleure trajectoire en s'écartant pour ressortir au près au ras de la marque. Bleu n'a pas le droit de s'infiltrer à l'intérieur.Attention si jaune sort de la zone des deux longueurs, c'est sa manœuvre qui engagera le bleu à l'intérieur quand il atteindra à nouveau cette zone.

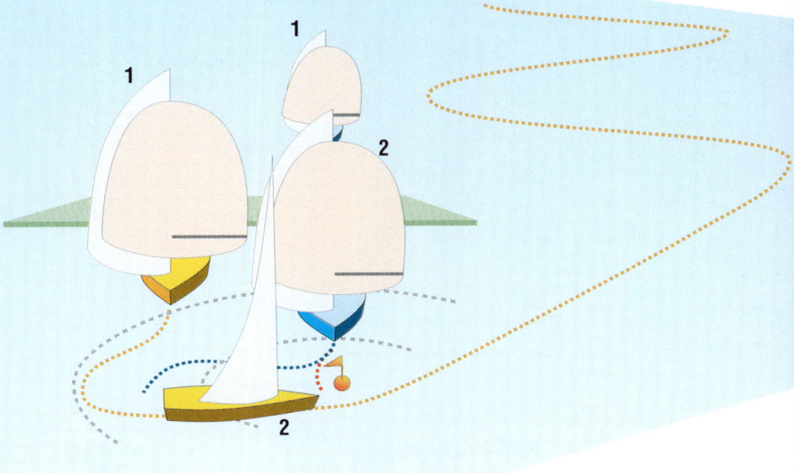

Quand un voilier arrive par le travers d'une marque mais à l'extérieur de la zone des deux longueurs, et que sa modification de route vers la marque établit l'engagement intérieur d'un voi-

lier qui était auparavant en route libre derrière, la règle 18.2 (a) lui impose de laisser de la place à ce voilier, que son éloignement soit dû ou non au fait d'avoir donné de la place à d'autres voiliers engagés à l'intérieur (Cas ISAF 59). Cette situation survient lorsqu'un train de bateaux arrive à la marque sous le vent. Les trajectoires des bateaux à l'extérieur les font sortir de cette fatidique zone. Les bateaux à l'extérieur après s'être justement écartés vont converger vers la marque et créer l'engagement de ceux qui étaient initialement en route libre derrière.

Figure 6.9.4
Le bateau rouge est en route libre derrière le jaune et le bleu lorsqu'ils atteignent la zone des deux longueurs.
Mais les trajectoires de ces deux bateaux (Bleu et Jaune) engagés passent assez loin de la marque. Après s'être nettement écarté le voilier rouge profite de l'opportunité qui lui est offerte pour passer au ras de la marque, alors qu'il n'avait pas droit à de la place... Il saisit l'occasion qui lui est offerte, de s'engager à l'intérieur à ses risques et périls. Cas ISAF N° 63.

Figure 6.9.5
Par vent fort un certain nombre de concurrents particulièrement prudents, préféreront sans doute changer d'amure en virant de bord plutôt que de risquer un dessalage lors de l'empannage. *Si le bateau qui était en route libre devant dépasse la position bout au vent, la règle 18.2(c)* (Non engagés à l'entrée de la zone) *cesse de s'appliquer.* (Règle 18.2(c) (Non engagés à l'entrée de la zone). Jaune devra laisser de la place au bleu s'il s'engage pendant sa manœuvre.

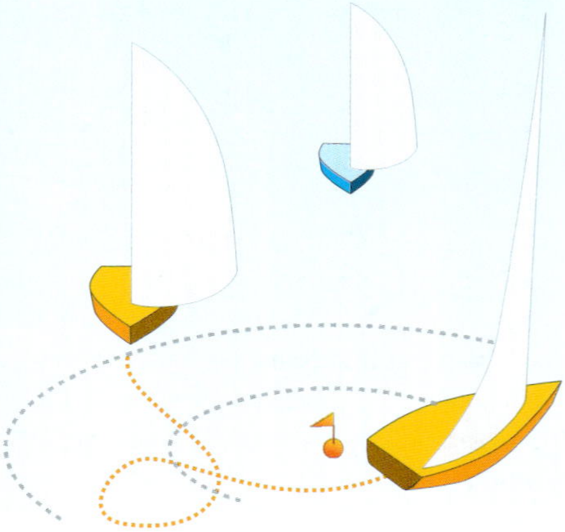

Figure 6.9.6

ATTENTION, la règle 18.2.c utilise comme référence le bateau en route libre DEVANT quand il atteint la zone. Si c'est le bateau en route libre derrière (bleu) qui atteint le premier la zone, alors Jaune est en dehors de la zone. Le bateau Jaune de la figure devra se maintenir à l'écart et laisser la corde au bleu. *La règle 18.2 (c) s'applique seulement si un voilier est en route libre devant quand il entre dans la zone... Jaune est obligé par la règle 18.2.a de laisser à* Bleu *la place pour doubler la marque y compris la place pour son empannage...* (Cas ISAF 2)

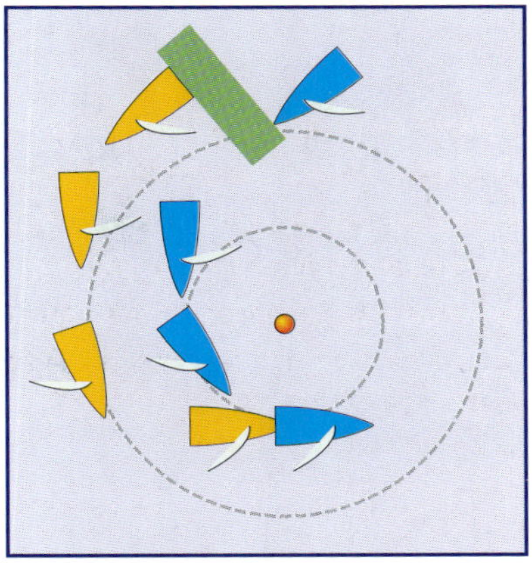

.10 Cas particulier de la marque N° 2 d'un parcours trapézoïdal (Grand largue =/= Près serré)

Cette situation peut se rencontrer

- pour des concurrents d'un même départ sur la boucle extérieure, quand un bateau au louvoyage rattrape un retardataire en route de la marque 1 vers la marque 2.
- pour des concurrents de deux départs différents, Le bateau bleu pourrait être un des premiers du 2e départ ayant tourné sur la boucle intérieure qui rattrape un concurrent du 1er départ envoyé sur la boucle extérieure

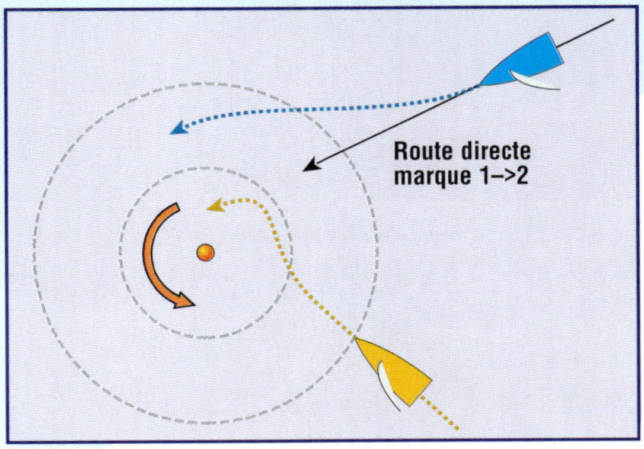

Figure 6.10.1

Lorsque des bateaux sont engagés, le bateau à l'extérieur doit donner au bateau à l'intérieur la place pour contourner ou passer la marque... et si le bateau à l'intérieur est prioritaire, le bateau à l'extérieur doit également se maintenir à l'écart... (Règle 18.2(a) Engagés - règle de base)

Figure 6.10.2

Si deux bateaux approchaient d'une marque sur des bords opposés et que l'un d'eux(le jaune) *termine un virement de bord dans la zone des deux longueurs alors que l'autre pare la marque, la règle 18.2* (Donner de la place ; se maintenir à l'écart) *ne s'applique pas. Le bateau qui a viré de bord* le jaune : doit d'abord respecter les règles 10 (Sur des bords opposés) et 13 (Pendant le virement de bord). Puis il ne *doit pas obliger l'autre bateau* (le bleu) *à naviguer au-delà du plus près pour l'éviter...* (Règle 18.3 Virer de bord à une marque).

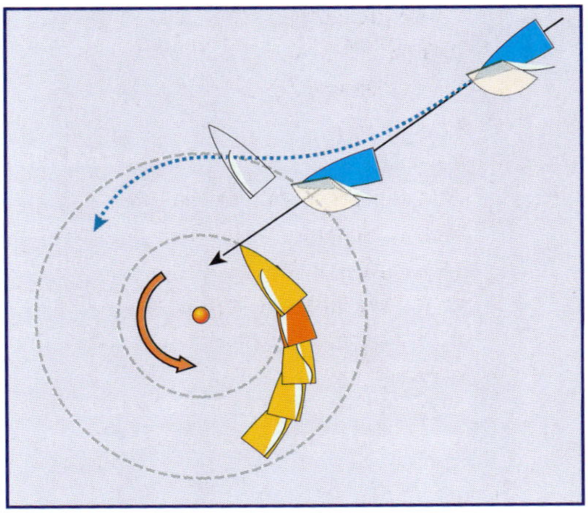

Si Jaune de la figure 6.10.2 oblige le bleu à naviguer au-delà du plus près, il enfreint la règle 18.3. Bleu n'aura pas gain de cause après une instruction, s'il a seulement un peu lofé, même si c'est au-dessus de la route directe (mais pas au-dessus du plus près). Bleu aura intérêt à assurer une veille attentive avant de se trouver « étrave contre étrave », et d'être obliger de manœuvrer avec un spi... bien encombrant au près...

6.11 *Cas particulier des portes*

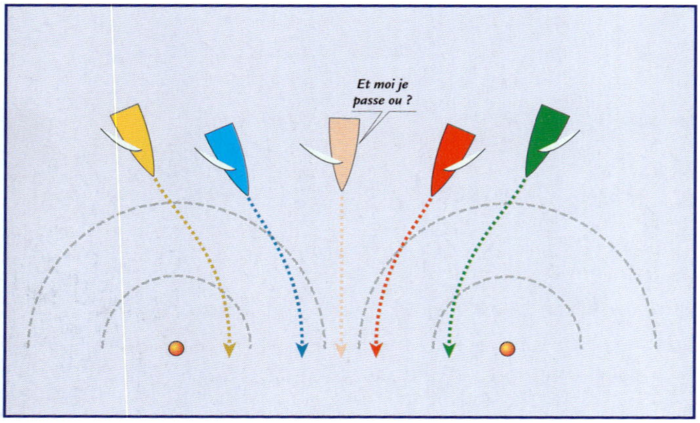

Figure 6.11
Si le comité a mouillé les marques de la porte trop près l'une de l'autre, le bateau rose qui est à la fois à l'intérieur et à l'extérieur selon le côté où l'on se place aura bien du mal à honorer ses devoirs des deux côtés à la fois. Comme tous les autres bateaux qui se trouvent dans l'impossibilité matérielle de respecter les règles du chapitre 2 (quand les bateaux se rencontrent).
À l'origine les portes ont été créées pour éviter les concentrations de bateaux. !

Si la porte est mouillée suffisamment large, les situations des paragraphes 6.8 et 6.9 pourront sans interférer être résolues à chacune des marques.

6.12 *Cas à un obstacle continu*

Un bateau aura garde de ne pas s'engager si le mur de bateaux qui le précède est dans l'impossibilité de lui donner de la place. Ralentir vaut parfois mieux que de « rentrer dans le mur ».
Si le bateau extérieur est incapable de donner de la place lorsqu'un engagement commence, les règles 18.2(a) (Engages - règle de base) *et 18.2(b)* (Engages a l'entrée de la zone) *ne s'appliquent pas.* (Règle 18.2(e) Droits à l'engagement)

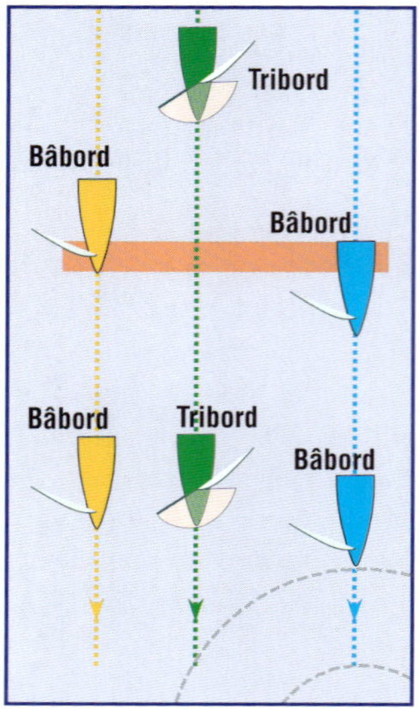

Figure 6.12
Plusieurs situations devront être successivement étudiées si les bateaux se présentent comme dans la figure 6.12.
La priorité absolue du vert (**règle 10**), tribord amures sur le bord, sera momentanément suspendue quand le bleu atteindra la zone des deux longueurs ? Il devra laisser de la place au Bleu pour passer la marque et le jaune doit laisser la place pour que la bôme du vert pendant l'empannage ne la touche pas.
Voir cas ISAF 23 quand un bateau tribord amures qui s'engage entre deux bâbord règle applicable 10 et non 18.

Pour les contacts aux marques et/ou les infractions entre bateaux : consultez le paragraphe "Pénalités" et les règles 31.3 et 44.4(a)
Pour les marques manquantes consulter le paragraphe Parcours

.13 *Tactique*

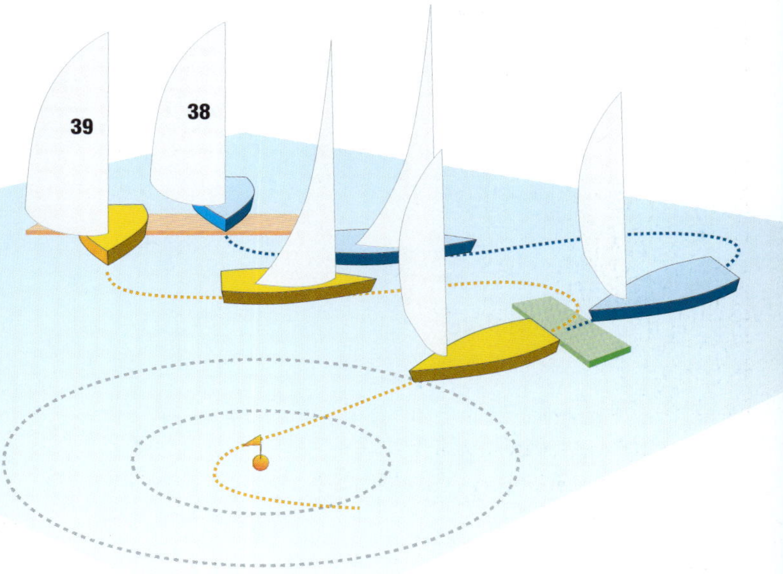

Figure 6.13
Deux bateaux sont engagés avant la zone des deux longueurs. Et l'on admet que le bateau jaune a le droit de naviguer au-dessus de sa route normale conformément à la règle 17.1 (**Sur le même bord ; route normale**) (chapitre 4 Bords de près, Sur le même bord)
La seule façon qu'il ait de ne pas avoir à laisser de la place au bateau n° 38, c'est de rompre l'engagement avant cette fatidique zone des deux longueurs. Attention jaune devra être certain de ne pas être entré dans cette zone.
Voir Cas ISAF 86

Quand un grand nombre de bateaux approchent, de la zone des deux longueurs, engagés : mieux vaut pour le bateau à l'extérieur ralentir pour se désengager, quitte a se maintenir à l'écart de tous les autres. Ce bateau en route libre derrière aura le choix d'une meilleure trajectoire à la corde, à ses risques et périls (Cas ISAF 63), plutôt que de se laisser entraîner loin de la marque sous le vent.
Plutôt que de se retrouver en dixième position engagé à l'extérieur, il vaut mieux ralentir pour se retrouver en route libre derrière. De ce fait avec l'opportunité de choisir une trajectoire idéale à la corde et sans perte de vitesse pendant que le paquet aura bien du mal à retrouver un peu de vent non perturbé.

CHAPITRE 7

LA ZONE D'ARRIVÉE

CHAPITRE 7 - LA ZONE D'ARRIVÉE

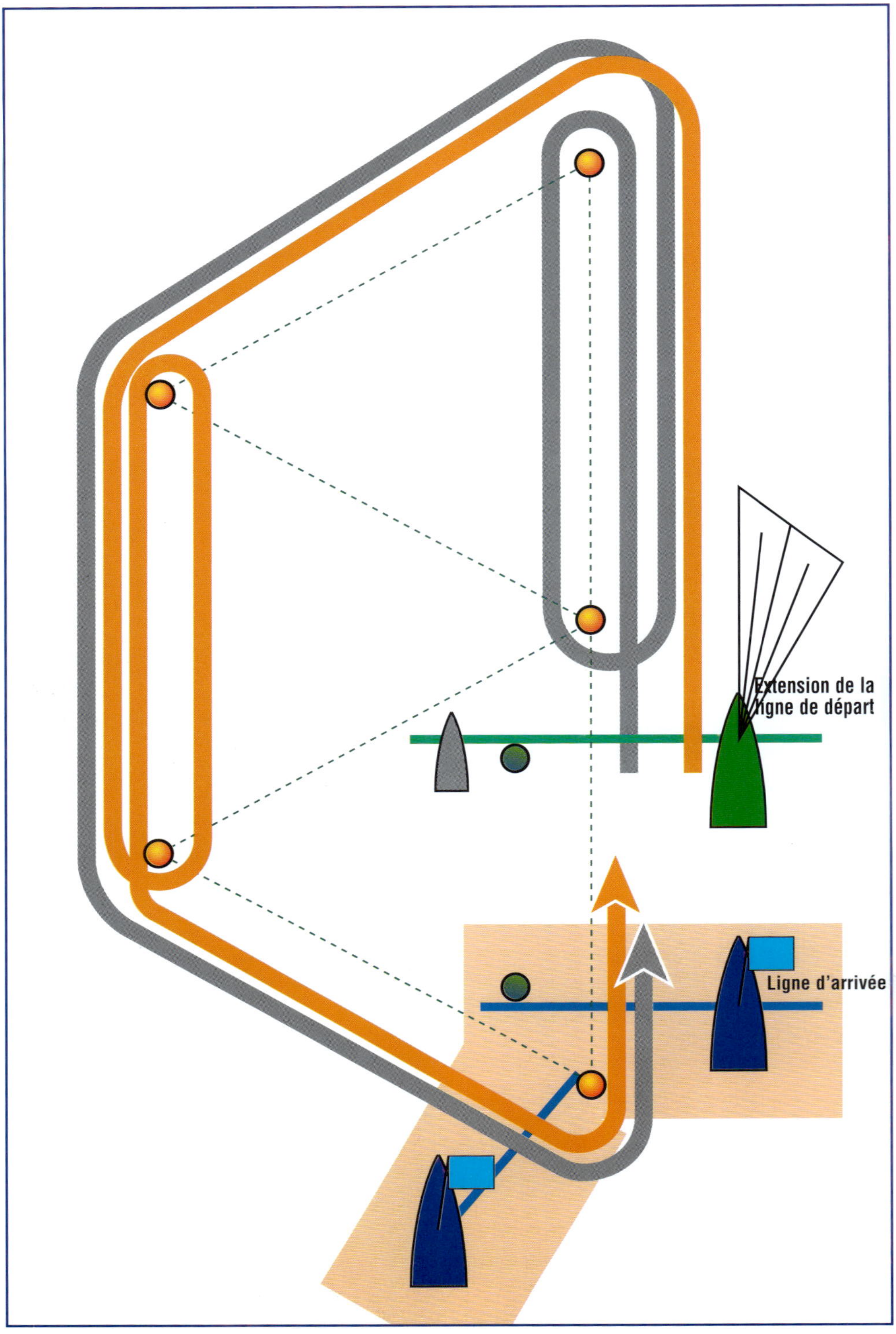
Extension de la
ligne de départ
Ligne d'arrivée

CHAPITRE 7

Vous avez fait le parcours en contournant dans l'ordre toutes les marques décrites dans les instructions de course. Vous voici en vue de la ligne d'arrivée. Il vous faut « finir » pour valider votre parcours et votre place.

7.1 *La ligne d'arrivée : situation, orientation, longueur*

La ligne d'arrivée est toujours matérialisée par une ligne fictive délimitée par deux extrémités. Après avoir lu la description des marques dans les Instructions de course, le plus dur reste à faire : les repérer dans la zone d'arrivée, surtout s'il y a de nombreux bateaux en attente (voiliers ou bateaux d'accompagnateurs). Vous savez si vous devez repérer :

- deux bateaux,
- un bateau et une marque, ou
- l'alignement de deux repères limité par une ou deux bouées.

Situation

Depuis quelques années nous voyons se généraliser différents sites pour les lignes d'arrivée soit :

- à la fin d'un bord de louvoyage :
  - au vent du parcours (au vent de la marque 1) : figure 7.1.1
  - appuyée sur la marque au vent : figure 7.1.2
  - au milieu du bord de louvoyage (VRC et course par équipes)
  - après un petit bord de près, sous le vent du parcours figure 7.1.3
- à la fin d'un bord de portant :
  - Sous le vent du parcours figure 7.1.4
  - derrière un bateau du comité qui reste dans la zone de départ figure 7.1.5
  - devant le bateau CC sur la zone de départ, après le passage de la porte
  - ligne d'arrivée identique à la ligne de départ (match racing) figure 7.1.6

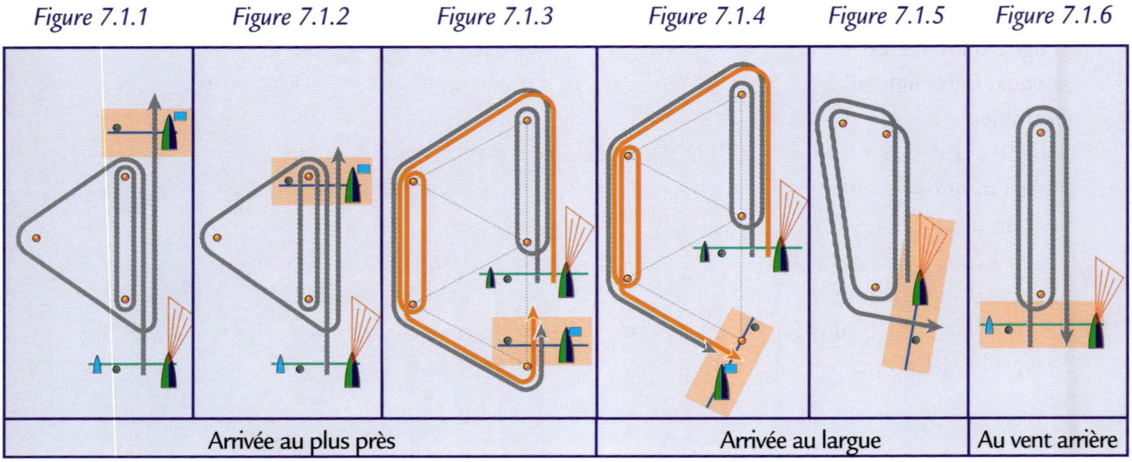

Voir dans chapitre Parcours, la ligne en cas de réduction à une marque à contourner

Orientation

Le comité de course mouille la ligne d'arrivée pour contraindre les concurrents à la couper, si possible, sans ambiguïté. Si le vent est sensiblement dans l'axe du parcours, la ligne pourra être mouillée perpendiculairement au vent, pour une arrivée au louvoyage. Si le vent est décalé, à droite ou à gauche, la ligne sera mouillée perpendiculairement à la dernière section de parcours sans tenir compte de la direction du vent. De même lorsque l'arrivée se fait derrière un bateau du comité ou lors d'une réduction de parcours à une marque à contourner - Signaux de parcours : pavillon « S » voir chapitre parcours.

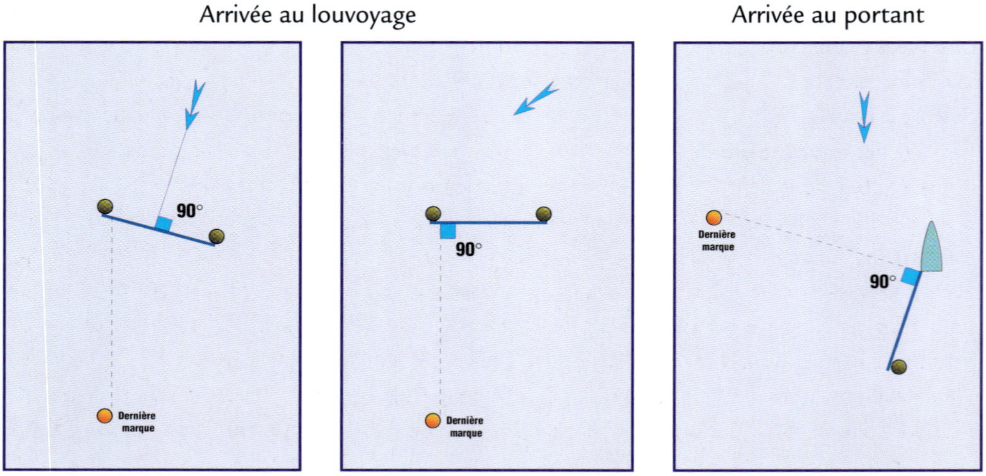

Longueur

La ligne d'arrivée est en général assez courte : environ 50 à 100 mètres suivant la taille des bateaux. Cette ligne n'a pas besoin d'être bien longue puisque tous les bateaux n'arrivent pas ensemble.

La ligne d'arrivée ne devrait jamais être décrite dans les Instructions de course en précisant quelle marque se trouve à bâbord et quelle est celle qui se trouve à tribord. Mais tout simplement en décrivant les deux extrémités. *L'instruction de course qui prétend modifier la définition de « finir » est illégale. Une telle action est une action inadéquate du comité de course. Les résultats* d'une course *doivent être fondés sur les places d'arrivée des voiliers qui ont fini selon la définition.* (Cas ISAF 45). En cas d'inversion de côté, le comité fait une faute en tentant d'empêcher les concurrents de finir la course conformément à la définition.

7.2 Qu'est-ce que finir et comment finir ?

Un bateau finit quand une partie quelconque de sa coque ou de son équipage ou équipement en position normale coupe la ligne d'arrivée dans le sens de la route depuis la dernière marque soit pour la première fois, soit après avoir effectué une pénalité selon la règle 31.2 (360° pour abordage d'une marque) *ou la règle 44.2* (720° pour pénalités pour infraction aux règles du chapitre 2)*, soit, en vertu de la règle 28.1* (Effectuer le parcours)*, après avoir corrigé une erreur commise sur la ligne d'arrivée* (définition de Finir).

Par petit temps les nageurs ne pourront ni pousser ni tracter leur bateau. *Aucune personne ne doit quitter le bord intentionnellement... Une personne quittant le bateau par accident ou pour nager doit être revenue à bord avant que le bateau continue la course.* (Règle 47.2 Limitation sur l'équipage)

Vous pouvez vous racheter par rotation, après l'abordage d'une marque d'arrivée ou une infraction à une règle du chapitre 2 : Quand les bateaux se rencontrent, dans la zone d'arrivée. Mais vous devez recouper la ligne d'arrivée. Ce deuxième passage sera le seul retenu pour votre ordre d'arrivée, le premier sera supprimé de la liste. Ces infractions et rotations auront probablement été observées par le comité de course et elles pourraient être consignées sur l'ordre d'arrivée et dans le rapport du comité. (voir § n° 8.8 Abordage d'une marque et n° 8.9 Pénalités).

Si vous passez la ligne à contre-sens, vous pouvez corriger votre erreur. Mais si vous avez déjà passé la ligne dans le bon sens et que vous vous apercevez que vous avez fait une erreur de parcours (oublier une marque par exemple), vous ne pouvez vous rattraper. *Un bateau doit... finir, de telle façon qu'un fil représentant son sillage après qu'il a pris le départ et jusqu'à ce qu'il ait fini, passerait, s'il était tendu, du côté requis de chaque marque et toucherait chaque marque à contourner...* Mais attention s'il a omis une marque, *il peut corriger toute erreur pour respecter cette règle, pourvu qu'il n'ait pas déjà fini.* (Règle 28.1 Effectuer le parcours)

Si la ligne s'appuie sur la marque au vent et que vous êtes en retard d'un tour sur les premiers, vous devez poursuivre votre course, et ne pas vous arrêter en tentant ainsi d'usurper un ordre d'arrivée qui ne correspond pas à votre course. Si vous abandonnez à ce moment : signalez-le tout de suite au comité à l'arrivée et ensuite à terre au secrétariat de course.

Comment finir ?

Si le comité de course juge l'arrivée du bord d'un bateau, il arbore un pavillon bleu qui signifie : *« Ce bateau du comité de course est en position sur la ligne d'arrivée (Pas de signal sonore)* (Pavillon bleu dans les Signaux de course).

Le bateau qui juge l'arrivée peut être mouillé à l'extrémité tribord (Figures 7.2 - 1 ; 2 ; 3 ; 4 ; 6 ; 11 et 12). ou l'extrémité bâbord (Figures 7.2.7, 7.2.10 et 7.2.14). C'est-à-dire, qu'en venant de la dernière marque, il suffit de mettre un morceau de votre bateau entre les deux extrémités de la ligne : *Après avoir fini, un bateau n'a pas besoin de franchir complètement la ligne d'arrivée.* (Règle 28.1 Effectuer le parcours). Il faut seulement couper la ligne pour pouvoir être enregistré sur l'ordre d'arrivée.

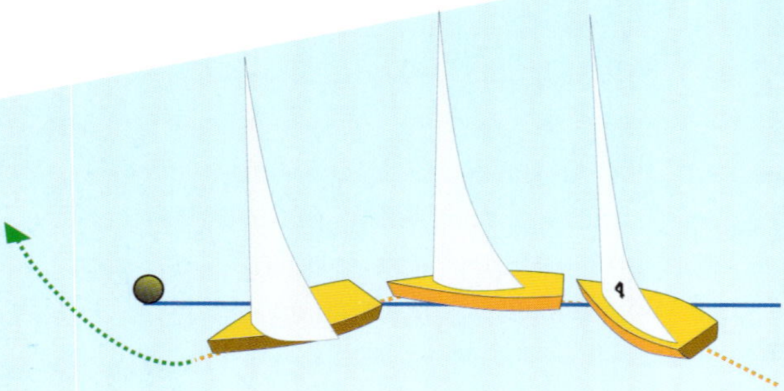

Figure 7.2.1

Le bateau jaune n° 4 choisit de dégager la ligne d'arrivée en la longeant.
Les deux situations (fig. 7.2.1 et 7.2.2) se rencontrent surtout par petit vent et quand, de plus, le courant pousse du côté parcours. Cela évite aux bateaux d'entrer en contact avec les marques en se dégageant de la ligne d'arrivée.

Figure 7.2.2

Le bateau bleu n° 5 cule après avoir simplement pointé l'étrave sur la ligne. Pour tenter et réussir ce genre d'arrivée il faut être certain de son coup d'œil. Car entre avoir frôlé la ligne et avoir *coupé la ligne d'arrivée,* il n'y a que le résultat dans l'ordre d'arrivée qui change.
Les bateaux n° 4 et n° 5 devront faire attention aux autres concurrents en course, puisque *si un bateau a enfreint une règle alors qu'il n'était pas en course, sa pénalité doit lui être appliquée dans la course la plus proche du moment de l'incident.* (Règle 64.1 (c) Pénalité et exonération).

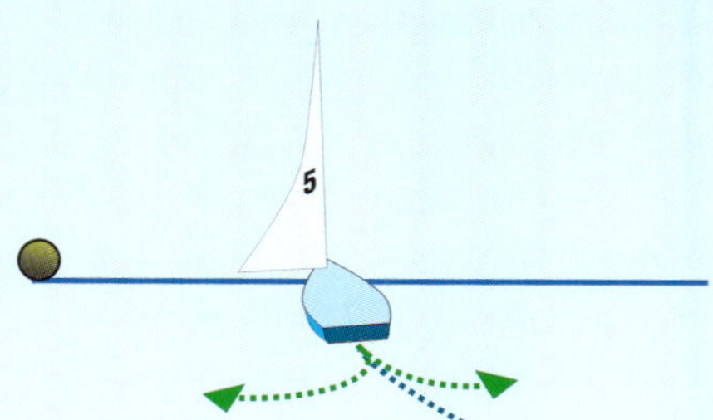

Fin de course au louvoyage

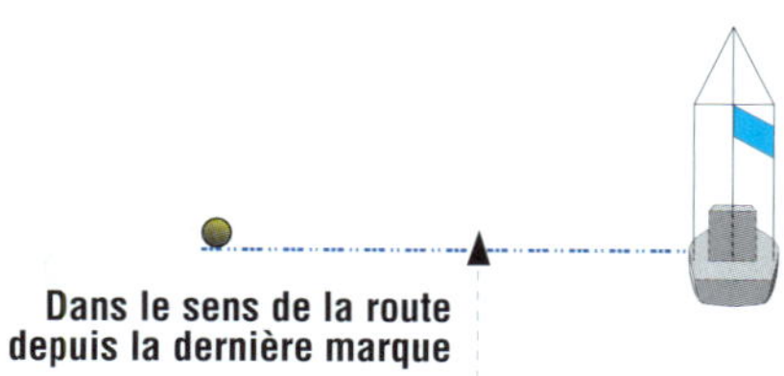

Figure 7.2.3

Un bateau finit quand une partie quelconque de sa coque ou de son équipage ou équipement en position normale coupe la ligne d'arrivée dans le sens de la route depuis la dernière marque soit pour la première fois (définition de Finir).

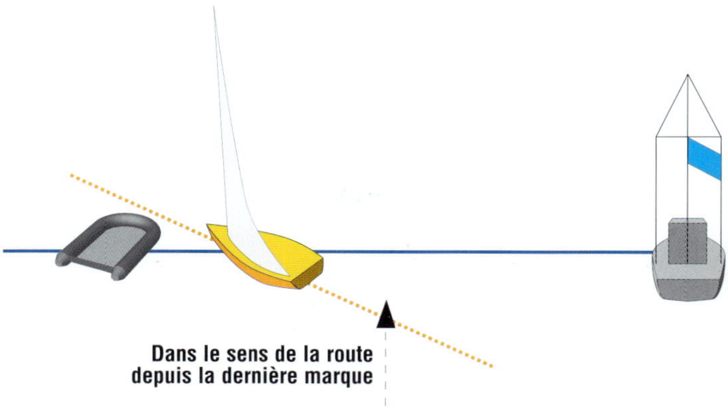

Figure 7.2.4
Lors d'une arrivée jugée entre deux bateaux, face au vent c'est le bateau porteur du pavillon bleu qui enregistre l'ordre d'arrivée officiel. Il se trouve en général à l'extrémité tribord de la ligne, l'autre bateau « double l'arrivée » (figures 7.2.4 et 7.2.6).

Si l'une des extrémités de la ligne oscille, à cause de l'évitement du bateau du comité sur son mouillage (figure 7.2.5) alors que la ligne est mouillée dans l'axe du parcours suite à un changement important dans la direction du vent, les concurrents peuvent avoir du mal à identifier la « bonne » direction pour finir.

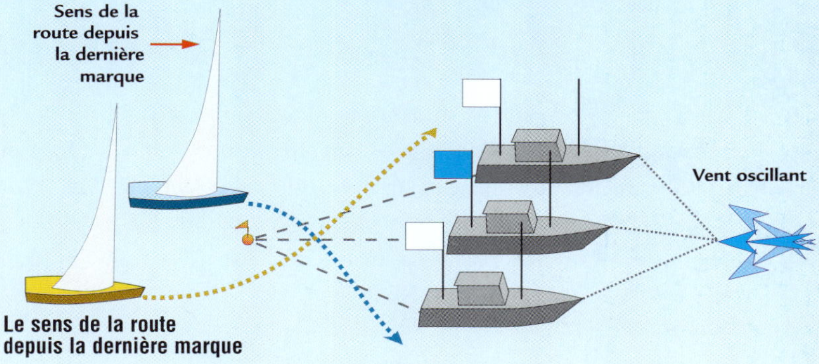

Figure 7.2.5
Quand la ligne d'arrivée est tellement orientée dans l'axe du dernier bord qu'on ne peut déterminer la manière correcte de la franchir pour finir en accord avec la définition, les voiliers sont en droit d'obtenir réparation, et chaque direction est acceptable.

Quand un voilier ne peut raisonnablement déterminer dans quelle direction il doit finir pour respecter la définition, il a le droit de finir dans n'importe quelle direction (Cas ISAF 82) figure 7.2.5
Il ne suffit donc pas seulement de repérer le bateau du comité qui arbore le pavillon bleu et/ou le pavillon « S ». Il faut aussi identifier l'autre extrémité.

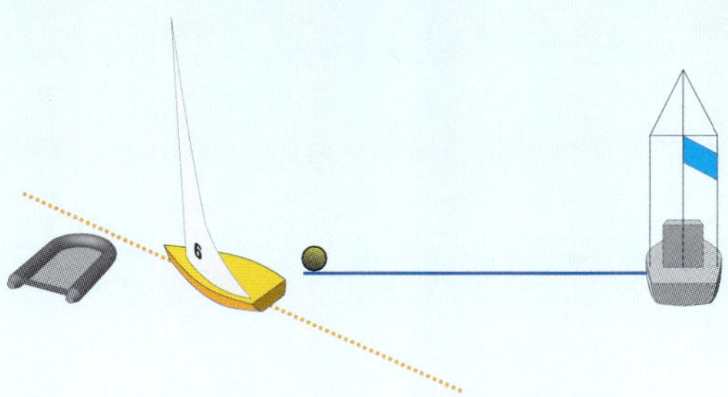

Figure 7.2.6
Si le bateau jaune n° 6 vient bien dans la direction de la dernière marque, il ne coupe pas la ligne d'arrivée matérialisée par le trait en pointillé (entre la marque spéciale et le bateau du comité arborant le pavillon bleu). Probablement n'a-t-il pas lu attentivement la description de la ligne d'arrivée.

Le pneumatique présent à l'extrémité bâbord de la ligne assure seulement un « doublage » de l'ordre d'arrivée. Le bateau n° 6 sera enregistré avec l'abréviation *DNF : N'a pas fini.* dans le classement de la course, sans instruction. *Un bateau... qui n'a pas fini... doit recevoir les points de la place d'arrivée correspondant au nombre de bateaux inscrits dans la série plus un...*

(Règle A4.2 : système de points) *Un bateau... qui n'a pas fini... doit recevoir le nombre de points correspondant attribués par le comité de course, sans instruction...* (Règle A5 Scores déterminés par le comité de course).

Passer à gauche du bateau du comité, qui arbore le pavillon bleu, puis tourner à droite après l'avoir dépassé vous assure d'être arrivé quand le bateau du comité qui juge l'arrivée se trouve à l'extrémité tribord de la ligne.

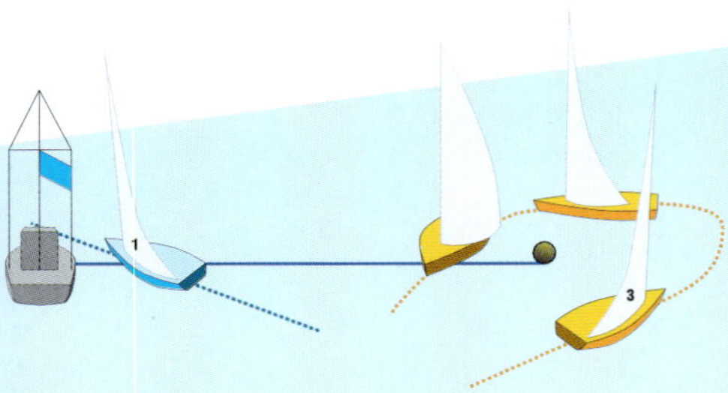

Figure 7.2.7

Mais le bateau du comité et son pavillon bleu peuvent se trouver à l'extrémité bâbord de la ligne.
Grâce à l'ajout de *« soit, en vertu de la règle 28.1* (Effectuer le parcours), *après avoir corrigé une erreur commise sur la ligne d'arrivée »,* dans la définition de : finir, le bateau jaune n° 3 de la figure 7.2.7 pourra corriger son erreur et finir conformément à la définition (voir figure 7.2.10).

Pour un bateau qui se « trompe » de sens de passage sur la ligne d'arrivée, tout n'est pas perdu : si *Un bateau doit... finir, de telle façon qu'un fil représentant son sillage après qu'il a pris le départ et jusqu'à ce qu'il ait fini, passerait, s'il était tendu, du côté requis de chaque marque et toucherait chaque marque à contourner... Il peut corriger toute erreur pour respecter cette règle, pourvu qu'il n'ait pas déjà fini.* (Règle 28.1 Effectuer le parcours).

Figure 7.2.10

Le bateau bleu n° 1 pourra être enregistré dans l'ordre d'arrivée puisqu'il vient directement de la direction de la dernière marque.
Le bateau jaune n° 3 ne sera pas noté comme arrivé, lorsqu'il coupera la ligne

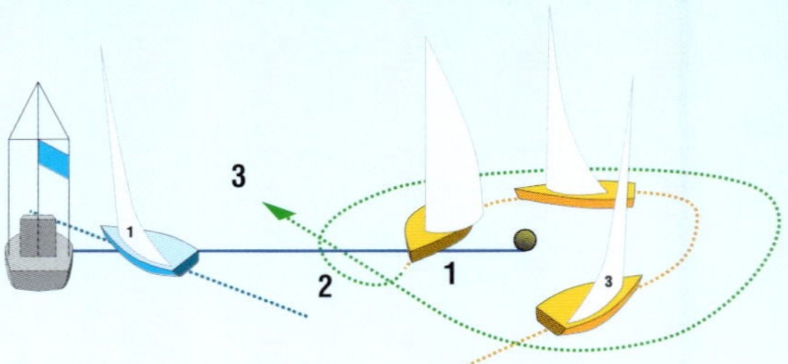

- en 1 : Il ne vient pas *dans le sens de la route depuis la dernière marque,* et,
- en 2 : son sillage ne passe pas du bon côté,

mais il peut corriger sa faute et finir en position 3.

Si le jaune n° 3 ne corrige pas son erreur et n'effectue pas la boucle pour dérouler le fil de son sillage : *Un bateau... qui n'a pas fini... doit recevoir le nombre de points correspondants* attribués par le comité de course, sans instruction.* Il sera enregistré *« DNF » - « Did not finish » - « n'a pas fini »* dans l'ordre d'arrivée de cette course. (Règle A5 Scores déterminés par le comité de course).

**Un bateau qui n'a pas pris le départ, qui n'a pas fini, qui a abandonné après avoir fini ou qui a été disqualifié doit recevoir les points de la place d'arrivée correspondant au nombre de bateaux inscrits dans la série plus un. Un bateau pénalisé selon la règle 30.2* (règle de pénalité de 20 %) *ou 44.3* (Pénalités en points) *doit recevoir les points tel que prévu par la règle 44.3(c).* (Règle A4.2 Système de points)

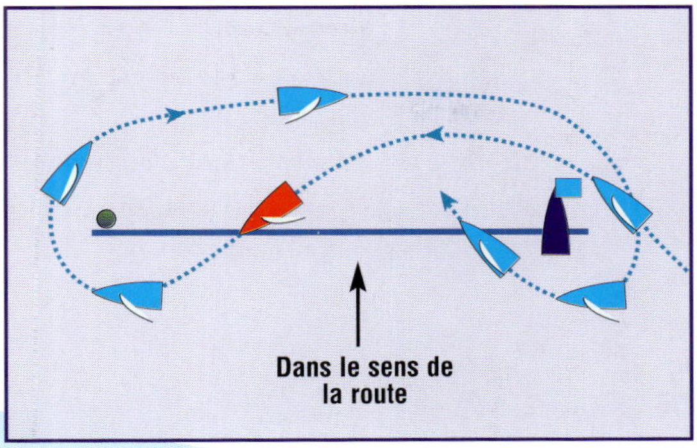

Figure 7.2.11

Si le sillage du bateau bleu répond toujours à la définition d'effectuer le parcours, elle était la seule possibilité de finir conformément à la définition des RCV 97-2000, quand un bateau coupait la ligne dans le mauvais sens. La nouvelle définition simplifie la tâche de tous. Se présenter à l'envers sur la ligne et devoir faire de la route en plus, pour une question de distraction, sont déjà fortement pénalisants. (voir aussi Cas ISAF 45 et 82.)

Figure 7.2.12

Lorsque la description du parcours indique : Départ... marque sous le vent n° 3 - arrivée, et que la ligne d'arrivée se situe au vent de la marque au vent : la marque n° 1 n'a pas de côté requis.

Les bateaux n° 7 et n° 8 peuvent passer d'un côté ou de l'autre, voire la toucher sans avoir à effectuer une pénalité puisqu'elle n'est pas marque de parcours. Évitez toutefois de la couler si vous ne voulez pas supporter le courroux du comité de course et de son mouilleur.

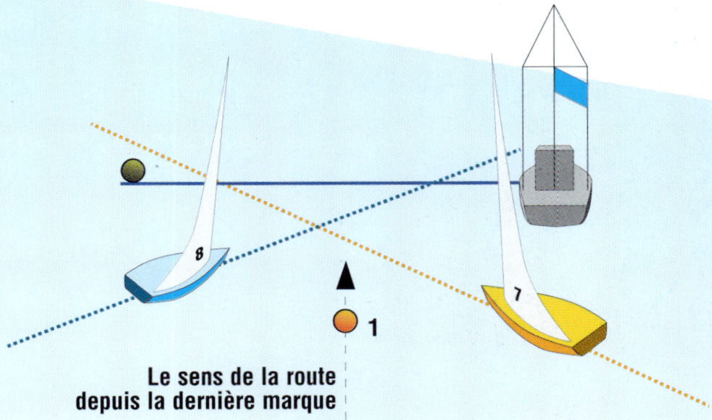

Fin de course au portant

Figure 7.2.13

Pour toutes les arrivées au portant, comme lors des parcours en forme de trapèze, ou ceux tels qu'illustrés sur la figure 7.2.13, les bateaux auront probablement des spinnakers.

Un bateau finit quand une partie quelconque de sa coque ou de son équipage ou équipement en position normale coupe la ligne d'arrivée... (définition de Finir).

Le bateau n° 10, de la figure 7.2.13, porte son spi en position normale, il sera noté sur l'ordre d'arrivée dès que son spi coupera la ligne d'arrivée (pointillé bleu). Par contre le bateau n° 9, qui a largement laissé filer la drisse et les bras de spi, ne pourra être enregistré que lorsque son étrave coupera la ligne. Son étrave est en effet la 1re partie du bateau qui se trouve en position normale. Que ce soit par une action délibérée de l'équipage ou fortuitement, le débordement du spi n'est pas toléré.

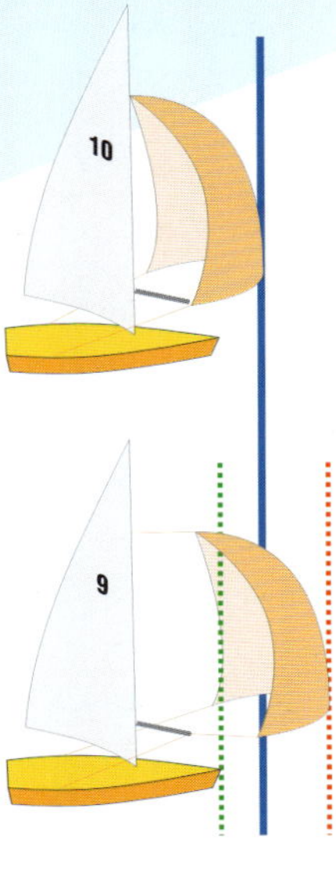

Lors de parcours dit « banane », avec ou sans dog leg, il est fréquent que l'arrivée se fasse derrière le comité.

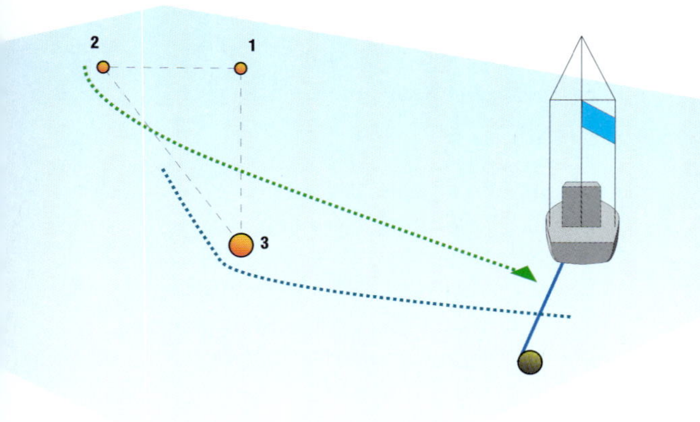

Figure 7.2.14
Cette localisation de la ligne d'arrivée permet au comité de course de pouvoir renvoyer rapidement une procédure pour une autre course.
La description du parcours finira par :
2 - 3 - Arrivée
si la marque 3 doit être contournée, telle que représentée par le sillage bleu
2 - Arrivée
si vous pouvez venir directement de la marque 2 trajectoire en vert.

Dans tous les cas, cette ligne devra être identifiable facilement par les concurrents, pour qu'ils puissent se conformer sans ambiguïté à la définition de finir : *Un bateau finit quand une partie quelconque de sa coque... coupe la ligne d'arrivée dans le sens de la route depuis la dernière marque* (définition de Finir).
Voir également les cas des réductions de parcours dans le chapitre Parcours.

Signaux sonores

Aucune règle n'oblige, ni n'interdit, un comité de course à faire des signaux sonores au passage de la ligne. C'est une courtoisie, quelque peu bruyante de sa part, que de saluer chaque bateau.
Un signal sonore peut être fait au passage du premier pour indiquer aux autres que le délai pour finir après lui est commencé. En aucun cas ce signal ne valide la course des concurrents. Un bateau peut avoir touché une marque sans avoir réparé et/ou « manquer » à faire le parcours. Toute chose qui ne pourra être établie que devant le comité de réclamation. *Le comité de réclamation est le seul habilité à agir sur le classement pour aggraver le score d'un bateau.* (Règle A 5)
Si celui qui coupe la ligne en premier n'entend pas de signal sonore et que le deuxième et quelques suivants sont salués... ce bateau a sans doute du souci à se faire (sauf si l'engin sonore n'a pas fonctionné). Ce supposé premier n'aurait-il pas été pris en flagrant délit d'infraction, sur la ligne de départ, à la règle 29.1 : du côté parcours au moment du signal de départ, à la règle 30.1 : règle du retour par l'extérieur sans revenir malgré le pavillon de rappel individuel ou, la règle 30.3 règle du pavillon noir.
Au passage de la ligne si les concurrents saluaient, ne serait-ce que d'un geste de la main, le comité à l'arrivée, cela serait bien agréable aux équipages du comité qui consacrent leur temps à l'agrément des autres.

Pavillonnerie pour course à suivre

Si sur le bateau du comité à l'arrivée il n'y a que le pavillon bleu cela signifie que le programme se déroule suivant les indications des Instructions de course. C'est-à-dire conformément au nombre maximum de courses à courir par jour. Il n'y a que lorsque le comité de course décide d'écourter le programme, qu'il vous le signalera par la pavillonnerie sur la ligne d'arrivée.

	↑●● ↓●	*Les courses dont le départ n'a pas été donné sont retardées. Signaux ultérieurs à terre.* « H » comme Home ou Harbor
	↑●● ↓●	*Les courses dont le départ n'a pas été donné sont retardées. Plus de courses aujourd'hui.* « A » comme Au revoir

Il ne faut absolument pas que le bateau du comité arbore un pavillon « N » avec ou sans pavillon « A » ou « H » s'il souhaite ne pas « envoyer » d'autre (s) course(s) ce jour-là. Il faut que la course, en cours, se termine pour tous (sauf sauvegarde des vies humaines). Quand un pavillon « N » est arboré il signifie : *Toutes les courses dont le départ a été donné sont annulées. Revenez sur la zone de départ,* et dans ce cas la course s'arrête immédiatement pour les concurrents encore en course.
Le pavillon « L » du code international ne sera plus envoyé sur le bateau du comité à l'arrivée d'une course, pour indiquer une course à suivre. Il ne pourra plus se trouver sur le bateau du comité au départ en continuité de celui sur la ligne d'arrivée. Néanmoins ce pavillon « L » n'en perd pas sa signification *sur l'eau : Venez à portée de voix, ou suivez ce bateau.* (Signaux de course).

7.3 Cas de course

Dans ce qui suit, les situations sont décrites avec des bateaux terminant soit au louvoyage, soit aux allures portantes. Les situations sont identiques à celles au passage des marques et traitées dans les chapitres correspondants :

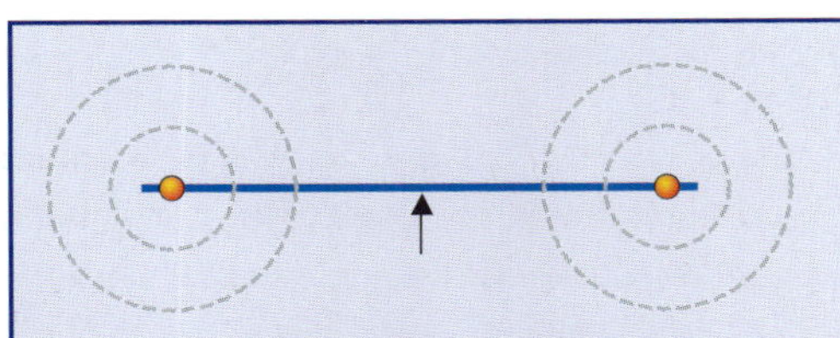

Figure 7.3.1
Marque au vent ou marque de portant pour les deux zones cerclées.
Sur un bord entre ces deux zones.

Arrivée au plus près

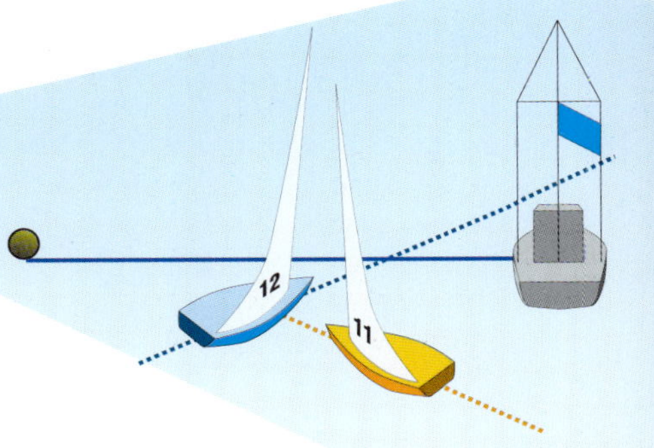

Figure 7.3.2
Le bateau bleu n° 12 (bâbord amures) a enfreint la règle 10 (Sur des bords opposés) il ne se maintient pas écarté du bateau jaune n° 11 (tribord amures).
Mais ce bateau peut se « racheter » : *Un bateau susceptible d'avoir enfreint une règle du chapitre 2* (Quand les bateaux se rencontrent) *en course peut effectuer une pénalité au moment de l'incident.*
(Règle 44.1 Effectuer une pénalité).

Quand un bateau effectue la pénalité sur ou près de la ligne d'arrivée, il doit se trouver entièrement du côté parcours de la ligne avant de finir (règle 44.2 Pénalité de rotation) si c'est le système de rotation qui s'applique. Voir § 8.6 ou 8.7.

Figure 7.3.3

Le bateau jaune *est soumis à la règle 10 (sur des bords opposés) qui l'oblige à se maintenir à l'écart du bleu. Mais le bleu est soumis à la règle 16 qui lui interdit de modifier sa route sans laisser à jaune la place de se maintenir à l'écart, même quand le bleu a modifié sa route vers une nouvelle route normale. Dans la situation présente, quand bleu a modifié sa route juste après avoir passé la poupe du bateau comité, il n'a pas donné au jaune suffisamment de place pour se maintenir à l'écart.* Cas ISAF n° 76.

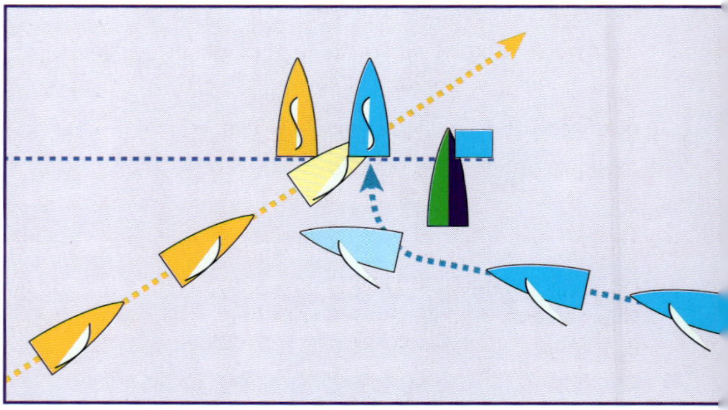

Les bateaux qui se présentent tribord amures, à l'extrémité tribord de la ligne, sont soumis à la règle 18, comme s'ils avaient à contourner la marque en la laissant à tribord. (La privation de place au bateau du comité ne s'applique que sur la ligne de départ.) Sur la ligne d'arrivée la règle 18 s'applique.

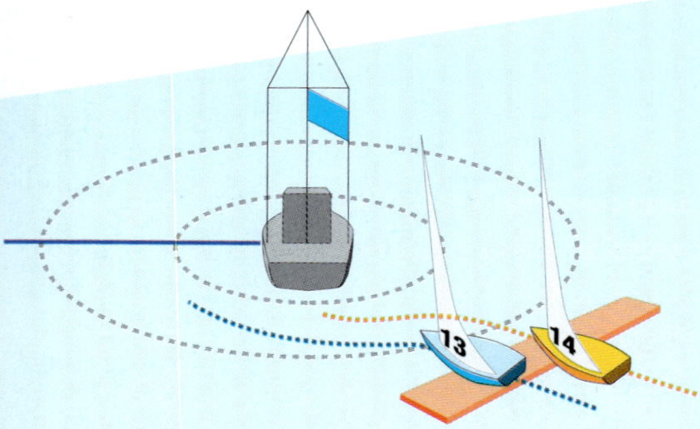

Figure 7.3.4

Lorsque des bateaux sont engagés, le bateau à l'extérieur doit donner au bateau à l'intérieur la place pour... passer la marque... (Règle 18.2 (a) Engagés règle de base)
Le bateau n° 13 n'a pas le droit de « fermer la porte » au jaune n° 14. Il est trop tard pour modifier cette situation. Il fallait que le bleu anticipe avant de pénétrer dans la zone des deux longueurs. Voir § 7.9 : tactique à la fin du présent chapitre

S'il existe un doute raisonnable sur le fait qu'un bateau a... rompu un engagement à temps, on doit présumer qu'il ne l'a pas... rompu. (Règle 18.2(e) Droit d'engagement). Et ***si des bateaux étaient engagés avant que l'un d'eux atteigne la zone des deux longueurs et que l'engagement est rompu après que l'un d'eux l'a atteinte, le bateau qui était à l'extérieur doit continuer à laisser de la place à l'autre bateau...*** (Règle 18.2 (b) Engagés à l'entrée de la zone)

Figure 7.3.5

Si un bateau, bleu n° 19, *est en route libre devant au moment où il atteint la zone des deux longueurs, le bateau,* jaune n° 20, *en route libre derrière doit dès lors se maintenir à l'écart... Si le bateau* jaune n° 20 *en route libre derrière devient engagé à l'intérieur de l'autre bateau* bleu n° 19, *il n'a pas droit à de la place.* (Règle 18.2 c Non engagés à l'entrée de la zone).

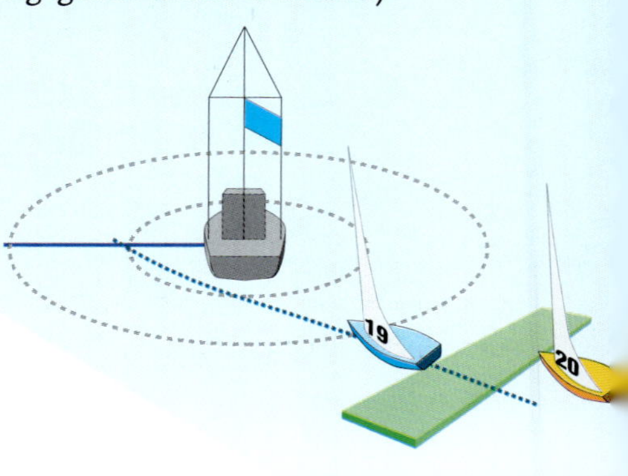

Le bateau jaune n° 20 ne peut prétendre à de la place entre le bleu et le comité de course, même s'il finit par s'engager à son vent. Le jaune n'a pas intérêt à forcer le passage sous le nez du bateau du comité. D'autant que *s'il existe un doute raisonnable sur le fait qu'un bateau a obtenu... un engagement à temps, on doit présumer qu'il ne l'a pas obtenu...* (Règle 18.2(e) Droit d'engagement)
Si le bateau jaune *en route libre derrière devient engagé à l'extérieur de l'autre bateau, il doit également donner de la place au bateau à l'intérieur.* (Règle 18.2 c.) Même si le jaune, en se maintenant à l'écart du bleu, s'engage sous le vent du bleu, il ne pourra le priver de place à la marque, quelle que soit sa route normale.

Figure 7.3.6
À l'extrémité bâbord de la ligne, deux bateaux engagés peuvent parer la marque, mais à condition de lofer au-dessus du plus près.
Lorsque des bateaux sont engagés, le bateau à l'extérieur jaune n° 16 *doit donner au bateau* bleu n° 15, *à l'intérieur la place pour... passer la marque, et si le bateau à l'intérieur est prioritaire, le bateau à l'extérieur doit également se maintenir à l'écart.* **(Règle 18.2 (a) Engagés - règle de base).** Même si le bleu s'est engagé sous le vent du jaune à partir d'une route libre derrière, il peut lofer jusqu'à face au vent, pour faire le « bord breton » qui est sa route normale.

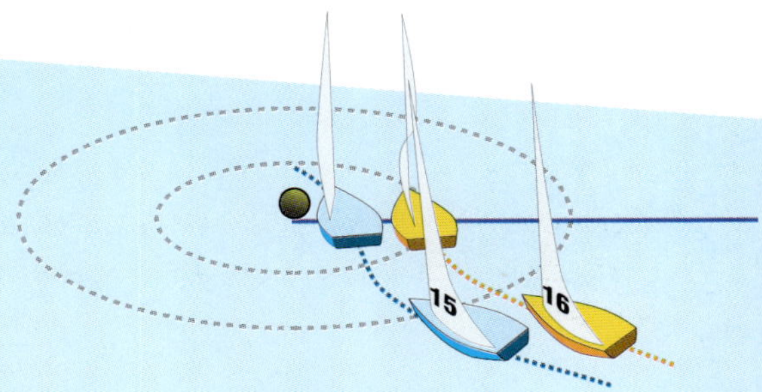

Puisque la route normale est *une route qu'un bateau suivrait pour finir aussitôt que possible en l'absence des autres bateaux auxquels la règle utilisant ce terme fait référence.* (définition de Route normale). Il ne doit toutefois pas virer de bord.

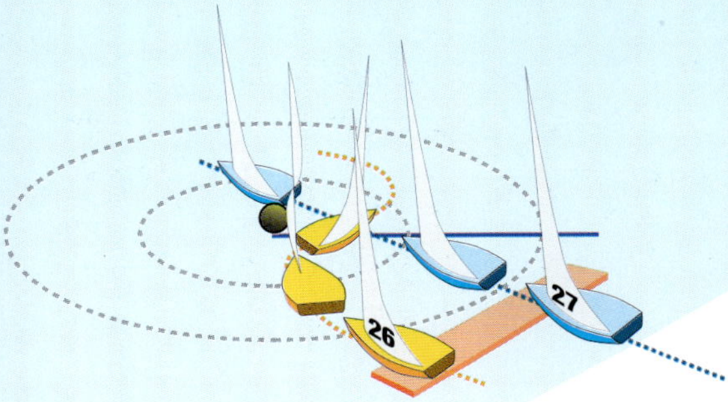

Figure 7.3.7
Le bateau bleu n° 27 peut parer la marque : finir sans virer de bord. Alors que le bateau jaune n° 26 ne peut finir en bord breton (sur son erre face au vent) sans toucher la marque. Il est obligé de virer de bord.
La règle 19.1 (Place pour virer de bord à un obstacle) *ne s'applique pas à une marque ... que le bateau hélé peut parer.* **(Règle 19.2 Place pour virer de bord).** En conséquence le bleu n'a pas à virer pour laisser au jaune la place de le faire également.

Le bateau bleu n° 27 au vent doit se maintenir à l'écart du bateau sous le vent sur le même bord, mais il n'a pas à virer de bord pour permettre au jaune n° 26 d'en faire autant.

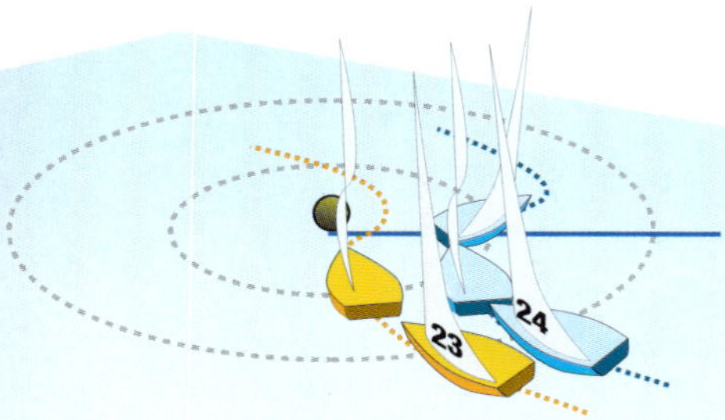

Figure 7.3.8

Aucun des deux bateaux ne peut parer l'obstacle que constitue la marque d'arrivée. Un obstacle est *un objet qu'un bateau ne pourrait pas passer sans modifier sensiblement sa route alors qu'il navigue directement vers lui et qu'il en est distant d'une longueur de coque* (définition de Marque).

Lorsque la sécurité exige d'un bateau au plus près qu'il fasse un changement de route important pour éviter un obstacle, et qu'il a l'intention de virer de bord mais ne peut pas virer de bord et éviter un autre bateau sur le même bord, il doit héler pour demander la place de le faire. Avant de virer de bord, il doit donner au bateau hélé le temps de répondre. Le bateau hélé doit soit
(a) virer de bord aussitôt que possible, auquel cas le bateau qui a hélé doit également virer de bord dès que possible, ou ... (Règle 19.1 Place pour virer)

Figure 7.3.9

Par contre, si c'est le bateau jaune n° 22 en route libre devant qui a besoin de virer de bord pour passer la marque, quand il *dépasse la position bout au vent, la règle 18.2(c)* (non engagés à l'entrée de la zone) *cesse de s'appliquer.*

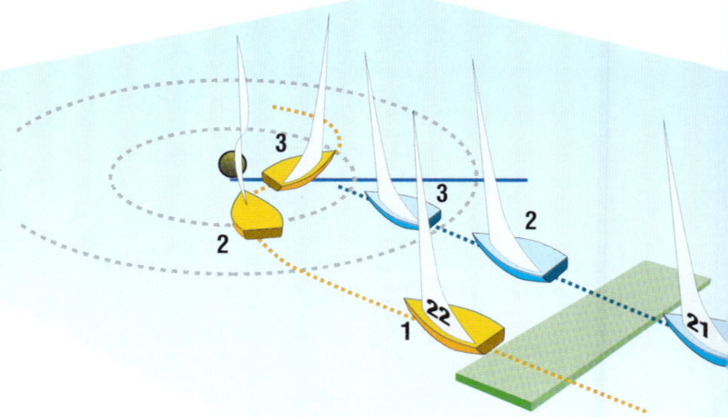

En position 2, le jaune n° 22 était prioritaire. Pendant son virement de bord et en position 3 il est soumis successivement aux règles : 13 **(Pendant le virement de bord)** puis 10 **(Sur des bords opposés)**. C'est alors que le bleu n° 21 devient prioritaire sans avoir rien fait. Il n'est pas soumis à la règle 15 **(Acquérir une priorité)**. Il n'a donc aucune raison de lui laisser de la place. Toutefois il doit éviter un contact qui cause un dommage **(règle 14)**. Le bateau bleu peut parer la marque, il n'a pas à virer pour laisser au jaune de la place de virer et de finir devant lui.

► *Arrivée au portant*

Pour les arrivées au portant, comme à la fin d'un parcours en forme de trapèze, la règle 10 (Sur des bords opposés) de la section A du chapitre 2, ne prime pas sur la 18 (Doubler des marques et des obstacles). Le préambule de la section A du chapitre 2 (Quand les bateaux se rencontrent) précise : *Cependant, certaines règles des sections B* (Limitations générales)*, C* (Aux marques et obstacles) *et D* (Autres règles) ***limitent les actions d'un bateau prioritaire*** (préambule de la section de la section C du chapitre 2).

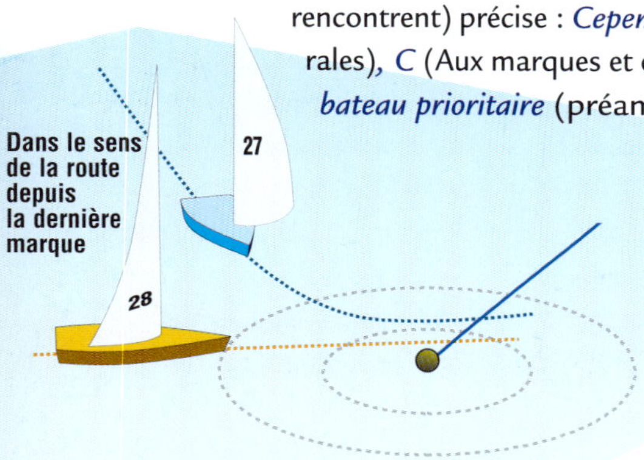

Figure 7.3.10

Le bateau n° 27 de la figure 7.3.10 tribord amures à l'extérieur doit donner de la place au bateau jaune n° 28 bâbord amures engagé à l'intérieur avant les deux longueurs.

Voir également le passage d'une marque sous le vent et de la porte pour tous les cas pouvant se présenter sur la ligne d'arrivée.

7.4 *Abordage d'une marque d'arrivée*

En course, un bateau ne doit pas aborder..., une marque qui... termine la section du parcours qu'il est en train d'effectuer, ou une marque d'arrivée après avoir fini (règle 31.1 Abordage d'une marque). ET *un bateau est en course depuis son signal préparatoire jusqu'à ce que soit il ait fini et dégagé la ligne et les marques d'arrivée* (définition de En course).

Deux cas peuvent se présenter :

- au passage de la ligne, le bateau touche la marque qui termine la section de parcours qui termine le parcours
- après avoir fini, le bateau « retombe » sur une marque, donc sans avoir dégagé* la ligne.

* voir définition de dégager en 7.4.6

Il convient de connaître les différences entre les objets :

- qu'il ne faut absolument pas toucher et
- ceux qui peuvent l'être parce que temporairement ou accidentellement attachés.

Une marque est *un objet tel que les Instructions de course exigent d'un bateau qu'il le laisse d'un côté spécifié, et un bateau du comité de course entouré d'eau navigable à partir duquel s'étend... la ligne d'arrivée. Une ligne de mouillage et des objets qui y sont temporairement ou accidentellement attachés n'en font pas partie* (définition de Marque).

- *On touche une partie quelconque aérienne de la marque d'un bateau du comité : il y a eu contact.*
- *On touche la ligne ou la chaîne entre l'ancre et l'écubier ou le chaumard : rien n'a eu lieu.*
- *On touche un objet amarré à la marque ou au bateau qui en tient lieu :*
  - *C'est une bouée de rechange du parcours ; rien n'a eu lieu, c'est un objet amarré temporairement ;*
  - *c'est un zodiac (annexe ou commissaire ou entraîneurs) amarré : rien n'a eu lieu, c'est un objet amarré temporairement ;*
  - *le même zodiac suspendu aux bossoirs du bateau du comité : il y a eu contact, il n'est ni fortuitement ni temporairement amarré il est à poste ;*
  - *un bout de bôme touche le guindeau avant d'un bateau du comité : il y a eu contact, ce n'est pas une ligne de mouillage. Il fait partie intégrante de la marque ;*
  - *s'il s'agit du pavillon national du bateau du comité : il y a eu contact, c'est un objet à poste. Il en serait de même pour le pavillon d'une bouée ou les signaux de parcours ;*
- *S'il s'agit d'une marque de départ entourée d'eau navigable : son mouillage a rang d'obstacle ;*
- *Si la marque est une île, toute partie immergée n'est pas un contact, mais la partie aérienne d'un quai ou ponton est un contact ;*

(1er Rappel général, *Bulletin d'information des arbitres de la FFV*)

Pour les planches à voile, *la règle 31* (Abordage d'une marque) *est modifiée comme suit : « Un concurrent ne doit pas s'accrocher à une marque de départ* (Règle B3). En conséquence, les planchistes peuvent toucher n'importe quelle marque de parcours, y compris celles d'arrivée. *Un bateau qui a enfreint la règle 31.1* (Abordage d'une marque) *peut, après s'être nettement écarté des autres bateaux aussitôt que possible, accepter une pénalité en effectuant rapidement un tour complet de 360° comprenant un virement de bord et un empannage...* (Règle 31.2 Abordage d'une marque).

Quand un voilier :

– touche une marque d'arrivée sans effectuer de réparation ;

– touche une marque d'arrivée et effectue une réparation sans revenir entièrement du côté parcours avant de finir ; ou

– effectue une pénalité sur ou près de la ligne d'arrivée pour une infraction à une règle du chapitre 2 sans revenir entièrement du côté parcours avant de finir, le comité de course doit réclamer contre ce voilier, conformément à la règle 60.2(a). Les règles 31.2 et 44.2 n'entrent pas dans les exclusions prévues à la règle 63.1, et une infraction présumée à l'une de ces règles ne peut être pénalisée sans instruction. (interprétation n° int./97/4 du jury d'appel FFVoile concernant les règles : A5, 31.2, 44.2, 63.1 - définition).

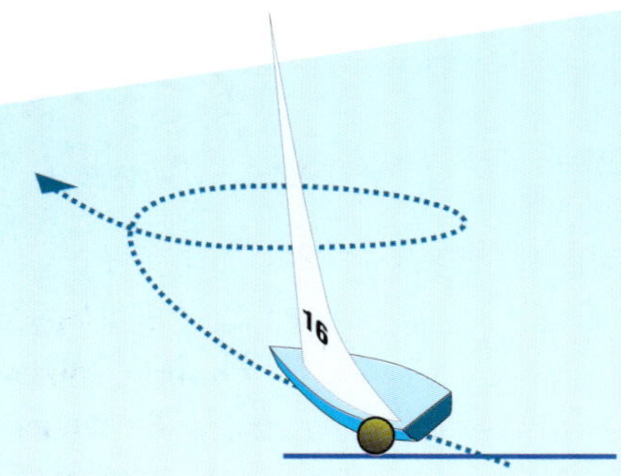

Figure 7.4.1

Le bateau n° 16, bien qu'ayant effectué un 360°, *ne revient pas du côté parcours. Quand un bateau effectue la pénalité après avoir abordé une marque d'arrivée, il doit revenir entièrement du côté parcours de la ligne avant de finir...* (Règle 31.1 Abordage d'une marque).

Le comité de course aura noté le contact avec la marque, et devra réclamer contre lui. Ce bateau n'a pas fini au sens de la définition.

Un bateau finit quand une partie quelconque de sa coque ou de son équipage ou équipement... coupe la ligne d'arrivée..., soit après avoir effectué une pénalité selon la règle 31.2 (360° pour abordage d'une marque) (définition de finir). En conséquence, si vous ne vous êtes pas conformé à la règle 31.2 vous devriez être convoqué au jury. Vous avez tout intérêt à aller consulter le tableau officiel. ***Le comité de réclamation est le seul habilité à agir sur le classement pour aggraver le score d'un bateau*** (règle A5 Scores déterminés par le comité de course). Si vous ne vous efforcez pas d'assister à l'instruction, le comité de réclamation instruira sans vous, par application de 63.3 : droit d'être présent.

Une lecture attentive du chapitre « Réclamation - demande de réparation » peut s'avérer fort utile.

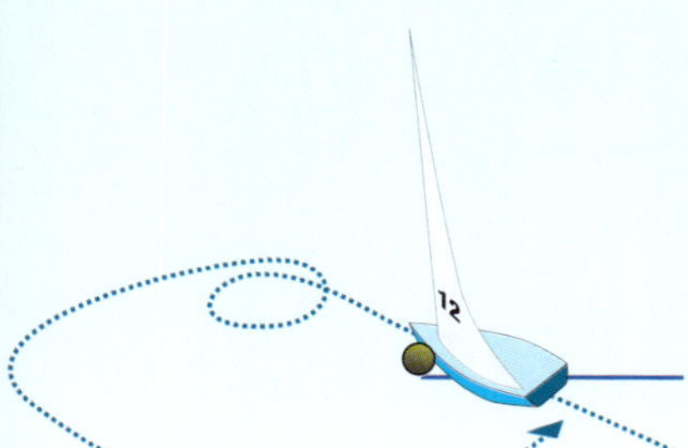

Figure 7.4.2
et figure 7.4.3

En l'absence de tout autre bateau le n° 12 et le n° 13 ont le choix du lieu de la rotation.

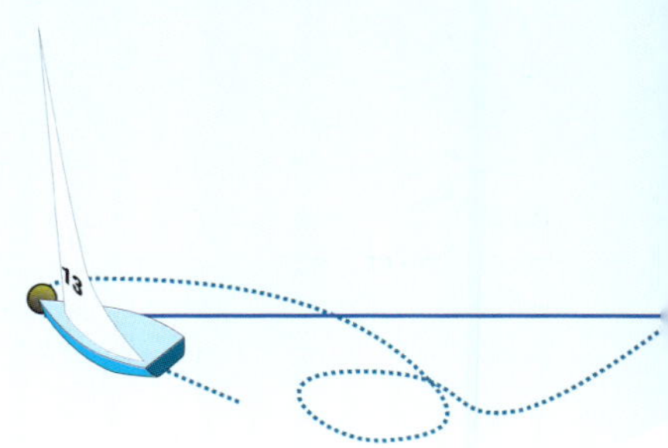

La première obligation qu'il leur est fait c'est *après s'être nettement écarté des autres bateaux aussitôt que possible...* (règle 31.2 Abordage d'une marque).
Mais rien ne les oblige à s'écarter du parcours.
La seconde c'est d'*accepter une pénalité en effectuant rapidement un tour complet de 360° comprenant un virement de bord et un empannage.* (Règle 31.2 Abordage d'une marque).
La troisième c'est... *de revenir entièrement du côté parcours de la ligne avant de finir.* (Règle 31.2 Abordage d'une marque).
Cependant, si un bateau a obtenu un avantage significatif dans la course ou la série en abordant la marque, il doit abandonner (règle 31.2 Abordage d'une marque).

Figure 7.4.4
Le bateau bleu a abordé une marque d'arrivée avec une partie de sa coque, après avoir coupé la ligne d'arrivée, mais sans l'avoir dégagée. Il est en infraction avec la règle 31.1.
Il doit effectuer un 360° puis *revenir entièrement du côté parcours de la ligne avant de finir.* (Règle 31.2 Abordage d'une marque).

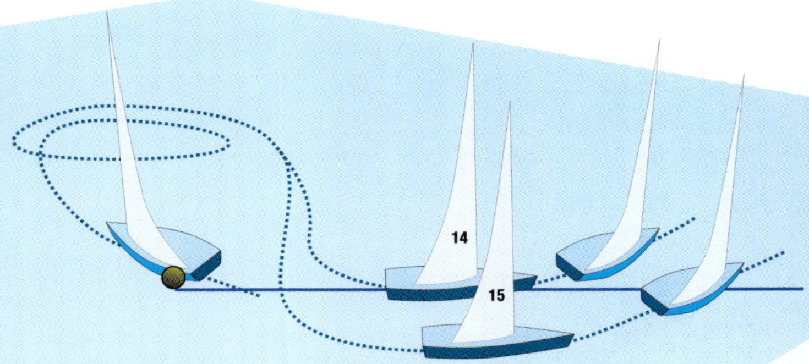

Le n° 14 ne revient qu'en partie du côté parcours. Il ne satisfait pas à la règle 31.2 ni à la définition de finir. Il n'a donc pas fini. Il sera indiqué *DNF - Did not finish, n'a pas fini* - (A11 Abréviations pour les résultats) en regard de son numéro dans les résultats de cette course. Pour information : consulter l'interprétation du jury d'appel INT/ 97 / 4 ci-avant dans ce chapitre.
Le 15 satisfait à la définition de finir et à la règle 31.2, et sera compté arrivé lors de son deuxième passage sur la ligne.
Il n'est pas précisé dans les règles de course à la voile que le bateau doit revenir en faisant le tour par les extrémités de la ligne. En conséquence il peut replonger dans la ligne. Il peut faire comme il lui convient. Toutefois après avoir terminé sa pénalité en restant écarté des autres bateaux, il reprend tous ses droits. Droits bien maigres il est vrai, puisqu'il est au vent d'une flotte au plus près.

Figure 7.4.5
Rien n'empêche un bateau d'effectuer sa rotation de 360° autour de la marque.
Il faut seulement que ce bateau termine son tour au plus près tribord amures, derrière la ligne avant de la recouper.
Non seulement il doit rester écarté des autres concurrents mais en plus il ne doit pas retoucher la marque.

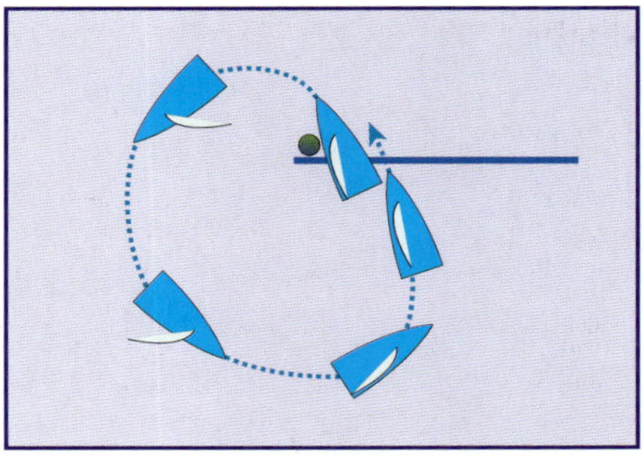

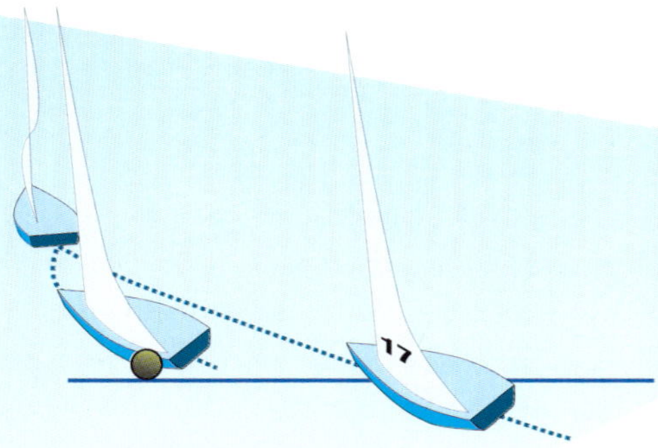

Figure 7.4.6

Le bateau n° 17, après avoir coupé la ligne, se laisse culer. Il n'a pas dégagé la marque. Le dictionnaire de la marine à voile de Bonnefoux et Paris donne comme définition à Dégager : On est dégagé, on est débarrassé de la terre, d'une roche, d'un cap, d'écueils avoisinants, lorsque, après avoir manœuvré pour s'en éloigner, on peut faire route sans avoir à craindre d'être porté sur eux.

Dans la figure 7.4.6, on ne peut pas dire du bateau n° 17 qu'il n'est pas porté vers la marque et en conséquence il n'a pas dégagé la marque. Ce bateau enfreint la règle 31.2 et ne pourra prétendre à conserver sa place dans la course que s'il effectue un 360° puis finit après être revenu entièrement du côté parcours de la ligne d'arrivée.

Ceci arrive, malheureusement trop souvent, quand le bateau d'accompagnement du concurrent se trouve juste au-dessus de la ligne et que le concurrent attend son tour pour s'en approcher et récupérer quelques petites affaires ou nourriture.

Si pendant son tour de rotation pour « réparer » son abordage de marque, le bleu gêne un autre concurrent, il peut se « racheter » en effectuant deux tours* de plus avant de couper la ligne d'arrivée grâce à la règle 20** qui appartient au chapitre 2 (* 360° pour VRC, 49er, Melges et catamaran).

*** Un bateau effectuant une rotation de pénalité doit se maintenir à l'écart d'un bateau qui ne fait pas de même.*

Lorsqu'***un bateau a obtenu un avantage significatif dans la course ou la série en abordant la marque, il doit abandonner.*** (Règle 31.2 Abordage d'une marque). Et suivant le ***principe fondamental de sportivité : les concurrents qui enfreignent une règle effectueront rapidement une pénalité ou abandonneront.***

La règle 20** : (Rotations de pénalité) permet à un bateau qui a enfreint une règle de route pendant qu'il effectue sa rotation de se racheter par deux tours supplémentaires (360° pour VRC, 49er et catamaran).

Pour la validation des rotations consulter le chapitre Pénalités.

7.5 Pénalités pour une infraction à une règle du chapitre 2 (rotation, en points)

Le type de pénalité (rotation ou points) pour une infraction à une règle du chapitre 2 (Quand les bateaux se rencontrent) n'est pas laissé aux choix des compétiteurs. Il est imposé par l'organisateur et porté à la connaissance de tous dans les Instructions de course. Pour rappel, la réparation pour un abordage de marque est toujours un 360° sauf mention portée dans les Instructions de course de la modification à la règle 31.2. (voir § 8.8). Le système des pénalités en points s'applique plutôt à des courses par handicap. En voile légère, cela fait plus de quinze ans que la pénalité par rotation est la seule utilisée.

Pénalité par rotation, où et comment les effectuer

Quand un bateau effectue la pénalité sur ou près de la ligne d'arrivée, il doit se trouver entièrement du côté parcours de la ligne avant de finir. (Règle 44.2 Pénalité de rotation de 720°)
Il n'est plus précisé que le bateau doit revenir derrière la ligne puis faire ses tours et enfin finir. Il peut effectuer sa rotation au-dessus de la ligne, là où il est certain de ne plus gêner de bateau en course (lui seul reste en course), de pouvoir se maintenir à l'écart.
Pour le nombre de tours, se référer à l'annexe correspondante (VRC) ou aux IC pour les spécificités du support (catamarans, 49er et Melges, etc.).
Un bateau finit quand une partie quelconque de sa coque ou de son équipage ou équipement en position normale coupe la ligne d'arrivée dans le sens de la route depuis la dernière marque soit pour la première fois, soit après avoir effectué une pénalité... la règle 44.2 (720° pour pénalités pour infraction aux règles du chapitre 2)... (définition de Finir).
Après s'être largement écarté des autres bateaux aussitôt que possible après l'incident, un bateau effectue une pénalité de rotation de 720° en faisant rapidement deux tours* complets de 360° (720°) dans le même sens, comprenant deux virements de bord et deux empannages. Quand un bateau effectue la pénalité sur ou près de la ligne d'arrivée, il doit se trouver entièrement du côté parcours de la ligne avant de finir. (Règle 44.2 Pénalité de rotation de 720°)

* 360° pour les VRC, règle E4.4 et Catamarans et 49er (Annexe K Guide des Instructions de course, article 13.2)

Figure 7.5.1
Le bateau, bleu n° 12, bâbord amures a enfreint la règle 10 (Sur des bords opposés) en ne se maintenant pas à l'écart du bateau jaune n° 11 (tribord amures). Il reconnaît son infraction en effectuant un 720°* tel que prévu par le règlement et lorsqu'il n'y a pas d'avis contraire dans les Instructions de course. (Règle 44.1) (*360° pour les VRC, 49er et catamarans)

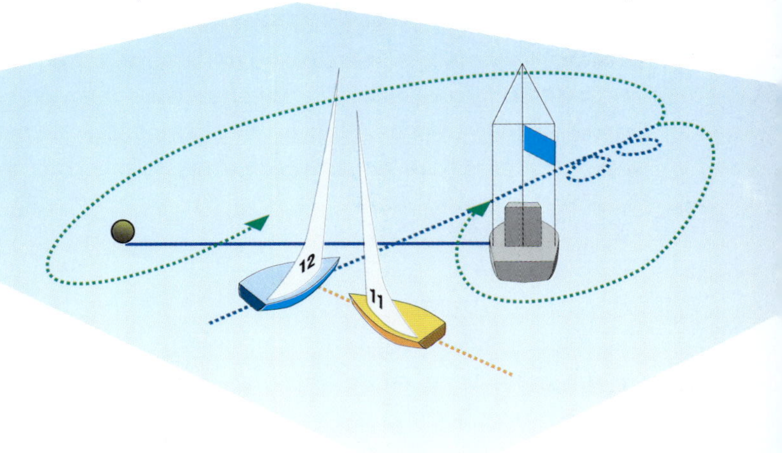

Quand un bateau effectue la pénalité sur ou près de la ligne d'arrivée, il doit se trouver entièrement du côté parcours de la ligne avant de finir. (Règle 44.2 Pénalité de rotation).
* She shall sail completely to the course side of the line before finishing.
Il n'est pas précisé dans les règles de course à la voile, que le bateau doit revenir en faisant le tour par les extrémités de la ligne. En conséquence il peut replonger dans la ligne. Il peut faire comme il lui convient. Après avoir terminé sa pénalité en restant écarté des autres bateaux, il reprend tous ses

droits. Droits bien maigres il est vrai, puisqu'il est au vent d'une flotte au plus près.
Lorsque la règle 20 (... Rotations de pénalité...) ... *s'applique entre deux bateaux, les règles de la section A* (Priorité) *ne s'appliquent pas.* (préambule de la section D, Autres règles du chapitre 2 : Quand les bateaux se rencontrent).
Le bateau n° 12 de la figure 7.5.1 aura été noté sur l'ordre d'arrivée lors de son 1er passage. Probablement même qu'un membre du comité aura vu ce bateau tourner en rond au-dessus de la ligne. Il l'aura consigné dans le rapport de course. Le comité ne pourra que rendre compte de la rotation observée, sans préjuger de sa validité. Si le n° 12 recoupe la ligne une deuxième fois après avoir satisfait à la règle 44 (Pénalités pour infraction aux règles du chapitre 2), ce bateau apparaîtra donc une deuxième fois sur l'ordre d'arrivée à quelques places d'intervalle. Dans le meilleur des cas seule la deuxième « arrivée » sera valide et retenue pour son classement dans la course.
Dans le cas où le n° 12 ne revient pas et/ou en cas d'instruction suite à une réclamation de son adversaire ou d'un rapport du comité de course au comité de réclamation, ce bateau sera pénalisé pour ne pas s'être conformé à la définition de finir.
Lire également le § Faute sur faute du chapitre Pénalités.

► *Pénalité en points*

Un bateau accepte une pénalité en points en montrant un pavillon jaune..., en le gardant déferlé jusqu'à ce qu'il finisse, et en attirant sur lui l'attention du comité de course sur la ligne d'arrivée. (Règle 44.3 Pénalité en points)
En même temps, il doit aussi informer le comité de course de l'identité de l'autre bateau impliqué dans l'incident... (Règle 44.3 Pénalité en points)
Chaque victime d'une infraction a intérêt à déposer une réclamation valide, pour que le fautif ne passe pas au travers des sanctions qu'il doit supporter. Le fautif ne pourra plus ainsi espérer n'être pénalisé qu'une seule fois en taisant une partie de ses infractions.

7.6 *Temps limite*

► *Pour le premier = validation de la course*

Si un bateau effectue le parcours conformément à la règle 28.1 (Effectuer le parcours) *et finit dans le temps limite, s'il y en a un, tous les bateaux qui finissent doivent être classés selon leur place d'arrivée sauf si la course est annulée. Si aucun bateau ne finit dans le temps limite, le comité de course doit annuler la course.* (Règle 35 Temps limite et classement)
 # temps limite pour le premier :
Le temps limite nécessaire au premier bateau ou planche à voile pour finir la course quel que soit le parcours est donné en annexe des Instructions de course (Annexe K - Guide pour les Instructions de course : article 14.1)
Il est possible aussi que les Instructions de course précisent que :
Si aucun bateau n'a passé la marque 1, dans le temps limite pour la marque 1, la course sera annulée.

Pour le dernier, et/ou fermeture de ligne

· Pour les épreuves de classes monotypes :

Les bateaux ne réussissant pas à finir dans un délai de 30 minutes après le premier bateau ayant effectué le parcours et fini seront classés DNF. Ceci modifie les règles 35 et A4.1. (Annexe K - Guide pour les Instructions de course : article 14.2)

· pour les épreuves intersériies : le temps limite des classes courant en temps compensé est précisé dans une annexe spécifique.

En l'absence de précision sur la durée d'ouverture de la ligne d'arrivée, un bateau peut finir la course… huit jours plus tard.

Il peut être déterminé une durée d'ouverture de la ligne d'arrivée (DO) qui est uniquement destinée à permettre au comité de course de gérer la course.

Le fait pour un concurrent de franchir la ligne d'arrivée, avant sa fermeture matérielle, ne signifie pas pour autant qu'il ne soit pas hors délai par rapport à son rating.

Il existe des « formules miracles » dont les abréviations sont explicitées dans les Instructions de course type Habitable FFV. À vos calculettes ! Tout bateau ayant un temps compensé supérieur au temps compensé limite est considéré comme n'ayant pas fini la course et se voit attribuer la mention DNF

Durée d'ouverture de la ligne après le passage du premier en temps réel = DO

Système temps sur temps

$$DO = \frac{TP \times TMF\ Rap}{TMF\ len} \times RE - 1$$

TP : temps réel du premier
TMF Rap : TMF du plus rapide engagé
TMF len : TMF du plus lent engagé
RE : rapport d'espacement admis pour la course (pratiquement 1,15 à 1,20)

Système temps sur distance

$$DO = D \times (C\ len - C\ Rap) + DBO$$

C Rap : coefficient du plus rapide en secondes par mille
C Len : coefficient du plus lent en secondes par mille
D : distance de la course
DBO : durée de base d'ouverture, choisie et affichée avant la course

Temps limite compensé

Pour chaque bateau, le temps limite compensé est déterminé par la formule :

Système temps sur temps
Temps compensé du premier x RE

Système temps sur distance
Temps corrigé du premier + DBO

Si aucun bateau ne finit dans le temps limite, le comité de course doit annuler la course (règle 35 Temps limite et classement).

7.7 Plus en course et pourtant pénalisable

Lorsqu'il vous semble avoir fini et n'être plus en course attention à ceux qui sont encore en course. Après avoir coupé la ligne d'arrivée, une dernière précaution s'impose pour être vraiment tiré d'affaire : après avoir dégagé la ligne sans toucher l'une de ses extrémités, il ne faut pas gêner les autres concurrents encore en course.

Dans la mesure du possible, un bateau qui n'est pas en course ne doit pas gêner un bateau qui est en course* (règle 22.1 Gêner un autre bateau). Et *si un bateau a enfreint une règle alors qu'il n'était pas en course, sa pénalité doit lui être appliquée dans la course la plus proche du moment de l'incident.* (Règle 64.1 Pénalité et exonération)

* *Un bateau est en course depuis son signal préparatoire jusqu'à ce que soit il ait fini et dégagé la ligne et les marques d'arrivée...* (définition de en course)

Les règles du chapitre 2 (Quand les bateaux se rencontrent) *s'appliquent entre des bateaux qui naviguent dans ou près de la zone de course, et ont l'intention de courir, sont en course, ou ont été en course.* (préambule du chapitre 2 : quand les bateaux se rencontrent)

Après avoir « fini », ne relâchez pas votre attention... Votre place dans la régate peut encore être remise en question et anéantir ainsi les efforts que vous avez fournis depuis le signal préparatoire. Restez attentif à votre propre dérive, au vent ou au courant, qui risque malheureusement de vous ramener sur les marques, ou sur les concurrents encore en course, pendant que vous vous reposez ou que vous discutez avec d'autres concurrents ou votre entraîneur. En cas d'infraction avérée, lors d'une instruction, vous serez pénalisé sur la course que vous venez justement de finir... Ce serait trop « bête » de tout perdre après avoir fini.

Ne soyez pas sourd aux injonctions du comité de course qui peut vous désigner pour vous rendre auprès du bateau du jaugeur, suivant une procédure décrite dans les Instructions de course.

Avant ou après avoir dégagé la zone de course, votre participation à une régate ne vous accorde aucun privilège par rapport aux plaisanciers. Vous devez tous respecter les règles du RIPAM. La mer est à tout le monde. Tous doivent pouvoir se rencontrer sans abordage.

7.8 Résumé

Si vous figurez sur l'ordre d'arrivée manuscrite, à une place correspondant au moment où vous avez « coupé » la ligne, mais avec une mention du type OCS - BFD - DNS - DNF, vous serez relégué à la fin de la liste dactylographiée issue du programme de gestion des courses, sans instructions (Annexe A Règles A5, A11)

Les décisions, concernant les abordages des marques et/ou erreur de parcours, devront faire l'objet d'instruction (règle 63.1 Nécessité d'une instruction). (Consulter le § Pénalités et les règles 28, 31 et 44).

7.9 Tactique

Pour être certain de ne pas avoir à donner de la place, à la marque d'arrivée au bateau jaune, le bateau bleu n° 17 à l'extérieur doit rompre l'engagement avant d'atteindre LA zone des deux longueurs (4 pour les VRC). Le bleu arrivera devant le n° 18... mais peut-être bien derrière ceux qu'il n'aura pas surveillés sous son vent !
Pour ce faire, encore faut-il que le bleu ait le droit de naviguer au-dessus de sa route normale (voir règle 17.1). Que ce soit le jaune qui ait établi un engagement au vent à partir d'une route libre derrière, ou que le bleu se soit engagé sous le vent par un virement de bord...
Il ne faut vraiment utiliser cette manœuvre qu'en fin de régate.

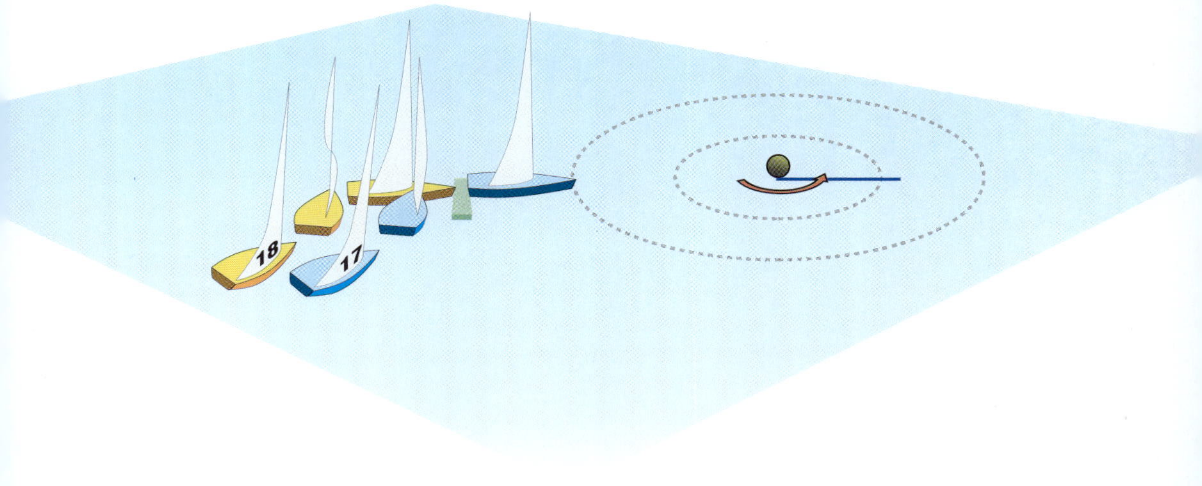

CHAPITRE 8 - PÉNALITÉS

CHAPITRE 8

L'ISAF, en simplifiant les règles, a mis l'accent sur le principe de base : Le principe fondamental de sportivité est que les concurrents qui enfreignent une règle effectueront rapidement une pénalité ou abandonneront. (sportivité et règles)

Il va sans dire que : *Les concurrents du sport de la voile sont soumis à un ensemble de règles dont on s'attend à ce qu'ils les suivent et les respectent.* (Sportivité et règles) Mais il n'est pas inutile de le rappeler

8.1 Rotation ou en points, telle est la question ?

• Pour **l'abordage d'une marque** personne n'a le choix, ni les organisateurs ni les concurrents : c'est forcément une rotation de 1 tour : *Un bateau qui a enfreint la règle 31.1* (abordage d'une marque) *peut... accepter une pénalité en effectuant rapidement un tour complet de 360° comprenant un virement de bord et un empannage.* (règle 31.2 Abordage d'une marque). Il en est ainsi, sauf précision contraire dans les instructions de course.

• Pour une infraction à une règle du chapitre 2 - Quand les bateaux se rencontrent règles 10 à 22 - un choix est possible : Rotation ou Points. Mais ce choix n'est pas laissé aux concurrents, selon ce qui les arrange le mieux au moment des faits. *Sa pénalité doit être une pénalité de rotation de 720°, à moins que les instructions de course spécifient l'usage de la pénalité en points ou toute autre pénalité.* (règle 44.1 Effectuer une pénalité)
C'est le comité de course qui fait le choix du système de pénalités avant la manifestation et qui le communique aux concurrent dans les instructions de course. Le système des pénalités en points s'applique plutôt à des courses par handicap. En voile légère, cela fait plus de quinze ans que la pénalité par rotation est la seule utilisée.

• Pour une infraction à une règle d'un autre chapitre que le chapitre 2 :
Si cela est prévu aux instructions de course, les infractions avérées peuvent être moins pénalisées que la disqualification. Voir § 8.12.
La pénalité peut être laissée au choix de l'organisateur ou du comité de réclamation (DPG, Discretionary Penality Given), mais dans tous les cas, elle est précisée dans les instructions de course.

8.2 *Infraction d'un bateau qui n'est pas en course*

Pour pouvoir effectuer une pénalité par rotation ou accepter un pourcentage, la seule obligation d'un bateau auteur d'une infraction, c'est d'être en course au moment où survient l'incident et que ce soit pour une infraction à :

- Une règle du chapitre 2 : règles 10 à 22, puisque : *Un bateau susceptible d'avoir enfreint une règle du chapitre 2* (Quand les bateaux se rencontrent) *en course peut effectuer une pénalité...* (règles 44.1 effectuer une pénalité) et *Les règles du chapitre 4* (Autres obligations en course) dont la règle 44.1 fait partie *ne s'appliquent qu'à des bateaux en course.* (préambule du chapitre 4, règles 40 à 54)
- La règle 31 (Abordage d'une marque) *En course, un bateau ne doit pas aborder une marque* (règle 31.1)

Sachant qu'*un bateau est en course depuis son signal préparatoire jusqu'à ce que soit il ait fini et dégagé la ligne et les marques d'arrivée, soit il ait abandonné, ou jusqu'à ce que le comité de course ait signalé un rappel général, un retard, ou une annulation.* (définition de En course).
Toutes les infractions : aux règles du chapitre 2, à la règle 31 et aux règles du chapitre 4 ayant lieu en dehors de cette période peuvent être ignorées. Les infractions commises :

- en course, mais avant qu'un rappel général soit signalé ou que la course soit annulée ou retardée, ou ;
- hors course, c'est-à-dire en s'approchant de la zone de course, entre le signal d'avertissement et le signal préparatoire, ou après avoir fini

ne sont pas susceptibles d'être pénalisées. Mais prendre le risque de ne pas réparer aussitôt que possible après l'incident, en espérant un hypothétique retard de procédure ou une annulation, n'est pas ce que l'on peut appeler : « le respect des règles » (règles de bases).
Une exception à cette amnistie : *SAUF* pour une infraction *à la règle 22.1 (un bateau qui n'est pas en course ne doit pas gêner un bateau qui est en course)* (préambule du chapitre 2 règle 10 à 22). En cas d'infraction avérée, lors d'une instruction, entre un bateau en course prioritaire et un non prioritaire pas encore en course, *sa pénalité doit lui être appliquée dans la course la plus proche de l'incident* (règle 64.1(c)). Alors écartez-vous des concurrents qui sont déjà, ou encore, en course. Plus simplement éloignez-vous des zones de course dans lesquelles vous n'avez rien à faire quand vous n'êtes pas vous-même en course.

8.3 *Droits maintenus*

Les concurrents du sport de la voile sont soumis à un ensemble de règles dont on s'attend à ce qu'ils les suivent et les respectent... (principe de base - Sportivité et règles)
Si vous estimez qu'un concurrent a commis une infraction et que vous constatez qu'il n'effectue pas de pénalité ou n'abandonne pas, il reste un concurrent comme tous les autres. Vous devez continuer à respecter les règles en croisant sa route. Vous ne devez pas faire justice vous-même. Consulter également le Cas ISAF 68.

8.4 *Nombre de tours*

1 tour, 2 tours, 360°, 720° ? combien de tours ? Quand ? et pourquoi ?
Cette question est souvent restée sans réponse dans bien des têtes. Dans le doute quelques concurrents font 2, 3 voir 4 (2 x 2) tours pour être sûrs d'en avoir fait assez, et d'avoir ainsi réparé leur(s) faute(s).

Il n'en reste pas moins qu'*un principe fondamental de sportivité est que les concurrents qui enfreignent une règle effectueront rapidement une pénalité ou abandonneront.* (Principe de base - Sportivité et règles)
Les rotations sont les gages de nos jeux d'enfant; la façon de racheter une faute en cours de jeu. Le moyen mnémotechnique, suivant, vous aidera peut-être à mieux appréhender ce problème du nombre des rotations.

1 tour = 360°

1 tour s'effectue lorsqu'un bateau touche une marque sans avoir gêné ou été gêné par un autre concurrent. Une marque est touchée, lorsque n'importe quelle partie du bateau (coque, voile, bôme) ou de l'équipage (que se soit le dos ou un pied) touche une partie quelconque de sa partie non immergée y compris son pavillon s'il y a lieu. (voir paragraphe 8. 8)

2 tours = 720°

2 tours s'effectuent pour se racheter d'une infraction concernant une règle du chapitre 2, faisant intervenir au moins 2 bateaux. Cette pénalité est ramenée à un tour pour les catamarans et 49er: *Pour la(les) classe(s) ________, la règle 44.2 est modifiée de sorte que la rotation de 720° est remplacée par une rotation de 360°.* (Annexe K : guide pour les instructions de course 13.2) et pour les voiliers radiocommandés (règle E 4.4)

Double faute

Il n'y a pas de cumul (360°+720°) en cas de double faute: Abordage d'une marque en conséquence d'une infraction à l'encontre d'un concurrent, est considéré comme une seule et même faute (règle 44.4 Limites aux pénalités). *Lorsqu'un bateau a l'intention d'effectuer une pénalité tel que prévu par la règle 44.1* (Effectuer une pénalité) *et que dans le même incident il a abordé une marque, il n'a pas besoin d'effectuer la pénalité prévue par la règle 31.2* (Abordage d'une marque) (règle 44.4 Limites aux pénalités). Ce sera un 720° sauf pour les catamarans en France et les VRC pour qui ce sera un 360°. (Cas ISAF 56)

Exonérations

a) après abordage d'une marque: La règle 31.3 des RCV 97-2000, exonération après avoir été contraint à tort par un autre bateau à aborder une marque, a été supprimée. Elle faisait double emploi avec la règle 64.1 b (Pénalité et exonération). *Quand, à cause d'une infraction à une règle, un bateau a obligé un autre bateau à enfreindre une règle, la règle 64.1(a)* (Disqualification... pour une infraction) *ne s'applique pas à ce dernier qui doit être exonéré.* (Règle 64.1 b Pénalités et exonération).
Si l'abordeur, qui a été contraint de toucher une marque, ne fait pas de rotation, il aura à cœur de ne pas se faire disqualifier ultérieurement suite:

- à une réclamation non recevable entre concurrents et/ou;
- à une réclamation recevable du comité de course en conséquence d'un rapport d'un commissaire ou;
- à l'absence de reconnaissance d'infraction dans le temps limite par le contrevenant pour ce même incident.

Afin d'être certain de ne pas être disqualifié après instruction, l'abordeur devra avoir été certain de ses droits sur la zone de course et en conséquence aura dû informer son adversaire de son intention de réclamer conformément à la règle 61.1 (Informer le défendeur) puis déposé une réclamation dans le temps limite. Il pourra toujours demander à retirer sa réclamation si

le contrevenant a déposé une reconnaissance d'infraction pour ce même incident. Cas ISAF 28
b) après avoir été contraint d'enfreindre une règle
Une exonération n'est possible que si une réclamation est instruite.
Quand, à cause d'une infraction à une règle, un bateau a obligé un autre bateau à enfreindre une règle, la règle 64.1(a) (Disqualification... pour une infraction) *ne s'applique pas à ce dernier qui doit être exonéré.* (Règle 64.1 b Pénalités et exonération) Il appartient donc à celui qui se sera fait «coincer» à tort de réclamer au risque de se faire lui-même disqualifier - voir chapitre Réclamation.
Attention, même si vous vous êtes certain de votre priorité, *si un comité de réclamation reçoit un rapport à propos d'un incident qui peut avoir causé des dommages sérieux ou une blessure sérieuse, il peut réclamer contre n'importe quel bateau concerné.* (Règle 60.4) et en conséquence être disqualifié.

Faute pendant une réparation

La règle 20 (rotation de pénalité) qui appartient au chapitre 2, précise qu'... *un bateau effectuant une rotation de pénalité doit se maintenir à l'écart d'un bateau qui ne fait pas de même...* Ce qui permet à un bateau, qui effectue une pénalité par rotation sans se maintenir à l'écart des autres, de se «racheter» par des tours supplémentaires. Que cela soit, après un abordage de marque ou une infraction à l'encontre d'un autre concurrent. En effet bien que les règles 31.2 (Rotation après abordage d'une marque) et 44.2 (Pénalité de rotation de 720°) appartiennent respectivement aux chapitres 3 et 4, la règle 20, elle, appartient au chapitre 2. Sans cette règle 20, aucune rotation supplémentaire n'aurait pu exonérer d'une infraction pendant une réparation.
Le fait que *« getting well clear »* ait été traduit :
Après s'être nettement écarté des autres (règle 31 Abordage de marque)
Après s'être largement écarté des autres bateaux (règle 44 Pénalité pour infraction aux règles du chapitre 2) ne change rien au fait que les bateaux ont l'obligation de s'écarter.
Pour les particularités concernant le nombre de tours ou la façon de les effectuer des PAV et des VRC voir les chapitres correspondants dans le présent ouvrage.

.5 Reconnaissance écrite

Un bateau qui a effectué une pénalité ou qui a abandonné selon la règle 31.2 (Abordage d'une marque) *ou 44.1* (Pénalité pour infraction aux règles du chapitre 2, quand les bateaux se rencontrent) *doit compléter un formulaire de reconnaissance au secrétariat de course dans le délai de dépôt des réclamations.*(Annexe K : Guide pour les Instructions de course, article 13.3)
Les commissaires pourraient, le cas échéant, attester que vous avez tourné aussitôt que possible après le contact. A moins que vous n'ayez tourné trop loin en ne vous conformant pas aux expressions « *... aussitôt que possible...* » *des règles 33.2 et 44.2.*
Attention aux « vraies déclarations mensongères » qui pourraient mener à une instruction pour mauvaise conduite et/ou antisportivité.
Dans le cas où les pénalités en points s'appliquent, une déclaration écrite permet de ne pas augmenter le pourcentage en cas d'infraction (voir paragraphe pénalité en points) sauf en cas d'avantage ou de dommages (règle 31 Abordage de marque ou 44 pénalité pour infraction à une règle du chapitre 2 : ou 60.4 : en cas de dommages sérieux ou blessure sérieuse)
L'article concernant les reconnaissances écrites des instructions de course ne pourra faire l'objet de réclamations entre concurrents (Annexe K : Guide pour les Instructions de course, article 15.7).

8.6 360° = 1 tour

Un bateau qui a enfreint la règle 31.1 (Abordage d'une marque) *peut, après s'être nettement écarté des autres bateaux aussitôt que possible, accepter une pénalité en effectuant rapidement un tour complet de 360° comprenant un virement de bord et un empannage.* (règle 31.2 Abordage d'une marque)

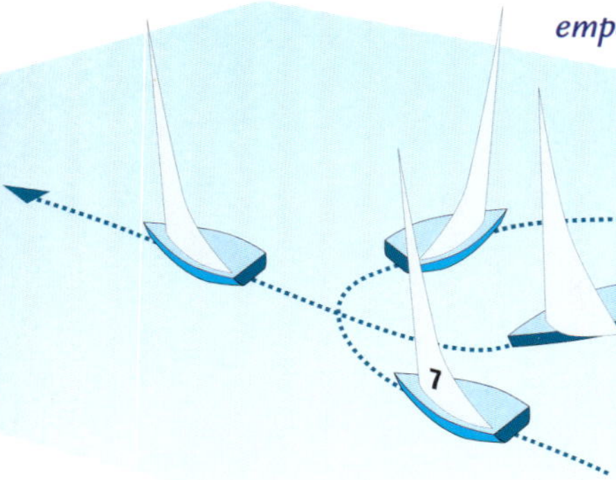

Figure 8.6.1

La pénalité d'un tour (360°) est complète lorsqu'elle comprend un empannage et un virement de bord.
Cette pénalité peut être entamée par le virement de bord et poursuivie par un empannage.
La pénalité sera complète lorsque le bateau sera revenu à l'allure initiale et, sur la même amure : Au près serré tribord amures pour le 1, (Figure 8.6.1)

Figure 8.6.2

La pénalité peut être commencée par un empannage, et poursuivie par un virement de bord.
La pénalité sera complète lorsque le bateau sera revenu à l'allure initiale et, sur la même amure, au largue tribord amures pour le 2. (Figure 8.6.2)

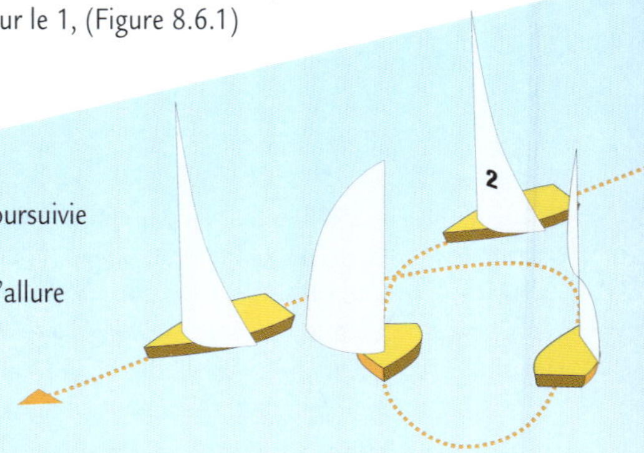

Remarque : les planchistes peuvent toucher m'importe quelle marque de parcours, y compris celles de départ grâce à la modification de la règle 31 : *«Un concurrent ne doit pas s'accrocher à une marque de départ»* (Règle B3) Consulter le chapitre Planche à voile.

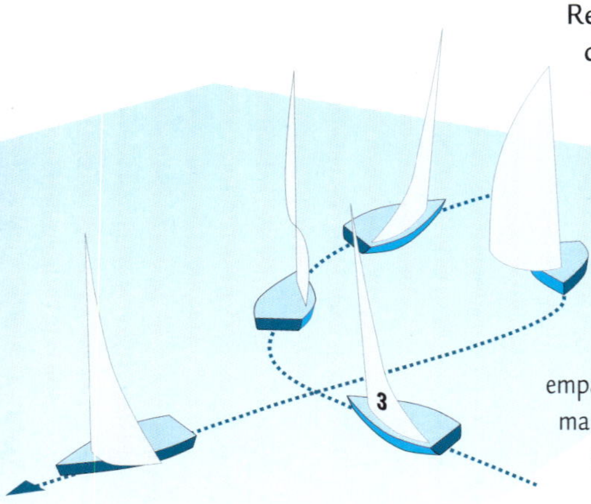

Figure 8.6.3

Le n° 3, bien qu'ayant effectué un virement de bord et un empannage, n'a pas fait un 360°, mais seulement un 270°, il manque 1/4 de tour. Il lui fallait poursuivre son lof jusqu'au près serré comme au début de la manœuvre d'exonération.

8.7 720° = 2 tours

Après s'être largement écarté des autres bateaux aussitôt que possible après l'incident, un bateau effectue une pénalité de rotation de 720° en faisant rapidement deux tours complets de 360° (720°) dans le même sens, comprenant deux virements de bord et deux empannages. (Règle 44.2 Pénalité de rotation de 720°).

Rapidement implique une certaine continuité dans la succession des deux rotations. Effectuer un tour, parcourir 100 mètres puis effectuer le second ne peut pas être vraiment considéré comme rapidement.

Les bateaux des figures 8.7.1 et 8.7.2 effectuent chacun une pénalité de deux tours. Cela implique une succession de virement(s) de bord et d'empannage(s). L'amure de départ (bâbord ou tribord) n'a pas d'importance.

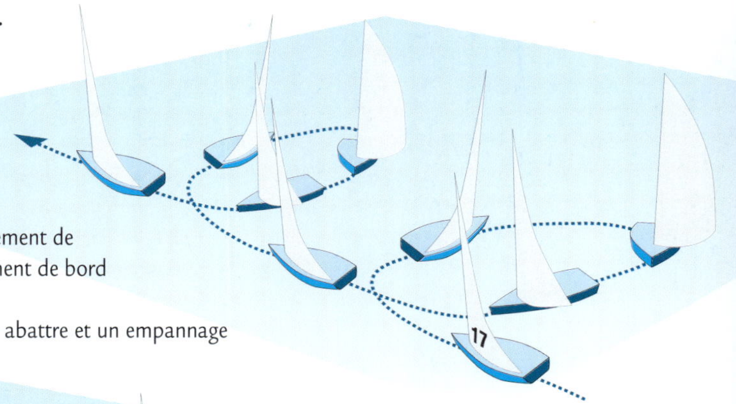

Figure 8.7.1

Le bleu n° 17 de la figure 8.7.1, préfère lofer et commencer par un virement de bord, ses tours doivent comprendre un virement de bord suivi d'un empannage puis d'un virement de bord et enfin d'un empannage.

Il aurait tout aussi bien pu commencer par abattre et un empannage

Comme pour le 360° les tours sont complets si le bateau est sur la même amure et à la même allure au début et à la fin de ses rotations.

Figure 8.7.2

Quel que soit le sens de rotation les tours doivent comprendre deux virements de bord et deux empannages.

Le jaune n° 18 de la figure 8.7.2 commence par abattre.

Il aurait tout aussi bien pu commencer par lofer, comme dans la figure 8.7.1.

Attention, bien qu'ayant effectué deux empannages et deux virements de bord, le bateau n°19 de la figure 8.7.3 n'a pas effectué deux tours.

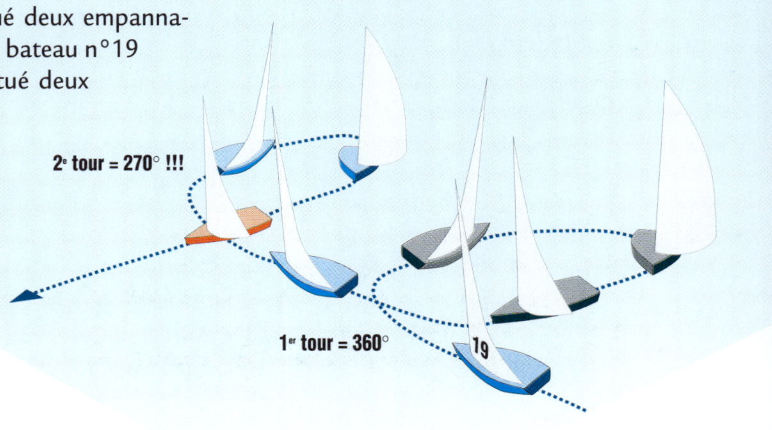

Figure 8.7.3

Son premier tour est complet (en gris), mais le second (en bleu) est amputé de 90° environ. Il lui fallait lofer jusqu'à se retrouver au près bâbord amures, dans la même position qu'en débutant «son gage».

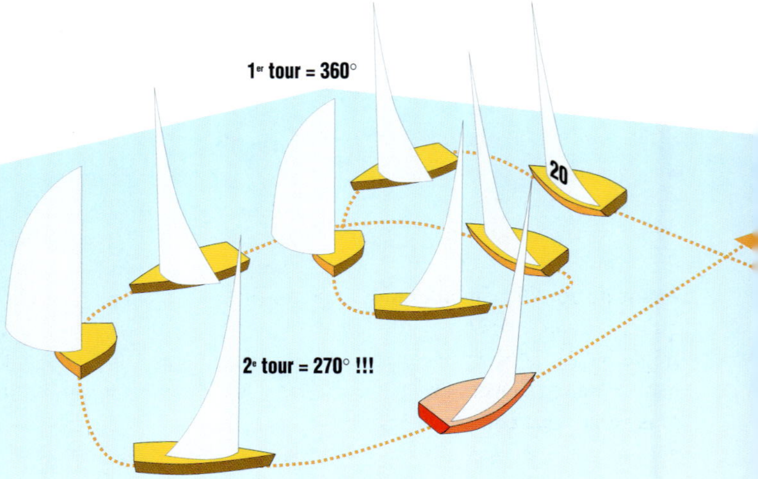

Figure 8.7.4
Le n° 20 de la figure 8.7.4 a effectué un empannage, un virement, un empannage et repart au près bâbord amures alors qu'il a commencé ses tours au près tribord amures. Il lui manque un virement de bord.

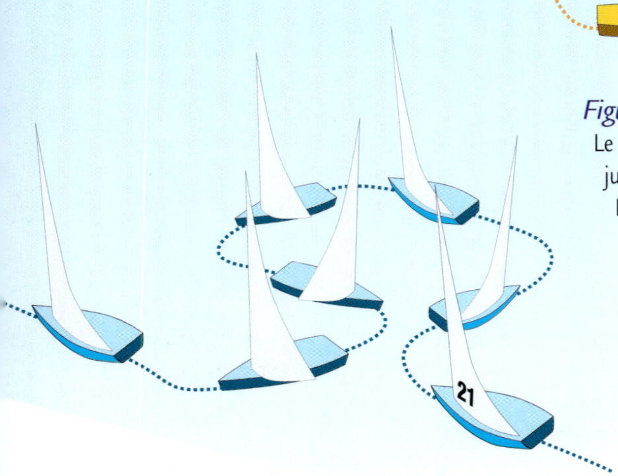

Figure 8.7.5
Le seul moyen d'être certain d'avoir tout fait, c'est de tourner jusqu'à passer pour la deuxième fois dans la position initiale. Le n° 21 de la figure 8.7.5 effectue bien deux virements et deux empannages, mais cela ne représente pas les deux tours de 360°.

En planche à voile *dans la règle 44.2 supprimer «comprenant deux virements de bord et deux empannages»* (règle B4.3) la rotation de 720° du seul flotteur est admise.

8.8 Abordage d'une marque

Une *marque* est *un objet tel que les instructions de course exigent d'un bateau qu'il le laisse d'un côté spécifié, et un bateau du comité de course entouré d'eau navigable à partir duquel s'étend la ligne de départ ou la ligne d'arrivée. Une ligne de mouillage et des objets qui y sont temporairement ou accidentellement attachés n'en font pas partie.* (définition de Marque)
Il y a des objets qu'il ne faut absolument pas toucher et d'autres qui peuvent l'être parce que temporairement ou accidentellement attachés.

- *On touche une partie quelconque aérienne de la marque, d'un bateau comité : il y a eu contact.*
- *On touche la ligne ou la chaîne entre l'ancre et l'écubier ou le chaumard : rien n'a eu lieu.*
- *On touche un objet amarré à la marque ou au bateau qui en tient lieu :*
  - *c'est une bouée de rechange du parcours ; rien n'a eu lieu, c'est un objet amarré temporairement ;*
  - *c'est un zodiac (annexe ou commissaire ou entraîneurs) amarré : rien n'a eu lieu, c'est un objet amarré temporairement ;*
  - *le même zodiac suspendu aux bossoirs du bateau comité : il y a eu contact, il n'est ni fortuitement ni temporairement amarré il est à poste.*
  - *Un bout de bôme touche le guindeau avant d'un bateau du comité : il y a eu contact, ce n'est pas une ligne de mouillage. Il fait partie intégrante de la marque.*
  - *S'il s'agit du pavillon national du bateau comité : il y a eu contact, c'est un objet à poste. Il en serait de même pour le pavillon d'une bouée ou les signaux de parcours.*

- *S'il s'agit d'une marque de départ entourée d'eau navigable : son mouillage a rang d'obstacle.*
- *Si la marque est une île, toute partie immergée n'est pas un contact, mais la partie aérienne d'un quai ou ponton est un contact ;*

1er Rappel général, Bulletin d'information des arbitres de la FFV.

Avant de vouloir effectuer une rotation pour s'exonérer d'un abordage, il ne faut pas oublier qu'*un bateau... peut, après s'être nettement écarté des autres bateaux aussitôt que possible...* (règle 31.2). D'où la nécessité d'observer les trajectoires des autres concurrents pour ne pas risquer de se trouver nez à nez avec l'un d'entre eux. Les autres concurrents ne doivent pas non plus venir vous chercher : *Un bateau ne doit pas délibérément gêner un bateau qui accomplit des rotations de pénalités dans le but de le retarder.* (règle 22.2 Gêner un autre bateau)

Abordage d'une marque de départ

- pour l'abordage d'une marque de départ voir le chapitre zone de départ.

Abordage d'une marque de parcours autre que départ et arrivée

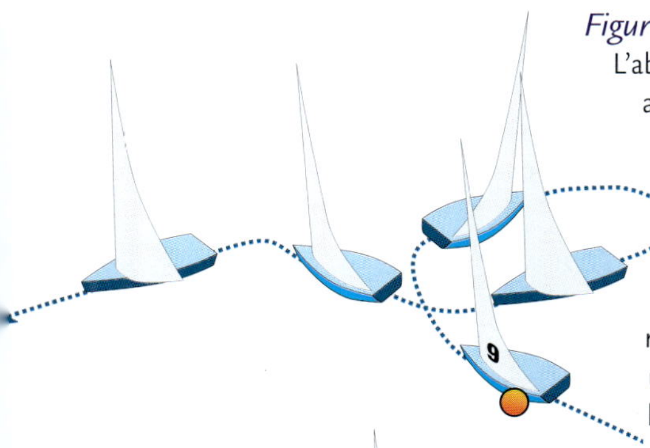

Figure 8.8.1
L'abordage peut avoir lieu non seulement avec la coque, mais aussi avec la voile ou la bôme, y compris son extrémité, et même avec n'importe quelle partie d'un des compétiteurs. À plus forte raison quand un équipier shoote dans la bouée pour l'éloigner afin qu'elle ne touche pas la coque !
Lors de l'abordage d'une marque, en fonction de la route à poursuivre, il peut être intéressant de tourner dans un sens ou dans l'autre. Il faut seulement revenir sur l'amure et l'allure initiale figures 8.8.1 et 8.8.2

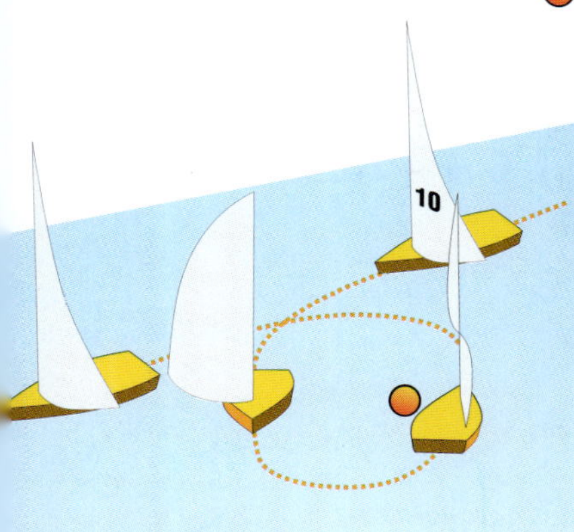

Figure 8.8.2
Le fait que l'équipement (retenue de spinnaker) d'un bateau *touche la marque parce qu'il a des difficultés de manœuvres ou de réglage des voiles n'excuse pas son infraction à la règle* 31.1 (cas ISAF 77)

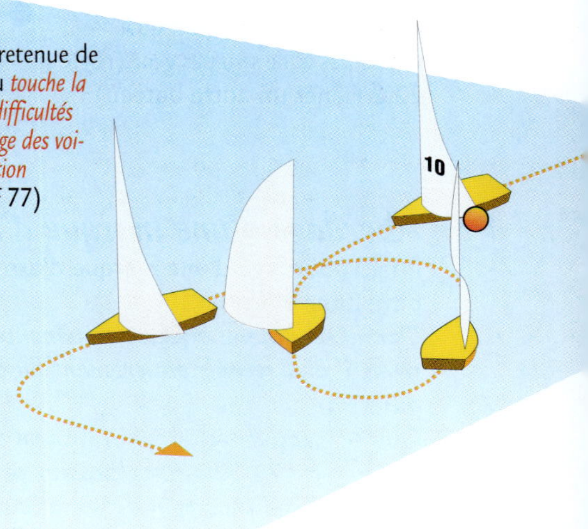

Figure 8.8.3
La pénalité peut tout aussi bien être faite autour d'une marque. La seule obligation du concurrent c'est : après s'être nettement écarté des autres bateaux (règle 31.2)

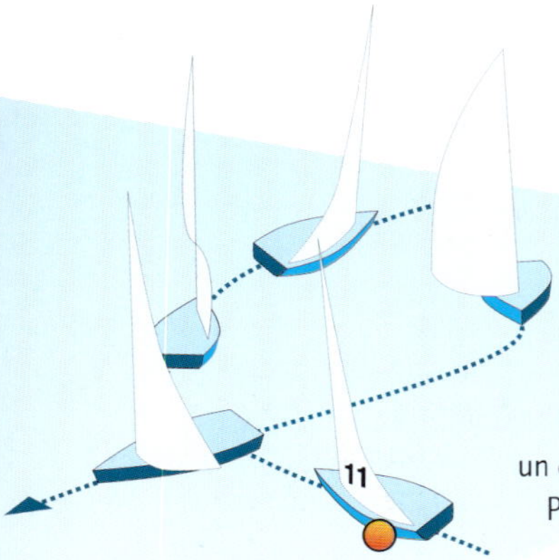

Mais il n'a jamais été question de s'écarter du parcours. Toutefois tourner autour d'une marque c'est prendre le risque de la retoucher et/ou de rencontrer des bateaux convergeant vers elle.

Figure 8.8.4.

Après l'abordage d'une marque au vent, et bien que le bateau n° 11 de la figure 8.8.4 ait effectué un virement de bord et un empannage, il lui manque un quart de tour pour compléter sa pénalité.

Pour savoir si le tour est complet, il faut se retrouver comme au départ : même amure et surtout même allure.

Ce bateau devait lofer jusqu'au près serré et seulement après prendre sa route vers la marque suivante.

Figure 8.8.5

Le n° 12 de la figure 8.8.5 a touché une marque au vent du côté parcours. En l'absence d'autres bateaux il décide de faire son tour à l'extérieur du parcours. Mais après avoir effectué une pénalité complète il abat et ne contourne pas la marque. S'il a satisfait à la règle 31.2, il n'effectue pas le parcours. *Un bateau... doit laisser chaque marque du côté requis... de telle façon qu'un fil représentant son sillage..., passerait, s'il était tendu, du côté requis de chaque marque et toucherait chaque marque à contourner.* (Règle 28.1 Effectuer le parcours, voir chapitre Parcours)

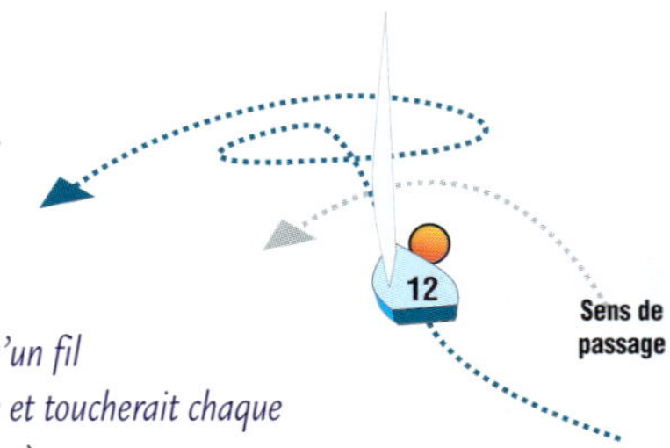

Figure 8.8.6

Le bateau bleu, de la figure 8.8.6, tout en respectant «après s'être nettement écarté des autres bateaux» choisit d'effectuer sa pénalité à l'intérieur du parcours.

Il est plus intéressant pour lui de s'écarter des autres en rentrant dans le parcours. L'observation des trajectoires des autres bateaux de la flotte lui permet de penser qu'il ne gênera pas et ne sera pas gêné (**règle 22.2 Gêner un autre bateau**).

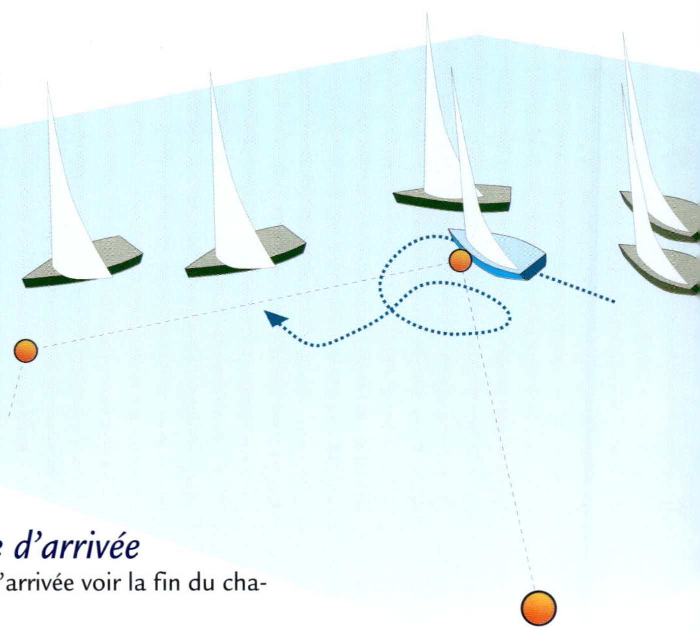

► *Abordage d'une marque d'arrivée*

Pour l'abordage d'une marque d'arrivée voir la fin du chapitre Zone d'arrivée.

Quand un bateau effectue la pénalité après avoir abordé une marque d'arrivée, il doit revenir entièrement du côté parcours de la ligne avant de finir. (Règle 31.2 chapitre 3.)

Que ce soit pendant une rotation après abordage d'une marque ou une infraction à une règle du chapitre 2 (Quand les bateaux se rencontrent) ***Un bateau ne doit pas délibérément gêner un bateau qui accomplit des rotations de pénalités dans le but de le retarder.*** (Règle 22.2)

8.9 *Rotation après une infraction à une règle du chapitre 2 (infraction entre deux bateaux)*

Tout comme pour réparer un abordage d'une marque, le bateau doit *après s'être largement écarté des autres bateaux aussitôt que possible après l'incident, effectuer une pénalité de rotation de 720°* (règle 44.2). Il peut effectuer sa pénalité dans un sens ou dans l'autre. Il choisira le sens en fonction des trajectoires à poursuivre ou de la spécificité du support. Ces tours doivent être faits rapidement ce qui implique qu'ils soient enchaînés et dans le même sens.
Le 720° est ramené à un seul tour pour les VRC (règle E 4.4) et pour les catamarans et 49er (Annexe K : guide pour les instructions de course 13.2)
Pour les planches à voile, attention la règle B4.3 qui précise que : *Dans la règle 44.2, supprimer «comprenant deux virements de bord et deux empannages»*. Ce qui suppose que la rotation de 720° peut ne s'appliquer qu'au seul flotteur, ou à l'ensemble de la planche. Consulter le chapitre 14 Planche à voile du présent ouvrage.

Pénalité de rotation sur la zone de départ

Contrairement à une vieille croyance, un bateau n'est pas obligé d'attendre le signal de départ pour effectuer sa pénalité (sauf pour le Match Racing : consulter le chapitre correspondant). Toute infraction commise alors qu'un bateau est en course peut être « réparée » à partir de son signal préparatoire sans attendre son signal de départ. Tout comme pour un abordage d'une marque de départ, la seule obligation pour ce bateau : c'est d'être en course et de rester écarté des autres. (voir chapitre Départ).

Pénalité de rotation sur la ligne d'arrivée

Quand un bateau effectue la pénalité sur ou près de la ligne d'arrivée, il doit se trouver entièrement du côté parcours de la ligne avant de finir. (Règle 44.2)
Un bateau finit quand... coupe la ligne d'arrivée dans le sens de la route depuis la dernière marque soit pour la première fois,... après avoir effectué une pénalité... la règle 44.2 (720° pour pénalités pour infraction aux règles du chapitre 2) (définition de Finir) Voir chapitre 7 zone d'arrivée.

Pénalité de rotation en eaux libres

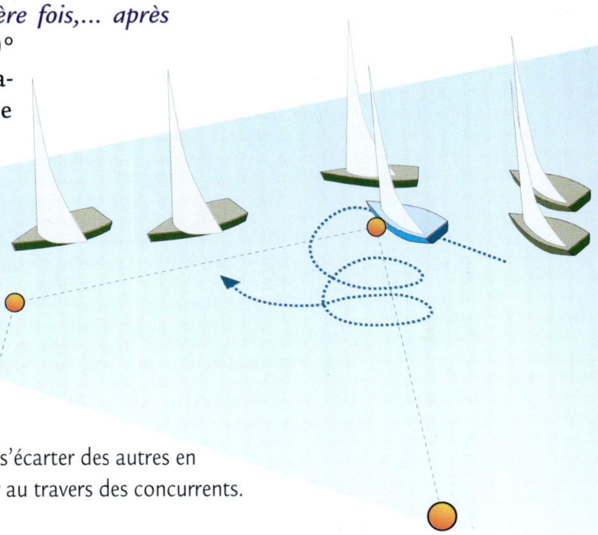

Figure 8.9.1
Le bateau bleu, de la figure 8.9.1, tout en respectant «après s'être nettement écarté des autres bateaux» choisit d'effectuer sa pénalité à l'intérieur du parcours.
Il est plus intéressant pour le bateau bleu, ci-contre, de s'écarter des autres en rentrant dans le parcours, plutôt que de tenter de sortir au travers des concurrents.

8.10 *Avantage significatif, dommages sérieux et blessure sérieuse*

Le fait de reconnaître une infraction à une règle ne blanchit pas forcément le contrevenant, quel que soit le système de pénalité en application (rotation ou points). Le principe de base des règles de l'ISAF précise : *principe fondamental de sportivité : les concurrents qui enfreignent une règle effectueront rapidement une pénalité ou abandonneront.* De plus la règle 22.2 ne permet pas à un concurrent de venir chercher un autre qui s'est maintenu à l'écart : *Un bateau ne doit pas délibérément gêner un bateau qui accomplit des rotations de pénalités dans le but de le retarder.*
Deux règles sont comparables pour leur conséquence :
Lors d'un abordage d'une marque :... *Cependant, si un bateau a obtenu un avantage significatif dans la course ou la série en abordant la marque, il doit abandonner* (règle 31.2 Abordage d'une marque dans le chapitre 3)
Ou lors d'une infraction à l'encontre d'un autre concurrent... *Cependant, s'il a... obtenu un avantage significatif dans la course ou la série grâce à son infraction, il doit abandonner.* (Règle 44.1 chapitre 4)
Un concurrent qui n'a pas abandonné (règle 44.1), lorsque l'avantage significatif est avéré après l'instruction d'une réclamation (règle 44.4.b), pourra se voir disqualifié et plus lourdement pénalisé jusqu'à une DNE pour infraction à la règle 2 (Navigation loyale) de même *Si un comité de réclamation reçoit un rapport à propos d'un incident qui peut avoir causé des dommages sérieux ou une blessure sérieuse, il peut réclamer contre n'importe quel bateau concerné.* (règle 60.4).

8.11 *Calcul d'une pénalité en points*

La pénalité en points ne s'applique *que si les instructions de course spécifient l'usage de la pénalité en points ou toute autre pénalité.* (Règle 44.1 Pénalités pour infraction au règles du chap. 2)
Les pénalités en points sont plutôt d'usage en habitable et multicoque, lors de courses à handicap et/ou parcours côtiers. En course de monotypes, la pénalité par rotation est le plus souvent utilisée.
Un bateau accepte une pénalité en points en montrant un pavillon jaune à la première occasion raisonnable après l'incident, en le gardant déferlé jusqu'à ce qu'il finisse, et en attirant sur lui l'attention du comité de course sur la ligne d'arrivée. En même temps, il doit aussi informer le comité de course de l'identité de l'autre bateau impliqué dans l'incident. Si cela est impossible, il doit le faire à la première occasion raisonnable dans le temps limite de dépôt des réclamations. (règle 44.2 a Pénalité en points)
Pas question pour un concurrent d'attendre l'heure limite de dépôt des réclamations et l'instruction pour indiquer le nombre d'infractions reconnues et l'identité des adversaires. Plus question de passer la ligne en espérant qu'une seule pénalité sera appliquée.
Si un bateau arbore un pavillon jaune, il doit aussi satisfaire aux autres parties de la règle 44.3(a). (règle 44.2 b Pénalité en points)
Chaque victime d'une infraction a intérêt à déposer une réclamation valide, pour que le fautif ne passe pas au travers des sanctions qu'il doit supporter. Le fautif ne pourra plus ainsi espérer n'être pénalisé qu'une seule fois en taisant une partie de ses infractions.
Le score d'un bateau pénalisé doit être le nombre de points de la place correspondant à sa place effective d'arrivée augmentée du nombre de places mentionné dans les instructions de course, mais il ne doit pas recevoir plus de points que pour « DNF » (N'a pas fini). *Quand les instruc-*

tions de course ne précisent pas le nombre de places, ce doit être le nombre entier (0,5 arrondi au nombre supérieur) le plus proche de 20 % du nombre de bateaux inscrits. Les points des autres bateaux ne doivent pas être modifiés; donc, deux bateaux peuvent recevoir le même nombre de points (règle 44.3 c Pénalité en points).

Il est possible que pour certaine course d'habitable bien particulière les instructions de course comportent un paragraphe qui précise que la règle 44.3 est modifiée comme suit.

- *Infraction reconnue (pavillon et reconnaissance écrite): 20 % *.*
- *Infraction reconnue avant instruction, sans pavillon jaune: 30 %**
- *Pavillon jaune déferlé sans reconnaissance écrite: 30 %**
- *Infraction non reconnue, et avérée après instruction: 50 %**

** % du nombre des inscrits*

- *Si l'infraction a provoqué des dommages sérieux ou donné un avantage significatif malgré l'application de la pénalité, le jury peut prononcer la disqualification* (article 13.1 des Instructions de course type habitable FFV 2001-2004).

Pénalité de remplacement pour infraction aux règles autres que celles du chapitre 2 (Quand les bateaux se rencontrent):

Reconnue ou non, une infraction à ces règles pourra, après instruction, être sanctionnée d'une pénalité pouvant aller de 10 % du nombre des inscrits à la disqualification. Sauf prescription contraire en annexe, cette règle ne s'applique pas aux parcours construits (type banane, olympique...)

Cet article des instructions de course renforce la responsabilité des fautifs par la reconnaissance écrite en plus du pavillon jaune. Cette double obligation englobe les 20 % que préconisent les règles de l'ISAF.

EXEMPLE DE CALCUL POUR 28 inscrits,

20 % = 5,6 arrondi à l'entier le plus proche, soit 6 places et non pas 6 points

Pénalité		Système points a minima			Système avec bonus		
place avant pénalité	20 %	points avant pénalité	place après pénalité	points après pénalité	points avant pénalité	place après pénalité	points après pénalité
1	+ 6 places	1	7e	= 7 pts	0	7e	= 13 pts
2	+ 6 places	2	8e	= 8 pts	3	8e	= 14 pts
3	+ 6 places	3	9e	= 9 pts	5.7	9e	= 15 pts
4	+ 6 places	4	10e	= 10 pts	8	10e	= 16 pts
5	+ 6 places	5	11e	= 11 pts	10	11e	= 17 pts
6	+ 6 places	6	12e	= 12 pts	11.7	12e	= 18 pts
7	+ 6 places	7	13e	= 13 pts	13	13e	= 19 pts
8	+ 6 places	8	14e	= 14 pts	14	14e	= 20 pts

Dans le système des points *a minima*, le calcul des points correspondant à la place peut donc être fait indifféremment sur les points ou la place. Mais dans le système avec bonus, le calcul ne donne le même nombre de points qu'à partir du 7e que l'on ajoute 6 à la place ou sur les points. Il n'en est pas de même avec un concurrent qui a gagné la course.

0 point + 6 = 6 points alors que 1er + 6 places = 7e place soit 13 points.

Le calcul est le même lors d'une infraction à la règle 30.2 Règle de pénalité de 20 %

Si le pavillon Z  *a été envoyé avant...* et *si un bateau enfreint cette règle et est identifié, il doit recevoir, sans instruction, une pénalité en points de 20 %, calculée comme prévu par la règle 44.3(c)* (Pénalités en points) (règle 30.2 Règle du pavillon Z.)

8.12 *Pénalité pour une infraction à une règle autre que celles du chapitre 2*

Défaut d'émargement

Dans certaines courses, l'organisateur est amené à sensibiliser les concurrents à l'organisation de leurs secours par l'adjonction dans les instructions de course d'un texte comme ci-dessous. Il s'agit soit d'une pénalité forfaitaire en points, ou plus durement une disqualification sans instruction (DSQ) ou est considéré comme n'ayant pas couru (DNC). La pénalité forfaitaire ne modifie pas la place d'arrivée d'un concurrent mais lui ajoute des points *calculés comme prévu par la règle 44.3(c).* Ce qui aura éventuellement de l'importance en cas de départage des *ex aequo* qui se base uniquement sur les scores.

L'organisation pourra choisir l'une des options proposées dans le texte suivant :

ÉMARGEMENT

Pour accroître la sécurité des concurrents, un émargement à partir des listes des inscrits est mis en place. Les concurrents doivent émarger avant le départ sur l'eau et dès leur retour à terre

AU DÉPART

- Ouverture de l'émargement... heure avant le 1er signal d'avertissement prévu du jour.
- Fermeture à l'heure du 1er signal de départ validé du jour.

AU RETOUR

- Ouverture de l'émargement à l'heure d'arrivée du 1er de la dernière course du jour.
- Fermeture à l'heure limite de dépôt des réclamations.

CHOISIR UNE OPTION POUR LES DÉFAUTS D'ÉMARGEMENT (a, b ou c)

Le préciser dans les instructions de course

Un concurrent qui n'a pas émargé au départ
- a) sera considéré comme DNC (modification de la règle A11 DNC)
- b) sera disqualifié sans instruction (modification de la règle 63.1)
- c) sera pénalisé de . points sans instruction (modification de la règle 63.1)

pour la première course du jour

Un concurrent qui n'a pas émargé au retour
- a) sera considéré comme DNC (modification de la règle A11 DNC)
- b) sera disqualifié sans instruction (modification de la règle 63.1)
- c) sera pénalisé de ... points sans instruction (modification de la règle 63.1)

pour la dernière course du jour

Un concurrent qui n'a pas émargé au départ et au retour
- a) sera considéré comme DNC (modification de la règle A11 DNC)
- b) sera disqualifié sans instruction (modification de la règle 63.1)
- c) sera pénalisé de. .points sans instruction (modification de la règle 63.1)

pour toutes les courses du jour.

en général entier le plus proche de 20 % des inscrits comme calculé dans la règle 44.3 c
L'article concernant l'émargement des instructions de course ne pourra faire l'objet de réclamations entre concurrents.

Infraction à une règle d'un autre chapitre que le 2

Les infractions aux instructions :
10.3 (bateau pas concerné dans la zone de départ),
13.3 (reconnaissance écrite de rotation),
17 (émargement),
18.2 (remplacement de matériel endommagé),
21 (bateaux accompagnateurs),
22 (limitations de sortie de l'eau) *et*
23 (équipement de plongée et piscine plastique),
ne pourront faire l'objet d'une réclamation par un bateau. Ceci modifie la règle 60.1(a). Les pénalités pour ces infractions peuvent être plus légères qu'une disqualification si le [comité de réclamation] [jury] le décide. (Annexe K : guide pour les instructions de course 15.7)
ou
les *Pénalités après instruction pour infraction aux règles autres que le Chapitre 2*
- R 31 (abordage d'une marque) *50 % des Inscrits*
- Autres règles 10,20, 50 % ou DSQ à la discrétion du Jury
Ces pénalités seront enregistrées avec l'appellation « DPG » *Discretionary Penalty Given*
Pénalité à la discrétion du comité de réclamation

.13 *Pénalités immédiates pour infraction à la règle 42 - annexe N*

Cette annexe s'applique seulement si les instructions de course le prescrivent.
N1 RÉCLAMATIONS
Un membre du comité de réclamation ou son observateur désigné qui voit un bateau enfreindre la règle 42 (Propulsion) *peut réclamer contre lui, aussitôt que cela est raisonnablement possible, en faisant un signal sonore, en pointant sur lui un pavillon jaune et en hélant son numéro de voile, même s'il n'est plus en course. Un tel bateau n'est pas passible d'une autre réclamation selon la règle 42* (Propulsion) *pour le même incident.*

N2 PÉNALITÉS
N2.1 Première réclamation
Quand un bateau fait, pour la première fois, l'objet d'une réclamation selon la règle N1 (Pénalités immédiates pour infraction a la règle 42)*, il peut reconnaître son infraction en effectuant une pénalité de rotation de 720° conformément à la règle 44.2* (Pénalité de rotation de 720°)*. S'il manque à le faire, il doit être disqualifié sans instruction.*
N2.2 Deuxième réclamation
Quand un bateau fait l'objet d'une réclamation pour la seconde fois dans la série, il peut reconnaître son infraction en abandonnant immédiatement la course. S'il

manque à le faire, il doit être disqualifié sans instruction et son score ne doit pas être retiré..., et le comité de réclamation doit envisager une instruction selon la règle 69.1(a) (Action par un comité de réclamation).

N2.3 Troisième réclamation
Quand un bateau fait l'objet d'une réclamation pour la troisième fois dans la série, il peut reconnaître son infraction en abandonnant immédiatement la course et toutes les autres courses de la série. S'il manque à le faire, il doit être disqualifié sans instruction de toutes les courses de la série, sans score retiré, et le comité de réclamation doit envisager une instruction selon la règle 69.1(a) (Action par un comité de réclamation).

N3 RETARD, RAPPEL GÉNÉRAL OU ANNULATION
Lorsqu'un bateau a fait l'objet d'une réclamation selon la règle N1 et que le comité de course signale un retard, un rappel général ou une annulation, la pénalité pour la première ou la seconde réclamation est annulée, mais la réclamation est prise en compte pour déterminer le nombre de réclamations dont il a fait l'objet pendant la série.
La comptabilité des pénalités ne se fait, ni course par course, ni journée par journée mais pour l'ensemble de l'épreuve. Une pénalité dans la première course sera le boulet à traîner jusqu'au bout et sans trébucher lors d'une récidive, le même jour, le lendemain ou le dernier jour de régate.

8.14 Infraction à une règle de classe

Il n'y a pas de réparation par rotation ou en points possible pour une infraction à une règle de classe (sauf si elle est prévue dans les Instructions de course). Les constatations des infractions aux règles de classe se font la plupart du temps après les courses. Il n'y a que les changements de voile, non autorisés par le comité adéquat cité dans les instructions de course, ou les modifications du nombre des membres de l'équipage qui peuvent avoir été constatées pendant la course qui feront l'objet de réclamation entre concurrents.
Quand un jaugeur d'une épreuve arrive à la conclusion qu'un bateau ou un équipement personnel ne satisfait pas aux règles de classe, il doit en référer par écrit au comité de course, qui doit réclamer contre le bateau. (Règle 78.3 Conformité aux règles de classe ; certificat)

Il s'ensuit donc une instruction, et
Lorsque le comité de réclamation décide qu'un bateau qui est une partie dans l'instruction d'une réclamation a enfreint une règle, il doit le disqualifier sauf si une autre pénalité s'applique. (Règle 64.1a Pénalités et exonérations)
Il ne faut pas confondre les infractions aux règles de classe (comme matossage ou changement de voile sans autorisation préalable, etc.) qui ne peuvent amener qu'une disqualification, avec les écarts dus à une détérioration ou de l'usure qui, elles, peuvent ne pas être pénalisées : *Quand le comité de réclamation trouve que des écarts au-delà des tolérances spécifiées par les règles de classe ont été causés par une détérioration ou usure normale et n'améliorent pas les performances du bateau, il ne doit pas le pénaliser* (règle 64.3 Décision des réclamations sur la jauge).

8.15 Demande de réparation, préjudice

Une rotation effectuée alors qu'il s'avère ultérieurement qu'elle n'était pas requise ne peut être une cause de demande de réparation. Il appartient à tous les concurrents de connaître leurs droits et obligations.

LE CRÉDIT DE ROTATION N'EXISTE PAS.

8.16 Pénalisation sans instruction

► *Scores déterminés par le comité de course*

Un bateau qui n'a pas pris le départ, qui n'a pas satisfait à la règle 30.2 (Règle de pénalité de 20 %) *ou 30.3* (Règle du pavillon noir), *qui n'a pas fini, qui a été pénalisé, qui effectue une pénalité selon la règle 44.3* (Pénalités en points) *ou qui abandonne après avoir fini, doit recevoir le nombre de points correspondant attribués par le comité de course, sans instruction. Le comité de réclamation est le seul habilité à agir sur le classement pour aggraver le score d'un bateau.* (Règle A5)

► *Règle 42 (propulsion) et nécessité de l'instruction*

Quand ceci est spécifié dans les instructions de course, le comité de réclamation peut pénaliser sans instruction un bateau qui a enfreint la règle 42 (Propulsion), *à condition qu'un membre du comité ou son observateur mandaté ait vu l'incident, et une disqualification selon cette règle ne doit pas être retranchée du score du bateau dans la série. Un bateau ainsi pénalisé doit être informé par notification sur les résultats de la course.* (Règle 67)

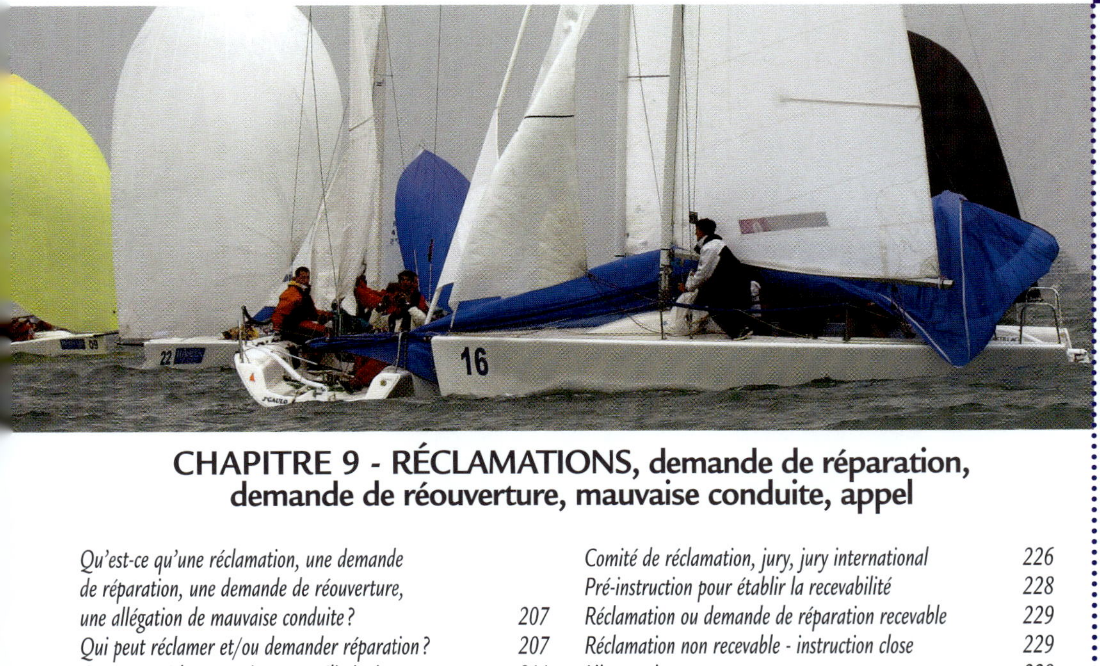

CHAPITRE 9 - RÉCLAMATIONS, demande de réparation, demande de réouverture, mauvaise conduite, appel

CHAPITRE 9

Vous avez fait tout le parcours, franchi la ligne d'arrivée, et pourtant votre score peut être remis en cause, soit par une réclamation à votre encontre, ou une omission du comité de course, etc. Une seule parade : consultez le tableau officiel.

Un vieux juge international disait « La régate a été belle, il n'y a pas eu de réclamation ». On pourrait trouver cela curieux dans la bouche d'un juge... comme s'il ne voulait pas juger. Et s'il avait raison ?
La victoire sur l'eau n'est-elle pas plus belle ?
Prolonger une course sur le tapis vert a quelque chose d'anachronique, quand on sait qu'un bateau qui a enfreint une règle du chapitre 2 (Quand les bateaux se rencontrent) ou qui a abordé une marque de parcours peut « se racheter » par un « gage » sous forme de pénalité(s), au minimum, ou en reconnaissant son infraction... avant instruction.
La sportivité est la qualité première que chaque concurrent est en droit d'attendre de chacun de ses adversaires, comme nous le rappelle le principe de base des RCV : *Les concurrents du sport de la voile sont soumis à un ensemble de règles dont on s'attend à ce qu'ils les suivent et les respectent. Un principe fondamental de sportivité est que les concurrents qui enfreignent une règle effectueront rapidement une pénalité ou abandonneront.* (Sportivité et règles principe de base)

En participant à une course régie selon les présentes règles de course, chaque concurrent et propriétaire de bateau accepte :
a) d'être soumis aux règles ;
b) d'accepter les pénalités infligées et toute autre mesure prise d'après les règles, sous réserve des procédures d'appel et de révision qu'elles prévoient, en tant que conclusion définitive de toute affaire survenant dans le cadre de ces règles ; et
c) en respect d'une telle décision, de ne pas recourir à toute cour ou tribunal non prévu par les règles. (Règle 3 Acceptation des règles)
Encore faut-il que chaque fautif reconnaisse son infraction. Ce qui implique une connaissance des règles et surtout une absence de mauvaise foi.
Quoi qu'il en soit :

- des différends peuvent malgré tout subsister entre concurrents ;
- le comité de course (ses commissaires ou le jaugeur) peut avoir constaté une infraction de la part de certains d'entre eux ;
- le comité de course comme le comité de réclamation (ou jury) peuvent être amenés à reconnaître (spontanément ou à la demande d'un concurrent) une action erronée ou une omission qui lui a porté préjudice ;
- la conduite d'un des participants à une manifestation peut nuire à la bonne réputation de notre sport.

9.1 *Qu'est-ce qu'une réclamation, une demande de réparation, une demande de réouverture, une allégation de mauvaise conduite notoire ?*

Toutes ces expressions sont parfois confuses. Si elles induisent toutes des procédures à terre (sauf éventuellement en match racing et en course par équipes), elles impliquent des procédures préliminaires indispensables sur la zone de course.
Quelle expression convient et dans quelle circonstance ? Qui est habilité à résoudre les incidents opposant les concurrents entre eux, les concurrents à ceux qui conduisent les courses ?
« La réclamation » « la demande de réparation » etc. : ces mal connues.
• Une *réclamation* est *une allégation faite selon la règle 61.2,* (Contenu d'une réclamation) *par un bateau, un comité de course ou un comité de réclamation, qu'un bateau a enfreint une règle.* (Définition des RCV)
• *Une demande de réparation... doit être basée sur la prétention ou la possibilité que la place d'arrivée d'un bateau dans une course ou série a été, sans qu'il y ait eu faute de sa part, aggravée de façon significative* (règle 62.1).
• *Une demande de réouverture, le comité de réclamation peut rouvrir une instruction quand il décide qu'il a pu commettre une erreur significative, ou quand un nouveau témoignage significatif devient disponible dans un délai raisonnable* (règle 66). Cela sous-entend qu'une instruction, ou au moins une pré-instruction dans le cas d'une réclamation jugée non recevable, ait eu lieu. Clore une réclamation est en soi une décision.
• Une allégation de mauvaise conduite notoire.
Une action selon cette règle 69 (Allégation de mauvaise conduite notoire) *n'est pas une réclamation... L'instruction est conduite selon les mêmes règles que les autres instructions* (annexe L, Recommandation aux comités de réclamation, article 5.1).
Lorsqu'*un concurrent peut avoir commis une grave violation à une règle ou à la bonne conduite ou la sportivité, ou peut avoir nui à la bonne réputation du sport,* le comité de réclamation *peut ouvrir une instruction.* (Règle 69.1a)

9.2 *Qui peut réclamer et/ou demander réparation ?*

Pour les demandes de réouverture, voir § 9.21.
1) UN BATEAU
• Réclamation d'un bateau contre d'autre(s) bateau(x) pour une infraction à une règle de « route »
Un bateau peut réclamer contre un autre bateau, mais pas pour une infraction présumée à une règle du chapitre 2 (Quand les bateaux se rencontrent) à moins :
– qu'il ait été impliqué dans l'incident, ou
– qu'il l'ait vu (règle 60.1a).
Un bateau, objet matériel inscrit à une régate, ne pouvant ni parler ni écrire, c'est donc par l'intermédiaire d'une personne physique que cette action peut se faire. Le propriétaire, le barreur, la personne responsable, un représentant embarqué ou non, un membre de l'équipage du « bateau » (voilier radiocommandé, planche à voile, monocoque ou multicoque) est habilité à effectuer cette démarche.
Il ne suffit pas d'anticiper de la non-recevabilité d'une réclamation d'un bateau en cause pour s'exonérer de l'obligation d'effectuer une pénalité quand une règle a été enfreinte. Le témoin

de l'incident non résolu peut déposer une réclamation recevable qui mènera inéluctablement vers la disqualification du fautif, si ce n'est plus...
Il est impossible à un concurrent de déposer une réclamation pour une supposée infraction à une règle du chapitre 2 (Quand les bateaux se rencontrent) concernant deux ou plusieurs bateaux dont il prendrait connaissance sur le parking sans en avoir été lui-même témoin sur la zone de course.
Un concurrent qui veut être exonéré d'une infraction qu'il a été obligé de commettre doit, pour se protéger, déposer une réclamation. La règle 31.3, concernant l'exonération pour avoir été privé de place à une marque entraînant son abordage, n'existe plus. Elle faisait double emploi avec la règle 64.1.b (Pénalités et exonérations). Il n'est plus nécessaire qu'il gagne sa réclamation. Une reconnaissance de faute écrite, ou le gain d'une réclamation, peut l'exonérer. *Quand, à cause d'une infraction à une règle, un bateau a obligé un autre bateau à enfreindre une règle, la règle 64.1 (a)* (disqualification... pour une infraction) *ne s'applique pas à ce dernier qui doit être exonéré* (Règle 64.1b) à condition qu'il existe une réelle relation de « cause à effet ».
Un concurrent ne peut pas réclamer contre un autre pour mauvaise conduite (règle 69). *Une action selon cette règle n'est pas une réclamation...* (Règle L5.1). Mais *lorsqu'un comité de réclamation... d'après un rapport qu'il a reçu, pense qu'un concurrent peut avoir commis une grave violation à une règle ou à la bonne conduite ou la sportivité, ou peut avoir nui à la bonne réputation du sport, il peut ouvrir une instruction* (règle 69.1 a) qui, conjuguée avec la règle L5.1, permet d'instruire. *Un concurrent ou un bateau ne peut réclamer en vertu de la règle 69* (Allégations de mauvaise conduite notoire), *mais le formulaire de réclamation d'un concurrent qui tente de le faire peut être accepté en tant que rapport au comité de réclamation qui peut alors décider d'ouvrir ou non une instruction.* (Annexe L Recommandation au CR, article 5.1)

Un concurrent peut être privé du droit de réclamer dans certaines circonstances précisées dans les Instructions de course.
Les infractions aux Instructions :
10.3 (bateau pas concerné dans la zone de départ),
13.3 (reconnaissance écrite de rotation),
17 (émargement),
18.2 (remplacement de matériel endommagé),
21 (bateaux accompagnateurs),
22 (limitations de sortie de l'eau) et
23 (équipement de plongée et piscine plastique),
ne pourront faire l'objet d'une réclamation par un bateau. Ceci modifie la règle 60.1 (a). Les pénalités pour ces infractions peuvent être plus légères qu'une disqualification si le [comité de réclamation] [jury] le décide. (Annexe K, Guide pour les Instructions de course, article 15.7). Ce droit reste entier pour les comités de course et de réclamation.

• Réclamation d'un bateau contre un autre concernant la jauge ou une règle de classe
Le dépôt des réclamations concernant le rating est souvent limité dans le temps, par un article des Instructions de course, au soir du premier jour de course. À ne pas confondre avec les réclamations concernant les règles de classe ou de handicap : changement de voile, ou modification dans la composition de l'équipage, qui elles, peuvent être faites selon la règle 61.1 a (Informer le réclamé) et 61.3 (Temps limite pour réclamer) dès que l'infraction est observée. *Le comité de course n'est pas obligé de connaître toutes les règles de classe ni de les faire appliquer alors que les membres de la classe eux-mêmes ne le font pas.* (Cas ISAF 39)

• Demande de réparation d'un bateau (Règle 60.1 b)
Si vous pensez que votre place d'arrivée a été aggravée par une « action ou une omission d'un des comités » ce qu'il est de coutume de qualifier d'erreur, inutile de « réclamer » contre l'un des Comités (de course ou de réclamation) puisque le comité de réclamation ne peut que pénaliser le contrevenant. Quel intérêt d'envoyer le comité de course faire un 720° ou vouloir changer sa place à l'arrivée (il était à la fois le premier et le dernier sur la ligne), dans le cas où il s'avérerait avoir commis une action inadéquate ou une omission ?
Ce qui vous importe : c'est *votre* place d'arrivée par rapport aux autres concurrents, pas de « punir » un quelconque comité. Cas ISAF 44 (voir 9.4 Demande de réparation).
Si une erreur, rare bien évidemment mais possible, dans la transmission des décisions du jury vous a injustement pénalisé, déposez au plus vite votre demande de réparation (sur un formulaire de réclamation) afin que celui-ci puisse vérifier et faire corriger son action erronée. Vous aurez même probablement droit aux excuses du fautif, surtout si vous avez fait votre demande aimablement.
Une demande de réparation ne concerne pas les réparations de matériel endommagé, mais l'attribution des points de la place dont vous avez été injustement privée. Deux concurrents pourront donc obtenir le même nombre de points et sembler être à la même place. Pour l'interprétation du mot dommage consulter le Cas ISAF 19.
L'indemnisation des dommages et toute autre action consécutive aux dommages non prévue par les RCV relèvent de l'entière responsabilité des concurrents. Prescription FFVoile suivant la règle 68.
Après avoir supprimé l'expression « demande de réparation » dans la définition de réclamation depuis 1997, cette expression réapparaît dans presque toutes les règles concernant les réclamations. Bien que toujours absente dans l'actuelle définition de Réclamation, la demande de réparation se rédige sur le formulaire habituellement appelé « Formulaire de réclamation » sur lequel est portée la mention *« également pour les demandes de réparation et réouverture »*.

2) LE COMITÉ DE COURSE
• Réclamation du comité de course contre un ou plusieurs bateaux (règle 60.2 a)
Un comité de course peut réclamer contre un bateau, mais pas sur les bases d'un rapport d'un concurrent d'un autre bateau ou d'une autre partie intéressée ni d'une information contenue dans une réclamation non recevable. (Règle 60.2 a)
Le comité de course réclamera pour :
1. abordage d'une marque (de départ, de parcours ou d'arrivée) infraction à la règle 31.1 ;
2. Parcours non fait (infraction à la règle 28.1), etc.
Il ne peut réclamer en direct pour mauvaise conduite mais il peut faire un rapport au comité de réclamation en ce sens (exemple *à propos d'un incident qui peut avoir causé des dommages sérieux ou de blessure sérieuse* (règle 60.4), c'est le comité de réclamation qui initiera les démarches qui mèneront éventuellement vers une instruction.

• Réclamation après contrôle de jauge ou pour infraction aux règles de classe à l'initiative du comité de course. (règles 78.3 et 43.1 c)
Le jaugeur d'une épreuve ne peut pas réclamer directement, ni disqualifier directement un bateau. Il doit en référer au comité de course afin qu'une instruction puisse avoir lieu.
- Quand un jaugeur d'une épreuve arrive à la conclusion qu'un bateau ne satisfait pas à ses règles de classe, il doit en référer par écrit au comité de course, qui doit réclamer contre le bateau (règle 78.3 Conformité aux règles de classe).

• *Quand un jaugeur chargé de la pesée des vêtements et de l'équipement pense qu'un concurrent peut avoir enfreint la règle 43.1 (a)* (Vêtements et équipement du concurrent, augmenter le poids) *ou 43.1 (b)* (Vêtements et équipement du concurrent, limite de poids), *il doit en faire un rapport écrit au comité de course qui doit réclamer contre le bateau du concurrent.* (Règle 43.1 c Vêtements et équipements du concurrent)
Sur une épreuve, *le jaugeur est le représentant de l'autorité organisatrice investi d'une mission technique à l'intérieur du comité de course. La présence tout au long d'une instruction et lors du prononcé de la décision d'un jaugeur soutenant son rapport sur une infraction à une règle du chapitre 6* (Inscription et qualification, particulièrement la règle 78.1, Maintien du voilier en conformité avec ses règles de classe...) *ne constitue pas une infraction à la règle 63.3* (Droit d'être présent). *Elle est, au contraire, de nature à permettre le respect du principe contradictoire et des droits de la défense. (Appel FFV n° 2000/21)*
À ne pas confondre avec le Cas ISAF 39, qui fait référence à des règles de classe non connues du comité de course.
La règle 60.2 (a) est clairement discrétionnaire (le comité de course peut réclamer), les règles 43.1c et 78.3 indiquent une obligation (Qui doit réclamer).

• Demande de réparation du comité de course au profit d'un bateau (règle 60.2 b)
Le comité de course peut... demander réparation pour un bateau (règle 60.2 b). C'est bien souvent le cas lorsque le comité de course est conscient qu'un bateau a porté assistance à un bateau en danger. Cela le sera également si le comité s'aperçoit qu'il a oublié un bateau dans la liste d'arrivée officielle mais qu'il est convaincu que ce bateau a fini la course.

3) COMITÉ DE RÉCLAMATION (ou JURY)
• Réclamation du comité de réclamation (jury)
Un comité de réclamation peut réclamer contre un bateau, mais pas sur les bases d'un rapport d'un concurrent d'un autre bateau ou d'une autre partie intéressée, sauf selon la règle 61.1 (c) (Informer le défendeur quand le comité de réclamation veut réclamer contre un bateau qui n'est pas parti dans la réclamation), *ni d'une information contenue dans une réclamation non recevable sauf selon la règle 60.4* (réclamation du comité de réclamation quand un bateau a causé des dommages sérieux ou blessure grave) (Règle 60.3a)
Une réclamation non recevable, qui est close, peut encore servir en cas de dommages sérieux ou de blessure sérieuse, de même que le rapport d'un promeneur. Le comité de réclamation devra toutefois s'assurer que les dommages sérieux ou la blessure sérieuse sont avérés.
Si un comité de réclamation reçoit un rapport à propos d'un incident qui peut avoir causé des dommages sérieux ou une blessure sérieuse, il peut réclamer contre n'importe quel bateau concerné. (Règle 60.4)
Pendant l'instruction d'une réclamation recevable ou d'une demande de réparation, si le comité de réclamation décide de réclamer contre un bateau impliqué dans l'incident mais qui n'est pas partie dans cette instruction, il doit informer le bateau dès que raisonnablement possible de son intention, puis porter réclamation contre lui tel que requis par la règle 61.2 (Contenu d'une réclamation) *et procéder à l'instruction tel que requis par la règle 63.* (Instructions) (Règle 61.1 c)
Bien qu'*une action selon la règle 69* ne soit pas une réclamation... (Règle L 5.1), le comité de réclamation peut être amené à ouvrir une instruction. *Lorsqu'un comité de réclamation... d'après un rapport qu'il a reçu, pense qu'un concurrent peut avoir commis une grave violation à une règle ou à la bonne conduite ou la sportivité, ou peut avoir nui à la bonne réputation du sport, il peut ouvrir une instruction.* (Règle 69.1 a Mauvaise conduite notoire)

Un concurrent ou un bateau ne peut réclamer en vertu de la règle 69 (allégations de mauvaise conduite notoire)*, mais le formulaire de réclamation d'un concurrent qui tente de le faire peut être accepté en tant que rapport au comité de réclamation qui peut alors décider d'ouvrir ou non une instruction.* (Annexe L Recommandation au CR, article 5.1)
Mais *lorsque la réclamation concerne un incident qu'il voit dans la zone de course, auquel cas le comité doit informer le bateau après la course dans le temps limite déterminé par la règle 61.3* (Temps limite pour réclamer) (Règle 61.1.b Exigences pour réclamer)

• Ouverture d'une instruction par le comité de réclamation pour envisager une réparation (règle 60.3 b)
Le comité de réclamation peut... ouvrir une instruction pour envisager une réparation (Règle 60.3 b) soit :
- Parce qu'un concurrent a porté assistance comme l'y oblige la règle 1.1 (Aider ceux qui sont en danger) : *un bateau ou un concurrent doit apporter toute l'aide possible à toute personne ou navire en danger.*
- Ou parce qu'une erreur dans la transcription d'une décision l'a injustement disqualifié, etc.

.3 Comment réclamer : exigences préliminaires

Bateaux

Un bateau ayant l'intention de réclamer doit :
• Informer à la première occasion :
- pour une infraction dans laquelle votre adversaire (le réclamé) est directement impliqué : la *première occasion* est immédiatement, ce qui lui permettra de prendre conscience de son infraction et de pouvoir réparer (rotation) ou reconnaître (pavillon jaune) *aussitôt que possible après l'incident*, ou
- après avoir été témoin d'une infraction, et donc pas forcément à portée de voix, la première occasion peut être à la faveur d'un croisement sur le même bord ou sur un autre bord voir même sur le parking.

Pour une réclamation concernant les règles de classes ou de handicap, l'adversaire doit être informé au plus vite sur le parking et/ou au port pour les habitables. Exemple : contestation d'un rating par l'un des concurrents ou l'un des comités.
Un bateau ayant l'intention de réclamer doit toujours informer l'autre bateau à la première occasion raisonnable. (61.1 a Informer le réclamé)
Le fait qu'un voilier contre lequel on réclame ne sache pas qu'il fait l'objet d'une réclamation n'est pas, en soi, un motif pour ne pas instruire. (Cas ISAF 42.)

• Héler
« Je proteste », « protest », « Réclamation » et/ou « je réclame » sont les seules expressions à utiliser. Toute autre expression telle que hurler « fait ton 720° » ne correspond pas à l'exigence de la règle 61.1 a. (voir Cas ISAF 42.)
*Lorsque sa réclamation concerne un incident survenant dans la zone de course, dans lequel il est impliqué ou qu'il voit, il doit héler « Je proteste »** (Règle 61.1a Informer le réclamé).
« Je proteste » francisation de « protest » est maintenant réglementaire. Cela habituera les jeunes et moins jeunes régatiers aux expressions en usage dans les compétitions ouvertes aux

étrangers, sans pour autant être réputée internationale avec obligation d'utiliser la langue officielle, « l'anglais ». Toutefois *pour les épreuves courues en France jusqu'au niveau national, l'utilisation des mots « Je réclame » ou « Réclamation » est tolérée au sens de la règle 61.1 (a).* (Informer le défendeur) (Prescription de la FFV page 31)
Il est à noter que l'ISAF a pris conscience que certains supports se déplacent si vite (ex : multicoque) que l'adversaire peut être hors de portée de voix en quelques secondes.
Si l'autre bateau est trop éloigné pour être hélé, le bateau réclamant n'a pas besoin de héler mais doit informer l'autre bateau dès que cela est raisonnablement possible. (61.1 a Informer le réclamé)
Quand un incident se produit dans la zone de course, un voilier ayant l'intention de réclamer doit héler « protest » « je réclame » *à la première occasion raisonnable, même s'il n'est pas directement impliqué dans l'incident* (témoin)*, mais le fait que son appel ne soit pas entendu n'invalide pas sa réclamation* (Cas ISAF 42).
L'exigence de la règle 61.1 de héler « protest » est obligatoire, mais le fait que l'autre voilier n'entende pas l'appel ne fournit pas nécessairement un motif pour invalider la réclamation... (Cas ISAF 42)

- Confirmer par un pavillon* rouge

Il n'y a plus de distinction entre les bateaux en équipage et les solitaires. La nuance tient dans la longueur de la coque. Terminés, les pavillons qui restent déferlés à poste sur les optimists ou autres dériveurs de petite taille, bien avant le début de la procédure... au cas où... !
Un bateau ayant l'intention de réclamer doit montrer visiblement un pavillon rouge à la première occasion raisonnable pour chacune de ses actions. Cependant, les bateaux d'une longueur de coque inférieure à 6 mètres n'ont pas besoin de montrer le pavillon, et un bateau tenu de montrer un pavillon doit le faire jusqu'à ce qu'il ne soit plus en course.* (Règle 61.1a)
La règle 61.1 a n'étant pas listée dans la règles 86.1 c (Modification des règles) comme pouvant être modifiée par les règles de classe, le pavillon ne peut être exigé pour certaines classes de moins de 6 mètres (consulter le Cas ISAF 85).
Le pataras des habitables, un hauban sont les emplacements les plus en vue, à condition de ne pas utiliser de pavillon rouge de la taille d'un confetti et qu'il ne soit pas recouvert par d'autres flammes ou pavillons d'identification. L'ancienne prescription FFV concernant la mesure minimum du guindant et adaptée à la taille du bateau a disparu mais le bon sens n'en a sûrement pas quitté les régatiers. Le réclamant aura à cœur de remplir l'une des conditions de recevabilité de sa réclamation et de montrer ainsi l'intérêt qu'il porte à la défense de ses propres intérêts en arborant visiblement le pavillon rouge.
**Dans le contexte de la règle 61.1 (a), un pavillon est utilisé comme un signal pour communiquer le message « j'ai l'intention de réclamer ». Si l'objet utilisé comme pavillon communique ce message, avec un risque faible ou nul de confusion pour ceux qui sont sur les voiliers concurrents, alors l'objet sera qualifié de pavillon. [...] Cas ISAF 72.* Le pavillon « B » du code international (avec sa queue d'aronde) répond à l'exigence de la règle 61.1 (a).

Figure 9.3.1
Différents pavillons montés sur « scratch » le long du guindant, et entourant le pavillon ferlé.

Le pavillon devra être encore porté au passage de la ligne d'arrivée ou jusqu'à ce que le bateau ait abandonné s'il ne peut se rendre jusqu'à la ligne d'arrivée avant la fermeture de celle-ci.

Si l'une des conséquences d'une infraction d'un bateau est une collision avec dommages, voire démâtage, et/ou blessure sérieuse, l'équipage du bateau désemparé aura probablement besoin d'un délai pour montrer son pavillon à son adversaire, qui, s'il manque de sportivité, continuera sa route sans se soucier de la sauvegarde des vies humaines et des règles fondamentales 1 et 2 des RCV 2001-04, avec les conséquences que cela peut lui apporter.
Dans ce cas les juges établiront:
- si le pavillon a été envoyé à la première occasion raisonnable pour réclamer contre l'abordeur et entraîner une pénalité en cas d'infraction avérée,
- si l'abordeur pouvait ignorer les faits et ne pas porter assistance.

Lorsqu'un pavillon n'est pas nécessaire, les Instructions de course peuvent contenir un paragraphe comme suit: *En complément du respect de la règle 61 des RCV 2001-04, le bateau qui réclame doit informer le bateau du comité de course sur la ligne d'arrivée, immédiatement après son arrivée, de son intention de réclamer.*
Pavillon ou pas, *si un comité de réclamation reçoit un rapport à propos d'un incident qui peut avoir causé des dommages sérieux ou de blessure sérieuse, il peut réclamer contre n'importe quel bateau concerné.* (Règle 60.4)

- Caution

En France il n'est pas demandé de caution comme dans certains pays limitrophes. Pourtant il est des réclamations qui peuvent engendrer des frais de grutage, etc.
- *aucun droit ni caution ne peuvent être exigés pour le dépôt d'une réclamation, sauf pour certaines réclamations concernant la jauge [voir prescription FFV à la règle 64.3 (d)].* (prescription FFV page 30)
- *Les coûts générés par une réclamation concernant une règle de jauge doivent être payés par la partie perdante, sauf si le comité de réclamation en décide autrement.* (Règle 64.3.d)
- *Le comité de réclamation peut demander aux parties dans la réclamation, préalablement aux opérations de contrôle, une caution couvrant le coût des vérifications consécutives à une réclamation portant sur la jauge.* (Prescription FFV après la règle 64.3, page 36)

- Déposer le formulaire de réclamation et ou demande de réparation:

Le fait d'avoir, réglementairement, manifesté votre intention de réclamer sur la zone de course ne vous oblige par à déposer votre réclamation. Dans le cas où vous avez été contraint d'enfreindre vous-même une règle en conséquence d'une infraction d'un autre concurrent (abordage de marque, ou contact avec un autre bateau), vous pourrez protéger vos intérêts (voir § 9.20 Exonération).
C'est à vous de défendre vos intérêts dans les temps limites (pas aux arbitres).

- Temps limite de dépôt de réclamation, voir § 9.7

- Contenu de la réclamation, voir § 9.5

Pour le comité de course ou le comité de réclamation jury

- Informer

Un comité de course ou un comité de réclamation ayant l'intention de réclamer contre un bateau selon la règle 60.2 (a) (Un comité de course peut réclamer) *ou 60.3 (a)* (Un comité de réclamation peut réclamer) *doit l'informer dès que cela est raisonnablement possible, sauf*

lorsque la réclamation concerne un incident qu'il voit dans la zone de course, auquel cas le comité doit informer le bateau après la course dans le temps limite déterminé par la règle 61.3 (Temps limite pour réclamer). (Règle 61.1 b Exemple : Incident vu sur la zone de course, Abordage d'une marque de parcours.)
Les intentions de réclamer de l'un des comités pourront être indiquées sur le formulaire préconisé par la CCA, avant même que les formulaires de réclamation correspondants soient complétés.

INTENTIONS DE RÉCLAMER DU COMITÉ DE COURSE OU DU JURY
(Règle 61.1b) informer le « réclamé »

Club ____________ *Manifestation* ____________
Date ____________ *Classe* ____________ *Course* ____________

Classe(s)	*Course*	*Bateaux n°*	*Incident ou règle*	*Heure de dépôt prolongée*	
				OUI	NON
				OUI	NON
				OUI	NON
				OUI	NON

Heure de dépôt des réclamations du comité de course (si prolongée)			
CLASSE	HEURE	CLASSE	HEURE

Un comité de course n'a pas à déposer de réclamation pour *un bateau pénalisé selon la règle 30.2* (Règle de pénalité de 20 %) *ou 44.3* (Pénalités en points) *doit recevoir les points tel que prévu par la règle 44.3 (c).* (Règle A4.2 Systèmes de points)
Ni pour *un bateau qui n'a pas pris le départ, qui n'a pas satisfait à la règle 30.2* (Règle de pénalité de 20 %) *ou 30.3* (Règle du pavillon noir), *qui n'a pas fini, qui a été pénalisé, qui effectue une pénalité selon la règle 44.3* (Pénalités en points) *ou qui abandonne après avoir fini, doit recevoir le nombre de points correspondant attribués par le comité de course, sans instruction. Le comité de réclamation est le seul habilité à agir sur le classement pour aggraver le score d'un bateau.* (Règle A5 Scores déterminés par le comité de course)

► *Cas particulier d'un comité de réclamation*

Alors que tous les affichages réglementaires ont été faits et que vous n'y figurez pas, en tant que partie ou témoin, vous disposez de votre temps jusqu'aux prochaines courses. Mais si vous avez vous avez été impliqué dans un incident, vous n'êtes pas tiré d'affaire pour autant car : *Pendant l'instruction d'une réclamation recevable ou d'une demande de réparation, si le comité de réclamation décide de réclamer contre un bateau impliqué dans l'incident mais qui n'est pas partie dans cette instruction, il doit informer le bateau dès que raisonnablement possible de son intention, puis porter réclamation contre lui tel que requis par la règle 61.2* (Contenu d'une réclamation) *et procéder à l'instruction tel que requis par la règle 63* (Instructions). (61.1c Informer le défendeur). Un témoin peut ainsi devenir une partie moyennant quelques formalités réglementaires de la part du comité de réclamation (Règle 61.1 (b)). (Voir aussi appel FFV n° 2000- 31)
La preuve d'une infraction à une règle, par un voilier qui n'est pas partie dans l'instruction d'une réclamation, autorise le comité de réclamation à réclamer contre ce voilier (Cas ISAF 42) et (cf. règle 60.3 (a) et 61.1 (c)).

Si vous avez créé des dommages sérieux et/ou une blessure grave vous n'êtes pas non plus sorti d'affaire. Une réclamation non recevable ou le témoignage d'un promeneur peuvent servir au comité de réclamation à initier une instruction selon la règle 60.4.

9.4 *Pourquoi et comment demander réparation ?*

(Règles 62 + 63.1 + 64.2)

Bateau

Plusieurs conditions sont à remplir, pas forcément dans l'ordre chronologique.

• *sans qu'il y ait eu faute de sa part*

Un concurrent affiché OCS, par erreur selon lui, devra d'abord faire la preuve qu'il s'agit d'une action erronée du comité, et qu'en conséquence il n'était pas en faute, afin qu'ensuite il puisse demander et obtenir réparation. Par contre, un bateau qui devait se maintenir à l'écart et qui s'est fait aborder avec dommages ne pourra pas obtenir réparation, car la faute initiale lui revient (il pourra seulement obtenir la disqualification du prioritaire-abordeur, règle 14 Éviter le contact).

• *place d'arrivée aggravée de façon significative*

Par exemple :

- un bateau qui a dû abandonner pendant la course suite à une avarie causée par un bateau qui devait se maintenir à l'écart, ou
- le comité de course sur la ligne d'arrivée ne l'a pas vu passer, ou
- une erreur s'est glissée dans la transcription d'une décision du comité de réclamation à l'attention les résultats.

• *trouver un « auteur »*

Hormis le comité de course, le comité de réclamation ou un bateau qui devait se maintenir à l'écart, un hélicoptère dont le souffle vous fait dessaler avec dommages, peuvent faire partie de ces « auteurs ».

La réparation vous sera bien volontiers accordée si vous avez porté assistance (Voir Cas ISAF 20).

• *être faite par écrit* (Règle 62.2)

Vous avez la possibilité de demander réparation :

- Sur le formulaire de réclamation déposée à l'encontre d'un bateau lorsqu'il s'agit d'une infraction à une règle du chapitre 2 - et en le précisant soit par une phrase ou par le numéro de la règle dont vous souhaitez bénéficier (62 Demande de réparation),
- Sur le formulaire « contestation de classement » lors d'une omission du comité de course sur un ordre d'arrivée. *La demande doit être faite par écrit... dans le temps limite de la règle 61.3* (Temps limite pour réclamer) *ou dans les deux heures après l'incident en question selon ce qui est le plus tardif.* (Règle 62.2).

Le comité de réclamation doit prolonger ce délai s'il existe de bonnes raisons de le faire (Règle 62.2). Comme par exemple : classement contesté affiché de nuit et/ou impossibilité matérielle de respecter ce délai.

Attention, *si les délais prévus à règle 62.2... des RCV sont réduits de telle manière qu'aucune demande de réparation... ne sera acceptée au-delà du temps limite de réclamation du jour suivant la course concernée, ou pour les demandes... de réparation du dernier jour : 30 minutes après communication orale de la décision concernée. Modification des règles 62.2... des RCV.*

• *Un pavillon rouge n'est pas nécessaire* (règle 62.2), de toute façon ce pavillon n'est plus nécessaire pour les bateaux de moins de 6 mètres.
La demande de réparation sera donc soumise aux mêmes contraintes administratives et traitée comme une réclamation.
Si une erreur, rare bien évidemment mais possible, dans la transmission des décisions du jury vous a injustement pénalisé, déposez au plus vite votre demande de réparation afin que celui-ci puisse vérifier et faire corriger son action erronée. Car il n'y a pas de réparation accordable s'il n'y a pas eu de demande écrite (règle 62.2) sauf dans le cas de la règle 64.2 décision de réparation pour un bateau après *arrangement aussi équitable que possible pour tous les bateaux affectés, qu'ils aient demandé réparation ou non* (règle 64.2).

► *Comité de course règle 60.2 b et/ou comité de réclamation règle 60.3 b*

Exemples : En faveur d'un bateau qui a porté assistance, pour une erreur dans la transmission d'une décision à l'informatique, etc.
Une demande de réparation ou une décision du comité de réclamation d'envisager une réparation doit être basée sur la prétention ou la possibilité que la place d'arrivée d'un bateau dans une course ou série a été, sans qu'il y ait eu faute de sa part, aggravée de façon significative :
a) par une action inadéquate ou une omission du comité de course ou du comité de réclamation ;
b) par un dommage physique dû à l'action d'un bateau ayant enfreint une règle du chapitre 2 (Quand les bateaux se rencontrent) *ou d'un navire qui n'était pas en course et qui avait obligation de se maintenir à l'écart ;*
c) en donnant de l'aide (sauf à lui-même ou à son équipage) en respect de la règle 1.1 (Aider ceux qui sont en danger), *ou ;*
d) par un bateau à qui une pénalité a été appliquée selon la règle 2 (Navigation loyale), ou envers lequel une action disciplinaire a été prise selon la règle 69.1 (b) (Action par un comité de réclamation composé de 3 membres). (Règle 62.1)
Une décision de réparation ne doit pas être prise sans instruction (Règle 63.1). *Mais lorsque le comité de réclamation décide qu'un bateau a droit à réparation selon la règle 62, il doit prendre un arrangement aussi équitable que possible pour tous les bateaux affectés, qu'ils aient demandé réparation ou non.* (Règle 64.2)

9.5 Contenu d'une réclamation et demande de réparation (Règle 61.2)

- écrite pour les courses en flotte, ou
- orale pour match racing et courses par équipe arbitré par des umpires.

Dans l'ordre des formulaires proposés par l'ISAF ou la FFVoile doivent figurer :
• L'identification du *réclamant* (règle 61.2 a)
- numéro de voile ou nom du bateau,
- nom en clair de celui qui viendra représenter le réclamant surtout s'il n'est pas le rédacteur de la réclamation. Pour authentifier la réclamation, son rédacteur peut la signer.
• L'identification du *réclamé* (règle 61.2 a)
- celui contre lequel vous réclamez (numéro de voile ou nom du bateau, ou nom du représentant du bateau),

- celui auprès duquel vous demandez réparation (comité de course, de réclamation ou jury). C'est la seule façon qu'a le jury de pouvoir convoquer les différentes parties à votre demande. Le rédacteur sera attentif à écrire lisiblement les chiffres en évitant les confusions possibles (entre le 1 et le 7) (le 2 et le 5) et (le 3 et le 8).

Que cela ne vous dispense pas d'informer votre adversaire conformément à la règle 61.1 (a). Un numéro de voile inconnu sur l'épreuve ou le numéro d'un concurrent qui ne pouvait matériellement pas être sur le lieu de l'incident rend inutile votre démarche auprès du comité de réclamation.

• identifier *l'incident y compris où et quand il s'est produit* (règle 61.2 b).

Avant même d'identifier, par un ou plusieurs dessins, l'incident ou le décrire avec des mots, localisez l'incident selon le cas par:

- le numéro de la marque ainsi que le numéro de passage (marque n° 2, 1er passage), ou
- le bord (au milieu du 3e bord de près), la ligne de départ, la ligne d'arrivée etc., ou,
- l'affichage auquel vous faites référence avec son jour et son heure d'affichage. Exemple: Ordre d'arrivée manuscrit ou dactylographié, classement d'une course après décision du jury, etc. affiché le .../.../200. à ...H ...mn.

Attention à ne pas vous tromper de course. Si vous ne vous rappelez vraiment plus du numéro d'ordre de la course dans la régate, précisez, après son rang dans la journée concernée, la date de son déroulement (ex: deuxième course du / ... / ...).

• *toute règle que le réclamant pense avoir été enfreinte* (règle 61.2 c).

Cette précision permet au réclamé (adversaire du réclamant) comme au jury de se faire une idée de ce que vous lui reprochez.

L'absence de numéro de règle n'est pas un motif de refus si la nature de l'incident est identifiée (ex: refus de tribord sans n° de règle ou avec son très ancien numéro). Le jury peut être amené à juger sur une autre règle plus adaptée à l'incident. (Cas ISAF 22.)

Toutefois à la suite d'une instruction, *lorsque le comité de réclamation décide qu'un bateau... a enfreint une règle... Une pénalité doit être infligée, que la règle applicable ait été mentionnée ou non dans la réclamation.* (Règle 64.1 a)

Un comité de réclamation ne peut justifier le refus d'une réclamation au motif que la règle supposée enfreinte et citée dans la réclamation tel que requis par la règle 61.2 (c) n'est pas la bonne (Cas ISAF 22).

Si vous avez oublié de signer et/ou de préciser le numéro de la règle et/ou s'il manque la direction du vent ou la place des témoins, comme il s'agit de renseignements qui ne sont pas nécessaires pour identifier l'incident, le jury vous demandera de les corriger dans la réclamation ou le dessin: *Sous réserve que la réclamation écrite identifie l'incident, les autres détails peuvent être corrigés avant ou pendant l'instruction.* (Règle 61.2)

• *le nom du représentant du réclamant* (règle 61.2 d)

Le représentant du réclamant peut être: le propriétaire, le barreur, la personne responsable, un membre de l'équipage, un représentant embarqué ou non.

Mais *si une réclamation invoque une infraction à une règle du chapitre 2* (Quand les bateaux se rencontrent), *3* (Direction d'une course) *ou 4* (Autres obligations en course), *les représentants des bateaux doivent avoir été à bord au moment de l'incident, sauf si le comité de réclamation a de bonnes raisons d'en décider autrement* (Règle 63.3).

Pour toutes les autres réclamations vous pouvez envoyer, un quelconque représentant s'exprimer, y compris un avocat qui devrait connaître les RCV pour pouvoir défendre vos intérêts.

9.6 *Écrite sur quoi et en quelle langue ?*

► *Réclamations et/ou demandes de réparation écrites, oui mais sur quoi ? Et en quelle langue ?*

Les réclamations orales ne sont admises que si les Instructions de course le précisent. Ces réclamations orales sont suivies, la plupart du temps, d'instructions en mer, parfois à terre, principalement lors de compétitions en match racing, ou arbitrées en direct (umpiring) en course en flotte.
Si les réclamations doivent être déposées par écrit (règle 61.2). Il n'est pas obligatoire de les rédiger sur des formulaires sauf, peut-être, si cela vous est imposé dans les Instructions de course. Elles peuvent être rédigées sur papier libre, mais doivent être lisibles et comporter tous les renseignements requis par la règle 61.1 (Contenu d'une réclamation.)
D'ailleurs sur quel formulaire ?

Celui en langue anglaise publié dans le texte *The Racing Rules of Sailing for 2001-04* ou celui en langue française ?
Lequel utiliser en langue française :
celui proposé dans la traduction des règles de l'ISAF intitulé *Règles de course à la voile 2001-04* qui est la traduction mot à mot de celui proposé par l'ISAF ou celui préconisé par la CCA ? (reproduit en fin de ce chapitre, avec le numéro des règles applicables)

Pour les épreuves franco-françaises : sur le territoire français et seulement à l'attention des concurrents français la langue utilisée est le français. Pour les épreuves internationales en France comme à l'étranger, la langue officielle est l'anglais.
Quant à la langue dans laquelle les réclamations se doivent d'être rédigées, les juges internationaux sont partagés, même s'ils sont francophones.
Une réclamation rédigée dans un mauvais anglais est-elle préférable à un texte correct en français quand le temps manque ? À charge pour le réclamant de faire traduire son texte ? la calligraphie et l'orthographe ne laissent pas indifférents les membres d'un jury international, quelle que soit la langue utilisée.

À juste titre, certains trouveront bien discourtois de la part d'un réclamant français d'obliger son adversaire étranger et les juges non francophones à faire effectuer une traduction. Le réclamé doit pouvoir préparer sa défense, les juges identifier la nature de l'incident. Les concurrents auront à cœur d'éviter les manifestations de désinvolture alors qu'ils prétendent défendre leurs propres intérêts.

Quelle serait l'attitude de ce concurrent français, en régate à l'étranger, devant une réclamation rédigée en chinois, en arabe ou en allemand ? La langue officielle du sport de la voile, celle qui permet à tous de n'utiliser qu'un seul texte de référence, est l'anglais.
Un dessin précis et lisible sera d'un très grand secours à condition d'y faire figurer les numéros des bateaux concernés, la situation géographique de l'incident (marque ou bord), l'orientation du vent, le courant ainsi que les témoins. Les commentaires pourront se réduire à très peu de chose, en prenant soin d'utiliser les termes et les phrases contenus dans *The Racing Rules of Sailing RRS 2001-04*, pour les réclamations rédigées en anglais, *Les Règles de course à la voile RCV 2001-04* pour les réclamations rédigées en langue française.

Un bateau radiocommandé (VRC) *qui reconnaît avoir enfreint une règle du chapitre 2* (Quand les bateaux se rencontrent), *3* (Direction d'une course) *ou 4* (Autres obligations en course) *avant que la réclamation soit déclarée recevable peut abandonner de la flotte en question sans être pénalisé davantage.* (Règle E 5.4 Accepter sa responsabilité) Ce qui équivaut à un retrait de réclamation. La nuance avant ou après qu'une réclamation soit jugée recevable n'a d'importance que dans les courses qui n'octroient pas le même nombre de points entre les RAF (Se retire après avoir fini) et les DSQ. Ce qui est le cas des voiliers radiocommandés qui courent en flotte à suivre et de quelques épreuves particulières qui utilisent ce même principe.
Les auteurs des abordages avec dommages sérieux et/ou blessure sérieuse ne pourront plus continuer à sévir en pensant pouvoir s'exonérer avec 2, 3 ou 4 petits tours... et puis s'en vont jusqu'à la ligne d'arrivée.

Les différends entre concurrents doivent se régler sur l'eau. Si tous les concurrents sont satisfaits des arrangements qu'ils se concèdent, le jury ne pourra intervenir sans rapport... écrit. Des systèmes peuvent être utilisés pour tenter de limiter les instructions et favoriser la reconnaissance « quasi spontanée » d'infraction aux règles.

► *Syrnin : Système pour réduire le nombre des instructions*

(voir texte complet dans le chapitre VRC)

► *Médiation*

1 Lorsqu'une réclamation a été déposée, toutes les parties concernées par une réclamation concernant une infraction à une règle du chapitre 2 des R.C.V. peuvent être entendues par un médiateur désigné par le comité de réclamation, à moins que la règle 63.3(b) (Instruction par défaut) *des R.C.V. ne s'applique. Toutefois les réclamations dans lesquelles des dommages matériels sont concernés, ne peuvent être soumises à médiation et doivent être instruites par le comité de réclamation.*

2 Pour chaque bateau concerné, un seul membre de l'équipage, présent à bord au moment de l'incident, sera entendu au cours de la médiation, aucun témoin n'étant admis.

3 Le médiateur entend la description de l'incident par chacune des parties concernées qui dispose pour cela d'environ 2 minutes. Après avoir entendu chacune des parties concernées, le médiateur pourra proposer l'une des médiations suivantes :

a. Aucune règle n'a été enfreinte : Si le bateau réclamant accepte cette médiation, il peut retirer sa réclamation et l'incident est clos.
b. Une règle a été enfreinte par l'un des bateaux concernés : Si ce bateau accepte cette médiation, il reçoit une pénalité de 40% et l'incident est clos.
c. Une règle a été enfreinte par chacun des bateaux concernés : Si ces bateaux acceptent cette médiation, ils reçoivent chacun une pénalité de 40% et l'incident est clos.
d. Le médiateur ne peut proposer une médiation au vu de la brève description donnée par chacune des parties.

4 Lorsqu'une réclamation est résolue dans les conditions de l'article 3. a, b ou c ci-dessus, le médiateur transcrit la médiation acceptée sur le formulaire de réclamation. Il ne sera pas nécessaire de soumettre au comité de réclamation l'incident qui ne pourra alors faire l'objet ni de réparation, ni de réouverture, ni d'appel par aucune des parties.

5 Si toutefois :
(i) Le réclamant ne retire pas sa réclamation selon l'article 3.a,
(ii) L'un des bateaux concernés n'accepte pas la médiation proposée pour une règle enfreinte, selon l'article 3.b ou c,
(iii) Le médiateur n'est pas en mesure de proposer une médiation selon l'article 3.d, la réclamation est alors soumise au comité de réclamation pour instruction.

6. Si la médiation proposée n'est pas acceptée, les parties concernées ne doivent pas poursuivre de discussion sur l'incident et les faits relatés lors de l'audition par le médiateur doivent rester confidentiels et ne peuvent être débattus par personne avant l'ouverture de l'instruction.

7 Lorsque la réclamation est instruite par le comité de réclamation, le médiateur ne peut être membre de ce Comité. Il peut être présent dans la salle du Comité ou être entendu à titre de témoin. Le médiateur n'est pas autorisé à discuter des faits avec les membres du comité de réclamation tant que celui-ci n'a pas rendu sa décision.

8. L'application d'une pénalité de 40% doit être calculée selon les dispositions de la règle 44.3.(c) des R.C.V.

9.9 *Lieu et horaires des instructions*

Le moment et le lieu de l'instruction doivent être notifiés à toutes les parties dans l'instruction... (Règle 63.2)
Que cela soit pour une réclamation entre concurrents, du comité de course ou du jury y compris conformément à la règle 61.1 (c) (Pendant l'instruction d'une réclamation recevable), le lieu et le moment des instructions, doivent être portés à la connaissance des parties que cela soit oralement, par voie de l'affichage si cela est prévu dans les Instructions de course ou par courrier individuel.
En France, les notifications sont faites par l'intermédiaire du tableau officiel, dont la situation est précisée dans les Instructions de course. Ce tableau doit être consulté par chaque concurrent avant et après chaque course, ou groupe de courses s'il n'y a pas de retour à terre entre les courses (règles 61.1 (b) et (c)).

CONVOCATION AU JURY

Club ______________ *Classe* __________
Manifestation ______________________ *Avis n°*
Date __________ *Course* ______________________

INSTRUCTION (application possible de la règle 63.3 (b) (instruction par défaut)

CAS N°	RÉCLAMANT	CONTRE (Réclamé)	TÉMOINS	HEURE	FAITS ET RÈGLES

liste close à ______________ liste non close à ______________

Affichage : Le ______ à ______ h ______ mn Signature

Dans les Instructions il peut même être précisé que : *Des avis seront affichés dans les 30 *minutes* (changez le temps s'il est différent) *suivant le temps limite de réclamation pour informer les concurrents des instructions dans lesquelles ils sont parties ou appelés comme témoins. Les instructions auront lieu au [local du jury] et commenceront à* ___ Insérez le lieu et l'heure. ___. (Annexe K Guide des Instructions de course, article 15.3)
Pour les instructions en vertu de la règle 69 (qui ne sont pas des réclamations Annexe L, Recommandation aux comités de réclamation, article 5.1) : *Le comité de réclamation doit rapidement informer par écrit le concurrent de la mauvaise conduite présumée et du moment et du lieu de l'instruction.* (Règle 69.1 (a))
Un affichage, s'il est écrit, n'en reste pas moins qu'un affichage. Une lettre doit être remise et, si possible, sa copie signée par le destinataire attestant qu'elle lui a bien été remise, à défaut des témoins pourront attester de l'action. Aucune convocation orale ne pourra être faite dans ce cas. Ne pas être porté sur l'affichage des convocations ne vous tire pas forcément d'affaire si vous avez été mêlé à un incident. Compter sur « pas vu pas pris » peut vous sauver d'affaires... parfois... ! Mais quelques instants de réflexion sur l'eau au moment des faits, suivis d'un ou deux petits tours, suivant le cas, valent sans doute mieux qu'une disqualification après instruction.

.10 *Présent ou absent à l'instruction* (Instruction par défaut)

N'oubliez jamais que pour pouvoir défendre vos intérêts il vaut mieux être présent. Pour cela vérifiez le tableau officiel et les convocations.

- Même si vous n'avez pas le souvenir d'un incident qui aurait pu vous opposer à un autre bateau ou,
- pour vous prémunir des réclamations vous mettant en cause dans un incident auquel vous n'avez pu prendre part (feuille de pointage à l'appui).

Si une partie dans une instruction ne vient pas à l'instruction, le comité de réclamation peut néanmoins juger la réclamation ou la demande de réparation. Si l'absence de la partie était due à un cas de force majeure, le comité peut rouvrir l'instruction. (Règle 63.3 (b))
Arriver en courant après une instruction à laquelle vous ne vous êtes pas efforcé d'assister, pour cause de douche ou de restauration, risque seulement de déclencher l'hilarité des membres du jury mais en aucun cas leur clémence. Il s'agit de vos intérêts, pas de ceux des autres.
Le petit temps qui vous empêche de rentrer dans les temps impartis même si vous êtes tracté, observé par le jury, l'amènera probablement à prolonger le temps limite pour l'ensemble des classes concernées. Seront étudiés, au cas par cas, les absences dues aux soins médicaux et autres cas de force majeure.
Les parties dans l'instruction, ou un représentant de chacune d'elles, ont le droit d'être présents tout au long de l'audition de tous les témoignages (Règle 63.3 (a))
Aucun témoin autre qu'un membre du comité de réclamation, ne doit être présent sauf lorsqu'il témoigne. (Règle 63.3 (a)) Si vos témoins ne s'efforcent pas d'être présents à l'instruction, il pourra être difficile de faire admettre au comité de réclamation après décision qu'ils sont une nouvelle preuve décisive. À vous d'être persuasif pour les faire patienter jusqu'à l'heure de l'instruction. Un témoignage écrit peut ne pas être accepté, puisque les parties et le comité de réclamation ne peuvent l'interroger (Annexe L, Recommandations aux comités de réclamation, article 3.1, 9e point).

Lors de compétitions s'adressant à de très jeunes pratiquants, il arrive qu'un (des) entraîneur(s) souhaite (nt) assister, en auditeur(s) discret(s), à l'instruction induite ou défendue par l'un de leurs « poulains ». Si cela est, de toute évidence, éducatif pour tous, ce n'est pas un droit. Une demande formulée aimablement au président, et la promesse de ne pas intervenir quoiqu'il arrive pendant l'instruction, ont de bonnes chances de la voir aboutir favorablement. Cette autorisation ponctuelle, dérogation à la règle 63.3 (a), est laissée à l'appréciation du président du comité de réclamation. Elle requiert aussi l'agrément de toutes les parties (réclamant et réclamé).

9.11 *Préparer sa défense*

La course à laquelle vous venez de participer est la plus importante, même s'il s'agit d'une régate dominicale et/ou amicale… qui ne devrait pas être exempte de sportivité.
Toute partie dans une réclamation a le droit de connaître les raisons de la réclamation, ou de la demande de réparation, afin de pouvoir préparer sa défense, ou son argumentation. Le secrétariat du jury répondra favorablement à toute demande de mise à disposition de document de la part d'une partie dans la réclamation.
* Si un photocopieur est disponible, une copie des documents vous sera remise.
* En l'absence de photocopieur vous devrez vous contenter de lire les documents sur place.
Dans les deux cas, vous émargerez sur le(s) original (aux) sur le(s) quel(s) sera(ont) porté(es) la date et l'heure de remise, en regard de votre nom.
Si le réclamé n'a pas pu consulter ce(s) document(s) avant le début de l'instruction, il pourra sur sa demande obtenir *un délai raisonnable pour préparer l'instruction.* (Règle 63.2.). *Lorsque des copies ne sont pas disponibles, laisser le réclamé lire la réclamation ou la demande de réparation avant de commencer* l'instruction (Annexe L, Recommandation aux comités de réclamation, article 2, 1er point).
Après la communication de la décision, le réclamé ne pourra utiliser comme argument « le manque de préparation », pour demander une réouverture ou faire appel. *15 minutes entre l'affichage et la convocation à l'instruction apparaissent comme tout à fait raisonnable quand les faits sont connus et reconnus (infraction à une règle de classe ne nécessitant pas de témoignage extérieur d'autre concurrent) (appel n° 2000/21).*
« Le barreur savait que son voilier faisait l'objet d'une réclamation, et il était de son devoir d'agir raisonnablement pour se protéger, ce qui inclut se procurer la réclamation, la lire, et utiliser le long délai dont il disposait pour préparer sa défense. (Cas ISAF 48) »
La recherche d'un « vrai » témoin peut nécessiter un peu plus de temps. Dans tous les cas, la partie adverse a tout intérêt à se présenter pour demander un délai de préparation. L'absence d'une partie n'est pas un motif de non-instruction (cf. Instruction par défaut règle 63.3 (b) § 9.10 du présent chapitre)

9.12 *Partie et partie intéressée*

Il ne faut pas confondre partie dans une réclamation (réclamant et réclamé qui pourront éventuellement faire appel de la décision) et partie intéressée. Il est évident qu'une partie dans une réclamation est partie intéressée. Mais une partie intéressée n'est pas habilitée à faire appel d'une décision quand elle n'a pas été réclamant ou réclamé (cas d'un sponsor ou d'un parent non compétiteur à bord du bateau).

Partie

Une partie dans une instruction : un réclamant ; un réclamé ; un bateau qui demande réparation ; un bateau ou un concurrent qui peut être pénalisé selon la règle 69.1 (Action par un comité de réclamation)*; un comité de course dans une instruction selon la règle 62.1 (a)* (Demande de réparation pour une action inadéquate ou une omission du CC) (Définition de Partie).

Partie intéressée

Une personne susceptible de profiter ou pâtir en conséquence d'une décision d'un comité de réclamation, ou qui a un intérêt personnel étroit dans la décision (définition de Partie intéressée).

Un membre du comité de réclamation qui est une partie intéressée ne doit plus prendre aucune part à l'instruction, mais peut comparaître comme témoin. Une partie dans l'instruction qui pense qu'un membre du comité de réclamation est une partie intéressée doit soulever l'objection dès que possible. (Règle 63.4)

La Fédération Française de Voile a, par l'une de ses prescriptions, tenté de limiter ces parties intéressées.
Conformément au code de déontologie de l'arbitre, tout arbitre considéré comme « partie intéressée », notamment en raison de liens familiaux ou professionnels, ne peut, sauf dérogation exceptionnelle, occuper un poste de responsabilité au sein d'un comité (président du comité de course, de la jauge ou du jury, du comité de réclamation ni de panel). (Prescription FFV dans le préambule du chapitre 7, Organisation des courses).
Sont donc partiellement résolus les problèmes des parents, grands-parents, enfants et petits-enfants, oncles, tantes, fiancé(e) et autres relations amicales en tant que président. Plus rien n'interdit à un parent ou à un enfant, etc., d'être membre du comité de réclamation... Le simple fait de mentionner aux différentes parties les liens familiaux, les relations sportives (même club) ou amicales avec l'une ou l'autre des parties permet souvent de lever le doute quant à leur partialité de juge et supprimer les objections quant à la composition du jury.
Le problème de la nationalité dans un jury international est levé par *les membres* d'un jury international qui *ne doivent pas être considérés comme parties intéressées (voir la règle 63.4) en raison de leur nationalité.* (Règle M 3.3 jurys internationaux)
Si on s'en réfère à la règle M 3.3 les membres du jury ne devraient pas être considérés comme parties intéressées (cf. 63.4) en raison de leur appartenance à un club.

Un jaugeur national et/ou un jaugeur de classe ne peut être considéré comme partie intéressée après avoir constaté sur un voilier ou un concurrent une infraction à une règle de classe et fait déposer une réclamation par le comité de course, même si par ailleurs il est entraîneur. Cet argument ne pourra être retenu pour un appel éventuel (cf. Appel n° 2000/21), surtout si le contrevenant a été placé devant l'infraction avérée. Si le comité de réclamation a des doutes sur le sens d'une règle de jauge ou de classe, il doit transmettre les faits s'y rapportant à une autorité responsable, en l'occurrence le jaugeur désigné sur l'épreuve. Le comité de réclamation doit se conformer à la réponse de l'autorité (règle 64.3 b Décisions des réclamations sur la jauge).

9.13 *Comité de réclamation, jury, jury international*

(Pour le jury d'appel voir § 9.27)

La différence fondamentale entre ces trois « instances » est que la présence d'un jury international, composé selon l'annexe M, permet la proclamation de résultats définitifs le dernier jour de l'épreuve, puisque le droit d'appel est supprimé.

À l'issue d'une épreuve non pourvue d'un jury international ne pourra être édité et transmis à la FFVoile, qu'un « classement général final ». Pour tous les autres jurys et comités de réclamation, *une épreuve n'est terminée et les résultats définitifs que lorsque les délais d'appel sont expirés et, si des appels sont interjetés, après que les jugements ont été rendus. (Appel FFV 1991/13.)*

Toutefois certaines épreuves avec phases qualificatives (VRC) ou de match racing peuvent bénéficier d'un aménagement possible..., *si l'avis de course et les Instructions de course le prescrivent, le droit d'appel peut être supprimé...* (Règle 70.4 Droit d'appel)

Dans de telles circonstances, l'autorisation écrite de la FFV doit être obtenue avant d'éditer l'avis de course et apposée au tableau d'affichage officiel pendant la compétition. (Prescription de la FFV suivant la règle 70.4.)

Comité de réclamation ou jury

Le comité de réclamation est composé de *personnes concernées par l'instruction des réclamations et des demandes de réparation.* (préambule de l'annexe L, Recommandation aux comités de réclamation).

La différence entre un comité de réclamation et un jury, qui remplissent les mêmes tâches réside dans leur composition :

Un comité de réclamation doit être

a) un comité désigné par le comité de course ;

b) un jury, désigné par l'autorité organisatrice, qui est séparé et indépendant du comité de course ; ou

c) un jury international désigné par l'autorité organisatrice ou comme prescrit dans le règlement de l'ISAF et conforme aux exigences de l'annexe M (Jurys internationaux). (Règle 89 Comité de réclamation)

Il suffit de remarquer l'utilisation du mot « comité » dans « comité de course et comité de réclamation » pour se rappeler qu'une ou plusieurs personnes sont communes aux deux. Un comité de réclamation n'est donc pas indépendant du comité de course. S'il est indépendant du comité de course, il devient un Jury.

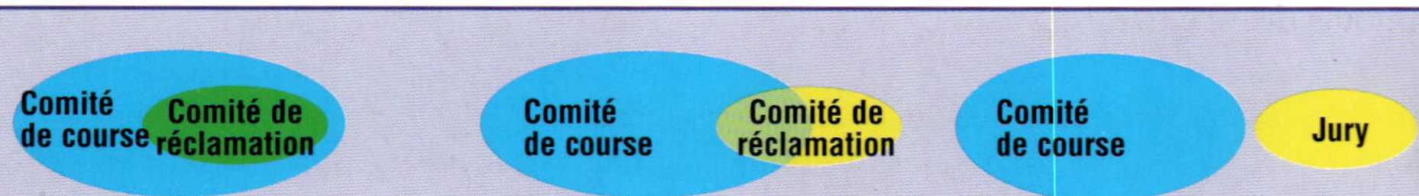

Toutes les personnes qui instruisent les réclamations sont AUSSI membres du comité de course.	Une, au moins, des personnes qui instruisent les réclamations sont AUSSI membre(s) du comité de course.	Aucune des personnes qui instruisent les réclamations ne fait partie du comité de course. Ses membres peuvent néanmoins assister aux courses.

Dans tous les cas c'est à terre, sauf match racing et course par équipe, devant un panel de trois juges, que le différend sera exposé par les protagonistes (instruction). Une espèce de mini tribunal, dont les peines ne sont que sportives.

Un comité de réclamation doit comprendre au moins 3 membres. (Prescription FFV dans le préambule du chapitre 7, Organisation des courses). Trois personnes sont plus difficiles à tromper et cela permet d'éviter les jugements de « cœur » et les *a priori* négatifs : « Dura lex sed lex ».
Le président du comité de réclamation doit être, sauf dérogation accordée par la FFV, de nationalité française ou résidant en France. (Prescription FFV dans le préambule du chapitre 7, Organisation des courses, page 44 des RCV 2001-04)
Pour l'organisation des compétitions en France... les jurys (sous-entendu le comité de réclamation) *sont soumis à la réglementation technique de la FFV, établie conformément aux obligations des lois, règlements et arrêtés du gouvernement français et dans le respect des règles de l'ISAF.* (Prescription FFV dans le préambule du chapitre 7, Organisation des courses.) *La constitution du corps arbitral est régie par le chapitre 3 du règlement technique de la FFV.*

Remarque : Le mot « jury » est souvent employé en lieu et place de « comité de réclamation » par abus de langage, autant pour faciliter l'élocution que pour réduire l'espace occupé par sa calligraphie au tableau officiel et/ou sur les imprimés préconisés par la CCA. : Ne lit-on pas « Convocation au jury » et « Décision du jury » !
Dans le texte qui suit le mot « jury » sera préféré à l'expression « comité de réclamation » aussi souvent que possible, pour en faciliter la lecture.
Si la composition du jury n'a pas déjà été affichée, ou si ses membres ne sont pas identifiables par un quelconque moyen de présentation (badge, barrette), les membres du jury (CR) vous seront présentés. Les juges issus du même club que l'une des parties, de même que ceux qui connaissent personnellement une des parties le préciseront à la partie adverse afin que toutes objections quant à la composition du CR puissent être formulées. *Une partie dans l'instruction qui pense qu'un membre du comité de réclamation est une partie intéressée doit soulever l'objection dès que possible.* (Règle 63.4 Partie intéressée.)
Le membre du jury récusé, avec des arguments recevables, sera alors remplacé, afin que le comité de réclamation obéisse à la prescription de la FFVoile.
En aucun cas, il ne sera possible de faire « appel » auprès de la FFV au motif que vous avez une objection sur la composition du CR, après la communication d'une décision qui ne vous convient pas parcequ'alors vous considérez un des membres comme partie intéressée.
Conformément au code de déontologie de l'arbitre, tout arbitre considéré comme « partie intéressée », notamment en raison de liens familiaux ou professionnels, ne peut, sauf dérogation exceptionnelle, occuper un poste de responsabilité au sein d'un comité. (Prescription FFV préambule du chapitre 7.)

Jury international

Il ne doit pas y avoir appel des décisions d'un jury international constitué conformément à l'annexe M (Jurys internationaux) (Règle 70.4, Droit d'appel). En conséquence, la remise des prix se fera à partir du classement général devenu définitif après l'expiration du délai de demande de réouverture de la dernière réclamation/demande de réparation jugée/demande de réouverture du dernier jour de course.
Un jury international s'acquitte des mêmes tâches qu'un jury.
Un jury international est responsable de l'instruction et des décisions de toutes les réclamations, demandes de réparation et autres sujets découlant des règles du chapitre 5. (Règle M2.1)
Sur demande de l'autorité organisatrice ou du comité de course, il doit les conseiller et les aider sur tout sujet qui pourrait directement affecter l'équité de la compétition. (Règle M2.1)
Une fois de plus ce ne sont pas les tâches qui diffèrent, mais c'est la composition.

Un jury international doit être composé de navigateurs expérimentés, avec une excellente connaissance des règles de course et une expérience exhaustive du comité de réclamation. Il doit être indépendant et ne pas comprendre de membre du comité de course, et être désigné par l'autorité organisatrice sous réserve de l'approbation de l'autorité nationale lorsque cela est requis (voir la règle 89 (c)), ou de l'ISAF selon la règle 87.2. (Règle M1.1)
Une autorité nationale peut prescrire que son accord est nécessaire pour la désignation des jurys internationaux pour les épreuves au sein de sa juridiction, sauf pour les épreuves de l'ISAF ou lorsque les jurys internationaux sont désignés par l'ISAF selon la règle 87.2 (Avis de course ; Désignation des arbitres) (Règle 70.4 Droit d'appel) et la FFV prescrit que *dans de telles circonstances, l'autorisation écrite de la FFV doit être obtenue avant d'éditer l'avis de course et apposée au tableau d'affichage officiel pendant la compétition.* (Prescription FFV de la page 40 des RCV 2001-04)
Le jury doit se composer d'un président, un vice-président si cela est souhaité, et d'autres membres pour un total d'au moins cinq. La majorité doit être constituée de juges internationaux. Le jury peut désigner un secrétaire, qui ne doit pas être un membre du jury. (Règle M1.2)
Lorsqu'un jury unique comporte moins de cinq membres, pour cause de maladie ou cas d'urgence, et qu'on ne dispose pas de remplaçants qualifiés, il reste correctement constitué pourvu qu'il comprenne au moins trois membres. Quand il comporte trois ou quatre membres, ils doivent être d'au moins trois autorités nationales différentes. (Règle M1.5)
Si le jury opère alors qu'il n'est pas normalement constitué, les décisions du jury peuvent être susceptibles d'appel. (Règle M1.7)

9.14 *Pré-instruction pour établir la recevabilité*

d'une réclamation et/ou demande de réparation ou demande de réouverture :

Au début de l'instruction, le comité de réclamation doit décider si toutes les exigences relatives à la réclamation ou à la demande de réparation ont été satisfaites, après avoir auparavant entendu tout témoignage qu'il estime nécessaire. (Règle 63.5 Recevabilité)
Le jury devra vérifier la recevabilité de la réclamation ou de la demande de réparation. (L3.1 : Des recommandations aux comités de réclamation)

1 *Le contenu était-il adéquat règle 61.2* (Contenu d'une réclamation) ou 62.1 (réparation) ?
2 *A-t-elle été déposée dans les temps ? Sinon, existe-t-il une bonne raison de prolonger le temps limite (Règle 61.3* (Temps limite pour réclamer) ou 62.2 (ou deux heures après l'incident en question) ?
3 *Quand cela est exigé, le réclamant était-il impliqué ou témoin de l'incident (Règle 60.1 (a))* (Un bateau peut réclamer) ?
4 *Si nécessaire, « Protest« a-t-il été hélé et un pavillon rouge correctement montré (Règle 61.1 (a))* (Informer le réclamé) ?
5 *Lorsque l'appel à la voix et le pavillon n'étaient pas nécessaires, le réclamé a-t-il été informé ?*
6 *Décider si la réclamation ou la demande de réparation est recevable (Règle 63.5)* (Recevabilité de la réclamation ou de la demande de réparation).
7 *Une fois établie la recevabilité de la réclamation ou de la demande de réparation, ne pas permettre de revenir sur le sujet sauf si un nouveau témoignage déterminant est apporté.*

9.15 *Réclamation ou demande de réparation recevable – ouverte et instruite*

Si toutes les exigences relatives à la recevabilité *sont satisfaites, la réclamation ou la demande de réparation est recevable, et l'instruction doit être poursuivie.* (Règle 63.5 Recevabilité)
Si la réclamation a été faite selon la règle 60.4 (réclamation du comité de réclamation quand un bateau a causé des dommages sérieux ou blessure sérieuse)*, le comité de réclamation doit également déterminer si une blessure sérieuse ou un dommage sérieux ont résulté de l'incident en question.* (Règle 63.5 recevabilité)
Parfois une reconnaissance de faute a été déposée et a été jointe à la réclamation -> copie pour assurance. Reste éventuellement à régler la demande de réparation en cas de dommages et de place d'arrivée aggravée et avérée.
Il est de la responsabilité des concurrents de protéger leurs intérêts, pas aux comités.

.16 *Réclamation non recevable – instruction close*

Si toutes les exigences ci-dessus ne sont pas satisfaites... *l'instruction doit être close.* De même s'il n'y a ni blessure ni dommages sérieux. (Règle 63.5 Recevabilité).
Mais si des dommages et/ou la blessure sont avérés, cette réclamation non recevable peut servir de rapport. Sachant que *si un comité de réclamation reçoit un rapport à propos d'un incident qui peut avoir causé des dommages sérieux ou des blessures sérieuses, il peut réclamer contre n'importe quel bateau concerné.* (Règle 60.4).

.17 *L'instruction*

Mais comment se passe L'INSTRUCTION : cette grande inconnue que beaucoup craignent ?
Quand deux réclamations sont relatives à un même incident, ou à des incidents intimement liés, il est judicieux de les instruire en même temps, en présence de tous les voiliers impliqués. (Cas ISAF 49)
Après avoir vérifié que la réclamation était recevable (voir : Recevabilité § 9. 15) le jury va instruire. En ce domaine il ne faut pas confondre vitesse et précipitation, même s'il est tard. Pour celui qui est face au jury, son cas est le plus important, puisque justement c'est celui qui le concerne. Chacun a le droit de s'exprimer pour défendre ses propres intérêts, inutile de vous répéter cela prolonge l'instruction et agace les membres du jury, en aucun cas ne sert à les convaincre.

.18 *Réception des témoignages*

L'annexe L des RCV 2001/04, bien que simple *recommandation, peut aider les juges, les secrétaires de jury, les comités de course et autres personnes concernées par l'instruction des réclamations* (préambule à l'annexe L Recommandations aux comités de réclamation).
Lors de l'instruction d'une réclamation ou d'une demande de réparation, le comité de récla-

mation devrait accorder une attention égale à tous les témoignages; devrait admettre qu'un témoignage honnête peut varier, et même être contradictoire en raison d'observations ou de souvenirs différents; devrait résoudre ces différences du mieux qu'il peut; devrait reconnaître qu'aucun bateau ou concurrent n'est coupable tant qu'une infraction à une règle n'a pas été établie de manière convaincante pour le comité de réclamation; et devrait garder un esprit ouvert jusqu'à ce que toutes les preuves aient été reçues qu'un bateau ou un concurrent a enfreint une règle (préambule à l'annexe L Recommandations aux comités de réclamation).
Si une réclamation invoque une infraction à une règle du chapitre 2 (Quand les bateaux se rencontrent)*, 3* (Direction d'une course) *ou 4* (Autres obligations en course)*, les représentants des bateaux doivent avoir été à bord au moment de l'incident, sauf si le comité de réclamation a de bonnes raisons d'en décider autrement.* (Règle 63.3a) Pour les autres réclamations vous pouvez envoyer qui vous voulez, licencié à la FFVoile ou non.
Le comité de réclamation doit entendre les dépositions des parties dans l'instruction et de leurs témoins, et tout autre témoignage qu'il estime nécessaire. Un membre du comité de réclamation qui a vu l'incident peut témoigner. Une partie dans l'instruction peut interroger toute personne qui témoigne. Le comité doit ensuite établir les faits et baser sa décision sur ces faits. (Règle 63.6)

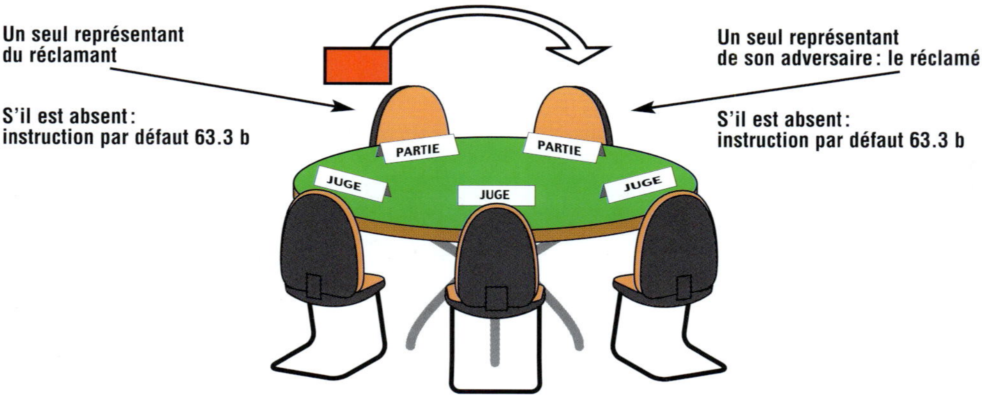

Le comité de réclamation ou le jury doit être composé de 3 personnes.
(prescription FFV préambule chapitre 7, Organisation de la course)

Le réclamant (celui qui a déposé la réclamation) s'exprime en premier. S'il y a une réclamation croisée, c'est-à-dire qu'ils réclament l'un contre l'autre, c'est le premier qui choisit s'il veut déposer en premier ou défendre. Après avoir exposé calmement votre version, attendez les questions de votre adversaire et/ou du jury. Que le réclamé parle en second représente un avantage pour lui. Il a ainsi la possibilité, par d'habiles questions, d'attirer l'attention du jury sur les impossibilités et incongruités de la version du réclamant. Il a ainsi tout loisir d'ajuster sa version des faits avant de faire sa déposition.
Inutile de camper sur vos positions et de vouloir absolument que seule votre propre version soit retenue par le jury. Au contraire, après avoir exposé votre version des faits, astreignez-vous à démonter les affirmations erronées de votre adversaire.
Ensuite seront entendus et chronologiquement les témoins : *Appeler un par un* (entendus séparément) *les témoins de chaque partie* ceux du réclamant puis celui du réclamé *et ceux du comité de réclamation s'il y en a* (5e point de L 3.2 des Recommandations aux comités de réclamation). Il appartient à chacune des parties de citer ses propres témoins et de s'assurer de leur

présence au moment de l'instruction. Les témoins sont TOUS écoutés, à tour de rôle (pas en même temps), en présences des parties.
Après avoir donné sa version des faits, le témoin est questionné par les parties (d'abord l'adversaire de celui pour qui il témoigne, ensuite l'autre partie enfin par les membres du jury). Au fur et à mesure de leurs auditions, les témoins seront libres de vaquer à leurs propres occupations sans attendre la fin des délibérations et la décision du comité de réclamation.
Le comité de réclamation peut juger utile d'écouter des témoins supplémentaires. *Permettre à quiconque, y compris l'équipier d'un bateau, de déposer. C'est à la partie de décider quel témoin convoquer. À la question « Souhaiteriez-vous entendre X? », la meilleure réponse est « C'est vous qui choisissez ».* (Annexe L 3.2, 4e point). Il peut demander à entendre des commissaires et/ou d'autres concurrents.
Le jury ne doit *accepter de déposition écrite d'un témoin qui ne peut être questionné que lorsque les deux parties sont d'accord* (Annexe L 3.2, 9e point). En effet, en les acceptant, les parties se privent de la possibilité de questionner le rédacteur et donc de remettre en cause cette déclaration ou d'éclaircir ce témoignage.

.19 *Établissements des faits*

Le jury retiendra en premier lieu les faits concordants dans les versions des réclamant et réclamé, puis il s'attachera à établir l'ensemble des faits après avoir écarté les aberrations des différents témoignages. La décision viendra d'elle-même.
Si les vrais-faux témoignages peuvent gruger le jury, leurs effets sur les autres concurrents sont beaucoup plus durables et plus implacables qu'une décision de jury. Les faux témoins et les menteurs pourront ultérieurement avoir beaucoup de mal à obtenir un témoignage, même s'ils sont alors dans leur droit.
Pour les cas de réparation, s'assurer qu'aucun témoignage supplémentaire des bateaux affectés par la décision n'est nécessaire. (Règle L 3.4, Recommandation aux comités de réclamation)

.20 *Décisions*

Après avoir pris sa décision, le comité de réclamation doit informer rapidement les parties dans l'instruction des faits établis, des règles applicables, de la décision et de ses motivations, et de toutes pénalités imposées ou réparation accordée (règle 65.1).
Quand le comité de réclamation a des doutes sur le sens d'une règle de jauge, il doit transmettre ses questions, avec les faits s'y rapportant, à une autorité responsable de l'interprétation de la règle. En prenant sa décision, le comité doit se conformer à la réponse de l'autorité. (Règle 64.3.b décisions des réclamations sur la jauge)
La décision peut être communiquée oralement. En France, les juges ont pris l'habitude d'afficher le résumé des décisions au tableau officiel. Ce n'est pas par contrainte réglementaire, mais pour tenter d'être éducatifs auprès des différents intervenants.
Déposer une réclamation ne vous garantit pas pour autant une immunité totale, mais peut vous sauver des conséquences d'un incident dans lequel vous avez été contraint d'enfreindre une règle. Par exemple : *Quand deux voiliers entrent en collision, les deux peuvent être exoné-*

rés si la situation a été créée par un troisième qui a enfreint une règle (Cas ISAF 10).
Voici quelques *scénarios* de décisions possibles, après dépôt d'au moins une réclamation recevable.

Absence de pénalité	◆ Absence de pénalité ou de sanction si le jury est convaincu qu'il n'y a pas eu d'infraction à une règle, ou pas d'incident. ◆ C'est un coup d'épée dans l'eau.Une perte de temps pour tout le monde ◆ Pas de réparation possible puisque pas de faute imputable.
Pénalité	◆ Une pénalité pour le réclamé, c'est-à-dire celui contre lequel on réclame (i.e. l'adversaire du réclamant). Plusieurs bateaux peuvent être pénalisés. ◆ +/- l'attribution d'une réparation selon la règle 64.2. pour le réclamant.
Pénalité	◆ Une pénalité pour un autre bateau impliqué dans l'incident ou, cité comme témoin à condition que certaines modalités précisées dans la règle 61.1 (c) aient été respectées. ◆ +/- l'attribution d'une réparation selon la règle 64.2. pour le réclamant.

Un bateau ou un concurrent ne doit pas être pénalisé sans l'instruction d'une réclamation, sauf tel que prévu par les règles 30.2 (Règle de pénalité de 20 %), 30.3 (Règle du pavillon noir)*, 67* (Règle 42 et Nécessité de l'instruction)*, 69* (Allégations de mauvaise conduite notoire)*, A5* (Scores déterminés par le comité de course) *et N2* (Pénalités immédiates pour infraction à la règle 42 Propulsion). *Une décision de réparation ne doit pas être prise sans instruction* (règle 63.1 Nécessité d'une instruction)

Pénalité pour les deux parties	◆ Exemple : Infraction à la 18.2c (Non engagés à l'entrée de la zone), pour l'un et application de 14 (éviter le contact) pour le prioritaire seulement s'il y a des dommages ◆ Pas de réparation possible pour le réclamant, puisqu'il y a eu faute de sa part.
Pénalité	◆ Le réclamant est pénalisé tout seul, c'est-à-dire celui qui a déposé la réclamation. ◆ Pas de réparation possible pour le réclamant puisqu'il y a faute de sa part.

► *Exonération grâce à la règle 64.1 b.*

Quand, à cause d'une infraction à une règle, un bateau a obligé un autre bateau à enfreindre une règle, la règle 64.1 (a) (disqualification... pour une infraction) *ne s'applique pas à ce dernier qui doit être exonéré.* (Règle 64.1 b Pénalités et exonération) (Voir aussi Cas ISAF 49 + 51)

Cette exonération est valable pour un abordage de marque comme pour une infraction à une règle du chapitre 2 (Quand les bateaux se rencontrent).

Décision concernant la jauge, les règles de classe et/ou l'identification sur les voiles (annexe G) ou code de publicité (annexe I)

Ne pas confondre :

- *Écarts au-delà des tolérances spécifiées dans les règles de classe ont été causés par une détérioration ou une usure normale et n'améliore pas les performances* (Règle 64.3 (a) Décision d'une réclamation sur la jauge). Ce qui implique non seulement des indications de mesures +/- cm, +/- kg etc. -> pas de pénalité mais correction avant de recourir
- Les infractions aux règles de classe ne laissant aucune tolérance (ex : poids correcteurs fixés) -> DSQ sauf instruction différente dans IC
- Infraction à une règle de l'annexe G : identification sur les voiles -> Soit *pénaliser* ou *avertissement avec mise en conformité* (Règle G4)
- Infraction à une règle du code de publicité : *Avertissement* ou *disqualification une course selon 64.1* (Pénalité) ou plus d'une course ou *pour la série ou agir selon la règle 69.1* (Mauvaise conduite notoire) *des RCV, lorsqu'il décide qu'il peut y avoir eu une grave violation.* (Règle 20.9.1 Code de publicité).

Il est bon de rappeler que le comité de réclamation doit juger tout ce qui est porté à sa connaissance par le comité de course faisant suite à un rapport du jaugeur.
C'est *au propriétaire d'un bateau et toute autre personne responsable de s'assurer que le bateau est maintenu en conformité avec ses règles de classe et que son certificat de conformité ou de jauge, s'il existe, demeure valide.* (Règle 78.1 Conformité aux règles de classe)
Ex : mesure des voiles, poids correcteur (poids et placement), etc.
Le propriétaire ou le responsable du bateau doit, sous sa seule responsabilité, s'assurer en outre que son bateau est conforme aux règles d'armement et de sécurité prescrites par les lois, règlements et arrêtés de l'Administration. (Prescription FFV suite à la règle 78.1)
Si le statut de catégorie C est choisi, seule l'autorité nationale peut introduire un système de licence de publicité individuelle, pour autoriser ses concurrents à porter de la publicité sur leur bateau/planche. (Une infraction au système de licence d'une autorité nationale ne peut pas faire l'objet d'une réclamation selon ce code). (Règle 20.4.3 code de publicité) pourvu qu'*un bateau et son équipage respectent l'annexe 1* (code de publicité) (Règle 79 : Publicité) et s'inscrivent conformément aux exigences indiquées dans l'avis de course (carte d'autorisation de port de publicité).

Décision par rapport à l'ensemble des concurrents : annulation d'une course

Lorsque le comité de réclamation décide qu'un bateau a droit à réparation selon la règle 62, il doit prendre un arrangement aussi équitable que possible pour tous les bateaux affectés, qu'ils aient demandé réparation ou non. Ce peut être l'ajustement des points (voir la règle A10 (Conseils pour les réparations) *pour quelques exemples) ou des heures d'arrivée des bateaux, l'annulation de la course, le maintien des résultats en l'état, ou tout autre arrangement...* (Règle 64.2 Décision de réparation)
Le jury ne devrait pas prendre ce genre de décision sans étudier toutes les conséquences sur les concurrents y compris celui qui termine le premier et seul. Un seul bateau qui arrive valide une course. *Si un bateau effectue le parcours conformément à la règle 28.1* (Effectuer le parcours) *et finit dans le temps limite, s'il y en a un, tous les bateaux qui finissent doivent être classés selon leur place d'arrivée sauf si la course est annulée* (Règle 35 Temps limite et classement).

Personne ne doit le priver de sa performance. Ce n'est pas une question de pourcentage de bateaux à l'arrivée. Il appartient au comité de course de prendre toutes les dispositions pour valider la course avec beaucoup d'arrivants.
Chaque course dans une régate est une course distincte ; dans une régate à plusieurs classes, l'annulation peut être judicieuse pour certaines classes, mais pas pour d'autre (Cas ISAF 37).

► *Décision d'une demande de réparation*

Lorsque le comité de réclamation décide qu'un bateau a droit à réparation selon la règle 62, il doit prendre un arrangement aussi équitable que possible pour tous les bateaux affectés, qu'ils aient demandé réparation ou non. Ce peut être l'ajustement des points (voir la règle A10 (Conseils pour les réparations) *pour quelques exemples) ou des heures d'arrivée des bateaux, l'annulation de la course, le maintien des résultats en l'état, ou tout autre arrangement. S'il y a un doute sur les faits ou sur les résultats probables de tout arrangement pour la course ou la série, spécialement avant d'annuler la course, le comité de réclamation doit recueillir les témoignages de sources appropriées* (règle 64.2 Décision de réparation).

► *Conseils pour les réparations (Règle A10)*

Si le comité de réclamation décide d'accorder réparation en ajustant le nombre de points d'un bateau dans une course, il lui est conseillé d'envisager de lui accorder :
a) un nombre de points équivalent à la moyenne, au plus proche dixième de point près (0,05 arrondi au dixième supérieur), de ses points dans toutes les courses de la série sauf la course en question :
b) un nombre de points équivalent à la moyenne, au plus proche dixième de point près (0,05 arrondi au dixième supérieur), de ses points dans toutes les courses avant la course en question ;
c) un nombre de points basé sur la position du bateau dans la course au moment de l'incident qui justifie la réparation.

Attention à la modification apportée , dans la règle A10 (a) du règlement 2001-04, par rapport à la règle A4 (a) du RCV 1997-2000, mais déjà incluse dans l'annexe expérimentale depuis janvier 1999. Nous pouvions lire : les points égaux à la moyenne... de ses points dans toutes les courses de la série à l'exclusion de [sa plus mauvaise course et de]* la course en question. *(Supprimer ces mots lorsque tous les classements comptent pour les résultats de la série, ou ajouter si plus d'une course est à retrancher) Ce droit à l'erreur avait déjà été supprimé pour un concurrent qui avait bénéficié d'une réparation par la faute de quelqu'un d'autre.

9.21 *Demande de réouverture, règle 66*

Pour qu'il y ait réouverture, il faut qu'il y ait eu ouverture, c'est-à-dire :
- qu'une réclamation ait été déposée,
- non retirée (Règle 63.1) et
- qu'une convocation des parties ait été faite et
- au moins une pré-instruction [réclamation recevable -> instruite ou, réclamation non recevable -> close] de façon à ce qu'une décision ait été communiquée.

Si une partie dans une instruction ne vient pas à l'instruction,..... et *si l'absence de la partie était due à un cas de force majeure, le comité peut rouvrir l'instruction* (Règle 63.3 b). L'instruction aura eu lieu, même si le comité de réclamation avait été informé que la partie absente reçoit des soins hors site. Cela permet au jury d'écouter les témoins qui ont eu la courtoisie de rester jusqu'à l'heure de l'instruction. Mais n'empêchera en rien la réouverture avec ces mêmes témoins, en présence cette fois de la partie adverse.

Qui peut déposer une demande de réouverture ?

Si vous disposez de nouveaux arguments qui vont à l'encontre de la décision du jury qui vous a pénalisé (DSQ) après une instruction, ou qu'une demande de réparation ne vous a pas été accordée, vous pouvez demander une réouverture mais à condition de fournir un… *nouveau témoignage significatif… disponible dans un délai raisonnable* (règle 66 Réouverture d'une instruction).

Temps limite pour déposer une demande de réouverture

Une partie dans l'instruction peut demander une réouverture dans les 24 heures après avoir été informée de la décision. (Règle 66 Réouverture d'une instruction).

Un article des Instructions de course peut palier un effet pervers de cette règle. Car en toute légalité une demande de réouverture, d'une instruction du dernier jour, pourrait être déposée le lendemain de la proclamation des résultats d'une épreuve alors qu'il n'y a plus ni concurrents, ni juges sur le site. *Les délais prévus aux règles… 66 des RCV sont réduits de telle manière qu'aucune demande de réouverture… ne sera acceptée au-delà du temps limite de réclamation du dernier jour de course ou 30 minutes après communication de la décision concernée, selon ce qui est le plus tard. Modification à la règle 66 des RCV.* (Article 17.5 des Instructions de course type FFV et Annexe K, Guide pour les Instructions de course, article 15.8).

Ou

Le dernier jour de la régate, une demande de réouverture d'instruction doit être déposée
a) dans le temps limite de réclamation si la partie demandant la réouverture a été informée de la décision la veille ;
b) pas plus de 30 minutes après que la partie demandant la réouverture a été informée de la décision ce même jour.
Ceci modifie la règle 66. (Annexe K, Guide des Instructions de course, article 15.3)

Recevabilité d'une demande de réouverture

Il est bien évident que seulement une partie dans la réclamation initiale peut demander une réouverture. Le comité de réclamation écoutera la partie mandante et/ou prendra connaissance des informations qu'il fournira (ex. : enregistrement vidéo). Le comité de réclamation décidera s'il s'agit ou non d'une nouvelle évidence.

S'il ne s'agit pas d'une nouvelle évidence la demande de réouverture est refusée.

S'il s'agit d'une nouvelle évidence la réclamation est rouverte et *quand une instruction est rouverte, une majorité des membres du comité de réclamation doit, si possible, avoir été membre du comité de réclamation initial* (règle 66).

22 Demande de copie de décision

Une partie dans l'instruction a le droit d'obtenir les informations concernant la décision, *par écrit, sous réserve qu'elle les demande par écrit au comité de réclamation** (Règle 65.2 Informer les parties) *« dans les sept jours après avoir été informée de la décision ».*

* La prescription FFVoile suivant la règle 65.2 : modifiant le délai pour demander la copie en

remplaçant sept jours par *« au plus tard le dernier jour de l'épreuve, soit dans la demi-heure qui suit la communication de la décision ce même jour, soit avant l'heure limite de dépôt des réclamations pour une décision communiquée la veille ou antérieurement ».*
Attention, sans cette demande votre appel sera jugé non recevable, même si vous envoyez votre demande d'appel dans les temps. Si une partie *à aucun moment depuis que la décision a été rendue, n'a manifesté son intention de faire appel et n'a demandé copie de la décision,* alors *l'appelant n'a pas répondu aux exigences de l'annexe F2.1. L'appel ne peut donc être instruit par le jury d'appel (appel 2000/08).*
Le jury doit fournir la décision par écrit, si possible immédiatement après avoir reçu la demande du concurrent, et au plus tard dans les sept jours (prescription FFV suivant la règle 65.2). *Le comité doit alors rapidement fournir l'information, y compris, lorsqu'approprié, un schéma de l'incident préparé ou approuvé par le comité.* (Règle 65.2 Informer les parties)
Bien souvent les concurrents souhaitent une copie de la décision pour pouvoir la joindre au dossier adressé à leur assureur en cas de dégâts matériels. Pour faciliter les recherches et la transmission de telles pièces, il est souvent bien pratique pour tous que le mandant dépose au secrétariat du jury une enveloppe à son adresse, précisant le numéro du cas ainsi que les numéros de voile des parties. L'enveloppe et son contenu pourront, soit lui être remis sur le site de la régate en cours, soit expédiés si la régate est terminée.
Il est à noter que l'assureur tiendra ou non compte de la décision du jury. *L'indemnisation des dommages, et toute autre action consécutive aux dommages non prévue par les RCV relèvent de l'entière responsabilité des concurrents* (prescription FFV suivant la règle 68). Le comité de réclamation n'est pas un expert près les tribunaux.

9.23 *Navigation loyale, règle 2*

Il ne faut pas confondre infraction à la règle 2 « navigation loyale » et une infraction à l'une des règles du chapitre 2 « Quand les bateaux se rencontrent », la règle 2 s'applique si aucune autre ne s'applique.
Gêner un autre voilier peut constituer une infraction à la règle 2, et justifier une action selon la règle 69.1, un OCS bien que rappelé, continue à faire le parcours, en gênant son plus proche adversaire au classement *tout le long d'un bord pour qu'il passe en dernière position à la marque au vent.* (Cas ISAF n° 34)
Mais *il est acceptable qu'un voilier ralentisse la progression d'un autre voilier dans cette course et d'utiliser cette tactique... à condition que cette tactique soit destinée à l'amélioration de ses propres résultats dans la série. Cependant, si un voilier enfreint volontairement une règle en appliquant cette tactique, il enfreint aussi la règle 2* (Cas ISAF78).

9.24 *Mauvaise conduite notoire*

La mauvaise conduite devra dans un premier temps être établie par le comité de réclamation ou le jury de régate (cette expression est employée pour lever la possible confusion entre jury d'appel et jury de la régate, lors de la rédaction d'un texte les mettant en œuvre tous les deux) pour les concurrents inscrits à l'épreuve sur laquelle l'allégation a été déposée, puis ultérieurement, par la commission de

25

Tableau récapitulatif	**Règle RCV**
Généralités	
Si épreuves différentes	63.7
Pas de caution (prescription FFV)	64.3 (d)
Type d'instruction réclamation	60.1, 2, 3
Demande de réparation	62
Demande de réouverture	66
EXIGENCES PRÉALABLES A L'INSTRUCTION Informer i.e. Appel à la voix (héler) /convocation	
Appel approprié (entre bateaux)	(61.1a)+ prescription
Adversaire informé (Réclamation CC ou CR), Informé (CR)	61.1b et 61.1c
Parties convoquées à l'instruction	63.2
Convocation tableau d'affichage	63.2
Convocation par lettre	69.1
Pavillon	
Pavillon hissé longueur sup. à 6 mètres	61.1a
pas nécessaire pour demande de réparation	62
Pavillon vu à l'arrivée (pour + 6 mètres)	61.1a
Temps limite Dépôt et/ou retrait	
Date et heure de dépôt	L1 61.3 + IC
Date et heure limite de dépôt de réclamation	63.1 IC
Dépôt dans le temps limite + modification dans IC	61.3, 62.2 et 66 prescription FFV
Instruction	63.1
Rédaction	
Réclamation écrite	61.2
Demande de réparation	62.2
Nature de l'incident identifié	61.2b
Représentant des parties (un seul par partie)	61.2d + L 3 3e point
ou par défaut	63.3b
Recevable/instruite non recevable/close	63.5
Dommages sérieux et blessure sérieuse	60.4
Règle(s) supposée(s) enfreinte(s)	61.2 c
Témoin(s)	63.3a 63.6
Divers	
Retrait des réclamations	63.1
Mise à disposition des documents	63.2
+ temps de préparation de l'argumentation/défense	63.2
Témoigner : parties et/ou témoins	63.6
Établissement des faits	63.6
Décision	64
Informer les parties	65.1
MAUVAISE CONDUITE NOTOIRE	
Ce n'est pas une réclamation	L 5.1
Rapport écrit	69.1a
Convocation écrite	69.1a

9.26 Formulaire de réclamation avec les règles applicables

Reçu par le secrétariat de course : n° .... Date .../ .../ 200.. et heure...(règle L 1)......... Signature.......................
Date ....../....../200.... et heure limite ....

FORMULAIRE DE RECLAMATION - également pour les demandes de réparation et réouverture
A remplir et cocher tel que nécessaire

1. **EPREUVE**.. Autorité Organisatrice.........................
Date.. Course n°... (ou ordre n° ....dans la journée du ......)
.... Si réclamation entre bateaux de course différentes voir règle 63.7

2. **TYPE D'INSTRUCTION**
Réclamation d'un bateau contre un bateau ....(règle 60.1 a)................ ☐
Réclamation du comité de course contre un bateau ....(règle 60.2 b)................ ☐
Réclamation du comité de réclamation contre un bateau ....(règles 60.3, 60.4 ou 61.1 c) ☐
Demande de réparation d'un bateau ou du comité de course ....(règles 60.1 b ou 60.2 b) ☐
Etude d'une demande de réparation par le comité de réclamation (règle 66) ☐
Demande d'un bateau ou du comité de course de réouverture d'instruction (règle 66) ☐
Etude de réouverture de la part du comité de réclamation ☐

3. **BATEAU RÉCLAMANT, OU DEMANDANT UNE RÉPARATION OU UNE RÉOUVERTURE**
Classe..................................... N° de voile (règle 61.2 (a)..... Nom du bateau ....
Représenté par (règles 61.2 d + 63.3)... Adresse . ... Signature ....

4. **BATEAU(X) RECLAME(S) OU CONCERNÉ(S) PAR LA DEMANDE DE RÉPARATION**
Classe..................................... N° de voile (règle 61.2 a) Nom du bateau ....

5. **INCIDENT**
Heure et lieu de l'incident ....(règle 61.2 b) ....
Règles prétendues enfreintes ..... (règle 61 2 c). ....

TEMOINS ....(règle 63.6)...........................
....

6. **NOTIFICATION AU RECLAME** Comment avez-vous informé le défendeur de votre intention de réclamer ?
En hélant (règle 61.1 a) Je proteste ☐ Quand ? ...... (règle 61.1a) Mot (s) utilisé(s) (règle 61.1 a + prescription FFV)
En déferlant un pavillon rouge ☐ Quand ? ....(règle 61.1 a pour les plus de 6 mètres) ....
En l'informant d'une autre manière ☐ Donnez des détails .... (règles 61.1a + 61.1 b + 61.1 c) ....

7. **DESCRIPTION DE L'INCIDENT** (utilisez une autre feuille si nécessaire)

....
....
....
....
(règle 61.2 b) ....
....
....
....
....
....
....
....
....

Diagramme : un carré = longueur de la coque ; montrez la position des bateaux, la direction du vent et du courant, les marques.

PARTIE RÉSERVÉE AU COMITÉ DE RÉCLAMATION

N° .... Instruction avec les n° ....(Cas ISAF 49)... reconnaissance d'infraction de ......

A remplir et cocher tel que nécessaire

Retrait demandé ☐ ....signé............... Retrait autorisé ☐(règle 63.1)

Heure limite de dépôt de réclamation.......................(règle 61.3 + IC) .... ;

La réclamation, ou demande de réparation ou de réouverture, est dans les délais ☐ (règle 61.3)

Prolongation du temps limite .... ☐(règle 61.3)

Réclamant, ou partie faisant une demande de réparation ou de réouverture, représenté par (règle 61.2 d) ....

Autre partie, ou bateau concerné par la réparation, représenté par : ....(règle 64.2)..

Noms des témoins (règle 63.3 a + 63.6 + par défaut 63.3 b) ....

Interprètes (règle L2 3ème point) ....

Remarques

Objection à propos d'une partie intéressée (règle 63.4 + prescription FFV chapitre 7 + M 3.3) ☐..................................

La réclamation écrite ou la demande identifie l'incident(règles 61.2 / 62.2) ☐..................................

"Je proteste" hélé à la première occasion raisonnable(règle 61.1) ← (Je proteste) ☐

Pas besoin de héler, le réclamé a été informé à la première occasion raisonnable ☐(règle 61.1a , 61.1b ou 61.1c)..

Le pavillon rouge a été déferlé de manière évidente à la première occasion raisonnable ■ ☐(règle 61.1a) ....

Le pavillon rouge a été vu par le comité de course à l'arrivée ■ ☐(règle 61.1 a)

Informer le comité à l'arrivée (§ ..... instructions de course)

La réclamation ou demande est recevable, l'instruction continue (règle 63.5) ☐ (Cas ISAF 42)

La réclamation ou demande n'est pas recevable, l'instruction est close (règle 63.5) ☐

FAITS ETABLIS ....

....

.... (règle 63.6)..

....

....

Croquis du bateau .... est approuvé par le Comité ☐ Le croquis du comité est joint ☐

CONCLUSIONS ET REGLES APPLICABLES (règle 63.6) ....

....

....

DECISION (règle 63.6)

La réclamation est rejetée ☐......

Bateau(x) .... est (sont) disqualifié (s) ☐ (règle 63.1) Course(s) ....

est (sont) pénalisé(s) comme suit ☐ (règle) et/ou § ....instructions de course Course(s) ......

La demande de réparation n'est pas accordée ☐ accordée comme suit : ......(règle 64.2)........... ☐

La demande de réouverture d'une instruction est refusée ☐ accordée...................(règle 66)........... ☐

Le Président du comité de réclamation et autres membres (prescription FFV début chapitre 7) ....

Signature du Président... *Date et heure*

Décision annoncée en présence du ☐ réclamant, ☐ du réclamé, ☐ autre.............. Informer les parties (règle 65.1)

Je soussigné .... représentant le bateau .... déclare mon intention de faire appel de la décision ci-dessus

Le .. / .. / 200.. Signature .... Demande de copie par écrit (règle 65.2 + Prescrip. FFV p35) Copie remise le .. /. . / 200

discipline au siège de la FFV suivant la gravité de la décision du jury de régate. (Règle 69.1 (c)).
Le comité de course peut *adresser au comité de réclamation un rapport demandant une action selon la règle 69.1 (a)* (Allégations de mauvaise conduite notoire, action par un comité de réclamation) (règle 60.2 (c)).
Pour une personne, non inscrite à la manifestation (accompagnateur), le dossier ira directement à la commission de discipline à la FFV.
Il est clair maintenant que concurrents, arbitres et accompagnateurs (parents, entraîneurs etc.) se doivent de ne pas nuire à la bonne réputation du sport. Il ne s'agit plus seulement des écarts de conduite de concurrent sur la zone de course qui pouvaient déjà être sanctionnés par le jury de l'épreuve, et également d'éliminer les conduites excessives, sur l'eau comme à terre, de l'ensemble des intervenants. Que ce soit pendant les manifestations directement liées à la pratique sportive ou en dehors, la conduite de chacun se doit d'être conforme à la bienséance. Il n'est en rien humiliant d'être poli et respectueux quels que soient son âge, sa fonction et la circonstance. C'est de l'image des « voileux » dont il est question, et de l'avenir de notre sport.
Lorsqu'un comité de réclamation... d'après un rapport qu'il a reçu, pense qu'un concurrent peut avoir commis une grave violation à une règle ou à la bonne conduite ou la sportivité, ou peut avoir nui à la bonne réputation du sport, il peut ouvrir une instruction. (Règle 69.1 a)
Il n'est pas rare que le jury laisse un délai entre les faits incriminés et l'instruction afin que la réflexion soit bonne conseillère. Un amour-propre mal placé risque d'empêcher l'expression d'excuses, qui ont toutes chances de limiter à un avertissement la sanction infligée par le jury. Une sanction plus grave, disqualification ou exclusion, transmise à l'autorité nationale de l'auteur des faits peut entraîner une entrave momentanée ou à vie de la carrière sportive de l'auteur de la mauvaise conduite.
Ce chapitre n'est volontairement pas développé dans cet ouvrage. Le fait que vous ayez pris la peine de lire ces pages tend à faire me faire penser que vous voulez vous conformer aux règles ISAF et de la Fédération Française de Voile, et que votre comportement est digne d'un sportif à tous moments. Pour plus de précisions, lire la règle 69 et le règlement disciplinaire du règlement intérieur de la FFVoile disponible sur son site web.

9.27 *Appel*

Qui peut faire appel

- *un bateau ou un concurrent qui est une partie dans une instruction, ou*
- *un comité de course qui est une partie dans une instruction sous réserve que le comité de réclamation soit un jury.* (Règle 70.1 Droit d'appel)

Cela implique qu'il y ait eu, dans tous les cas, une décision donc au moins une pré-instruction, éventuellement instruction à la suite du dépôt d'une réclamation ou d'une demande de réparation.
Mais une partie intéressée (cas d'un sponsor, ou d'un parent) n'est pas habilitée à faire appel d'une décision si elle n'a pas été « une partie » dans la réclamation.
Un voilier n'a pas le droit de faire appel d'une décision de réparation s'il n'était pas impliqué dans l'instruction (...) Cas ISAF 55.

Pourquoi faire

Vous avez épuisé sur le site de la régate la panoplie des recours : réclamations, demande de réparation, réouverture, et vous n'êtes toujours pas d'accord avec la décision. Vous ne pouvez pas contester l'établissement de faits établi par le jury de régate. Mais vous pouvez faire appel, en arguant une erreur de procédure ou une interprétation erronée d'une règle.(Règle 70.1)

Auprès de qui faire appel ?

Les appels, les demandes de confirmation ou de modification de décisions par les comités de réclamation, et les demandes d'interprétation des règles doivent être formulées auprès de l'autorité nationale. (Règle F1 Autorité nationale) *qui est l'autorité nationale du lieu de l'épreuve* (Règle 70.1).

- Jury d'appel de la FFVoile pour les épreuves courues sur le territoire français.
- Jury d'appel de la Fédération italienne pour les épreuves courues en Italie. Etc.

Il n'y a pas de juridiction supérieure à celle de l'autorité nationale dont dépend l'épreuve. Il n'existe pas de « super jury d'appel » à l'ISAF.

Sous réserve que le droit d'appel n'ait pas été supprimé selon la règle 70.4 (Jury international) *et* annexe M ;

Il n'y a pas d'instance supérieure à celle du jury d'appel de chaque autorité nationale. Les décisions des autorités jugées intéressantes font l'objet du « Cases book de l'ISAF » et sont traduites sous le titre de « Cas de l'ISAF » disponible à la FFVoile. Ces ouvrages constituent la jurisprudence de notre sport.

La constitution d'un jury international conforme aux exigences de l'annexe M (jurys internationaux) *ou la constitution de tout autre jury sans appel est soumise à l'approbation écrite préalable de la FFV. Cette autorisation doit être affichée au tableau officiel pendant la compétition* (prescription qui suit la règle 89).

Les appels doivent être adressés au jury d'appel de la Fédération française de voile, 55 avenue Kléber, 75784 Paris cedex 16. (prescription FFV préambule annexe F procédure d'appel)

Dans quel délai ?

Un appel ne pourra être validé que si, préalablement aux obligations de la règle F2, l'appelant a déposé par écrit au jury une intention d'appel au plus tard le dernier jour de l'épreuve, soit dans la demi-heure qui suit la communication de la décision ce même jour, soit avant l'heure limite de dépôt des réclamations pour une décision communiquée la veille ou antérieurement. (prescription FFV suivant la règle F2.1)

Dans les 15 jours suivant la réception de la décision écrite du comité de réclamation ou sa décision de ne pas rouvrir une instruction, l'appelant doit envoyer un appel daté à l'autorité nationale avec une copie de la décision du comité de réclamation. (Règle F.2.1)

Comment ?

L'appel doit indiquer pourquoi l'appelant estime que l'interprétation d'une règle faite par le comité de réclamation ou sa procédure était incorrecte. (Règle F.2.1)

L'appelant doit impérativement indiquer pourquoi il estime que l'interprétation des règles ou les procédures du comité de réclamation étaient incorrectes. Il doit exprimer clairement sa requête. L'appel ne peut pas porter sur les faits établis dans la décision (Règle 70.1).

Le fait de clore une réclamation pour non recevabilité constitue une décision. Le jury d'appel peut revenir sur la recevabilité d'une réclamation. (Cas ISAF 85)

Contrairement au droit civil, la manifestation d'intention d'appel n'est pas suspensive de la décision initiale. Sinon tout concurrent insatisfait de la décision du jury de régate manifesterait son intention pour lever la pénalité. Alors à quoi serviraient les instructions des réclamations sur site et les juges... Le fait qu'un concurrent manifeste par écrit son intention de faire appel ne permet pas à l'organisateur de ne pas appliquer la disqualification.

L'appelant doit également envoyer, avec l'appel ou aussitôt que possible ultérieurement, ceux des documents suivants qu'il peut se procurer :

a) la (les) réclamation(s) écrite(s) ;

b) un croquis, préparé ou authentifié par le comité de réclamation, indiquant les positions et les routes de tous les bateaux impliqués, la route vers la marque suivante et le côté requis, la force et la direction du vent, et, si pertinent, la profondeur de l'eau et la direction et force de tout courant ;

c) l'avis de course, les Instructions de course, toutes autres dispositions régissant l'épreuve, et tous avenants y ayant été apportés ;

d) tous documents pertinents complémentaires ; et

e) les noms et adresses de toutes les parties dans l'instruction et du président du comité de réclamation. (Annexe F, Procédures d'appel, article F 2.2)

Même si l'appelant ne dispose pas de la copie de la réclamation cela ne l'empêche pas de poster son appel dans les temps en joignant les seuls documents dont il dispose.

Après réflexion et éventuellement conseil : *Un appelant peut retirer un appel avant qu'il soit instruit en acceptant la décision du comité de réclamation.* (Annexe F, Procédures d'appel, article F 7)

Il ne reste plus qu'à attendre la décision du jury d'appel qui rendra enfin définitifs les résultats.

Décision ?

Le plus souvent ces appels sont traités après la proclamation des résultats, par correspondance *via* le siège social de la FFV. Sur de très rares épreuves de longue durée, l'appel peut être jugé pendant son déroulement (course hauturière).

Afin de mieux connaître les éléments de l'appel, le jury d'appel communique aux parties les commentaires de chacune d'elles. Aucune des parties ne sera tenue à l'écart des informations et commentaires échangés.

Les parties dans l'instruction et le comité de réclamation peuvent envoyer à l'autorité nationale des commentaires sur l'appel, pourvu que ce soit dans les quinze jours après réception de l'appel. L'autorité nationale doit envoyer de tels commentaires à toutes les parties dans l'instruction et au comité de réclamation (Annexe F, Procédures d'appel, article F 6).

La décision de l'autorité nationale doit être définitive. L'autorité nationale doit envoyer sa décision par écrit à toutes les parties dans l'instruction et au comité de réclamation, qui doivent se soumettre à la décision. (Règle 71.4)

La décision est transmise aux parties, au président du jury concerné, et à l'autorité organisatrice, avec copie à la ligue de l'autorité organisatrice.

La décision est transmise en outre à la commission Ccentrale d'arbitrage qui est chargée de sa mise en application. Règle 4.3 Promulgation et application de la décision [Charte du Jury d'Appel (adoptée au Comité Directeur de la FFV du 23 novembre 96)].

Appel concernant la jauge

Le fait qu'un concurrent manifeste par écrit son intention de faire appel ne permet pas à l'organisateur de ne pas appliquer la disqualification. C'est-à-dire qu'un bateau reconnu en infraction selon une règle de jauge, et qui le conteste, sera pénalisé pour les courses pendant lesquelles l'infraction a été avérée même s'il fait appel de cette décision...

Si un bateau disqualifié selon une règle de jauge déclare par écrit son intention de faire appel, il peut courir dans les courses suivantes sans modifications au bateau, mais il sera disqualifié s'il ne fait pas appel ou si l'appel lui donne tort. (Règle 64.3 c)

CHAPITRE 10

CLASSEMENT

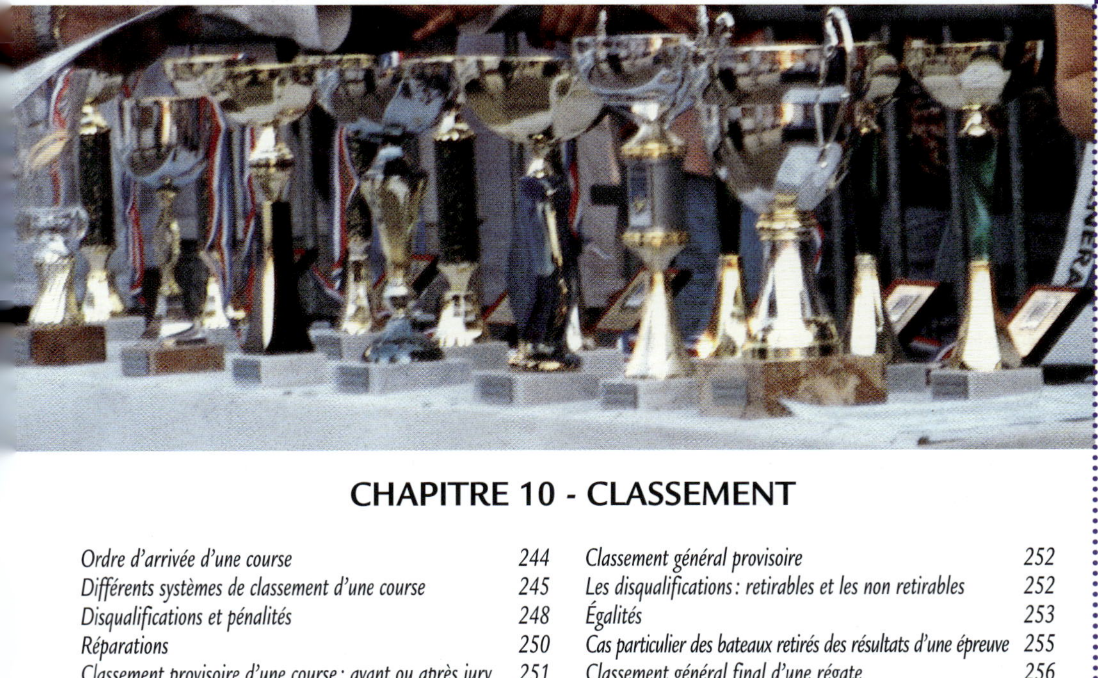

CHAPITRE 10 - CLASSEMENT

CHAPITRE 10

**_Vous avez fait tout le parcours,
maintenant vous vous intéressez à votre place.
Ce qui n'était qu'un jeu devient essentiel pour
votre classement dans la manifestation._**

Le comité de course doit effectuer le classement d'une course ou d'une série comme prévu par l'annexe A en utilisant soit le système de points a minima *soit le système de points avec bonus, ou comme spécifié autrement dans les instructions de course.* (Règle 88.3 a Classement)

10.1 Ordre d'arrivée d'une course

Le comité de course sur la ligne d'arrivée enregistre, dans l'ordre où ils coupent la ligne, les numéros d'identification des bateaux. L'heure du premier est relevée avec précision pour pouvoir «fermer» la ligne dans le temps limite après le premier indiqué dans les instructions de course. En cas de course à handicap, sera également relevée l'heure précise de chacun lorsqu'il finit. Ce pointage constitue l'ordre d'arrivée.

Il est bien évident que ces numéros, de voile ou de cagnard suivant les épreuves, ne peuvent être relevés par le comité de course que s'ils sont parfaitement lisibles. Les numéros illisibles ne pourront pas être relevés. Les numéros différents de ceux sous lesquels les concurrents se sont inscrits, bien que vus sur la ligne d'arrivée, seront rejetés par l'ordinateur. C'est seulement le «pas lu, pas relevé à l'arrivée» juste retour des effets du «pas vu, pas pris de la ligne de départ» pour les concurrents peu sportifs.

Pour une ligne d'arrivée commune à plusieurs groupes ou supports différents, les numéros seront relevés à suivre tels qu'ils se présentent sur la ligne sans tenir compte de leurs groupes ou des éventuelles pénalités attribuées sur la ligne de départ (rappel individuel non réparé, ou disqualification sous règle du pavillon noir). C'est un ordre «scratch». Le tri des groupes est ensuite fait plus calmement. À l'annonce du numéro et de l'heure précise d'arrivée pour les classes à handicap, peut être adjoint le groupe sans pour autant que le secrétaire utilise des feuilles de pointage différentes. Cette précaution permet au comité de course de se concentrer sur la visée et de pouvoir réintégrer facilement les bateaux «oubliés» parce que cachés par d'autres lors d'arrivées groupées.

Pour les courses en monotype : *l'ordre dans lequel les bateaux finissent une course doit déterminer leur place d'arrivée.* (règle A3 Places d'arrivée). L'ordre d'arrivée va servir à établir les places d'arrivée et donc le classement après avoir extrait les bateaux correspondant aux abréviations :

· *OCS, ZFP, DSQ* ou *BFD* relatives aux défauts de départ ou,

· *DNF* pour défaut à l'arrivée.

Cependant, lorsqu'un système de handicap est utilisé, le temps compensé d'un bateau, arrondi à la seconde la plus proche, doit déterminer sa place d'arrivée. (Règle A3 Heures de départ et places d'arrivée). Dans les instructions de course sera précisé le système de calcul des temps compensés (temps sur temps ou temps sur distance).

Il ne faut pas confondre le nombre de bateaux à classer et le nombre des bateaux qui prennent le départ. En l'absence d'un article précisant: *le nombre minimum de bateaux présents sur la zone de départ pour que le départ d'une course soit donné* (Annexe). J: AdC et IC article 34 de J2.2). Un seul bateau peut prendre le départ et... gagner la course.
Si un bateau effectue le parcours conformément à la règle 28.1 (effectuer le parcours) *et finit dans le temps limite, s'il y en a un, tous les bateaux qui finissent doivent être classés selon leur place d'arrivée sauf si la course est annulée. Si aucun bateau ne finit dans le temps limite, le comité de course doit annuler la course.* (Règle 35 Temps limite et classement) Quand bien même un seul bateau termine la course il a droit à cette place de premier.
Il peut être précisé dans les instructions de course, dans les courses multi-séries de voile légère ou en habitable, qu'un classement spécifique sera fait quand une classe (monotype) comporte au moins 5 inscrits. S'ils sont moins nombreux, ils sont comptabilisés et classés après calcul du temps compensé, avec ensemble de la flotte ou dans l'un des sous-groupes déterminé dans l'avis de course.
L'ordre d'arrivée, la plupart du temps, est transmis par radio. Manuscrit, il devrait être affiché sans attendre, l'exemplaire dactylographié et/ou le retour du comité après la dernière course du jour. Cet ordre d'arrivée permet aux concurrents de connaître leur place d'arrivée ou leur infortune sur les lignes de départ et d'arrivée. Mais il permet aussi aux «oubliés» de se manifester rapidement afin que les recherches, pour les reclassements, soient entreprises dans les plus brefs délais par le comité de course.
L'ordre d'arrivée est alors exploité par le responsable de l'informatique.

- Il est simplement trié pour extraire l'ordre d'arrivée de chaque classe pour les monotypes.
- Pour les épreuves réunissant des bateaux à rating (qui ne courent pas en temps réel) les différents temps compensés sont calculés grâce aux heures précises d'arrivée notées sur l'ordre d'arrivée. Le temps de course de chaque bateau à handicap est calculé à partir du signal de départ. *L'heure du signal de départ d'un bateau doit être son heure de départ...* (Règle A3 Heures de départ...). Même si un ou plusieurs bateaux sont partis avec retard après avoir réparé une faute ou simplement pour mauvais décompte dans la procédure de départ.

0.2 Différents systèmes de classement d'une course

Le comité de course doit effectuer le classement d'une course ou d'une série comme prévu par l'annexe A en utilisant soit le système de points a minima *soit le système de points avec bonus, ou comme spécifié autrement dans les instructions de course.* (Règle 88.3 a Classement).
Vous trouverez dans le paragraphe 16 de l'annexe K: guide des instructions de course:

16.1 Le système de classement [*a minima*] [avec bonus] de l'annexe A s'appliquera. (OU)*
16.1 Le système de classement est le suivant: ____ Décrire le système.______.*

Le classement de la plupart des séries est établi en utilisant soit le système de points a minima, *soit le système de points avec bonus. Le système de points* a minima *utilise la place d'arrivée d'un bateau pour son nombre de points dans la course. Le système de points avec bonus avantage les six premières places parce qu'il est plus difficile de remonter de la quatrième à la troisième place, par exemple, que de la quatorzième à la treizième place. Le système choisi peut être rendu applicable en précisant dans les instructions de course que, par exemple, «Le classement de la série sera établi tel que prévu par l'annexe A des règles de course, en utilisant le système de points [*a minima*] [avec bonus]».* (Règle A4 Systèmes de points à minima et avec bonus)

Chaque bateau qui prend le départ et qui finit une course, et qui n'a pas ensuite abandonné ou été pénalisé ni obtenu réparation, doit recevoir les points comme suit : Annexe A4. Classement, article 4.11

Place d'arrivée	Système de points *a minima*	Système de points avec bonus	Autres exemples à expliciter dans les IC
Premier	*1*	*0*	Nombre inscrits + 0,25
Deuxième	*2*	*3*	Nombre inscrits -1
Troisième	*3*	*5.7*	Nombre inscrits -2
Quatrième	*4*	*8*	Nombre inscrits -3
Cinquième	*5*	*10*	Nombre inscrits -4
Sixième	*6*	*11.7*	Nombre inscrits -5
Septième	*7*	*13*	(Nombre inscrits +1)-place
Chaque place au-delà	*ajouter 1 point*	*ajouter 1 point (Place + 6)*	(Nombre inscrits +1) -place

(Règle A4.1 Système de points à minima et avec bonus)
La dernière colonne présente un système différent de ceux proposés par l'ISAF. Si un système particulier est utilisé pour une manifestation il doit être décrit dans les instructions de course propres à l'épreuve.
Un bateau qui n'a pas pris le départ (DNS, OCS ou DNC)*, qui n'a pas fini* (DNF)*, qui a abandonné après avoir fini* (RAF) *ou qui a été disqualifié* (DSQ) *doit recevoir les points de la place d'arrivée correspondant au nombre de bateaux inscrits dans la série plus un. Un bateau pénalisé selon la règle 30.2* (Règle de pénalité de 20 %) *ou 44.3* (Pénalités en points) *doit recevoir les points tel que prévu par la règle 44.3 (c).* (Règle A4.2 Système de points a minima et avec bonus)
Un bateau qui n'a pas pris le départ (DNC, DNS ou OCS)*, qui n'a pas satisfait à la règle 30.2* (Règle de pénalité de 20 %) *ou 30.3* (Règle du pavillon noir)*, qui n'a pas fini, qui a été pénalisé, qui effectue une pénalité selon la règle 44.3* (Pénalités en points) *ou qui abandonne après avoir fini, doit recevoir le nombre de points correspondant attribués par le comité de course, sans instruction...* (A5 Scores déterminés par le comité de course)
Sans instruction les bateaux enregistrés

- DNS = DNS = OCS = BFD = DNF = RAF = DSQ = BFD recevront tous, pour le système *a minima* DNF, les points = nombre d'inscrits + 1 ; et pour le système avec bonus DNF, les points = nombre d'inscrits + 6 + 1 ;
- ZFP les points de leur place augmenté d'autant de fois 20 % des inscrits qu'ils auront été pris en infraction sous pavillon «Z» mais dans la limite ou *le score d'un bateau pénalisé doit être le nombre de points de la place correspondant à sa place effective d'arrivée augmentée du nombre de places mentionné dans les instructions de course, mais il ne doit pas recevoir plus de points que pour «DNF»* (N'a pas fini). (Règle 44.3 Pénalités en points)

	Système de points *a minima*	Système de points avec bonus	Autres exemples
DNC	(nombre d'inscrits + 1)	(nombre d'inscrits + 1) + 6	0
DNS	(nombre d'inscrits + 1)	(nombre d'inscrits + 1) + 6	0
OCS	(nombre d'inscrits + 1)	(nombre d'inscrits + 1) + 6	0
DNF	(nombre d'inscrits + 1)	(nombre d'inscrits + 1) + 6	2 pts
RAF	(nombre d'inscrits + 1)	(nombre d'inscrits + 1) + 6	2 pts
DSQ	(nombre d'inscrits + 1)	(nombre d'inscrits + 1) + 6	0
DNE	(nombre d'inscrits + 1)	(nombre d'inscrits + 1) + 6	0
ZFP	place + 20 %	place + 20 %	place + 20 %
RDG	décision jury	décision jury	décision jury
DPG	décision jury	décision jury	décision jury
BFD	(nombre d'inscrits +1)	(nombre d'inscrits +1)+6	0
SCP Pénalité en points	cf. instruction de course	cf. instruction de course	cf. instruction de course

Si des bateaux sont à égalité sur la ligne d'arrivée ou si un système à handicap est utilisé et que des bateaux ont les mêmes temps compensés, les points de la place pour laquelle les bateaux sont à égalité et de la (des) place(s) immédiatement au-dessous doivent être additionnés et divisés également. Les bateaux à égalité pour le prix d'une course doivent le partager ou recevoir des prix équivalents. (A7 Égalités dans une course)

Le comité de course indique sur l'ordre d'arrivée, selon les cas, par les abréviations adéquates :
- les pénalités (*ZFP* à 20 %),
- les disqualifications (*BFD*, *DSQ* ou *DNE*) acquises sur la ligne de départ ou
- les manquements à prendre le départ (*OCS*, *DNS* ou *DNC*) et ceux à finir (*DNF*). Les bateaux ayant pris le départ mais ayant abandonné sont parfois indiqués (AB).

Tous les bateaux régulièrement inscrits doivent figurer sur cette liste issue de l'ordinateur en vue d'établir le classement provisoire de la course.

Cas particulier des manifestations sur plusieurs week-ends

Dans une série qui s'étend sur une période plus longue qu'une régate, un bateau qui est venu sur la zone de départ mais qui n'a pas pris le départ (DNS, OCS)*, qui n'a pas fini* (DNF)*, qui a abandonné après avoir fini* (RAF)*, ou qui a été disqualifié* (DSQ, BFD ou DNE)*, doit recevoir le nombre de points de la place d'arrivée correspondant au nombre de bateaux qui sont venus sur la zone de départ plus un. Un bateau qui n'est pas venu sur la zone de départ* (DNC) *doit recevoir le nombre de points de la place d'arrivée correspondant au nombre de bateaux inscrits dans la série plus un.* (A9 Classement des courses dans une série plus longue qu'une régate).

Reste les DNC qui «toucheront», comme prévu par la règle A4.2, le nombre de points correspondant au nombre d'inscrits dans la série plus I.

Exemple : Série sur trois week-ends de régate en habitable
1er week-end 60 bateaux partants, même s'ils sont DNS, OCS ou BFD
2e week-end 50 bateaux partants,
3e week-end 45 bateaux partants,
10 bateaux ont participé aux trois week-ends

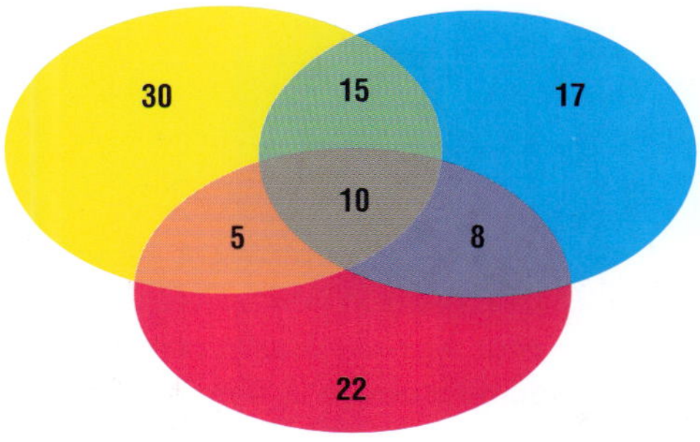

1er week-end
DNS = DNF = RAF = OCS = BFD = 60+1 = 61
ceux qui sont restés au port DNC = 107 +1 = 108

2e week-end
DNS = DNF = RAF = OCS = BFD = 50+1 = 51
ceux qui sont restés au port DNC = 107 +1 = 108

3e week-end
DNS = DNF = RAF = OCS = BFD = 45+1 = 46

Total des inscrits : 107. Ceux qui sont restés au port DNC = 107 +1 = 108 = DSQ = DNE.

Abréviations pour les résultats règle A11

Il est recommandé d'utiliser ces abréviations pour enregistrer les circonstances notées :

DNC	*N'a pas pris le départ* ; n'est pas venu sur la zone de départ. Est resté au port ou sur la plage
DNS	*N'a pas pris le départ ; (autre que DNC et OCS)* a navigué aux abords de la ligne mais n'a pas passé la ligne avant la fermeture de la ligne de départ
OCS	*N'a pas pris le départ ; du côté parcours de la ligne de départ et a failli à satisfaire à la règle 29.1* (Du côté parcours au moment du départ) *ou 30.1.* (Règle du retour par les extrémités) C'est un bateau qui a «volé» le départ.
ZFP	*Pénalité de 20 % selon la règle 30.2.* (Règle du pavillon Z) Le bateau se trouvait dans le triangle au mauvais moment
BFD	*Disqualification selon la règle 30.3.* (Règle du pavillon noir) Le bateau se trouvait dans le triangle au mauvais moment
SCP	*A reçu une pénalité en points selon la règle 44.3* Par exemple pour défaut d'émargement quand cela est prévu aux Instructions de course.
DNF	*N'a pas fini.* se présente à contre-sens sur la ligne d'arrivée ou après la fermeture de la ligne d'arrivée ou n'a pas terminé le parcours dans son temps limite ou a abandonné en cours de route
RAF	*A abandonné après avoir fini.* L'expression «se retirer», peu utilisée en français, convient mieux pour définir l'action volontaire d'un concurrent de se priver d'un résultat après avoir fini. Cela arrive lorsqu'un bateau réalise, après avoir fini et avant instruction, qu'il a enfreint une règle sans l'avoir réparée sur la zone de course. C'est l'expression même de la sportivité du concurrent. En dehors de la voile radiocommandée, cela ne change pas le nombre de points attribué par rapport à une disqualification. Cette reconnaissance a, de plus, le mérite de ne pas faire perdre du temps pour une instruction.
DSQ	*Disqualification* qui peut être retirée. C'est le joker éventuel.
DNE	*Disqualification qui, selon la règle 88.3 (b)* (Classement) *ne peut être retirée*
RDG	*Réparation accordée.*

Appellations françaises

Ab	Abandon Les abandons ne sont jamais que des concurrents qui ne finissent pas : DNF .
DPG	Discretionary Penalty Given Pénalité à la discrétion du comité de réclamation

Ce classement, avant d'intégrer les décisions du jury, est appelé : classement provisoire d'une course avant jury.

10.3 Disqualification et pénalités

En dehors des cas prévus par la règle A4.2 et A5 concernant plus particulièrement des infractions observées par le comité de course sur la ligne de départ et/ou la ligne d'arrivée, *le comité de réclamation est le seul habilité à agir sur le classement pour aggraver le score d'un bateau.* (Règle A5 Scores déterminés par le comité de course). Cela implique que le concurrent ait été identifié sur la ligne d'arrivée.

Si un bateau est disqualifié dans une course ou abandonne après avoir fini, chaque bateau qui a fini après lui doit être remonté d'une place. (Règle A6 Modifications des places et des points des autres bateaux)

Le score d'un bateau pénalisé... ne doit pas recevoir plus de points que pour «DNF» (N'a pas fini). (règle 44.3 C Pénalités en points). Points égaux à la place du (nombre des inscrits +1). Pour la spécificité des VRC consulter le chapitre correspondant.

Pénalités en points

Les pénalités les plus fréquemment utilisées sont celles pour:
- Infraction à la règle 30.2 (Pavillon Z)
- Défaut d'émargement

Plutôt que de disqualifier (DSQ) ou considérer comme ne participant pas à (aux) course(s) (DNC) un concurrent qui n'est pas sensibilisé à l'organisation des moyens de surveillance, l'organisateur peut choisir une pénalité moins invalidante pour son résultat final.

Un concurrent qui n'a pas émargé au départ, au retour à terre, ou dans les deux cas
- *sera pénalisé de* (x)*. *points sans instruction (modification de la règle 63.1)*

respectivement pour la première course du jour, la dernière, toutes les courses du jour.

(x)*. *À préciser dans les instructions de course.*

Il peut être prévu également dans les instructions de course que: *Les pénalités pour les infractions* aux paragraphes des instructions de course ci-dessous *peuvent être plus légères qu'une disqualification si le [comité de réclamation] [jury] le décide.*

Infractions aux paragraphes ci-dessous énumérées ne pourront faire l'objet d'une réclamation par un bateau. Ceci modifie la règle 60.1 (a). (Annexe K, Guide des Instructions de course, article 15.7)

10.3 Les bateaux dont le signal d'avertissement n'a pas été donné doivent éviter la zone de départ.

13.3 Un bateau qui a effectué une pénalité ou qui a abandonné selon la règle 31.2 ou 44.1 doit compléter un formulaire de reconnaissance au secrétariat de course dans le délai de dépôt des réclamations.

17 Contrôle à la sortie et au retour: (émargement)

18.2 Le remplacement d'équipement endommagé ou perdu ne sera pas autorisé sans l'approbation du comité de course. Les demandes de remplacement doivent être faites au comité à la première occasion raisonnable.

21 Les directeurs d'équipe, entraîneurs et autres accompagnateurs doivent rester en dehors des zones où les bateaux courent depuis le signal préparatoire de la première classe à prendre le départ jusqu'à ce que tous les bateaux aient fini ou que le comité de course ait signalé un retard, un rappel général ou une annulation.

23 Les quillards ne doivent pas être sortis de l'eau pendant la régate sauf sous réserve et selon les termes d'une autorisation écrite préalable du comité de course.

Pénalités en points pour infraction à une règle du chapitre 2

(quand les bateaux se rencontrent), anciennement appelée pénalité en pourcentage, par opposition à la pénalité par rotation.

Un bateau accepte une pénalité en points en montrant un pavillon jaune à la première occasion raisonnable après l'incident, en le gardant déferlé jusqu'à ce qu'il finisse, et en attirant sur lui l'attention du comité de course sur la ligne d'arrivée. En même temps, il doit aussi informer le comité de course de l'identité de l'autre bateau impliqué dans l'incident. Si cela est impossible, il doit le faire à la première occasion raisonnable dans le temps limite de dépôt des réclamations. (Règle 44.3 a Pénalités en points

Si un bateau arbore un pavillon jaune , il doit aussi satisfaire aux autres parties de la règle 44.3 (a) (Pénalités en points). (Règle 44.3 b Pénalités en points)

Le score d'un bateau pénalisé doit être le nombre de points de la place correspondant à sa place

effective d'arrivée augmentée du nombre de places mentionné dans les instructions de course, mais il ne doit pas recevoir plus de points que pour «DNF» (N'a pas fini). *Quand les instructions de course ne précisent pas le nombre de places, ce doit être le nombre entier (0,5 arrondi au nombre supérieur) le plus proche de 20 % du nombre de bateaux inscrits. Les points des autres bateaux ne doivent pas être modifiés ; donc, deux bateaux peuvent recevoir le même nombre de points.* (Règle 44.3 c Pénalités en points)

10.4 Réparations

Lorsque le comité de réclamation décide qu'un bateau a droit à réparation selon la règle 62 (réparation), *il doit prendre un arrangement aussi équitable que possible pour tous les bateaux affectés, qu'ils aient demandé réparation ou non. Ce peut être :*

- *l'ajustement des points (voir la règle A10* (Conseils pour les réparations) *pour quelques exemples) ou des heures d'arrivée des bateaux,.... ayant droit à réparation apparaît souvent comme une moins mauvaise solution, même si elle requiert de la part du chargé du calcul des classements un peu plus de manipulation.*
- *l'annulation de la course :* Annuler une course revient à priver le ou les bateaux, qui ont couru régulièrement, d'un résultat. C'est le(s) priver des points correspondant à la valeur de leur place. Ce serait accorder réparation à certains, en privant d'autres de leur performance.
- *le maintien des résultats en l'état, ou tout autre arrangement.*

S'il y a un doute sur les faits ou sur les résultats probables de tout arrangement pour la course ou la série, spécialement avant d'annuler la course, le comité de réclamation doit recueillir les témoignages de sources appropriées. (Règle 64.2 Décisions de réparation)

Si le comité de réclamation décide d'accorder réparation en ajustant les points d'un bateau, les scores des autres bateaux ne doivent pas être modifiés sauf si le comité de réclamation en décide autrement. (Règle A6. b Modifications des places et des points des autres bateaux)

Si le comité de réclamation décide d'accorder réparation en ajustant le nombre de points d'un bateau dans une course, il lui est conseillé d'envisager de lui accorder

a) un nombre de points équivalent à la moyenne, au plus proche dixième de point près (0,05 arrondi au dixième supérieur), de ses points dans toutes les courses de la série sauf la course en question :* (règle A10 Conseils pour les réparations).

Cela permet à chaque concurrent de connaître, dès la fin des instructions concernant les courses précédentes, le nombre de points attribué. Ce nombre connu de tous ne sera pas susceptible d'être modifié au gré des résultats ultérieurs du concurrent.

Il n'est plus possible de faire ce calcul en ne tenant pas compte de(s) résultats du (des) score(s) à retirer puisque ne figure plus depuis l'annexe expérimentale de janvier 1999 la mention prévue dans les RCV 97-2000 : «supprimer ces mots lorsque tous les classements comptent pour les résultats de la série, ou ajuster si plus d'une course est à retrancher».

b) un nombre de points équivalent à la moyenne, au plus proche dixième de point près (0,05 arrondi au dixième supérieur), de ses points dans toutes les courses avant la course en question ;

c) un nombre de points basé sur la position du bateau dans la course au moment de l'incident qui justifie la réparation. (Règle A10 Conseils pour les réparations).

Un concurrent avec 300 mètres d'avance sur toute la flotte se fait aborder par un bateau de l'organisation. Il ne peut finir qu'en troisième position, le jury lui accordera les points de la première place. Ils seront donc deux à avoir les points du premier, personne n'aura les points du troisième. Il «gèle» sa place mais marque les points de la première place. Le quatrième n'aura pas les points du 3e, etc.

0.5 Classement provisoire d'une course : avant ou après jury

Le comité de course transmet ses communications au jury en vue des réclamations contre les concurrents. Les convocations pour les instructions sont affichées. Le jury doit les instruire. Il y aura donc le classement provisoire avant jury, et celui incorporant les décisions du jury.
Même lors de régate avec jury international, la possibilité de demande de réouverture rend provisoire ce classement jusqu'à expiration du délai de dépôt de ces demandes, précisé dans la règle 66 ou modifié dans les instructions de course.
Les résultats du classement d'une course après jury servent à établir ceux du classement général par addition des points (scores) obtenus pour chaque course validée.

0.6 Nombre de courses - validation de l'épreuve

► Numéro de course

Tous les pointages aux marques, ordres d'arrivée, ainsi que les comptes rendus et éventuelles communications du comité au jury porteront le même numéro pour une course donnée. Les courses ne sont pas numérotées par jour de course, mais à suivre du début à la fin de la manifestation. Il est important de ne pas confondre : par exemple la 1re course du second jour avec la 1re course de l'épreuve, si trois courses ont été validées le premier jour. En cas de demande de réparation, les dossiers à consulter ne sont pas les mêmes et les recherches s'avéreront infructueuses par votre faute.
La règle imposant que les courses soient numérotées à la suite dans l'ordre de leur déroulement (ancienne règle A1.5) ayant été supprimée, les comités de course pourraient retarder jusqu'au-delà de la fin de l'épreuve des courses non validées, mais dans lesquelles des concurrents ont été pénalisés sur la ligne de départ (BFD ou ZFP).

► Nombre de courses

Le nombre de courses programmées et le nombre requis de courses à valider pour constituer une série doivent être précisés dans les instructions de course (règle A1 Nombre de courses).
Le comité de course ne peut pas faire courir, chaque jour, plus de courses que prévues dans le programme, sauf lorsqu'un paragraphe dans les instructions de course peut préciser que : *Une course supplémentaire par jour peut être courue, à condition qu'aucune classe ne soit en avance de plus d'une course par rapport au programme.* (Annexe K, Guide pour les Instructions de course, article : 5.2 b)
Une course a une valeur (elle est validée) à partir du moment où un seul bateau passe la ligne d'arrivée sous réserve qu'il ait respecté la règle 35 : *Si un bateau effectue le parcours conformément à la règle 28.1* (effectuer le parcours) *et finit dans le temps limite, s'il y en a un, tous les bateaux qui finissent doivent être classés selon leur place d'arrivée sauf si la course est annu-*

lée. Si aucun bateau ne finit dans le temps limite, le comité de course doit annuler la course. (Règle 35 Temps limite et classement)

Validation d'une épreuve

– Insérez le nombre *– courses doivent être courues pour valider la série.* (Annexe K, Guide pour les instructions de course, article : 5.2 b)

10.7 Classement général provisoire

Le classement général provisoire peut donc être établi et publié au fur et à mesure de la publication des classements provisoires des courses après jury, sans attendre le dernier jour de course. Ce classement s'effectue par addition des points (scores) obtenus par chaque concurrent. Sauf que *le score de chaque bateau dans la série doit être le total des scores de ses courses en retirant le plus mauvais. (Les instructions de course peuvent prévoir des dispositions différentes en précisant, par exemple, qu'aucun score ne sera retiré, que deux scores ou plus seront retirés, ou qu'un nombre précis de scores sera retiré si un nombre précis de courses est validé.) Si un bateau a deux fois ou plus le même plus mauvais score, le(s) score(s) de(s) course(s) disputée(s) le plus tôt dans la série doit être retiré. Le bateau avec le plus faible score dans la série gagne et les autres bateaux doivent être classés en conséquence.* (Règle A2 Scores des séries)

Si des scores peuvent être retirés les instructions de course comporteront un article comme suit
- *Quand moins de –* Insérez les nombres *– courses ont été courues, le score d'un bateau dans la série sera le total de ses scores dans toutes les courses.*

En général : 3 pour une validation d'épreuve sur 2 jours, et 4 pour une validation d'épreuve à 3 jours
- *Quand –* Insérez les nombres *– à –* Insérez les nombres *– courses ont été courues, le score d'un bateau dans la série sera le total de ses scores dans toutes les courses en retirant son plus mauvais score.*
- *Quand –* Insérez les nombres *– courses ou plus ont été courues, le score d'un bateau dans la série sera le total de ses scores dans toutes les courses en retirant ses deux plus mauvais scores.* (Annexe K, Guide pour les instructions de course article : 16.3)

10.8 Les disqualifications : retirables/non retirables

Lorsque le système de classement prévoit de retirer un ou plusieurs résultats de course du score d'un bateau dans une série, les points pour une infraction à

- *la règle 2* (Navigation loyale), (après instruction)
- *à l'avant-dernière phrase de la règle 30.3* (Règle du pavillon noir) quand un bateau participe à une course bien que son numéro ait été affiché sur le bateau comité après un rappel général sous règle du pavillon noir (sans instruction), *ou à*
- *la règle 42* (Propulsion) *si la règle 67* (règle 42 (Propulsion) et nécessité de l'instruction), s'applique
- *à N 2.2* (Seconde réclamation) pour n'avoir pas abandonné suite à une deuxième infraction

à la règle 42 : propulsion jugée en direct sur l'eau *ou*

- *à N 2.3* (Troisième réclamation) quand le concurrent refuse de se retirer de toutes les courses de la série quand la règle 42 propulsion est arbitrée en direct.

s'applique, ne doivent pas être retirés. Le deuxième plus mauvais résultat doit être retranché à la place. (Règle 88.3 b Classement)

- *Un bateau et son propriétaire doivent concourir selon les principes reconnus de sportivité et de jeu loyal. Un bateau peut être pénalisé selon cette règle seulement s'il est clairement établi que ces principes ont été bafoués. Une disqualification selon cette règle ne doit pas être retirée du score du bateau dans la série.* (Règle 2 Navigation loyale)
- *Si un rappel général est signalé ou si la course est annulée après le signal de départ, le comité de course doit afficher son numéro de voile et si le départ de la course est redonné ou si la course est recourue, il ne doit pas y participer. S'il y participe, sa disqualification ne doit pas être retirée lors de son calcul de points dans la série.* (Règle 30.3 dite du pavillon noir)
- *Quand ceci est spécifié dans les instructions de course, le comité de réclamation peut pénaliser sans instruction un bateau qui a enfreint la règle 42 (propulsion), à condition qu'un membre du comité ou son observateur mandaté ait vu l'incident, et une disqualification selon cette règle ne doit pas être retranchée du score du bateau dans la série. Un bateau ainsi pénalisé doit être informé par notification sur les résultats de la course.* (Règle 67 : règle 42 (propulsion) et nécessite de l'instruction)
- *Quand un bateau fait l'objet d'une réclamation pour la seconde fois dans la série, il peut reconnaître son infraction en abandonnant immédiatement la course. S'il manque à le faire, il doit être disqualifié sans instruction et son score ne doit pas être retiré.* (Règle N2.2 Deuxième réclamation)
- *Quand un bateau fait l'objet d'une réclamation pour la troisième fois dans la série, il peut reconnaître son infraction en abandonnant immédiatement la course et toutes les autres courses de la série. S'il manque à le faire, il doit être disqualifié sans instruction de toutes les courses de la série, sans score retiré, et le comité de réclamation doit envisager une instruction selon la règle 69.1(a)* (Action par un comité de réclamation). (Règle N2.3 : Troisième réclamation)

0.9 Égalités

Dans les exemples suivants :

- Un résultat retiré est signalé par : ✓
- Les résultats identiques sont signalés ✗
- Les scores qui permettent le départage sont : ◯

Dans les exemples 13.9.1 à 13.9.5 le plus mauvais score de chaque bateau a été retiré.

S'il y a égalité dans le score de la série entre deux ou plusieurs bateaux, les scores des bateaux dans chaque course doivent être listés du meilleur au plus mauvais et à la (aux première(s) différence(s), l'égalité doit être départagée en faveur du (des) bateau (x) avec le meilleur score. Aucun des scores retirés ne doit être utilisé. (Règle A 8.1 Égalités dans les séries)

Exemple 10.9.1

	Course n° 1	Course n° 2	Course n° 3	Course n° 4	Course n° 5	TOTAL -1
A	✗ 1	◯ 2	✓DSQ	9	5	17
B	◯ 3	✓25	9	4	✗1	17

A est classé devant B à la faveur de sa place de 2e, contre une place de 3e
Si une égalité persiste entre deux bateaux, elle doit être départagée en faveur du bateau qui a obtenu le meilleur score dans le plus grand nombre de courses. (Règle A 8.2 Égalités dans les séries).

Exemple : 10.9. 2

	Course n° 1	Course n° 2	Course n° 3	Course n° 4	Course n° 5	TOTAL -1
C	✗1	✗2	2	✓30	5	10
D	3	✓DSQ	4	✗2	✗1	10

C est classé devant D à la faveur de sa deuxième place de 2e, contre une de 3e

Si plus de deux bateaux sont à égalité, ils doivent être classés dans l'ordre du nombre de fois où chacun a obtenu un meilleur score que l'un des autres bateaux ex aequo. Aucune course dont le résultat a été retiré par l'un des bateaux à égalité ne doit être utilisée. (Règle A 8.2 Égalités dans les séries).

Exemple : 10.9. 3

	Course n° 1	Course n° 2	Course n° 3	Course n° 4	Course n° 5	TOTAL -1
E	✗1	✗3	✗2	✗✓30	✗8	14
F	✗2	✗8	✗3	✗1	✓✗25	14
G	✗3	✗2	✗8	✓40	✗1	14

Ces bateaux sont à égalité parfaite. Avant de regarder les scores de la dernière course il faut calculer le nombre de victoires entre ces bateaux. C'est ce nombre de victoires qui va départager les *ex aequo*.

E a 5 victoires : sur F et G course 1 - Sur F course 2 - sur F et G course 3- la course 4 ne peut pas compter

F a 2 victoires : sur G course 1 - sur G course 3 - la course 4 ne peut pas compter

G a 3 victoires : sur E et F course 2 - sur E course 5

Départage des *ex aequo* : E puis G puis F

Si une égalité persiste entre deux bateaux ou plus, ils doivent être classés dans l'ordre de leur score dans la dernière course. (exemple 10.9. 4). *Les égalités qui subsistent doivent être départagées en utilisant les scores dans l'avant-dernière course et ainsi de suite jusqu'à ce que toutes les égalités soient départagées. Ces scores doivent être utilisés même si certains d'entre eux sont des scores retirés.* (exemple 10.9. 5) (Règle A 8.3 Égalités dans les séries)

Exemple : 10.9.4

	Course n° 1	Course n° 2	Course n° 3	Course n° 4	Course n° 5	TOTAL -1
H	✗1	✗2	✓DSQ	✗2	✗5	10
I	✗2	✗5	✗1	✓25	✗2	10

À égalité parfaite, le H et le I ont 2 victoires chacun sur l'autre. C'est le score de la dernière course qui les départage. I sera placé devant H.

Exemple : 10.9.5

	Course n° 1	Course n° 2	Course n° 3	Course n° 4	Course n° 5	TOTAL -1
J	1	2	✓DSQ	5	2	10
K	2	5	1	2	✓25	10

Bien que le score de la dernière course ne soit pas totalisé, c'est cette course qui va les départager. J est placé devant K.

CAS DES COURSES avec COEFFICIENTS

Dans l'exemple ci-dessous, tous les scores des courses comptent :

	Course n° 1		Course n° 2		Course n° 3			Course n° 4		Course n° 5		TOTAL -1
	Coef.1		Coef.1			Si coef.1	Coef.2	Coef.1		Coef.1		
	place	points	place	points	place			place	points	place	points	
L	6	6	5	5	1	1	2	2	2	2	2	17
M	1	1	3	3	2	2	4	4	4	5	5	17

Sans coefficient : L aurait eu un total de 16 points, et M de 15 points. L aurait été derrière le M. C'est grâce au coefficient qu'il est à égalité.
À la faveur de son score de 1 point dans la première course M sera classé devant L.

Pour des épreuves particulièrement médiatisées et arbitrées en arbitrage direct, les instructions de course peuvent préciser que la seule dernière course départagera les *ex aequo*. C'est simple à comprendre par le public et laisse le suspens jusqu'à l'arrivée de la dernière course.

10.10 Cas particulier des bateaux retirés des résultats d'une épreuve

Non présentation du certificat

Lorsqu'une règle exige la présentation d'un certificat avant qu'un bateau ne coure, et qu'il n'est pas présenté, le bateau peut courir pourvu que soit remise au comité de course une déclaration signée par la personne responsable, affirmant que le certificat valide existe et qu'il sera fourni au comité de course avant la fin de l'épreuve. Si le certificat n'est pas présenté à temps, le classement du bateau doit être retiré des résultats de l'épreuve. (Règle 78.2 Conformité aux règles de classe ; certificats)

Mauvaise conduite notoire

Un comité de réclamation composé d'au moins trois membres doit mener l'instruction, en respectant les règles 63.2 (Moment et lieu de l'instruction ; temps laissé aux parties pour se préparer)*, 63.3* (Droit d'être présent)*, 63.4* (Partie intéressée) *et 63.6* (Réception des témoignages et établissement des faits). *S'il conclut que le concurrent a commis la grave infraction présumée, il doit soit... imposer une sanction en excluant... un bateau selon le cas, d'une course ou du reste des courses de la série, ou de la série entière...* (Règle 69 Allégations de mauvaise conduite notoire - § 69.1 : action par un comité de réclamation)
L'article suivant ayant été supprimé : Lorsqu'un voilier est pénalisé en ayant ses classements retirés de tout ou partie des résultats de certaines ou toutes les courses d'une série, aucun changement ne doit être fait dans le classement des autres voiliers (ancienne règle A1.7 des RCV 97-2000) les classements devront être refaits... à vos ordinateurs.

10.11 *Classement général final d'une régate*

Ce classement général final sert à proclamer les résultats des épreuves dont les décisions du jury sont susceptibles d'appel. *Les résultats ne deviendront définitifs que lorsque les délais d'appel seront expirés et, si des appels sont interjetés, après que les jugements ont été rendus. - Appel FFV 1991/13.-*
Mais la nouvelle prescription fédérale peut rendre ce classement général définitif sur le lieu de l'épreuve si aucun concurrent ne dépose par écrit son intention d'appel : *Pour les épreuves de niveau national ou autres épreuves ainsi autorisées par la FFV, un appel ne pourra être validé que si, préalablement aux obligations de la règle F2, l'appelant a déposé par écrit au jury une intention d'appel au plus tard le dernier jour de l'épreuve, soit dans la demi-heure qui suit la communication de la décision ce même jour, soit avant l'heure limite de dépôt des réclamations pour une décision communiquée la veille ou antérieurement. Dans ce cas, le président du comité de réclamation doit transmettre l'intention d'appel au jury d'appel de la FFV.* (Prescription FFVoile F2.1 responsabilité de l'appelant)
Cette prescription est renforcée par : *Pour les épreuves de niveau national ou autres épreuves ainsi autorisées par la FFV, dans la règle 65.2, remplacer «dans les sept jours après avoir été informée de la décision» par «au plus tard le dernier jour de l'épreuve, soit dans la demi-heure qui suit la communication de la décision ce même jour, soit avant l'heure limite de dépôt des réclamations pour une décision communiquée la veille ou antérieurement».* (Prescription FFVoile suivant la règle 65.2)

10.12 *Classement définitif*

Si un jury international, composé selon l'annexe M (jurys internationaux), œuvre sur la compétition, la proclamation des résultats se fera à partir du classement définitif. Les décisions du jury n'étant pas susceptibles d'appel mais seulement soumises au délai des demandes de réouverture, il suffira de laisser s'écouler ce temps.

CHAPITRE 11 - LA PLANCHE À VOILE

CHAPITRE 11

Les courses de planches à voile doivent être courues selon les Règles de course à la voile, telles que modifiées par cette annexe.
Préambule à l'annexe planche à voile.

11.1 Les règles applicables aux planches à voile

La spécificité du support a obligé l'ISAF à apporter quelques précisions aux règles s'appliquant à des équipages qui peuvent naviguer assis.
La notion « d'erre pour manœuvrer » ayant été supprimée au profit de « pas encore maîtrisé » entre l'ancienne rédaction de la règle 46.3 des RCIV 93-97 et l'actuelle règle 21 (Chaviré, mouillé ou échoué...), il a été nécessaire d'ajouter à la définition de *Redressement :... jusqu'à ce que la planche à voile soit manœuvrante.* (Règle B1)
Une planche à voile qui se redresse doit éviter une planche à voile ou un bateau qui fait route. (Règle B 2.2 ajout de la règle 24 Redressement). Avant de se redresser un concurrent devra s'assurer qu'aucun navire (vessel) faisant route ne puisse être surpris de voir sortir de l'eau une voile, puis un concurrent sur sa planche. Mais la règle 21 (chaviré, mouillé...) n'ayant pas été supprimée : *Si possible...* (une planche à voile) *doit éviter...* une planche à voile *chavirée ou qui n'est pas maîtrisée après un chavirage*... les planches à voile devront aussi s'éviter entre elles.
Le tout est de s'entendre sur ce qu'est une planche à voile chavirée. La définition de *« chaviré »* utilisée pour des bateaux est augmentée de la notion du «water start» *une planche à voile est chavirée quand sa voile ou le corps du concurrent est dans l'eau.* (Règle B1 Définition)
Les PAV ont été les précurseurs de l'introduction de la marche arrière dans les RCV. Qu'importe la méthode utilisée, c'est le sens de déplacement du flotteur qui prime (figure 11.1).

- concurrent placé devant le pied de mât, voile à contre (concavité de la voile face à lui) PAV n° 1,
- concurrent placé derrière le pied de mât convexité de la voile face à lui PAV n° 2
- sans action du planchiste à cause d'une voile laissée faseyante PAV n° 3

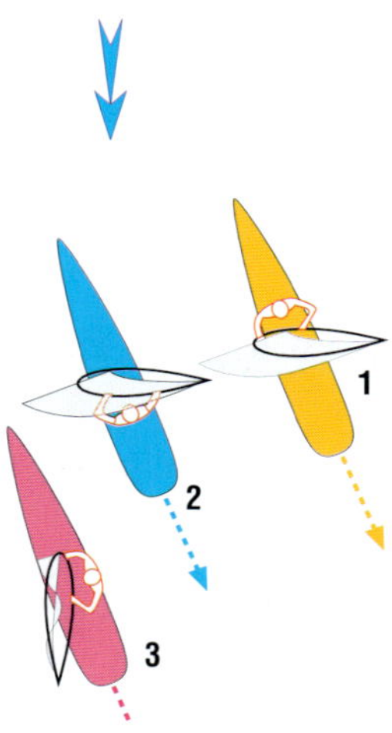

Figure 11. 1
Une planche qui cule doit se maintenir à l'écart des autres planches et bateaux. (Règle B 2.1 modification à la règle 20 (... culer)
Cette règle de base pour les bateaux est amputée des expressions « au moyen d'une voile à contre » et « qui ne fait pas de même » pour les PAV.

En s'approchant de la ligne de départ pour prendre le départ une planche à voile doit avoir sa voile hors de l'eau et en posi-

tion normale, sauf si elle est chavirée. (Règle B 2.2, ajout de la règle 23 (Voile hors de l'eau lors du départ))
L'attente lors d'une procédure de départ, même si elle paraît longue aux concurrents, ne doit pas les autoriser à s'accrocher à une marque de départ au risque de la déplacer. En conséquence, une modification de bon sens, de la règle 31 (abordage d'une marque) a été nécessaire *«Un concurrent ne doit pas s'accrocher à une marque de départ»* (règle B3). Les planchistes peuvent toucher n'importe quelle marque de parcours, y compris celles de départ.

La procédure de départ n'est plus différente de celle des autres supports :

Signal d'avertissement à H-5'	Signal préparatoire à H-4'	
Signal de la minute à H-1'	Signal de départ 0	Consulter le chapitre Zone de départ

Les concurrents sont autorisés à « pomper » pourvu qu'ils le fassent par leurs propres actions. Ils ne doivent pas recevoir d'aide extérieure (Exemple : une PAV ne doit ni être tractée, ni poussée par un autre concurrent) *« Une planche à voile ne doit être propulsée que par l'action du vent sur la voile, par l'action de l'eau sur le flotteur, et par les actions du concurrent sans aide extérieure »* (règle 42 (Propulsion) modifiée par la règle B4.1).
L'ISAF, consciente des conséquences désastreuses des gilets de poids sur le squelette des pratiquants, avait volontairement limité les augmentations de poids autorisées. *Les concurrents ne doivent pas porter ou transporter de vêtements ou d'équipement dans le but d'augmenter leur poids.* (Règle 43.1 a). Mais rapidement les véliplanchistes ont cherché à utiliser les failles des RCV pour, sans enfreindre de règle, augmenter le poids en haut du corps. Une précision, dès janvier 1998, la règle 43.1 (a) (vêtements et équipement du concurrent) était modifiée *pour permettre à un concurrent de porter un récipient destiné à contenir des boissons. Ce récipient doit avoir une capacité d'au moins un litre, et ne pas peser plus de 1,5 kilogramme lorsqu'il est plein* (à la règle B4.2).
Un(e) planchiste *susceptible d'avoir enfreint une règle du chapitre 2* (Quand les bateaux se rencontrent) *en course peut effectuer une pénalité au moment de l'incident. Sa pénalité doit être une pénalité de rotation de 720°* (règle 44.1) *et dans la règle 44.2* (Pénalité de rotation pour une infraction aux règles du chapitre 2) *supprimer «comprenant deux virements de bord et deux empannages»*. (Règle B4.3)

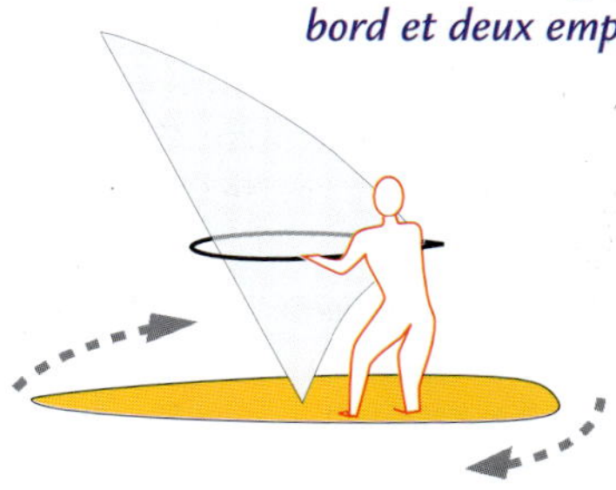

Figure 14.2
Ce qui implique que la rotation de 720° puisse s'appliquer :
- au seul flotteur ; ou
- au flotteur et à la voile comme en bateau ; ou
- de façon non simultanée (l'un après l'autre) pourvu qu'il y ait deux tours de flotteur dans le même sens.

Il n'est plus nécessaire de faire un cas particulier pour les réclamations entre PAV dans la règle 61.1 (informer le réclamé). Les PAV, en général d'une longueur inférieure à 6 mètres, entrent dans le cadre de la règle 61.1 (exigences pour réclamation) et n'ont, de fait, pas besoin de montrer de pavillon rouge. Toutes les autres obligations s'appliquent, voir chapitre 9 Réclamation.
Les modifications aux instructions de course peuvent être communiquées oralement, mais seulement si la procédure est spécifiée dans les instructions de course. Modification dans la règle 88.2 (c) (Instructions de course), règle B7.

Pour les planches à voile les règles G 1.3 (a), (c), (d) et (e) (identifications sur les voiles) sont modifiées comme suit :

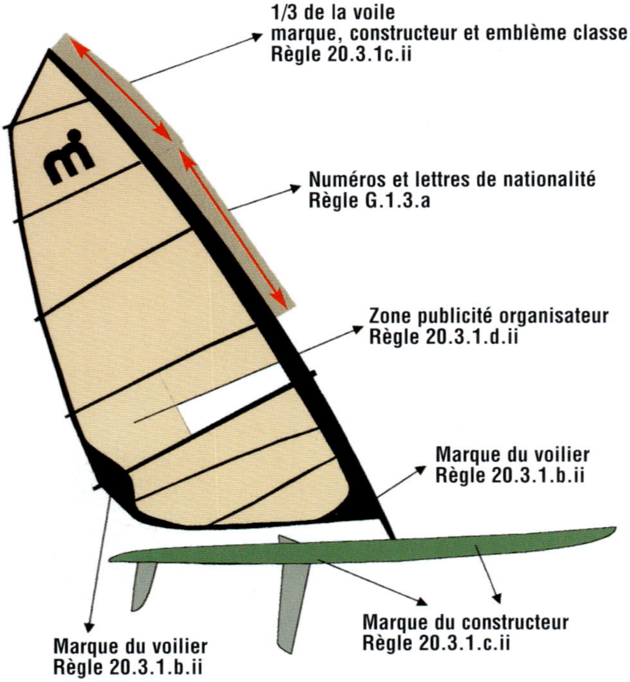

«L'emblème de classe doit être porté une seule fois de chaque côté de la voile dans la zone située au-dessus d'une ligne perpendiculaire au bord d'attaque de la voile à un point situé, à partir de la têtière, au tiers de la distance jusqu'au wishbone.
Les lettres de nationalité et les numéros de voile doivent être dans le tiers central de la voile au-dessus du wishbone, et clairement séparés de toute publicité, et doivent être placés à des hauteurs différentes des deux côtés de la voile, ceux du côté tribord au-dessus». (Règle B 7. 2)
La taille des lettres et numéros ainsi que l'espace entre eux doivent être conformes à la règle G1.2 (b).

Longueur hors-tout	Hauteur minimum	Espace minimum entre les lettres et les chiffres ou le bord de la voile
Moins de 3,5 m	230 mm	45 mm
de 3,5 m - 8,5 m	300 mm	60 mm

Pour plus d'information sur l'identification sur les voiles des PAV consultez le chapitre Formalités et l'annexe G - Identification sur les voiles
Les instructions de course peuvent comporter des articles spécifiques aux PAV:
Lorsqu'une modification aux instructions de course *entrera en vigueur le jour même de sa notification, elle sera affichée avant l'heure de mise à disposition à terre.* (paragraphe 3.2 des instructions de course FFVoile)
La règle 33 est modifiée de sorte que, au lieu d'afficher un cap compas, le comité de course montrera un pavillon vert si la direction est changée sur tribord ou un pavillon rouge si la direction est changée sur bâbord. (paragraphe 11.I des instructions de course type FFVoile) voir figures 2.8.4 et 2.8.5.
Après le départ, la course devra être annulée ou réduite si la vitesse moyenne du vent tombe d'une manière durable au-dessous de 6 nœuds sur une section quelconque du trajet qu'un concurrent doit emprunter pour faire le parcours prescrit dans un minimum de temps (paragraphe 11.2 des instructions de course type FFVoile)
La procédure décrite en 15.2 (dépôt des réclamations et demande de réparation dans le temps limite) *et en 15.3* (affichage des convocations dans l'heure qui suit) *pourra s'appliquer à la fin de chaque course dans le cas d'une épreuve en continu.* (Paragraphe 15.3 des Instructions de course type FFVoile)

Chaque concurrent devra avoir un bout d'amarrage de 5 mètres de longueur capable de résister aux efforts dynamiques de traction du flotteur remorqué. (paragraphe 17.3 des Instructions de course type FFVoile).
Le port d'une combinaison isothermique est recommandé en permanence, et sera obligatoire si la température de l'eau est inférieure à 18 degrés C. (Paragraphe 17.4 des Instructions de course type FFVoile)
Catégorie de poids : la pesée peut se faire à tout moment de l'épreuve et concerne le poids de corps du coureur. Sauf prescription différente en annexe, une infraction au choix de la catégorie de poids entraîne la disqualification pour l'épreuve. (Paragraphe 19.2 des Instructions de course type FFVoile)

11.2 Publicité

Mais qu'est-ce que la publicité ? *La publicité comprend le nom, le logo, le slogan, leur description, représentation, modification ou altération, ou toute autre forme de communication qui promeut un organisme, une personne, un produit, un service, une marque ou une idée, de sorte à attirer l'attention des individus ou des organismes, ou à les persuader de l'acheter, l'approuver ou le soutenir de quelque autre façon.* Règle 20.1 du code de publicité ISAF.
Les publicités et tout ce qui est promu doivent satisfaire aux principes généralement acceptés de morale et d'éthique. Règle 20.2.2 du code de publicité ISAF.
Mais aucun voilier français ne doit porter une publicité pour des boissons alcoolisées et/ou du tabac.
Aucune autorité organisatrice ne peut demander aux concurrents participant à son épreuve de porter une publicité pour des boissons alcoolisées et/ou du tabac. Décision de comité directeur de la FFVoile 09/12/2000.
Le droit de choisir la catégorie A ou C s'applique à toutes les classes (*) ISAF, à l'exception des classes olympiques qui doivent sans restriction être en catégorie C. (Règle 20. 4. 1 du code de publicité ISAF)
Les concurrents peuvent apposer de la publicité sur les vêtements et équipement personnel sans restriction. (Règle 20.3 1 e du code de publicité)
Si la catégorie C est retenue, *la publicité est autorisée comme pour la catégorie A, et de plus, sans restriction sur les coques, espars et voiles, à l'exception de l'espace réservé à l'identification prévue dans l'annexe H et la section 20.3.1 (b), (c) et (d).* (Règle 20.3.2 b du code de publicité)
Il appartiendra à chaque concurrent de savoir si son matériel appartient à une classe olympique ou non.
Si la catégorie C est décidée, les classes ISAF (à l'exception des classes olympiques) et les classes non-ISAF (y compris les classes nationales) peuvent déterminer le niveau maximum de publicité. (Règle 20.4.3 du code de publicité ISAF.)
Une PAV *et son équipage doivent respecter l'annexe 1* (Code de publicité). Règle 79 RCV
*Lorsque, après avoir établi les faits, un comité de réclamation décide qu'*une PAV *ou son équipage a enfreint un article de ce code, il doit :*
a) donner un avertissement ; ou
b) disqualifier la PAV selon la règle 64.1 des RCV ; ou
c) disqualifier la PAV pour plus d'une course ou pour la série, lorsqu'il décide que l'infraction mérite une pénalité plus importante ; ou

d) agir selon la règle 69.1 des RCV, lorsqu'il décide qu'il peut y avoir eu une grave violation.
Seule l'autorité nationale peut introduire un système de licence de publicité individuelle, pour autoriser ses concurrents à porter de la publicité sur leur bateau/planche. (Règle 20.4.3 du code de publicité ISAF)
Prescription de la FFVoile applicable depuis le 1er janvier 2001
CARTE D'AUTORISATION DE PORT DE PUBLICITÉ

En application des articles 20.4.3 et 20.7.1 du Code de publicité de l'ISAF... toute planche à voile participant à une compétition en France et portant une marque publicitaire autre que celles définies en 1a et 1b ci-dessous doit être titulaire d'une carte annuelle ou d'une attestation ponctuelle d'autorisation de port de publicité, délivrée par la FFVOILE et en cours de validité. Toutefois, cette obligation ne s'applique pas :*

- *aux marques publicitaires portées dans le cadre de l'article 20.3.1 du Code de publicité de l'ISAF;*
- *au nom, initiales ou logo d'un club affilié à la FFVOILE, d'une ligue régionale de voile, d'un comité départemental de voile ou de la Fédération française de voile, si le marquage est d'une surface inférieure à 400 cm² et apposé soit sur le tableau arrière s'il existe, soit sur les 10 % arrière de la longueur des coques ou flotteurs.*

L'annexe 1 : Code de publicité est *à la fois règlement de l'ISAF et règles de course,* peut être amendé ou modifié à toute réunion du Conseil de l'ISAF. *Tout amendement ou modification sera diffusé sur le site de l'ISAF (www.sailing.org) aussitôt que possible et pourra être obtenu directement auprès de l'ISAF.* Préambule du code de publicité ISAF.

Pour plus de précision consulter les Règles 20.3.1 (b) (II) + (c) (II) + (d) (II) du code de publicité ISAF.
Les règles de course propres au Fun Board font l'objet d'une publication spécifique disponible à la FFV.
* Mais *conformément à l'article 3* de la prescription FFV au code de publicité : *seule la carte annuelle peut être délivrée aux planches à voile... appartenant à la catégorie I.*

CHAPITRE 12 - LE MATCH RACING

CHAPITRE 12

Pour bien débuter en match racing

12.1 *Présentation*

(les mots suivis d'un (*) sont explicités dans le chapitre « lexique illustré », ceux suivis de (**) dans la partie « dico » MR en fin du présent chapitre)

Le match racing, course entre deux bateaux « un contre un », consiste à « finir » avant son adversaire après avoir effectué le parcours et les pénalités (**) imposées par les umpires (**), que ce soit avec 10 centimètres d'avance ou avec plusieurs minutes importe peu. Il faut arriver avant son adversaire : C'est tout simple... sur le papier.
Les épreuves sont classées en grade. Selon le nombre de concurrents, de voiliers disponibles simultanément, du classement dans la ranking list (*) et les nationalités des compétiteurs. Une épreuve validée rapporte plus ou moins de points, en fonction de son grade, aux seuls skippers.

12.2 *Principes du match racing*

Une vitesse supérieure à celle de son adversaire offre de grandes chances de gagner. À l'inverse, une vitesse inférieure ou des manœuvres imparfaites annulent rapidement tout effort de marquage, ou d'avantage acquis au départ ou grâce à une pénalité infligée à son adversaire.
Si le « combat » se livre à deux, le concurrent prioritaire ne peut pas « tuer » son adversaire en l'endommageant. L'adversaire doit pouvoir se sauver, au moins provisoirement. Même si la navigation peut être « rapprochée » les concurrents doivent respecter 3 règles :

- «Touche pas à son bateau, même si tu es prioritaire». *Un bateau doit éviter le contact avec un autre bateau dans la mesure du possible.* (règle 14 éviter le contact)
- «Laisse-lui le temps de réagir quand tu deviens prioritaire». *Lorsqu'un bateau acquiert une priorité, il doit au début laisser à l'autre bateau la place de se maintenir à l'écart, sauf s'il acquiert la priorité en raison des actions de l'autre bateau.* (règle 15 acquérir une priorité)
- «Tu peux "chasser" ton adversaire, à condition de lui laisser la possibilité de respecter les règles et/ou de se maintenir à l'écart»... *Lorsqu'un bateau prioritaire modifie sa route, il doit laisser à l'autre bateau la place de se maintenir à l'écart.* (règle 16 : modifier sa route)

Exit l'expression « mettre le camion en travers, en lofant comme il lui convient ». Cette manière d'agir avait trop souvent conduit à des incidents avec contacts accompagnés de dommages majeurs.

La Fédération Française de Voile met à disposition, sur son site Internet (secteur habitable), l'ensemble des textes qui réglementent cette activité.
L'ISAF publie le «call book» (**) interprétations pour l'umpiring (**) (arbitrage direct). Dorénavant, le "call book" est officiellement reconnu comme donnant les interprétations officielles pour le jugement direct pour la course par équipe (Call Ump seulement), la course en flotte arbitrée en direct (Call Ump seulement) et le match racing (Call Ump + MR).
«...Une interprétation de règle dans le call devra être cohérente avec les cas qui interprètent la même règle...» Régulation 12.3.6 (2) de l'ISAF.
Quand un concurrent reçoit une pénalité, il peut effectuer cette pénalité ultérieurement, et peut rester ainsi au contact de son adversaire. Deux stratégies possibles : soit obtenir une avance suffisante pour avoir le temps et la place d'effectuer la rotation imposée, soit tenter d'infliger une pénalité à son adversaire afin de neutraliser sa propre pénalité. Il faut non seulement obtenir un avantage sur son adversaire au plus tôt, mais il faut pouvoir le conserver jusqu'à la ligne d'arrivée.

Deux méthodes se présentent suivant le niveau de pratique et/ou l'esprit des compétiteurs :

1) Utiliser sa vitesse et, respecter les règles pour éviter les conflits avec son adversaire. Le skipper cherche seulement à se trouver entre son adversaire et le but à atteindre, sans chercher à le faire pénaliser. Certains skippers, parmi les mieux placés dans la ranking list (**), ne cherchent pas à «coller» des pénalités, pendant le circling, pour gagner. Ils se contentent de «fuir leur adversaire en s'éloignant de la ligne de départ». Ils ne doivent pas vraiment apprécier le "qui perd-gagne ?" et préfèrent utiliser un bon timing (**) (décompte) pour après un demi-tour, revenir sur la ligne de départ en position favorable (ni trop tôt, ni derrière son adversaire).

2) Utiliser les règles pour obliger son adversaire à enfreindre l'une d'elles. Et après avoir réclamé avec le pavillon «Y» *, lui voir infliger une pénalité par les Umpires (*). Mais à ce petit jeu, il y a plus à perdre qu'à gagner (voir cas de course). Il faut que le réclamant (créditeur) arrive à se débarrasser de son adversaire (débiteur). Celui-ci va, bien évidemment, tenter de lui renvoyer la monnaie de sa pièce en le poussant à la faute, jusqu'à ainsi les annuler (voir chapitre Pénalités). Le but du jeu peut alors se réduire à une distribution de pénalités par les umpires, avec semble-t-il, pour les concurrents, l'absence totale de projet postérieur au signal de départ. Cette stratégie peut fonctionner à condition de «coller» plus de 2 pénalités en suspens à son adversaire et le voir «black flaguer» (disqualification signalée avec le pavillon noir), mettant ainsi un terme au match.

2.3 Vocabulaire

Ce type d'épreuve, à très forte connotation anglo-saxonne, emploie beaucoup d'expressions que nous ne traduisons pas ou peu. Parfois simplement parce que nous n'avons par de traduction appropriée, malgré l'étendue de notre vocabulaire (Umpire et Umpiring) (**), soit parce que l'emploi du terme en anglais est passé dans les mœurs : Lay-line (bord du cadre) ou parce que l'expression est plus courte et plus audible par VHF ou dans les vrombissements des moteurs : Dial down (**) par opposition à Dial up, Fish tailling (**), proper course (route normale *), Slam dunk (**) et autre PRO (**), wing (**) etc.

12.4 *Les voiliers*

Les voiliers utilisés doivent avoir un potentiel de vitesse équivalente. C'est l'utilisation qui en est faite qui offre plus ou moins d'arguments aux différents équipages. Dans la coupe de l'America, les voiliers ne sont pas fournis mais ils sont construits pour un «concurrent» particulier après moult études et calculs pour optimiser les performances du voilier. Il s'agit avant tout d'un combat technologique. Dans le circuit international, les voiliers sont, la plupart du temps, fournis par les organisateurs. Ces derniers ont à cœur de mettre à disposition des voiliers qui offrent «théoriquement» des chances égales. C'est alors un combat entre les hommes. L'idéal est de pouvoir disposer de voiliers neufs, mais... à quel prix pour l'organisateur ! Il n'est pas rare d'utiliser des voiliers dont seulement les voiles sont neuves ou récentes. Les organisateurs sont parfois amenés à constituer des paires de voiliers pour égaliser les chances des concurrents.
Les voiliers sont tirés au sort chaque matin et éventuellement au début de chaque phase suivant un round robin. S'il y a autant de bateaux que de concurrents, les concurrents le gardent pour la journée ou jusqu'à la fin de la phase concernée. Lorsqu'il y a moins de bateaux que de concurrents (ex : 6 bateaux pour 10 concurrents, le « sortant » donne son bateau au « rentrant ») la rotation sur les bateaux s'effectue au grè de la pairing list.

Combinaison de voile

Les conditions de navigation peuvent se modifier pendant un événement, jusqu'à avoir des conditions musclées. Le principe étant que les bateaux utilisent les mêmes voiles, l'organisateur peut exiger des réductions de voilure en vue principalement de la conservation du matériel.
Des combinaisons de voiles peuvent être imposées par le comité de course conformément à un article des instructions de course, tel que :

La combinaison de voiles autorisée sera signalée sur le bateau comité
avec ou avant le signal d'attention :

Pas de pavillon :	*GV haute,*	*génois*	*spinnaker*
Pavillon R du code :	*GV haute*	*inter*	*spinnaker*
Pavillons R et flamme N° 6 :	*GV 1 ris,*	*inter*	*pas de spinnaker*
etc.			
+ Flamme numérique n° 9 :			*pas de spinnaker*

Nombre d'équipier(e)s

En fonction du type de bateaux : entre 3 (Soling) et 16 (coupe America) équipiers manient les bateaux.
Les instructions de course peuvent indiquer que :
Le nombre total d'équipiers (y compris le skipper) est fixé à 4 pour les équipages masculins et de 4 ou 5 pour les équipages féminins. Tous les équipiers inscrits doivent participer à toutes les courses.
Le poids total de l'équipage, y compris le skipper, vêtu de shorts et chemises au moins, ne doit pas excéder un poids maximum de 350 kg.
Soit un poids moyen maximum de 88,5 kg pour les hommes et de 68 kg pour les femmes. Ceci afin de minimiser les différences de poids et donc tenter d'égaliser la vitesse.

Manière d'utiliser les bateaux mis à disposition par l'organisation

Quand les bateaux sont fournis à tous les concurrents, ils ne doivent pas les modifier ou faire en sorte qu'ils soient modifiés en aucune façon, sauf que :

a) un compas peut être attaché ou scotché à la coque ou aux espars ;
b) les indicateurs de vent, y compris en tissu ou en fil, peuvent être attachés ou scotchés n'importe où sur le bateau ;
c) les coques, dérives et safrans peuvent être nettoyés seulement avec de l'eau ;
d) du ruban adhésif peut être utilisé n'importe où au-dessus de la ligne de flottaison ;
e) tout l'accastillage ou équipement prévu pour être réglé peut être réglé pourvu que les règles de classe soient respectées.

Tout l'équipement fourni avec le bateau aux fins de navigation doit être dans le bateau lorsqu'il est à flot.
(Addenda B Annexe K guide pour les instructions de course)

Les instructions de course peuvent préciser que :
Les équipages pourront embarquer, en plus du matériel fourni par l'organisation les éléments suivants : laine à ferler, adhésif à voile ou à spi, adhésif de fourrage, compucourse ou équivalent, harnais pour le n° 1, rabans (*) *, outils correspondant à la catégorie de navigation.*
Aucun équipement ne peut être utilisé à d'autres fins que celles auxquelles il est destiné, ni être déplacé quand il n'est pas utilisé. Un voilier ne doit pas être mené de telle sorte qu'il puisse en découler un dommage probable.
Avant le signal d'attention ◆ d'une séquence ou dans les deux minutes après l'arrivée, selon ce qui est le plus tardif, un voilier peut arborer le pavillon «BLANC», ou noir et jaune (L ▞) car le pavillon blanc sur fond de voiles blanches est bien peu visible. Ce pavillon *signale une avarie ou un dommage au voilier, aux voiles ou une blessure de l'équipage, et pour demander un retard du prochain départ. Le voilier doit s'approcher dès que possible du côté sous le vent du bateau comité,* pour que le technicien de la commission technique puisse intervenir.
Après une collision entre deux bateaux, les arbitres ou la commission technique procéderont à l'inspection des bateaux. En cas de dommage, les umpires concernés détermineront pendant une instruction le degré de responsabilité de chaque skipper et pourront décider de pénaliser en points. La commission technique imputera alors le montant des frais de réparation au (x) voilier(s) proportionnellement au degré de responsabilité avérée.

Inspection

Un représentant de *la commission technique* (*) *pourra inspecter les bateaux à tout moment. Toute infraction constatée aux règles ci-dessus pourra entraîner la disqualification de l'équipage par le jury.*

2.5 La commission technique

Cette commission est composée du président du jury, du PRO* et d'un préparateur du chantier ou d'un représentant des propriétaires des bateaux mis à disposition des concurrents. À la demande des concurrents (en France en arborant soit le pavillon blanc ou le pavillon «L» dans le pataras), elle intervient sur l'eau pour réparer ou échanger du matériel défectueux. Elle fait prendre les dispositions réglementaires pour imposer une réduction de voilure ou une restriction d'utilisation de matériel en cas de nécessaire égalisation de chances des paires de bateaux.

12.6 Les instructions de course

Comme dans toute épreuve les concurrents et les arbitres doivent connaître les spécificités de l'épreuve et du site. Il existe des instructions de course type FFVoile [IC (*)], qui sont fortement inspirées de celles de l'ISAF (Standard Sailing Instruction - SI). Elles sont publiées après l'avis de course [(AdC) (NoR = Notice of Race)] qui annonce la manifestation et permet aux concurrents de s'inscrire s'ils répondent aux impératifs de sélection.

12.7 Les parcours

La forme des parcours a évolué depuis la première coupe de l'America autour du tour de l'île de Wight en 1891.

Figure 12.7.1

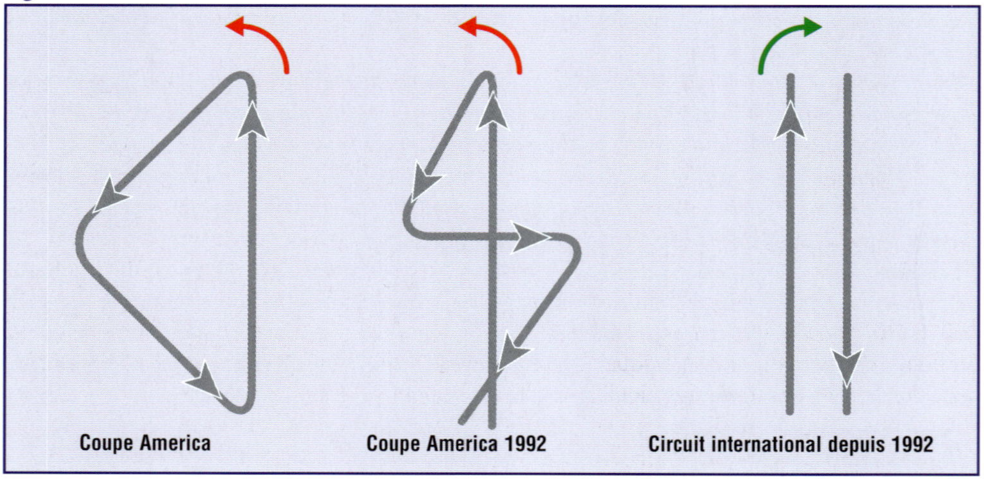

Forme du parcours

Les bords de près obligent au louvoyage (*). En plus du marquage serré, il existe donc plusieurs tactiques et stratégies en raison de la direction et de la nature du vent et à la présence ou l'absence de courant et à leurs natures évolutives.

Les bords de largue n'offrent que peu d'intérêt. Pour deux voiliers, qui ont en principe des vitesses équivalentes, les options pour le suiveur sont peu nombreuses. Le bateau «rattrapé» (initialement en route libre devant [*]) dispose d'une panoplie étendue de règles le protégeant, alors que la route du suiveur ne laisse que deux opportunités :

- passer SUR son adversaire (à son vent) en perdant non seulement toute priorité en offrant la possibilité au «rattrapé» de se défendre en lofant, ou,

- passer SOUS son adversaire (sous son vent) en utilisant une nouvelle priorité qui l'oblige à prendre beaucoup de précautions vis-à-vis de son nouveau débiteur. Il ne peut lofer au-dessus de sa route normale (*) tant qu'il ne l'a pas dépassé (route libre devant [*]) ou qu'il n'a pas effectué un double empannage (*) complet. En restant sous le vent, il reste entre son adversaire et le but à atteindre : marque sous le vent ou ligne d'arrivée.

Les bords de vent arrière, en théorie comme en pratique, permettent d'aller directement vers la marque sous le vent ou la ligne d'arrivée (en route directe dans le sens du vent). Les match racers optent pour l'optimisation du matériel et l'utilisation des VMG*(Velocity Made Good) [figure 12.7.2]. Le VMG est le meilleur compromis cap/vitesse de navigation (définition de D Ravon et Ch Dumard : Régate tactique et stratégie). Les concurrents adoptent la méthode [parcourir plus de route, mais plus vite], plutôt que [parcourir moins de route moins vite]. À ce petit jeu, il vaut mieux connaître parfaitement le voilier utilisé. Cela tient à quelques degrés. Une certaine finesse de barre et une bonne connaissance du type de voilier utilisé sont indispensables.

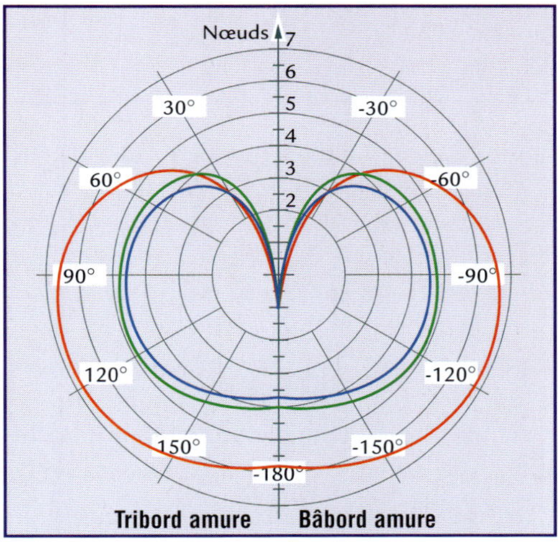

Figure 12.7.2

VMG du First Class 8
En bleu Vent réel = 10 nds, gîte 26°
Vitesse maximum 4.7 à 102°
En vert Vent réel = 12 nds, gîte 21°
Vitesse maximum 4.9 à 116°
En rouge Vent réel = 17.5 nds, gîte 32°
Vitesse maximum 6.7 108°

Sens du parcours

Au début du match racing et jusque dans les années 90, tous les parcours obligeaient à tourner dans le sens contraire des aiguilles d'une montre comme dans la plupart des courses en flotte (parcours bâbord). C'était très simple, le bateau arrivant tribord amures à la marque au vent, le restait pendant le contournement. Il était prioritaire en s'approchant et en contournant la marque sans interruption.

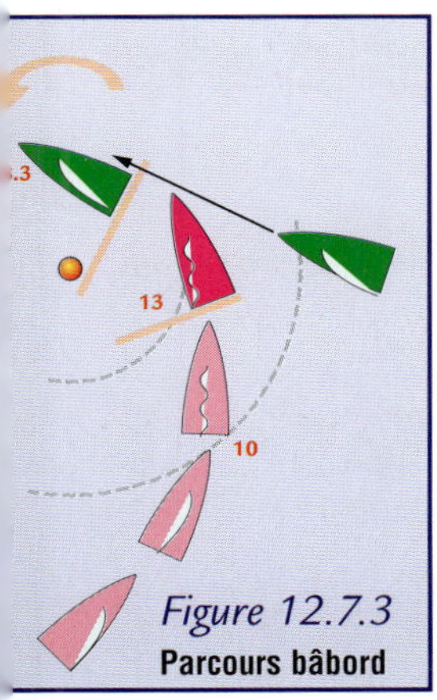

Figure 12.7.3
Parcours bâbord

Le contournement de la marque au vent à tribord (figure 12.7.4) permet d'offrir aux concurrents la possibilité d'inverser le rapport de force grâce à une bonne tactique. Le bateau, qui s'approche tribord amures, doit virer pour contourner la marque au vent dans le bon sens (parcours tribord). Pendant le virement de bord il perd sa priorité et l'offre à son adversaire : règle 13 puis règle 18.3. (voir paragraphe 12.20).

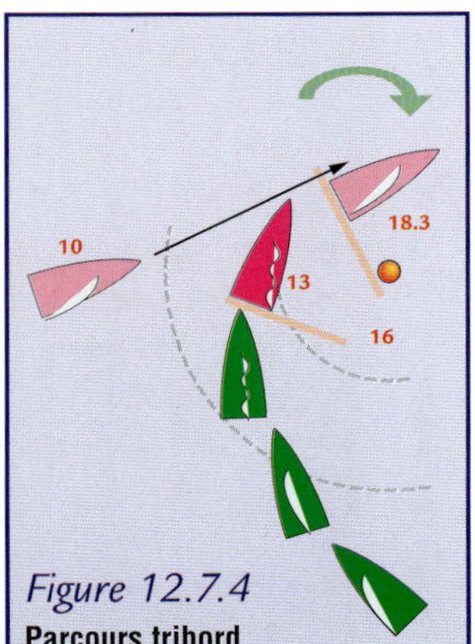

Figure 12.7.4
Parcours tribord

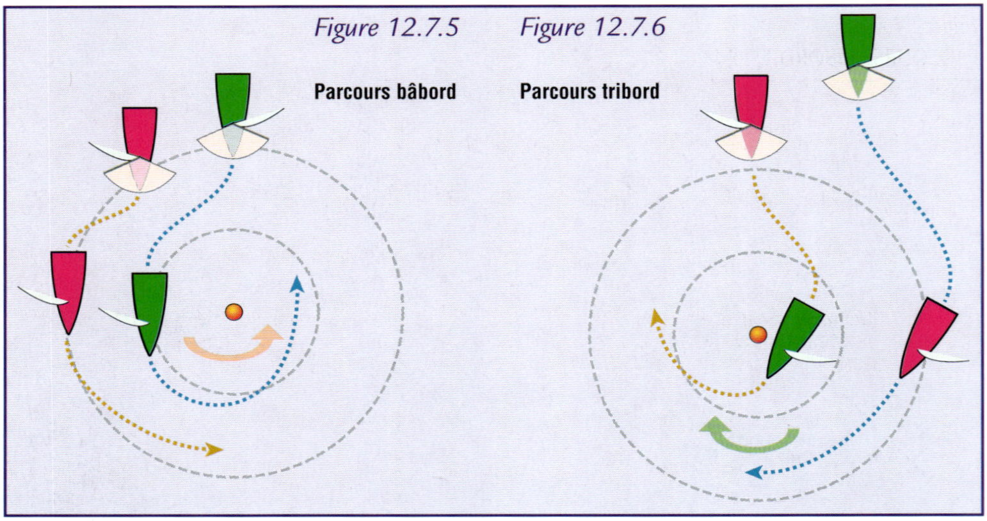

Figure 12.7.5 *Figure 12.7.6*

À la marque sous le vent, en parcours bâbord (figure 12.7.5), le bateau qui se présente tribord amures est à l'intérieur. Il était prioritaire et a, de plus, droit à la place pour contourner la marque. Il peut même choisir sa trajectoire pour le contournement de la marque. En parcours tribord (figure 12.7.6), le rapport de force s'inverse. Quand le premier atteint la zone des deux longueurs, le bateau bâbord amures se trouve engagé à l'intérieur. Il a le droit à de la place pour contourner la marque.
Pendant le bord de portant la partie gauche du plan d'eau peut être exploitée, sans être voué à l'extérieur de la marque.
Les choix tactiques sont donc plus nombreux et complexes, avec des parcours tribord. L'arbitrage direct (umpiring) permet de régler, aux abords de la marque, les infractions aux règles ou les prises de priorité abusives.

Longueur du bord de près

Plus que la longueur du bord, c'est le temps de course qui prime (environ 20 minutes). Le mouilleur (équipage qui mouille les marques de parcours) adapte donc la distance [de la ligne à la marque au vent] selon les directives du comité de course dans le but de se rapprocher de cette durée.
Si le site ne permet pas de grand bord, ou que les conditions météorologiques obligent à un repli dans un espace de navigation restreint, le comité de course peut être amené à imposer 3 tours au lieu de deux.

Nombre de tours :

Les signaux indiquant le parcours à effectuer sont les suivants et seront envoyés sur le bateau comité avec ou avant le signal d'avertissement :

Parcours normal 2 allers/retours	Parcours réduit 1 aller/retour pavillon S	Parcours super 3 allers/retours pavillon A
pas de pavillon		

Figure 12.7.7
PARCOURS TRIBORD TYPE MATCH RACING

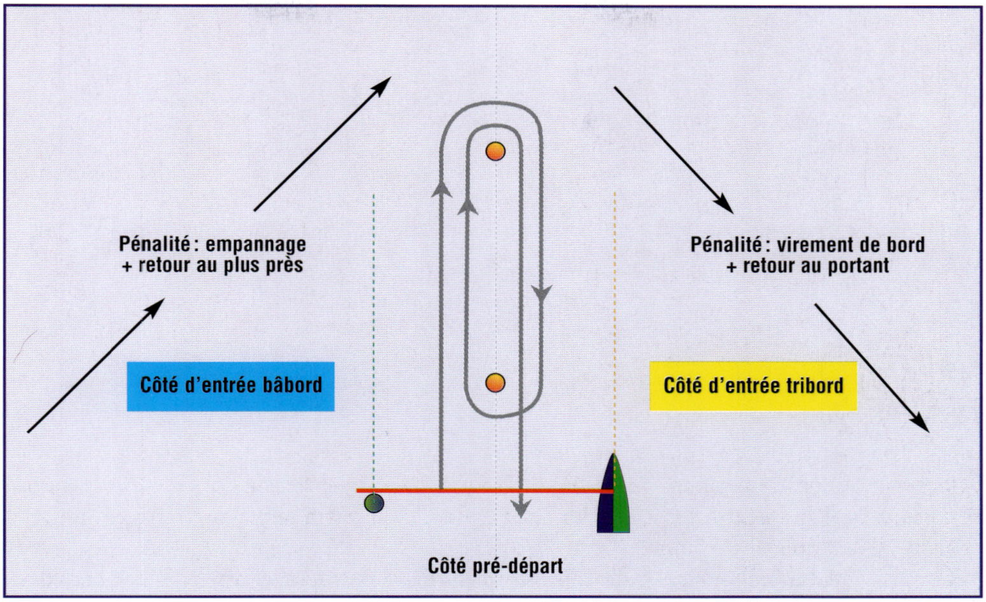

En cas de fort courant traversier, le parcours peut être adapté avec un «dog leg» qui permet de recréer un bord de vent arrière.

Figure 12.7.8
PARCOURS MATCH RACING TRIBORD
avec bord de neutralisation

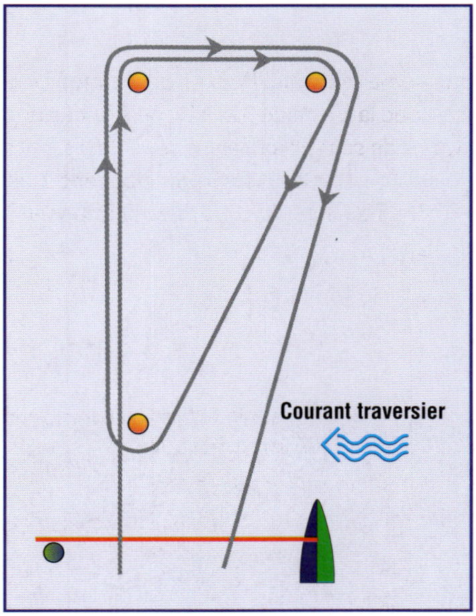

Figure 12.7.9
PARCOURS MATCH RACING BÂBORD
avec bord de neutralisation

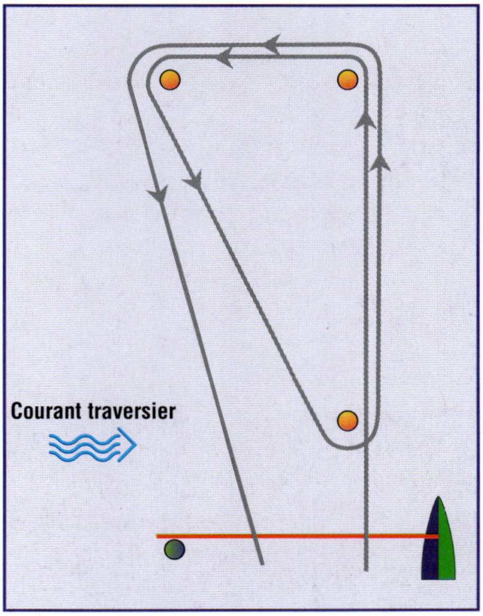

Zone spéciale

Il arrive que des zones de navigation près de terre soient soumises au marnage (*). Des hauts fonds largement recouverts à marée haute sont affleurant à marée basse. Il convient de les signaler, pour éviter des dommages aux voiliers et aux bateaux des umpires.
Le pavillon «G» hissé sur la ligne de départ suivant la Règle 27.1 des RCV 2001- 04 (actions du comité de course avant le départ) *signifie : les concurrents devront respecter la zone définie en annexe : Zone spéciale, comme limites du parcours. Les infractions à cette règle ne sont pas soumises à réclamation par les coureurs mais soumises à action des arbitres selon la RCV C8.2* (initiative des arbitres) *(ceci modifie la RCV C6.1 et C8.2). La zone définie a rang d'obstacle et est une limite de sécurité en regard des règles du chapitre 2 (Quand les bateaux se rencontrent) des RCV. Il n'y a pas de pénalité en cas de contact avec les marques de limite de parcours.*

12.8 Les règles du match racing

Les courses de match racing doivent être courues selon les règles de course à la voile telles que modifiées par l'annexe C - Règles du match racing. *Les matchs doivent être arbitrés sur l'eau, sauf si l'avis de course et les instructions de course le prescrivent différemment.* (Préambule de l'annexe C Match Racing)
Les règles de course sont les mêmes que celles utilisées en flotte, enfin, presque ! Certaines sont complétées, modifiées, ajoutées ou au contraire supprimées.
Toutes ces adaptations constituent le contenu de l'annexe C Match Racing. Et sont explicitées dans le Call Book (*).
Les umpires peuvent non seulement pénaliser les bateaux de leurs paires, pour une infraction entre eux. Mais ils peuvent aussi pénaliser l'un des leurs pour une infraction à l'encontre d'un bateau d'une autre paire. Il n'y a plus de restriction quant aux réclamations limitées aux seuls bateaux d'un même match.

Exemples de :

- Règles complétées

Par des gestes à ajouter aux appels à la voix dans la règle C2.7 : *quand la règle 19.1* (place pour virer de bord à un obstacle) s'applique, *les signaux de bras suivants sont, en plus des appels à la voix, exigés du barreur :*

a) *pour « Place pour virer », pointer vers la direction au vent clairement et plusieurs fois ;*

b) *pour « Virez », pointer vers l'autre bateau et déplacer le bras vers la direction au vent clairement et plusieurs fois.*

Cette disposition permet aux arbitres de connaître les intentions du voilier hélé.

- Règles modifiées

La définition de finir a été amputée de l'expression, *«... soit pour la première fois...»* ce qui permet à un voilier qui a fait une erreur de parcours d'aller «défaire le fil de son sillage» et d'effectuer le parcours même s'il a déjà passé la ligne (règle C2.1) puis de finir (*).

- Règles ajoutées

Ajouter une nouvelle règle 13.2 (pendant l'empannage) *: « Après que la bordure de la grand-voile d'un bateau naviguant vent arrière a traversé son axe, il doit se maintenir à l'écart* *jusqu'à ce que sa grand-voile soit pleine sur l'autre bord. »* (règle C2.4) Voir illustration dans le paragraphe Bord de portant (figure 12.21.2).

- Règles supprimées

Les règles 16.2 (modifier sa route, au louvoyage) *et 17.2* (naviguer en dessous de sa route normale) *sont supprimées.*

Les concurrents peuvent se chasser mais en respectant la règle 16 (Modifier sa route)

- Règles renforcées par un cas du call book

Dial down (**)

12.9 *Format de l'épreuve*

Les concurrents s'affrontent un contre un en match.

Le format (**) le plus complet d'une épreuve commence par:

- un round robin. *Une série de round robin désigne un groupe de concurrents qui ont tous navigué l'un contre l'autre une ou plusieurs fois* [règle C11.1] (aller simple ou aller + retour);

Ensuite c'est:

- la phase dite 1/2 finales puis de
- la phase finale (grande finale: pour l'attribution des places de: 1er et 2e et petite finale pour les places de 3e et 4e) plus
- éventuellement, les matchs de classement pour les suivants.

Au cas où l'organisateur peut craindre des conditions météorologiques capricieuses, il peut déterminer deux groupes homogènes entre eux (appelés poules) dans lesquels s'effectuent un round robin. Puis si les conditions sont satisfaisantes et pour constituer un round robin avec l'ensemble des concurrents, les matchs manquants seront joués. Sinon les meilleurs de chaque poule se rencontrent en un round robin suivi éventuellement de 1/2 finales et finales ou finale directe.

Dans ce type d'épreuve c'est le PRO (**) (Principal Race Officer) qui coordonne les différents intervenants pour assurer le meilleur déroulement des matchs, après avoir pris les avis du comité de course, des umpires et de la commission technique et de la météo.

12.10 *Pairing list*

Les instructions de course contiennent la «pairing list» (*) ou liste d'appariement. Celle-ci indique non seulement l'ordre des matchs, mais quels sont les adversaires et leurs côtés d'entrée respectifs.

Cette liste d'appariement est construite, avant l'épreuve, en identifiant les concurrents à un numéro d'ordre dans la liste des inscrits classés d'après la dernière ranking list (*) internationale connue. Le mieux classé porte le numéro UN, le suivant le DEUX, etc. Les non-classés se trouvent en fin de liste.

Cette construction obéit à quelques principes égalitaires:

- Chaque concurrent doit entrer autant de fois à bâbord qu'à tribord. Égaliser le nombre des entrées à bâbord avec celles de tribord correspondrait presque à une délicatesse concédée aux équipages dans le seul but d'éliminer le sentiment de mise en difficulté dès l'entrée. Bien qu'une brève étude sur les résultats des matchs sur des compétitions internationales ou nationales en France tende à prouver qu'il y a autant de vainqueurs en bleu qu'en jaune.

- une clause, non réglementaire, mais habituelle : les deux meilleurs concurrents potentiels se rencontrent lors du dernier match de la dernière séquence (flight), avec une préférence pour le côté d'entrée tribord pour le mieux classé de la ranking.

Le match racing est grand dévoreur de «mental».

Pour construire une liste d'appariement il faut connaître le nombre de concurrents inscrits et le nombre de voiliers disponibles simultanément pour les matchs.

Nombre de matchs à valider (M) :

Exemple de calcul pour une épreuve de 6 concurrents : [6 x 5] : 2 = 15 matchs

Formule de calcul : M = [N x N-1] : 2 avec N = nombre de concurrents inscrits.

Nombre de séquences (flight) dans la liste d'appariement (S)

Exemple pour ces 6 concurrents avec 4 voiliers : 15 : 2 = 7 séquences, + un match

Formule de calcul S = M : P avec P = nV : 2 (doit être un nombre entier), nV = nombre de voiliers disponibles et P = nombre de paires de voiliers disponibles

Chaque concurrent aura 5 matchs à faire pour rencontrer tous ses adversaires. Soit 3 entrées à bâbord et 2 à tribord ou l'inverse.

12.11 *Côté d'entrée*

Dans la liste d'appariement d'un programme d'une course,

	Flight N°... Séquence N°....	
1er match	Peponnet	Pillot
2e match	Le deroff	Henard
3e match	Pacé	Peyron

Illustration 12.11 1

Le bateau inscrit sur le côté gauche se voit attribuer l'extrémité bâbord et doit porter un pavillon bleu à sa poupe quand il est en course. L'autre bateau se voit attribuer l'extrémité tribord et doit porter un pavillon jaune à sa poupe quand il est en course. (règle C4.1)

À son signal préparatoire, chaque bateau doit être à l'extérieur d'une ligne à 90° (perpendiculaire) de la ligne de départ, passant par la marque de départ, à l'extrémité de la ligne qui lui a été attribuée. (règle C4.1)

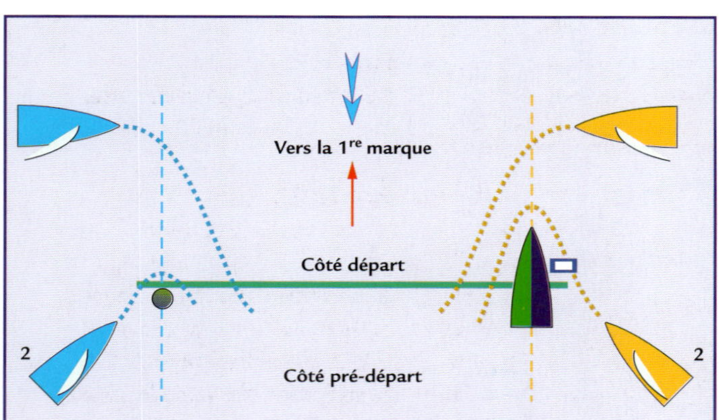

Figure 12.11.2

L'extrémité bâbord est celle qui se trouve la plus à gauche de la ligne de départ, quand on regarde face au vent, vers le parcours. Le bleu doit se trouver à gauche de la perpendiculaire à la ligne de départ, le jaune à droite de sa propre perpendiculaire à la ligne de départ.

Les concurrents n'ont pas obligation de se trouver au-dessus des prolongements de la ligne de départ. Il suffit, comme les voiliers en position 2, d'être « du bon côté ».

Si deux bateaux se présentent du même côté, l'un d'entre eux a du souci à se faire. Mais lequel ?... Puisqu'ils arborent dans ce cas la même identification.
Les umpires montreront la flamme manquante et le bateau en infraction. Celui-ci, après consultation de la liste d'appariement, ne pourra que constater son erreur. Il aura donc une pénalité en suspens, mais il n'aura pas à regagner sa zone attribuée. (Call MR 1) (Voir paragraphe : Pénalités à l'initiative des arbitres : en 12.28).
La réalisation ultérieure d'une pénalité l'exonérera de son infraction. Une erreur de lecture de la liste d'appariement peut amputer les chances de gagner, avant même le début du match... Sauf à réussir à « effacer » cette pénalité en infligeant une pénalité à son adversaire, après l'avoir poussé à la faute.

2.12 *Signaux de départ (règle C3.1)*

Les signaux pour le départ d'un match seront les suivants. Les temps doivent être comptés à partir des signaux visuels ; l'absence d'un signal sonore ne doit pas être prise en considération. Si plusieurs matchs doivent être courus, le signal de départ d'un match sera le signal d'avertissement pour le match suivant.
Signal d'ATTENTION,* «F» + 1 signal sonore
est fait 5 minutes avant le signal d'attention du 1er match. Ce pavillon est amené une minute avant l'envoi de la 1re flamme numérique
Signal d'AVERTISSEMENT, par flamme numérique* + 1 signal sonore
est fait 5 minutes avant le signal de départ de chaque match,
Signal PRÉPARATOIRE, «P» + 1 signal sonore
qui est aussi le début de la période d'entrée, 4 minutes avant chaque départ.
*Fin de la période pré-départ d'entrée,*** (voir § 12.13)
Envoi du pavillon bleu ou jaune ou les deux. *Ces signaux doivent être faits seulement si un ou les deux bateaux ont manqué à satisfaire à la règle C4.2* (exigences avant le départ : 2 minutes pour dégager la ligne de départ).
Signal de DÉPART, amenée de la flamme numérique et du pavillon «P».

* *Dans une séquence, flamme numérique 1 signifie Match 1, flamme 2 signifie Match 2, etc., sauf si les instructions de course prescrivent différemment.*

* voir procédure réduite avec signal d'attention à H-7' (illustration 12.12.2)

Après le signal d'attention, les procédures s'enchaînent et tout va très vite.
Le signal de départ d'un match est le signal avertissement pour le match suivant, ainsi de suite.

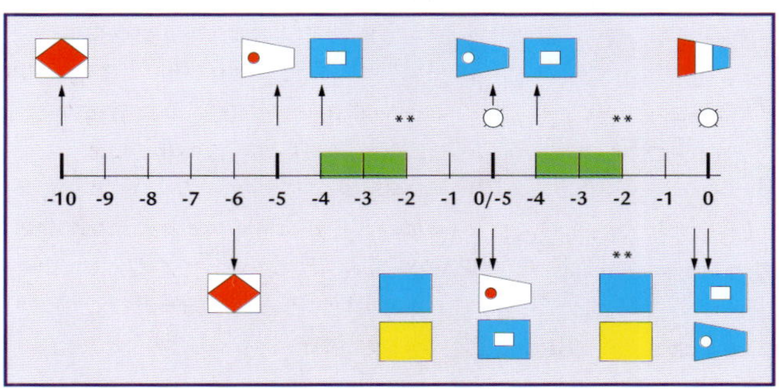

Figure 12.12.1
période d'entrée de deux minutes
** identification bleu et/ou le jaune si, un et/ou l'autre sont en infraction avec la règle C4.2
○ identification bleu et/ou le jaune si, un et/ou l'autre sont OCS.

Le secteur match racing de la FFV en accord avec l'ensemble des organisateurs : français et étrangers ont décidé d'appliquer une procédure réduite comme suit, afin de gagner quelques minutes souvent très précieuses en fin de journée :

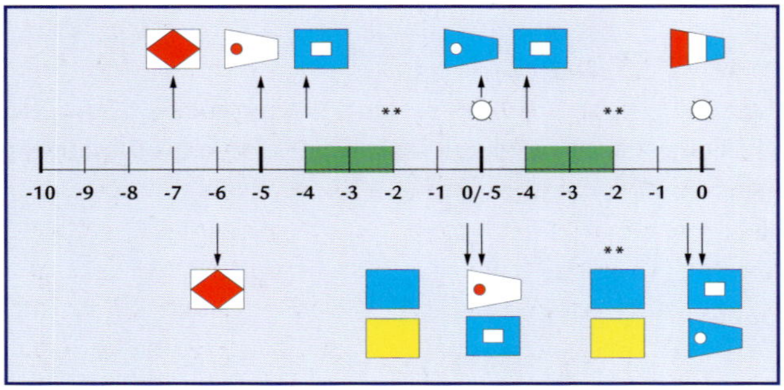

Figure 12.12.2

■ période d'entrée de deux minutes

** identification bleu et/ou le jaune si, un et/ou l'autre sont en infraction avec la règle C4.2

○ identification bleu et/ou le jaune si, un et/ou l'autre sont OCS

Dans «Signaux de course : Aperçu *et N* *», la dernière phrase est modifiée comme suit : «Le signal d'attention* (et non d'avertissement par flamme numérique) *sera fait une minute après l'amenée sauf si à ce moment la course est à nouveau annulée* *ou retardée* *.»* [règles C3.2 (d) et (e)]

12.13 Pour bien prendre le départ

Zone favorable en fonction de l'orientation de la ligne de départ

Avant l'entrée, l'observation de l'orientation de la ligne de départ donnera aux skippers une idée des zones d'attente à éviter absolument.

Figure 12.13.1

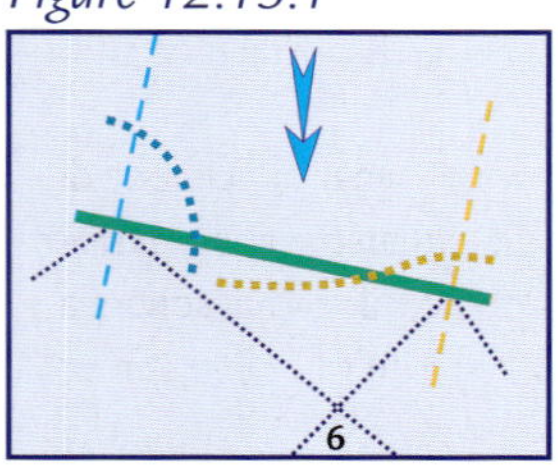

Ligne de départ «bâbord»

Figure 12.13.2

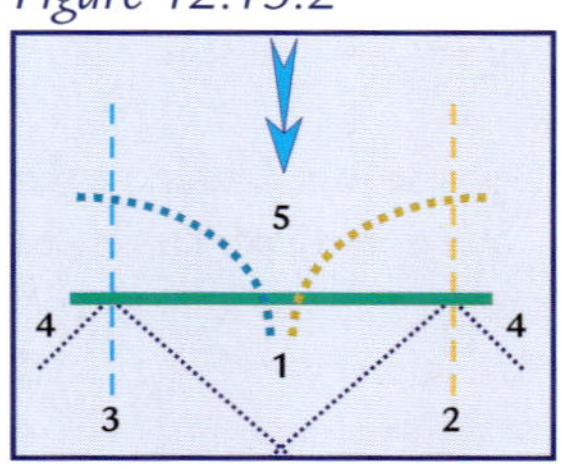

Ligne de départ «neutre»

Figure 12.13.3

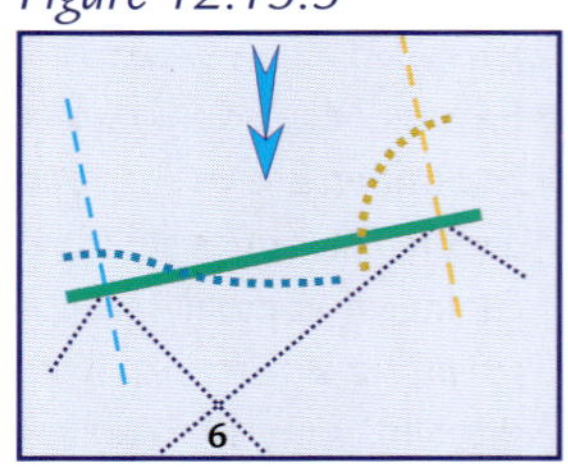

Ligne de départ «tribord»

Zone (1) tout possible
Zone (2) Départ tribord aisé, défense aisée
Zone (3) seulement pour des départs bâbord amures, si un tribord arrive c'est perdu
Zone (4) impose d'abattre, attention à ne pas se faire « piéger » au vent, ou bloquer au bateau comité (il n'y a pas d'eau au comité)
Zone (5) se retrouver au vent de son adversaire sur la même amure, vous prive de descendre sous la ligne. Même si vous êtes tous les deux en rappel, le bateau sous le vent a de fortes chances de repartir avant vous.
Zone (6) c'est bien loin de la ligne, pour le timing, il vous faudra subir le bon vouloir de votre adversaire, des virements de bord seront nécessaires pour remonter. Le match suivant peut de plus entraver, en toute légalité, la progression de votre voilier.

Jusqu'à l'approche vers le premier croisement, les observations concernant les conditions météorologiques pourront être faites. Vent, courant, nuage, etc. Pendant le circling, les perturbations dues aux manœuvres ne permettront plus des observations fiables. Toutefois l'observation des trajectoires des voiliers partis dans le (les) match (s) précédant(s) pourra(ont) être judicieuse(s).

Quand et comment entrer dans le match :

Vous pouvez entrer dans la match, quand la porte de l'aire de jeu s'ouvre grâce à l'envoi du pavillon P (comme Porte) . Non seulement les concurrents sont en course mais ils peuvent commencer à s'affronter, tout en respectant les obligations d'entrée.
Si la présence du voilier du bon côté conformément à la liste d'appariement (pairing list), au bon moment, préfigure d'une bonne préparation de l'équipage, passer trop tôt cette fatidique ligne perpendiculaire ruine tout effort avant de commencer. La pénalité en suspens à l'initiative des umpires conformément à C4.2 (exigences avant le départ) et C5 b (signaux faits par les arbitres) et C8.2 (réclamation à l'initiative des arbitres), sanctionne une faute individuelle. Trop tôt c'est se tuer tout seul.
Dans la période des deux minutes qui suivent son signal préparatoire, un bateau doit franchir et dégager la ligne de départ, en premier lieu depuis le côté parcours vers le côté pré-départ (règle C4.2)

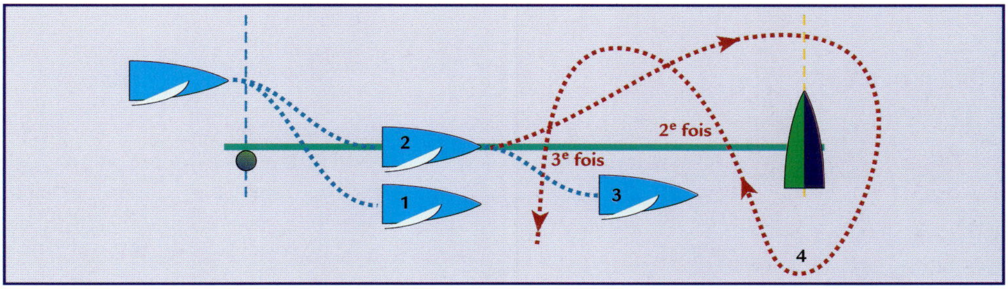

Figure 12.13.4 Exemple pour le concurrent bleu

- En position 1 le voilier a bien franchi la ligne de départ et dégagé la ligne.
- En position 2 le voilier a bien franchi la ligne de départ **mais n'a pas** dégagé la ligne. Si dans la période de deux minutes qui suit l'ouverture de la porte d'entrée par l'envoi du pavillon P, ce bateau n'a pas *en premier lieu* franchi et dégagé la ligne, il se verra sanctionné par le bateau des umpires après qu'un signal sonore a retenti sur le bateau comité à H-2'du signal de départ. S'il avait poursuivi sa route jusqu'en 3, il aurait satisfait à sa seconde obligation d'entrée.
- La trajectoire 4 ne satisfait pas à la définition de C4.2., puisqu'il n'est pas dans le bon sens, la deuxième fois. S'il est dans le bon sens la troisième fois ce n'est plus en premier lieu (first time).

Il n'y a que le viseur de ligne sur le bateau comité qui peut juger si les bateaux ont dégagé la ligne et dans le bon sens. Que ce soit pour le bleu comme dans l'illustration 12.13.4 ou pour le jaune qui entre du côté du bateau comité.
Le (s) pavillon (s) restera(ont) déferlé(s) jusqu'à ce que les umpires aient signalé une pénalité ou pendant une minute, selon ce qui est le plus tôt. (règle C3.1)
Le comité de course ne peut garder plus longtemps l'identification du (des) bateau(x) en infraction sous peine d'être confondue avec le signal de rappel individuel qui doit être fait rapidement après le signal de départ. L'intervalle d'une minute entre les mouvements de pavillon doit être respecté.

Attendre, pour entrer au dernier moment, réduit le temps d'attente jusqu'au signal de départ. Mais c'est aussi prendre le risque de :

- se laisser coincer à l'extérieur de l'aire de jeu par son adversaire, ou
- empêcher d'entrer

avec à la clef une pénalité par les umpires. Une attitude que l'on ne rencontre que chez les non-initiés.
Il faut donc se «jeter» dans "l'arène" sans attendre. Plus la ligne est courte, moins il faut avoir de retard, l'adversaire étant d'autant plus vite à l'autre extrémité.

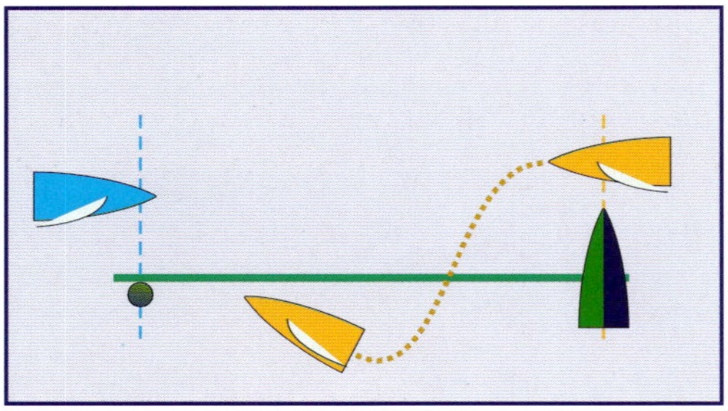

Figure 12.13.5
Le voilier bleu se présente pour entrer avec retard. Le jaune a eu le temps d'entrer, puis de passer sous la ligne jusqu'à se trouver tribord amures, au près, en route de collision avec le bleu, bâbord amures. Jaune peut empêcher le bleu de franchir pour la première fois la ligne de départ.
Pénalité pour le bleu s'il n'arrive pas à franchir en premier lieu la ligne avant H-2.

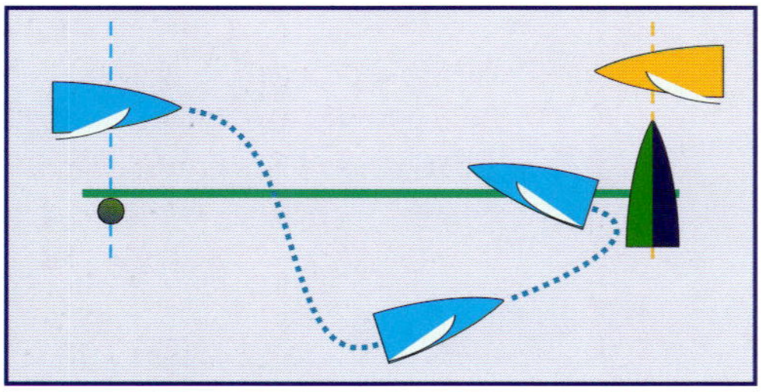

Figure 12.13.6
Le bateau jaune est en retard. Par rapport à la trajectoire du jaune de la figure précédente, il faudra au bleu une manœuvre de plus (un virement de bord) pour qu'il se retrouve prioritaire sous le vent du jaune et le maintienne au-dessus de la ligne.
Pénalité pour le jaune s'il n'arrive pas à franchir en premier lieu la ligne avant H-2.

Si les concurrents peuvent toucher le mouillage des extrémités de la ligne (bouée ou bateau comité), ils ne doivent pas toucher la partie émergée de ces marques (exemple : chaumard du bateau comité de course). Quand un concurrent se prend dans le mouillage, il finit sur le bateau et donc le touche.
Passer très près du mouillage du bateau comité représente un risque. À moins que... la vitesse du voilier, la tension du mouillage et le profil trop effilé de la quille ne rompent l'ensemble mouillage-bateau comité ! Le bateau comité à la dérive et c'est l'arrêt du match... !
Plus le signal de départ devient imminent, plus il faut gagner du temps. Il vaut mieux ne pas rester passif au risque de finir par enfreindre une règle. L'attaque est la meilleure défense.

12.14 Première rencontre

1er croisement

Le voilier bleu, bâbord amures, doit se maintenir à l'écart du voilier tribord amures dans le respect de la règle 10. Si les deux voiliers se croisent face à face, le bateau bleu a deux choix pour se maintenir à l'écart : soit en en passant sous le vent (fig. 12.14.1) ou au vent (fig. 12.14.2).

Figure 12.14.1

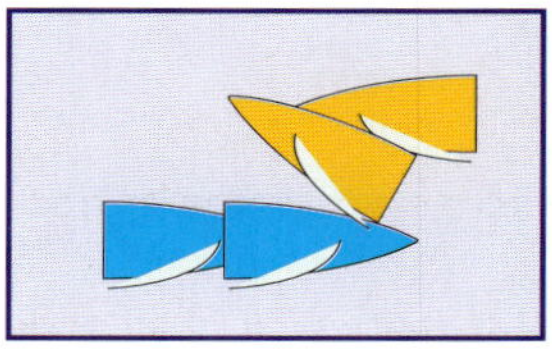

Le bateau jaune prioritaire (tribord amures) aura garde de ne pas modifier sa route au moment du croisement, ce qui serait une infraction à la règle 16 (Call Ump 12) sanctionnable par une pénalité si un pavillon Y est montré.

Figure 12.14.2

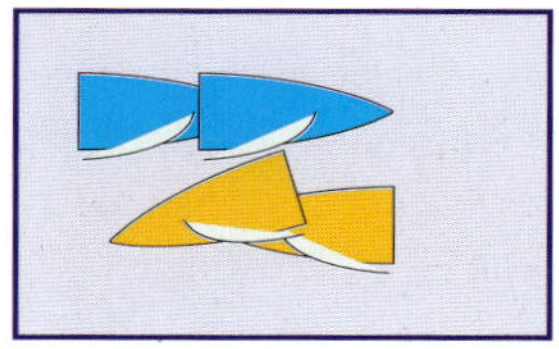

1er virement de bord pour le bleu

Le voilier bleu, bâbord amures en route de collision avec le jaune tribord amures, se maintient à l'écart en choisissant de virer de bord (*).
En position 4, le bleu est bien passé au-delà de face au vent et se trouve de ce fait tribord amures. De la position 5 à la 7 il n'a jamais atteint une route au plus près. Il n'a pas terminé son virement, il est encore soumis à la règle 13.

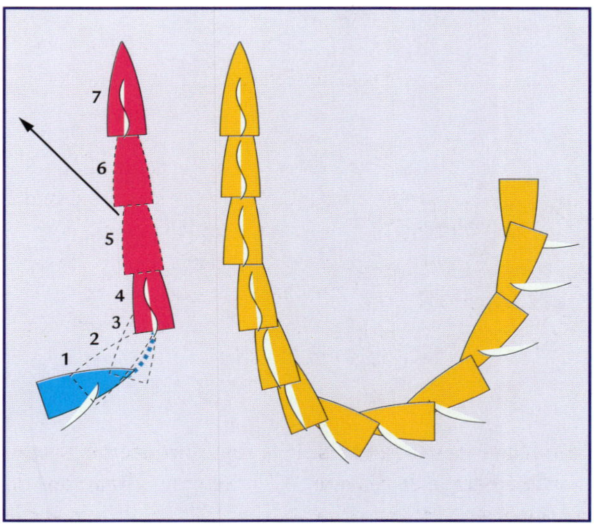

Figure 12.14.3
Quand un bateau a dépassé la position bout au vent, il doit se maintenir à l'écart des autres bateaux jusqu'à ce qu'il soit sur une route au plus près. (Règle 13) (Dial up)
Pendant ce temps, les règles 10 (sur des bords opposés), *11* (sur le même bord, engagés) *et 12* (sur le même bord, non engagés) *ne s'appliquent pas* (Règle 13)
Si les deux voiliers se touchent, après être restés un bon moment bord à bord, la pénalité incombera au bleu qui n'a pas fini de virer et n'a, de ce fait, pas acquis la priorité de bateau sous le vent.

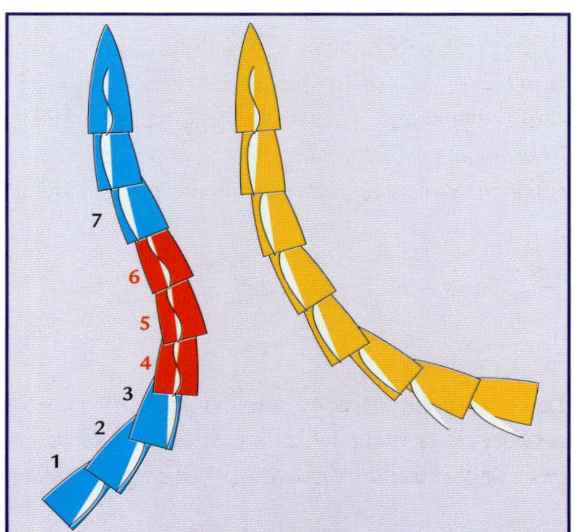

Figure 12.14.4
Le bleu bâbord amures doit se maintenir à l'écart du jaune tribord amures (règle 10 : sur des bords opposés). Il vire de bord quand il est en rouge [4-5 et 6] **(règle 13)** et le termine en position 7. Bleu acquiert donc une nouvelle priorité en tant que voilier sous le vent **(règle 11)** et doit en tant que tel laisser au début la place au jaune **(règle 15)**, s'il veut modifier sa route pour revenir à une position bout au vent la règle 16.

Manœuvre d'évitement par empannage

Figure 12.14.5

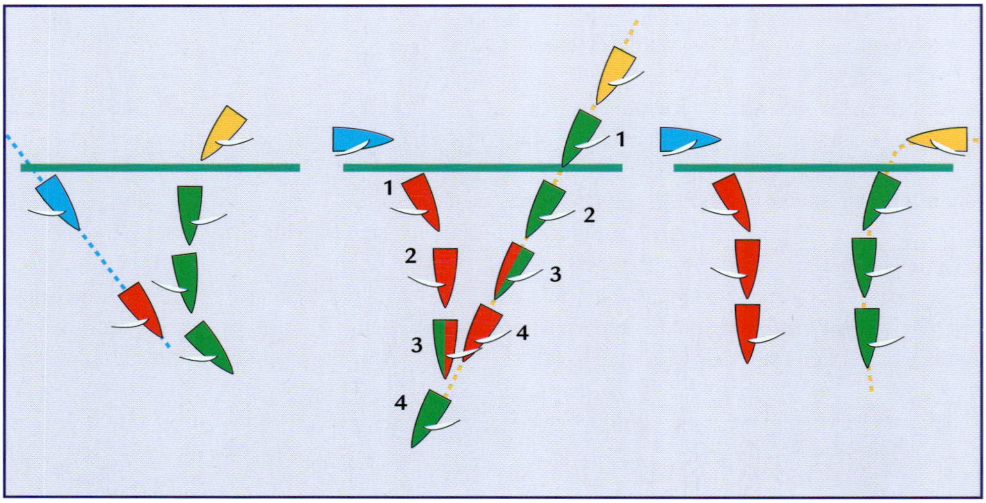

Le jaune veut garder la droite de la zone de départ. Malgré sa priorité il choisit d'empanner. Il aura perdu, pendant quelques petites secondes, la priorité (13.2 pendant l'empannage) puis la reprend en étant route libre devant **(règle 12)**. *Il devra au début laisser à l'autre bateau la place de se maintenir à l'écart.* (règle 15)

Le bleu n'a d'autre choix que d'empanner pour se conformer à la règle 10. Son empannage (en 3) lui donne une nouvelle priorité, et la fait perdre au jaune. Le bleu doit par la règle 15 *au début laisser à l'autre bateau la place de se maintenir à l'écart.*

À égalité d'entrée, le bleu (bâbord amures) choisi de se maintenir à l'écart (10) en abattant jusqu'à empanner. Le jaune prioritaire qui modifie sa route (16) doit lui laisser la place.

12.15 Le circling

Pourquoi faire, à quoi cela sert-il?

Après s'être conformés aux exigences d'entrée avant le départ, les concurrents ont jusqu'à 4 minutes à utiliser jusqu'au signal de départ. Plusieurs options qui dépendent du niveau de préparation des équipages :

- En fuyant son adversaire, en s'éloignant de la ligne de départ en ligne droite et en acceptant d'être suivi.
- En le suivant. Mais se laissera-t-il faire sans résister ?
- Un habile demi-tour et le suiveur devient le suivi et ainsi de suite pendant des figures communément appelées «circling».

C'est la phase la plus active, la plus intéressante et la plus stressante du match racing.

Le bateau qui en suit un autre n'est certes pas prioritaire : ***Lorsque des bateaux sont sur le même bord et non engagés, un bateau en route libre derrière doit se maintenir à l'écart d'un bateau en route libre devant.*** (Règle 12 Sur le même bord - non-engagés), mais il peut contrôler les trajectoires de son adversaire et surtout finir par l'engager au vent juste avant le signal de départ soit pour :

- Lui « fermer la porte » au bateau comité car la règle 18 (Doubler des marques et des obstacles) *ne s'applique pas... à une marque de départ entourée d'eau navigable ou à sa ligne de mouillage, à partir du moment où les bateaux s'en approchent pour prendre le départ...* (règle 18.1) soit,
- Pour pousser son adversaire au-dessus de la ligne. Lorsque des bateaux sont sur le même bord et engagés, un bateau au vent doit se maintenir à l'écart d'un bateau sous le vent. (règle 11- sur le même bord - engagés)

encore faut-il savoir lequel suit l'autre et dans quel sens tourner ?

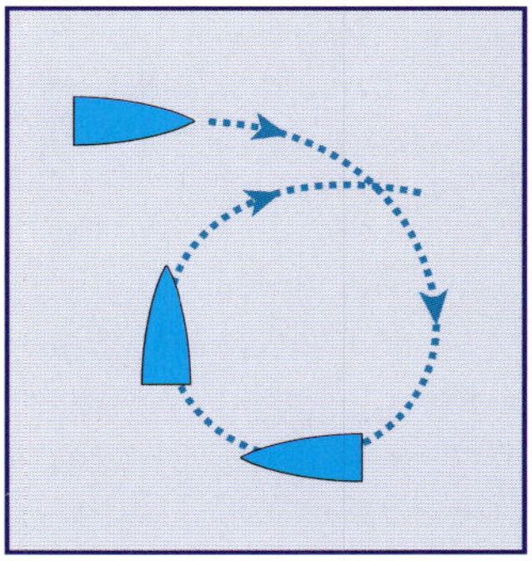

Figure 12.15.1

Dans le sens des aiguilles d'une montre, la plus couramment utilisés et qui permet de reprendre une priorité (de bâbord en tribord) par une manœuvre brève (empannage).

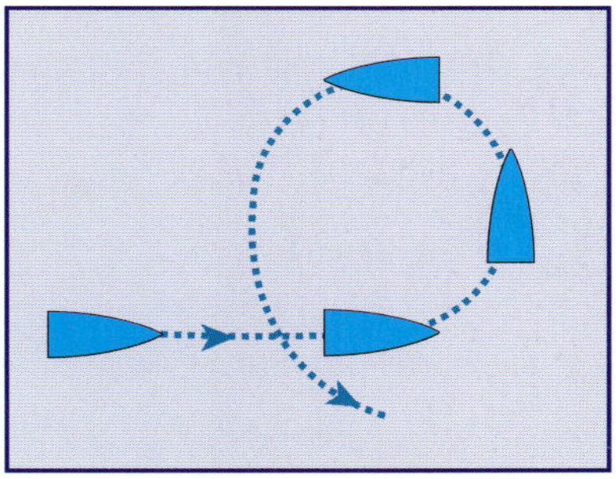

Figure 12.15.2

Dans le sens contraire des aiguilles d'une montre, oblige à passer de bâbord en tribord (prioritaire) par un virement de bord (manœuvre plus longue avec en sortie peu de vitesse). Ce qui est dangereux en termes de priorité.

Allonger dans quel sens ? en tribord, ou en bâbord ?

Quel sens adopter pour gagner du temps et évoluer dans ou vers une zone favorable à la préparation du départ (figures 12.15.1 à 12.15.4)

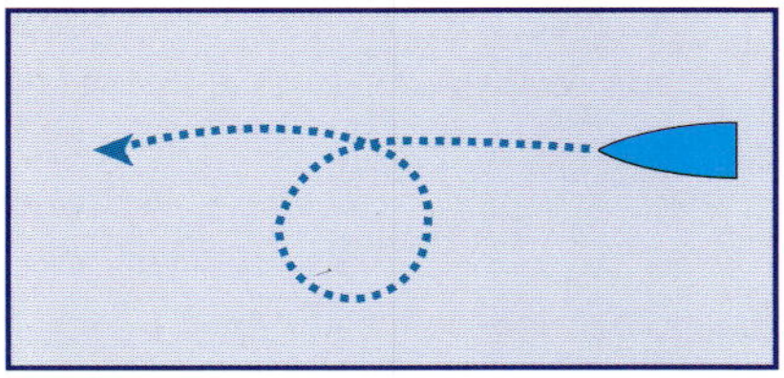

Figure 12. 15. 3

Allonger en tribord pousse à gauche de la ligne de départ : à éviter absolument.

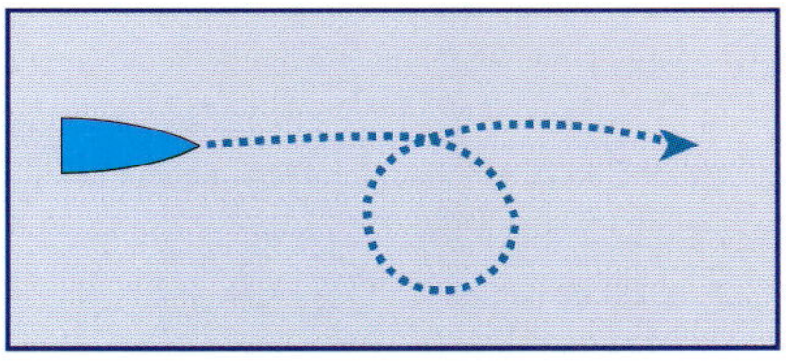

Figure 12. 15. 4

Allonger en bâbord pousse à droite de la ligne de départ.

En attendant le signal de départ

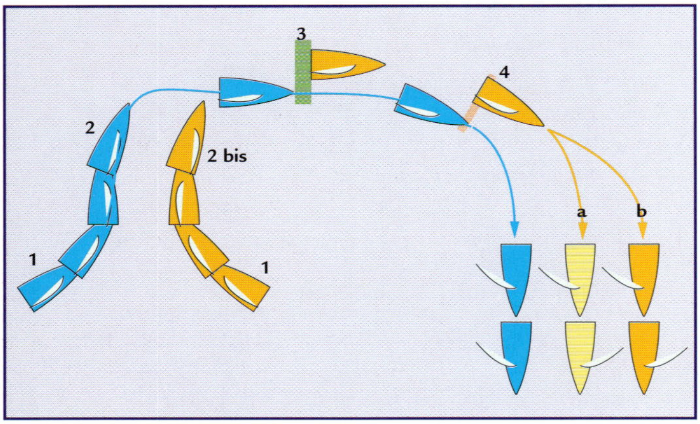

Figure 12.15.5

Le bateau bleu de la figure 12.15.5 se conforme successivement aux règles n°:
- 10 (sur des bords opposés) Position 1
- 11 (sur le même bord- engagés) pos. 2bis
- 12 (Sur le même bord- non engagées) 3
- 11 (sur le même bord- engagés) en 4: ou il est soumis à la règle 15, si c'est lui qui s'engage sous le vent, ou il n'est pas soumis à la 15 puisque c'est le jaune qui l'engage par une abattée.

Le jaune doit se conformer à la règle 11, avant de tenter une quelconque manœuvre. Il doit avoir assez de place pour empanner (respect de la règle 13.2- C2.4). La trajectoire (a) est trop proche du bleu, jaune doit créer un écart plus grand pour avoir le droit d'empanner (trajectoire b). Après la fin de son empannage, Jaune doit donner l'opportunité au bleu de se maintenir à l'écart. Bleu est protégé par la règle 16 (Modification de route du prioritaire). Bleu n'a pas besoin d'anticiper l'action du bateau jaune quand ils sont si près l'un de l'autre.

Sur le même bord

Figure 12.15. 6

Jaune, voilier sous le vent, lofe jusqu'à bout au vent, et bleu lofe en réponse, de telle sorte qu'ils se retrouvent bord à bord, bout au vent...

Si quand jaune commence son lof, bleu répond immédiatement et continue à faire ce qu'il peut pour se maintenir à l'écart pendant toute la durée de l'incident, mais qu'il y a néanmoins contact, alors jaune ne donne pas à bleu la place de se maintenir à l'écart et enfreint la règle 16 (modification de route du prioritaire).

Jaune sera pénalisé si un pavillon Y est montré.

Call ump 5 question 1.

Si bleu avait la possibilité de se maintenir à l'écart, mais a répondu soit trop lentement, insuffisamment, soit de manière exagérée, alors bleu enfreint la règle 11 (sur le même bord, engagés) *ou la 13* (pendant le virement de bord) et doit être pénalisé (call ump 05- question 1) Voir les autres variantes de cette figure dans les réponses aux questions 2 et 3 de ce même call. Les décisions de pénalités seront fonction du respect de la règle 11 (sur le même bord - engagés) pour le bateau bleu. Mais celui-ci sera protégé, en cas de manœuvres intempestives de la part du jaune, par la règle 16 [modifier sa route].

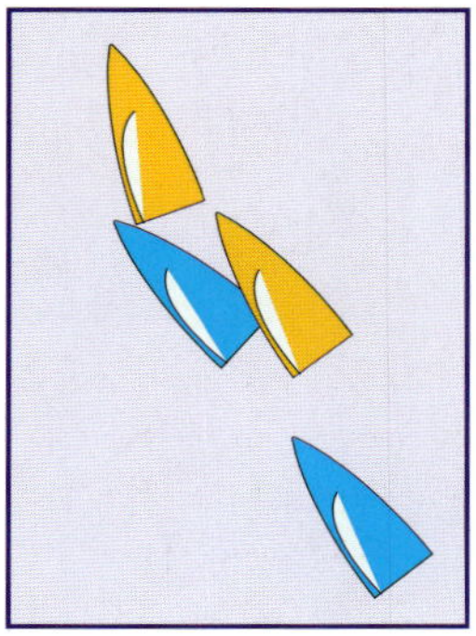

Figure 12.15.7

Bleu établit un engagement depuis la position en route libre derrière. Jaune lofe immédiatement et sa poupe touche le bleu...

Si jaune a lofé sans prendre plus de place que nécessaire (voir Cas ISAF 24) *alors bleu a enfreint la règle 15* (Acquérir une priorité) [call ump 1]

Le bateau jaune n'a pas à anticiper sa perte de priorité. S'il agit dès l'établissement de l'engagement et que le coin de son tableau arrière touche l'avant du bleu, l'engagement aura été établi trop près.

Quand un engagement a été établi depuis un certain temps, le «au début» de la règle 15 ne protège plus le bateau au vent.

Figure 12.15. 8

Si le voilier jaune laisse porter légèrement et entre immédiatement en contact avec le bleu, le bleu ne se conforme pas à la définition de se maintenir à l'écart : Un bateau se maintient à l'écart d'un autre si... lorsque les bateaux sont engagés sur le même bord, si le bateau sous le vent peut modifier sa route dans les deux directions sans immédiatement entrer en contact avec le bateau au vent. [définition] call ump 4

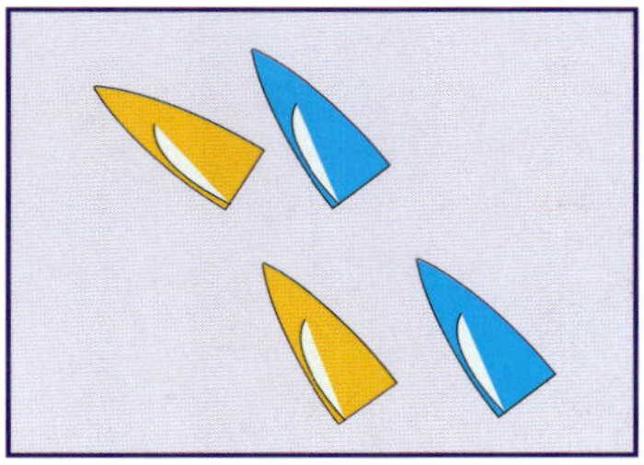

Face à un obstacle : de l'eau, pas d'eau ?

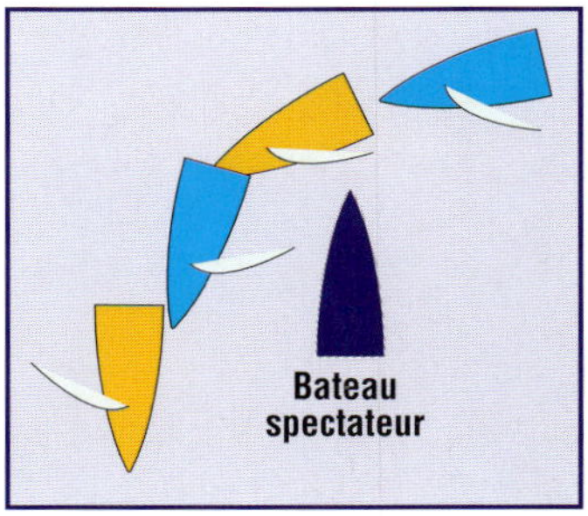

Figure 12.15. 9

Un bateau de spectateurs n'est pas une marque de parcours, en conséquence : *la règle* 18.2 c (non engagés à l'entrée de la zone) *oblige le bleu à se maintenir à l'écart jusqu'à ce que les voiliers aient passé l'obstacle, même si l'engagement est établi durant le contournement.* (call ump 6)

Figure 12.15. 10

Jaune n'enfreint pas la règle 16 dans le Call Ump 11, ci-dessous : Lorsque : *jaune et bleu, éloignés, ne sont pas sur une route de collision. Bleu a l'intention de virer de bord, mais après avoir dépassé le bout au vent, il dérive... Bleu est incapable d'effectuer une quelconque manœuvre pour éviter une collision si jaune* (initialement pas en route de collision) *cesse d'abattre...*

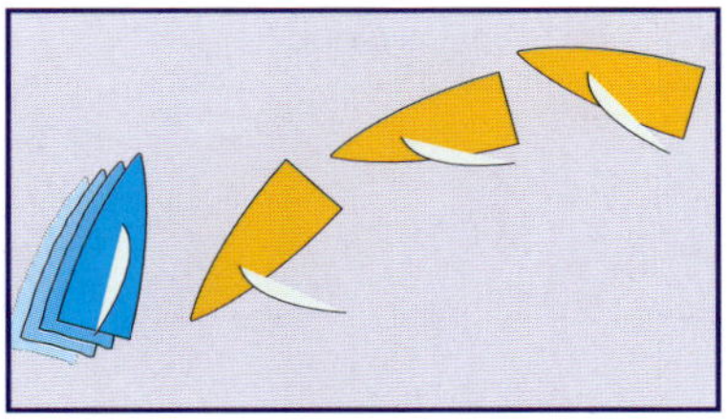

Aucune règle n'interdit à bleu d'être dans l'incapacité d'effectuer une quelconque manœuvre pour éviter une collision. Si le barreur de bleu a volontairement manœuvré son voilier de façon à perdre le contrôle et à se placer dans une situation telle qu'il ne lui soit pas possible de se maintenir à l'écart si jaune se mettait sur une route de collision **il n'enfreint aucune règle. (call ump 11)**

Consulter le chapitre 3 Zone de départ pour d'autres cas.

► *À quelques secondes du départ, revenir vers la ligne pour partir*

Le voilier en route libre devant doit, parfois, se ralentir pour atteindre la position favorable qu'il s'est fixée sur la ligne de départ.

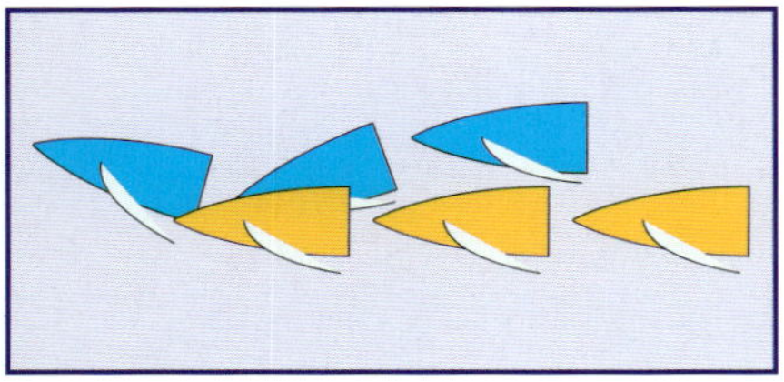

Figure 12.15. 11

Mais comme dans la figure 12.15. 11 : *quand bleu laisse porter, jaune acquiert la priorité, au moins en partie, du fait des actions de bleu. En conséquence la seconde partie de la règle 15 s'applique sauf s'il acquiert la priorité en raison des actions de l'autre bateau.* Et jaune n'a pas à laisser à bleu la place de se maintenir à l'écart. call ump 3

Manœuvre appelée «fish tailling».

Le jaune :

- maintiendra-t-il sa position de voilier sous le vent soumis ultérieurement à la règle 17.1 (interdiction de naviguer au-dessus de sa route normale) après le signal de départ ou ;
- se laissera-t-il entraîner du côté au vent et soumis à la règle 11 (sur le même bord - engagés) quitte à être poussé au-dessus de la ligne.

12.16 Rappel individuel

Il n'y a pas de rappel général. Le comité de course n'a que deux bateaux à surveiller par match. Il peut y avoir toutefois deux rappels individuels : «*Quand, à son signal de départ, un bateau devient soumis à la règle C3.2 (a)* (Du côté parcours au moment du départ), *le comité de course doit rapidement envoyer un pavillon bleu ou jaune ou les deux avec un signal sonore* (règle C3.2 (b)) *le bateau doit entièrement revenir du côté pré-départ de la ligne avant de prendre le départ.*» (règle C3.2 (a))

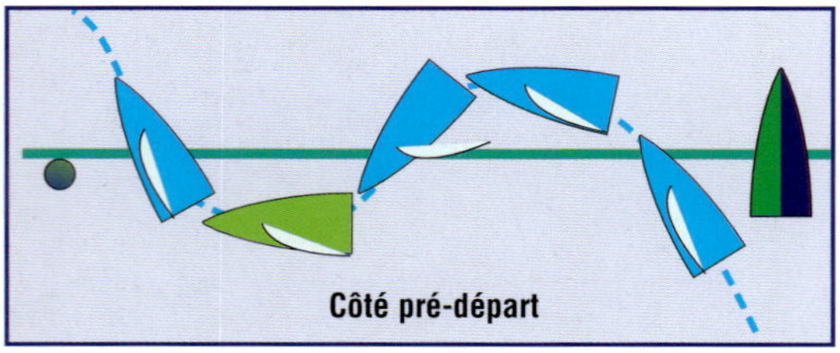

Figure 12.16.1

Lorsque le voilier bleu sera entièrement du côté pré-départ (silhouette verte) le comité abaissera le pavillon bleu. Le voilier n'est pas obligé de faire le tour d'une des extrémités de la ligne.

Figure 12.16.2

Chaque pavillon doit rester déferlé jusqu'à ce que ces bateaux soient entièrement du côté pré-départ de la ligne de départ... ou de ses prolongements, ou deux minutes après le signal de départ, selon ce qui est le plus tôt. » (règle C3.2 (b)) silhouettes vertes de la figure 12.16.2

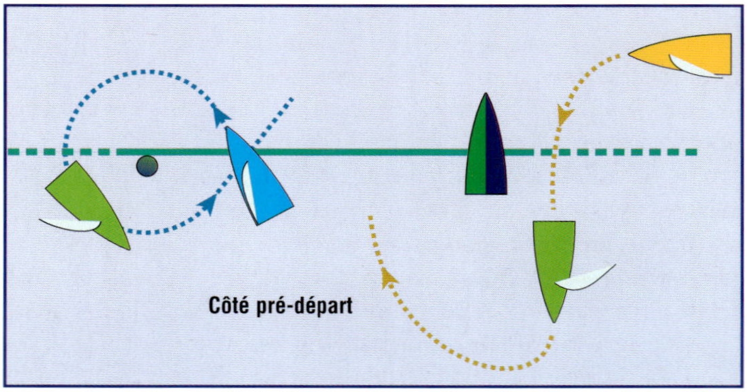

Il faut pendant la minute qui précède la fin de la période d'entrée du match suivant, qu'il n'y ait plus de pavillon (jaune et/ou bleu) visible sur le bateau comité.

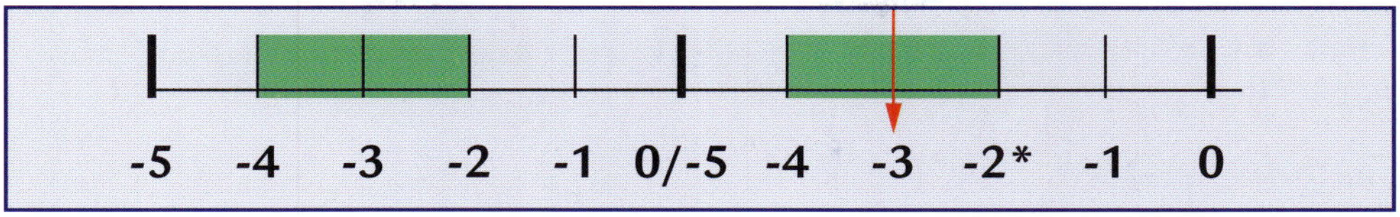

12.17 *Pénalité sur la ligne de départ*

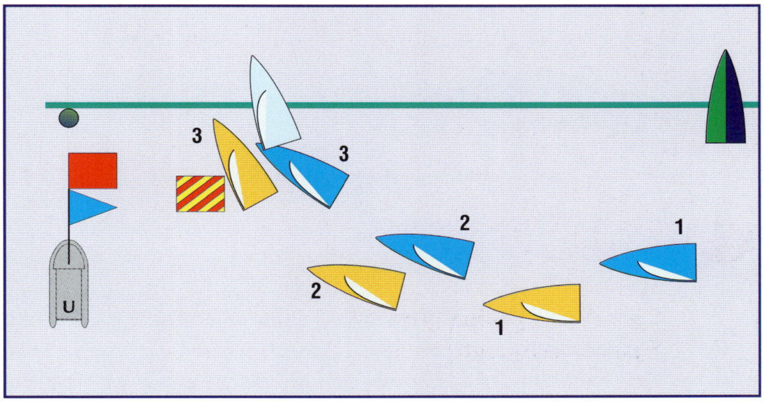

Figure 12.17
Le voilier bleu de la figure 12.17 enfreint la règle 11 (sur le même bord - engagés) pour ne pas être pris en rappel individuel.
Même si une pénalité en suspens lui était imposée, par son infraction, il aurait gagné un avantage notable sur son adversaire.

Si bleu s'était maintenu à l'écart comme l'y oblige la règle 11, il aurait dû revenir derrière la ligne, après avoir été signalé en rappel individuel par le comité de course. Et en conséquence bleu serait parti derrière jaune.
Quand les umpires montrent un pavillon rouge avec ou peu après un pavillon de pénalité, le bateau pénalisé doit effectuer une pénalité aussitôt que cela est raisonnablement possible, mais pas avant de prendre le départ... règle C7.3 (d)

2.18 *Durée d'ouverture de la ligne de départ*

Il est parfois indiqué, dans les Instructions de course, *qu'un bateau ne doit pas prendre son départ plus de 2 minutes après son adversaire,* plus rarement la durée d'ouverture de la ligne pour le premier comme pour le dernier d'une paire.
En cas de retard, il faudra être attentif aux possibles croisements avec les bateaux du match suivant. *Quand des bateaux de matchs différents se rencontrent, toute modification de route de l'un ou l'autre bateau doit être cohérente avec le respect d'une règle ou la volonté de gagner son propre match. »* (C2.11 nouvelle règle 22.3)
Quand, après qu'un bateau a pris le départ, les umpires sont convaincus que l'autre bateau ne prendra pas le départ, ils peuvent signaler selon la règle C5 (d) (Un pavillon noir) *que le bateau qui n'a pas pris le départ est disqualifié et le match est terminé.* (règle C 8.5)

12.19 Vers la marque au vent

Le 1er bord et le 2e bord, éventuellement 3e tour. Les règles qui s'appliquent sur un bord sont les mêmes que celles qui s'appliquent en flotte (voir chapitre correspondant). Comme en flotte, il n'est plus possible d'effectuer la manœuvre dite du «dial down».

Dial down

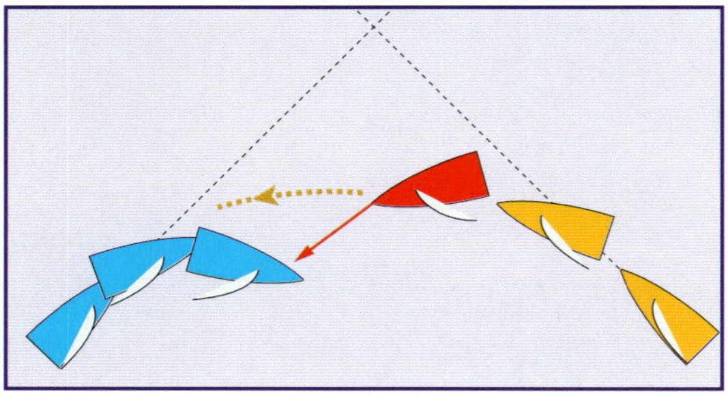

Figure 12.19.1
Jaune abat vers une route au portant (plus de 90° du vent) *et en conséquence bleu doit modifier sa route pour se maintenir à l'écart.*
Jaune enfreint la règle 16 en ne donnant pas de place à bleu, c'est-à-dire en ne lui donnant pas l'espace nécessaire pour manœuvrer en bon marin. (*) (call ump 20, question 2)

Quand un voilier prioritaire modifie sa route, le voilier non prioritaire est tenu de réagir seulement à ce que fait le voilier prioritaire sur le moment, mais pas à ce que le voilier prioritaire pourrait faire par la suite. (Cas ISAF 92)
Consulter également le call ump 14, pour connaître les limites du changement de route du voilier prioritaire.
Cette manœuvre (dial down), maintenant interdite, permettait à un bateau qui avait une pénalité en instance d'obliger son adversaire (bâbord amures) à abattre, et même à empanner pour se maintenir à l'écart, de telle manière que lui-même puisse, ensuite, empanner comme imposé pour effectuer sa pénalité. Cette manœuvre a été considérée comme trop dangereuse.

Slam Dunk

En course, en flotte, comme en match racing, ***si un bateau en route libre derrière devient engagé à moins de deux fois sa longueur de coque sous le vent d'un bateau sur le même bord, il ne doit pas naviguer au-dessus de sa route normale.***

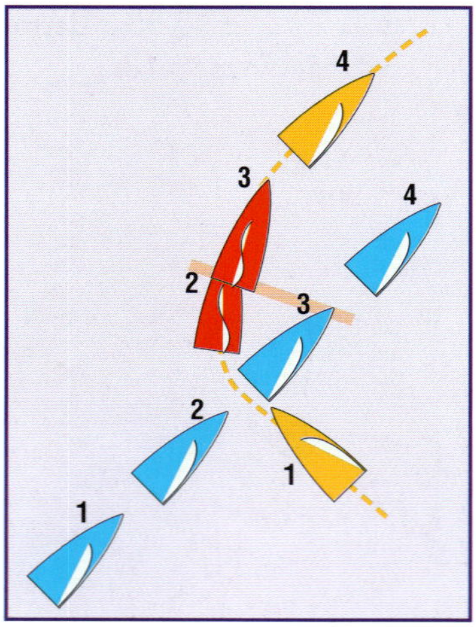

Figure 12.19.2
Cette règle ne s'applique pas si l'engagement débute alors que le bateau au vent est tenu par la règle 13 (pendant le virement de bord) *de se maintenir à l'écart.* (règle 17.1)
C'est le voilier jaune, pendant son virement de bord, qui établit l'engagement en position 3. Voir aussi figures 4.2.8 et 4.2.9 chapitre 4.

Le bleu aura le droit de lofer, la règle 17.1 ne limitant pas sa route à sa route normale, qui est «supposée» être le plus près en dehors de toute proximité de marque ou d'obstacle, bleu reste cependant soumis à 16.

Route normale

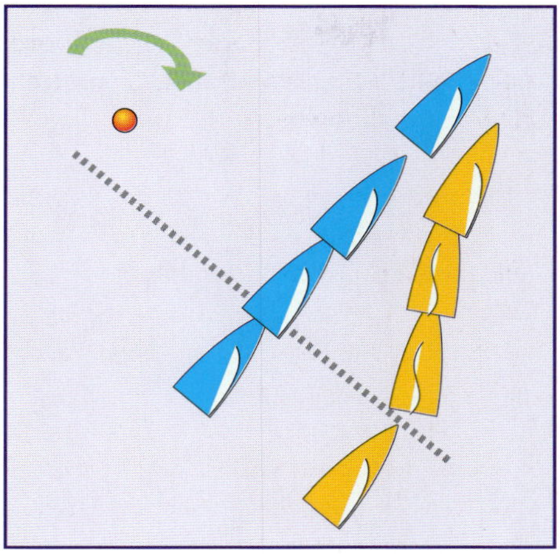

Figure 12.19.3
Quand *un voilier jaune a établi son engagement depuis une position en route libre derrière,* il ne doit pas naviguer au-dessus de sa route normale.
Dans la figure 12.19.3, quand *les deux naviguent au-delà du cadre et sont clairement au-dessus de la marque et que jaune lofe, il est clair que sa seule route normale est de lofer pour virer de bord vers la marque. Jaune laisse à bleu la place requise par la règle 16 (modifier sa route). Jaune est alors dans l'impossibilité de faire route sans avoir à agir pour éviter un contact. Bleu ne se maintient pas à l'écart et enfreint la règle 11*, et empêche jaune de faire sa route normale (Call Ump. 17).

2.20 À la marque au vent

Les bateaux arrivent sur des amures différentes

Figure 12.20.1
La règle 18 (contourner et passer des marques et des obstacles)... *ne s'applique pas entre des bateaux sur des bords opposés, soit lors d'un louvoyage au vent.*
(règle 18.1 b)

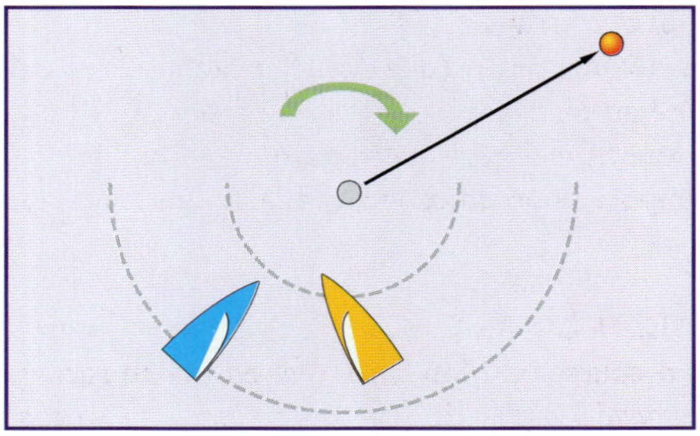

Le voilier tribord amures «vire de bord» dans les deux longueurs

Avant que la règle 18.3 ne s'applique, le bateau jaune des figures 12.20.2 et 12.20.3 devra avoir respecté la règle 13 (pendant le virement de bord). Ensuite seulement *la règle 18.3* (Virer de bord à une marque) *modifiée* par la règle C2.6 *s'appliquera comme suit: «Si deux bateaux étaient sur des bords opposés et que l'un d'eux termine un virement de bord à l'intérieur de la zone des deux longueurs pour passer une marque ou un obstacle.»*
Et si par la suite l'autre bateau ne peut pas, en lofant, éviter de devenir engagé à l'intérieur, le bateau qui a viré doit se maintenir à l'écart et les règles 15 (acquérir une priorité) *et 18.2* (donner de la place; se maintenir à l'écart) *ne s'appliquent pas.*

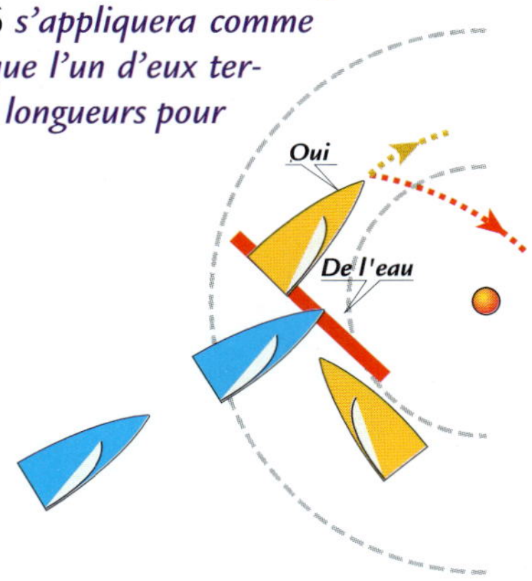

Figure 12.20.2

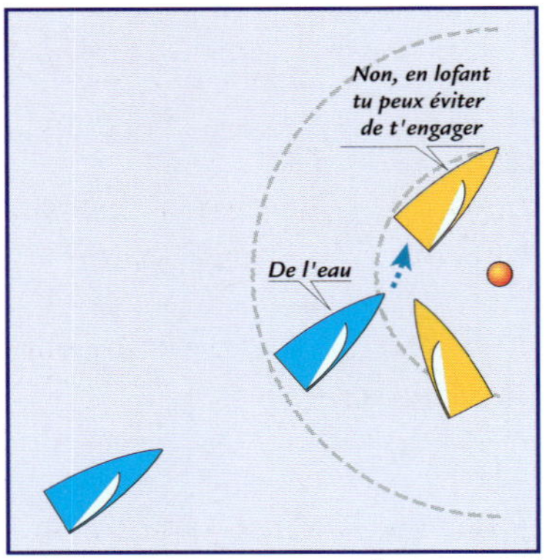

Figure 12.20.3

Si l'autre bateau peut, en lofant, éviter de devenir engagé à l'intérieur, la règle 18.2 (c) (non engagé à l'entrée de la zone) *doit alors s'appliquer comme si les bateaux avaient été en route libre devant et en route libre derrière à la zone des deux longueurs.*

La modification de la règle 18.3 par la C2.6 en supprimant l'expression «alors que l'autre pare la marque» pour la course en flotte au profit de *«pour passer une marque»* ramène au tack to pass du règlement 97-2000.

La nouvelle rédaction de la règle 18.2 (a), en ne précisant plus que les bateaux doivent avoir été engagés avant que l'un d'entre eux atteigne la zone des deux longueurs, permet à un bateau, qui était initialement sur un bord opposé, d'obtenir le droit à de la place pour contourner la marque, y compris pour le deuxième virement de tribord en bâbord, après s'être conformé à certaines règles (illustrations et commentaires ci-dessous).

Il ne faut pas confondre cette particularité avec l'interdiction d'un bateau en route libre derrière de s'engager à l'intérieur d'un bateau en route libre devant, quand ils arrivent à la zone sur le même bord : règle 18.2 (c) des figures 12.20.13 à 12.20.16.

Figure 12.20.4

Le virement de bord de bleu (de bâbord en tribord) n'est pas un virement pour passer la marque. La règle 18.3 ne s'applique pas. Le bateau jaune sur la lay-line tribord devra aussi virer (de tribord en bâbord) pour passer la marque. Bleu est soumis successivement aux règles : **18.1 (b)** : sur des bords opposés, pas de place à la marque, **10** : sur des bords opposés, puis **13 :** pendant le virement de bord pour son virement de bâbord en tribord.

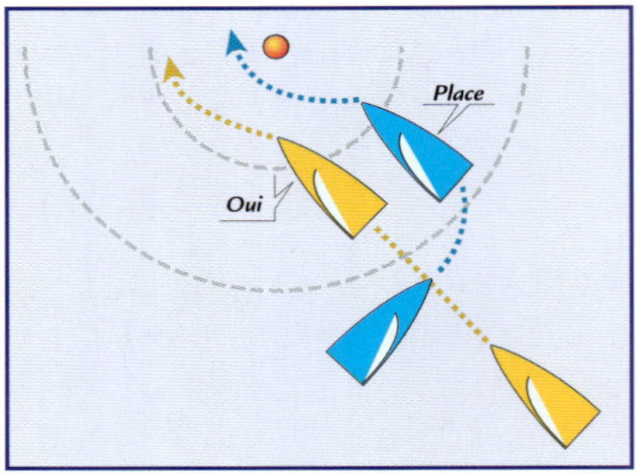

À la fin de son virement de bord, bleu tribord amures est engagé à l'intérieur et peut demander de la place pour contourner la marque. La nouvelle règle 18.2 (a) ne précisant pas que l'engagement doit avoir été établi avant les deux longueurs, bleu a droit à de la place, sauf si *jaune est incapable de donner de la place lorsqu'un engagement commence, dans ce cas les règles 18.2 (a) et 18.2 (b) ne s'appliquent pas* (règle 18.2 (e) : droits à l'engagement).

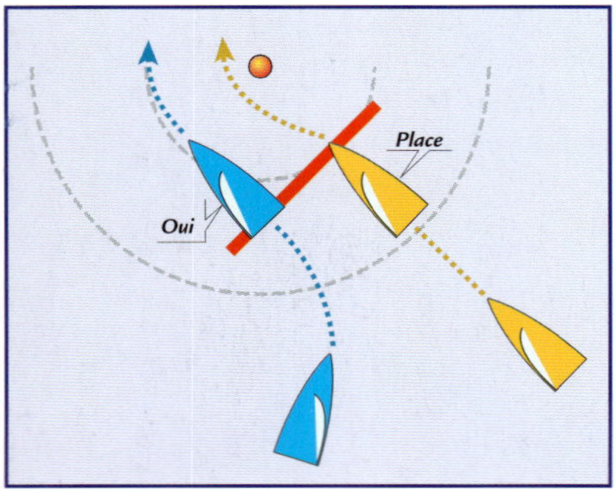

Figure 12.20.5

Le bleu est successivement soumis aux règles :

10 : sur des bords opposés, puis

13 : pendant le virement de bord

Quand il termine son virement du bleu (de bâbord en tribord) jaune est engagé à l'intérieur. Bleu doit laisser de la place au jaune conformément à la règle 18.2 a : *Lorsque des bateaux sont engagés, le bateau à l'extérieur doit donner au bateau à l'intérieur la place pour contourner ou passer la marque ou l'obstacle...*

La règle 11 (de la section A) ne s'applique pas, puisque les règles de la section C (à laquelle appartient la règle 18) prévalent sur celles des sections A et B. En conséquence ne peut pas lofer le jaune, et lui fermer la porte à la marque.

Les bateaux arrivent sur la même amure

ENGAGÉS ou LIBRES : Cette question devra avoir trouvé une réponse consensuelle entre les concurrents avant la zone des deux longueurs, de même pour les umpires, avant qu'un pavillon Y ne s'élève.

S'il existe un doute raisonnable sur le fait qu'un bateau a obtenu ou rompu un engagement à temps, on doit présumer qu'il ne l'a pas obtenu ou rompu. (règle 18.2 (e) droit à l'engagement)

Les deux arrivent engagés

Lorsque des bateaux sont engagés, le bateau à l'extérieur doit donner au bateau à l'intérieur la place pour contourner ou passer la marque ou l'obstacle. (règle 18.2 (a) 1re partie)

Figure 12.20.6

Le bleu s'est engagé sous le vent, avant que jaune n'entre dans la zone des deux longueurs. Bleu n'a pas le droit de lofer au-delà de sa route normale. Mais en l'occurrence sa route normale c'est de passer la marque sur son erre en lofant jusqu'à bout au vent (bord breton).

Et si le bateau à l'intérieur est prioritaire, le bateau à l'extérieur doit également se maintenir à l'écart.

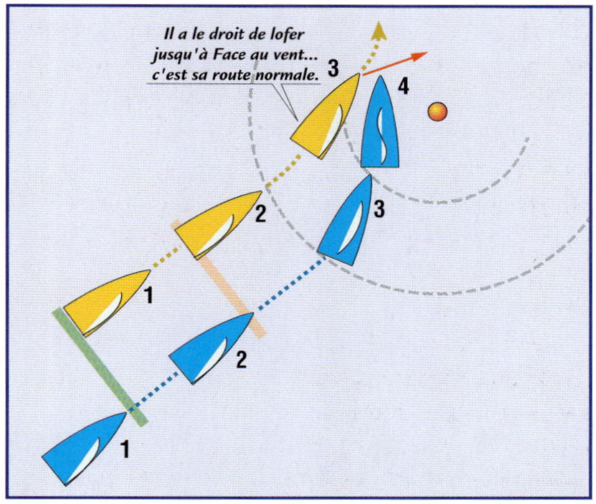

Figure 12.20. 7

Attention, si le bateau engagé à l'intérieur ne peut parer la marque sans virer de bord comme dans la figure 12.20.7, *la règle 19.1* (place pour virer de bord à un obstacle) *ne s'applique pas... à une marque que le bateau hélé peut parer.* (règle 19.2)

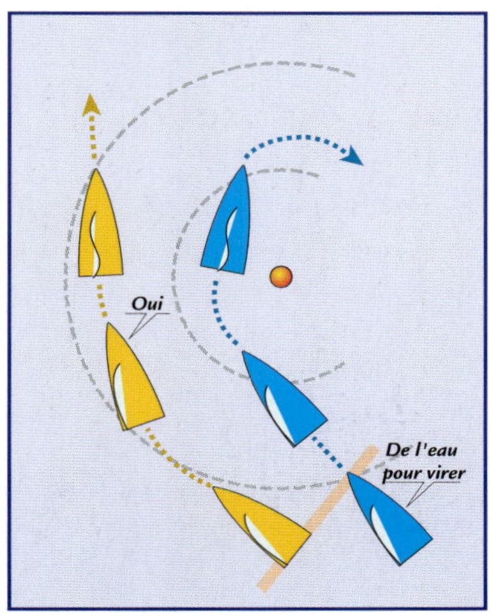

Figure 12.20. 8

Dans la règle 18 (contourner et passer des marques et des obstacles), *place signifie la place pour qu'un bateau à l'intérieur contourne ou passe entre un bateau extérieur et une marque ou un obstacle, y compris la place pour virer de bord... lorsque cela fait partie de la manœuvre normale.*

De ce fait, dans la figure 12.20.8, bleu peut virer puisque la règle 13 ne s'applique pas dans ces conditions.

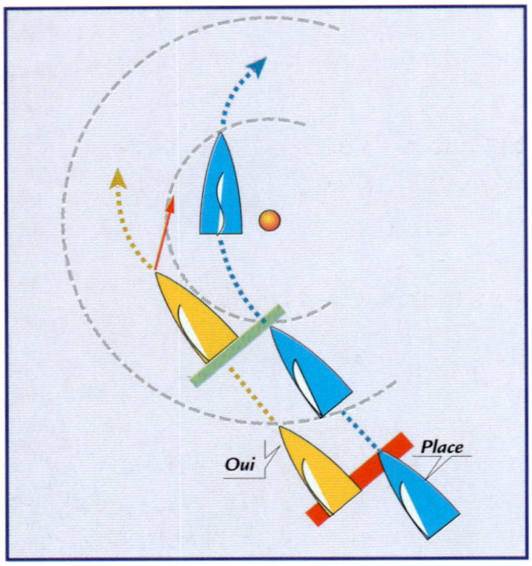

Figure 12. 20. 9

Si des bateaux étaient engagés avant que l'un d'eux atteigne la zone des deux longueurs et que l'engagement est rompu après que l'un d'eux l'a atteinte, figure 12.20.9 *le bateau qui était à l'extérieur doit continuer à laisser de la place*

à l'autre bateau. Si le bateau extérieur devient en route libre derrière ou engagé à l'intérieur de l'autre bateau, il n'a pas droit à de la place et doit se maintenir à l'écart. (règle 18.2 e)

Quand la règle 18 (contourner et passer des marques et des obstacles) ***s'applique entre deux bateaux et que le bateau prioritaire modifie sa route pour contourner ou passer une marque, la règle 16*** (modifier sa route) ***ne s'applique pas entre lui et l'autre bateau.*** Il peut choisir la meilleure trajectoire. Mais jusqu'à ce que jaune puisse lofer (s'il n'est pas soumis à la 17.1)

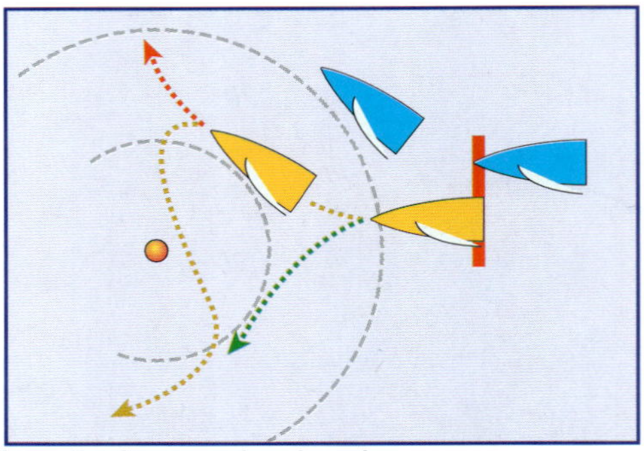

Figure 12.20. 10

À partir du moment où les bateaux sont sur le point de doubler la marque (cf. définition dans le chapitre lexique) *la règle 18 commence a s'appliquer.*
À partir de ce moment si jaune lofe et abat ensuite pour donner de la place au bleu, alors jaune enfreint la règle 18. (call ump 24)

Jaune doit, si nécessaire, manœuvrer pour laisser de la place au bleu, au plus tard quand il atteint la zone des deux longueurs, moment où les voiliers sont sur le point de doubler (*) la marque (cas ISAF 84).

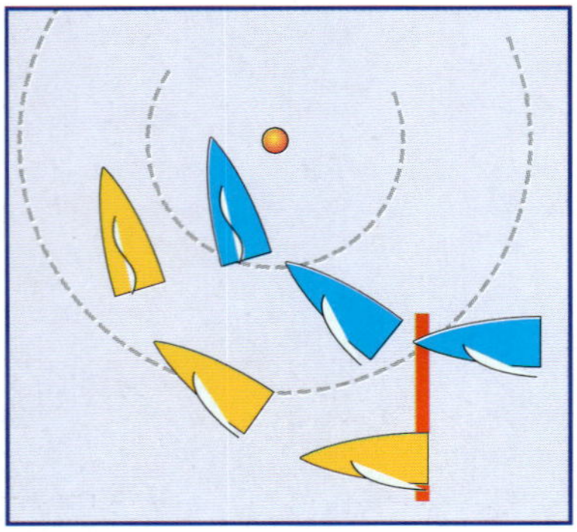

Figure 12. 20. 11

Par contre *si jaune est capable de lofer sans avoir à abattre ensuite, bleu est tenu de se maintenir à l'écart car la règle 11 s'applique* (call ump 24).
Mais bleu a tout de même droit à la place pour contourner la marque.

Figure 12. 20. 12

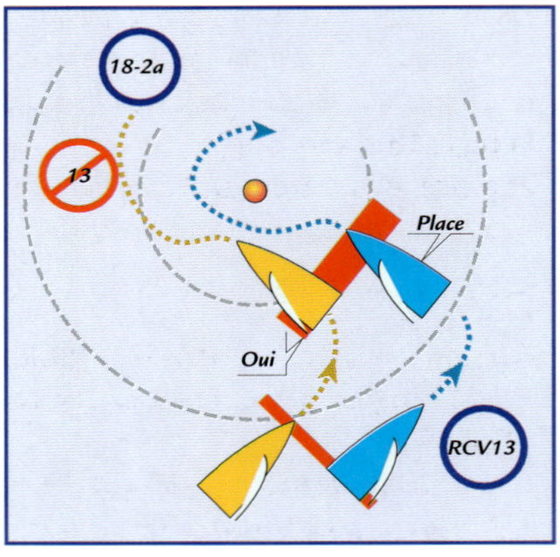

Le bateau bleu de la figure 12.20.12 doit attendre que jaune ait fini de virer (de bâbord en tribord) ou... le forcer à virer en lofant jusqu'à face au vent, mais pas plus. Même si bleu s'est engagé à partir d'une route libre derrière, il peut naviguer au-dessus du plus près, puisqu'à ce moment la route normale sera de virer de bâbord en tribord à plus ou moins long terme.
À la fin de son virement (de bâbord en tribord) si le bleu est alors engagé à l'intérieur, le bateau jaune doit lui donner de la place en vertu de la règle 18.2 (a).

Sur le papier il est facile de constater que le jaune atteint la zone quand ils sont tous les deux bâbord amures, mais sur l'eau, le virement pourrait se terminer avant les deux longueurs et ramener à la figure 12.20.8

Que ce soit le bateau le plus en avant ou l'autre qui atteint la zone des deux longueurs cela ne change rien s'ils sont engagés. Il en va autrement quand ils sont en route libre (cf. figure 12.20.18).

Les deux arrivent NON engagés : ils sont en route libre

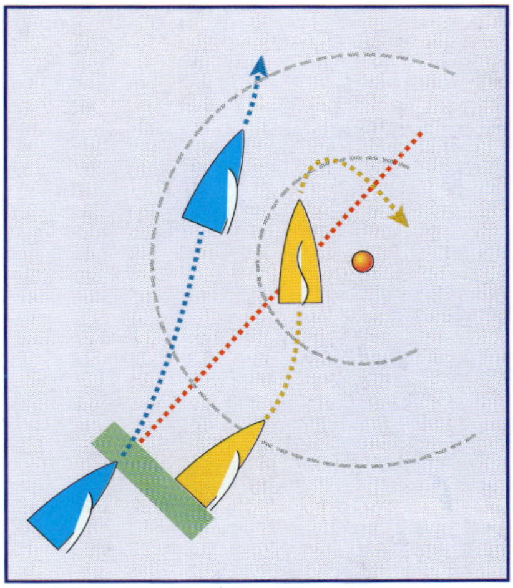

Figure 12.20. 13

Au moment où le voilier jaune atteint la zone des deux longueurs, bleu est en route libre derrière. *Si un bateau est en route libre devant au moment où il atteint la zone des deux longueurs, le bateau en route libre derrière doit dès lors se maintenir à l'écart. Si le bateau en route libre derrière devient engagé à l'extérieur de l'autre bateau, il doit également donner de la place au bateau à l'intérieur.* (1re et 2e phrase de la règle 18.2 c)

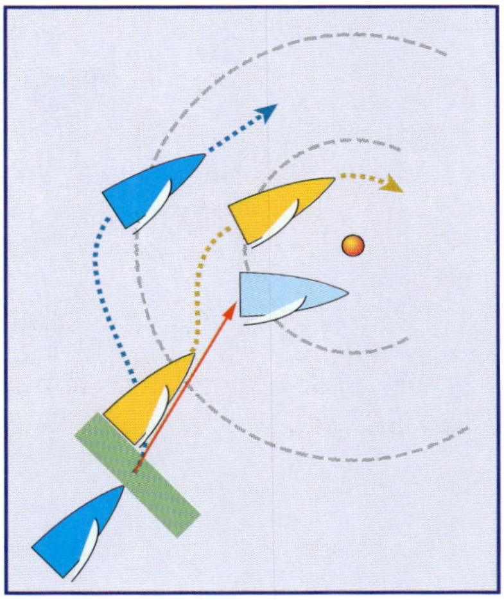

Figure 12.20. 14

Si un bateau est en route libre devant au moment où il atteint la zone des deux longueurs... le bateau en route libre derrière doit dès lors se maintenir à l'écart. Si le bateau en route libre derrière devient engagé à l'intérieur de l'autre bateau, il n'a pas droit à de la place. (3e phrase de la règle 18.2 c)

La réponse à la question : *« Jusqu'où jaune peut-il naviguer et empanner au-delà de la marque* au vent *tout en restant protégé ? : Tant que bleu est encore en train de doubler la marque, la règle 18.2.c* (non engagés à l'entrée des deux longueurs) *continue de s'appliquer et jaune reste protégé. L'emploi de « voiliers » et « ils » (au pluriel) dans la règle 18.1* (Quand la règle 18 s'applique) *signifie que la règle 18* (contourner et passer des marques...) *continue de s'appliquer jusqu'à ce que les deux voiliers aient doublé la marque.* (call ump 22)

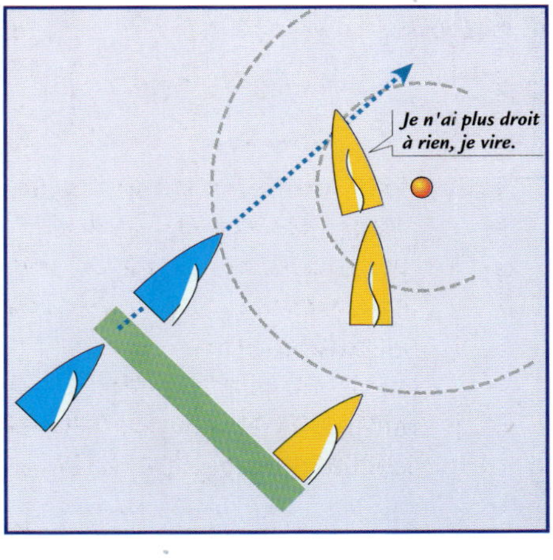

Figure 12.20. 15

Si le bateau qui était en route libre devant dépasse la position bout au vent, la règle 18.2 (c) (non engagés à l'entrée de la zone) *cesse de s'appliquer.* (Règle 19.1)

La règle 19.1 (place pour virer de bord à un obstacle) *ne s'applique pas à... une marque que le bateau hélé peut parer.* (règle 19.2)

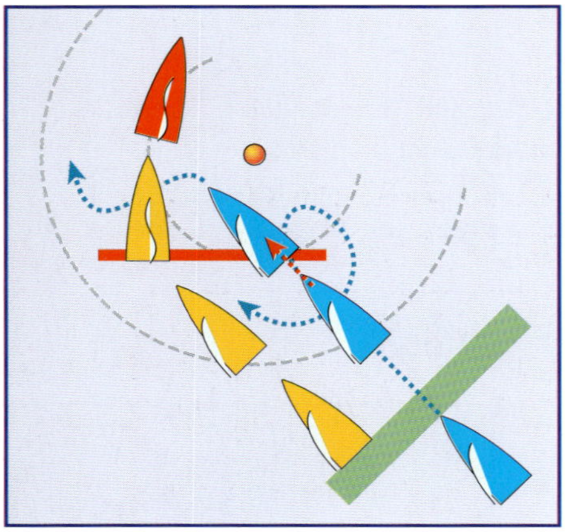

Figure 12.20. 16

Le voilier bleu ne doit pas tenter de s'engager à l'intérieur.

Si le bateau en route libre derrière devient engagé à l'intérieur de l'autre bateau, il n'a pas droit à de la place.

3e phrase de la règle 18. 2 c

Ou il aura pris ses dispositions sans attendre pour faire l'extérieur, ou il sera contraint de faire une boucle, puis de passer la marque.

Mais si jaune vire de bord, alors la règle 18.2.c ne s'applique plus.

Cas ISAF 81

Les deux virent de bord dans la zone des deux longueurs

Figure 12.20. 17

Si le bateau bleu *qui était en route libre devant dépasse la position bout au vent, la règle 18.2 (c)* (non engagés à l'entrée de la zone) *cesse de s'appliquer.* (règle 18.2 c)

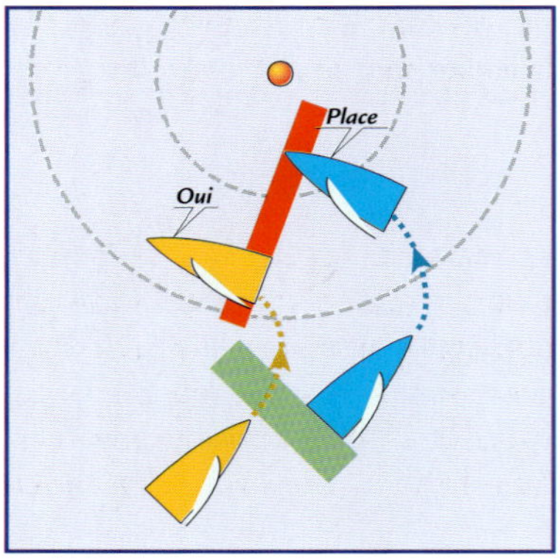

Jaune ne pouvait pas non plus passer la marque. Bleu est soumis à la règle 13 pendant son virement de bord de bâbord en tribord.Si à la fin de son virement de bord, bleu est engagé à l'intérieur il a droit à de la place à l'intérieur, y compris le virement de tribord en bâbord pour contourner la marque.

Si à la fin de son virement, il est en route libre derrière, il doit se maintenir à l'écart conformément à la règle 12.

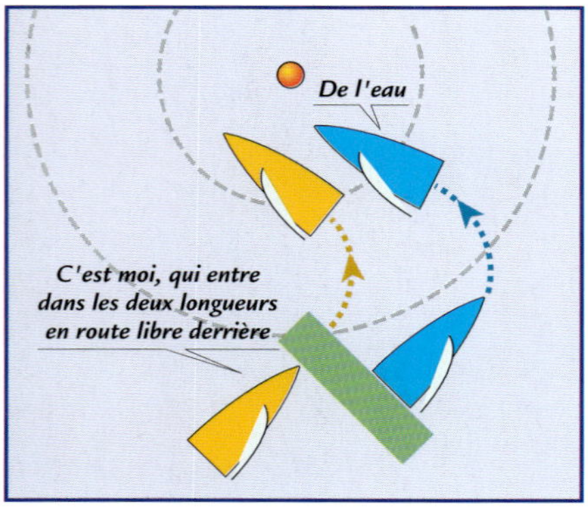

Figure 12.20.18

La règle 18.2.C précise les droits du bateau *en* ***route libre devant*** *au moment* ***où il atteint*** *la zone des deux longueurs.*

Dans la figure 12.20.18 c'est le bateau, jaune, en route libre derrière qui atteint en premier la zone.

En se présentant sous la lay line bâbord amures les deux bateaux sont en approche de la zone mais pas sur le point de contourner la marque. Ils seront sur le point de la contourner quand ils seront en tribord amures.

Lorsque le bleu aura terminé son virement de bord, il sera : soit engagé à l'intérieur, soit en route libre derrière et le cas sera à résoudre comme pour la figure 12.20.17 (Marianne O'Middelthon avril 2001).

Sur le papier il est aisé de déterminer si les virements de bord ont lieu en tout ou partie dans la zone des deux longueurs. Mais sur la zone de course, ce double virement de bord ne pourrait-il être terminé avant les deux longueurs et ramener aux figures 12.20.16 (libres) ou 12.20.8 (engagés).

12.21 Bord de portant

Les règles du match racing qui s'appliquent lors d'un bord de portant sont les mêmes que celles qui s'appliquent en flotte. À l'exception suivante : la règle 17.2 est supprimée par la règle C2.5.

Figure 12. 21.1

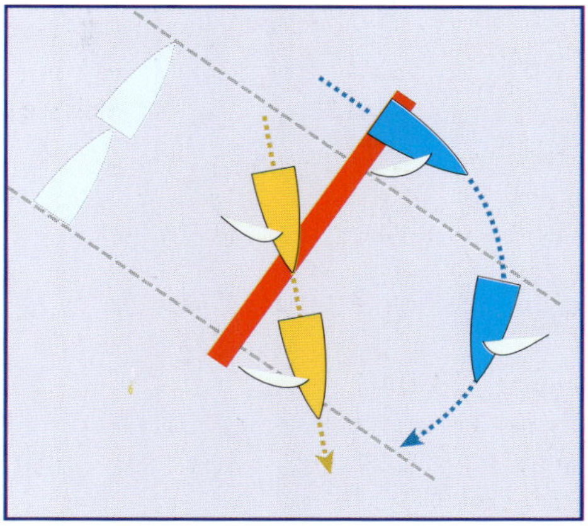

Mais les règles :
*11 Sur le même bord - engagés
* 13.2 pendant l'empannage
* 15 acquérir une priorité et
* 16 modifier sa route, continuent à s'appliquer au voilier bleu initialement au vent. Toutes ces règles limitent toutes velléités d'attaque, y compris avec la suppression de la règle 17.2. Même si le voilier sous le vent est soumis à la règle 17.1

En match racing il n'est pas rare de voir un concurrent effectuer un double empannage. Cette manœuvre crée un nouvel engagement, qui n'a donc pas été établi à partir d'une route libre derrière, mais suite à un changement d'amure. Les contraintes de la règle 17.1 (route normale) prennent fin quand c'est lui, voilier sous le vent, qui a établi un engagement à partir d'une route libre derrière. Il retrouve ainsi le droit de lofer au-dessus de sa route normale. Encore faut-il que les empannages aient été complets. (Voir chapitre 4, § 4.4.)

Changement d'amures au portant : empannage

L'empannage ne pourra être considéré comme terminé tant que sa grand-voile ne sera pas gonflée sur le nouveau bord. (3)

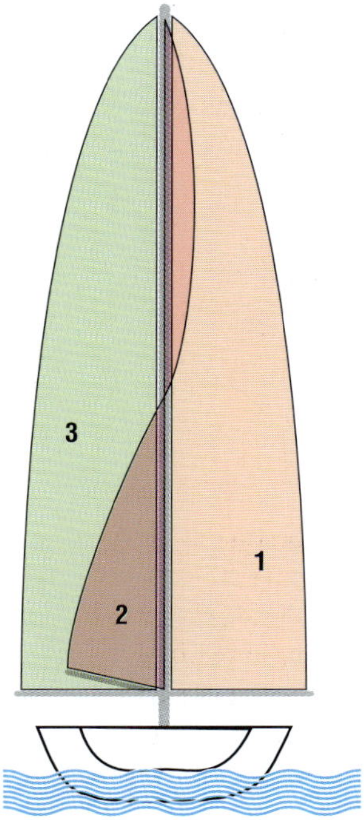

Figure 12.21.2

Quand il est plein vent arrière, un bateau *change de bord* (sans pour autant avoir terminé son empannage) *quand sa grand-voile traverse l'axe central* (en position 2 il est déjà tribord amures) *pour porter du côté bâbord.*
Call ump 25
Quand bleu navigue sur la fausse panne bâbord amures, et qu'il ne porte plus sa grand-voile du côté tribord et qu'elle a complètement traversé l'axe central, il a changé d'amures.
Bleu change de bord avant d'avoir terminé son empannage. Call ump 25

Tout comme en flotte un voilier doit d'abord respecter les règles pour pouvoir espérer pouvoir «condamner» son adversaire pour une supposée infraction à une règle.

La règle 64.1 (b) pénalité et exonération est interprétée dans le call ump 9 (illustration 12.21.3). Le seul recours du voilier qui se sent lésé, c'est de réclamer.

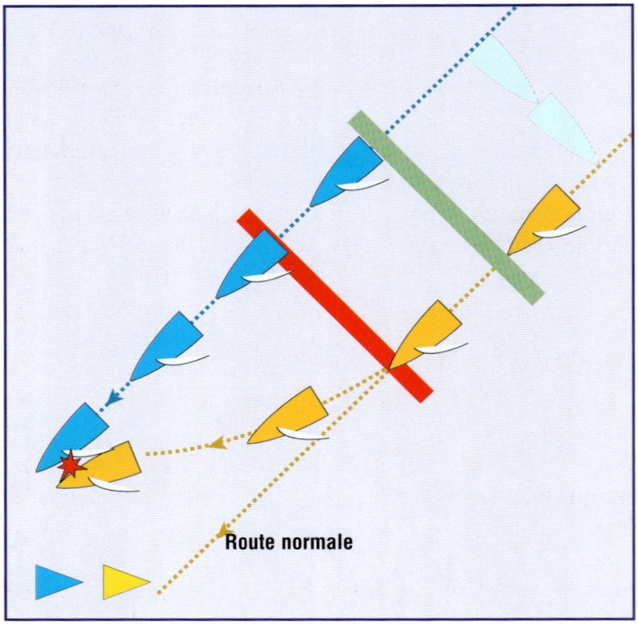

Figure 12.21.3

Jaune établit un engagement sous le vent une longueur et demie sous le vent du bleu, sur un bord de portant tribord amures. Jaune lofe doucement clairement au-dessus de sa route normale. Bleu garde sa route et il y a un contact. Les voiliers sont pénalisés :
- bleu pour une infraction à la règle 11
- jaune pour une infraction à la règle 17.1

(CALL UMP 9 QUESTION 2)

Un bateau en route libre derrière qui *devient engagé à moins de deux fois sa longueur de coque sous le vent d'un bateau sur le même bord, ne doit pas naviguer au-dessus de sa route normale tant qu'ils restent engagés dans les limites de cette distance.* (Règle 17.1).

Sur un dessin il est très facile de tracer les laylines (*). En match, concurrents et umpires devront constamment se positionner sur le parcours pour identifier l'intersection des deux laylines, point supposé de l'empannage pour ne pas dépasser la route normale.

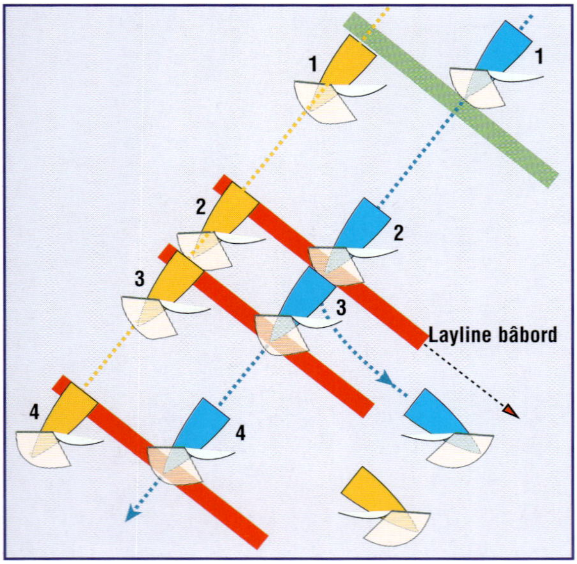

Figure 12.21.4

Le bleu devra commencer son empannage au moment où il l'aurait fait sans un autre voilier (le jaune) *à proximité. S'il le fait nettement plus tard* (position 4) *il enfreint la règle 17.1 en naviguant au-dessus de sa route normale* (call ump - 19). Attention, le jaune aura l'impression d'avoir déjà dépassé **sa** nouvelle route normale dès la position 2, alors que le bleu sera encore sur **sa** route normale en tribord.

Pour l'identification des routes normales consulter cas ISAF n° 7, cas ISAF n° 24, call ump-9 et call MR -30

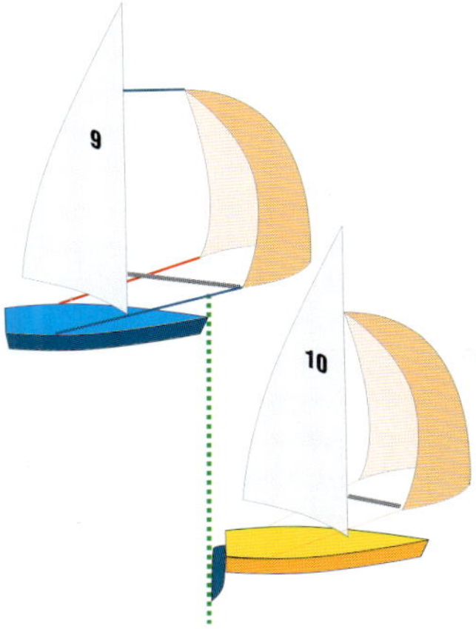

Figure 12.21.5
Il faut lever l'incertitude quant à un engagement par le spinnaker, *si le voilier bleu choque la drisse* (en bleu), *l'écoute et le bras du spinnaker* (en rouge et vert) *de telle sorte que la voile dépasse l'étrave au-delà de sa position normale.* (call ump-18)
Le spinnaker du voilier 9 n'est pas en position normale, l'engagement sera jugé comme s'il n'avait pas de spi (entre l'étrave du 9 et le safran du 10). Tenter de tricher ne rapporte pas à tous les coups...

Pour la détermination de l'engagement, le spinnaker du voilier qui rattrape devra être en position normale de navigation, sous peine de ne pas être pris en compte.

12.22 *Marque sous le vent ou d'arrivée*

Voir chapitre marque de portant
Si les voiliers sont, à deux longueurs de la marque, ils sont sur le point de doubler (*) la marque et la règle 18 commence à s'appliquer (cf. Cas ISAF 84).

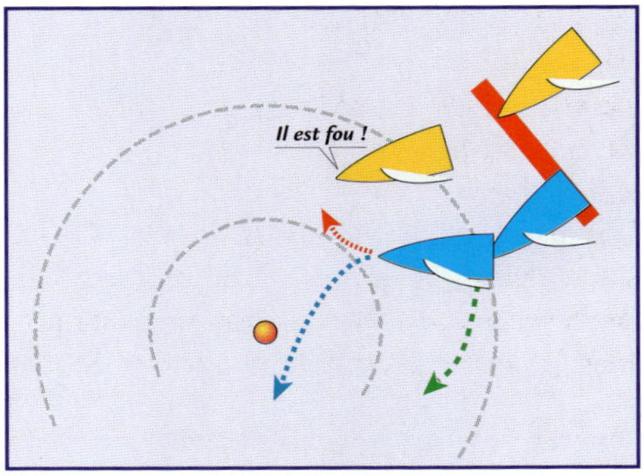

Figure 12.22.1
Bleu ne peut lofer si ensuite il doit abattre pour donner de la place au bleu, car dans ce cas il enfreint la règle 18.
Bleu est tenu d'abattre rapidement à partir du moment où les voiliers sont sur le point de doubler la marque (call ump 24).
Si bleu avait le droit de lofer, non soumis à la règle 17.1 (route normale) et voulait le faire, il devait le faire avant d'entrer dans la zone des deux longueurs (call ump 24).

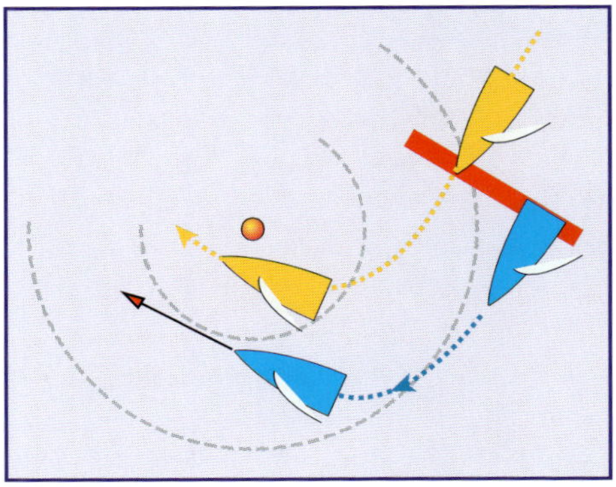

Figure 12.22.2
Par contre si *bleu est capable de lofer sans avoir à abattre ensuite* pour laisser de la place, *jaune est tenu de se maintenir à l'écart car la règle 11 s'applique* (call ump 24).

Comme en course en flotte, ***s'il existe un doute raisonnable sur le fait qu'un bateau a obtenu ou rompu un engagement à temps, on doit présumer qu'il ne l'a pas obtenu ou rompu*** (règle 18.2 (e)). ***Les umpires doivent présumer que la situation d'un voilier ou sa relation avec un autre n'a pas changé tant qu'ils ne sont pas certains du changement... C'est le principe de l'ultime conviction.*** (call décision Gen 1)

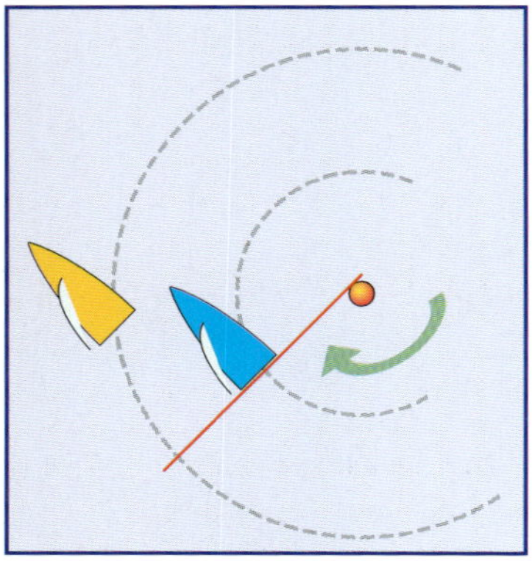

Figure 12.22.3

La règle 18 (contourner et passer des marques et des obstacles), *s'applique lorsque des bateaux sont sur le point de contourner ou de passer une marque qu'ils doivent laisser du même côté..., jusqu'à ce qu'ils l'aient passé.*

Ce qui implique que le deuxième bateau (le bleu de la figure 12.22.3) a entièrement passé la perpendiculaire à la layline tribord (90° du bord du cadre).

ATTENTION, la règle 18.2. (c) utilise comme référence le bateau en route libre DEVANT quand il atteint la zone.

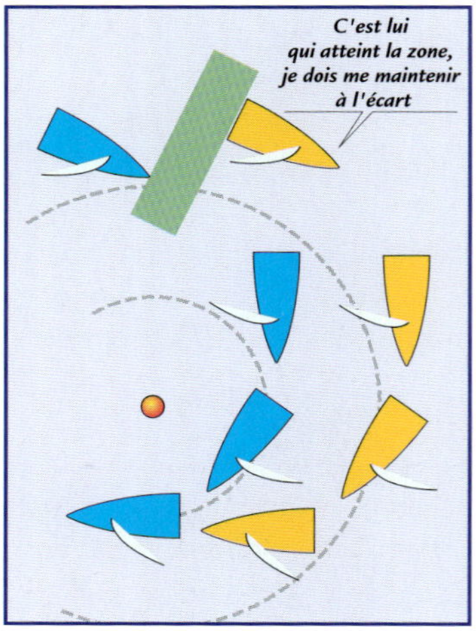

Figure 12.22.4

Quand c'est le bateau en route libre derrière qui atteint le premier la zone, parce que jaune est en dehors de la zone à ce moment, le bateau jaune de la figure 12.22.4 doit se maintenir à l'écart et laisser la corde au bleu.

la règle 18.2 (c) s'applique seulement si un voilier est en route libre devant quand il entre dans la zone... Jaune est obligé par la règle 18.2.a et b de laisser à bleu la place pour doubler la marque y compris la place pour son empannage... (Cas ISAF 2)

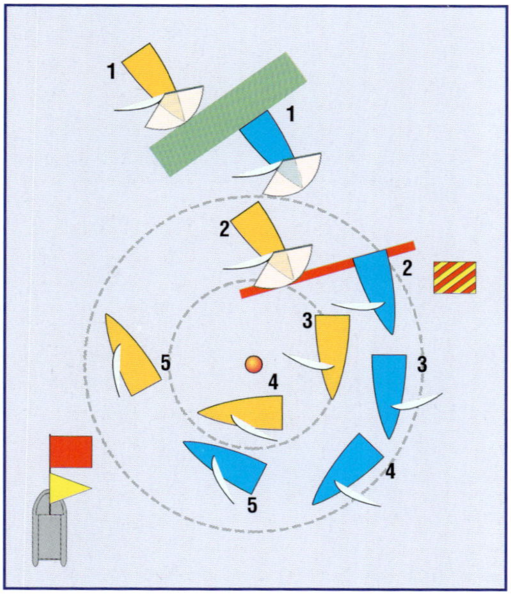

Figure 12.22.5

Le voilier jaune est en route libre derrière le bleu quand ce dernier atteint la zone des deux longueurs de la marque sous le vent. Jaune établit malgré tout un engagement à l'intérieur. Bleu, conscient que son adversaire force le passage, agit pour éviter des dommages (règle 14) tout en réclamant avec le pavillon Y.

Les umpires pénaliseront le jaune avec un pavillon rouge pour qu'il effectue sa pénalité de suite.

Si jaune avait respecté la règle 18.2c, il serait sorti derrière le bleu et non devant. Sa pénalité immédiate annule l'avantage qu'il a usurpé.

Éventuellement une deuxième pénalité (avec ou sans rouge) pourrait lui être infligée à l'initiative des arbitres s'il conserve encore un avantage notable.

12.23 Arrivée

Le signal de course «pavillon ou voyant bleu» ne doit pas être utilisé. (règle C3.3 Signaux de ligne d'arrivée)

« Un bateau finit lorsqu'une partie quelconque de sa coque, ou de son équipage ou équipement en position normale, coupe la ligne d'arrivée dans la direction du parcours depuis la dernière marque, après avoir effectué toutes pénalités. » (C2.1 définition de finir modifiée)

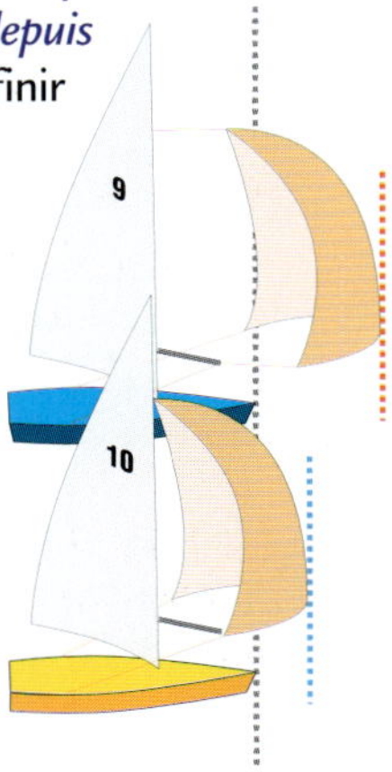

Figure 12.23. 1

Bien que le spi du voilier bleu soit en avant de celui du jaune, c'est le jaune qui finit le premier dans la figure 12.23.1.

Le 9 *Bleu finit quand son étrave coupe la ligne* (alignement gris). *La définition de finir établit clairement que le spinnaker ne peut pas être pris en compte dans l'action de finir s'il n'est pas en position normale.*

Le jugement de l'arrivée est l'affaire du seul comité de course. Néanmoins, si les umpires voient que la drisse est choquée, ils peuvent en informer le comité de course moins bien placé pour suivre les voiliers jusqu'au franchissement de la ligne. (call ump 18)

Un bateau pénalisé ne doit pas être compté comme ayant fini tant qu'il n'a pas effectué sa pénalité et est revenu entièrement du côté parcours de la ligne, puis a fini... règle C 7.2 (d)

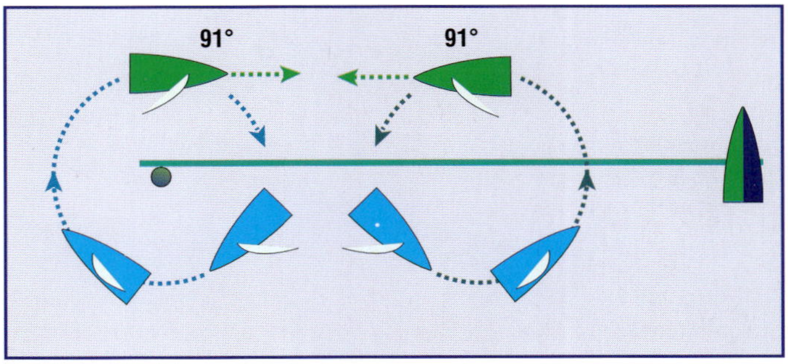

Figure 12.23.2

Les marques d'arrivée ne sont pas des marques à contourner, en conséquence un concurrent qui a une pénalité en suspens peut effectuer sa pénalité autour de la marque de bout de ligne (Call MR-06) ou au milieu de la ligne.

Dans tous les cas il n'aura terminé sa pénalité que quand il aura ***laiss[é] porter sur une route au portant,*** à 91 ° du vent (positions vertes) (règle C7.2 (2)) et devra ***avoir eu la têtière du spinnaker au-dessous du vit-de-mulet de sa bôme principale à partir du moment où il passe bout au vent jusqu'à ce qu'il soit sur une route au plus près.*** (règle C7.3 (a)) Voir plus loin dans le paragraphe Pénalités.

Par un coup de sifflet bref, conformément à la règle C5 (e), les arbitres (umpires) indiqueront au comité de course que la pénalité est complète, et qu'il peut juger l'arrivée.

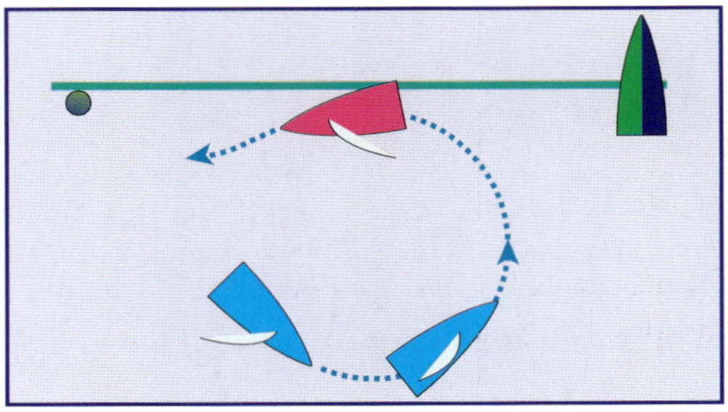

Figure 12.23.3

Le voilier bleu de la figure 12.23.3 a bien fini sa pénalité quand il est à l'allure représentée par la silhouette rose. Mais *il n'est pas revenu entièrement du côté parcours de la ligne* C7.2 (d). Il ne pourra être enregistré comme ayant fini selon la définition.

Par habitude, sans que cela soit réglementaire, les comités de course français (et dans quelques autres pays) ont pris l'habitude de montrer l'identification du bateau qui finit en premier. Ce qui permet aux concurrents et aux arbitres de connaître le vainqueur sans avoir à questionner ultérieurement le comité. Une sorte de courtoisie qui permet aux spectateurs et médias de suivre avec intérêt le déroulement des matchs.

Figure 12.23. 4

Cas particulier d'une pénalité autour d'une marque d'arrivée.
Le bateau bleu a une pénalité en suspens. Pendant son virement de bord (position 2 en rouge) ce bateau est soumis à la règle 13. Puis jusqu'à ce qu'il soit à plus de 90° du vent (position 3 en vert) il doit se maintenir à l'écart du jaune conformément à la règle C2.8. Pendant toute cette phase (de 1 à 3), il a l'obligation de se maintenir à l'écart du jaune. Par contre quand il sera sur une route au portant (91°) la règle 18.2.c ne s'applique plus (à cause du virement de bord).
En position 3, la règle 18.2.a de la section C prévaut sur la règle 10 (sur des bords opposés) qui appartient elle à la section A du chapitre 2 : *dans la mesure où une règle de la section C entre en conflit avec une règle de la section A* (Priorité) *ou B* (Limitations générales) *la règle de la section C* (Aux marques et obstacles) *prévaut.* (Préambule section C - Aux marques et obstacles). En conséquence, bleu qui est engagé à l'intérieur a droit à de la place à la marque. Attention, cette action est celle de la dernière chance. Une manœuvre imparfaite de l'équipage à l'amenée du spi et/ou pendant un virement de bord peut retarder la fin de la pénalité et entraîner une autre pénalité selon C2.8.

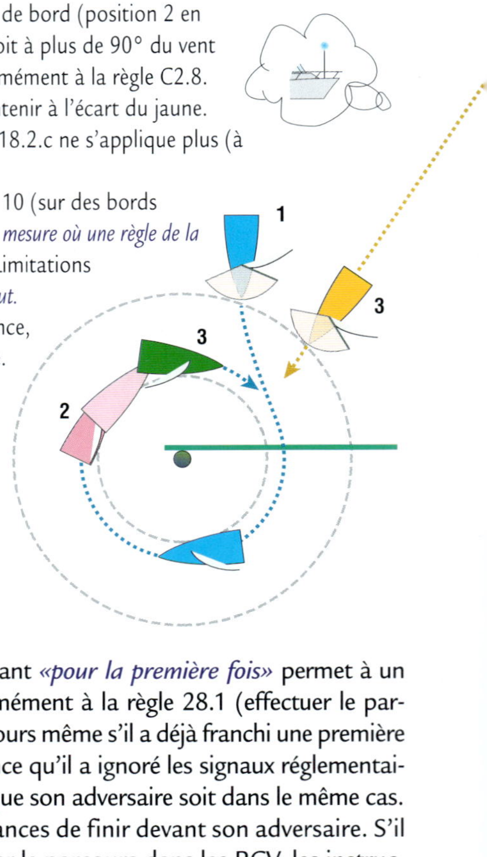

12.24 Temps limite pour finir

Le fait que la définition de finir ait été modifiée en enlevant *«pour la première fois»* permet à un concurrent qui n'aurait pas effectué le parcours conformément à la règle 28.1 (effectuer le parcours), de défaire le fil de son sillage, et d'effectuer le parcours même s'il a déjà franchi une première fois la ligne d'arrivée. Encore faut-il qu'il prenne conscience qu'il a ignoré les signaux réglementaires d'un changement de parcours au tour précédent, et que son adversaire soit dans le même cas. Le premier qui s'apercevra de son erreur a de fortes chances de finir devant son adversaire. S'il n'y a pas de temps limite pour le premier pour effectuer le parcours dans les RCV, les instructions de course peuvent préciser :*un bateau qui ne finit pas dans les 5 minutes après que son adversaire, qui a fait le parcours et fini, sera noté DNF (do not finish) sans instruction.*

12.25 Arbitrage

► Principe

Pour que les résultats d'une épreuve de match racing puissent être pris en compte pour le classement mondial des skippers - World Match Racing Ranking List de l'ISAF* - elles doivent faire l'objet «d'arbitrage direct sur l'eau» = umpiring (*) par des «umpires (*)».

... Les matchs doivent être arbitrés sur l'eau, sauf si l'avis de course et les instructions de course le prescrivent différemment. Préambule de l'annexe C Match Racing.
C'est en général le bateau umpire qui juge l'entrée du bateau bleu au bout de ligne bâbord, et le wing (*) celle du jaune. Quand il n'y a pas de wing (bateau qui indique par VHF ou avec des gestes les positions relatives des deux voiliers), c'est le comité qui juge celle du jaune (il est parfaitement placé pour en juger). Bien que certains umpires internationaux estiment que les entrées ne doivent être jugées que par des umpires, le comité n'est alors pour eux «qu'une boîte à départ et à arrivée».
Même s'il n'y a pas un wing, indépendant des bateaux umpires, pour chaque match, pendant la phase de pré-départ, les umpires du match suivant peuvent remplir momentanément cette tâche.
Le problème reste pour la dernière paire à partir, laquelle échoit au chef-umpire. En prenant en charge la dernière paire au départ, il peut ainsi suivre toutes les phases de départ des autres paires. De plus, au cours de son match, il peut se faire éventuellement remplacer par un bateau umpire devenu libre, si une tâche propre à sa fonction devient urgente.

Umpire, umpiring, juge arbitre, arbitrage direct

Lors de chaque match, deux bateaux s'affrontent. Les umpires sont embarqués par paire sur des bateaux à moteur. A bord un dialogue permanent s'instaure. Chaque umpire décrit les manœuvres de «son» bateau. Ainsi chaque arbitre dispose de la bande sonore correspondant aux manœuvres et priorités de son adversaire et de l'image du sien. À tout moment il est en mesure d'indiquer verbalement si son bateau est prioritaire ou s'il doit s'écarter. Lorsqu'un pavillon «Y» est montré à bord d'un voilier, la décision peut être indiquée rapidement.

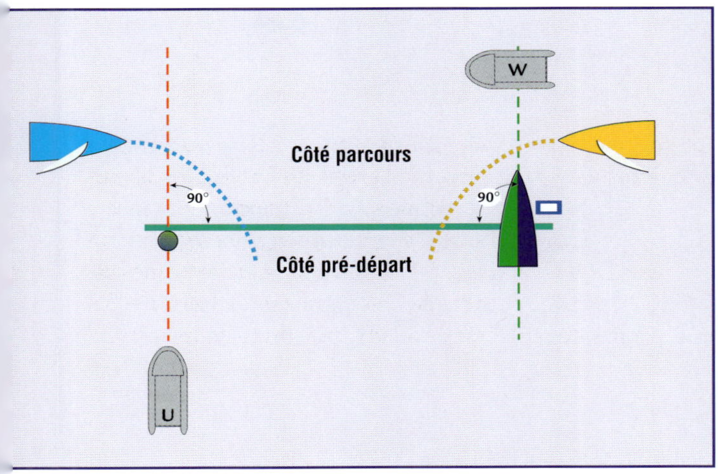

Figure 12.25.1
Dans la plupart des cas, l'umpire jaune, (UJ) situé à tribord dans le bateau-umpire, *est chargé d'observer le voilier jaune, alors que l'umpire bleu* (UB) situé à bâbord dans le bateau-umpire, *observe le voiler bleu.* (Call Décision GEN 1 question 2)
En cas d'incident, la décision sera simple à prendre si les umpires sont d'accord. *En cas de désaccord ou de doute sur les faits..., on accordera plus de poids aux observations de l'umpire concerné.* (Call décision GEN 1 question 2).

Encore faut-il que chacun n'observe que le sien, en faisant confiance à l'autre. Sinon, un même bateau peut être observé par deux umpires et l'autre... par personne !
Pour les umpires il ne s'agit pas de décrire les manœuvres des voiliers pour la seule description. Il s'agit de savoir, à tout moment, si son voilier est le voilier prioritaire ou celui qui doit se maintenir à l'écart. La description des manœuvres (je vire, top : fin de virement de bord) ou

(prioritaire, je modifie ma route) aide seulement à déterminer le moment où la priorité change de bateau puis si la place a été laissée au nouveau débiteur agissant en bon marin.
Le placement des deux bateaux (umpire comme wing) est assez délicat, car souvent les voiliers cerclent (circling) pendant la période de pré-départ. *La plupart des jugements dépendent d'un positionnement parfait, ce qui n'est pas toujours facile. Les umpires doivent présumer que la situation d'un voilier ou sa relation avec un autre n'a pas changé tant qu'ils ne sont pas certains du changement... C'est le principe de l'ultime conviction.* (Call décision GEN 1 question 1).

Dialogue d'umpiring

Pendant le circling, les deux bateaux s'approchent, l'un bâbord, l'autre tribord.
Dialogue entre arbitres.

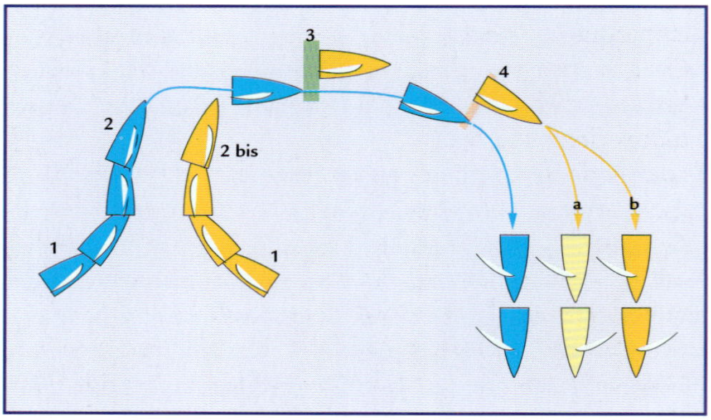

Figure 12.25.2

Position 1
UB umpire bleu - bâbord, je dois me maintenir à l'écart, je lofe régulièrement.
UJ umpire jaune - tribord, prioritaire, je change ma route en lofant.
Position 2
UB - Face au vent, bâbord amures
UJ - Face au vent, je vire, top fin de virement.
Position 2bis
UB - au vent (sous-entendu, je suis engagé) je dois me maintenir à l'écart.
Position 3
UJ - Route libre devant, prioritaire
UB - Je suis d'accord. Route libre derrière, je dois me maintenir à l'écart.
Position 4
UB - J'établis un engagement à partir d'une route libre derrière, vous êtes trop près pour empanner.
Position 5
Puis selon la trajectoire choisie par le jaune (5a ou 5b)
5 (a) UB - Si vous empannez, vous devez me donner l'opportunité de me maintenir à l'écart, je suis protégé par la règle 16 (Modifier sa route).
«Je n'ai pas besoin d'anticiper l'action de votre bateau quand nous sommes si près l'un de l'autre»
ou
5 (b) UB (jaune est plus loin...) votre bateau a le droit d'empanner (*entitled*) en tribord, mais vous devez me laisser l'opportunité de me maintenir à l'écart si vous empannez en tribord.
UJ - J'abats, je modifie ma route, j'empanne, Top'empannage complet. Tribord prioritaire
UB - Je me maintiens à l'écart, je vous donne de la place. etc.

Wing

Bateau wing est un bateau qui indique par VHF ou avec des gestes les positions relatives des deux voiliers ou leurs trajectoires lors de la phase d'entrée.
Attention, *les concurrents qui utilisent les signaux du bateau d'aile pour décider de refuser de la place à un adversaire prennent un risque considérable. Les décisions sont prises par les umpires, non par*

les bateaux d'aile. Et une décision des umpires peut ne pas être fondée sur les signaux du bateau d'ailes. Le même principe s'applique aux signaux faits par des observateurs embarqués. (Call MR 11)

Observateurs embarqués

Les observateurs embarqués remplacent avantageusement le wing, ils sont toujours bien placés à la perpendiculaire de l'axe du voilier. Et les contacts entre les coques sont, non seulement vus, mais la plupart du temps, ressentis.

Quelques contraintes de mise en place :
- les paires d'observateurs doivent avoir le même poids. En cas de différence, le plus léger embarque des poids pour compenser la différence.
- Chacun porte une chasuble de la couleur de son voilier-support.
- Les voiliers doivent disposer d'une jupe arrière permettant au moins de poser les pieds en toutes circonstances.
- Le port de la flottabilité personnelle est obligatoire.
- Ils ne doivent participer à aucune manœuvre et ne pas se déplacer pour agir sur la stabilité du voilier.
- Cette procédure doit figurer dans les instructions de course.

L'attitude de repli de l'observateur du genre « sauve qui peut », est un bon indice pour les umpires lorsque les voiliers se rapprochent de trop près.
Et quand c'est une action du barreur qui fait «rentrer» l'observateur dans le cockpit... en le tirant par « la peau du cou » l'adversaire était trop près et n'a probablement pas navigué en bon marin.

2.26 Réclamations et pénalités

L'arbitrage direct permet au premier bateau qui passe la ligne d'arrivée, après avoir fait le parcours et effectué ses pénalités, d'être déclaré vainqueur.
N'importe quel concurrent peut réclamer contre un autre, qu'il appartienne ou non à la même paire, pourvu qu'il soit impliqué dans l'incident (règle C6.1a). Il n'y a que la couleur du pavillon qui change. Le pavillon « Y » implique une réponse immédiate des arbitres (jusqu'à environ 20 secondes en cas de discussion). Le pavillon rouge induit une instruction, qui peut être verbale, après le match ou même en fin de journée. *Le comité de réclamation peut recueillir des témoignages de toute façon qu'il estime appropriée et peut communiquer sa décision oralement.* (C6.6 - Décisions du comité de réclamation)

2.27 Qui peut réclamer ? et contre qui ?

Un bateau peut réclamer contre un autre bateau (règle C6.1)
a) d'après une règle du chapitre 2 (quand les bateaux se rencontrent) *(sauf d'après la règle 14* (éviter le contact), *en montrant clairement le pavillon Y ...*
b) d'après une règle non listée dans la règle C6.1 (a) (réclamations et demandes de réparation par des bateaux) *ou C6.2* (un bateau ne peut pas réclamer) *en montrant clairement un pavillon rouge aussitôt que possible après l'incident.*

Le pavillon Y doit être montré *immédiatement après un incident dans lequel* le bateau *a été impliqué.* (règle C6.1a). *À chaque fois que les umpires voient un pavillon Y inexplicable (y compris un pavillon qui reste envoyé après le signal des umpires), ils doivent supposer que le voilier réclame suite à un incident (ou à un deuxième incident) qu'ils n'ont pas vu.* (Call MR 20)
Ce pavillon doit être *montré clairement* aux umpires. Si le pavillon n'est pas vu par les arbitres au moment d'un supposé incident, ceux-ci ne peuvent donner de décision.
Ce n'est pas à l'adversaire qu'il faut montrer ce pavillon, puisque *«lorsqu'il est en course, un bateau peut attendre la décision d'un umpire avant d'effectuer une pénalité»* sans pour autant être taxé de navigation déloyale en n'effectuant pas spontanément une pénalité après une infraction [règle C7.2(b) Ajout *à la règle 2* (navigation loyale)].
Tout comme sur tapis vert, l'un ou l'autre ou les deux protagonistes peuvent être pénalisés (cf. call ump 9 question 2).

Pavillons à utiliser par les concurrents
en fonction du type de réclamations ou demandes de réparation

Règle du chapitre 2 : quand les bateaux se rencontrent sauf 14 et à condition d'être impliqué et montrer le pavillon immédiatement après l'incident.

Règle 14 quand il résulte des dommages
Demande de réparation *aussitôt que possible... pas plus de deux minutes après avoir fini ou abandonné. (C6.3)*

Pas de réclamation possible
- s'il n'est pas impliqué, pour une infraction à une règle du chapitre 2 quand les bateaux se rencontrent
- la règle 31 abordage avec une marque
- la règle 42 pumping, etc.
- C4 obligation avant l'entrée
- C7 système de pénalité

Toutes ces mesures permettent que 2 minutes après l'arrivée du deuxième concurrent le match soit validé. Consulter call MR lorsqu'une conséquence d'un contact est un trou dans le spi (Call MR - 07).
Un bateau réclamant d'après la règle C6.1 (a) (réclamation/quand les bateaux se rencontrent) *doit amener le pavillon Y avant, ou aussitôt que possible après le signal des umpires.* (règle C6.4 (a))
Un bateau réclamant d'après la règle C6.1 (b) (réclamation avec pavillon rouge) *ou demandant réparation d'après la règle C6.3* (demande de réparation avec pavillon rouge) *doit, pour que sa réclamation soit recevable, garder son pavillon rouge déployé jusqu'à ce qu'il ait ainsi informé les umpires après avoir fini ou abandonné.* (règle C6.4 (b))

Pénalité à l'initiative des umpires (règle C8)

Mais si les concurrents ne peuvent se réclamer entre eux, les umpires le peuvent selon la règle C8.2 pour les règles.

Initiative des umpires

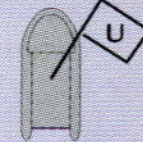

- 31 Abordage d'une marque
- 42 Propulsion
- C4 Exigences avant le départ
- C7.3 (c) Limite aux pénalités
- C8.3 (a) Gagné un avantage après avoir effectué une pénalité
- C8.3 (b) Délibérément enfreint une règle
- C8.3 (c) Commis une infraction à la règle de sportivité

Les règles 60.2 (a) (Un comité de course peut réclamer contre un bateau) *et 60.3 (a)* (Un comité de réclamation peut réclamer contre un bateau) *ne s'appliquent pas aux règles pour lesquelles des pénalités peuvent être imposées par les umpires.* [règle C8.1 (a)]
La règle 64.1 (b) (exonération) *est modifiée en ce sens que la disposition pour exonérer un bateau peut être appliquée par les umpires sans instruction, et elle l'emporte sur toute règle contradictoire de cette annexe.* [règle C8.1 (b)]
Mais attention au call ump 9 dans lequel les deux bateaux sont pénalisés (cf. figure 12.21.3).
Si les umpires ou les membres du comité de réclamation décident qu'un bateau peut avoir enfreint une règle autre que celles listées dans la règle C6.1 (a) (quand les bateaux se rencontrent) *ou C6.2* (si témoin chapitre 2 +14 + 31 +42 + C4 + C7), *ils doivent en informer le comité de réclamation pour action selon la règle 60.3* (Un comité de réclamation peut réclamer contre un bateau) *et la règle C6.6* (Décisions du comité de réclamation) *selon le cas.* [règle C8.4]

12.28 Signaux faits par les umpires

Après que le pavillon Y  (et seulement celui-là) *a été montré, les arbitres doivent décider s'ils pénalisent un bateau ou non. Ils doivent signaler leur décision conformément à la règle C5:* [règle C6.5 décision des umpires].

Tableau 12.28

Pavillons	Signaux sonores	Significations
	—	*« Pas de pénalité ».*
	—	*« Le bateau désigné doit effectuer une pénalité conformément à la règle C7.* [système de pénalité] *»*
 + couleur	—	*« Le bateau désigné doit effectuer une pénalité conformément à la règle C7.3 (d)* pénalité immédiate. *»*
 + couleur	—	*« Le bateau désigné est disqualifié et le match est terminé et attribué à l'autre bateau. »*
	-	*« Une pénalité vient d'être effectuée. »*
	- - - -	*« Un bateau n'est plus en train d'effectuer une pénalité et la pénalité est maintenue. »*
		*« Le bateau désigné a une pénalité en suspens. » Le manquement des umpires à montrer ou enlever des voyants ne doit pas affecter le nombre des pénalités en suspens.* [C7.4 (c)]

Grâce aux signaux sonores les concurrents seront, de fait, informés qu'une pénalité n'est pas conforme aux exigences, et que la *pénalité est maintenue.* [C5. f]
Par exemple:
- Rotation complète mais effectuée dans les *deux longueurs d'une marque à contourner.* [C7.3 b]
- Rotation complète mais avec *la têtière du spinnaker* au-dessus *du vit-de-mulet* pendant le virement de bord. [C7.3 a]
- Rotation ne correspondant pas à la section de parcours [C7.2 a].
- Rotation incomplète [C7.2 a]. etc.

Il ne doit y avoir ni demande de réparation ni appel d'une décision fondée sur les règles C5 (signaux faits par les umpires), *C6* (réclamations et demandes de réparation par des bateaux), *C7 (*système de pénalité) *ou C8* (réclamations à l'initiative des arbitres). (règle C9.1)

Un concurrent ne peut pas fonder une demande de réparation en prétextant une action inadéquate d'un bateau officiel. Le comité de réclamation peut décider d'envisager de donner réparation en de telles circonstances, mais seulement lorsqu'il pense que le bateau officiel, y compris un bateau d'umpire, peut avoir sérieusement gêné un bateau concurrent. [C9.2] (voir aussi Call MR 27). Il ne faut pas piloter trop loin mais pas trop près... car une manœuvre inattendue d'un concurrent, et, si vous disposiez d'un pneumatique, il finit comme un ballon de baudruche PSITTTT...
Aucune procédure de quelque sorte que ce soit ne peut être engagée en fonction d'une action ou non action quelle qu'elle soit de la part des umpires, sauf tel que permis dans la règle C9.2. (gêne sérieuse par un bateau officiel). (règle C9.3)

En cas de contact :

Dans tous les cas, les concurrents devront éviter les contacts.
« Touche pas à mon bateau » pourraient s'exclamer comité de course, umpire comme concurrent.
Quand un voilier prioritaire ou ayant droit a de la place enfreint la règle 14 (éviter le contact) *il est passible d'une pénalisation seulement en cas de dommages et cela doit faire l'objet d'une réclamation selon la règle* [C6.2] (limitations aux réclamations), *à condition toutefois que les umpires fassent vérifier les dommages immédiatement après l'arrivée. En cas de dégâts constatés, une instruction doit être ouverte selon la règle.* [C6.2 décision du comité de réclamation] (Call Gen 2)
Il n'est pas rare de voir un voilier, vainqueur d'un match, perdre tout ou partie de son point, sur instruction pour une infraction à la règle 14, après avoir causé de graves dommages, même s'il a été pénalisé sur l'eau par les umpires et a effectué sa pénalité.

Guides pour les pénalités pour infraction à la règle 14

Il y a quelques points clefs à considérer :
Combien de dommages ont été causés ?
Comment est-ce que le dommage a été causé ?
Combien de fautes ?

Tableau 15. 28. 2	Petite pénalité	Pénalité moyenne	Grande pénalité
Domaine à considérer	0 - 0.5 point Le perdant du match DSQ	1 point	Plus d'un point le gagnant du match DSQ
Gravité des dommages	Dommage mineur sur du gel coat ou sur une touche de peinture. Enfoncement du rail de fargue, capable d'être remis en place. Petit trou dans spinnaker Dommage mineur sans conséquence.	Dommage mineur qui aurait pu facilement être pire.	Résultat de la course affecté par les conséquences du dommage (pas de l'incident) Réparations significatives ou peinture nécessaire
Cause du dommage	Mauvais jugement mineur lors d'une manœuvre normale en match racing Une quelconque tentative pour éviter le dommage		Navigation imprudente compte tenu des conditions.
Nombre de fautes	Première faute	Seconde faute	Troisième faute

12.29 Le système de pénalité en suspens

Afin de garder le suspense jusqu'à la ligne d'arrivée : *Un bateau pénalisé peut différer l'exécution d'une pénalité dans les limites de la règle C7.3* (limitations aux pénalités), [C7.2] toutefois : « *Un bateau effectuant une pénalité doit se maintenir à l'écart d'un bateau qui ne fait pas de même.* » modification dans la règle 20 (erreurs de départ ; rotations de pénalité ; culer).

Un bateau termine une section de parcours lorsque son étrave coupe le prolongement d'une ligne partant de la marque précédente et passant par la marque qu'il est en train de contourner, ou, sur la dernière section, lorsqu'il finit.

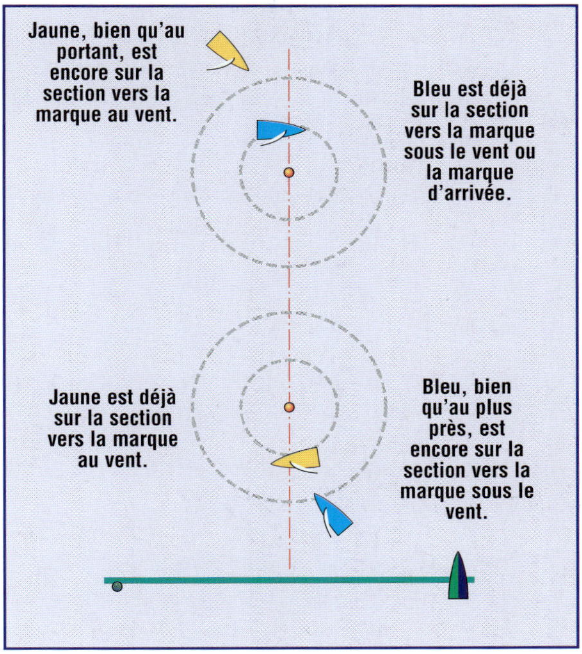

Figure 12.29 1

Il ne s'agit pas de faire un 720° ni un 360°, mais pour schématiser un 270° et en fonction de la section de parcours sur lequel il est :

- Un empannage suivi d'un lof jusqu'à une route au plus près, lorsqu'il est sur la section dite « montante » vers la marque au vent.
- Un virement de bord puis abattre jusqu'à une route au portant (+ 91°) lorsqu'il est sur la section dite « descendante » vers la marque sous le vent ou la ligne d'arrivée. [règle C7.2 (a) 1 et 2]

Rotations réputées complètes

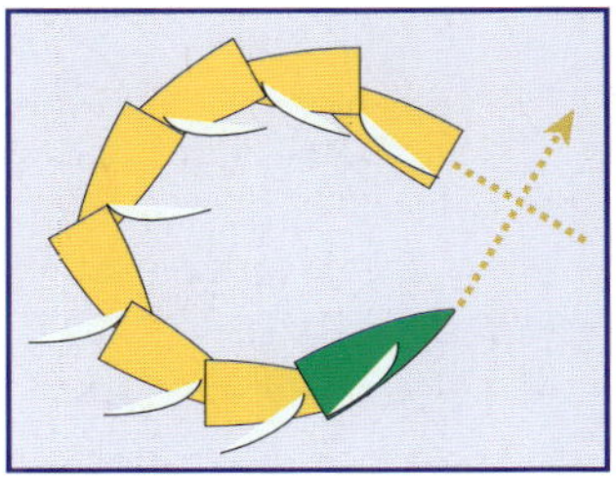

Figures 12.29.4 et 12.29.5

Lorsqu'il est sur une section du parcours vers une marque au vent, il doit empanner et, aussitôt que cela est raisonnablement possible, lofer sur une route au plus près.

[C7.2 a (1)]

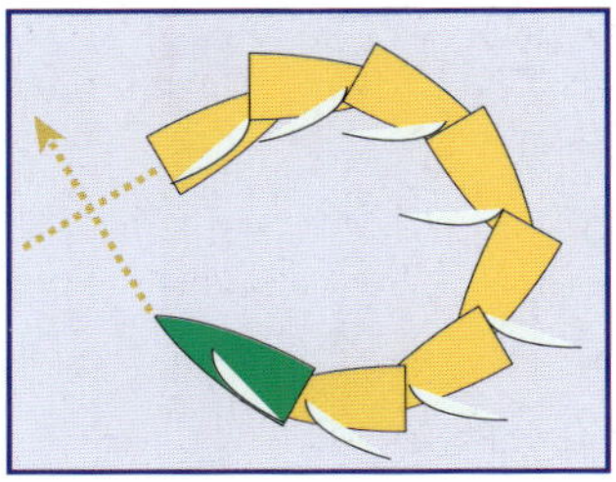

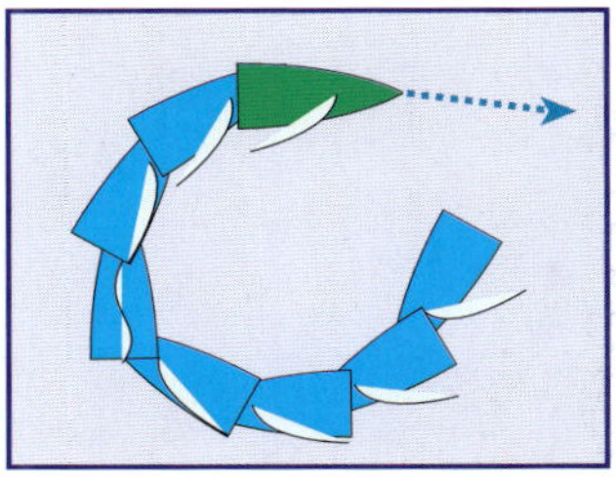

Figure 12.29.6 et 12.29.7

Lorsqu'il est sur une section du parcours vers une marque sous le vent ou la ligne d'arrivée, il doit virer de bord et aussitôt que cela est raisonnablement possible, laisser porter sur une route au portant.

[C7.2 a (2)] voir call MR 26

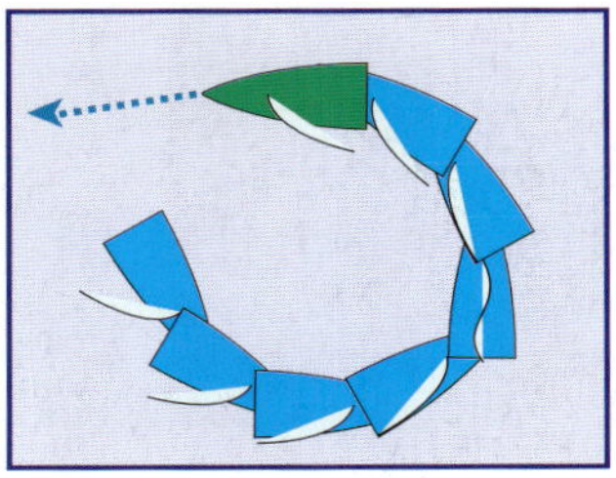

Un bateau effectuant une pénalité qui comprend un virement de bord doit avoir la têtière du spinnaker au-dessous du vit-de-mulet de sa bôme principale à partir du moment où il passe bout au vent jusqu'à ce qu'il soit sur une route au plus près. [C7.3 a]

Avantages du système pénalités en suspens

Une pénalité attribuée dès la phase de pré-départ peut être annulée par une pénalité attribuée ultérieurement à son adversaire. Puisque *si un bateau a une pénalité en suspens, il peut l'effectuer n'importe quand après avoir pris le départ et avant de finir. Toutefois, si un bateau a deux pénalités en suspens, il doit en effectuer une dès que cela est raisonnablement possible, mais pas avant de prendre le départ.* [C 7.3 (c)] Le contact reste permanent.

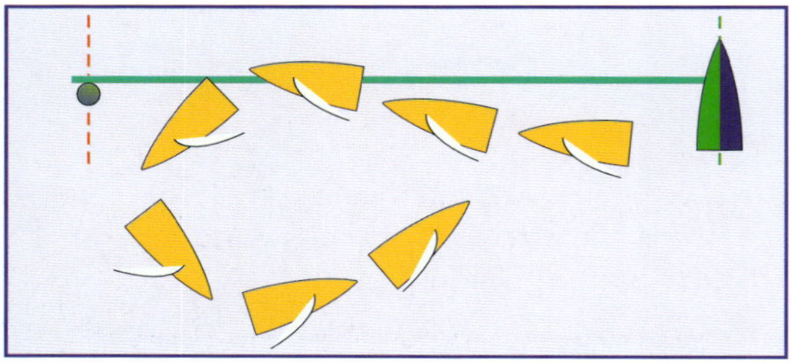

Figure 12.29.2
Lorsqu'un concurrent doit faire une pénalité après avoir pris le départ, soit parce qu'il a au moins deux pénalités avant le signal de départ ou une pénalité sous pavillon rouge... *il n'a pas à la commencer depuis une route au plus près,* ni après avoir dégagé la ligne de départ. (call MR 3)

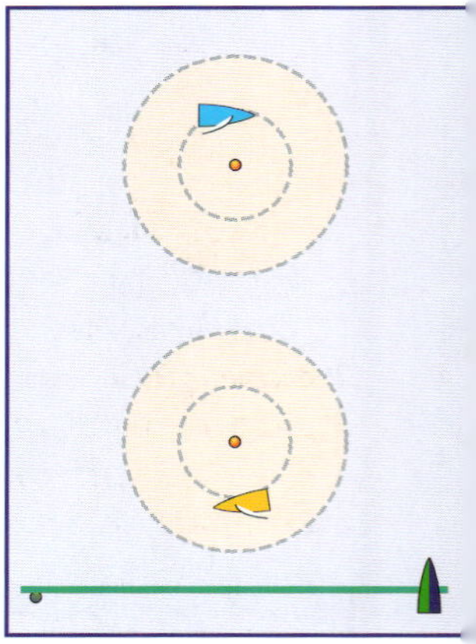

Particularités du système de pénalités en suspens

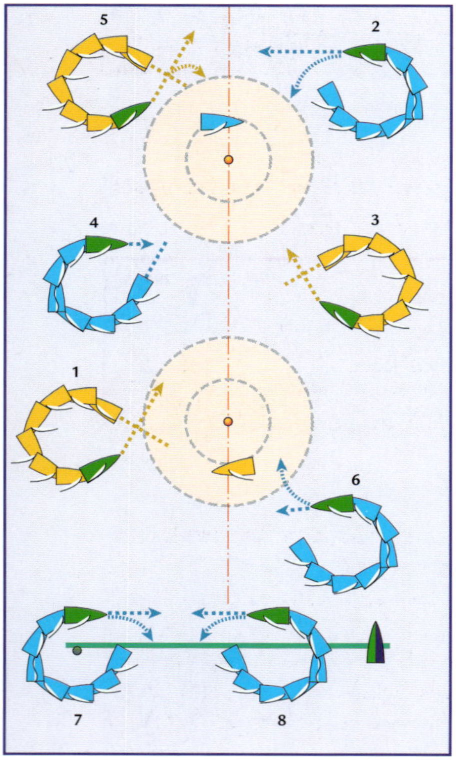

Figure 12.29.3
Aucune partie de pénalité ne doit être effectuée à moins de deux longueurs de bateau d'une marque à contourner.[C 7.3 (b)]Zone rouge

Figure 12.29.7
Aucune partie de pénalité ne peut être faite dans la zone des deux longueurs des marques au vent et sous le vent.
Mais elles peuvent être faites au-dessus des routes directes : *sur une section du parcours vers une marque au vent* **(1, 3, 5),** *sur une section du parcours vers une marque sous le vent* **(2,4, 6),** *ou la ligne d'arrivée.*
La définition de finir est modifiée comme suit : « Un bateau finit lorsqu'il, *coupe la ligne d'arrivée..., après avoir effectué toutes pénalités.* [C 2.1] figures 8 et 7
Lorsqu'un bateau effectuant une pénalité soit n'effectue pas la pénalité correctement soit ne termine pas la pénalité aussitôt que cela est raisonnablement possible,
il n'est plus en train d'effectuer une pénalité. Les umpires doivent le signaler conformément à la règle C5 (f) (règle 7.4.b : brefs signaux sonores répétés)

Pénalité quand le vent tourne

En naviguant au-delà d'une marque, ou en raison d'un changement dans la direction du vent, un voilier peut naviguer au plus près vers une marque censée être une marque sous le vent. Un voilier est considéré comme naviguant vers une marque au vent ou vers une marque sous le vent quand la marque en question a été ainsi définie dans les instructions de course... Dans la configuration habituelle du parcours de match racing avec deux bords de louvoyage et deux bords de portant, un voilier naviguant « vers une marque au vent » et lorsqu'il navigue sur la seconde section du parcours. Il est considéré comme naviguant « vers une marque sous le vent », sans tenir compte de la route du voilier par rapport au vent ni de la direction du vent. (Call MR 32)

12.30 Voyants de couleur

Le bateau arbitre de chaque match doit montrer des voyants de couleur, chaque voyant indiquant une pénalité en suspens. Lorsqu'un bateau a effectué une pénalité, ou qu'une pénalité a été annulée, un voyant doit être enlevé. Le manquement des arbitres à montrer ou enlever des voyants ne doit pas affecter le nombre des pénalités en suspens. [C7.4 (c)]

Figure 12.30.1

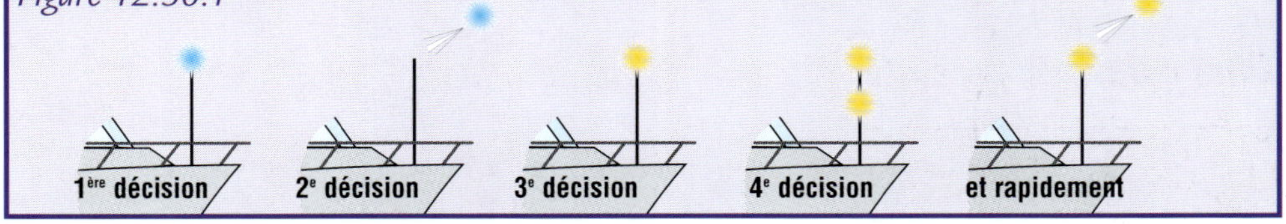

1ère décision pénalité pour le un voyant bleu est affiché.
2e décision pénalité pour le le voyant bleu est enlevé.
3e décision pénalité pour le un voyant jaune est affiché.
4e décision pénalité pour le un 2e voyant jaune est affiché, avec obligation d'effectuer la pénalité aussitôt que cela est raisonnablement possible, mais pas avant de prendre le départ [C7.3.d]

Figure 12.30.2

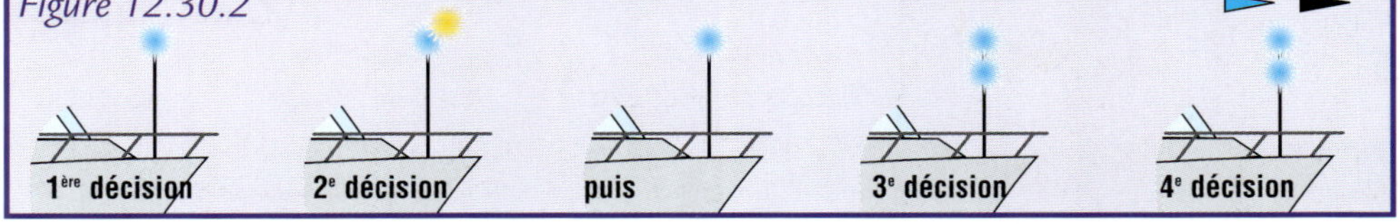

Deuxième exemple: figure 12.30.2
1ère décision pénalité pour le un voyant bleu est affiché.
2e décision pénalité pour le + le voyant bleu **n**'est **pas** enlevé. Jaune a l'obligation d'effectuer la pénalité *aussitôt que cela est raisonnablement possible, mais pas avant de prendre le départ [C7.3.d]*
3e décision: pénalité pour le , un 2e voyant bleu est affiché. Bleu doit faire sa pénalité *aussitôt que cela est raisonnablement possible...* Il ne la fait pas...
4e décision: pénalité pour le + à l'initiative des arbitres.

Un 3e voyant bleu est montré, *lorsqu'un bateau a plus de deux pénalités en suspens, les umpires doivent lui signaler sa disqualification selon la règle C5 (d).* (Un pavillon noir) (règle C7.2 f)
Le match est terminé «et attribué à l'autre bateau». [C5d]

Exemples d'infractions permettant l'utilisation du pavillon rouge

Un pavillon rouge avec ou peu après un pavillon de couleur et avec un long signal sonore signifie : « Le bateau désigné doit effectuer une pénalité conformément à la règle C7.3 (d). » (C5 c)

- **Sur la ligne de départ quelques secondes avant le signal de départ.**

Figure 12.30.3

Si bleu avait respecté la règle 11, il aurait été en rappel individuel (en position 3) et aurait dû revenir derrière la ligne après le signal de départ. Il serait donc parti après son adversaire. À la suite de la réclamation du jaune, les umpires donnent une pénalité pour le bleu, avec pavillon rouge pour une infraction à la règle 11, sur la ligne de départ (son infraction lui donnerait un avantage notable si la pénalité pouvait être différée).

Jaune n'a pas continué à lofer pour éviter un contact avec dommage (règle 14) (avant le signal de départ, jaune peut lofer jusqu'à face au vent). La route normale citée dans la règle 17.1 n'existe pas avant le signal de départ.

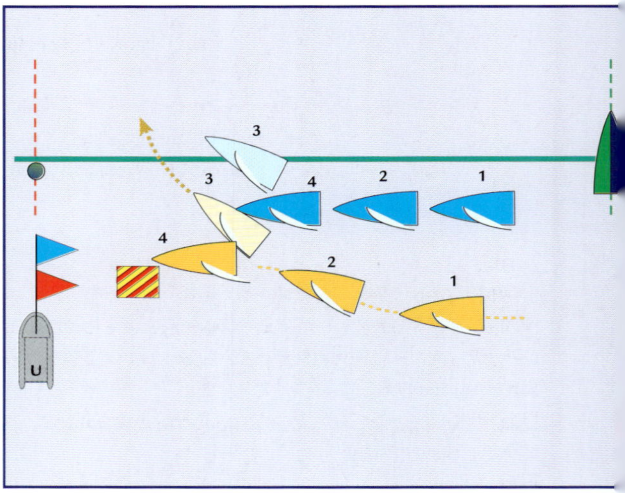

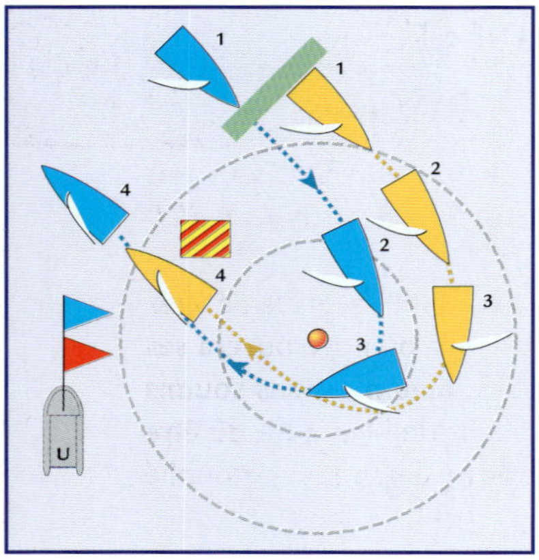

- **À une marque de portant**

Figure 12.30.4

Si bleu avait respecté la 18.2 c, il serait sorti derrière son adversaire et non pas devant. L'infraction du bleu lui donne un avantage notable si la pénalité reste en suspens. Les umpires pénaliseront le bleu avec un pavillon rouge, car il n'avait pas à forcer le passage à la marque. Jaune n'a pas fermé la porte pour éviter un contact avec dommage (règle 14). Il n'y a pas de faute de sa part.

12.31 Quelques façons d'effectuer une pénalité

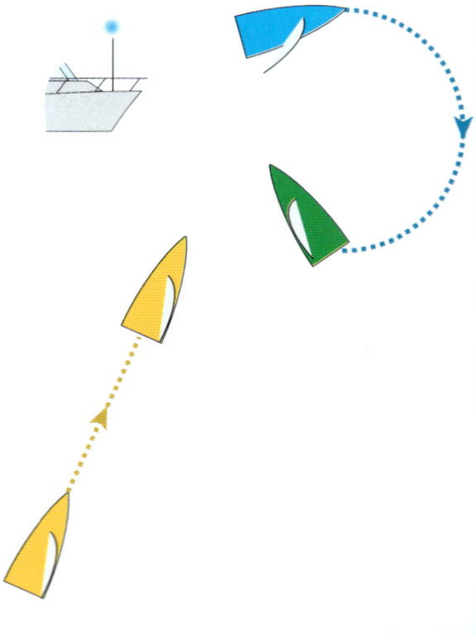

Figure 12.31.1

Le bateau bleu avec une pénalité en suspens choisit d'utiliser son avance pour effectuer sa pénalité. Il devra impérativement être revenu au plus près (en vert) tribord amures pour pouvoir prétendre être à nouveau prioritaire sur le jaune bâbord au près

« Un bateau effectuant une pénalité doit se maintenir à l'écart d'un bateau qui ne fait pas de même. » [C2.8]

Figure 12.31.2
Le voilier bleu n'avait pas pris suffisamment d'avance pour avoir le temps d'effectuer sa pénalité. S'il est bien tribord (silhouette noire), il n'a pas fini sa pénalité, et on ne peut pas dire qu'il se maintient à l'écart du jaune (silhouette rouge).
S'il a bien effectué son empannage il n'est pas revenu sur une route au plus près pour compléter sa pénalité.

Lorsqu'un bateau avec une pénalité en suspens est sur une section du parcours vers une marque au vent et empanne..., il est en train d'effectuer une pénalité. **[règle C7.4] et doit se maintenir à l'écart [C2.8]**

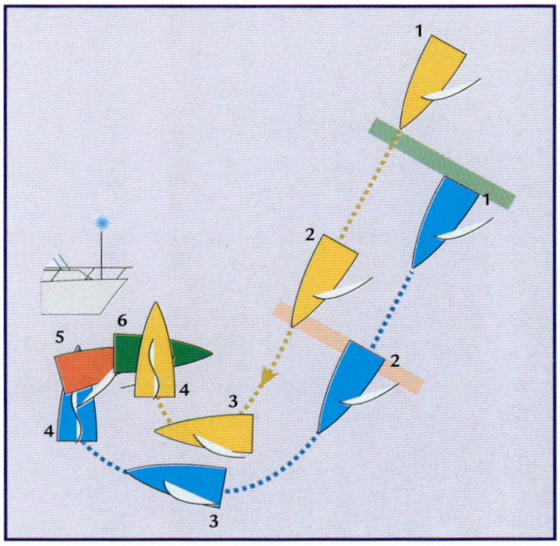

Figure 12.31.3
Si le bleu a une pénalité différée avant la ligne d'arrivée mais qu'il n'a pas assez d'avance pour pouvoir la faire loin de son adversaire, il lui faut se ralentir et obliger le jaune à s'engager à son vent (position 2).
Quand l'engagement est créé, il peut lofer jusqu'à face au vent et jaune doit se maintenir à l'écart (4).
Bleu ne doit pas dépasser la position face au vent avant son adversaire, car non seulement il serait soumis à la règle 13, mais serait considéré comme effectuant une pénalité.

Lorsqu'un bateau avec une pénalité en suspens est... sur une section du parcours vers une marque sous le vent ou la ligne d'arrivée et dépasse la position bout au vent, il est en train d'effectuer une pénalité. **[règle C7.4] et doit se maintenir à l'écart. [C2.8]**
Bleu est donc obligé d'attendre que jaune ait viré pour pouvoir espérer avoir la place de virer de bord et de reprendre une route au portant (silhouette verte), moment où il retrouvera ses priorités éventuelles. Attention cette manœuvre n'est possible que si le bleu n'est pas soumis à la règle 17.1 (naviguer au-dessus de sa route normale). L'engagement de bleu aura dû être établi au vent ou par un empannage. Ni les concurrents ni les arbitres ne devront avoir oublié comment s'est créé l'engagement.

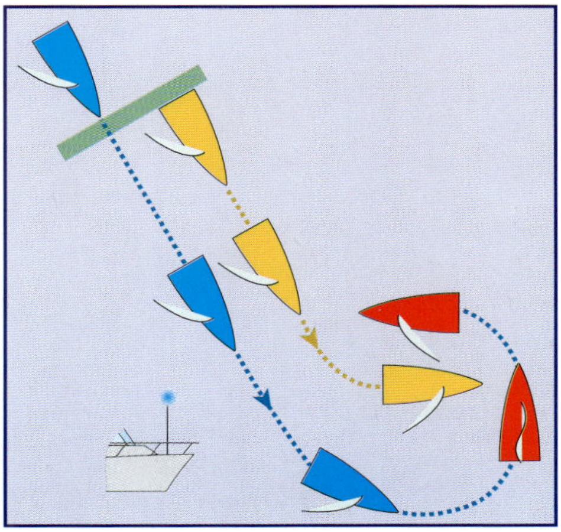

Figure 12.31.4
La règle 17.1 interdit à bleu de naviguer au-dessus de sa route normale, si l'engagement a été créé à partir d'une route libre derrière. On pourrait penser qu'en l'absence du voilier jaune, la route du bleu, qui a une pénalité en suspens, pour finir aussitôt que possible consisterait à effectuer sa pénalité. Mais *«Un bateau... ou manœuvrant pour effectuer une pénalité ne navigue pas sur une route normale.»* [C2.2]
Bleu ne peut donc lofer et il enfreint la règle 17.1 d'où une deuxième pénalité à l'initiative des arbitres si jaune montre un pavillon Y.

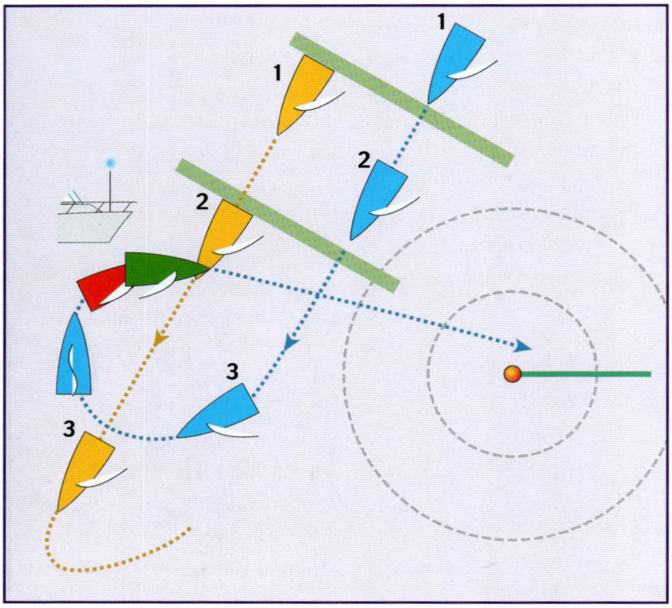

Figure 12.31.5
Si le bleu arrive à se maintenir en route libre derrière et suffisamment près dans le respect de la règle 12. Le jaune, prioritaire en route libre devant, devra laisser la place à son adversaire pour se maintenir à l'écart s'il modifie sa route (règle 16).
Si jaune empanne il deviendra bâbord et offrira, sur un plateau, une belle priorité à son adversaire.
Pour que cette manœuvre de la dernière chance soit rentable il faut que bleu puisse descendre sous le prolongement de la ligne de départ.

Toutefois, à la fin de la pénalité, où sera son adversaire ? Probablement aura-t-il seulement empanné et sera engagé à l'intérieur à la marque d'arrivée !

12.32 Classement

Le concurrent vainqueur de chaque match marque un point (un demi-point chacun s'ils sont ex aequo*) ; le perdant ne marque pas de point.* [C10.1]
• *Un concurrent qui a gagné un match mais qui est disqualifié pour une infraction à une règle à l'encontre d'un concurrent d'un autre match doit perdre le point pour ce match (mais le point ne doit pas être attribué au concurrent perdant).* [C10.4. (b)]
• *Si le comité de réclamation décide qu'une infraction à une règle n'a eu aucun effet significatif sur le résultat du match, il peut :*
(1) *imposer une pénalité d'un point ou fraction de point,*
(2) *ordonner de recourir, ou*
(3) *prendre toute autre disposition qu'il décide équitable, ce qui peut être de ne pas pénaliser.* [règle C 6.6.b]
• *La pénalité pour une infraction à la règle 14* (éviter le contact) *quand un dommage en a résulté sera à la discrétion du comité de réclamation, et peut comprendre l'exclusion des courses ultérieures de l'épreuve.* [règle C 6.6.c]
Le problème des *ex aequo* est maintenant clairement rédigé dans la règle. C11

12.33 Dico

Bateau rattrapant
Cette expression n'est plus utilisée dans les règles de course (utilisée en 1950). Elle vient du texte des RIPAM. Toutefois il n'y a pas d'incompatibilité puisque dans les RICV ne sont employées que les expressions «en route libre devant ou en route libre derrière» et «celui qui établit un engagement». Celui qui rattrape est celui qui établit un engagement depuis la position en route libre derrière. Attention à l'exception à la règle 10, lorsque les bateaux sont vent arrière (fig. 4.4.14 chapitre sur un bord).

Call book
L'ISAF publie le «Call Book» interprétations pour l'umpiring (**) (arbitrage direct). Dorénavant, le «call book» est officiellement reconnu comme donnant les interprétations officielles pour le jugement direct pour la course par équipe (call ump seulement), la course en flotte arbitrée en direct (call ump seulement) et le match racing (call ump + MR). *«...Une interprétation de règle dans le call devra être cohérente avec les cas qui interprètent la même règle...»* Régulation 12.3.6 (2) de l'ISAF.

Commission technique
Cette commission est composée du président du Jury, du PRO** et d'un préparateur du chantier ou d'un représentant des propriétaires des bateaux mis à disposition des concurrents. Elle intervient sur l'eau à la demande des concurrents (en France en arborant le pavillon «L» ou le blanc dans le pataras), pour réparer ou échanger du matériel défectueux, imposer une réduction de voilure ou une restriction d'utilisation de matériel en cas de nécessaire égalisation de chances des paires de bateaux.

Concurrent
«Concurrent» désigne le skipper, l'équipe ou le voilier tel qu'approprié selon l'épreuve. C1 terminologie

Côté d'entrée
Dans la grille de départ, le premier bateau cité devra «entrer» par l'extrémité bâbord (gauche) de la ligne, le deuxième par l'extrémité tribord (droite). Voir C4.1 et illustration du parcours en début de ce chapitre.

Côté pré-départ
Côté opposé au parcours, par rapport à la ligne de départ. C'est le côté sous le vent de la ligne de départ (voir C4.2 et illustration12.7.7).

Dial Down
Manœuvre qui n'a pas de traduction, voir figure 12.19.1.

Fish tailing
Manœuvre qui n'a pas de traduction, voir figure 12.15.11.

Format d'épreuve
Le format de l'épreuve peut faire appel à des phases dites round robin (tous les concurrents se rencontrent au moins une fois) ou à des éliminations type tableau de tennis (1/8, 1/4; 1/2 et finale). Avec une prédilection dans les nouvelles RCV 2001-04: *chaque phase distincte identifiée dans le format de l'épreuve doit constituer une série de round robin différente quel que soit le nombre de fois où chaque concurrent rencontre chacun des autres au cours de cette phase. C11.1*

Grade
Les épreuves de match racing sont classées en grade. Selon le nombre de concurrents, de voiliers disponibles simultanément, du classement dans la ranking list (**) et les nationalités des compétiteurs. Une épreuve validée peut rapporter plus ou moins de points, en fonction de son grade, aux seuls skippers.
Épreuve mineure grade 5, championnat d'Europe grade 1, grade spécial pour la coupe de l'America.

Grille de départ, flight, pairing list, liste d'appariement
Les matchs se déroulent en continu. Concurrents, comme arbitres (comité de course; umpires) doivent pouvoir suivre le déroulement des matchs afin d'être prêts à intervenir au moment opportun. La grille de départ ou liste d'appariement (pairing list) indique l'ordre de déroulement des matchs. Tous ceux qui peuvent se dérouler simultanément, constituent «a flight», une séquence dans la traduction des règles de course. Les expressions: Ligne, Colonne sont aussi employées suivant la présentation du document adoptée par l'organisateur.

Lay line
Bord du cadre.

Match
Régate entre deux voiliers sur un parcours.

Observer, observateur
(Observateur embarqué)
Personne embarquée à l'arrière de chaque voilier, qui ne fait pas partie de l'équipage et ne doit pas participer aux manœuvres. Elle indique par des gestes codifiés les positions relatives des deux voiliers : engagement, libre, contacts entre voiliers ou une marque. L'observateur fournit des indications au bateau umpire mais n'a aucun pouvoir de décision. Pour ne pénaliser aucun concurrent, les observateurs d'une même paire doivent peser le même poids. Dans le cas contraire, la différence de poids est comblée par des charges groupées à l'endroit où se tient le plus léger des deux.

P.R.O.
Le principal race officer qui connaît parfaitement l'organisation technique et sportive de ce type d'épreuve, coordonne les actions du comité de course et de la commission technique. Il doit de plus veiller, sur l'eau, à ce que la présence des navires affrétés pour les médias et les spectateurs ne trouble pas l'équité sportive.

Pavillons
«Y» : Ce pavillon rouge et jaune doit être clairement montré aux Umpires, pour solliciter leur décision relative à une supposée infraction à une règle du chapitre 2 - Anciennes règles de route - voir C5 -
«Rouge» :
de la part d'un umpire : voir 12.17.
de la part d'un concurrent (voir 12.22.5: c'est celui qu'il doit employer pour toute autre réclamation, qui ne requiert pas d'arbitrage direct. Voir C6 -
Bleu ou jaune : le concurrent qui entre à bâbord porte le pavillon d'identification bleu, celui qui entre à tribord arbore le jaune.-C4.1 -
Ces couleurs sont également utilisées par :
- les umpires pour indiquer qu'une pénalité est infligée au(x) bateau(x) ainsi identifié(s) - C5.2 -, - le comité de course dans la phase d'entrée - C3.2 -, comme pour l'arrivée.
Vert et blanc : pavillon bicolore utilisé seulement par les umpires. Il signifie qu'il n'y a pas de pénalité infligée - C5.2 -. Soit les umpires : n'ont pas constaté d'infraction, ne sont pas d'accord sur le fautif, n'ont pas vu de faute ou que l'emploi du pavillon «Y» est inapproprié à la situation, etc.
Noir . L'emploi de ce pavillon par les umpires met automatiquement fin au match. L'identification qui l'accompagne désigne *le voilier disqualifié* - C10.4 - *le match est terminé et la victoire donnée à l'autre bateau.*

Pénalité
Il n'existe plus qu'un seul système : Pénalité différée avec la possibilité aux umpires d'infliger une pénalité immédiate avec le pavillon rouge. Il s'agit de faire faire en quelque sorte un «gage» qui a pour but de ralentir le fautif. Les pénalités différées ont l'avantage de laisser les concurrents au contact mais nécessitent quelques aménagements des bateaux umpires et des arbitres parfois «équilibristes» lorsqu'il faut enlever une pénalité en cours de navigation...

Proper course
Route normale (*)

Raban
Cordage de peu de longueur servant à attacher, lier ou maintenir différentes choses ensemble. Cette méthode permet de serrer une voile sans trop la marquer.

Ranking List
Classement mondial des skippers en match racing.

Round Robin
Une série de round robin désigne un groupe de concurrents qui ont tous navigué l'un contre l'autre une ou plusieurs fois [C11.1] en une succession de match 1 contre 1.

Séquence
Désigne deux ou plusieurs matchs lancés au cours de la même séquence de départs [C1 Terminologie].

Signal d'avertissement
Ne pas confondre "Attention" et "Warning".
Le signal d'attention (Attention signal) débute une procédure pour des départs enchaînés (flight, séquence) et précède le signal d'avertissement.
Le signal d'avertissement (Warning

signal), comme son nom l'indique, prévient les concurrents que le prochain signal préparatoire s'adresse à la paire identifiée par la flamme numérique envoyée.

Slam dunk

Manœuvre qui n'a pas de traduction, voir figure 12.19.2

Skipper - responsable du bord

Responsable du bord, qui se verra attribuer les points dans le classement individuel des coureurs. La plupart du temps il s'agit du barreur, qui est en même temps le tacticien sur les petits voiliers.

Timing

décompte

Umpire, umpiring

Juge arbitre, arbitrage direct.

Lors de chaque match, deux voiliers s'affrontent. Les umpires sont embarqués par paire sur des bateaux à moteur. À bord, un dialogue permanent s'instaure. Chaque umpire décrit les manœuvres de «**son**» bateau. Ainsi chaque arbitre dispose de la bande sonore correspondant aux manœuvres et priorité de son adversaire et de l'image du sien. À tout moment il est en mesure d'indiquer verbalement si **son** bateau est prioritaire ou s'il doit s'écarter. Lorsqu'un pavillon «Y» est montré à bord d'un voilier, la décision peut être indiquée rapidement.

Vit-de-mulet

Ferrure destinée à unir deux espars (la bôme et le mât) tout en leur permettant de prendre tous les angles possibles l'un par rapport à l'autre.

VMG(Velocity Made Good).*

C'est le meilleur compromis cap/vitesse par rapport à l'objectif.

Wing

Bateau Aile. Lorsque la taille des bateaux ne permet pas d'embarquer des observateurs, ou que les skippers les refusent à bord comme à la coupe de l'America, les positions relatives des voiliers sont indiquées par le «wing». Souvent un petit pneumatique, avec un pilote et un transmetteur d'information, soit par geste et ou par VHF, à l'attention du bateau des umpires. Il ne fait que transmettre les engagements, les contacts qu'il observe, sans avoir aucun regard sur la décision qui revient aux umpires de la paire de voiliers concernée.

Bibliographie

2001/04	Traduction des règles de l'ISAF RCV 97/2000
2001/04	*Racing Rules of Sailing* ISAF
1998	CAS ISAF
2001	ISAF Call Book
1997	*Umpires and match racing manual edition* 4/97
1987	Bouet marc: articles «Voiles technique» - Dans la revue *Voiles et Voiliers* de novembre 1987 à mai 1988.

CHAPITRE 13 - LA COURSE PAR EQUIPES

CHAPITRE 13

Pour bien débuter en course par équipes

13.1 Présentation

Les expressions suivies d'un (*) sont explicitées dans le lexique illustré .

En France, la course par équipe est très peu pratiquée en voile légère. Elle ne l'est pas du tout en habitable.
Les étrangers, connaissent bien les règles de course et les respectent spontanément qu'ils soient, très jeunes compétiteurs ou confirmés, garçons ou filles. La course par équipe constitue le prétexte à l'apprentissage des règles de course, au sein de tous les clubs, lors des entraînements sans attendre les grands rendez-vous internationaux. Pour ces jeunes étrangers les règles de course constituent un motif supplémentaire de jeu.
Les entraîneurs étrangers connaissent eux-mêmes bien les règles de course. Ils les enseignent au même titre que les réglages élémentaires de voile et la conduite du bateau.
La course par équipe figure dans quelques compétitions internationales de voile légère:
- championnat du monde des 420: Challenge Robert Rumeau, équipes constituées de 3 voiliers (Un 4e équipage peut être inscrit sur la liste des participants);
- championnat d'Europe et du monde en Optimist, équipes constituées de 4 voiliers. Un 5e voilier (spare) peut être inscrit sur la liste de l'équipe. Le responsable de l'équipe (team leader ou capitaine) indique au Comité de Course les 4 participants pour chaque match.

Dans l'hexagone, les initiatives d'organisation d'épreuves par équipes en voile légère, nombreuses dans les années 85-90, se sont amenuisées jusqu'à disparaître. Une reprise, en voile légère, s'annonce grâce à la création de la Coupe de France des clubs (PAV, et Laser + 49er). Les équipes sont réduites à 2 bateaux**, ce qui rend la compétition plus facile à organiser et à arbitrer.

13.2 Principe

Deux équipes s'opposent simultanément en Match* en une mini flotte de 4 (2x2), 6 (2x3) ou 8 (2x4) bateaux. *Un match doit consister en deux courses entre les deux mêmes équipes* (règle D4.1). Mais le match peut se réduire à une seule course en cas de conditions météorologiques défavorables.
Spontanément les paires d'adversaires s'organisent, un peu comme en match racing. Mais il ne s'agit pas seulement de finir devant son adversaire (voir le paragraphe: attribution des points). Ralentir la progression des plus rapides ou rallonger la route de son adversaire, dans le respect des règles, permet à un de coéquipier de se rapprocher de la tête de course.
En course par équipe, le travail de marquage est très important.

Format des courses

Chaque équipe rencontre tour à tour toutes les autres équipes en match pour constituer un round robin. A l'issue du Round Robin, demi-finales et finales sont organisées, si les conditions météorologiques sont favorables.

13.3 *Attribution des points; classement (scoring a race)*

Pour une course

Chaque bateau qui finit une course... recevra les points égaux à sa place d'arrivée.

1er = 1 point, 2e = 2 points, etc.

Tous les autres bateaux recevront les points égaux au nombre de bateaux admis à courir. (règle D 3.1 (a))
*Chaque bateau qui finit une course, que les règles 28.1** (effectuer le parcours) *et 29.1* (Du côté parcours au moment du départ) *aient été respectées ou non... recevra les points égaux à sa place d'arrivée* (règle D 3.1 (a)).
Un bateau en rappel individuel, qui ne revient pas, règle 29.1 (Du côté parcours au moment du départ) ses *points seront augmentés de 10 points*. (règle D 3.1 (a)).

Lorsqu'un incident concerne... la règle 28.1 (effectuer le parcours: le fil), *l'umpire peut faire un rapport de l'incident à un comité de réclamation qui peut pénaliser davantage le bateau concerné...* (règle D2.2 (e))
Qui, mieux ou aussi bien que les umpires, peut être témoin d'une erreur de parcours? or Pour qu'il y ait une instruction du comité de réclamation, il faut que l'arbitre (umpire) ait fait un rapport.
Cependant, un bateau qui enfreint la règle 28.1 (effectuer le parcours) *et qui ne finit pas ne doit pas recevoir les points de pénalités...* (.+ 6 points) *en plus de son score pour cette infraction, si ni lui ni son équipe n'a obtenu un quelconque avantage* (règle D3.1 a). Si son équipe perd le match, il ne se passera rien mais, si son équipe gagne grâce à cette infraction, un rapport devrait être fait.

Pour une série

Une série [en course par équipes] doit être constituée de courses ou de matches. Un match doit consister en deux courses entre les deux mêmes équipes. L'équipe avec le plus petit total de points pour la course ou le match gagne. (règle D4.1)
Quand deux équipes ou plus courent... le vainqueur de la série doit être l'équipe ayant gagné le plus grand nombre de victoires. *Les autres équipes doivent être classées dans l'ordre du nombre de victoires. Les matches ex-æquo doivent compter comme une demi- victoire pour chaque équipe*. (règle D4.2)

Egalité
Lorsque cela est nécessaire, les égalités dans une série doivent être départagées en utilisant, par ordre de priorité, le nombre de courses ou matches gagnés quand les équipes à égalité se sont rencontrées; etc. (règle D4.3)

13.4 Les combinaisons gagnantes

L'équipe avec le plus petit total de points gagne. (règle D3.1 (c) et D4.1)
Equipe de 2 compétiteurs
Il ne faut pas finir dernier.

Tableau 13.5 1

Places = Points : 1er, 2e, 3e, 4e	Points des VERTS	Points des BLANCS
	3	7
	4	6
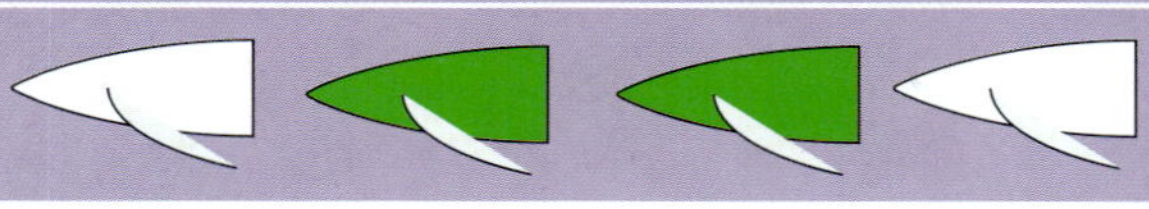	5	5
	Finir 1er pénalise l'équipe blanche	

Dans la dernière combinaison l'équipe verte est à égalité de points avec l'équipe blanche 1 + 4 = 2 + 3 = 5 points ;
Mais finir 1er ne donne pas d'avantage à l'équipe blanche, bien au contraire. *S'il y a égalité en points, l'équipe ayant la combinaison de résultats de courses qui n'inclut pas de place de premier gagne.* (règle D3.1 (c))
Cette phrase est une façon de valoriser le travail d'équipe. Il est vain de finir le premier sans se soucier de son coéquipier. Il ne sert à rien, non plus, au premier de hurler à son coéquipier en dernière position, de se dépêcher ou d'aller plus vite. S'il est en dernière position c'est qu'il a un problème probablement de vitesse. Par contre, en utilisant judicieusement les RCV, le premier peut ralentir un de ses adversaires jusqu'à l'amener en dernière position... derrière lui. Qu'importe les places d'arrivée individuelles, c'est le total des places de l'équipe qui compte.

Equipe de 3

Les égalités ne sont pas possibles car les deux équipes ont 21points à se partager [1+2+3+4+5+6 = 3x7 = 21], soit pour l'écart minimum : 10 points contre 11points
Ci-dessous : Combinaisons qui font gagner les verts malgré la place de dernier

Tableau 13.5 2

Places = Points : 1er, 2e, 3e, 4e, 5e, 6e	Points des VERTS	Points des BLANCS
	9	12
	10	11

Quelques combinaisons extrémistes

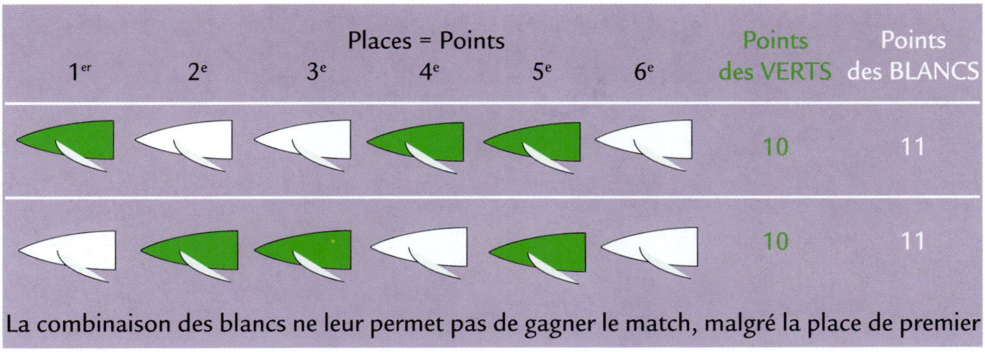

Combinaison qui ne permet pas au premier de faire gagner le matc

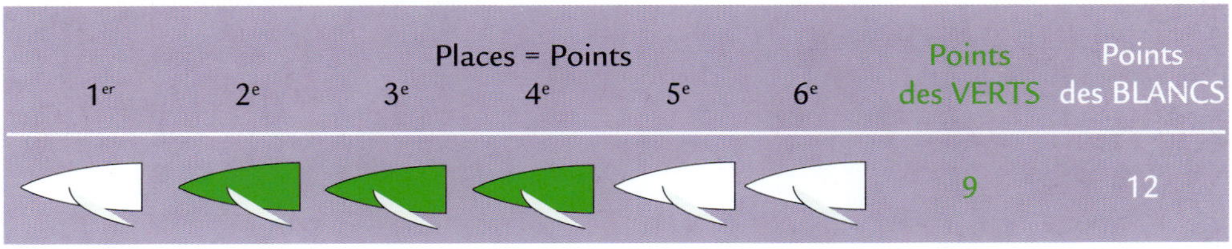

Équipe de 4

Les équipes de 4, comme pour le championnat du monde Optimist, multiplient les combinaisons gagnantes.
Les calculs sont simples puisqu'il s'agit de faire l'addition des places à l'arrivée. Les 2 équipes de 4 bateaux ont 36 points à se partager. 1+2+3+4+5+6+7+8 = 36 Points

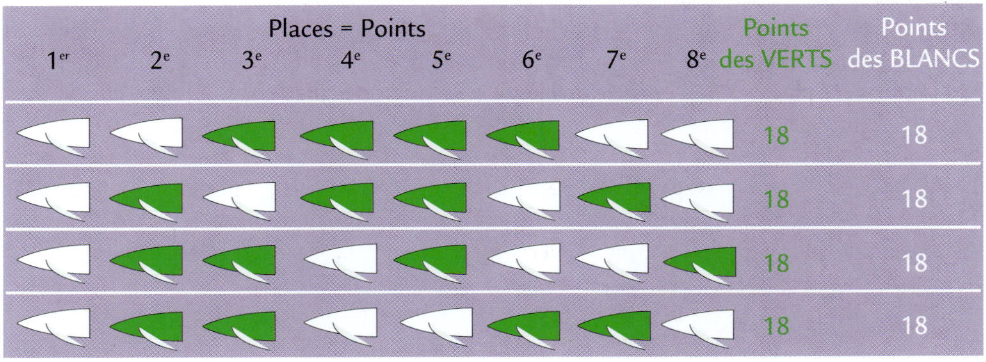

À 18 points les deux équipes pourraient se penser à égalité. Mais *s'il y a égalité en points, l'équipe ayant la combinaison de résultats de courses qui n'inclut pas de place de premier gagne.* (règle D3.1 (c))

Cas particulier d'une équipe dont tous les membres finissent aux premières places sans intercaler d'adversaire,

Quand tous les bateaux d'une même équipe ont fini ou abandonné, le comité de course peut arrêter la course. Les bateaux de l'autre équipe doivent recevoir les points qui leur auraient été attribués s'ils avaient fini. (règle D3.2)
Cas particulier d'une équipe « forfait » ou tous en rappel non revenus
Quand tous les bateaux d'une équipe manquent à prendre le départ dans une course, chacun doit recevoir les points égaux au nombre de bateaux admis à courir, et les bateaux de l'autre équipe doivent être comptés comme s'ils avaient fini aux meilleures places. (règle D3.3)

13.5 Le parcours

Deux types de parcours sont le plus souvent utilisés :
Parcours triangulaire ou Parcours banane avec ou sans dog leg (*)
Dans les deux types de parcours la ligne est interdite à la montée comme à la descente, afin de permettre des départs successifs ainsi que des arrivées : *Les lignes de départ et d'arrivée sont confondues au milieu du bord de près.*

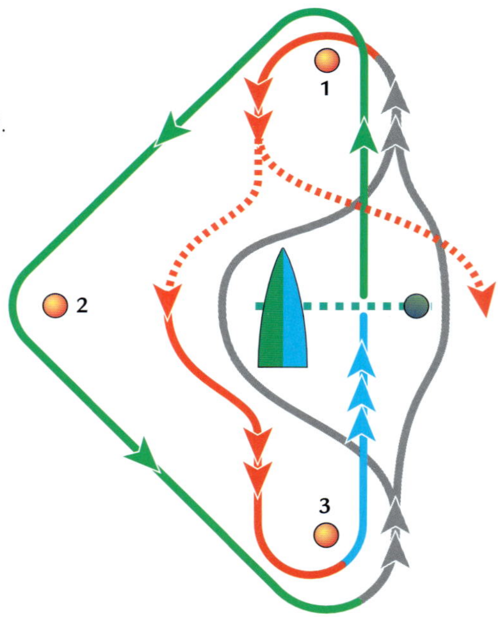

Figure 13.5.1
Parcours triangulaire : marques à contourner à bâbord.
Départ
Marque 1, Marque 2, Marque 3
ne pas passer dans la ligne
Marque 1
ne pas passer dans la ligne
Marque 3
Arrivée

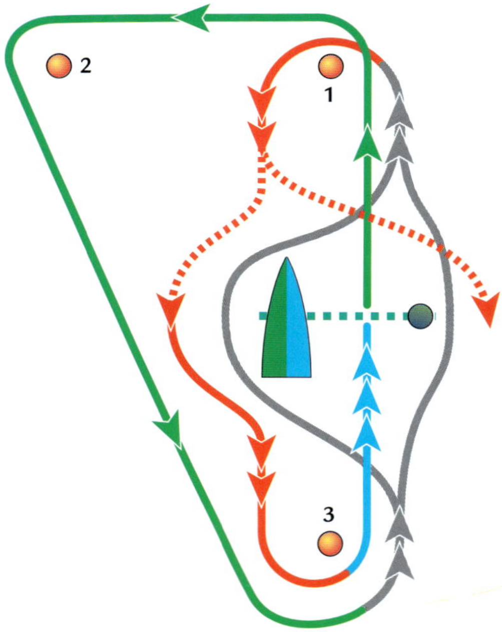

Figure 13.5.2
Parcours triangulaire : marques à contourner à bâbord.
Départ
Marque 1, Marque 2, Marque 3
ne pas passer dans la ligne
Marque 1
ne pas passer dans la ligne
Marque 3
Arrivée

13.6 Procédures de départ et temps de course

Contrairement au match racing, il n'y a pas de procédure spécifique à la course par équipe. La procédure décrite dans la règle 26 est le plus souvent utilisée. Une procédure plus courte peut être utilisée à condition de la préciser dans les instructions de course, comme lors de la coupe de France par équipe,

Tableau 13.6.1

Signal	Pavillon et signaux sonores	Minutes avant le signal de départ RCV 26	Coupe de France
Signal d'avertissement	Pavillon de match	5	3
Signal préparatoire	Pavillon P	4	2
	Fin d'entrée coupe de F		1
Signal de départ	Amenées des 2 pavillons	0	0

Les pavillons de match sont les flammes numériques conformément à l'ordre des matches de la grille d'appariement.

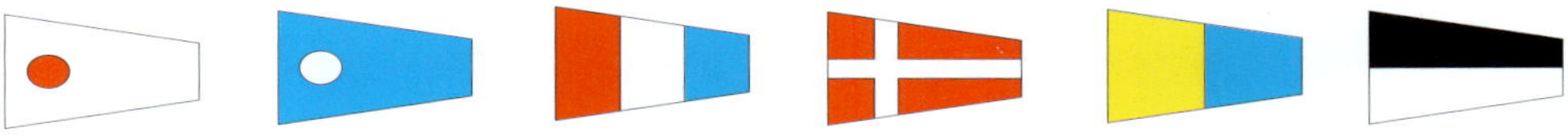

Les voiliers ne doivent pas prendre le départ plus de deux minutes après le signal de départ sinon ils seront enregistrés DNS. (nombre d'inscrits = 2 fois le nombre de concurrents par équipe)

• *Les rappels individuels seront indiqués conformément à la règle 29.1 mais le pavillon "X" ne restera pas envoyé pendant plus de 2 minutes après le signal de départ.*

Temps limite de course

• Il n'y a pas de temps limite pour finir pour le premier. *Mais les voiliers qui ne finissent pas dans les 10 minutes suivant l'arrivée du premier seront enregistrés DNF*

3.7 Les règles applicables en course par équipes

Les courses par équipes doivent être courues selon les Règles de Course à la Voile telles que modifiées par cette annexe D : règles de course par équipes. *Si des arbitres sur l'eau ou des observateurs officient, les instructions de course doivent le spécifier.* (Préambule de l'annexe D Règles de course par équipes).

Pour les règles générales qui s'appliquent : consulter dans le présent ouvrage les chapitres :

• 3 la zone de départ,
• 4 les bords de près et de portant
• 5 la marque au vent,
• 6 la marque de portant
• 7 la zone d'arrivée avec les modifications suivantes.

La règle 17.2 (sur le même bord ; route normale) *est modifiée comme suit : « Sauf lors d'un louvoyage au vent, pendant qu'un bateau est à moins de deux fois sa longueur de coque d'un bateau sous le vent, il ne doit naviguer au-dessous de sa route normale sauf s'il empanne. »* règle D 1.1 (a).

Figure 13.7.2

La modification de cette règle n'apporte pas de modifications importantes puisqu'un bateau bleu engagé au vent doit se maintenir à l'écart d'un voilier sous le vent sur le même bord.
Puis après son empannage, devenu tribord et prioritaire grâce à la règle 10 (sur des bords opposés) il lui faudra respecter la règle 15 (acquérir une priorité) et la règle 16 (modifier sa route).

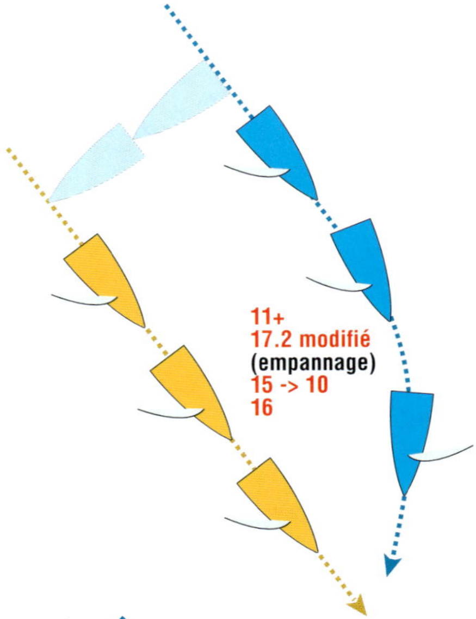

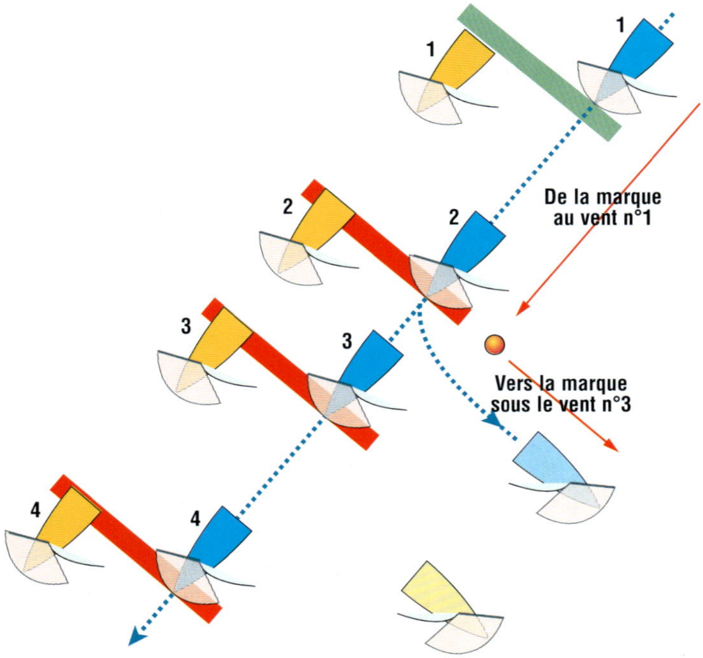

Figure 13.7.3

Bleu sera obligé d'empanner pour faire sa route normale puisque l'engagement a été établi sous le vent. Plus intéressant, tactiquement, est la suppression de la règle 18.4 (empanner) D1.1 b. Ce qui permet à un bateau bleu d'entraîner son adversaire jaune au-delà de la marque afin de laisser passer un coéquipier retardataire à condition que l'engagement ait été établi par le jaune à partir d'une route libre derrière.
Pour rappel, *Règle 18.4 Lorsqu'un bateau prioritaire engagé à l'intérieur doit empanner à une marque... il ne doit pas, passer plus loin de la marque... qu'il n'est nécessaire pour suivre cette route.*

Il a été nécessaire d'ajouter quelques règles, pour maintenir le respect d'une navigation loyale (règle 2) : *Un bateau...* doit *concourir selon les principes reconnus de sportivité et de jeu loyal*
En introduisant la notion de sections de parcours différentes, *« Sauf lorsqu'il navigue sur sa route normale, un bateau ne doit pas gêner un bateau sur une autre section ou un autre tour du parcours...* Règle D1.1 (c) *Ajouter à la règle 22.2* (gêner un autre bateau)

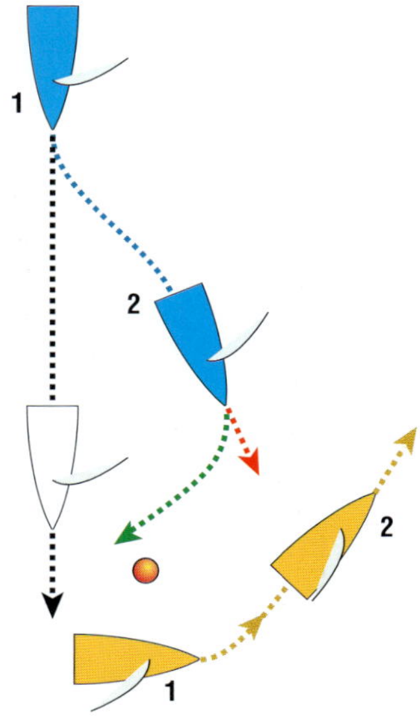

Figure 13.7.4
Le bateau bleu de la figure 13.7.4, termine son bord de portant alors que le jaune l'a déjà terminé en commençant son bord de près vers la ligne d'arrivée (voir paragraphe 13. 5 dans ce chapitre). Bleu n'a pas le droit de modifier sa route (sillage bleu) pour aller chercher le voilier jaune sur un autre bord. Il devait poursuivre sa route (en noir) et ne pas créer une route de collision avec le Jaune. Il aurait dû se trouver à la place de la silhouette blanche.

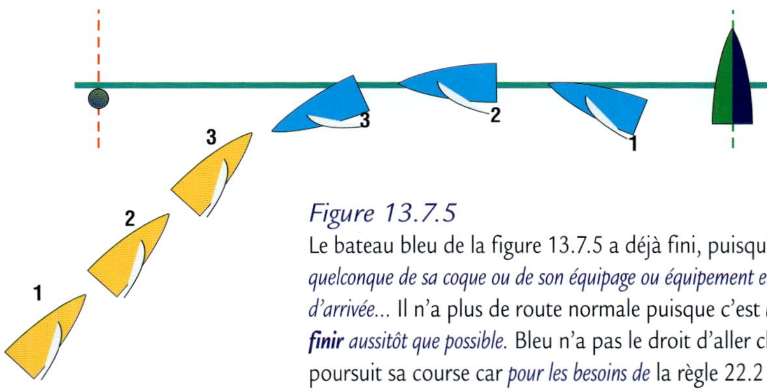

Figure 13.7.5
Le bateau bleu de la figure 13.7.5 a déjà fini, puisqu'*un bateau finit quand une partie quelconque de sa coque ou de son équipage ou équipement en position normale coupe la ligne d'arrivée...* Il n'a plus de route normale puisque c'est *une route qu'un bateau suivrait* ***pour finir*** *aussitôt que possible.* Bleu n'a pas le droit d'aller chercher à pénaliser le jaune qui poursuit sa course car *pour les besoins de* la règle 22.2 modifiée ci dessus, *un bateau qui a fini est sur une section de parcours différente d'un bateau qui n'a pas fini. »* Règle D1.1 (c).

Si Bleu voulait ralentir le jaune pour laisser passer un coéquipier, il fallait qu'il s'y prenne avant d'avoir lui-même fini.

Il est bien évident que les règles de course s'appliquent à tous les bateaux qui naviguent, qu'ils soient dans le même match ou dans des matchs différents. Un bateau au près tribord amures peut-être amené à ne pas user de sa priorité, si cela devait l'entraîner au milieu des bateaux d'un match différent. Il peut virer, en ayant soin de ne pas empêcher le voilier, débiteur de la priorité, de se maintenir à l'écart. : *« Quand des bateaux de courses différentes se rencontrent, toute modification de route de l'un ou l'autre bateau doit être cohérente avec le respect d'une règle ou la volonté de gagner sa propre course. »* [Règle D1.1 (d) Ajouter une nouvelle règle 22.3 (gêner un autre bateau)

Les bateaux d'une même équipe peuvent ne pas exiger leur priorité de la part d'un coéquipier. *Il ne doit pas y avoir de pénalité pour une infraction à une règle du chapitre 2* (quand les bateaux se rencontrent) *si l'incident survient entre des bateaux d'une même équipe et s'il n'y a pas de contact.* (règle D1.2 (a)).

À charge pour eux de ne pas se causer de dommage car : *Un bateau endommagé par un bateau coéquipier ne peut prétendre à une réparation fondée sur ce dommage.* (règle D1.2 (b)). Et... *quand un dommage peut avoir été causé, l'arbitre peut faire un rapport de l'incident à un comité de réclamation qui peut pénaliser davantage le bateau concerné.* (règle D2.2[e]). surtout si les bateaux sont mis à disposition.

13.8 Les réclamations en arbitrage direct

Les courses devant être arbitrées sur l'eau doivent être signalées soit dans les instructions de course, soit par l'envoi du pavillon U (Umpire) U *au plus tard avec le signal d'avertissement.* (Préambule de D2.2 et de annexe D.)

■ + Héler	Un bateau ayant l'intention de réclamer doit immédiatement héler l'autre bateau, et rapidement montrer un pavillon rouge. Et cela quelle que soit la taille du bateau contrairement à la règle 61.1
	Reconnaissance spontanée du défendeur pour infraction à :
↓	une des règles 10 à 22 du chapitre 2 quand les bateaux se rencontrent, sauf la règle 14 (éviter le contact) ou aux modifications aux règles de course d'après la règle D1, sur le même bord ; route normale règle 17.2 modifiée gêner un autre bateau sur une autre section, Ajout à la règle 22.2 gêner un autre bateau d'un match différent, Ajout de la règle 22.3 aide extérieure autre que coéquipier Ajouter à la règle 41 abordage d'une marque règle 31.1 propulsion) 42 ou pénalités pour infraction aux règles du chapitre 2, règle 44 ▼ peut effectuer une pénalité conformément aux règles 44.1 (Effectuer une pénalité) et 44.2 (Pénalité de rotation de 720°), sauf qu'une seule rotation est exigée. (Règle D2.1 b)

L'erreur étant humaine et les arguments contradictoires de l'adversaire toujours possible, un réclamant... *qui décide assez rapidement ensuite que lui, et non l'autre bateau était en faute, doit immédiatement retirer son pavillon, effectuer une pénalité conformément à la règle D2.1 (b)* (rotation 360° = 1 tour), *et héler l'autre bateau en conséquence.* règle D2.1 (d)

Mais, *lorsque le bateau réclamé soit ne reconnaît pas avoir enfreint de règle soit n'effectue pas de pénalité conformément à la règle D2.1 (b)* (pénalité par rotation = 1 tour), *le bateau réclamant peut montrer un pavillon jaune* ■ *et demander* oralement *une décision en hélant « Arbitre »* (umpire) (règle D2.2 a)

U	Décisions des arbitres (umpires)
■	« Pas de pénalité ; l'incident est clos »
■ ↓	« Un ou plusieurs bateaux sont pénalisés ». L'umpire doit héler ou faire signe pour identifier chaque bateau pénalisé (règle D2.2 b (1)) ▼ Un bateau pénalisé par une décision d'umpire doit faire deux tours de 360° (720°) conformément à la règle 44.2 (Pénalité de rotation de 720°). (règle D2.2 d)

• *Le bateau réclamant doit alors enlever son pavillon.*
• *Un bateau ne doit pas demander de réparation ou de réouverture d'instruction ni faire appel suite à des décisions, actions ou absences d'action des umpires. Le comité de réclamation peut décider d'envisager une réparation lorsqu'il pense qu'un bateau officiel, y compris un bateau d'umpire, peut avoir sérieusement gêné un bateau concurrent.* (règle D2.2 (h))

	Lorsqu'un incident concerne une navigation imprudente La règle 14 (éviter le contact) quand un dommage peut avoir été causé La règle 28.1 (effectuer le parcours : le fil) ou Le manquement à respecter une décision d'arbitre
RAPPORT	L'arbitre peut faire un rapport de l'incident à un comité de réclamation qui peut pénaliser davantage le bateau concerné. L'arbitre doit signaler cette intention en montrant un pavillon noir et en faisant les appels appropriés. (règle D2.2(e))

• *Les règles 60.2* (Un comité de course peut réclamer) *et 60.3* (Un comité de réclamation peut réclamer) *ne s'appliquent pas. Le comité de réclamation peut convoquer une instruction seulement à réception d'un rapport d'un arbitre, tel que prévu par la règle D2.2(e)* (pavillon noir -> rapport au CR), *ou selon la règle 69* (allégations de mauvaise conduite notoire). (règle D2.2 f)
• *Les réclamations n'ont pas besoin d'être écrites, et le comité de réclamation peut recueillir les témoignages de toute façon qu'il considère appropriée et peut communiquer sa décision oralement.* (règle D2.2 g)
Les points d'un bateau seront augmentés de : règle D3.1 b

Règle enfreinte	*Points de Pénalité*
règle 14 quand le bateau a causé un dommage *ou règle 29.1* (Du côté parcours au moment du départ)	*10*
toute autre règle pour laquelle une pénalité n'a pas été effectuée	*6*

13.9 *Adaptations françaises expérimentales*

utilisées pendant la coupe de France des clubs.
• Parcours de type banane avec dog leg (figure 13. 5. 2)
• Exigences d'entrée comparables à celles du match racing, avec entrée par-dessus la ligne de tous les membres d'une équipe, chacune à son extrémité assignée dans la liste d'appariement. (Figure 12. 11. 2 dans chapitre match racing). Ce qui entraîne une parfaite lisibilité pour les spectateurs à terre.

- Arbitrage direct (umpiring) avec sollicitation des (arbitres) umpires par les concurrents avec le pavillon Y comme en match racing. La reconnaissance spontanée est la bienvenue mais, *lorsqu'il est en course, un bateau peut attendre la décision d'un arbitre avant d'effectuer une pénalité. »* modification *à la règle 2* (*navigation loyale*). Plus besoin de pavillon rouge de la part des concurrents (modification à la D2.1)
- Possibilité de toucher les marques sans être pénalisé
- Pénalités après sollicitation des arbitres = 270° identique au match racing (consulter chapitre 12.29 du chapitre 12 match racing)
- Un empannage sur les sections de parcours :

- de la ligne de départ vers la marque 1 ou
- de la marque 3 vers la marque 1 ou
- de la marque 3 la ligne d'arrivée sur un bord de près,

- un virement de bord sur un bord de portant

- de la ligne de départ vers la marque 1 ou
- de la marque 3 vers la marque 1 ou
- de la marque 3 la ligne d'arrivée sur un bord de près,

- réparation sur le dog leg par un 360°

CHAPITRE 14 - LA VOILE RADIOCOMMANDÉE

CHAPITRE 14

14.1 Présentation de l'activité

Il ne faut pas confondre « maquette », « modèle », et voilier radiocommandé/bateau radiocommandé.

Maquette : modèle réduit. (*Micro Robert*)

Modèle : s.m. Imitation sur une petite échelle d'un objet quelconque relatif à la marine, tel que navire..., embarcation. [...]. (*Dictionnaire de la marine à voile*, Bonnefoux et Paris)

Modèle réduit : représentation à petite échelle, mais en ordre de marche, d'une machine [...]. Le modèle réduit doit être fonctionnel et fonctionner sur les mêmes principes que l'original en vraie grandeur. (*Petit Larousse*)

Voilier : Bâtiment qui ne marche qu'à la voile.

Radiocommunication : n.f. Échange de message à distance, effectué à l'aide d'ondes électromagnétiques. [*Petit Larousse*]

La voile modèle est le regroupement de deux activités :

- la « voile libre » dans laquelle l'opérateur, après avoir réglé son voilier et l'avoir libéré de la berge, ne peut plus intervenir sur sa marche. Aucune règle de route ne peut être respectée.
- la voile radiocommandée, dans laquelle l'opérateur peut régler à distance, grâce au boîtier de radiocommande :

– l'angulation du plan de voilure par rapport à l'axe du bateau (border ou choquer l'écoute).
– la route du voilier en agissant sur le gouvernail (abattre ou lofer). Il peut donc respecter les règles internationales de course à la voile.

La « voile radiocommandée » (VRC) est devenue un secteur à part entière de la FFV en 1980. Ce département dépend du secteur voile légère. La VRC a confirmé son identité en tant que « voile sportive » lors la parution d'une annexe spéciale, en 1993, dans les règles de course internationales pour voiliers. Le secteur voile radiocommandée, grâce au site FFVoile, poursuit la publication et la mise à jour régulière des textes régissant cette activité (système de course, classements nationaux des coureurs, instructions de course type, etc.)

Ce secteur devrait, à la faveur de la nouvelle traduction des RCV 2001-04, devenir le département « bateau radiocommandé » (BRC) !

Pour les initiés de ce département, les autres bateaux, ceux qui permettent l'embarquement d'équipage, sont appelés "voiliers grandeurs". Et surtout ne dites pas que les bateaux radiocommandés sont des maquettes. Ils sont des voiliers à part entière. Des recherches sont effectuées jusqu'en bassin de carène, certaines voiles moulées, et les matériaux composites utilisés lorsqu'autorisés par les règles de classe.

Ils ont leurs championnats d'Europe et du monde, dans lesquels les Français se distinguent régulièrement.

Les skippers viennent de tout bord... Certes, si cette activité est le prolongement d'une carrière de sportif accompli, limitant les efforts physiques, le stress n'en est pas pour autant absent. Du fait de l'absence d'équipage embarqué et de la vélocité des bateaux, les skippers doivent assurer, plus précisément que sur tout autre support, une veille attentive de l'ensemble de la flotte. Ils doivent être vigilants à leurs propres modifications de routes ainsi qu'à celles des autres bateaux afin d'analyser rapidement les cas de course et les règles applicables. Des jeunes, parfois très jeunes, y trouvent un complément de formation stratégique et tactique, voire une possibilité de travailler leur mental, indispensable dans la pratique du « grandeur ». L'expérience des pratiquants chevronnés peut être non seulement observée mais judicieusement et amicalement transmise, démonstrations en temps réel à l'appui.

14.2 *Spécificités du support et systèmes de course*

- Chaque *flotte* (course pour les voiliers grandeurs) dure environ 15 minutes.
- La taille du parcours permet d'observer l'ensemble de la course d'un même lieu.
- L'absence d'équipage à bord prive le skipper des sensations kinesthésiques, celles ci doivent être substituées par des sensations visuelles. Les contacts ne sont pas physiquement ressentis.
- Les enchevêtrements sont impossibles à démêler à distance, et requièrent une aide extérieure autorisée, à condition d'être demandée par le skipper.
- La vélocité des voiliers, les accélérations foudroyantes, les virements de bord et empannages quasi instantanés rendent ce support extrêmement vivant. Pour le skipper, il y a toujours quelque chose à faire, pour le spectateur, toujours quelque chose à voir. Toute une régate en un petit quart d'heure !
- Au milieu d'une *flotte,* un bateau peut en cacher un autre, ce qui peut momentanément priver un skipper de l'observation de son bateau.
- Le nombre de bateaux programmés pour courir une flotte est volontairement limité à 16. Au-delà, il serait très difficile pour un skipper de ne pas perdre de vue son bateau. D'où la nécessité d'organiser les concurrents selon des systèmes de course suivant :

Système de course

GRIAZARD : la constitution des flottes est connue dès le début et pour toutes les courses de l'épreuve par tirage au sort.

FLOTTE à SUIVRE est la traduction de système international : *Heat Racing Système* (HRS) avec utilisation du classement national des coureurs pour les déterminations des flottes de la première course. Dans ce système, le classement d'une flotte permet de faire « monter » dans la flotte supérieure de la course suivante les premiers, et de faire « descendre » les derniers en flotte inférieur, et ainsi de suite..., en nombre équivalent. Au fur et à mesure du déroulement de l'épreuve, les meilleurs s'opposent dans la flotte A. Pour plus de précisions, consulter le Système de course dans la partie « règlement » du site VRC - voile légère - de la FFVoile.

EORS : est un système anglo-saxon peu utilisé en France. Texte disponible sur le site web RSD-ISAF

14.3 *Les règles applicables*

Ces voiliers, pilotés à distance, sont les plus petits bateaux de la FF Voile qui utilisent les règles de course à la voile. ***Les courses pour les bateaux radiocommandés doivent être courues sous les règles de course à la voile, telles que modifiées par cette annexe.*** (Préambule de l'annexe E Règles de course pour les bateaux radiocommandés).

Monocoques : Classe I mètre - Classe M. - Classe 10r et multicoques : 2 m et mini 40 sont

soumis à ces règles, avec quelques aménagements dûs à l'absence de d'équipage embarqué et à la vélocité des bateaux.
Le secteur Voile radiocommandée de la FF Voile met à disposition sur le site FFV tous les textes réglementant cette activité.

Définitions et règles spécifiques à la VRC (BRC)

« Bateau » signifie un bateau qui est radiocommandé par un concurrent qui n'est pas à bord. Pour « course », utilisé comme nom en dehors de cette annexe (E: bateau radiocommandé) *et de l'annexe A* (classement)*, comprendre* « flotte ».
Au sein de cette annexe, une course consiste en une ou plusieurs flottes, et est achevée quand la dernière flotte de cette course est terminée.
« Épreuve » signifie une ou plusieurs courses. « Série » signifie un nombre spécifié de courses ou épreuves. (Règle E1.1 Terminologie)

Flottabilité personnelle

Pendant les régates, les skippers sont dans la zone de contrôle sur la terre ferme. Ils n'ont donc pas besoin de flottabilité personnelle. Ils ont la responsabilité de porter ou non la flottabilité personnelle mise à leur disposition lorsqu'ils embarquent sur « la récup ». *La règle 1.2* (Équipement de sauvetage et flottabilité personnelle) *est remplacée par: « Lorsqu'il est embarqué sur un bateau d'assistance, chaque concurrent doit être responsable du port d'une flottabilité personnelle adaptée aux conditions. »* (Règle E1.4 Flottabilité personnelle)

Antennes

Pour raison de sécurité évidente, toutes les extrémités d'antennes doivent être protégées (type balle: de ping-pong, d'entraînement de golf ou emballage du jouet contenu dans une célèbre chocolaterie pour petits et grands). *Les extrémités des antennes d'émetteurs doivent être protégées de façon adéquate. Lorsqu'un comité de réclamation établit qu'un concurrent a enfreint cette règle, il doit soit l'avertir et lui donner le temps de s'y conformer, soit le pénaliser.* (Règle E 1.5 Antennes)

Radiocommande

Un concurrent ne doit pas émettre de signaux radio qui créent des interférences avec la réception radio des autres bateaux. (Règle E4.8 a Radio)
S'il est établi qu'un concurrent a enfreint la règle E4.8 (a) (créer des interférences), *il ne doit pas courir tant qu'il n'a pas prouvé sa mise en conformité avec la règle E4.8 (a).* (Règle E4.8 b Radio)
Un concurrent qui perd le contrôle radio de son bateau doit rapidement héler et répéter « hors de contrôle, numéro de voile du bateau ». Un tel bateau doit être jugé comme ayant abandonné et doit être considéré comme un obstacle. (Règle E4.9 Bateau hors de contrôle radio)
Les autres concurrents savent ainsi précisément quel est le bateau à considérer comme obstacle. Les observateurs peuvent ainsi rapporter ce fait au comité de course en fin de flotte. Le bateau hors de contrôle doit se retirer et ne peut plus être comptabilisé à l'arrivée.

14.4 Parcours

Tableau de parcours

Pour les voiliers radiocommandés: *la règle J2.1* (4) (Parcours a effectuer) *[...] ne s'applique pas. Un tableau de parcours montrant le parcours et les limites de la zone de contrôle et de la zone de mise à l'eau doit être situé près de ou à l'intérieur de la zone de contrôle avec des*

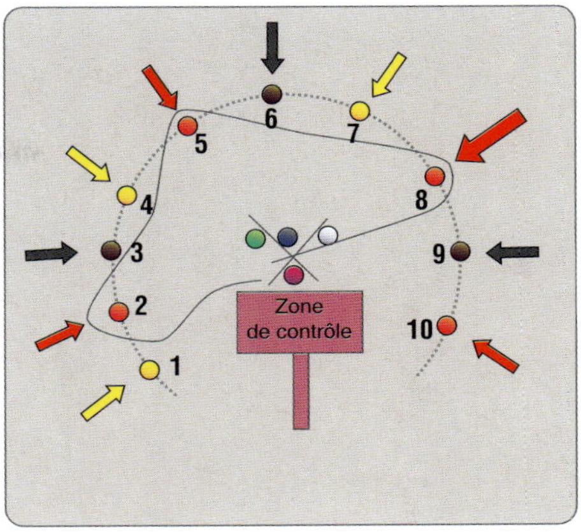

informations clairement visibles par tous les concurrents lorsqu'ils sont en course. (Règle E3.2 Tableau de parcours annexe VRC)

Figure 14. 4. 1
Exemple de tableau de parcours
En fonction du vent, les marques sont choisies par le comité de course juste avant le signal d'avertissement (H-2')
Lignes : rose-vert
Parcours : bâbord
Départ - 8 - 5 - 2 - 8 - 2 - Arrivée

La règle 33 (changement de position de la prochaine marque) ***en entier ne s'applique pas.*** (Règle E3.4 Règles non applicables)

Retard

Il n'existe plus de texte pour empêcher le retard, quand il n'y a pas de vent. Il faut vraiment qu'il n'y ait pas le moindre souffle, car ces bateaux extrêmement légers n'ont vraiment pas besoin de beaucoup « d'air » pour avancer.

Réduction de parcours après le signal de départ.

Grand sujet de désaccord avec nos amis anglais. Ils considèrent que le mauvais temps et le vent insuffisant ne sont pas des motifs pour retarder ou annuler une flotte. La France, bien qu'ayant âprement défendu le bon sens de ses arbitres et fait la démonstration du ridicule et des conséquences fâcheuses des situations causées par l'application de ce texte lors d'un championnat du monde, n'a réussi qu'à obtenir l'amendement concernant les orages pour l'annulation (à cause des risques d'attirer la foudre avec les antennes).
Il ne serait donc pas possible de réduire le parcours après le signal de départ, sauf si cela est prévu dans les instructions de course par l'article suivant : *le comité de course peut réduire le parcours par l'annonce « réduction de parcours » accompagné de deux signaux sonores, avant que le premier bateau contourne la marque sous le vent précédant l'arrivée. L'arrivée sera jugée sur la ligne d'arrivée du parcours complet* (modification à la règle E 3.10). Le parcours sera réduit à bord de louvoyage, deux largues et bords de louvoyage (Départ – 8 – 5 – 2 – Arrivée).
Les règles 32.1 (c) (réduire ou annuler après le départ : à cause d'un vent insuffisant...) ***et 32.2*** (comité de course peut raccourcir le parcours) ***ne s'appliquent pas.*** (Règle E 3.10 Réduire ou annuler après le départ)
Dans la règle 32.1 (b) (réduire ou annuler après le départ : à cause du mauvais temps) ***supprimer « du mauvais temps » et remplacer par « des orages »*** (règle E 3.10 De l'annexe bateau radiocommandé).

(règle 32.1) *Après le signal de départ, le comité de course peut [...] réduire le parcours (envoi du pavillon S avec deux signaux sonores), suivant le cas,*
a) à cause d'une erreur dans la procédure de départ,
b) à cause du mauvais temps,
c) à cause d'un vent insuffisant rendant improbable qu'un bateau finisse dans le temps limite,
d) parce qu'une marque manque ou n'est plus à sa place, ou,
e) pour toute autre raison affectant directement la sécurité ou l'équité de la compétition.

Annulation

Pour les VRC, *la règle 32.1(c)* (... annuler après le départ : à cause d'un vent insuffisant) *ne s'applique pas.* Et, *dans la règle 32.1(b)* (... annuler après le départ : à cause du mauvais temps), *supprimer « du mauvais temps » et remplacer par « des orages »* (règle E3.10 De l'annexe bateau radiocommandé). En substance, le comité de course ne pourra arrêter une course que si la foudre risque d'être attirée par les antennes des boîtiers de radiocommande aux mains des skippers.

14.5 Zone de contrôle et de mise à l'eau

Les zones de contrôle et de mise à l'eau doivent être définies dans les instructions de course. Les concurrents en course doivent rester dans la zone de contrôle pendant qu'une flotte se déroule, sauf qu'ils peuvent brièvement faire l'aller-retour à la zone de mise à l'eau pour effectuer les actions autorisées par la règle E4.5 (mise et remise à l'eau). (Règle E3.3 Zones de contrôle et de mise à l'eau)

La règle 45 (mise au sec ; amarrage ; mouillage) *est remplacée par :*

a) *Sauf entre le signal préparatoire et le signal de départ, les bateaux programmés pour courir dans une flotte peuvent être mis à l'eau, sortis de l'eau ou remis à l'eau à n'importe quel moment pendant la flotte.*

b) *Les bateaux doivent être mis à l'eau et récupérés seulement à l'intérieur de la zone de mise à l'eau, sauf tel permis dans la règle E4.2 (b)* (aide extérieure dans la zone de mise à l'eau ou par l'équipage d'un bateau d'assistance).

(c) *Pendant qu'ils sont à terre ou à l'intérieur de la zone de mise à l'eau, les bateaux peuvent être réglés, vidés de leur eau ou réparés ; leurs voiles peuvent être remplacées ou arisées ; tout objet enchevêtré peut être retiré ; et leur équipement radio peut être réparé ou remplacé.* (Règle E 4.5 Mise et remise à l'eau)

14.6 Départ (voir aussi les cas de course du chapitre Zone de départ)

La deuxième phrase de la règle 25 (La signification des signaux visuels et sonores définis dans « Signaux de course » ne doit pas être modifiée sauf selon la règle 86.1 (b) (modifications des règles) *ne s'applique pas.* (Règle E 3.4 Règles non applicables)

Procédures de départ

La vue des pilotes (skippers) occupée par la surveillance des bateaux très véloces au sein d'une flotte, leurs doigts rivés à un boîtier, il ne leur reste plus que l'ouïe de disponible pour la procédure de départ. Celle-ci est donc décomptée, le plus souvent par une bande magnétique, ce qui soulage le comité de course d'une tâche répétitive. *Les « signaux de course » ne s'appliquent pas. Tous les signaux doivent être donnés oralement ou au moyen d'autres signaux sonores décrits dans cette annexe.* (Règle E 1.2 Signaux de course)

La règle 26 (départ des courses) est remplacée par : *les signaux sonores pour donner le départ d'une flotte doivent être faits à une minute d'intervalle et doivent constituer le signal d'avertissement, le signal préparatoire et le signal de départ. Pendant la minute précédant le signal de départ, des signaux à la voix doivent être faits à intervalles de dix secondes, et à intervalles d'une seconde pendant les dix dernières secondes. Le départ doit avoir lieu au début du signal de départ.* (Règle E 3.5 Départ des courses)

La procédure de départ est constituée uniquement de signaux sonores.
H - 2' : Signal d'avertissement avec annonce verbale « 2 minutes ».
H - 1'30 : Annonce verbale « 1 minute 30 ».
H - 1' : Signal préparatoire avec annonce « 1 minute ».
Puis, compte à rebours par annonce verbale 50 secondes - 40 secondes - 30 secondes - 20 secondes - 10 secondes - 9 secondes - 8 secondes - 7 secondes - 6 secondes - 5 secondes - 4 secondes - 3 secondes - 2 secondes - 1 seconde.
H : « Signal de départ » par signal sonore. Le départ au début * du signal.

* Le signal de départ a lieu au début du signal de départ. Cette précision de bon sens s'impose de par la vélocité des bateaux qui, en une fraction de seconde, parcourent, proportionnellement à leur taille, une grande distance qui peut être fatidique.

Dans les règles 29.1 (du côté parcours au moment du départ) *et 30* (pénalités de départ), *supprimer le mot « équipage ». Pour l'ensemble de la règle 30, les annonces à la voix doivent remplacer l'envoi des pavillons.* (Règle E 3.6 Pénalités de départ)

Dans ce nouveau règlement 2001-04, il n'est plus dit que les règles 30 de la dernière minute ne s'appliquent pas. Les règles « du pavillon I dites : du retour par l'extérieur *30.1* », « du pavillon Z *30.2* » et du « pavillon noir *30.3* » sont peu utilisées en VRC. Les instructions de cours type VRC de la FFVoile précisent que : *la règle 30.1 retour par l'extérieur ne s'applique pas.* En conséquence, les bateaux doivent seulement se trouver derrière la ligne au signal de départ. C'est l'équivalent d'un départ sous pavillon P (§ 3.5 zone de départ). Elle est rarement d'application, et est laissée à l'appréciation du président du comité de course. Les règles 30.2 et 30.3 font toutes les deux références à un triangle dans lequel deux des trois côtés ne peuvent être visés de la zone de contrôle. Il paraît de bon sens et par respect pour les concurrents que ces règles ne soient pas utilisées.

La ligne de départ... doit être tangente, et du côté parcours, aux marques de départ... (Règle E 3.7 Lignes de départ...)

Rappel individuel

Le comité de course annonce les numéros des voiliers en rappel individuel. Il est en effet impossible de placer tous les concurrents exactement dans l'axe de la ligne dans la zone de contrôle. Ils peuvent ainsi ne pas avoir conscience d'avoir « mordu » la ligne de départ. Dans le meilleur des cas, si l'arbitre est très petit ou très grand, il n'y aura qu'une seule place de disponible dans l'axe de la ligne pour le premier skipper se présentant dans la zone de contrôle.

La règle 29.2 (rappel individuel) *est modifiée. Tout supprimer après « le comité de course doit rapidement » et remplacer par « héler deux fois « Rappel, bateaux numéro... ».* (Règle E 3.8 Rappel individuel)

Le pavillon « X » n'est pas envoyé et aucun signal sonore n'est fait. Ces signaux sont avantageusement remplacés par l'annonce du (des) numéro(s) de voile.

Rappel général

La règle 29.3 (rappel général) *est modifiée. Tout supprimer après « le comité de course peut » et remplacer par : « héler deux fois « Rappel général » avec deux signaux sonores ». Après le départ rappelé, le signal d'avertissement doit être fait pour un nouveau départ.* (Règle E 3.9 Rappel général).

La procédure suivante se fera à partir du signal d'avertissement, comme pour les voiliers grandeurs. Une seule cassette sera donc nécessaire. Toutes les procédures débuteront à H-2', puisque, dans ce nouveau règlement, a été supprimée l'obligation de repartir au signal préparatoire après un rappel général.

Enchevêtrement dans la zone de départ

Lorsqu'un incident, pouvant porter préjudice à un ou plusieurs concurrents non fautifs, a lieu juste avant, pendant le signal de départ ou avant que les bateaux n'aient dégagé la ligne de départ, le comité de course pourra annuler le départ de la flotte par l'annonce verbale « annulation et nouveau départ » et la faire recourir. Le(s) bateau (x) fautif(s) devra(ont) effectuer sa (leur) pénalité après le signal du départ de la flotte recourue mais avant de prendre lui-même (eux-mêmes) le départ (dérogation aux règles 36 (courses dont le départ doit être redonné, ou a recourir) *et 80* (courses reprogrammées) *des RCV 2001-2004*). (Prescription FFVoile suivant la règle E 4.7)
Cette prescription permet de limiter les départs qui ne sont pas réguliers sportivement de par la faute d'un concurrent, particulièrement en cas enchevêtrement. De même, les demandes de réparation sont inutiles, avec des instructions qui ne peuvent que retarder, voire interrompre longuement le déroulement des flottes et donc des courses.

14.7 *Les marques* (voir chapitres La marque au vent, la marque de portant)

Dans la définition Zone des deux longueurs, changer « deux » en « quatre ».
(Règle E 1.3 Définitions)
Cette adaptation est nécessaire compte tenu de la rapidité à laquelle se déplacent les bateaux et de l'éloignement de leurs skippers. À deux longueurs d'une marque, il n'y a plus le temps matériel de réagir sans être déjà dessus.

14.8 *L'arrivée* (voir chapitre La zone d'arrivée)

La ligne... d'arrivée doit être tangente, et du côté parcours, aux marques de départ et d'arrivée. (Règle E 3.7 Ligne... d'arrivée)

14.9 *Pénalité* (voir chapitre Pénalités)

Pour l'ensemble de la règle 44 (pénalités pour infraction aux règles du chapitre 2), *la pénalité doit être une rotation de 360° comprenant un virement de bord et un empannage.*
(Règle E 4.4 Pénalités pour infraction à une règle du chapitre 2)
Que cela soit pour un abordage de marque ou pour une infraction à une règle à l'encontre d'un autre bateau, la réparation spontanée est d'un seul tour de 360°. (Voir le système de DIRBOS quand il s'applique dans le § 14.1 Arbitrage)

14.10 *Aide extérieure*

La règle 41 (aide extérieure) *est remplacée par :*
a) Un concurrent ne doit pas donner de conseil tactique ou stratégique à un concurrent en course.
b) Un concurrent qui est en course ne doit pas recevoir d'aide extérieure sauf :
- *1) Un bateau qui est allé à la côte ou s'est échoué en dehors de la zone de mise à l'eau, ou se trouve enchevêtré avec un autre bateau ou une marque, peut être libéré et remis à flot seulement avec l'aide extérieure de l'équipage d'un bateau d'assistance.*

2) *Les concurrents qui ne sont pas en course peuvent apporter une aide extérieure dans la zone de mise à l'eau tel que permis par la règle E4.5* (mise et remise à l'eau). (Règle E 4.2 Aide extérieure)

Avec de telles restrictions, un bateau qui vient à la berge ne peut plus être repoussé par une personne (concurrent ou spectateur) à partir de la terre, sauf si la zone de mise à l'eau est décrite comme toutes les berges longeant la zone de course. Il faudra que la « récup » puisse s'approcher.

14.11 Arbitrage

Il existe trois formes d'arbitrage parmi lesquelles l'organisateur aura dû choisir. Ce choix doit figurer dans les instructions de course. Arbitrage classique, DIRBOS et arbitrage direct.

Arbitrage classique

• Observateurs : *le comité de course peut désigner des observateurs de course, qui peuvent être des concurrents. Ils doivent rester dans la zone de contrôle pendant que les bateaux sont en course et doivent héler et répéter l'identité des bateaux qui touchent une marque ou un autre bateau. De tels appels doivent être faits depuis la zone de contrôle. Les observateurs doivent faire un rapport sur tous les incidents non résolus au comité de course à la fin de la flotte.* (Règle E 3.1 Courses avec des observateurs).

Les arbitres et observateurs sont au milieu des « Skippers » dans la zone de contrôle.

Les observateurs rapportent en fin de flotte les incidents non résolus au comité de course. Le comité de course peut donc déposer ses réclamations pour abordage de marque ou défaut dans la manière de faire le parcours, comme en voile grandeur. Le rapport de chaque flotte, accompagné des éventuelles réclamations, est transmis au jury. Si le SYRNIN s'applique (voir : système pour réduire le nombre des instructions dans ce paragraphe), les skippers concernés par une réclamation déposée pourront consulter les différentes fiches des commissaires. Ils auront donc la possibilité de se retirer (RAF) après avoir fini et ne pas risquer la disqualification (DSQ) après une instruction. Si une réclamation est déposée et maintenue après l'application du SYRNIN, le rapport de flotte sert à établir sa recevabilité. Il constitue une aide pour l'établissement des faits après avoir écouté les témoignages des différents commissaires ayant reporté l'incident non résolu.

Ajouter à la définition de Partie intéressée « mais pas un concurrent qui agit comme observateur ». (Règle E 1.3 a Définition)

• Réclamation : *Ajouter à la règle 60.1* (a) (réclamer contre un autre bateau) : *« Une réclamation pour une infraction présumée à une règle du chapitre :*

- *2* (quand les bateaux se rencontrent),
- *3* (direction d'une course) ou
- *4* (autres obligations en course)

doit être déposée seulement par un concurrent présent dans la zone de contrôle ou de mise à l'eau, et par un bateau programmé pour courir dans la flotte au cours de laquelle l'incident s'est produit. Après les mots « rapport d'un concurrent d'un autre bateau » dans les règles 60.2 (a) (un comité de course peut) *et 60.3 (a)* (un comité de réclamation peut), *ajouter « sauf s'il agit en tant qu'observateur ».* (Règle E 5.1 Droit de réclamer et de demander réparation)

Dans la règle 61.1 (a) (informer le réclamé), *tout supprimer après la première phrase et*

remplacer par « si sa réclamation concerne un incident survenant dans la zone de course dans lequel il est impliqué ou qu'il voit, il doit héler deux fois « son propre numéro de voile « proteste » contre *le numéro de l'autre bateau ».* (Règle E 5.2 Informer le réclamé)
Pour les épreuves courues en France jusqu'au niveau national, l'utilisation des mots « je réclame » ou « réclamation » est tolérée au sens de la règle E5.2 (informer le réclamé). Prescription de la FFV:

• Temps limites pour réclamer ou demander réparation: *Dans la règle 61.3* (temps limite pour réclamer), *supprimer « deux heures » et remplacer par « 15 minutes ». Ajouter: « un réclamant ayant l'intention de déposer une réclamation doit informer le comité de course dans les cinq minutes suivant la fin de la flotte en question ».* (Règle E 5.3 Temps limite pour réclamer)
Le temps limite pour déposer les réclamations et les demandes de réparation est proportionnel au temps de course d'une flotte et doit être limité en raison de l'enchaînement des flottes avec les montées et descentes qui en découlent (selon le système de course utilisé) Ces demandes doivent être faites par écrit, après en avoir informé le comité de course.
En VRC il faut réagir vite.
Un concurrent qui prend conscience après sa flotte d'avoir enfreint une règle peut se retirer après avoir fini mais avant la pré-instruction. *Un bateau qui reconnaît avoir enfreint une règle du chapitre 2* (quand les bateaux se rencontrent), *3* (direction d'une course) *ou 4* (autres obligations en course) *avant que la réclamation soit déclarée recevable peut abandonner de la flotte en question sans être pénalisé davantage.* (Règle E 5.4 Accepter sa responsabilité). Un disqualifié touche le nombre de points correspondant à l'ensemble des inscrits, un RAF seulement un point de plus que le dernier de sa flotte.

• SYRNIN: système pour réduire le nombre d'instructions des réclamations. Pour que ce système s'applique, le paragraphe suivant doit se trouver dans les instructions de course:
Quand une ou plusieurs «parties» ont hélé «réclamation ou je proteste» et qu'aucune exonération par pénalité de remplacement n'a été effectuée, le différend opposant les «parties» doit se résoudre comme suit:
1) Les observateurs doivent rédiger un rapport, sur une feuille de communication du comité de course–jury, décrivant ce qu'ils ont vu lors de cette infraction non réparée.
2) Les réclamants doivent compléter leur réclamation.
3) Tous les documents relatifs à l'incident (réclamation et rapport(s) du (des) observateur(s) doivent être mis à la disposition de chaque partie dans la réclamation.
4) Les parties dans la réclamation disposent alors de 5 minutes pour prendre connaissance de ces documents. Puis ils doivent informer le comité de réclamation du choix qu'ils ont fait selon les alternatives suivantes:
a) maintenir leur réclamation et encourir une possible disqualification après instruction;
b) «se retirer après avoir fini», lorsqu'il(s) constate(nt) l'évidence de l'infraction décrite par les observateurs. Cette deuxième alternative est moins pénalisante que la première (DSQ = nombre des inscrits à la manifestation + 1; RAF = place maximum du dernier inscrit de sa flotte + 1).
5) Si les deux parties de la réclamation choisissent la première alternative,
a) une instruction complète doit se dérouler. Des témoins peuvent être entendus.
6) Si l'une (ou les deux) partie(s) en cause dans la réclamation choisit(ssent) la deuxième alternative,
b) il(s) doi(ven)t être considéré(s) comme RAF, et aucune instruction n'a lieu.

• Instructions, réception des témoignages : l'ancienne E6.7 (97-2000) limitait la réception des témoignages aux seules personnes se trouvant dans la zone de contrôle, qu'elles soient concurrent programmé pour la flotte, observateur, membre du comité de course ou de réclamation.

Une nouvelle règle précise qu'il faut *ajouter à la règle 63.6* (réception des témoignages et établissement des faits) : *« un témoignage apporté par des concurrents à propos d'une infraction supposée à une règle du chapitre2* (quand les bateaux se rencontrent), *3* (direction d'une course) *ou 4* (autres obligations en course) *ne doit être accepté que s'il émane d'un concurrent qui se trouvait dans la zone de contrôle ou de mise à l'eau et dont le <u>bateau était programmé pour courir</u> dans la flotte où l'incident est survenu ».* (Règle E 5.7 Réception des témoignages et établissement des faits)

La limitation de situation géographique (zone de contrôle ou de mise à l'eau) s'applique aux seuls compétiteurs programmés pour courir la flotte concernée par la réclamation. Il n'y a plus aucune restriction pour les arbitres : sauf que les observateurs (à supposer y compris les membres du comité) *doivent rester dans la zone de contrôle pendant que les bateaux sont en course.* Les équipages des récupérations ne devront pas être considérés comme membres du comité de course, si l'on veut garder la même vision de l'aire de course que les concurrents.

Les concurrents qui ne sont pas en course doivent rester à l'extérieur des zones de contrôle et de mise à l'eau sauf lorsqu'ils portent assistance selon la règle E4.2 (aide extérieure) *ou s'ils agissent en tant que observateurs de course.* (Règle E 3.3 Zones de contrôle et de mise à l'eau)

Il n'y a donc plus de restrictions de placement pour les membres des différents comités. L'annexe L : recommandation aux comités de réclamation précise que l'on doit *permettre à un membre du comité de réclamation qui a vu l'incident d'apporter son témoignage (règle 63.6)* (réception des témoignages et établissement des faits)*, mais seulement en présence des parties. Il peut être questionné et peut rester dans la salle (63.3 (a))* (droit d'être présent).

Les arbitres (comité de course ou juge) qui œuvrent seront particulièrement attentifs à ne témoigner que pour aider au maintien de la régularité sportive. De même, les bandes vidéo filmées d'un endroit différent de la zone de contrôle et/ou de mise à l'eau pourront être visionnées si elles peuvent aider à établir la véracité des faits. *Les photographies et les bandes vidéo peuvent parfois fournir des preuves utiles, mais les comités de réclamation devraient en connaître les limites... :* (Recommandations L 7 : preuve photographique)

En conséquence, peuvent témoigner :

- les concurrents programmés dans la course concernée, qu'ils soient dans la zone de contrôle ou brièvement dans la zone de mise à l'eau ;
- les concurrents qui œuvrent comme observateurs depuis la zone de contrôle ;
- les membres du comité de réclamation comme ceux du comité de course, quel que soit l'endroit d'où ils ont vu l'incident.

Ne peuvent pas témoigner :

- les concurrents non programmés pour courir, hormis quand ils œuvrent comme observateurs dans la zone de contrôle ;
- les concurrents, non programmés dans la course concernée, même s'ils portent assistance dans la zone de mise à l'eau.

• Décisions : comme pour tous les supports une infraction avérée à une règle des chapitres 2, 3 ou 4, ou de jauge, ou de règles de classe, ne peuvent mener qu'à une disqualification (DSQ = points égaux au nombre d'inscrits plus 1). La possibilité de se retirer après avoir fini sera moins pénalisante (RAF = points de la place du dernier de la flotte).

À la place de la disqualification prévue à la règle 64.1 (a) (pénalités et exonération), *la pénalité pour une infraction à la règle E3.3* (zones de contrôle et de mise a l'eau), *E4.2 (a)* (conseil tactique ou stratégique) *ou E4.5* (mise et remise à l'eau) *peut être déterminée par le comité de réclamation et consister en : a) l'exclusion pour la course suivante, b) la disqualification pour la course suivante, ou c) un ou plusieurs tours de pénalités qui doivent être effectués immédiatement après que le bateau a pris le départ de la course suivante.*
Pour les cas ci-dessus, la règle 64.1 (c) (disqualification dans la course la plus proche) *ne s'applique pas.* (Règle E 5.8 Pénalités et exonération)

Réparation
Ajouter à la règle 62.1 (réparation) :
e) interférence radio, ou f) un enchevêtrement ou un échouage dû à l'action d'un bateau ayant enfreint une règle du chapitre 2 (quand les bateaux se rencontrent) *ou d'un navire qui n'était pas en course et qui avait l'obligation de se maintenir à l'écart.* (Règle E 5.5 Réparation)
ET
La première phrase de la règle 62.2 (demande de réparation) *est modifiée comme suit : « la demande doit être faite par écrit dans le temps limite de la règle E5.3* (temps limite pour réclamer = 5'). (Règle E 5.5 Réparation)
Si possible, un bateau doit éviter un bateau qui est chaviré ou enchevêtré, ou qui n'est pas encore maîtrisé après un chavirage ou un enchevêtrement. Un bateau est chaviré quand sa tête de mât est dans l'eau. Deux bateaux ou plus sont enchevêtrés durant la période où ils sont accrochés les uns aux autres de telle sorte qu'aucun d'entre eux n'est capable de manœuvrer pour se libérer des autres. (Règle E 2 Chaviré ou enchevêtré)
Ajouter à la règle 64.2 (décisions de réparation) : *« si un bateau auquel une réparation a été accordée a subi des dommages, on doit lui donner un délai raisonnable, mais pas plus de 30 minutes, pour effectuer les réparations avant sa flotte suivante.* (Règle E 5.9 Décision de réparation)
La règle 66 (réouverture d'une instruction) *est modifiée : pour « 24 heures », lire « 10 minutes ».* (Règle E 5.10 Réouverture d'une instruction)

► *Le DIRBOS*

(Appels différés des observateurs) a été inventé par les Anglo-Saxons avec pour objectif principal d'encourager les concurrents à observer les RCV plus rapidement en utilisant leurs propres jugements sans attendre d'entendre qu'un observateur « signale » l'incident avant d'accepter que l'incident arrive. Cela induit l'attitude actuelle des concurrents impliqués dans des incidents : « si un observateur ne me hèle pas dans un incident, je ne suis pas concerné ». Le système ci-dessous reste bien dans l'esprit des règles de course (RCV) et ne modifie aucunes applications des principales règles.
Malheureusement, ce système a vite prouvé ses effets pervers. Les arrivées bâbord amures à la première marque au vent se sont multipliées avec virement de bord dans la zone (quatre longueurs), alors qu'un train de bateaux arrive en tribord. Les tribords conscients que le bâbord ne se maintient pas l'écart et pour respecter de la règle 14 (éviter le contact) lofent et/ou sont amenés à virer de bord avant le contact. Sans contact, aucune annonce ne peut être faite. Le contrevenant effectue après le passage de la marque un petit tour bien peu pénalisant et se retrouve souvent encore devant celui (ceux) qu'il a gêné(s) et qui sont parfois entrés en contact à cause d'un autre bateau qui aurait dû se maintenir à l'écart. Le contrevenant a gagné un avantage notable qui ne peut être sanctionné par le comité de réclamation

que si « la (les) victime(s) » porte(nt) réclamation. Où est la sportivité dans ce système ?
Si, dans les instructions de course, il est indiqué que le DIRBOS s'applique, alors la règle E 3.1 : courses avec des commissaires, est modifiée en remplaçant tout ce qui suit la première phrase par :

DIRBOS 1

a) Les observateurs de course doivent noter toutes les infractions aux règles entraînant un contact entre bateaux ou entre un bateau et une marque.

b) Ils devront noter tous les appels à la voix concernant des réclamations et noter le(s) numéro(s) de voile du (des) bateau(x) qui a (ont) ainsi hélé. Ils doivent aussi observer attentivement si un ou plusieurs bateaux impliqués dans l'incident s'apprêtent à s'écarter largement de la flotte pour effectuer une rotation de pénalité.

DIRBOS 2

Si, après une courte période, d'au moins dix secondes faisant suite à une infraction à une règle, l'observateur n'observe aucune des situations suivantes :

a) il a entendu un bateau impliqué dans l'incident héler deux fois « réclamation » et identifier le numéro de voile d'un autre bateau impliqué, ou ;

b) il a vu au moins un bateau commencer à s'écarter largement de la flotte et/ou commencer sa rotation, ou ;

c) il a entendu un bateau, impliqué dans l'incident, héler qu'il accepte la responsabilité de l'infraction à une règle et qu'il est sur le point de s'écarter largement de la flotte pour commencer sa pénalité de rotation.

DIRBOS 3

Alors l'observateur doit héler deux fois « annonce d'un observateur, le(s) numéro(s) de voile du (des) bateau(x) impliqués, en donnant la raison principale de l'appel à la voix.

Par exemple : • *n°... contact avec la marque..., ou,*
• *Contact entre les bateaux n°... et n°...*

DIRBOS 4

Tout bateau qui a pu enfreindre une règle lors un incident annoncé par un observateur peut immédiatement effectuer la pénalité de remplacement du DIRBOS (720°) *et les règles 31.2* (360° pour abordage d'une marque) *et 44.2* (360° pour pénalités de remplacement) *des RCV ne doivent plus s'appliquer. Et sont remplacées par : DIRBOS – Pénalité de remplacement.*

DIRBOS 5

a) Après avoir entendu un observateur annoncer son numéro de voile, un bateau qui a pu avoir enfreint une règle du chapitre 2 ou la règle 31 des RCV pendant qu'il est en course peut immédiatement effectuer une pénalité. Sa pénalité doit être une pénalité de rotation de 720°. Cependant, s'il a causé un dommage sérieux ou obtenu un avantage significatif dans la course ou la série grâce à son infraction, il doit abandonner.

b) Après s'être largement écarté des autres bateaux dès que possible après avoir entendu l'observateur annoncer l'incident, un bateau effectue une pénalité de rotation de 720° en faisant rapidement deux tours complets de 360° dans le même sens, comprenant deux virements de bords et deux empannages. Quand un bateau effectue la pénalité sur ou près de la ligne d'arrivée, il doit revenir entièrement du côté parcours de la ligne avant de finir.

c) À la fin de la flotte, les observateurs doivent rapporter au comité de course tous les incidents pour lesquels aucun bateau, ou éventuellement le mauvais bateau, a effectué une pénalité. Si le (les) bateau(x) qui a (ont) enfreint une règle du chapitre 2 (quand les bateaux se rencontrent) *ou la règle 31* (abordage d'une marque) *des RCV effectue(nt) une pénalité de remplacement DIRBOS, l'incident peut être clos.*

Note : Quand le DIRBOS s'applique, les observateurs annonceront en général les numéros de voile de deux bateaux ou plus pour les infractions aux règles du chapitre 2 des RCV. L'obligation d'effectuer la pénalité de remplacement DIRBOS ne concernera que le bateau qui se considère fautif. S'ils n'effectuent pas de pénalité, les autres bateaux n'encourent aucun risque à condition qu'ils n'aient pas enfreint de règle.

Les Anglo-Saxons ont joint le texte ci-après intitulé : Brèves explications pour aider les comités de course à organiser les essais de ce système :

(La nécessité pour un bateau fautif d'une infraction à l'une des règles de course à la voile de faire deux tours après qu'un observateur a hélé : c'est une infraction supplémentaire à la règle 31.2 et 44.2 des RCV et cela nécessite de faire un second tour de pénalité. (Référence à la règle E4.4). Un bateau innocent d'une infraction à une règle des RCV n'est pas obligé de faire des tours après qu'un observateur a hélé son numéro de voile parmi ceux impliqués dans un incident.

Après un contact entre bateaux, la reconnaissance par l'un d'eux d'une infraction à une règle de course en acceptant un ou plusieurs tours de pénalités ne relève pas l'autre bateau de ses obligations d'accepter une pénalité s'il a aussi enfreint une règle. Référence à la 44.1. S'il pense être innocent d'une infraction, alors l'observateur doit noter le fait.

- Un bateau qui accepte spontanément une pénalité par rotation et commence à l'exécuter dans les dix secondes qui suivent l'incident ne doit naturellement pas être soumis à la règle DIRBOS 3 dont il est fait référence ci-dessus.
- Les bateaux qui ont réclamé immédiatement dans l'incident ne doivent pas non plus être soumis à la règle DIRBOS 3 dont il est fait référence, pourvu naturellement que ce bateau désire s'exonérer lui-même en exécutant la pénalité par rotation conformément à la règle 44.2 (360°).
- Un bateau qui accepte immédiatement sa faute en le hélant conformément à la règle E 4.4 peut se permettre d'attendre un peu à l'intérieur des 10 secondes avant de s'écarter de la flotte pour commencer sa pénalité par rotation.

Arbitrage direct

Si l'avis de course et/ou les instructions de course le prévoit(nt), les courses peuvent être arbitrées en direct (umpiring), dans ce cas la règle E3.1 ne s'applique pas. Les umpires doivent rester dans la zone de contrôle pendant que la flotte se court et tous les appels des umpires doivent être faits de la zone de contrôle.

a) Quand un bateau réclame conformément à la règle E5.2, sauf pour la règle 14 quand les dommages ont résulté d'un contact, ou d'une notification d'un arbitre pour un contact entre bateaux ou une infraction aux règles 31.1, 42 ou 44, l'umpire doit héler aussitôt que possible une des décisions suivantes :

1) « réclamation non fondée » aucune pénalité n'est imposée, l'incident est clos ;

2) « réclamation refusée » le réclamant ne s'est pas conformé à la règle 61.1 (a) comme imposé par la règle E5.2 : l'incident est clos ;

3) « pénalité au numéro de voile... » un ou plusieurs bateaux sont pénalisés. Si un umpire ne peut pas distinguer le numéro de voile d'un bateau, il peut identifier le bateau par une description, et puis aussitôt que possible, par son numéro de voile.

b) Un bateau pénalisé doit effectuer une pénalité telle que prévue la règle 44,2 comme modifiée par la règle E4.4 (un seul tour).

c) Quand un bateau a gagné un avantage en enfreignant une règle, a violé une règle délibérément ou n'effectue pas la pénalité demandée, ou a commis une infraction à la sportivité, un umpire peut imposer une ou plusieurs pénalisés supplémentaires ou rapporter l'incident conformément à la règle E3.3 (d).

d) Quand un incident implique une mauvaise navigation ou la règle 14, l'umpire peut rapporter l'incident à un comité de réclamation qui peut pénaliser davantage le bateau concerné. L'umpire doit informer le concurrent de son intention.

e) Il ne doit pas y avoir de demande de réparation ou de réouverture d'instruction ou d'appel d'un bateau d'une décision ou d'une action ou non-action des umpires.

(f) Le comité de réclamation peut décider d'envisager de donner une réparation en cas d'enchevêtrement conformément à la règle 62 (Réparation).

14.12 Classement

Exemple d'application pour le classement du système de course FFV 99

ORDRE D'ARRIVEE	N° FOC	PLACE DANS LA COURSE	POINTS	
Flotte A				
1	51	1	1	
2	72	2	2	
3	83	3	3	
4	55	4	4	
5	57	5	5	
6	60	6	6	
7	63 OCS	12+1	(12)+1= 13	Descendant
8	73 RDG	7	RDG(décis du Jury entre 1er et 7e)	
9	78	8	8	
10	81	9	9	Descendant
11	75	10	10	Descendant
12	85 DNF	12 + 1 =	13	Descendant
Flotte B				
1	50	12+1=	13	Montant
2	54 OCS	23 + 1 =	(11+12)+1= 24	Descendant
3	58	14	14	Montant
4	62	15	15	Montant
5	65 OCS	23+ 1 =	(11+12)+1= 24	Descendant
6	68 DSQ	34 + 1 =	35	Descendant (1er)
7	71	16	16	Montant
8	77 RAF*	(11+12)+1=	24	
9	79	17	17	
10	53 DNF	(11+12)+1=	24	
11	56 DNS	23 + 1 =	(11+12)+1= 24	Descendant(2e)
Flotte C				
1	70	(11+12)+1	24	Montant
2	84 DND	34 + 1 =	35	
3	74	25	25	Montant
4	52	26	26	Montant
5	76	27	27 * selon jury montant 76 ou 82	
6	59	28	28	
7	82 RDG	29	RDG* selon jury montant 76 ou 82	
8	64	30	30	
9	61	31	31	
10	80 DNF	34 + 1 =	35	
11	66 DNS	34 + 1 =	35	

14.13

Dico

Course
Une course est validée lorsque toutes les Flottes, portant son numéro, sont validées. - E 1.1

Flotte
Les bateaux inscrits à une régate sont répartis par groupes de 16 maximum, appelés: "Flotte" En effet le pilotage à distance ne permet pas de faire naviguer plus de bateaux sans les perdre de vue. Une "Flotte" est identifiée par une lettre suivie du chiffre de la course concernée. La flotte A est constituée des meilleurs, ainsi de suite. Dans tout le texte des règles de course en dehors de cette annexe, il convient de remplacer le mot "COURSE" - (Race)- par "FLOTTE" - (Heat) - E 1.1-

Observateurs
Les observateurs sont les "yeux" et les "oreilles" du Comité de Course. Ils peuvent être indépendants des concurrents inscrits à la compétition, ou désignés parmi ceux qui ne sont pas concernés par la flotte à surveiller - E 3.1-. Sans préjuger du fautif, ils annoncent les contacts entre bateaux ou entre un bateau et une marque. Ils notent au fur et à mesure les numéros et, si possible les positions relatives des bateaus impliqués dans leurs annonces ainsi que de tous ceux concernés par des: "réclamations entre concurrents", "pertes de contrôle", "réparations complètes ou incomplètes". Quand cela est prévu aux Instructions de Course, ils sont autorisés à signaler lorsqu'un bateau "rate" la marque: C'est-à-dire quand le bateau, qui en est très proche, se déplace dans le bon sens, mais ne passe pas du bon côté de celle-ci. Toutefois ils ne doivent pas indiquer les erreurs de parcours. Ils ne doivent pas indiquer à un concurrent qu'il se trompe de marque. Le tableau du parcours, toujours visible de la Zone de contrôle, permet à chacun de rester informé - E 3.2-. A la fin d'une "Flotte" les observateurs rapportent au Comité de Course les incidents non résolus. En cas d'instruction, concernant un incident non résolu dont l'un d'entre eux a été témoin, il sera invité à déposer devant le Comité de réclamation. (Dans ce cas il n'est pas considéré comme partie intéressée).

Récup
Mot abrégé signifiant bateau de récupération. L'intervention de ce bateau est demandée par le skipper, lorsque son bateau a besoin d'être desenchevêtré ou ramené au bord.

RSD
Radio Sailing Division, Ancien MYRD de l'IYRU. C'est l'équivalent pour la fédération internationale (ISAF) du secteur voile radiocommandée de la FFV.

Zone de Contrôle
Concurrents comme Arbitres doivent avoir la même vision de la zone dans laquelle évoluent les bateaux concernés par la flotte. Ils se tiennent dans une zone délimitée qui restreint leur déplacement, sur une trentaine de mètres face à la zone de course. - E 3.3-.

Zone de mise à l'eau
Les zones de contrôle et de mise à l'eau doivent être définies dans les instructions de course. Les concurrents en course doivent rester dans la zone de contrôle pendant qu'une flotte se déroule, sauf qu'ils peuvent brièvement faire l'aller-retour à la zone de mise à l'eau pour effectuer les actions autorisées par la règle E4.5 (Mise et remise à l'eau). *Les concurrents qui ne sont pas en course doivent rester à l'extérieur des zones de contrôle et de mise à l'eau sauf lorsqu'ils portent assistance selon la règle E4.2 (Aide extérieure) ou s'ils agissent en tant que commissaire observateurs de course.* (Règle E 3.3)

CHAPITRE 15 - LEXIQUE ET ANNEXES

LEXIQUE

Préambule: les mots suivis d'un (*) sont explicités dans le présent chapitre

A

Abattre: voir laisser porter (*). Contraire Lofer (*)

Abréviations pour les résultats:
DNC: n'a pas pris le départ; n'est pas venu sur la zone de départ.
DNS: n'a pas pris le départ; (autre que DNC et OCS).
OCS: n'a pas pris le départ; du côté parcours de la ligne de départ et a failli à satisfaire à la règle 29.1. (du côté parcours au moment du départ) *ou 30.1.* (règle du retour par les extrémités)
ZFP: pénalité de 20 % selon la règle 30.2. (règle de pénalité de 20 %)
BFD: disqualification selon la règle 30.3. (règle du pavillon noir)
SCP: a reçu une pénalité en points selon la règle 44.3. (pénalités en points)
DNF: n'a pas fini.
RAF: a abandonné après avoir fini.
DSQ: disqualification.
DNE: disqualification qui, selon la règle 88.3 (b) (classement), *ne peut être retirée.*
RDG: réparation accordée.
DPG: Discretionary Penalty Given (pénalité à la discrétion du comité de réclamation).

Action: à une marque ou un obstacle: voir les différentes appellations: contourner (*) (*to round*), dépasser (*), laisser (*), Parer (*) (*to fecht*), passer (*) (*to pass*).

Allure: l'allure d'un bâtiment est la direction de sa route par rapport à celle du vent, et, comme conséquence, la disposition de voilure appropriée à cette route. Ainsi, on dit qu'un navire tient l'allure ou est sous l'allure du plus-près, lorsque la direction de sa route est celle qui s'approche le plus de celle du vent, en allant, autant que possible, à l'encontre de celui-ci, et que les voiles sont amurées, bordées, brassées et halées en bouline, autant qu'il est nécessaire pour que l'impulsion qu'elles reçoivent du vent dans cette position ait la plus grande efficacité possible. Sous l'allure du grand largue, la direction de route fait un angle de douze quarts ou de 135° avec celle du vent. [*Dictionnaire de la marine à voile*, Bonnefoux et Paris]

Amure : bâbord amures, tribord amures. Les amures ont une relation particulière avec le côté du vent d'une voile, par conséquent avec le même côté du vent d'un navire, c'est-à-dire avec le bord de ce navire qui est alors frappé par le vent. Aussi, être tribord amures... se dit d'un bâtiment qui gouverne en recevant le vent par tribord. De même, changer d'amures, prendre les amures de l'autre bord veut dire: virer de bord à l'effet de gouverner en recevant le vent du côté de ce navire qui était, auparavant, celui sous le vent. [*Dictionnaire de la marine à voile*, Bonnefoux et Paris]

Arbitres: voir comité de course, jaugeur, comité de réclamation, jury et umpire.

Appel: *les appels doivent être adressés au jury d'appel de la Fédération française de voile, 55, avenue Kléber, 75784 Paris CEDEX 16.* (Prescription FFVoile)
L'interprétation d'une règle par un comité de réclamation ou ses procédures, mais pas les faits dans sa décision, peut être soumise à appel auprès de l'autorité nationale (jury d'appel) *du lieu de l'épreuve* (règle 70.1).

Appel (Jury d'...) : *l'autorité nationale* (jury d'appel de la FFVoile) *peut confirmer, modifier ou inverser la décision d'un comité de réclamation, déclarer la réclamation ou demande de réparation non recevable, ou renvoyer la réclamation ou la demande pour une nouvelle instruction et décision par le même comité de réclamation, ou par un comité de réclamation différent.* (Règle 71.2)

Appel à la voix : voir « héler ».

Au vent : voir sous le vent.

Avis de course : AdC est en quelque sorte le carton d'invitation à une manifestation. Celui-ci précise le lieu, la date, la ou les classes admises à courir, les conditions d'inscription, les règles applicables, etc. (cf. chapitre Formalités)

B

Bâbord : le côté [...] d'un bateau est sa partie gauche en regardant vers sa proue (vers l'avant). L'autre est le côté tribord (à droite). Moyen mnémotechnique :en imaginant le mot «batterie» écrit lorsque l'on regarde l'avant d'un navire, le côté de BA, côté de la première syllabe est à gauche, le côté de TRI, côté de la dernière syllabe est à droite.

Bateau : dans toute la traduction des RVC le mot *boat* a été traduit par bateau et non plus par voilier. Cette expression s'applique non seulement à un voilier avec équipage embarqué ou radiocommandé, mais également aux PAV (planches à voile).

Bon Marin (en...) : *l'expression « en bon marin » s'applique... d'abord à un voilier engagé à l'extérieur, en disant qu'il doit laisser assez de place pour que le voilier à l'intérieur n'ait pas besoin d'accomplir des manœuvres extraordinaires ou anormales pour se maintenir à l'écart de lui et de la marque. Elle s'adresse aussi au voilier à l'intérieur. Il n'a pas le droit d'invoquer une place insuffisante s'il n'exécute pas avec une efficacité raisonnable la tenue de sa barre, de ses écoutes et de ses voiles pendant le contournement.* (Cas ISAF 21) *Les manœuvres « extraordinaires » et « anormales » ne sont pas dignes d'un « bon marin ». Cependant, des actions qui ne sont pas dignes d'un bon marin dans une flotte nombreuse peuvent être considérées comme dignes d'un bon marin dans une situation avec seulement deux bateaux. Ainsi, en match racing, certaines manœuvres peuvent être jugées normales alors qu'elles seraient jugées anormales dans d'autres types de courses, et en conséquence « en bon marin » doit être interprété de façon plus large en match racing. Toute manœuvre, cependant, qui crée un risque de dommage non raisonnable pour un voilier ou son équipage n'est pas digne « d'un bon marin ». Les umpires devront juger chaque incident à partir des actions du voilier en tenant compte des conditions de vent et de mer du moment.* (call ump - 20)
Voir aussi Cas ISAF 92.

Bord, bâbord ou tribord : *un bateau est sur un bord, tribord ou bâbord correspondant à son côté au vent.* (Définitions)

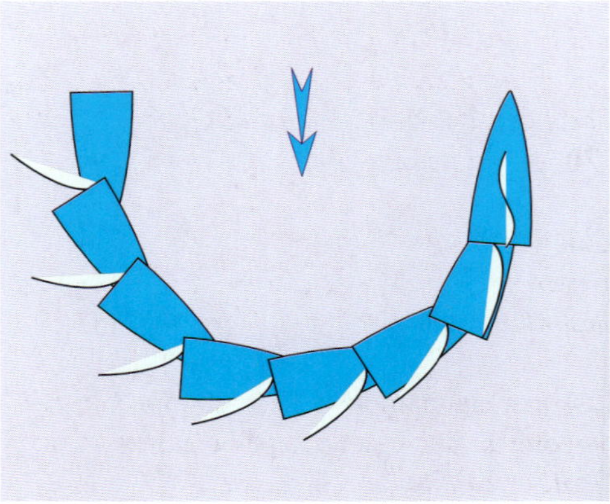

Bâbord Amures du vent arrière à face au vent (bout au vent) en lofant.

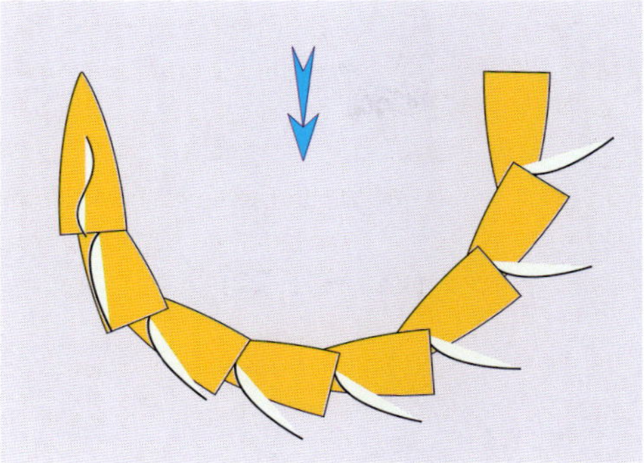

Tribord Amures du vent arrière à face au vent (bout au vent).

Un bateau est forcément sur un bord, même s'il est face au vent. En revanche, pour pouvoir bénéficier d'une priorité, le virement de bord (*) doit être terminé *(règle 13 pendant le virement de bord)*, ou le fond de la grand voile doit être pleine pour que l'empannage (*) soit terminé *(règle C2.4 addition de la règle 13.2 pendant l'empannage)*

C

Classe : *une classe de bateau/planche à voile comprend les bateaux/planches à voile conformes aux spécifications physiques favorisant la compétitivité des courses dans la classe, et sans limiter le sens général ci-dessus, comprend les classes monotypes, à restriction et à jauge calculée, dans le sens généralement admis, et pour laquelle il existe une organisation pour gérer la classe* (règle 20.10 b du Code de publicité). Exemple : Optimist, 420, 470, yngling, etc.

Classement : (scoring) action de placer, mettre dans un certain ordre. (*Petit Larousse illustré*)

Comité de course : c'est un ensemble des personnes qui œuvrent principalement sur l'eau. *Le comité de course doit :*

- *diriger les courses selon les directives de l'autorité organisatrice et comme requis par les règles* (règle 88.1) ;
- *publier des instructions de course écrites conformes à la règle J2* (contenu des instructions de course) (règle 88.2 (a)) ;
- *effectuer le classement d'une course ou d'une série...* (règle 88.3 (a)).

Le président du comité de course [...] doit être, sauf dérogation accordée par la FFV, de nationalité française ou résidant en France. Prescription FFVoile p. 44.

Quand un jaugeur d'une épreuve arrive à la conclusion qu'un bateau ou un équipement personnel ne satisfait pas aux règles de classe, il doit en référer par écrit au comité de course, qui doit réclamer contre le bateau. (Règle 78.3)

Comité de réclamation (voir aussi jury) : *personnes concernées par l'instruction des réclamations et des demandes de réparation* (préambule de l'annexe L - recommandation aux comités de réclamation).

Un comité de réclamation doit être un comité désigné par le comité de course (règle 89 (b). *i.e.* Tout ou partie de ses membres sont aussi membres du comité de course).

Le comité de réclamation doit comprendre au moins trois possédants la qualification requise. Prescription FFVoile, p. 43.

Le président du [...] comité de réclamation doit être, sauf dérogation accordée par la FFV, de nationalité française ou résidant en France. Prescription FFVoile, p. 43.

Concurrent : *en plus de son sens généralement admis, est défini comme concurrent toute personne qui a le droit d'utiliser un bateau en tant que propriétaire, en location, en prêt ou autre, quel que soit le bateau* (règle 20.10.g du Code de publicité). *Les concurrents doivent satisfaire à l'annexe 2* (règle 75.2 S'inscrire à une course), c'est-à-dire ... *être membre d'une autorité nationale membre* de l'ISAF (règle 21.1(b) du Code d'admissibilité ISAF).

Contact avec une marque : *un bateau aborde une marque au sens de la règle 31 quand n'importe quelle partie de sa coque, de*

son équipage ou de son équipement touche la marque (Cas ISAF 77). *Une ligne de mouillage et des objets qui sont temporairement ou accidentellement attachés* à la marque *n'en font pas partie* (définition de Marque).
Le fait que l'équipement (retenue de spinnaker) d'un bateau *touche la marque parce qu'il a des difficultés de manœuvres ou de réglage des voiles n'excuse pas son infraction à la règle 31.1* (cas ISAF 77).
Le fait qu'un équipier « shoote » dans une marque pour éviter qu'elle ne touche le bateau constitue un contact entre l'équipage et la marque et crée une infraction à la règle 31 (Abordage d'une marque).

Contact avec un autre concurrent : un spinnaker, en position normale, qui touche le tangon ou le hauban d'un bateau sous le vent, constitue un contact entre bateaux, même si les coques ne se touchent pas.

Contourner une marque ou un obstacle : faire le tour de quelque chose pour l'éviter (*Petit Larousse*). Contourner à tribord, signifie que l'objet en question devra se trouver à tribord du bateau. Les marques gonflables n'ont ni bâbord ni tribord, seuls les bateaux ont un côté : en regardant vers l'avant, bâbord (*) pour la gauche et tribord (*) pour la droite.

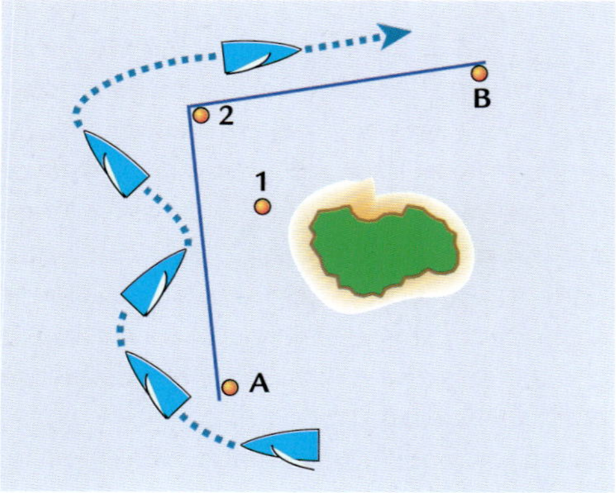

Un bateau doit... laisser (*leave*) *chaque marque du côté requis dans l'ordre correct..., de telle façon qu'un fil représentant son sillage..., passerait* (*to pass*), *s'il était tendu, du côté requis de chaque marque et toucherait chaque marque à contourner* (*rounding*) (règle 28.1).
Le sillage du bateau qui doit se rendre de la marque A à la marque B « laisse » la marque 1 à tribord (elle indique un haut fond) mais contourne la marque 2 à tribord.
Cette expression se retrouve dans les règles 18 + 28 + 30.

Course (en ...) : *un bateau est en course depuis son signal préparatoire jusqu'à ce que, soit il ait fini et dégagé la ligne et les marques d'arrivée, soit il ait abandonné, ou jusqu'à ce que le comité de course ait signalé un rappel général, un retard, ou une annulation.* (Définition) Avant son signal préparatoire, il n'est pas en course. Les règles 31 (abordage de marque) et 44 (pénalité pour infraction au chapitre 2 quand les bateaux se rencontrent) ne s'appliquent pas.
Et *quand on redonne le départ d'une course, ou qu'elle est recourue, une infraction à une règle, autre que la règle 30.3 (règle du pavillon noir), dans la course initiale ne doit pas empêcher un bateau de courir ou, sauf selon la règle 30.2 (règle de pénalité de 20 %), 30.3* (règle du pavillon noir), *ou 69* (allégations de mauvaise conduite notoire), *faire qu'il soit pénalisé.* (règle 36 course dont le départ doit être redonné).

Course : « Manche ». Le mot « manche » n'existe plus dans la traduction des règles de course. Dans tout le texte le mot *race* a été traduit par *course*. Sinon, nous aurions des signaux de départ de manche, des annulations de manche, des résultats de manche etc. dans toute la traduction.

Course par équipe : voir chapitre 13.

D

Dégagé : dans définitions de Finir (cf. § 7).

Demande de réparation : *une demande de réparation ou une décision du comité de récla-*

mation d'envisager une réparation doit être basée sur la prétention ou la possibilité que la place d'arrivée d'un bateau dans une course ou série a été, sans qu'il y ait eu faute de sa part, aggravée de façon significative (règle 62).
La demande doit être faite par écrit dans le temps limite... (règle 62.2) sur un formulaire de réclamation. On ne réclame pas contre un comité mais on lui demande réparation.

Demande de réouverture: voir réouverture.

Départ :
Le signal de [...] correspond à *l'amenée du pavillon de classe* accompagné d'*un signal sonore* (règle 26). Ce signal sert à déclencher le chronomètre pour établir le temps de course de chaque bateau.
Heure de [...]: *l'heure du signal de départ d'un bateau doit être son heure de départ* (règle A 3).
Prendre le [...]: correspond à une définition des RCV: *un bateau prend le départ quand, après son signal de départ... il coupe la ligne de départ pour la première fois...*
Autrement dit: avant l'heure c'est trop tôt (OCS), après l'heure c'est perdre du temps, puis cela peut devenir trop tard.

Dépasser (une marque ou un obstacle): aller au delà; devancer, laisser derrière soi. (*Petit Larousse illustré*)

Dog leg: sa traduction « jambe de chien » n'est jamais utilisée.

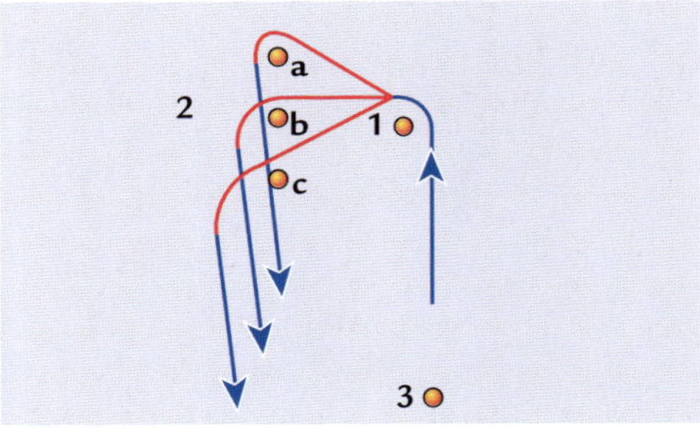

Le « dog leg » est le petit bord, de la marque 1 vers la 2, qui permet d'éloigner la flotte de la zone des deux longueurs après le passage de la marque au vent et avant le bord de portant suivant (2 vers 3).
Suivant les classes, ce bord:
- ne doit pas permettre d'envoyer le spi (ex: habitable 1 vers 2a);
- d'être fait sans tirer des bords (ex: catamaran 1 vers 2c).

Dommages: *il n'est pas possible de définir exhaustivement « dommage », mais un sens courant du dictionnaire est « atteinte ou blessure diminuant la valeur ou l'utilité d'un objet, ou la santé ou la fonction normale d'une personne. »*
Cette définition suggère les points à considérer. Par exemple:
1. *La valeur marchande de l'un quelconque des éléments du bateau, ou du bateau complet, a-t-elle été diminuée?*
2. *L'un quelconque des éléments du bateau ou de son équipement a-t-il été rendu moins fonctionnel?*
3. *Un membre de l'équipage a-t-il été blessé?*

(Cas ISAF 19)

Doubler : un cap, un écueil, c'est manœuvrer et faire route pour les dépasser, et pour se mettre hors de danger de toucher dessus (*Dictionnaire de la marine à voile*, Bonnefoux et Paris).
(sur le point de... une marque) *la phrase « sur le point de doubler » n'a jamais été définie précisément, et ne peut l'être. En approchant d'une marque, il n'y a pas de point exact où les bateaux deviennent « sur le point de doubler ». Presque toujours, un bateau à deux longueurs d'une marque est sur le point de la doubler, mais c'est parfois aussi le cas à une distance plus grande. La distance à la marque n'est pas le seul facteur, car la vitesse du bateau est également importante, ainsi que d'autres facteurs tels que les conditions de vent et de courant et de l'ampleur des manœuvres de voile requises avant et pendant le contournement, qui peuvent être pertinents. De plus, plus le bateau est proche de la marque et plus il est incontestablement sur le point de la doubler...* (Cas ISAF 84)

Un bateau par le travers d'une marque, mais qui est clairement à l'extérieur de la zone des deux longueurs, n'est pas, dans des circonstances normales, « sur le point de doubler » (Cas ISAF 2)

E

Engagement : deux bateaux *sont engagés quand aucun des deux n'est en route libre derrière.*

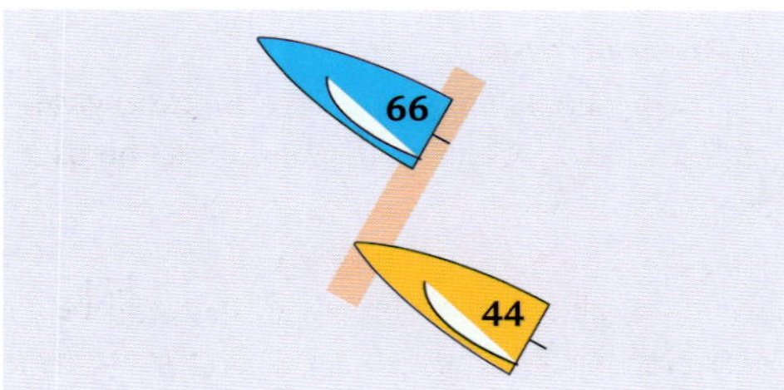

Le bateau jaune, 44, est engagé sous le vent de 66.

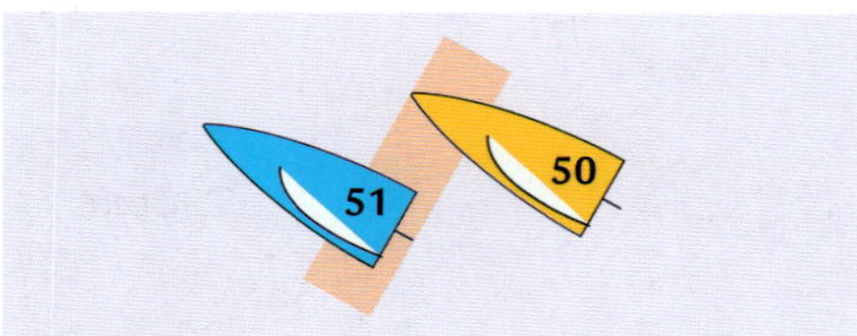

Le bateau jaune, 50, est engagé au vent du bateau bleu 51.

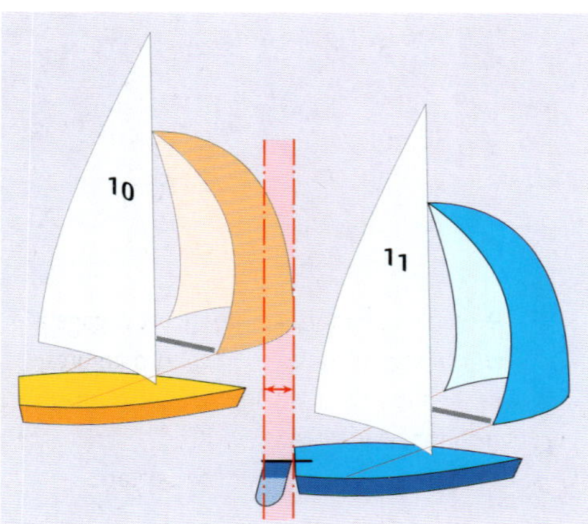

Engagement, sous le vent, du 10 par son spi sur le safran du 11.

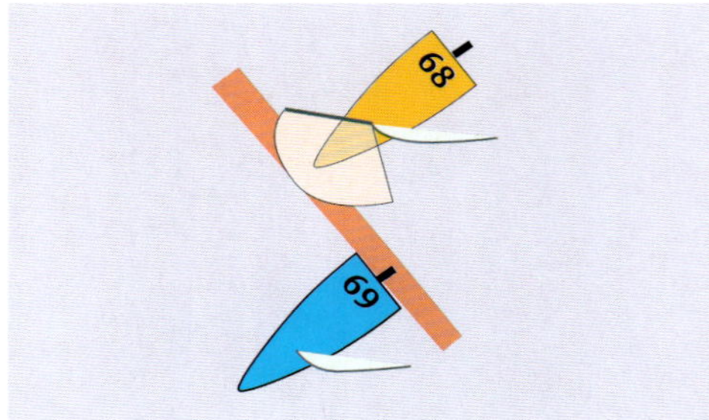

Engagement au vent du jaune 68 par son spi, sur le bleu 69.

Engagement. Sous le vent du 72, à partir d'une route libre derrière et donc application de la règle 17.1

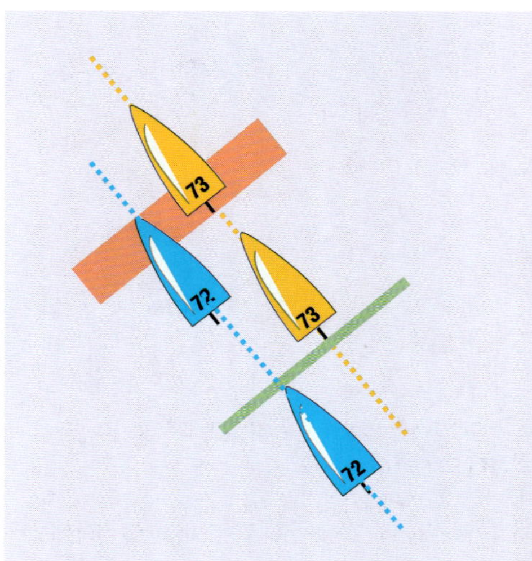

Ils sont engagés quand... un bateau situé entre eux établit un engagement sur les deux.

Le bateau 43 se trouve **entre** le 42 et le 44 ET il est à la fois engagé sur le 42 ET le 44. Ce qui permet au 42 d'être engagé à l'intérieur sur le 44.

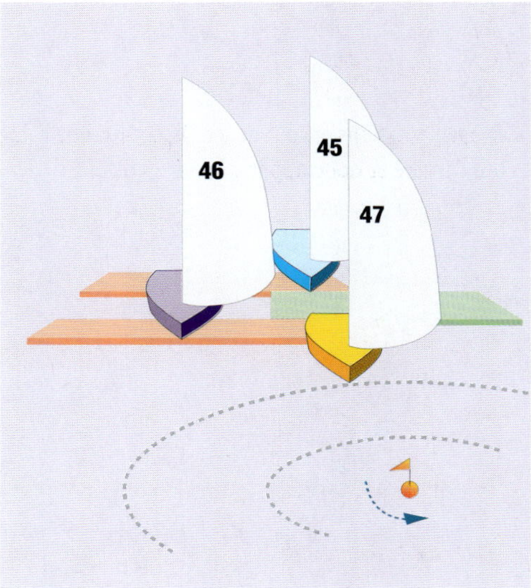

Si le bateau 46 est bien engagé sur 45 ET sur 47. Il **n'est pas** entre eux.

45 n'est donc pas engagé sur le 47. Il est en route libre derrière lui. Toutefois il est engagé à l'intérieur sur le 46

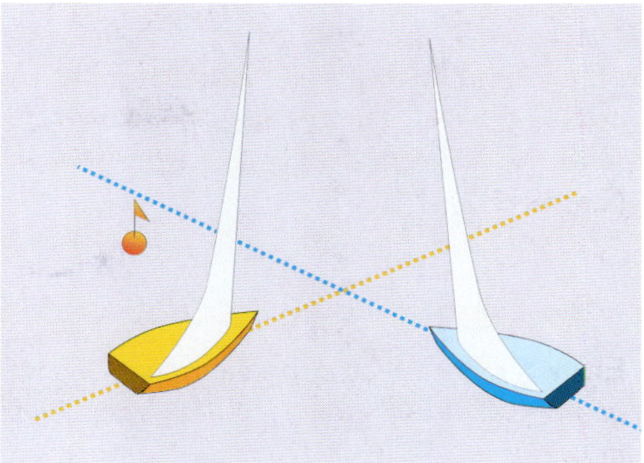

Ces termes ne s'appliquent pas à des bateaux sur des bords opposés au louvoyage.

Le bateau jaune, bâbord amures, n'est pas engagé sur le bleu, tribord amures. Ils sont sur des bords opposés.

Ces termes (route libre devant et route libre derrière ; engagement) ***ne s'appliquent pas à des bateaux sur des bords opposés sauf si la règle 18*** (contourner et passer des marques et des obstacles) ***s'applique***. (définition de Route libre...)

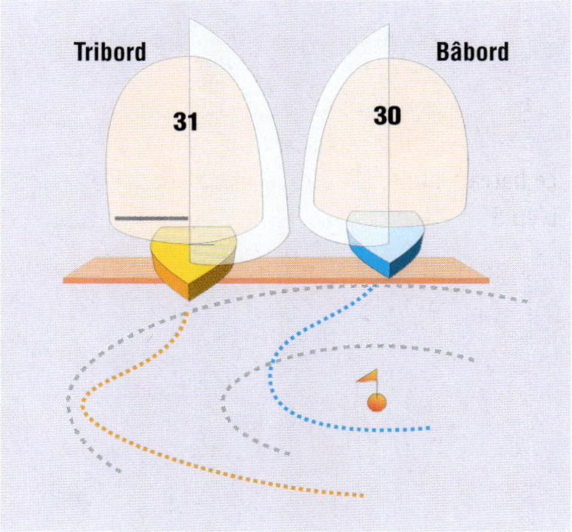

Bien que Bleu soit bâbord amures, il est engagé à l'intérieur du bateau jaune n° 31 tribord amures, quand ce dernier atteint **la** zone* des deux longueurs. (*4 longueurs pour les VRC)

C'est-à-dire à toutes les marques de portant..

Empannage : c'est le nom commun de la manœuvre qui permet de changer d'amures aux allures portantes (avec ou sans spi).

Dans les règles qui s'appliquent à tous les supports, le changement d'amure aux allures portantes ne semblait plus poser de problème, puisque la règle afférente avait été supprimée en 1997. Pourtant, cette manœuvre, quasi instantanée, a du être explicitée pour le match racing, car elle offre un grand choix d'opportunités (règle 10 ou 11 ou 17.1) La règle C2.4 ajoute une règle 13.2 *« pendant l'empannage »* à la suite de la règle 13.1 *« pendant le virement de bord »*.

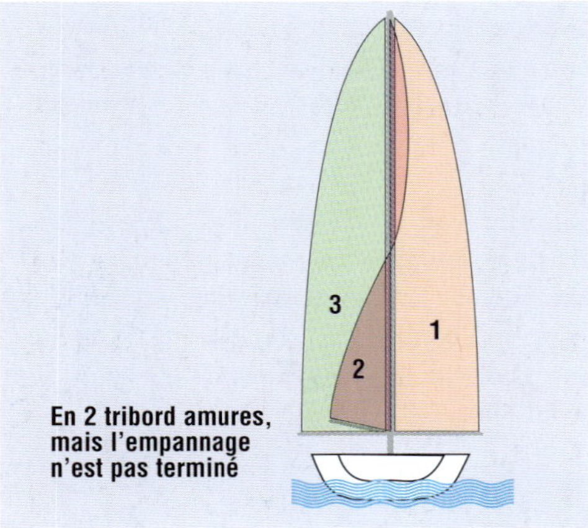

Quand la grand voile est en position 1 le bateau est bâbord amures. Quand la bôme traverse l'axe du bateau, position 2, elle est dans une position qui permet au bateau d'être considéré comme tribord amures. Mais ce bateau est encore en train d'empanner: le haut de la voile est encore sur l'ancienne amure « *Après que la bordure de la grand-voile d'un bateau naviguant vent arrière a traversé son axe, il doit se maintenir à l'écart jusqu'à ce que sa grand-voile soit pleine sur l'autre bord.* » C 2.4. En position jaune 3, sa voile est pleine jusqu'en haut: il est tribord amures, quelque soit le réglage de son écoute.

F

Finir : *un bateau finit quand une partie quelconque de sa coque ou de son équipage ou équipement en position normale* (*) *coupe la ligne d'arrivée dans le sens de la route depuis la dernière marque soit pour la première fois.* (Définition)

H

Héler : appeler de loin (*Micro Robert*), sous-entendu, pour être entendu. Cette expression se trouve dans les règles 19.1 demande de la place pour virer, dans 61.1 (a) pour réclamer et dans l'annexe E - Voile radiocommandée.

I

Instructions de course : I.C. Contiennent tous les renseignements relatifs à chaque manifestation et aux caractéristiques du plan d'eau, dans le respect de l'annexe J: Avis de course...

J

Jaugeur : sur une épreuve, le jaugeur désigné par l'autorité organisatrice est réputé être l'*autorité responsable de l'interprétation de la règle.*
Quand un jaugeur d'une épreuve arrive à la conclusion qu'un bateau ou un équipement personnel ne satisfait pas aux règles de classe, il doit en référer par écrit au comité de course, qui doit réclamer contre le bateau (règle 78.3). Le jaugeur n'a pas le pouvoir de disqualifier un concurrent en direct, ni porter réclamation directement au comité de réclamation.
En cas de réclamation sur la jauge et *si le comité de réclamation a des doutes sur le sens d'une règle de jauge, il doit transmettre ses questions, avec les faits s'y rapportant, à une autorité responsable de l'interprétation de la règle. En prenant sa décision, le comité de réclamation doit se conformer à la réponse de l'autorité* (règle 64.3b).

Jury : *personnes concernées par l'instruction des réclamations et des demandes de répara-*

tion (annexe L recommandations aux comités de réclamation).
Le *jury*, est *désigné par l'autorité organisatrice, il est séparé et indépendant du comité de course* (règle 89). Il ne comprend aucun membre du comité de course.
Il doit comprendre au moins 3 membres possédant la qualification requise. (Prescription FFVoile)

L

Laisser à... : *a contrario* de contourner, le sillage du bateau n'a pas à toucher la marque ou l'obstacle. Il peut même passer très loin de l'objet à laisser à...
Laisser à tribord signifie que la marque ou l'obstacle, défilera sur le côté tribord du bateau. (Voir illustration à Contourner)

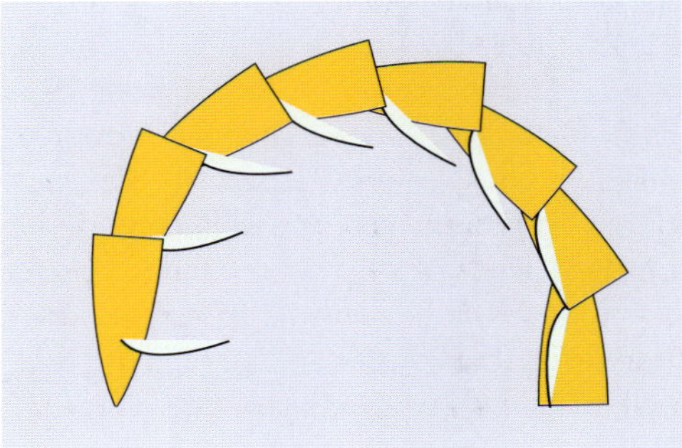

Laisser porter :
Manœuvrer la barre et éventuellement les voiles de manière à ce que l'axe d'un bateau fasse avec la quille et par l'avant un angle plus ouvert avec la direction du vent qui souffle. La route que l'on suit après avoir laissé porter, a une direction plus éloignée du vent. Il faut laisser porter pour passer du plus près au vent arrière sur la même amure.
Contraire : lofer. [*Dictionnaire de la voile*, Bonnefoux et Paris]

Lay-line : au près, les lay-lines (ou bords du cadre) sont les limites à l'intérieur desquelles on doit rester pour ne pas avoir à abattre en arrivant sur la marque au vent. Au portant, les lay-lines sont les limites à l'intérieur desquelles on doit rester pour ne pas avoir à

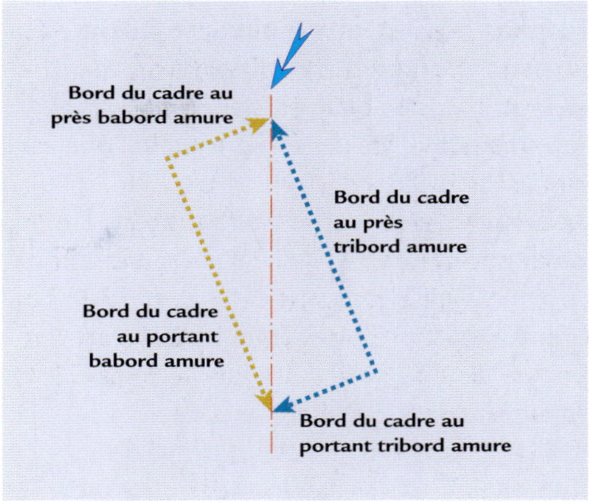

lofer en arrivant sur la marque sous le vent. (*Tactique et stratégie*, D Ravon et C Dumard)

Lofer

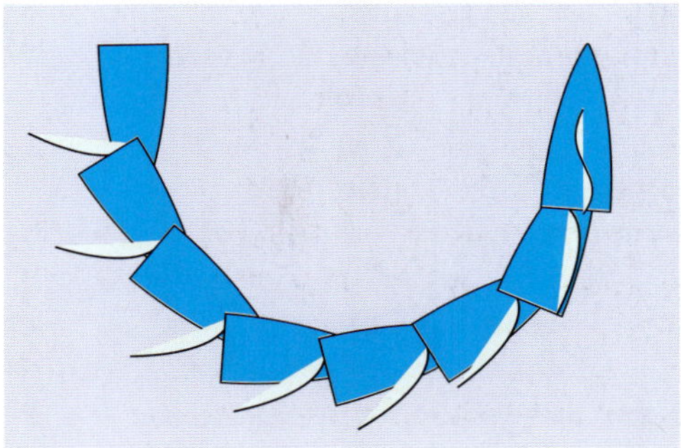

Manœuvrer la barre et éventuellement les voiles de manière à ce que l'axe d'un bateau fasse avec la quille et par l'avant un angle moins ouvert avec la direction du vent qui souffle. La route que l'on suit après avoir lofé a une direction plus rapprochée du vent. Il faut lofer pour passer du vent arrière à bout au vent même amure. Contraire : abattre. (*Dictionnaire de la voile*, Bonnefoux et Paris)

Louvoyage : naviguer en zigzag contre le vent, tantôt sur un bord tantôt sur l'autre (définitions *Petit Robert* et *Petit Larousse*). La navigation s'effectue au plus près.

M

Manche, course : abus de langage Le mot « manche » n'existe plus dans la traduction des règles de course. Dans tout le texte, le mot *race* a été traduit par *course*. Sinon, nous aurions des signaux de départ de manche, des annulations de manche, des résultats de manche, etc., dans toute la traduction.

Marnage : représente l'élévation (ou la descente) de la mer par suite de la marée.

Match racing : voir chapitre 12.

Matossage : déplacement de tout objet de poids du côté « au vent » d'un bateau, pour augmenter le couple de redressement. L'ancre et son mouillage, y compris chaîne et câblot, sont les premières pièces qui sont matossées dans un habitable. Attention, les règles de classe peuvent interdire le déplacement de ce lest mobile et en imposer le « plombage » au centre du bateau.

N

Numéro d'étrave : *un moyen d'identification qu'un bateau doit porter sur l'étrave. Ce moyen d'identification est attribué par l'organisateur, en général pour la durée d'une épreuve, et peut être composé de chiffres et de lettres.* (Règle 20.10 j du Code de publicité)

Normale : voir position normale de navigation et/ou route normale.

P

Parer : une marque, un obstacle, un danger ou un cap (*to fecht*), c'est manœuvrer et gouverner de manière à les éviter, ou à passer suffisamment au large pour les éviter. (*Dictionnaire de la marine à voile*, Bonnefoux et Paris)

Partie (partie en cause) : *une partie dans une instruction : un réclamant ; un réclamé ; un bateau qui demande réparation ; un bateau ou un concurrent qui peut être pénalisé selon la règle 69.1* (action par un comité de réclamation) ; *un comité de course dans une instruction selon la règle 62.1 (a)* (demande de réparation pour une action inadéquate ou une omission du CC).

Partie intéressée : *une personne susceptible de profiter ou pâtir en conséquence d'une décision d'un comité de réclamation, ou qui a un intérêt personnel étroit dans la décision. Conformément au code de déontologie de l'arbitre, tout arbitre considéré comme « partie intéressée », notamment en raison de liens familiaux ou professionnels, ne peut, sauf dérogation exceptionnelle, occuper un poste de responsabilité au sein d'un comité.* Prescription FFVoile p. 44.
Les membres d'un jury international ne *doivent pas être considérés comme parties intéressées* (voir la règle 63.4) en raison de leur nationalité. (Règle M3.3)

Passer : une marque ou un obstacle (*passing*). Passe avec l'auxiliaire avoir : « franchir quelque chose dans l'espace », dépasser. (*Micro Robert* et *Petit Larousse illustré*) (voir Cas ISAF 62).

Pavillon : voir signaux de départ et/ou réclamation.

Place : est *l'espace dont un bateau a besoin dans les conditions existantes pendant qu'il manœuvre rapidement en bon marin* (*).
Comme établi par la définition, le mot « place » dans la règle 18.2 signifie l'espace dont a besoin un bateau non prioritaire qui, dans les conditions existantes, est manœuvré en bon marin, pour passer rapidement entre le bateau à l'extérieur et la marque ou l'obstacle. Entre les deux extrêmes,

- *au minimum, la place suffisante pour que la coque, avec les voiles et espars bordés au maximum, passe à quelques centimètres, tant de la marque que du bateau à l'extérieur, et,*
- *au maximum, toute la place qu'occupe le bateau à l'intérieur, faisant route aussi loin de*

la marque qu'il le souhaite, dont aucun n'est correct, deux possibilités plus modérées,
- *proche du minimum, avec une tolérance supplémentaire permettant quelque erreur de jugement ou d'exécution ; ou bien, proche du maximum, suffisamment de place pour effectuer le contournement tactique souhaité.*

La réponse correcte se situe en gros entre les deux. Cas ISAF 21

Position normale de navigation : cette expression se retrouve dans les définitions de finir, route libre devant et route libre derrière, engagement.

• Pour l'équipage : *aucune règle ne précise comment un barreur ou son équipier doit être assis et, en l'absence d'une position délibérément inadéquate, il n'y a pas d'infraction à la règle 2.* Cas ISAF 74

Il n'en est pas de même *d'un équipier au trapèze, qui touche délibérément le pont d'un bateau à son vent avec la main. Cette action, qui ne pouvait avoir d'autre intention que de disqualifier le bateau au vent, enfreint la règle 2.* Cas ISAF 73

• Pour un tangon : aux allures portantes, un tangon à poste peut, si les règles de classe l'y autorisent, dépasser de la coque. Sur un bord de près le tangon ne doit pas être à poste. Il en est de même d'un tangon rétractable exemple : Melges.

• Pour un spi : *quand la tête d'un spinnaker flotte en arrière parce qu'il a du mal à l'affaler et à hisser son foc,* il n'est pas en position normale. Cas ISAF 77

Près : allure qui consiste à régler les voiles de manière à serrer le vent le plus possible et à gagner sur lui. C'est une allure qui permet de serrer le vent, dans le sens d'être plus ou moins près du lit du vent. (*Dictionnaire de la voile*, Barberousse et Paris). Au-delà du plus près dans 18.3, plus lofé que près du vent.

Protest : *pour les épreuves courues en France et s'adressant à des concurrents français, l'utilisation des mots « je réclame » ou « réclamation » est tolérée au sens de la règle 61.1 (a)* (informer le réclamé). Prescription FFVoile, p. 31.

Le verbe protester en français traduit un mécontentement. Utiliser l'expression « proteste » comme dans « je proteste » donnera de bonnes habitudes aux concurrents pour les régates internationales, y compris en France.

R

Rattrapant (bateau...) : abus de langage ; en régate, cette expression n'est plus utilisée dans les règles de course (utilisée en 1950). Elle vient du texte des RIPAM. Toutefois, il n'y a pas d'incompatibilité puisque, dans les RCV, ne sont employées que les expressions « en route libre devant ou en route libre derrière » et « celui qui établit un engagement ». Celui qui rattrape est celui qui établit un engagement depuis la position en route libre derrière, à condition d'être sur la même amure, sinon c'est la règle 10 qui s'applique.

Réclamant : un concurrent, un comité de course ou un comité de réclamation qui dépose une réclamation. Son adversaire est appelé le réclamé.

Réclamé : adversaire du réclamant.

Réclamation : *une allégation faite selon la règle 61.2* (Contenu d'une réclamation) *par un bateau, un comité de course ou un comité de réclamation qu'un bateau a enfreint une règle.*

Pavillon de réclamation : *dans le contexte de la règle 61.1(a), un pavillon est utilisé comme un signal pour communiquer le message « j'ai l'intention de réclamer » Si l'objet utilisé comme pavillon communique ce message, avec un risque faible ou nul de confusion pour ceux qui sont sur les bateaux concurrents, alors l'objet sera qualifié de pavillon [...].* Cas ISAF 72. Le pavillon « B » du code international (avec sa queue d'aronde) répond à l'exigence de la règle 61.1(a). À noter que *les bateaux d'une longueur de coque inférieure à 6 mètres n'ont pas besoin de montrer le pavillon* (règle 61.1.(a)).

Réouverture (demande de) : *le comité de réclamation peut rouvrir une instruction quand il décide qu'il a pu commettre une erreur significative, ou quand un nouveau témoignage significatif devient disponible dans un délai raisonnable* (règle 66).

RCV : *le chapitre 2* (quand les bateaux se rencontrent) *des règles de course à la voile intéressent tous les coureurs dans ou près de la zone de course et s'appliquent à des bateaux qui ont l'intention de courir, courent ou ont couru. Les Règles internationales pour prévenir les abordages en mer s'appliquent à tous les navires et plus particulièrement entre un bateau en course et un « navire » qui n'est pas en course.*

RIPAM : règles internationales pour prévenir les abordages en mer.

Route libre derrière, route libre devant : *un bateau est en route libre derrière un autre quand sa coque et son équipement en position normale sont derrière une ligne perpendiculaire au point le plus arrière de la coque et de l'équipement de l'autre bateau en position normale. L'autre bateau est en route libre devant.*

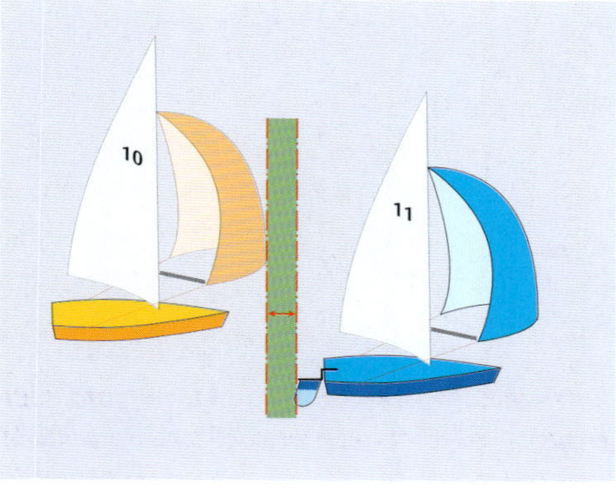

À noter que le tangon comme le bout dehors doivent être en position normale de navigation, et non pas sortis au plus près.

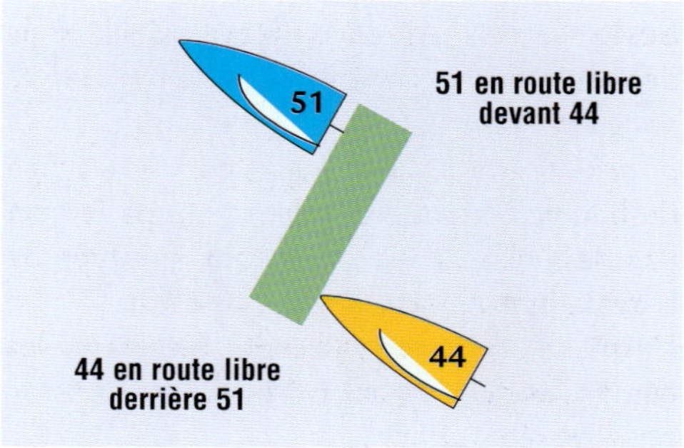

Route normale : *une route qu'un bateau suivrait pour finir aussi tôt que possible en l'absence des autres bateaux auxquels la règle utilisant ce terme fait référence. Un bateau n'a pas de route normale avant son signal de départ.*

Il ne peut y avoir de route normale avant le signal de départ puisque, justement, vous ne pouvez partir avant le signal de départ sous peine d'être rappelé

Lors d'un bord de louvoyage, on peut considérer que le « plus près » représente la route normale. À l'approche d'une marque au vent, la route normale peut se rapprocher de bout au vent pour permettre de passer la marque sur son erre (manœuvre appelée communément « bord breton ») en évitant deux virements de bord. Lors d'un bord de portant, c'est celle qui est la plus rapide en tenant compte des conditions existantes (mer et vent), allure correspondant au meilleur VMG (*Velocity Made Good*).

On peut admettre que chaque bateau a sa propre route normale. Mais, *quand, à cause d'une différence d'opinion sur la route normale d'un bateau sous le vent, deux bateaux sur le même bord font une route convergente, le bateau au vent doit se maintenir à l'écart.* (Cas ISAF 14)

Naviguer au-dessus de sa route normale se trouve dans la règle 17.1.

Naviguer au-dessous de sa route normale dans la règle 17.2.

S

Score : marquage des points.

Série : le mot série est employé dans la règle demande de réparation : *«... place d'arrivée dans une course ou une série...» «... place in a race or series...»* et non pas comme un type de bateau (classe). D'ailleurs, ne parle-t-on pas de règles de classe en tant que type de bateau, et non pas de règles de série.
L'expression série est explicitée dans les demandes de réparation (règle A10 Conseils pour les réparations).

Signaux de course : ensemble des pavillons et des signaux sonores les accompagnant.

Signaux de départ : *les départs des courses doivent être donnés en utilisant les signaux suivants :*

Avertissement, préparatoire,
une minute, départ

Les temps doivent être comptés à partir des signaux visuels ; l'absence d'un signal sonore ne doit pas être prise en considération. (règle 26)
« Signal d'attention, d'avertissement et départ » : traductions respectives de « attention signal », « warning signal », « starting signal » ont amené un grand changement dans nos habitudes verbales depuis 1997.
Le signal d'avertissement est l'un des signaux visuels de départ de course. Il est composé d'un pavillon de classe accompagné d'un signal sonore et implique une notion de durée entre ce signal et le signal préparatoire suivant. L'ISAF ne prévoit plus des intervalles de 5' entre les signaux d'avertissement et préparatoire. La règle 26 prône un intervalle de 1 minute, mais les organisateurs pourront indiquer un intervalle différent à condition de le *spécifier dans les instructions de course.*
Le signal d'attention ne s'emploie que dans les procédures du match racing.

Sous le vent, au vent : *le côté sous le vent*

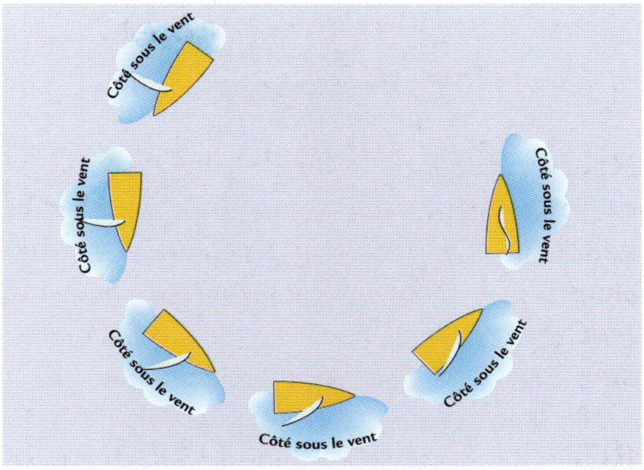

d'un bateau est le côté le plus éloigné du vent, ou lorsqu'il est bout au vent, le côté qui était le plus éloigné du vent. Cependant, lorsqu'il navigue sur la fausse panne ou plein vent arrière, son côté sous le vent est le côté sur lequel il porte sa grand-voile. L'autre côté est son côté au vent

Lorsque deux bateaux sur le même bord sont engagés, celui qui est du côté sous le vent de l'autre est le bateau sous le vent. L'autre est le

bateau au vent. (Définition de Sous le vent et au vent)

T

Tactique : la tactique navale est l'art de [...] faire évoluer les navires dans toutes les circonstances de leur navigation et d'en tirer tout le parti possible devant l'ennemi. Un bon tacticien connaît non seulement toutes les règles [...] mais, au besoin, il sait y suppléer, et n'est jamais dépourvu. (*Dictionnaire de la marine à voile*, Bonnefoux et Paris)

Tribord : le côté [...] d'un bateau est sa partie droite en regardant vers sa proue (vers l'avant). L'autre côté est le côté bâbord. Moyen mnémotechnique : en imaginant le mot « batterie » écrit lorsque l'on regarde l'avant d'un navire : le côté de BA, côté de la première syllabe est à gauche, le côté de TRI, côté de la dernière syllabe est à droite.

U

Umpire : *le mot anglais* umpire *désigne un arbitre sur l'eau chargé de juger directement les courses par équipes ou en match racing.* C'est un juge embarqué sur un bateau à moteur qui suit la course et qui peut indiquer, à la demande des compétiteurs, s'il y a une infraction à une règle et « qui » doit faire la pénalité. L'arbitrage direct est obligatoirement utilisé pour valider les épreuves de match racing comptant pour l'*International Ranking list*. Ce type d'arbitrage est de plus en plus employé en course par équipe.

Umpiring : action d'arbitrer « en direct » avec des umpires. Avantage de l'umpiring : les résultats des courses sont connus dès le franchissement de la ligne d'arrivée et ne dépendent plus de la durée des instructions des réclamations, puisqu'il n'y en a plus. Les réclamations concernant les contacts avec dommages, sont traitées oralement et, à chaud.

V

Virement de bord : dans le langage commun, un virement de bord est une manœuvre mais aussi l'action de changer d'amures ou de virer de bord. C'est encore le résultat de manœuvres qui s'exécutent de deux manières :

- 1er virement de bord vent devant ;
- 2e en virant de bord vent arrière ou lof pour lof (*i.e.* un empannage).

Lorsqu'un bâtiment vire vent devant, on se contente de dire qu'il vire, sous entendu vent devant. (*Dictionnaire de la marine à voile*, Bonnefoux et Paris).

Pour l'application des règles, l'ISAF a dû préciser la manœuvre : *pendant le virement de bord : quand un bateau a dépassé la position bout au vent, il doit se maintenir à l'écart des autres bateaux jusqu'à ce qu'il soit sur une route au plus près.*

Un bateau change d'amure, et donc vire de bord, quand il dépasse la position bout au vent.

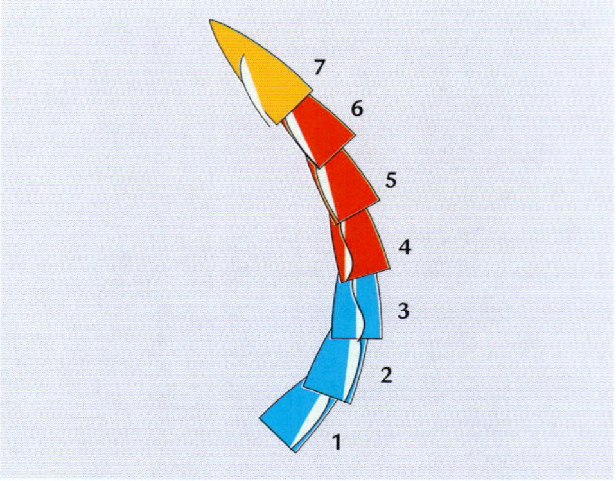

De la position au plus près (1) à celle de face au vent (3), ce bateau est bâbord amures. Juste après avoir dépassé la position bout au vent (4), ce bateau devient tribord amures mais il n'a pas encore terminé son virement. Il vire de bord de (4 à 6). Son virement de bord sera complet lorsqu'il sera sur une route au plus près (7) : voile pleine ou pas, avec ou sans vitesse. En position 7, sur une route au plus près il acquiert ses nouveaux droits (au plus près tribord = roi des mers).

Un bateau n'est plus soumis à la règle 13 lorsqu'il est sur une route au plus près, quels que soient son mouvement par rapport à l'eau ou le réglage des voiles (Cas ISAF 17).

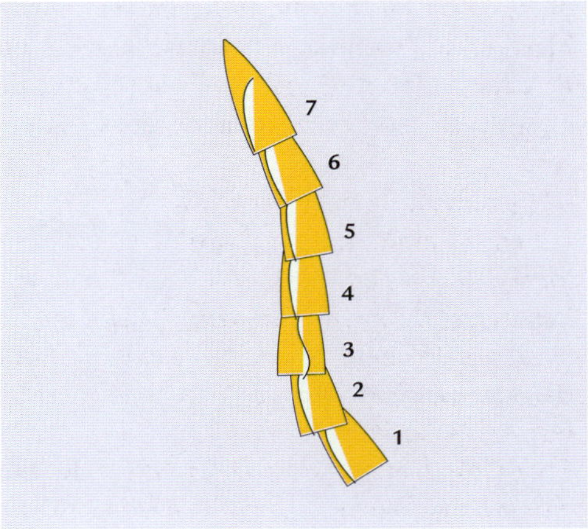

La première partie de la manœuvre d'école de voile dite « virement de bord » amène, par un lof, un bateau du plus près à face au vent. De la position 1 à la position 3.

Cette partie n'appartient pas au virement de bord de l'ISAF. En effet, jusqu'à face au vent le bateau n'a pas changé d'amure. S'il abat à nouveau à partir de la position 4, il n'aura pas changé d'amure, et donc

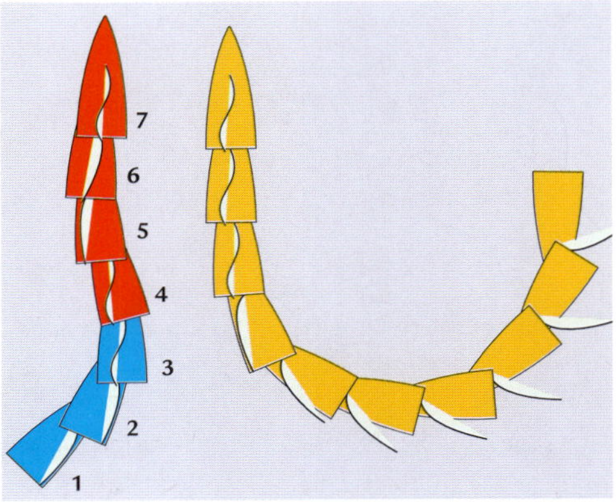

n'aura pas viré de bord. En position 4 le bateau bleu a bien dépassé la position bout au vent. Il commence le virement de bord. Il est déjà tribord amures. Mais comme il n'abat que jusqu'en position 5, il n'a pas atteint une route au plus près. Il n'a donc pas terminé son virement de bord, il est encore soumis à la règle 13, même en position 7.

« VMG » Velocity Made Good

C'est le meilleur compromis cap/vitesse de remontée au vent, ou de descente au portant (définition de D. Ravon et Ch. Dumard)

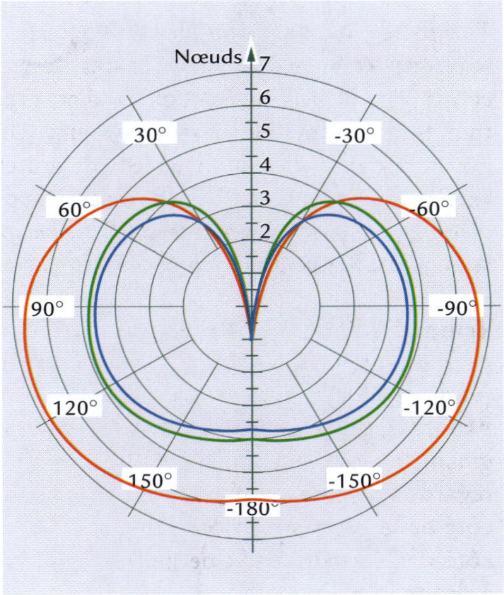

VMG du First Class 8

En bleu vent réel = 10 nds, gîte 26°
Vitesse maximale 4.7 à 102°
En vert Vent réel = 12 nds, gîte 21°
Vitesse maximale 4.9 à 116°
En rouge vent réel = 17.5 nds, gîte 32°
Vitesse maximale 6.7 108°

Y

Y'a pas d'eau à la marque au vent : abus de langage. Cela est vrai si vous êtes sur des amures différentes. Mais il y a de l'eau pour le bateau engagé à temps à l'intérieur, pourvu qu'ils soient tous les deux sur la même amure, etc. Voir chapitre Le passage de la marque au vent.

Y'a pas d'eau au bateau comité
Ça, c'est vrai, sauf peut-être en match racing dans certaines conditions (voir chapitre Zone de départ) et [Décision UMP-13].

Z

Zone des deux longueurs : *l'espace autour d'une marque ou d'un obstacle sur une distance correspondant à deux longueurs de coque du bateau qui en est le plus proche.* (Définition)

À noter que le tangon comme le bout dehors doivent être en position normale de navigation, et non pas sortis au près serré.

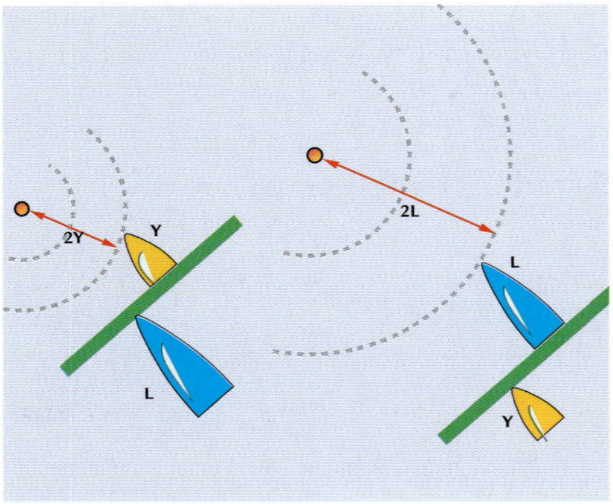

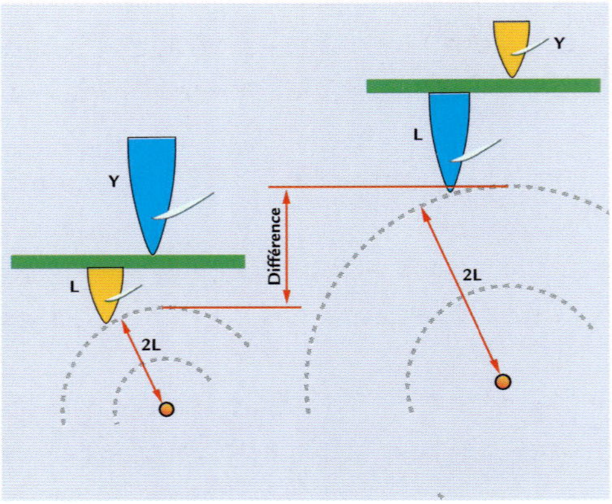

Textes réglementaires

- Statuts et règlement intérieur de la Fédération Française de Voile

- Réglementation technique de la FFV : Dispositifs de surveillance, Dénomination des compétitions, Arbitrage, Port de publicité, Agrément des compétitions, Calendrier, Avis de course, Modèle de convention d'organisation conjointe.

- Arrêté du 3 mai 1995 : relatif aux manifestations nautiques en mer

- Décret n° 88-531 du 2 mai 1988 portant organisation du secours, de la recherche et du sauvetage des personnes en détresse en mer.

- Décret n° 77-733 du 6 juillet 1977 portant publication du Règlement international de 1972 pour prévenir les abordages en mer.

- Décret n° 84-810 du 30 août 1984 modifié sur la sauvegarde de la vie humaine en mer, l'habitabilité à bord des navires et la prévention de la pollution.

- Loi du 23 mars 1999 n°99-223 relative à la protection de la santé des sportifs et à la lutte contre le dopage.

- Décret n° 87-473 du 1er juillet 1987 relatif à la surveillance médicale des activités physiques et sportives.

- Loi n° 2000-627du 6 juillet 2000 qui modifie la loi n° 84-610 du 16 Juillet 1984 portant sur l'organisation et la promotion des activités physiques et sportives.

- Loi Evin.

Pavillonnerie des procédures de départ

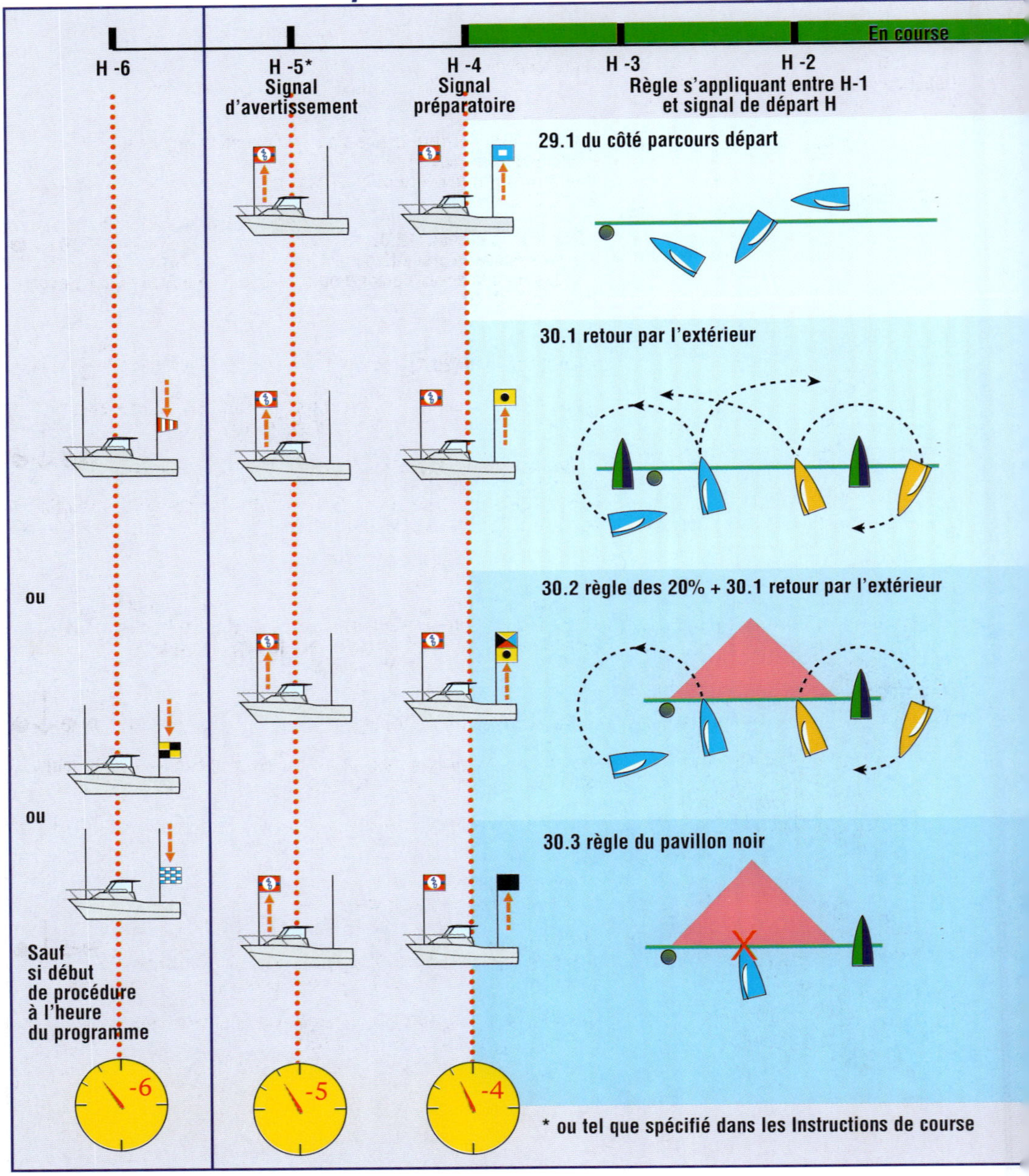

Interruption de procédure en cours ou retard de début de procédure
Restez sur zone de départ pour une procédure qui débutera, une minute après son amené, au signal d'avertissement à H-5

Interruption de procédure en cours ou retard de début de procédure ET
Retournez au port ou à terre et suivez la pavillonnerie
[Pavillon H comme : « Home, Harbour »]

Interruption de procédure en cours et plus de courses aujourd'hui
[pavillon A comme : « au revoir, à demain »]

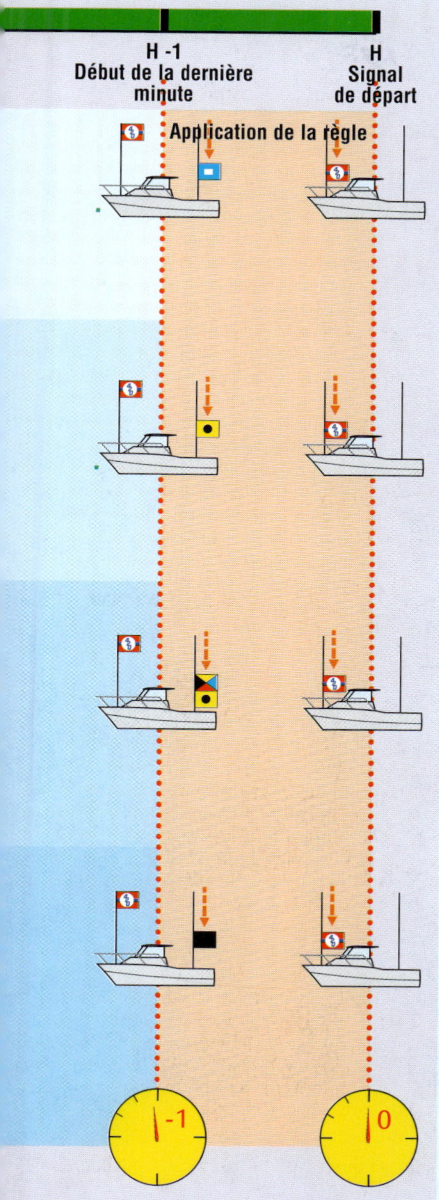

Conséquences

Il suffit d'être derrière la ligne à H, même en la recoupant.
- Tous identifiés (29.2)
Il faut repasser derrière la ligne et partir.
Sinon OCS

- PAS tous identifiés (29.3)
puis nouvelle procédure,
une minute après l'amené du 1er sub. qui début au signal d'avertissement (H-5)

- Tous identifiés (29.2)

Il faut faire le tour par l'extérieur (viseur ou CC) puis repasser derrière la ligne et partir. Sinon OCS

- PAS tous identifiés (29.3)
puis nouvelle procédure
une minute après l'amené du 1er sub. qui début au signal d'avertissement (H-5)

- Tous identifiés (29.2)
il faut faire le tour par l'extérieur
(viseur ou CC) puis repasser derrière la ligne et partir -> avec quand même pénalité de 20% Sinon OCS

- PAS tous identifiés (29.3)
Tous ceux qui ont été identifiés -> 20%
Puis nouvelle procédure une minute après l'amené du 1er sub. qui début au signal d'avertissement (H-5)

- Tous les identifiés = BFD pour eux
et -> bon départ pour tous les autres

- PAS tous identifiés (29.3)
Les bateaux dont les N° figurent sur le CC sont DSQ (BFD) et doivent quitter la zone de course. S'ils courent quand même DNE
Nouvelle procédure une minute après l'amené du 1er sub. et qui début au signal d'avertissement (H-5)

Annulation de la course en cours
Revenez sur la zone de départ pour une procédure qui débutera, une minute après son amené, au signal d'avertissement à H-5

Annulation de la course en cours
Retournez au port ou à terre et suivez la pavillonnerie
[Pavillon H comme : « Home, Harbour »]

Annulation ou de la course en cours plus de courses aujourd'hui
[pavillon A comme : « au revoir, à demain »]

Carte des règles

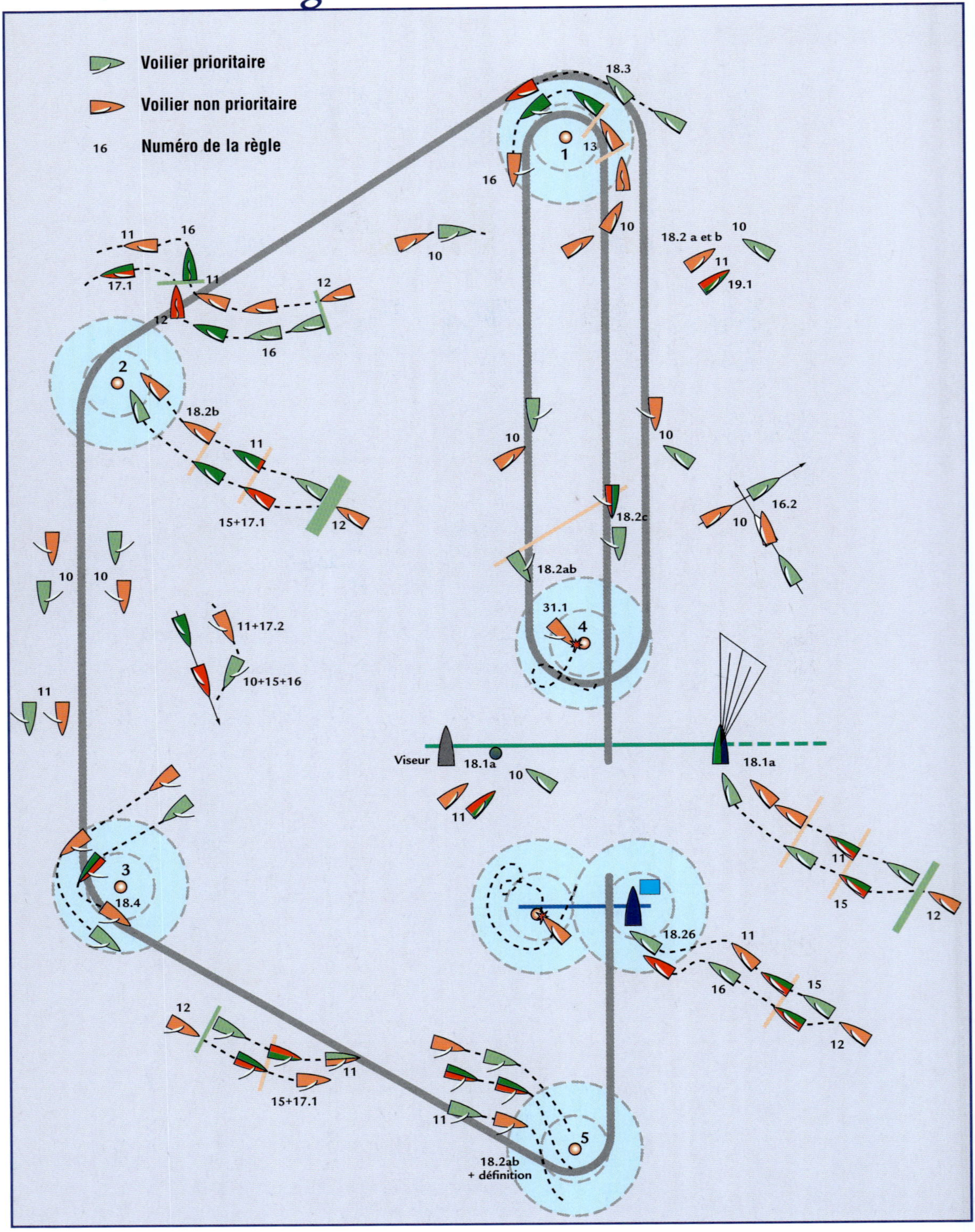

Pavillons

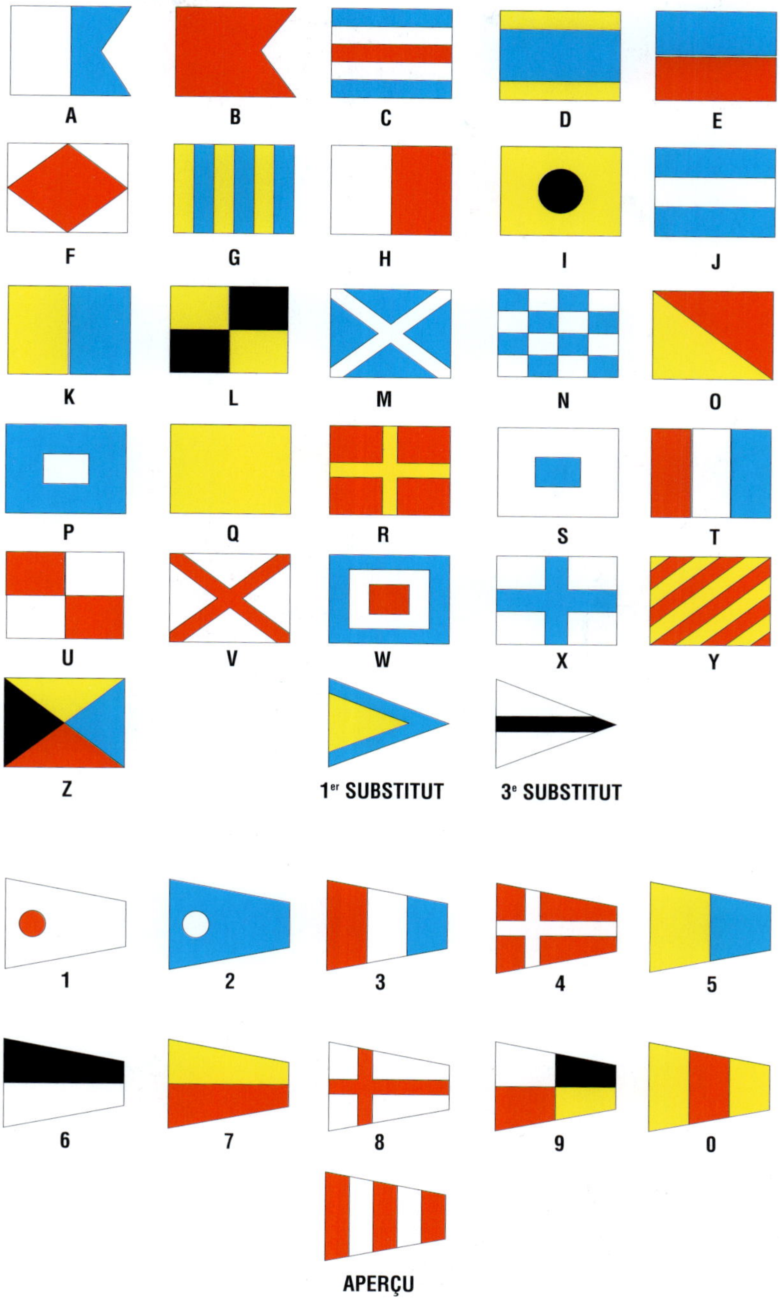
A
B
C
D
E
F
G
H
I
J
K
L
M
N
O
P
Q
R
S
T
U
V
W
X
Y
Z
1er SUBSTITUT
3e SUBSTITUT
1
2
3
4
5
6
7
8
9
0
APERÇU

Bibliographie

Documentation en langue française

Règles de course à la voile 2001-04 - Traduction FFV-
Jurisprudence de l'ISAF - Traduction FFV-
Cas d'Appel de la FFV
Traduction du Call-Book (Jurisprudence match racing)

Instructions de course type FFV 2001-04 (Affiches)
Commentaire sur les modifications aux RCV 2001-04, B. Bonneau, FFV

Les Voiles, comprendre, régler optimiser, B. Cheret 2000, Voiles/Gallimard
La Régate : Tactique et stratégie, D. Ravon et C. Dumard, 1999, Voiles/Gallimard
Le Guide du dirigeant de la FFVoile, 1999, mémento technique
Pratique de la planche à voile 2, 1982, Voiles/Gallimard
Vent et Régate : les stratégies, J.-Y. Bernot, coll. BiblioVoile
Météorologie locale : Croisière et régate, J.-Y. Bernot, BiblioVoile
L'Aérodynamique de la voile, Manfred Curry, coll. BiblioVoile

Documentation en langue anglaise

The Racing Rules of Sailing for 2001-04
ISAF Umpires and Match Racing Manual, Édition ISAF
ISAF Umpire's Call Book For Match racing, Édition ISAF
The Case Book for 2001-04, Édition ISAF

Documents en langue anglaise

The Rules Book, E. Twiname, B. Willis, Adlard Coles
Understanding the Racing Rules, D. Perry, United States Sailing As
The Yacht Racing Rules, Mary Pera, Adlard Coles
The Complete Match Racing, Graeme Hayward, Edit Canadian Y. As
Match Racing, Brian Willis et John Doer, Adlard Coles

Cassettes vidéo

La Régate n°1: La Règle du jeu, O. Champeaux et C. Dumard, FFV
Réclamation au départ (match racing), P. Gomez, Production FFV

Programmes informatiques

The Yacht Racing Rules in Action, P. Reid revised B Willis, *AI Systeme*
Virtual Skipper
Programme pour dessiner des situations, Henri Peroneau